Thant Myint-U
BURMA
Der Fluss der verlorenen
Fußspuren

Thant Myint-U

BURMA
Der Fluss der verlorenen Fußspuren

Eine persönliche Geschichte

Mit einem aktuellen Nachwort
zur deutschen Ausgabe

Aus dem Englischen
von Yvonne Badal

C. Bertelsmann

Die Originalausgabe erschien 2007 unter dem Titel
»The River of Lost Footsteps. A Personal History of Burma«
bei Faber and Faber, London.

FSC
Mix
Produktgruppe aus vorbildlich
bewirtschafteten Wäldern und
anderen kontrollierten Herkünften
Zert.-Nr. SGS-COC-1940
www.fsc.org
© 1996 Forest Stewardship Council

Verlagsgruppe Random House FSC-DEU-0100
Das für dieses Buch verwendete FSC-zertifizierte
Papier *EOS* liefert Salzer, St. Pölten.

1. Auflage
© 2009 by C. Bertelsmann Verlag, München,
einem Unternehmen der Verlagsgruppe Random House GmbH
Umschlaggestaltung: R·M·E Roland Eschlbeck und
Rosemarie Kreuzer, München
Satz: Uhl + Massopust, Aalen
Druck und Bindung: GGP Media GmbH, Pößneck
Printed in Germany
ISBN 978-3-570-01101-0

www.cbertelsmann.de

Für meinen Sohn Thurayn-Harri

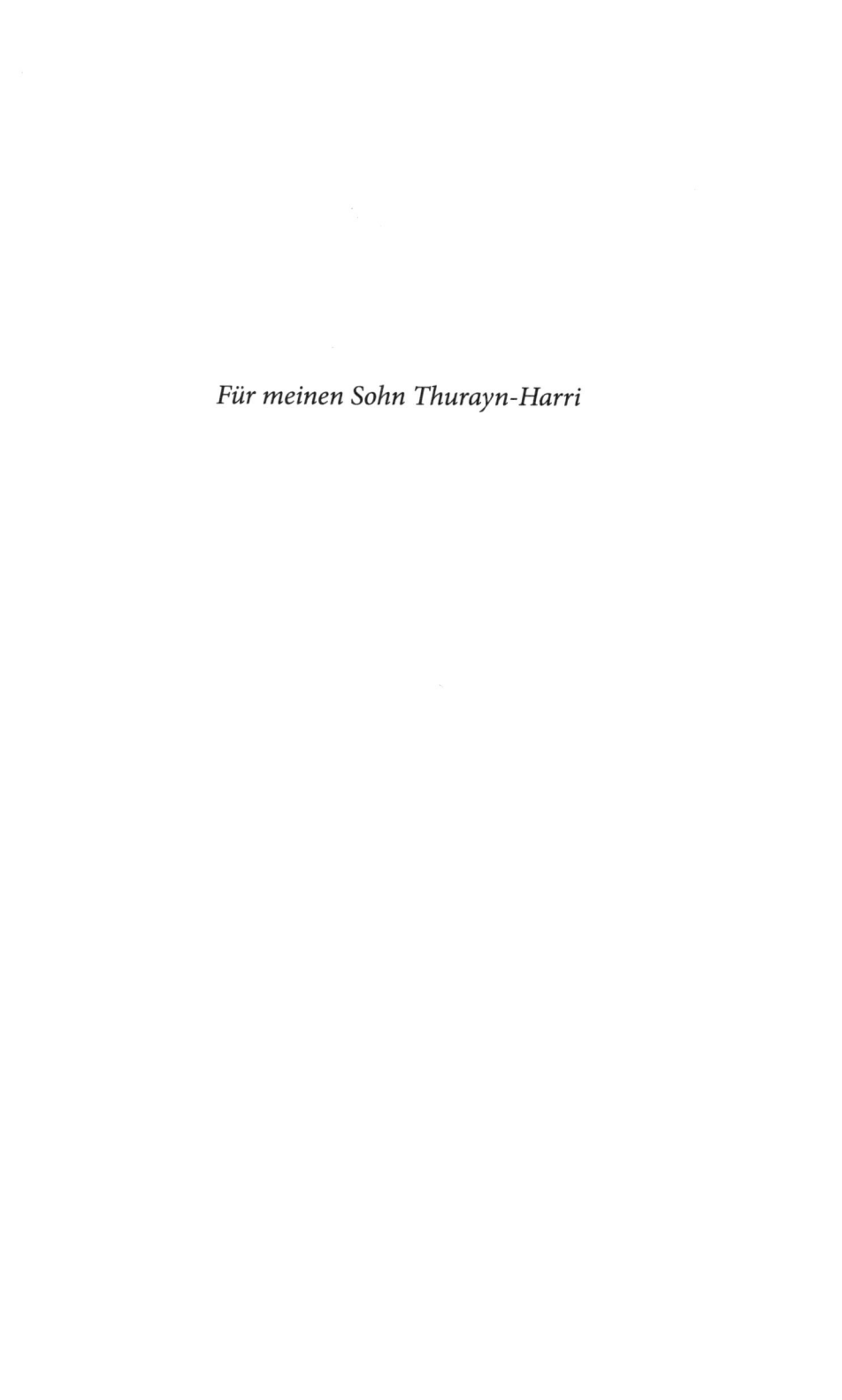

Inhalt

Karte von Burma 8
Prolog 9

1 Der Untergang des Königreichs 15
2 Debatten über Burma 51
3 Fundamente 66
4 Prinzen und Piraten im Golf von Bengalen 93
5 Der Patriotismus und seine Folgen 125
6 Krieg 150
7 Mandalay 181
8 Übergänge 223
9 Studien im Zeitalter des Extremismus 268
10 Das Schlachtfeld wird abgesteckt 297
11 Alternative Utopien 345
12 Der Schwanz des Tigers 388
13 Palimpsest 428

Epilog 465
Aktuelles Nachwort zur deutschen Ausgabe:
Der Zyklon Nargis und seine Folgen 473
Dank 494
Anmerkungen 495
Personenregister 508
Orts- und Sachregister 517

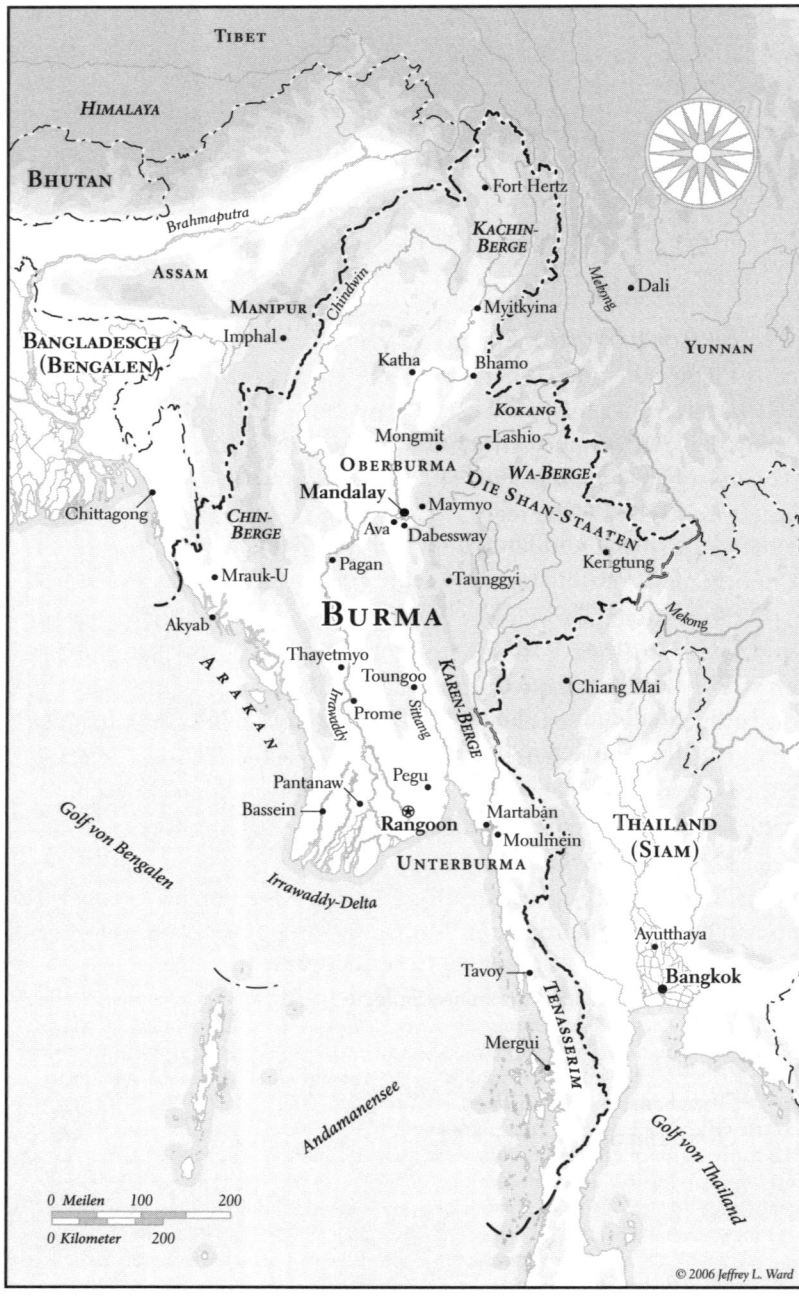

Prolog

∽

Wenige Monate nach meinem Universitätsabschluss im Jahr 1988 hauste ich unbequem, aber zufrieden in einem burmesischen Rebellencamp, einer manchmal staubigen, dann wieder im Morast versinkenden Siedlung aus strohgedeckten Bambushütten in der Nähe der dunstigen, malariaverseuchten Regenwälder des Tenasserimgebirges. Es herrschte ein reges Kommen und Gehen von jungen, entschlossen dreinblickenden Männern und Frauen in smaragdgrünen Uniformen.

Die vormittägigen Märsche durch den Matsch und Schnee Neuenglands zu meinen Vorlesungen, die langen Gespräche beim Essen im steifen Speisesaal, die Gartenpartys im Frühling, meine Freunde, die zur medizinischen Fakultät gewechselt waren oder ihre ersten Jobs an der Wall Street angetreten hatten, all das schien Welten entfernt. Für eine kurze Weile empfand ich so etwas wie eine Bestimmung. Ich hatte das Gefühl, am richtigen Ort das Richtige zu tun. Alles war aufregend, die Luft vibrierte.

Im August und September dieses Jahres 1988 hatten Demonstrationswellen die Militärdiktatur Burmas* in ihren Grundfesten erschüt-

---

* Ich verwende den Namen »Burma« und nicht »Myanmar«, weniger aus politischen Gründen als aus Gewohnheit und der Überzeugung, dass man traditionelle Namen nicht ändern (und schon gar nicht in eine fremde Sprache übertragen) sollte. »Burma« und »Myanmar« bedeuten in Wirklichkeit ein und dasselbe, nur anders prononciert, wie bei »Kambodscha« und »Kampuchea« oder bei »Peking« und »Beijing« (auch in diesen Fällen bleibe ich bei den traditionellen Versionen). »Myanmar« ist ein altes Wort aus der burmesischen Sprache und bedeutet schlicht »burmesisch«, das heißt, es ist das Adjektiv für die ethnische Mehrheit im Land und für deren Sprache. Das gegenwärtige Regime, das sich schon so lange um eine vollständige ethnische »Burmesisierung« bemüht, änderte den offiziellen Landesnamen 1989 in »Myanmar«, doch das spielt letztlich nur im fremdsprachlichen Gebrauch eine Rolle, denn im Burmesischen heißt und hieß »Burma« von jeher das »Myanmar-Land«: das burmesische Land.

tert. Nachdem der Aufstand gewaltsam niedergeschlagen worden war, marschierten Tausende von Stundenten aus Rangoon und anderen burmesischen Städten über die Berge in das Dschungelgebiet vor der thailändischen Grenze – nicht weil sie zu fliehen versuchten, sondern um sich neu zu formieren und ihre gescheiterte Revolution wieder in Gang zu setzen. Sie hofften auf die Unterstützung Amerikas und auf amerikanische Waffen. Gerüchte machten die Runde, dass bereits amerikanische Special Forces auf dem Weg seien oder sogar schon ein amerikanisches Kriegsschiff in den ruhigen Gewässern der Andamanensee vor Anker läge.

Ich wuchs zwar größtenteils außerhalb von Burma auf, sehnte mich deshalb aber nicht weniger nach einer schnellen und realen Wende in dem Land, das schon vor meiner Geburt durch eine Militärdiktatur von der Außenwelt abgeschottet worden war. Deshalb schloss ich mich begeistert Gleichgesinnten an. Allerdings war ich schon immer dagegen gewesen, Veränderungen mit Gewalt zu erzwingen, nicht so sehr aus Prinzip denn aus der Überzeugung, dass das nicht funktionieren kann. Deshalb lag ich bald im Clinch mit den Leuten, die so versessen auf einen bewaffneten Aufstand waren. Ich kehrte nach Bangkok zurück und kümmerte mich fast ein Jahr lang um burmesische Flüchtlinge. Dann zog ich nach Washington, um mit Human Rights Watch zu arbeiten und für eine effektivere Einflussnahme der USA zu lobbyieren. Und weil ich überzeugt war, dass maximaler Druck am Ende das gewünschte Ergebnis liefern würde, plädierte ich für Wirtschaftssanktionen.

Doch dann kamen mir Zweifel. Ich begann zu begreifen, wie kontraproduktiv es ist, wenn man eine bereits isolierte Regierung und Gesellschaft durch Sanktionen und Boykotte noch weiter in die Isolation treibt. Aber die richtige Antwort hatte auch ich nicht parat. Ich hörte auf zu lobbyieren, zog mich aus der Burma-Szene zurück und begann eine Karriere bei den Vereinten Nationen, wo sich gerade alles um das

---

(Fortsetzung von S. 9) Anm. d. Übers.: Der Verlag entschied sich, »Burma« in der deutschen Fassung dieses Buches beizubehalten. Obzwar ursprünglich die englische Landesbezeichnung, hat sich diese mittlerweile als gleichwertig neben der Variante »Birma« im deutschen Sprachraum und in der deutschsprachigen Medienlandschaft etabliert. Ausschlaggebend war hier jedoch das Bestreben um textliche Einheitlichkeit angesichts von z. B. historischen Begriffen, die in der deutschen Übersetzung im englischen Original erhalten bleiben müssen (siehe »Burma Road«).

Ende des Kalten Krieges drehte. Man setzte mich einige Jahre lang bei Friedensmissionen ein, zuerst in Phnom Penh und dann in Sarajevo, an Orten also, die noch schlechter dran waren als Burma, nur dass die internationale Gemeinschaft ihnen gegenüber am Ende wenigstens eine weniger eindimensionale und entschlossenere Haltung einnahm (zumindest sehe ich das so).

Nach meiner Zeit in Sarajevo kehrte ich an die Universität zurück, um mich auf meine Dissertation in Neuerer Geschichte vorzubereiten. Die Geschichte Burmas hatte mich von jeher interessiert, deshalb entschied ich mich, das alte Königreich in den mittleren Jahrzehnten des 19. Jahrhunderts zu meinem Thema zu machen – die Jahre, in denen das Reich so unentschlossen agiert und so lange gezögert hatte, bis die Männer aus dem viktorianischen England schließlich für sein Ableben sorgten. Mich faszinierte diese stürmische Periode in der Geschichte Burmas, die Zeit, in der die letzten königlichen Regierungen versucht hatten, das Land zu reformieren, und damit gescheitert waren. Und mich interessierte, inwieweit dieser Umstand den Kurs der britischen Kolonialisten prägte. Mit einem Wort, ich begann mir grundsätzlich Gedanken über die Frage zu machen, inwieweit die Vergangenheit Burmas die Gegenwart des Landes beeinflusst.

Dieses Buch ist mein Bericht über diese Vergangenheit. Es konzentriert sich auf die jüngere Geschichte, beinhaltet aber auch Geschichten meiner eigenen Familie. Dabei halte ich mich grob an die Chronologie, beginne meine Erzählung jedoch ungefähr in der Mitte, im Herbst des Jahres 1885, als der letzte burmesische König nervös seinen Thron in Mandalay verteidigte, während die Londoner Presse über die Gräueltaten im Palast berichtete und forderte, etwas dagegen zu unternehmen, und britische Politiker Ränke schmiedeten und Pläne aushecken, um das »Burma-Problem« ein für alle Mal aus der Welt zu schaffen. Dieses Buch ist weder für die Fachwelt geschrieben noch primär ein Kommentar über die heutigen Probleme Burmas, sondern eher eine Art Leitfaden durch seine Vergangenheit und eine Einführung in die Geschichte eines Landes, dessen heutige Probleme zwar allmählich bekannt sind, dessen farbenprächtige und lebensprühende Geschichte jedoch fast vollständig in Vergessenheit geriet.

Im Jahr 1988 trat Burma aus dem Schatten hervor, um den wenig beneidenswerten Platz eines Paria des Westens einzunehmen und zum Sorgenkind fast der gesamten internationalen Gemeinschaft zu werden. Einst galt das Land, wenn man denn überhaupt etwas von ihm gewusst hatte, als eine exotische buddhistische Region, in der es kaum etwas gab, das die Probleme des 20. Jahrhunderts berührte; heute ist es ein Paradebeispiel für die albtraumhaften Missstände des 21. Jahrhunderts, ein misslungener oder scheiternder Staat, der repressiv und unfähig ist, sich den drohenden humanitären Problemen zu stellen, und dessen langjähriges Regime auf rätselhafte Weise ungewillt scheint, die Macht aus den Händen zu geben.

Doch ich finde nicht, dass dies die einzig mögliche Sichtweise auf Burma ist.

Burma war von alters her an die Überlandstraßen angebunden, die China, Indien, Tibet und all die vielen unterschiedlichen Kulturen in Südostasien miteinander vernetzten. Seine Geschichte hängt mit den Geschichten dieser und noch wesentlich weiter entfernter Länder zusammen. Wer weiß schon noch, dass Abgesandte aus den römischen Provinzen durch Burma nach China reisten, um dort die Märkte des Han-Reichs zu erschließen? Oder dass portugiesische Piraten, abtrünnige japanische Samurai und persische Prinzen im 16. Jahrhundert miteinander um ihren Einfluss auf die Machthaber von Arakan rangen? Wer weiß noch etwas über den Ersten Englisch-Burmesischen Krieg von 1824 bis 1826, in dem die Britische Ostindien-Kompanie mit ihren Fluggeschossen und Dampfschiffen gegen die Elefanten und Musketiere des Königs von Ava kämpfte?

Und wer, denkt man an die jüngere Geschichte Burmas, weiß etwas von dem Erbe des britischen Kolonialjahrhunderts in diesem Land, von den Zerstörungen, die der Zweite Weltkrieg dort anrichtete, von dem blutigen Bürgerkrieg, der in den späten vierziger Jahren des 20. Jahrhunderts ausbrach, oder vom Einmarsch der Chinesen in den frühen Fünfzigern?

Ich schrieb dieses Buch mit Blick auf die Frage, was die Vergangenheit über die Gegenwart aussagen kann. Nach dem niedergeschlagenen Aufstand von 1988 wurde Burma zum Ziel von unzähligen gut gemeinten Bemühungen. Die Vereinten Nationen, Dutzende von Regierungen, Hunderte von Nichtregierungsorganisationen und Tausende von Aktivisten bemühten sich darum, demokratische Reformen in diesem Land zu fördern. Doch die Bilanz lässt sich bestenfalls als enttäuschend bezeichnen. Es ist sogar sehr gut möglich, dass diese Versuche den Status quo unbeabsichtigterweise zementierten und die Möglichkeit für positive Veränderungen noch länger hinauszögerten. So gesehen halte ich es auch nicht für einen Zufall, dass die Beurteilungen der Entwicklungen in Burma von jeher so einzigartig ahistorisch waren und sich nur so wenige Beobachter – von den Gelehrten des Landes einmal abgesehen – die Mühe machten, die wirklichen Ursachen der misslichen Lage herauszufinden, in der sich das Land heute befindet. Wir bewerten Geschichte nur ungern auf das Risiko hin, dabei auf eigene Fehler zu stoßen. Aber ich vermute einmal, dass das nicht nur auf Burma, sondern auch auf viele andere »Krisenherde« der Welt zutrifft.

1
Der Untergang des Königreichs

✑

»Die verehrteste Gottheit in Burma heißt Präzedenz.«
– Captain Henry Yule, *Mission to the Court of Ava*[1]

MANDALAY, OKTOBER 1885

Er fürchtete um die Gesundheit seiner Frau und ihres noch ungeborenen gemeinsamen Kindes. Nicht wenige seiner altgedienten Höflinge hatten ihm geraten, in die Dörfer seiner Vorfahren zu fliehen, andere ihn beschworen, lieber aufzugeben. Doch seine Generäle in den grün- und magentafarbenen Samtröcken und den Lackhelmen versprachen ihm mit ernster Miene, ihr Bestes zu tun, um den Vormarsch des Feindes aufzuhalten. Einige äußerten sich sogar zuversichtlich über die Möglichkeit eines Endsieges. Sie erinnerten ihn an die imposanten Befestigungsanlagen, die im ganzen Land errichtet worden waren, und an die königlichen Dampfschiffe und anderen Boote, die demnächst versenkt werden sollten, um die Passage flussaufwärts weitgehend zu erschweren. Auch die Unterwassersprengstoffe, die seine jungen Ingenieure so eifrig entwickelt hatten, würden bald schon angebracht werden können. Natürlich seien viele Soldaten im Kampf gegen die abtrünnigen Fürsten im östlichen Hochland gebunden, doch es blieben ja noch immer genügend Männer, um sich zur Wehr zu setzen.

Die mit Zinnen versehenen hohen Mauern um die königliche Stadt Mandalay waren in der Amtszeit seines Vaters zum Schutz vor genau solchen Gefahren erbaut worden. Die zinnoberrote Umfriedung, jede Seite rund zwei Kilometer lang, bildete ein perfektes Geviert hinter massiven Erdwällen und einem breiten, tiefen Wassergraben, die zusätzlichen Schutz boten. Wenn man das Invasionsheer zu einer langen Belagerung zwingen könnte, so wurde dem König erklärt, dann würde er den Widerstand auch aus sicherem Abstand hinter den Wäldern im Norden dirigieren können.

Die Regenzeit war gerade vorüber. Im grellen Sonnenlicht konnte er seine Kavallerie auf den morastigen Feldern unweit des Palastes beim Manöver beobachten. Was seine Generäle auch sagten, im tiefsten Inneren wusste er, dass sein kleines Heer der Militärgewalt, die sich nur vierhundertachtzig Kilometer südlich sammelte, letztendlich kein Paroli bieten konnte. Aber was war die Alternative? Kapitulation? Die welterfahreneren unter seinen Ministern, die den Westen kennengelernt hatten, empfahlen ihm, Zugeständnisse zu machen, auf Zeit zu spielen und Verhandlungen zu eröffnen. Einen militärischen Konflikt sollte er unter allen Umständen vermeiden, wenn nötig müsste er sogar auf die Forderungen des Feindes eingehen. Doch vertraute er diesen Männern? Es gab Gerüchte, dass der Feind seinen älteren Halbbruder aus dem mittlerweile achtjährigen Exil holen und auf den Thron setzen wollte. Sein Reich sollte zu einem Protektorat werden. Vielleicht war es ja genau das, was seine adligen Berater wollten?

Seine Frau riet ihm, nicht nachzugeben und sich auf einen Krieg vorzubereiten.

FORT ST. GEORGE

General Sir Harry North Dalrymple Prendergast wurde 1834 als Sohn einer anglo-irischen Familie geboren, die schon viele Jahre im Dienste des Britischen Empires auf dem indischen Subkontinent verbracht hatte. Sein später erblindeter Vater Thomas Prendergast war Amtsrichter in Madras gewesen und hatte sich nach langem Aufenthalt in Indien nach Cheltenham zurückgezogen, wo er dann ein kleines Vermögen mit einer Reihe von richtungweisenden Handbüchern unter dem Titel *The Mastery of Languages or the Art of Speaking Foreign Tongues Idiomatically* gemacht hatte.

Harry Prendergast selbst war ein angesehener Soldat. Während des Indischen Aufstands (1857) hatte er in der Malwa Field Force gekämpft, zehn Jahre später war er an der Äthiopienexpedition beteiligt und dabei gewesen, als General Lord Napier und seine Britisch-Indische Armee Kaiser Theodors Bergfeste Magdala stürmten und zerstörten. Schließlich begann Prendergast wie besessen seine Idee zu verfolgen, mit einem Heer unter eigenem Kommando in Burma einzumarschieren. Zu diesem Zweck nahm er sogar höchstpersönlich Naherkundungen am langen burmesischen Grenzverlauf vor. Nun, nach Jahren der Planung und des Ränkeschmiedens mit der Bürokratie sollte sein Traum endlich wahr werden.

Seine Burma Field Force war ein Großverband aus zehntausend Soldaten, darunter drei Infanteriebrigaden, eine aus der Britischen Bengalen-Armee, eine aus der Britischen Madras-Armee und eine dritte unter dem Kommando seines irischen Landsmannes Brigadier George Stuart White.[2] Prendergast traf gegen Ende Oktober aus Rangoon in Madras ein, gerade als sich die verschiedenen Truppenteile seines neu aufgestellten Heeres geschäftig am Glacis von Fort St. George auf den Abzug vorbereiteten. Er plante einen Feldzug nach dem Lehrbuch. Alle Vorbereitungen folgten den neuesten wehrwissenschaftlichen Erkenntnissen, nichts sollte dem Zufall überlassen bleiben. Sintflutartige Wolkenbrüche ergossen sich über die Docks, während sich Hunderte von indischen Kulis abrackerten, um die großen Lattenkisten – jede davon ordentlich mit Ausrüstungen für jede Eventualität bepackt – auf die hohen Schiffe zu verfrachten, die an der Koromandelküste vertäut waren. Am 2. November 1885, während ein gewaltiges Gewitter über der südindischen Stadt niederging, gab der Gouverneur der Britischen Presidency Madras, der ehrenwerte Grant Duff, ein üppiges Bankett für Prendergast und seine höchstrangigen Offiziere zur Feier des bevorstehenden Feldzuges. Alles war bereit.

Binnen Tagen glitt Prendergasts Flotte über das blaugrüne Wasser im Golf von Bengalen, vorbei an den Mangrovensümpfen und Dschungeldörfern des Irrawaddy-Deltas. Am 6. November erreichte sie die Grenzen des burmesischen Binnenreichs. Die Armada, die dann in Warteposition am Flussufer verankert wurde, erstreckte sich über beinahe acht Kilometer. Auf das Dampfschiff *Kathleen* wurden vierzig blank geputzte neue Maxim-Gewehre verladen, die ersten Maschinengewehre der Welt. Ein paar Jahre zuvor hatte ihr Erfinder Hiram Maxim (später Lord Hiram) die Elektrotechnische Ausstellung in Paris besucht, wo ihm von einem Mann geraten wurde: »Wenn Sie ein Vermögen machen wollen, dann erfinden Sie etwas, das es diesen Europäern erleichtert, sich gegenseitig an die Kehle zu gehen.« Er zog nach London und machte sich an die Arbeit. Am Jahresbeginn 1885 stellte er schließlich stolz sein Produkt vor.[3] Das Maxim-Gewehr verfügte über einen Gürtel, der es unablässig mit Munition fütterte, und konnte fünfhundert Schuss pro Minute abgeben. Dies sollte sein Debüt werden – die Schlachtfelder von Flandern waren noch nicht in Sicht, seinen ersten Test erlebte dieses Gewehr »On the Road to Mandalay«.

Am 13. November überquerte ein Dampfer der Irrawaddy Flotilla Company die Grenze aus burmesischem Hoheitsgebiet und meldete, dass sich achttausend königlich-burmesische Soldaten im Fort von Minhla ein Stück weiter nördlich gesammelt hätten. Am Nachmittag desselben Tages erreichte Prendergast ein Telegramm aus dem India Office in London: Die Antwort der Burmesen auf das britische Ultimatum sei nicht zur Zufriedenheit ausgefallen, Prendergast habe sofort einzumarschieren.

DER KRIEG DES LORD RANDOLPH CHURCHILL

Das Jahr 1885 war Burmas historischer Wendepunkt. Es trennte die Vergangenheit des Landes von seinem modernen Zeitalter. Aber es brachte aller Welt beträchtliche Umbrüche und Unruhen. Zum ersten Mal nach langer Zeit sah sich Großbritannien in Übersee der wachsenden Konkurrenz anderer Imperien und aufstrebender Mächte ausgesetzt – der Deutschen, Franzosen, Russen und auch schon der Amerikaner. Die Vereinigten Staaten erlebten gerade die Präsidentschaft des Junggesellen Grover Cleveland. Noch hatten sie nicht mit ihren Eroberungen in Übersee begonnen, doch sie waren bereits auf bestem Wege, eine Wirtschaftsmacht ohnegleichen zu werden. 1885 führte das Schienennetz der amerikanischen Eisenbahn bereits in den Westen zu den Stränden Kaliforniens; die unermüdliche Gier nach Stahl und Öl verhalf den Rockefellers und Carnegies gerade zu ihren Vermögen; es wurde der Phonograph erfunden; die amerikanische Telefon- und Telegrafengesellschaft hieß ihre ersten Kunden willkommen; in Chicago wurden sämtliche neun Stockwerke des weltweit ersten

Wolkenkratzers errichtet; und in New York traf die Freiheitsstatue ein, gemeinsam mit zehntausenden Einwanderern aus Mittel- und Osteuropa.

Im Februar 1885 teilten ein halbes Dutzend europäischer Großmächte auf dem Berliner Kongress den afrikanischen Kontinent unter sich auf. Es war sozusagen die Galaeröffnung des imperialistischen Zeitalters. Im Laufe der anschließenden dreißig Jahre sollte ein Fünftel der Landmassen dieser Erde den Kolonialmächten in die Hände fallen. Doch der ungehemmte Expansionsdrang dieses Kongresses trug bereits den Keim vom Untergang des Imperialismus in sich: In der letzten Wochen desselben Jahres trafen sich rund siebzig indische Anwälte, Lehrer und Journalisten in Bombay, um den Indischen Nationalkongress ins Leben zu rufen, jene Organisation, welche unter der Führung von Mahatma Gandhi und Pandit Nehru eines Tages sowohl Burma als auch Indien auf den Weg in die Unabhängigkeit führen sollte.

Für England begann das Jahr 1885 ziemlich schlecht. Seit Monaten hatten die Boulevardblätter in allen drastischen Einzelheiten über den schleppenden Fall von Khartum berichtet. Im Februar löste der Tod von General Charles »Chinese« Gordon eine Welle des Zorns aus, der sich im Wesentlichen gegen die liberale Regierung des langjährigen Premierministers William Gladstone richtete. Als General Gordon in den sechziger Jahren des 19. Jahrhunderts im Namen des Kaisers von China den Oberbefehl über die multinationale »Immer Siegreiche Armee« gegen die Taiping-Rebellen geführt hatte, war er zu einer Berühmtheit geworden. Im Jahr 1884 wurde er dann von der Gladstone-Regierung in den Sudan geschickt. Die Briten hatten so viele Jahre lang einen derart unklaren politischen Kurs gegenüber dem wachsenden Chaos in diesem Land eingeschlagen, dass London schließlich nur noch auf Gordon setzen konnte und hoffte, er würde praktisch im Alleingang den Mahdi-Aufstand niederschlagen oder doch wenigstens einen Weg finden, die Angehörigen des ägyptisch-englischen Garnisonsdienstes in Sicherheit zu bringen.

Doch während das Britische Empire in der Ferne Kriege führte, machte daheim eine ganz andere Geschichte Schlagzeilen: die immer deutlichere Polarisierung der Debatten um die innere Autonomie Irlands. Nicht nur die Liberalen, auch die Konservativen in der Opposition waren in sich gespalten, wenn es um die Frage nach Irlands Zukunft ging. Die jüngsten gewalttätigen Unruhen auf der Insel hatten zu neuerlichen Zwangsmaßnahmen geführt und den Politiker Charles Stewart Parnell, einen protestantischen Großgrundbesitzer, zum unumstrittenen Führer der nationalistischen Bewegung Irlands gemacht. Und da die irischen Landarbeiter zu den Millionen von Bürgern zählten, denen das Reformgesetz von 1884 ein Wahlrecht beschert hatte, gelang es Parnell, zu einer Macht in der Westminster-Politik aufzusteigen und ein Patt zwischen den beiden Hauptparteien in dieser Angelegenheit zu erreichen. Im Juni 1885 stürzte die liberale Regierung über Haushaltsfragen, weil die Konservativen mit Parnells irischen Abgeordneten votiert hatten. Das neue konservative Kabinett unter dem Earl of Salisbury sollte bis zu den Neuwahlen die Amtsgeschäfte führen. Und der Mann, der in dieser konservativen Interimsregierung für die Indienpolitik und somit auch für Burma-Fragen zuständig war, hieß Lord Randolph Churchill.

Churchill, der dritte Sohn des siebten Duke of Marlborough und Vater des damals elfjährigen Winston, war in Eton erzogen und am Merton College in Oxford ausgebildet worden, wo er sich als Faustkämpfer erste Lorbeeren verdient hatte. Schnell wurde er der aufsteigende Stern in der konservativen Partei. Im Laufe der vergangenen fünf Jahre hatte er sich zu einem einflussreichen Parlamentarier gemausert, der nicht nur die liberale Regierung von Gladstone, sondern auch seine eigene konservative Ministerbank ins Visier nahm. 1885 begann er schließlich den »progressiven Konservatismus« zu propagieren, der zu seinem Markenzeichen werden sollte. Weil er den Liberalen die Stimmen der neuerdings wahlberechtigten Arbeiterklasse abluchsen wollte, hatte er beschlossen, sich für allgemeine Reformen stark zu machen, und sich alle Mühe gegeben, Parnell dabei auf seine Seite zu ziehen. Als Gladstones Regierung dann erledigt war, wurde Churchill von vielen Parteikollegen als der »Organisator des Sieges« gefeiert. Zur Belohnung ernannte ihn der neue Premierminister zum Indienminister. Da war Churchill sechsunddreißig Jahre alt.

Im Laufe des Sommers – die Wahlen sollten erst Monate später stattfinden – begann Churchill um die Radikalenhochburg Birmingham zu werben. In den frühen achtziger Jahren des 19. Jahrhunderts, als viele Gebiete in Europa wirtschaftlich schlechte Zeiten erlebten, hatte den Engländern allmählich gedämmert, *wie* arm die Armen in solchen Städten wie Birmingham wirklich waren, oder im Londoner East End, wo Jack the Ripper bald seine teuflische Mordlust ausleben sollte. Churchill brauchte ein Thema, das die Unternehmer, die über ihre sinkenden Profite besorgt waren, ebenso ansprechen würde wie die Arbeiter, die um ihre Jobs bangten – etwas, das ihnen allen bessere Zeiten und mehr Wohlstand versprechen würde.

Kurz zuvor hatte sich der schottisch-südafrikanische Entdecker Archibald Colquhoun einen Namen gemacht: Er hatte die unbekannten Regionen Westchinas durchquert, sich durch den Dschungel am mittleren Mekong geschlagen und nach seiner Rückkehr in London einen Vortrag nach dem anderen gehalten und zwei Bestseller geschrieben. Der erste trug den Titel *English Policy in the Far East*, der zweite *Burma and the Burmans: Or, »The Best Unopened Market in the World«*.[4] Seine Botschaft war unmissverständlich: Das Einzige, was einer Wiederbelebung des Handels und der Industrie Großbritanniens im Wege stehe und der arbeitenden Bevölkerung von Birmingham und Leeds eine bessere Zukunft verbaue, sei der despotische König von Burma. Entferne man den König, könne Burma zum besten Freund Britanniens werden. Und von Burma aus bräuchte man zum Wohle von Englands Handel und Industrie dann nur nach den Reichtümern Chinas zu greifen. Zu den Männern, die er damit beeindrucken konnte, zählte auch Randolph Churchill.

Churchill wusste von den jüngsten Ereignissen in Burma. Während der Regenzeit 1884/85 hatte er Indien besucht und in den dortigen Zeitungen Geschichten über König Thibaw und seinen Hof in Mandalay gelesen. Thibaw hatte eine Menge schlechte Presse in den knapp sieben Jahren bekommen, seit er seinem gefeierten und allseits beliebten Vater König Mindon 1878 auf den Thron gefolgt war. Ganz egal, wie die Realität aussah, in den Augen der Briten oder zumindest aus Sicht der europäischen Unternehmer in Indien war er bloß ein Tyrann mit einer Vorliebe für Gin, der im Duett mit seiner niederträchtigen Frau grausam sein Volk unterdrückte, nichts von der Welt wusste, mit Hilfe eines inkompetenten mittelalterlichen Hofstabs herrschte und sich blind und taub gegenüber dem Sehnen seiner Untertanen nach jenem Fortschritt stellte, für welchen nur ein zivilisierter Staat sorgen konnte.[5]

Wahr daran war, dass das burmesische Reich unter zunehmender Instabilität litt. Im späten 18. und frühen 19. Jahrhundert hatte sich Burma als eine aggressiv imperialistische Macht hervorgetan, wenngleich natürlich im vergleichsweise kleinen Maßstab. Seine Könige und Kriegselefanten und seine altertümliche Artillerie waren von den Ausläufern des Himalaya bis zu den Stränden von Phuket gezogen, hatten das Königreich Siam im Osten überrannt und das burmesische Hoheitsgebiet nach Westen über Assam bis an die Grenzen der Britischen Presidency Bengalen ausgedehnt. Dann hatte ein Krieg zwischen Burma und England, der von 1824 bis 1826 währte und endgültige Entscheidungen erzwang, den Ambitionen des Königreichs mit einem Mal Einhalt geboten. Ein zweiter Krieg im Jahr 1852 führte zur britischen Besetzung des gesamten Küstenstrichs. Aus dem alten Königreich Burma wurde das neue Britisch-Burma mit der Hafenstadt Rangoon als Verwaltungssitz herausgemeißelt.

Nachdem die Briten jahrzehntelang streng den Handel kontrolliert, sich der Bürgerkrieg im benachbarten China auch auf Burma ausgewirkt und die hektischen Verwaltungsreformen im eigenen Land schwere Unruhen ausgelöst hatten, war der Hof von Ava* nur noch ein schwacher Schatten seines einstigen blühenden Selbst am Beginn des 19. Jahrhunderts. Die Wirtschaft lag in Trümmern, eine Dürre, die durch die weltweiten klimatischen Veränderungen im Zusammenhang mit dem Wetterphänomen El Niño ausgelöst worden war, hatte eine große Hungersnot nach sich gezogen.[6] Flüchtlinge und Wirtschaftsmigranten strömten über die Grenze aus dem königlichen Territorium »Oberburma« in die relative Sicherheit und den Wohlstand des britisch besetzten Landesteils an der Küste. Die burmesische Regierung schien einfach nicht in der Lage, die herrschende Krise in den Griff zu bekommen.

Inzwischen hatten die jahrelangen britischen Machenschaften auch für eine umtriebige Opposition im Exil gesorgt. Mehr als nur einer von Thibaws Brüdern schmiedete jenseits der Reichsgrenzen Intrigen, um den König vom Thron zu stoßen. Dass Burma ein potenziell reiches Land war, schien niemand in Frage zu stellen, jedenfalls gewiss

---

* Die Regierung Burmas wurde lange Zeit als »Hof von Ava« bezeichnet, nach der alten Hauptstadt Ava in der Nähe von Mandalay.

nicht die schottischen Händler in Rangoon, die immer lauter und gieriger einen uneingeschränkten Zugang zu den Teakwäldern, Ölquellen und Rubinminen im Landesinneren forderten. Noch verlockender war die Aussicht auf ein Hintertürchen zu den unbegrenzten Märkten Chinas. Vielleicht *war* Burma ja die Antwort auf die Probleme Birminghams?

Aber Randolph Churchill konnte nicht einfach vorschlagen, gegen ein unabhängiges Land in den Krieg zu ziehen, selbst wenn es sich dabei um ein so relativ belangloses Land wie Burma handelte. Er durfte nicht den Eindruck erwecken, als wäre wirtschaftliche Bereicherung das einzige Motiv, um zu den Waffen zu greifen – er musste auch ein strategisches Interesse anführen können. Und das gab es glücklicherweise, dafür hatten die aufkeimenden Beziehungen zwischen Paris und Mandalay gesorgt. Mitte der achtziger Jahre des 19. Jahrhunderts leckten die Franzosen noch immer die Wunden, die ihnen Otto von Bismarck mit der demütigenden Niederlage im Deutsch-Französischen Krieg beigebracht hatte. Deshalb waren sie eifrig darauf bedacht, ihre Fähigkeiten außer Landes unter Beweis stellen zu können. Mit Hilfe der imperialistischen Politik von Jules Ferry, des Ministerpräsidenten der III. Republik, begann Paris also seine Präsenz im später sogenannten Französisch-Indochina auszubauen. Saigon war bereits in französischer Hand. Im Juni 1884, nach einem ziemlich schmählichen Feldzug, der sich durch mehr als nur einen peinlichen Rückschlag auszeichnete, wurde mit dem Vertrag von Hué formell ein Protektorat über Annam und Tonkin errichtet. Damit war die französische Herrschaft über die gesamte Region des heutigen Vietnam besiegelt. Den Briten, die sich einen direkten Zugang ihres indischen Imperiums zu den potenziellen Märkten Chinas wünschten, war dieser plötzliche Ausbruch an französischen Aktivitäten in Südostasien natürlich ein Dorn im Auge. Irgendwo gab es Grenzen! Die Franzosen stießen bereits von Vietnam aus am Mekong in Richtung Westen bis Kambodscha und in die Fürstentümer von Laos vor, und Oberburma würde sicher als nächstes drankommen. Dass Frankreich Indochina beherrschte, war schon schlimm genug, aber dass es sich nun auch noch in das Reich von Thibaw einmischen würde, konnte England nicht gestatten.

Dabei hatte Frankreich in Wirklichkeit gar keinen Kontakt zu Burma aufgenommen, vielmehr waren es die Burmesen gewesen, die die Franzosen bereitwillig in die Arme schließen wollten. Der heilige Gral der burmesischen Diplomatie war Europas Anerkennung als ein unabhängiger und souveräner Staat. Doch alle Versuche, direkte Kontakte zu den Briten zu knüpfen, waren fehlgeschlagen, weil der Hof von Ava ein ums andere Mal belehrt wurde, dass die englisch-burmesischen Beziehungen von der britischen Kolonialregierung in Kalkutta abgewickelt würden und nicht (wie es einem wahrhaft souveränen Staat zugestanden hätte) über das Auswärtige Amt in London. Nun hofften die Burmesen eben, dass sie wenigstens die diplomatischen Kosten künftiger britischer Abenteuer zu Lasten Mandalays erhöhen könnten, wenn sie freundschaftliche Bande zu den Franzosen knüpften.

Zu Beginn des Jahres 1884 wurde in Paris ein Vertrag zwischen dem Quai d'Orsay und einer vom *myoza* (Stammesfürst) von Myothit geleiteten burmesischen Gesandtschaft geschlossen. Es war weder ein offizieller Bündnisvertrag noch eine militärische Vereinbarung, noch war vorgesehen, einen politischen Bevollmächtigten der Franzosen in Mandalay zu stationieren. Es gab in dieser letztlich rein wirtschaftlichen Vereinbarung nichts, worüber sich London wirklich hätte aufregen müssen. Doch das hinderte die britische Presse in Kalkutta oder die ruhelosen britischen Handelshäuser in Rangoon nicht daran, Geschichten über irgendwelche Geheimklauseln in diesem Vertrag zu verbreiten – wo Burmesen und Franzosen beteiligt waren, da musste einfach mehr dahinterstecken.

Viele Jahre später machte das Gerücht die Runde, dass die unerwiderte Liebe einer schönen eurasischen Hofdame der burmesischen Königin zu einem französischen Beamten wesentlich Schuld am Fall des Königreichs getragen habe. Die Hofdame Mattie Calogreedy (die spätere Mrs. Mattie Calogreedy Antram) war als Tochter eines griechischen Vaters und einer burmesischen Mutter in Mandalay geboren worden und eine der vielen jungen Damen im Westpalast.[7] Als junges Mädchen hatte sie sich unsterblich in einen Franzosen verliebt, der als Ingenieur in königlichen Diensten stand, und da die Affäre bereits bekannt geworden war, hatte Mattie Calogreedy auf eine baldige

Verlobung gehofft. Doch dann kehrte Pierre Bonvilain, so hieß dieser Mann, mit einer frisch angetrauten französischen Ehefrau von einem Aufenthalt in Paris zurück. Mattie fühlte sich erniedrigt und war wütend. Sie sann auf Rache, und zwar nicht nur an ihrem einstigen Liebhaber, sondern gleich an der ganzen französischen Nation.

Zu ihrem Glück gab es jemanden, den sie zu ihren Zwecken nutzen konnte, einen burmesischen Beamten, der wahrscheinlich schon mehrfach erfolglos versucht hatte, sie zu verführen. Sein Name war Naymyo Theiddi Kyawtin. Er hatte auf Staatskosten in England studiert und 1872 eine königlich-burmesische Abordnung zu Queen Victoria begleitet. Im Jahr 1885 diente der fließend Englisch und Französisch sprechende Beamte mit einem Hang zu teurem Whiskey als nachgeordneter Sekretär im Staatsrat und hatte deshalb privilegierten Zugang zu Geheimpapieren. Mattie Calogreedy erklärte sich also bereit, mit ihm das Bett zu teilen, sofern er einwilligte, sie Einblick in ein bestimmtes Geheimdokument nehmen zu lassen. Der Legende nach fiel dieses Papier dann prompt in die flinken Hände des italienischen Spions Giovanni Andreino.

Giovanni Andreino war Schmied und Leierkastenmann in Neapel gewesen, bevor er auf Einladung seines Bruders, des römisch-katholischen Bischofs, nach Burma kam. Binnen weniger Jahre schaffte es der ehrgeizige und skrupellose Mann, ins Zentrum des Palastklatsches zu rücken. Und weil er scheinbar so vertraut mit den Gebräuchen an diesem asiatischen Hof war, ernannten ihn gleich drei der größten britischen Unternehmen – Finlay Flemming, die Bombay Burmah Trading Corporation und die Irrawaddy Flotilla Company – zu ihrem Repräsentanten. Dann machte Rom ihn zum italienischen Konsul, und die Briten rekrutierten ihn als ihren Mann in Mandalay.

Vermutlich wird man nie herausfinden, wie die Geschichte wirklich war. Andreino behauptete jedenfalls, im Besitz der Kopie eines Geheimschreibens von Jules Ferry an den burmesischen Außenminister zu sein, in dem diesem Waffen aus Frankreich versprochen wurden, die aus Tonkin über den Mekong geschmuggelt werden sollten, und zwar im Gegenzug für ein französisches Monopol über die sagenhaften königlichen Jademinen im nördlichen Hochland und noch so manches mehr. Die Nachricht über diese »Geheimvereinbarung« löste einen Sturm der Entrüstung unter den Angelsachsen aus. Endlich hatte Lord Churchill seine Begründung. Auch der Redaktion der Londoner *Times* reichte diese Geschichte, um im September 1885 zu erklären, dass eine Invasion Burmas nunmehr »unanfechtbar« sei.

Doch Churchill musste vorsichtig sein. Das Letzte, was er (oder irgendwer sonst in der britischen Regierung) wollte, war ein Krieg gegen Burma, der sich zu einem ungewollten Krieg gegen Frankreich ausweiten würde. Die Bedrohung einer französischen Expansion war zwar ein guter Vorwand für eine Invasion, doch die Briten mussten absolut sichergehen, dass die Franzosen Thibaw nicht *wirklich* zu Hilfe eilen würden. Wenn Frankreich zu diesem Zeitpunkt eine klare Haltung eingenommen und erklärt hätte, dass es gar keine Geheimabsprachen gab, oder wenn man dort irgendwelche Einschüchterungsversuche gemacht und verdeutlicht hätte, dass man in einer solchen Notlage mit Burma sympathisieren (Thibaw also zur Hand gehen) würde, dann hätte Churchill sehr wahrscheinlich Abstand von seinen Plänen genommen. Aber die Franzosen dementierten weder irgendwelche Machenschaften, noch legten sie nahe, dass sie auch nur einen Finger rühren würden, um die Unabhängigkeit Burmas zu retten. Die Straße nach Mandalay war frei. Nun blieb nur noch eines: ein angemessener Casus belli. Da lieferten die Burmesen wie gerufen eine Provokation.

Am 12. August verurteilte der burmesische Staatsrat die Bombay Burmah Trading Corporation zu einer hohen Geldbuße von über hunderttausend Rupien. Ein burmesischer Provinzgouverneur hatte die in Rangoon stationierte schottische Gesellschaft beschuldigt, illegal unter Umgehung der entsprechenden Lizenzgebühren Holz aus Oberburma auszuführen. Die Gesellschaft hatte Berufung gegen die Geldstrafe eingelegt, der Hof in Mandalay die Entscheidung des Gouverneurs aber bestätigt. Obwohl die Gesellschaft dann sogar anbot, ihre Bücher offenzulegen, und der britische Bevollmächtigte in Rangoon eine unparteiische Schlichtung vorschlug, ließ sich der Hof von Ava nicht erweichen. Daraufhin reichte die Londoner Handelskammer bei Lord Churchill den Antrag ein, Oberburma zu annektieren oder zumindest ein Protektorat über das lästige Königreich zu errichten. Wer auch immer in diesem Fall im Recht gewesen war (die Schuld an der ganzen Sache trugen sehr wahrscheinlich korrupte burmesische Beamte), für Lord Churchill hätte der Zeitpunkt jedenfalls nicht günstiger sein können.

Am 22. Oktober wurde dem Hof von Ava per Dampfschiff ein Ultimatum mit Stichtag 10. November geschickt, das folgende Forderungen enthielt: (1) Die Summe der Geldbuße sollte für eine Schlichtung verwendet werden; (2) ein britischer Resident sollte in Mandalay mit »angemessener Ehrengarde und einem Dampfer« empfangen werden und ungehinderten Zugang zum König bekommen, ohne sich »irgendeiner erniedrigenden Zeremonie« unterwerfen zu müssen (womit im Wesentlichen gemeint war, dass er nicht gezwungen werden dürfe, vor Betreten des Palastes nach burmesischer Sitte die Schuhe auszuziehen); und (3) sollten die Burmesen ihre auswärtigen Beziehungen künftig nur noch in Abstimmung mit der Regierung von Britisch-Indien gestalten, »so wie es derzeit vom Amir von Afghanistan gepflegt wird«. Letzteres war praktisch nichts anderes als die Forderung auf den Verzicht jeglicher Souveränität. Als Zugabe forderte das Ultimatum von den Burmesen noch die Eröffnung einer Handelsroute mit China für britische Firmen.

Der König und seine Minister wussten, dass sie keine große Wahl hatten. Fast jeder war sich im Klaren, dass die burmesische Verteidigung in einem erbärmlichen Zustand war. Die Unterwassersprengstoffe würden nicht rechtzeitig ausgelegt werden können, und für das Versenken der königlichen Dampfschiffe zur Blockade des mittleren Irrawaddy waren noch nicht einmal die nötigen Vorbereitungen getroffen worden. Es gab mehrere europäische Ausbilder und Berater im Land, doch das war ein ziemlich bunter Haufen, darunter Abenteurer wie Joseph Henri de Facieu, der Sohn eines Obersten aus Napoleons Kürassierregiment, der zuerst in den Diensten eines indischen Fürsten gestanden und dann den Briten gedient hatte, bevor er schließlich seine neue Heimstatt in Thibaws Armee fand. Doch als die Minister nun ungläubig auf das Ultimatum starrten, konnten sie es nicht über sich bringen, Burmas Unabhängigkeit einfach hinzugeben. Sie entwarfen eine Antwort, die alle Forderung der Briten akzeptierte, ausgenommen die Hingabe der Unabhängigkeit. Offensichtlich hofften sie auf eine Kompromissformel, denn sie schlugen vor, dass Großbritannien, Frankreich und Deutschland den Status von Burma entscheiden sollten.

Sie hatten begriffen, dass ihnen ein Krieg bevorstand, sich jedoch gegen eine Generalmobilmachung entschieden. Niemand machte sich noch Illusionen über den Ausgang eines solchen Krieges. Sie würden einfach ihr Bestes tun, dazu alles einsetzen, was ihnen zur Verfügung stand, und den Rest dem Schicksal überlassen. Die Verteidigung des Reiches wurde dem Stammesfürsten von Salay übertragen. Dann wurden drei Kolonnen aufgestellt: eine am unteren Irrawaddy unter dem Befehl des Kavalleriegenerals Mingyi Thiri Maha Zeyya Kyawdiun, der erst kurz zuvor von einem Feldzug an der chinesischen Grenze zurückgekehrt war; eine zweite im Großen Tal unter dem Befehl eines Oberst des Cachar-Reiterregiments, Mingyi Minkaung Mindin Raza, und schließlich die Toungoo-Kolonne unter dem Befehl des Obersten des Shwaylan-Infanterieregiments, Mingyi Maha Minkaung Nawrata.

Das war nicht gerade ein grandioses Heer, kein Vergleich mit den Armeen der königlichen Vorfahren, die selbst Angriffskriege gegen Siam und Assam geführt und vor vielen Jahrzehnten das Land gegen China verteidigt hatten. Viel zu viele Bataillone waren in den abgelegenen Shan-Bergen damit beschäftigt, verlorene Fürstentümer zurückzuerobern, oder versuchten gerade, Aufstände in den stromaufwärts gelegenen Grenzorten niederzuschlagen. Bestenfalls konnte Salay fünfzehntausend reguläre Soldaten gegen die englischen Invasoren aufbieten.

On the road to Mandalay,
Where the old Flotilla lay,
With our sick beneath the awnings when we went to Mandalay!*
(Rudyard Kipling)

In den Tagen vor Kriegsbeginn pflegten die Bewohner von Thayetmyo ans Flussufer zu kommen, um die beeindruckenden Dampfschiffe und die in Khaki gewandeten Soldaten von Sir Harry Prendergasts Burma Expeditionary Force mit eigenen Augen zu sehen. Thayetmyo (»Mangostadt«) war eine kleine Bezirkshauptstadt mit rund zehntausend Einwohnern und einer zunehmend profitableren Silberwarenindustrie.

---

* Auf der Straße nach Mandalay,/ An der alten Flottille vorbei,/ Mit unsren Kranken unter den Planen auf unsrem Weg nach Mandalay! (Übers. v. Yvonne Badal. Das Gedicht wurde nie ins Deutsche übertragen.)

Ihre Bewohner hatten nun schon seit über dreißig Jahren unter britischer Herrschaft gelebt, deshalb war der Anblick von uniformierten Europäern, Sikhs oder Muslimen aus dem Punjab nicht wirklich neu für sie. Was jedoch beträchtliches Aufsehen erregte, war ein Anblick, den niemand erwartet hatte: In einem breiten Sessel am Bug eines der Dampfschiffe saß in all seiner Pracht ein burmesischer Fürst, umgeben von Dienern in den weißen Seidenjacken des königlichen Palastes. Einige knieten sogar vor ihm. So mancher Anwohner glaubte deshalb, dass es sich um den *mintha* (Prinzen) Myingun handelte, einen älteren Bruder Thibaws, der viele Jahre zuvor einen gescheiterten Aufstand angeführt hatte und den man seither in Bangkok wähnte. Andere waren sich sicher, dass es Prinz Nyaunggyan sei, ein anderer exilierter Angehöriger der königlichen Familie, den man in Kalkutta vermutete. Wie auch immer, kaum hatten sich diese Spekulationen herumgesprochen, waren die Menschen beruhigt – die Briten wollten also nur einen neuen König auf den Thron setzen; nun ja, Thibaw würde entthront werden, aber das Königtum und die Monarchie wären gesichert. Vielleicht veränderte sich damit ja sogar alles zum Besseren?

In dieser Woche machte der junge Maung Pein gerade Ferien im Haus seiner Eltern. Er studierte an der britischen Beamtenakademie von Rangoon und stammte von einer Linie lokaler Stammesfürsten ab. Schon mehrere seiner Vorfahren hatten dem Hof von Ava gedient. Als man seinen Eltern nun von dem Prinzen an Bord des Schiffes berichtete, beschlossen Maung Pein und sein Vater, zum Fluss zu gehen und so viel als möglich herauszufinden. Ein burmesischer Beamter namens Naymyo Thiri Kyawtin Nawrata, der am Abend zuvor den Befehl erhalten hatte, sich dem Vorstoß der Briten nicht in den Weg zu stellen, begleitete sie auf ihrem Spaziergang.

Neugierig fragte sich der junge Student, der fließend Englisch sprach, an den diversen Wachposten vorbei und schlenderte auf das Dampfschiff zu, wo er dann jedoch keinen Prinzen von Ava vorfand, sondern Maung Ba Than, einen einstigen Schüler seiner Akademie, der inzwischen Bürogehilfe im Amt des Hochkommissars in Rangoon war. Das Ganze war eine List! Er rannte zurück und berichtete seinem Vater und dem burmesischen Beamten von diesem Betrug. Sie versuchten ein Telegramm nach Mandalay zu schicken, aber die Telegrafenleitung war bereits gekappt worden. So kam es, dass die Menschen entlang der ganzen Invasionsstrecke überzeugt blieben, dass demnächst nur ein anderer Prinz königlichen Geblüts auf dem Thron sitzen würde.[8]

Als die ersten britischen Dampfer, die *Irrawaddy* und die *Kathleen*, bei Tagesanbruch am 14. November die Grenze überquerten, wurden sie von keinen schwer bemannten burmesischen Stellungen empfangen, nur von ein paar Salven aus den unsichtbaren Gewehren von Soldaten, die sich in den flachen Hügeln versteckt hielten, von denen man den Fluss überblicken konnte. General Prendergast verstand zwar, weshalb Lord Churchill verlangt hatte, Mandalay bis zum Öffnen der Wahllokale am 25. November einzunehmen, wollte sich aber nicht dem Befehl widersetzen, jeden blutigen Konflikt zu vermeiden, und deshalb lieber umsichtig vorgehen. Außerdem waren viele seiner Männer schon vor Ausbruch der Kämpfe an Ruhr und Fieber erkrankt und lagen seither in ihren Kojen.

Die erste und einzig wirkliche Schlacht dieses Krieges fand gleich zu Beginn ein paar Kilometer nördlich der Grenze statt, kurz nachdem sich die Flottille in Bewegung gesetzt hatte.[9] Die burmesische Garnison stand unter dem Kommando eines Schwiegersohns von Thibaws Kriegsminister, des Myoza von Taingdar. Die Briten wurden von Brigadegeneral George White geführt, der sich im späteren Burenkrieg als Verteidiger von Ladysmith beträchtlichen Ruhm erwerben sollte. Das erste Fort wurde fast mühelos überrannt, das zweite am gegenüberliegenden Ufer konnte erst nach schweren Kämpfen eingenommen werden. Mindestens hundert burmesische Soldaten fielen. Auf der britischen Seite gab es wesentlich geringere Verluste: drei indische Soldaten und ein junger englischer Offizier, Leutnant Dury, der ein vielversprechendes Talent und Klassenkamerad von Rudyard Kipling gewesen war. Der Dichter gedachte seiner in dem Poem »Arithmetic on the Frontier«: *The Crammer's boast, the Squadron's pride, Shot like a rabbit in a ride!**

Die Wucht des burmesischen Widerstands hatte Prendergast überrascht. Deshalb beschloss er nun, immer nur einen Schritt nach dem anderen vorzugehen. Zu seinem Glück konnte er sich inzwischen auf

---

* Des Paukers Stolz, der Schwadron Ehr, wie ein Has' gefällt vom Sattelgewehr! (Übers. v. Yvonne Badal. Das Gedicht wurde nie ins Deutsche übertragen.)

detaillierte Zeichnungen der burmesischen Festungsanlagen und anderer Verteidigungsstellungen stützen. Zwei Italiener, die Hauptmänner Camotto und Molinari, hatten sie vor der Einnahme der Forts einfach zurückgelassen. Als diese ehemaligen Offiziere der italienischen Armee von der burmesischen Regierung als militärische Berater angeheuert worden waren, muss deren Urteilsvermögen stark von Panik getrübt gewesen sein – in der Hitze des Gefechts hatte das Duo prompt schmachvoll Reißaus genommen und sämtliche Unterlagen inklusive dieser Zeichnungen zurückgelassen.

Für die Briten war der Rest dieses Krieges ein Kinderspiel. Die Burmesen hatten ihre Truppen rund hundertsechzig Kilometer nördlich der Grenze konzentriert, kurz vor den gewaltigen Ruinen der mittelalterlichen Stadt Pagan. Am 23. November landeten zwei Kompanien des Liverpool-Regiments und vier Kompanien der Britisch-Bengalischen Infanterie an den Ostufern des Irrawaddy und stießen in Richtung der Feste von Myingyan vor. Wirklicher Widerstand begegnete ihnen nicht, nur ein paar kleine Scharmützel hatten sie zu bestehen. In der Ferne konnten die Briten einen burmesischen General zu Pferde erkennen. Es war der Stammesfürst von Salay, der von einer Böschung auf sie herabblickte, umgeben von seinen Männern in ihren rot-, weiß- und magentafarbenen Röcken. Über den Köpfen der Offiziere schwebten zinnoberrote Schirme, das Erkennungsmerkmal des Kleinadels, hochgehalten von ihren Untergebenen. Salay hatte entschieden, nicht zu kämpfen und sich lieber mit seiner Armee zurückzuziehen, weg vom Fluss in die niedrig gelegenen Wälder im Osten. Später an diesem Tag telegrafierte er nach Mandalay, dass Myingyan gefallen sei und nur noch die großen Befestigungsanlagen um Ava zwischen den Briten und Mandalay lägen.

Der Kinwun* Mingyi, ein Überlebenskünstler, inzwischen über sechzig und ein schmächtiger, ergrauter Mann mit einem buschigen

---

* »Kinwun« ist einer der vielen Titel und Anreden des Mannes, der diese Funktion jeweils innehatte. Dieser Titel blieb wohl nur deshalb mehr in Erinnerung als die anderen, weil er sich auf ein militärisches Amt bezog. Diesen spezifischen Kinwun kannte man auch als den Stammesfürsten von Legaing; sein Eigenname war U Kaung. »U« ist im Burmesischen eine ehrende Anrede, in etwa mit der Anrede »Herr« (im altertümlichen Sprachgebrauch) zu vergleichen, und bezeichnet traditionell einen Ehrenmann von Stand.

Schnurrbart, hatte im Laufe der letzten dreißig Jahre am Hof von Ava zwei Herrscher und viele Aufstände überlebt. Weil er ein Rechtsgelehrter war, der raffiniert und feingeistig zu formulieren wusste, hatte er die Rangleiter in den Palastkreisen erklommen, und weil er 1872 die königlich-burmesische Abordnung an den Hof von Queen Victoria geführt hatte, war er zu einem angesehenen Diplomaten geworden. Dieser Reise war zwar nur wenig Erfolg beschieden gewesen, doch das Tagebuch, das er zur Erbauung der Hofdamen über die lange Fahrt nach und von London geschrieben hatte, wurde zu einem Bestseller. Vor dieser Mission war er in den Rang eines Staatssekretärs erhoben worden, nach seiner Rückkehr wurde er mit neuen Titeln und ehrenden Anreden überhäuft.

Allerdings konnte er in seinem Tagebuch nur schwer vermitteln, in welchem Maße die Erfahrungen, die er in der Welt außerhalb Burmas und insbesondere im spätviktorianischen England gesammelt hatte, ein für alle Mal seinen Standpunkt bei der Frage verändert hatten, was sein Land durch Beziehungen zu den größten Industrie- und Militärmächten jener Tage erreichen konnte und was nicht. Man hatte ihm die Britischen Inseln der Länge und Breite nach vorgeführt, und er hatte aus erster Hand gesehen, woher das Britische Empire seine Stärke bezog und womit es seine Fähigkeiten schulte.

Nachdem König Mindon 1878 gestorben war, hatte der Kinwun eine Mehrparteienkoalition am Hof geschmiedet und den einundzwanzigjährigen Thibaw auf den Thron gehievt, in der Hoffnung, dass er ein schwacher König sein oder zumindest ein offenes Ohr für seine Reformpläne haben würde. Er und die anderen reformfreudigen Edelmänner, von denen viele in den sechziger und siebziger Jahren des 19. Jahrhunderts in Europa ausgebildet worden waren, hatten gewusst, dass die Zeit gegen sie spielte. Nur eine radikale Reform konnte ihr Königreich retten. Aber der Kinwun hatte nicht mit der Sturheit der reaktionären Royalisten gerechnet. Die meisten seiner Pläne verliefen im Sande, und die letzten Jahre waren eine einzige Reihe schwerer Enttäuschungen für ihn gewesen.

Und was nun, da die Engländer schon fast die Palasttore erreicht hatten? Militärischer Widerstand schien zwecklos. Für den Kinwun war das bei Hofe völlig Undenkbare – die Unterwerfung unter ein britisches Protektorat – allerdings gar nicht so inakzeptabel. Als Diplomat hatte er einst alles versucht, um Burmas Anerkennung als unabhängiger Staat von den Briten zu bekommen, und war gescheitert. Vielleicht würde ein solches Protektorat letztendlich Stabilität und dann den gewünschten Fortschritt bringen? Vielleicht war Prendergast genau deshalb mit seinen Schiffen und Maschinengewehren eingetroffen? Der Kinwun kannte die exilierten Prinzen gut. Wenn die Briten also gekommen waren, um einen von ihnen auf den Thron zu setzen, dann war das vielleicht nicht das schlechteste Szenario. Aber würde Thibaw kampflos aufgeben?

Als das Telegramm mit der Nachricht im Palast eintraf, dass die Engländer bereits Pagan hinter sich gelassen hatten, begann der König das Schlimmste zu befürchten. Der Gouverneur der Provinz von Mandalay, der Stammesfürst von Yindaw, schlug Thibaw vor, sich in die Shan-Berge zurückzuziehen, in jenen Ort, welchen die Briten später Maymyo nannten. Der für die Beziehungen zu China zuständige Minister setzte sich hingegen für eine Flucht auf dem Landweg in den Südosten und von dort über die Grenze nach Yunnan ein. Thibaw erwog beide Optionen, entschied dann aber, dass er sich, wenn er schon fliehen musste, lieber nach Shwebo in die Heimat seiner Ahnen zurückziehen wollte. Wenn die Dinge schlecht liefen, konnte er immer noch weiter in den Norden fliehen und über die Stammesfürstentümer von Wuntho und Mogaung im Hochland China erreichen.

Er befahl seinem Kriegsminister, dem Stammesfürsten von Taingdar, fünfzig Elefanten bereit zu machen und mit den königlichen Sänften zu bestücken. Jeder im Palast war angehalten, sich auf die Abreise vorzubereiten: Staatsbeamte aller Ränge, Hofdamen, die königliche Leibgarde Natshin-yway, ein Elitetrupp aus auserlesenen Männern, die über einen Meter achtzig groß sein mussten, sowie Hunderte von Dienern und Bediensteten, die königlichen Schwertträger und Schirmträger, und natürlich seine beiden kleinen Töchter (sein einziger Sohn war als Säugling an Pocken gestorben) und seine Frau, Königin Supayalat.[10]

Einige Höflinge erklärten ihm jedoch, dass es nicht gut sei, wenn er wegliefe, und gemahnten ihn an die Lehren der Geschichte. Sobald er den Palast verlassen hätte, würde sein Ansehen sinken. Und wenn ein König erst einmal sein Prestige verloren habe, »bleibt ihm nichts als sein Schirm«. Was war mit den Franzosen? Sie hatten einen Freundschaftsvertrag unterzeichnet, und das hatten auch die Deutschen und die Italiener getan. Waren diese etwa ihr Papier nicht wert? Thibaws Botschafter in Paris war nicht zu erreichen, weil die Briten die Telegrafenleitung über Rangoon gekappt hatten. Am 23. November berichtete der Kinwun jedoch, dass ihn Monsieur Frédéric Haas, der französische Konsul in Mandalay, aufgesucht und ihm erklärt habe, dass die Engländer bald eintreffen würden und Seine Majestät ihnen alles gewähren müsse, was sie forderten. Der Kinwun versuchte den nervösen König zu beruhigen und versprach, an seiner Seite zu bleiben und ihn zu beschützen »vor jedem Kummer und jeder Gefahr, die auf ihn zukommen könnten, niemals in Furcht verharrend, sondern mit tapferer Hinnahme des Kommenden«.

Prendergasts Feldheer stieß weiter vor und erreichte binnen zweier Tage die große Schleife des Irrawaddy, der an dieser Stelle anderthalb Kilometer breit ist. Dort hatten die Burmesen drei Befestigungsanlagen errichtet, eine bei der alten Königsstadt Ava, die beiden anderen am gegenüberliegenden Ufer. Die Garnison von Ava stand unter dem Kommando des Stammesfürsten von Myothit, jenes Ministers und Diplomaten, welcher nur wenige Jahre zuvor die burmesische Abordnung nach Frankreich geführt und im Palais de l'Élysée den Vertrag ausgehandelt hatte.

In den dunklen Holzhallen des Palastes setzten sich schließlich die Männer durch, die für eine Kapitulation und gegen einen Widerstand oder die Flucht waren. Binnen eines Tages würden Prendergasts Kanonen in Schussweite der Stadt Mandalay sein; man würde zwar noch eine widerstandsfähige Verteidigung organisieren können, doch zu diesem Zeitpunkt schien ein anderer Ausgang als der britische Sieg bereits nicht mehr vorstellbar. Vielleicht würden die Briten ja eine bedingungslose Kapitulation annehmen? Die Höflinge müssen gewusst haben, dass das Schicksal ihres Königs besiegelt war, glaubten aber vielleicht, wenigstens noch ihre eigenen Interessen und die ihres Standes wahren zu können.

Ende November ist das Wetter in Oberburma fast immer perfekt. Die Nächte sind kühl und die Tage unter einem wolkenlos blauen Himmel angenehm warm. Brigadegeneral White stand auf Deck der

Kathleen, als Ava in Sicht kam, und notierte: »Die Sonne ergoss eine Flut goldenen Lichtes auf die letzten Stunden der burmesischen Unabhängigkeit.«

Am Nachmittag desselben Tages tauchte der burmesische Dampfer *Yadana Yimun* auf. Er hatte die Pfauenfahne des Hofes von Ava und die weiße Flagge gehisst. Im Schlepp fuhr eine von vierundvierzig Ruderern getriebene vergoldete Königsbarke mit zwei Emissären des Königs an Bord, den beiden Stammesfürsten von Kyaukmyaung und Wetmasut. Die Abgesandten, den Kopf zum Schutz vor der Sonne mit großen Schlapphüten bedeckt, baten um einen Waffenstillstand und genügend Zeit, um den Forderungen Londons nachkommen zu können. Prendergast, der sie freundlich willkommen geheißen hatte, lehnte eine Waffenruhe ab, erklärte jedoch, dass das Leben des Königs verschont werde, wenn Thibaw sich, sein Heer und Mandalay ergebe und alle Europäer in Mandalay »unbeschadet an Leib und Besitz« aufgefunden würden. Andere Garantien könne er nicht geben. Er gewährte den Emissären eine Frist bis zum 27. November um vier Uhr morgens: eineinhalb Tage.[11]

Das Ende der Frist kam und verstrich. Erst um zehn Uhr vormittags erschienen die Abgesandten endlich mit der Nachricht von Thibaws Kapitulation. Die Briten hatten natürlich gewusst, dass die Blockade des Flusses – die Burmesen hatten dort ein Dampfschiff und mehrere kleinere Boote versenkt und dann mit Sand und Steinen aufgefüllt – ihr Kommen verzögert hatte. Gleich nach der Kapitulationserklärung erging der Befehl an alle burmesischen Soldaten in der Region, die Waffen niederzulegen. Aber der Stammesfürst von Myothit (der Kommandeur des Forts) weigerte sich, die Authentizität von Kyaukmyaungs Botschaft anzuerkennen, und bestand auf einem direkten Befehl seines Königs. Kyauk-myaung war ein an der Sorbonne ausgebildeter Reformer, der, was allseits bekannt war, seit Langem zu einem Ausgleich mit London geraten hatte. Deshalb hatte sich Myothit erst zum Abzug bereit erklärt, als eine Meldung in burmesischem Morsecode in Ava eintraf, die von Thibaw höchstpersönlich gezeichnet war. Schnell tauchten seine Männer in den Dörfern der Umgebung unter und ließen dabei stapelweise Martini-Gewehre zurück. Myothit stand da und weinte, als er sah, wie sich die britischen Dampfschiffe langsam einen Weg in die sechzehn Kilometer entfernte Königsstadt pflügten.

Etwas von diesem Tag brannte sich besonders in das kollektive burmesische Gedächtnis ein: Ab ungefähr sieben Uhr abends bis zum Morgengrauen des nächsten Tages waren tausende Sternschnuppen zu sehen, die in alle Himmelsrichtungen stoben, aufblitzten und verglühten. Die Menschen fragten sich, was dieses Omen zu bedeuten habe. Tatsächlich waren es die Andromediden, einer der gewaltigsten Meteoritenschauer jüngerer Zeit, man konnte ihn auf der ganzen Erde beobachten. Den geschulten burmesischen Astrologen gaben sie jedoch Anlass zu der Prophezeiung, dass dem Land und dem Buddhismus schwere Zeiten bevorstünden.

General Prendergast ging um ein Uhr nachmittags am 28. November in Mandalay an Land. Es sollte ein berühmtes Datum in der burmesischen Geschichte werden – der burmesische Kalender gedenkt seiner als dem achten Tag des abnehmenden Mondes vor dem Tasaungmon (Schützen). Um drei Uhr näherte sich sein Politoffizier Sir Edward Sladen hoch zu Ross mit einer kleinen bewaffneten Eskorte den Südtoren. Menschenmassen hatten sich entlang der breiten Straße versammelt, die vom Fluss zu den Stadtmauern führte. Sladen, einst der britische Resident in Mandalay und der burmesischen Sprache mächtig, sah einen Minister auf einem herausgeputzten Elefanten auf ihn zustürmen, der ihn dann anflehte, noch keine Soldaten in die Vorhöfe des Palastes zu schicken. Sladen hinterließ Prendergast eine Nachricht am Tor und bat ihn, ihm etwas Zeit zu lassen. Dann machte er sich alleine auf den Weg.[12]

Edward Sladen stieg die weiß getünchte Steintreppe hinauf und betrat die dunklen, mit dicken Teppichen ausgelegten inneren Räume des Palastes. Eskortiert vom Kinwun, ging er schnellen Schrittes auf die Stelle zu, wo der König flankiert von der Königin und seiner Schwiegermutter saß. Thibaw begrüßte den Engländer nervös, dann fragte er ihn, ob er sich noch an ihre früheren Begegnungen erinnere, nahm schließlich allen Mut zusammen, blickte ihn geradeheraus an und sagte »auf eine sehr formelle und beeindruckende Weise: ›Ich liefere mich und mein Land an Sie aus.‹« Dann bat Thibaw um ein, zwei Tage Zeit, um seine Abreise vorbereiten zu können, erklärte aber, dass er währenddessen nicht mehr im Hauptpalast, sondern im nahe gelegenen Sommerpavillon weilen würde, und teilte dem Politoffizier auch seine Sorge um Supayalat mit, die im siebten Monat schwanger war. Sladen lehnte jede Verzögerung ab und gab ihm nur bis zum nächsten Morgen Zeit, versprach aber, dass bis dahin kein britischer Soldat den Palast betreten würde. Mit diesen Worten drehte er sich um und ging.

Bald war es dunkel, und mit der Dunkelheit brach Chaos im Palast aus. Die alten Gewissheiten des Palastlebens und die alte Disziplin in seinen Hallen hatten sich in dem Moment aufgelöst, als klar geworden war, dass von nun an eine ausländische Besatzungsmacht herrschen würde. Einige reagierten mit Schock, die meisten aber ließen sich vom Gedanken an die bevorstehende Unsicherheit dazu hinreißen, nach allem zu grabschen, was ihnen in die Hände fiel, um sich selbst so gut es nur ging für die kommende Zeit zu rüsten. Kam ein neuer König? Oder stand die Herrschaft der Engländer bevor, etwas, das sich die wenigsten auch nur vorstellen konnten? Prendergast hatte den Befehl erteilt, dass kein Mann den Palast betreten oder verlassen durfte. Aber über Frauen hatte er nichts gesagt. Also schlüpften im Laufe dieser Nacht Dutzende, womöglich hunderte Frauen aus der Gegend durch die Westtore in den Palast und griffen sich alles, was irgendwie wertvoll aussah. Die Leibgarde hatte den König in Stich gelassen, auch von den dreihundert Hofdamen waren nur siebzehn geblieben. Und auch die, die geflohen waren, hatten sich jeden Wertgegenstand gegriffen, den sie tragen konnten.

Thibaw war inzwischen außer sich vor Furcht. Er war sich gewiss, dass jeden Moment Soldaten durch die Tür brechen und ihn auf der Stelle erschießen würden. Als Sladen am nächsten Morgen eintraf, stellte er fest, dass der König und die Königin praktisch völlig alleine und unbewacht waren und Thibaw über Nacht alle noch übrigen Goldgefäße zusammengetragen hatte, all die Familienerbstücke und Nachlässe seiner Dynastie, die von den burmesischen Königen bei Staatsakten benutzt worden waren, und sie zu einem kleinen Haufen in einer Ecke des Raumes aufgetürmt hatte. Sladen war in Begleitung von Gardisten aus dem Siebenundsechzigsten South Hampshire Regiment. Vor den englischen Soldaten fürchtete sich Thibaw nicht, doch als dann ein Offiziersbursche, ein Schwarzer, hereinkam, um seinem Herrn etwas zu bringen, »war Thibaw sehr verstört und fragte, ob er der Scharfrichter sei«.[13]

General Prendergast selbst erschien erst am Mittag. Sladen informierte ihn, dass der König bereit sei, ihn zu empfangen. Die großen Holztore wurden aufgerissen, und die Männer mit den Tropenhelmen marschierten hindurch. Vor den Stufen zur Haupthalle machten sie halt, um sich mit aufgepflanzten Seitengewehren in Reih und Glied aufzustellen. Als Nächste kamen die burmesischen Staatsminister, angeführt vom Kinwun und dem Stammesfürsten von Taingdar. Gemeinsam durchschritten sie die von Teaksäulen gesäumten Thronsäle, die kleineren Salons und Hallen, die Gemächer voller französischer Spiegel, persischer Teppiche und Glasmosaiken bis zu der hölzernen Freitreppe, die in einen hinteren Teil der Palastgärten führte. Hier, beschattet von hohen Palmen, stand der Sommerpavillon mit den Gaslaternen davor. Ein gepflasterter Gehweg führte zu ihm, vorbei an einem künstlich angelegten kleinen Teich.

Thibaw saß wie versteinert auf der Veranda. Den königlichen Damen hinter ihm war deutlich die Furcht anzusehen, während ihre Blicke zwischen Sladen, Prendergast und den Seitengewehren der schwarz gestiefelten Soldaten hin und her wanderten. Gerade kam hie und da zwischen den Wolken die Sonne hervor, nachdem ein für die Jahreszeit ungewöhnlicher Nieselregen aufgehört hatte. Prendergast verbeugte sich einmal, Thibaws Minister warfen sich noch ein letztes Mal in ihren langen dunklen Samtmänteln vor ihrem Herrscher in den Staub.

Den König erwartete keine feierliche Prozession. Gemeinsam mit seiner jungen Familie und dem Dienergefolge wurde er zu ein paar gewöhnlichen Ochsenkarren geführt, die unmittelbar vor der inneren Palastanlage gewartet hatten. Dann wurden sie, eskortiert von den Siebenundsechziger-Infanteristen, durch das südliche Kyaw-Moe-Tor (»Glückverheißender Himmel«) und über den Wassergraben mit den vielen Seerosen gekarrt. Der Hauptmann der königlichen Artillerie, der Stammesfürst von Mabai, und der Schatzmeister des Königs, der Stammesfürst von Paukmyaing, folgten mit den königlichen Insignien. Zwei Hofminister, die Stammesfürsten von Wetmasut und Pindalay, hielten je einen weißen Schirm, das Symbol der Königswürde, über Thibaws klappriges Holzgefährt.

Mittlerweile hatte sich eine Menge Volk entlang der breiten Straße versammelt, die von der befestigten Stadt zum Govinda-Kai in fünf

Kilometern Entfernung führte. Beim Anblick ihres Königs sanken die Männer, Frauen und Kinder instinktiv auf die Knie. Viele weinten. Einige schrien den uniformierten Engländern, die die gefangene Familie eingekreist hatten, Beschimpfungen zu, auch ein paar Steine und Erdklumpen flogen, als sich der Zug langsam einen Weg durch die immer dichtere Menge bahnte. Thibaw verharrte regungslos während der Fahrt, nur Supayalat rief den jungen Soldaten nervös etwas zu, woraufhin mehrere von ihnen herbeieilten und sich eine von ihr angebotene Zigarre anzündeten.

Es dämmerte schon, als sie den Fluss erreichten. Ein schmaler Holzsteg verband das Ufer mit dem Dampfschiff *Thooreah*. Während Thibaws Diener einen großen weißen Schirm über sein Haupt hielten, bestieg der achtundzwanzigjährige König unter den Blicken eines Schwarms von Engländern, Burmesen und Indern das Schiff, um weder Mandalay noch Burma jemals wiederzusehen.

DER TAG DANACH

Das Volk dieses Landes hat uns nicht, wie von so manchem erwartet, als die Befreier aus der Tyrannei willkommen geheißen.
– Der Stellvertretende Gouverneur für Oberburma
an den Hochkommissar[14]

Letztendlich war der Krieg in Burma für Randolph Churchill und die konservative Partei weder notwendig noch besonders hilfreich gewesen. Am 21. November, gerade als Prendergasts Flotte in Richtung der Tempel von Pagan in den Norden unterwegs war, hatte Charles Parnell eine Erklärung abgegeben, in der er Gladstone brandmarkte und alle Iren in England aufforderte, für die Tories zu stimmen. Dank des großen irischen Blocks war ein Patt entstanden, das für einen äußerst knappen Wahlausgang sorgte. Die Wahllokale hatten am 25. November aufgemacht, als Prendergast noch in der Nähe von Ava ankerte. Die Kapitulation von Mandalay fand nicht bis zum Schließen der Wahllokale statt, wie Churchill gehofft hatte, sondern während des wilden parteipolitischen Gezänks, das in den Tagen darauf einsetzte. Parnell trat einer konservativen Regierung unter Salisbury bei, änderte seine Meinung später aber wieder und verhalf Gladstone erneut an die Macht. Churchill wurde Schatzkanzler, zog sich jedoch ein Jahr später völlig von der politischen Bühne zurück. Zu diesem Zeitpunkt scherte sich niemand mehr um Burma. Am Morgen von Thibaws Abreise war in der *Times* ein Interview mit ihm erschienen, und in *The Illustrated London News* gab es ein paar farbige Schilderungen des Landes und ein paar Details über den Krieg, viel mehr war nicht. Kaum jemand hatte eine Vorahnung von dem bevorstehenden Blutbad.

Man war in den Krieg gezogen ohne irgendeinen Plan für die Zeit danach. Wie die Verantwortlichen für den Irak-Krieg hundertzwanzig Jahre später (und zwischenzeitlich für diverse Kolonialabenteuer) waren auch Churchill und all die anderen, die eine Politik des »Regimewechsels« verfochten hatten, immer nur vom Besten ausgegangen, nämlich davon, dass nach dem Sturz der Führungsspitze eine Verwaltung übrig bleibe, mit der die Sieger arbeiten könnten, und dass es alles in allem ein billiger Krieg sein werde, weil man nur das Regime entmachten und dann eine neue, gefügigere Regierung einsetzen müsse. Deshalb sah man auch kaum Bedarf an einer ausgefeilten Besatzungsstrategie. Doch ebenso wie im Fall des Irak-Krieges im 21. Jahrhundert sollte sich dieses Best-Case-Szenario nie realisieren.

Der naheliegendste Plan wäre gewesen, einen anderen Prinzen aus der Konbaung-Dynastie als britische Marionette auf den vakanten Thron zu hieven. Das, was vom burmesischen Reich noch übrig geblieben war, Oberburma also, wäre dann entweder zu einem Protektorat geworden wie Nepal oder zu einem indischen Fürstenstaat wie Hyderabad oder Kaschmir. Der neue »Fürst von Oberburma« hätte unter der Oberaufsicht eines britischen Residenten gelebt und regiert, und die höfischen Gebräuche oder Gesetze des Schönen hätten von den Briten so reformiert werden können, dass sie der englischen Vorstellung von einer angemessenen asiatischen Monarchie besser entsprochen hätten. Thibaws Nachfolger hätten sogar sagenhaft reich werden und sich an der Rennbahn von Ascot und den Spieltischen von Monte Carlo zu ihren indischen Standesbrüdern gesellen können.

Die Regierung von Britisch-Indien hatte schon jahrelang einen von Thibaws Halbbrüdern, den Prinzen Nyaunggyan, in Kalkutta für genau diesen Fall auf Abruf gehalten. Als man am Bug eines von Prendergasts Schiffen die fürstliche Gestalt sitzen gesehen hatte, waren viele Burmesen davon ausgegangen, dass es sich um ihn handelte. Vielleicht hätte man, wäre dies wirklich der Fall gewesen, tatsächlich eine schnelle Kapitulation erreicht. In Wirklichkeit aber war der Prinz wenige Wochen zuvor gestorben, was jedoch streng geheim gehalten wurde, um den Erfolg der List, die man stattdessen nun plante, nicht zu gefährden. Dabei hätte es auch noch andere Optionen gegeben, etwa den jungen Prinzen Pyinmana, der zwar noch ein Halbwüchsiger war, den man deshalb aber umso besser zu einem Herrscher hätte formen können, der den Erwartungen und den Wünschen des spätviktorianischen Empires entsprochen hätte.

Die zweite Option war die simple Annexion: kein König und keine königliche Familie mehr. Thibaws Besitztümer bräuchten einfach nur einem britischen Hochkommissar oder Gouverneur unterstellt zu werden. Bei beiden Optionen konnte die alte Verwaltung – die Institutionen des Hofes von Ava und viele seiner turbantragenden oder behelmten Höflinge – teilweise oder sogar vollständig beibehalten werden. Und in keinem von beiden Fällen war noch eine Einmischungen von außen zu befürchten, weder von den Franzosen noch von irgendwem sonst. Stabilität und Handel wären unter dem Britischen Raj gesichert.

Bald dämmerte es jedoch sogar den optimistischsten Imperiumserbauern, dass man sich durch den Einmarsch nach Burma in eine äußerst chaotische Lage manövriert hatte. Der zentrale Ausgangspunkt bei der Burma-Politik von Whitehall – sofern es eine solche überhaupt gab – war die Überlegung gewesen, dass ein schneller und simpler Austausch der Spitze zu einer ebenso schnellen Unterwerfung und prompten Rückkehr zu einer normalen Regierung (mit einem König) führen würde. Aber genau das sollte sich nun als ein schrecklicher Irrtum erweisen.

Zuerst schienen die Dinge gar nicht so schlecht zu laufen. Hitze, Ungeziefer und das fremdartige Essen forderten zwar ihren Tribut, doch letztendlich war das Leben in Mandalay alles andere als uneinladend. Schnell hatten sich die üblichen Rituale und Gepflogenheiten der kolonialistischen Sieger im späten 19. Jahrhundert eingespielt. Britische Offiziere ließen sich mit den neuesten Untergebenen aus ihrem indischen Imperium vor den neuen exotischen Hintergründen fotografieren. Man sprach über Orden und Beförderungen, ein Beute-Komitee entschied, welche Schätze und Kunstwerke an welche Stelle in England und Irland gehen sollten und was zum Wohle der britisch-indischen Regierung verkauft werden könne. Königin Victoria erhielt Thibaws kostbarste Krone, an den Prince und die Princess of Wales gingen zwei geschnitzte Elefantenstoßzähne und eine goldene Buddha-Statue. Die größeren Räume des Palastes wurden nach nur wenigen Umdekorierungen in eine anglikanische Kapelle und einen ziemlich provisorischen Upper Burma Club verwandelt, der jedoch wenigstens über einen Billardtisch und eine passable Bar verfügte.

Es gab sogar ein paar erste Versuche, die Sensibilitäten der Burmesen ins Kalkül zu ziehen und das Volk für sich einzunehmen. Doch diese Bemühungen waren oft unpassend und stießen ebenso oft auf Unverständnis. Angemessenerweise hatte der weiße Elefant, das Symbol der Souveränität des Landes, nur Tage nach Thibaws Exilierung sein Leben ausgehaucht. Die Briten erlaubten eine gebührende Feuerbestattung in Anwesenheit der Hof-Brahmanen, ließen das tote Tier zu diesem Zweck dann jedoch vor den Augen einer schockierten Öffentlichkeit respektlos durch die Palasttore zerren. Für einen Burmesen war dieser Elefant ein außerordentliches, fast göttliches Wesen gewesen, das mit großem Respekt und ungemeiner Umsicht behandelt worden war. Hätte man den Leichnam des Königs durch die Straßen geschleift, hätte das kaum weniger Entsetzen ausgelöst.

Bis Weihnachten hatten sich das anfängliche Glück und der frohe Mut der Briten in Beunruhigung verwandelt, die an Panik grenzte. Am erloschenen Hof von Ava sahen sie sich mit zunehmend verstimmten Burmesen und sogar regelrechter Feindseligkeit konfrontiert, während umherziehende bewaffnete Banden die neue Ordnung im Hinterland noch direkter herausforderten. Thibaws Armee hatte sich aufgelöst, aber viele Männer waren mitsamt ihren Schwertern und Gewehren weggelaufen. Einige Regionen im Tal waren schon lange von Banditen heimgesucht worden, und nun begannen diese gemeinsame Sache mit den Soldaten zu machen, die in ihre Dörfer zurückgekehrt waren. Ständig wurden britische Patrouillen von einer praktisch unsichtbaren und offensichtlich führungslosen Armee aus dem Hinterhalt angegriffen. Wieder einmal, wie später im Irak, fragte man sich: Sind das übrig gebliebene Anhänger des alten Regimes? Sind es irgendwelche Extremisten? Oder sind es einfach nur Kriminelle, die sich die neue Lage zunutze machen? Niemand hatte eine Antwort.

Ein paar Beamte der alten burmesischen Regierung waren bereit, den Briten zu helfen, wenngleich auch sie nur auf oberflächlichste Weise. Viele packten ihre Habseligkeiten und verließen Mandalay. Harry Prendergasts Politoffiziere hatten gehofft, mit Thibaws höchstrangigem Minister, dem Kinwun, zusammenarbeiten zu können. Doch der hatte es vorgezogen – vielleicht, weil er ein schlechtes Gewissen hatte –, den einstigen König einen Teil des Weges ins indische Exil zu begleiten. Der zweithöchste Minister war der Stammesfürst von Taingdar gewesen, aber der war nun wieder als ein vehementer Englandhasser bekannt, weshalb die Briten auch bald einen Grund fanden, ihn ebenfalls nach Indien abzuschieben. Die noch übrigen königlichen Beamten wurden für die Dauer von einigen Wochen umorganisiert und der Oberaufsicht eines britischen Zivilisten, Sir Charles Bernard, unterstellt. Doch als sich dann ein ausgewachsener Aufstand abzuzeichnen begann, schienen selbst ihre Befehle keinen Eindruck mehr auf die einstigen königlichen Gouverneure und Garnisonskommandeure am Irrawaddy zu machen.

Es blieb schließlich dem nicht besonders einfallsreichen Iren Frederick Temple Hamilton-Temple Blackwood, Earl of Dufferin und Baron of Clandeboye, überlassen, sich mit diesem wachsenden Chaos zu befassen. Dufferin besaß eine Menge Großgrund im Norden von County Down und war vor einiger Zeit zum Vizekönig Indiens ernannt worden. Nach seiner Erziehung in Eton und Ausbildung am Christ Church College hatte er eine lange und herausragende Karriere im Dienste des Empires und seiner Diplomatie angetreten, zuerst als Generalgouverneur von Kanada, dann als Botschafter in Russland und im Osmanischen Reich. Politisch war er ein konservativ gesinnter Liberaler (»Whig«), doch er war auch Aristokrat und Großgrundbesitzer.[15] Angesichts der aufregenden und kontroversen Amtszeit seines vizeköniglichen Vorgängers Lord Ripon war Dufferin von der Königin mitgeteilt worden, dass sie kein allzu unabhängiges Denken von ihm erwartete; und er war nur allzu gerne bereit gewesen, diesem Wunsch zu entsprechen.

Ungeachtet aller Bedenken, die er vielleicht noch gehabt haben mochte (und ungeachtet auch der deutlich ausgesprochenen Befürchtungen seiner hohen Beamten), hatte sich Dufferin Churchills starker Führung gebeugt und sich einem Krieg gegen Burma nicht in den Weg gestellt. Und nun, da Churchill zu bedeutenderen Dingen übergegangen war, fiel die Verantwortung für Burmas Nachkriegszukunft ihm zu.

> *No more the Royal Umbrella.*
> *No more the Royal Palace,*
> *And the Royal City, no more.*
> *This is indeed an Age of Nothingness*
> *It would be better if we were dead.* *
> (Abt des Zibani-Klosters)[16]

Dem Volk von Mandalay blieben die Tage und Wochen nach der Abreise des Königs für immer ins Gedächtnis gebrannt. Noch fünfzig Jahre später, am Vorabend des Zweiten Weltkriegs, erinnerte sich Thakin Kodaw Hmaing, ein Führer der burmesischen Unabhängigkeitsbewegung, daran, wie er als Kind Thibaw und seine Familie beobachtet hatte, als sie von den britischen Soldaten über die staubigen Straßen der Stadt eskortiert wurden. Und für die zehntausend buddhistischen Mönche, die in der Hauptstadt und ihrer Umgebung lebten, war die Besetzung durch eine nichtbuddhistische Macht fast unmöglich zu begreifen. Mandalay war das Zentrum des religiösen Lebens von Burma und der König der Schutzherr von Dutzenden Klöstern und Klosterschulen in der Stadt und ihrer Umgebung gewesen. Plötzlich war ihr Patron verschwunden und ein ganzes System der höheren Bildung und religiösen Ausbildung fast über Nacht zusammengebrochen.

Die Hoffnungen der Hofbeamten von Ava auf eine milde Besatzung und die Inthronisierung eines anderen Prinzen schwanden schnell dahin. Als klar wurde, dass die Briten nicht beabsichtigten, das Land zu verlassen, sondern sogar überlegten, die Monarchie vollständig abzu-

---

* Kein königlicher Schirm mehr./ Kein königlicher Palast,/ Und die Königsstadt, sie ist nicht mehr./ Dies ist fürwahr das Zeitalter des Nichts/ Es wäre besser, wir wären tot.

schaffen, schlossen sich viele von Thibaws obersten Beamten unter der Führung des Kinwun zusammen, um eine formelle Eingabe beim Vizekönig zu machen: Er möge entweder eine konstitutionelle Monarchie errichten oder sie aus ihren verbliebenen Verantwortungen entlassen; würde man ihnen volle Amtsbefugnisse unter der Anleitung eines britischen Politoffiziers und einer königlichen Repräsentationsfigur gewähren, könnte es funktionieren und die Ordnung schnell wiederhergestellt werden; doch niemand könne erwarten, dass sie unter den herrschenden Bedingungen, ohne jedes Sagen über die Verwaltung der Hauptstadt und mit nur begrenzter Amtsgewalt über das Land etwas bewirken könnten. So seien sie weder Fisch noch Fleisch. Sie wollten eine Entscheidung.

Der Hoch- und Landadel, der Mandalay und das umgebende Land seit Jahrhunderten beherrscht hatte, reagierte unterschiedlich. Einige seiner Angehörigen wählten die Unterwerfung, darunter so hochrangige Militärs wie der Oberst der Yandana-Theinga-Kavallerie, ein Mann von großem Einfluss im Norden, der sich auf die Seite der Eroberer geschlagen hatte und dafür zum Oberhaupt seiner Dorfgemeinde ernannt worden war.

Andere, wie der Stammesfürst von Yamethin, waren nicht so schnell nachzugeben bereit. Er war Offizier in der Garde der königlichen Hofhaltung gewesen und hatte den Posten des Garnisonskommandeurs im Shan-Hochland innegehabt. Nun führte er sein Kindah-Regiment von den Bergen in die Wälder von Yamethin herab, um britische Stellungen zu drangsalieren. Auch sein entfernter Verwandter, der *sawbwa* (Fürst) von Wuntho weit oben im Norden, hatte beschlossen, Widerstand zu leisten, und deshalb die Stammesfürsten von Katha und Kyatpyin für den bevorstehenden Kampf um sich geschart. Der Stammesfürst des gleich südlich von Mandalay gelegenen Mekkaya, das Oberhaupt eines der ältesten Adelshäuser des Landes, ließ seine Männer ebenfalls gegen die Besatzer kämpfen: Sie griffen die jungen Soldaten aus Tyneside und South Wales aus dem Hinterhalt an, sobald diese durch das hohe Elefantengras oder über die Baumwoll- und Reisfelder stapften. Andere Widerstandsgruppen hatten sich mit notorischen Banditen wie Hla-U im unteren Chindwin-Tal oder wie Yan Nyun im Ödland des mittleren Irrawaddy zusammengetan, denn nachdem sich nun auch Gesetzlose einen patriotischen Anstrich geben konnten, hatten sie an Ansehen gewonnen; und das hatte es ihnen wiederum ermöglicht, gemeinsame Sache mit ihren einstigen royalistischen Feinden zu machen.[17]

Lord Dufferin traf am 3. Februar 1886 an Bord der SS *Clive* in Burma ein. Er befand sich in Begleitung seiner Frau, Lady Harriot Dufferin, sowie diverser Adjutanten und Berater, Dutzender von persönlichen Bediensteten und einer sehr hohen Zahl von Pferden, Kühen, Kälbern, Hühnern, Schafen und Wachteln. Später, nach seiner Pensionierung, wollte ihn seine dankbare Königin mit dem Titel eines Marquess belohnen (im Moment war er ein Earl) und sollte ihn deshalb bitten, einen indischen Ortsnamen zu finden, den er im Titel tragen wollte. Da er befürchtete, dass ein »Marquess of Dufferin and Delhi« oder der Titel eines »Marquess of Dufferin and Lucknow« (Lakhnau) die Gefühle der Inder empfindlich verletzen würde, nahm er von dieser Wahl Abstand. Und da er bereits als Generalgouverneur von Kanada gedient hatte, entschied er sich stattdessen für »Quebec«. Doch davon wollte Queen Victoria nichts wissen. Burmesische Namen verwarf Dufferin, weil er fand, dass sie »wie aus dem Mikado« klängen. Schließlich entschied er sich aber doch für einen – für den Namen des Hofes, den er gerade bezwungen hatte: Ava. Und dies war nun der Tag, an dem der Vizekönig diesen Hof zum ersten Mal besuchte.[18]

In der stickigen Nachmittagshitze saß Dufferin auf Thibaws Thron in Mandalay, bekleidet mit dem scharlachroten Waffenrock und federgeschmückten weißen Helm des Britischen Empires. Die mittlerweile ernüchterten Beamten aus der alten burmesischen Regierung blieben während seiner gesamten Ansprache stehen, was in einem Land, in dem man vor Vorgesetzten zu knien pflegte, eine Demonstration beträchtlicher Respektlosigkeit war. Die anschließenden Gespräche waren für keine Seite besonders erquicklich. Der Kinwun und seine Kollegen hatten jede Hoffnung auf eine erträgliche Zukunft verloren, während Dufferin die Burmesen als lästiges Geschmeiß betrachtete, das es nicht wert war, sich noch länger mit ihm zu befassen.

Er sprach mit den britischen Offizieren, wurde in allen frustrierenden Einzelheiten über die wachsende Aufsässigkeit der Burmesen informiert und erfuhr, dass die einstigen königlichen Minister entweder nicht willens oder nicht in der Lage waren, einen sinnvollen

Beitrag zu leisten. Etwas später schrieb Dufferin, dass sich »ein Marionettenkönig burmesischer Art als eine sehr teure, verdrießliche und widerspenstige Fiktion erweisen würde«. Britische Truppen würden das Land ohnedies erst mit Brachialgewalt befrieden müssen, und wenn die alten Hierarchien nicht hilfreich sein konnten, dann waren sie es eben auch nicht wert, für die Zukunft erhalten zu werden. Lady Dufferin hatte offenbar einen angenehmen Nachmittag mit den Palastdamen verbracht, aber für den Lord waren nun alle Vorbehalte vom Tisch, die er hinsichtlich einer sofortigen Annexion vielleicht noch gehabt haben mochte. Die Monarchie würde abgeschafft werden. Der Hof von Ava war Geschichte.

> *This is the ballad of Boh Da Thone,*
> *Erst a Pretender to Theebaw's throne…*
> *And the Peacock Banner his henchmen bore*
> *Was stiff with bullion, but stiffer with gore*
> *He shot at the strong and he slashed at the weak*
> *From the Salween scrub to the Chindwin teak:*
> *He crucified noble, he sacrificed mean,*
> *He filled old ladies with kerosene:*
> *While over the water the papers cried,*
> *»The patriot fights for his countryside!«**
> (Rudyard Kipling, »Barrack-Room Ballads«)

Einen Weg zurück gab es nicht mehr. Nun blieb nur noch mit allem Nachdruck das Nötige zu tun, um die Kontrolle über das burmesische Hinterland zu gewinnen. Sir Charles Haukes Todd Crosthwaite, ein rund fünfzigjähriger irischer Beamter aus Donnybrook, der zum Hochkommissar für Britisch-Burma ernannt worden war, zeigte sich entschlossen, jeden Widerstand zu brechen und eine völlig neue Verwaltungsmaschinerie in den alten königlichen Domänen anzuwerfen.

---

* Das ist die Ballade von Boh Da Thone,/ Des einst'gen Bewerbers auf Thibaws Throne…/ Das Pfauenbanner seiner Schergenbrut/ War steif vom Golde, doch steifer vom Blut. /Er schoss auf den Starken, tat Schwachen Gewalt,/ Vom Salweengestrüpp bis zum Chindwinwald./Er kreuzigte nobel, gab selbst nichts hin,/ Füllte alte Damen mit Kerosin,/ Derweil überm Teich die Gazette befand:/ »Der Patriot kämpft für sein Vaterland!« (Übers. v. Yvonne Badal. Das Gedicht wurde nie ins Deutsche übertragen.)

Bis zum Ende des Jahres 1886 waren insgesamt vierzigtausend britische und indische Soldaten ins Land geströmt, dreimal mehr, als für den Einmarsch nötig gewesen waren, mehr auch, als das gesamte Militär für den Krimkrieg oder für die Besetzung Ägyptens einige Jahre zuvor aufgeboten hatte. Die Briten wussten, dass sie eine Volksguerilla bekämpfen mussten, und waren wild entschlossen, ihr mit allen Mitteln den Garaus zu machen.[19]

Den Kommandeuren vor Ort wurde jedoch bewusst, dass sie mit dieser Truppenkonzentration allein die Dinge nicht verändern können würden, jedenfalls gewiss nicht von heute auf morgen. Mit den Worten eines Brigadegenerals war es deshalb nun auch Aufgabe der Soldaten, »auf die Vorstellungskraft und das Moralempfinden der Menschen einzuwirken, damit sie spüren, dass sie vom Unausweichlichen eingeholt wurden«. Kurzum, es ging darum, den Burmesen klarzumachen, dass sie keine andere Wahl hatten, als ihre Niederlage und die Besatzung zu akzeptieren. Das war keine einfache Aufgabe. Wie klagte besagter Offizier doch? »Der angeborene Dünkel, die Unbekümmertheit und die Impulsivität der Burmesen machen sie gleichgültig gegenüber solch heilsamen Einflüssen... Weder ihr Glaube noch ihr Temperament ermöglichen es ihnen, sich ihrer Minderwertigkeit bewusst zu werden.«

Der Aufstand erreichte seinen fiebrigen Höhepunkt in der sengenden Hitze des April und Mai 1886. Am Abend des 15. April (dem ersten Tag des burmesischen neuen Jahres) überwanden rund zwanzig bewaffnete Loyalisten des Prinzen Myinzaing, eines noch jugendlichen Halbbruders von Thibaw, die Mauern des Palastes, setzten mehrere Gebäude in Brand und töteten zwei schottische Ärzte, bevor sie selbst umgebracht wurden. Am nächsten Tag wurde jeder einzelne britische Militärposten im ganzen Irrawaddy-Tal von Rebellenarmeen angegriffen, einige davon über zweitausend Mann stark. Falls es bis dahin noch irgendwelche Zweifel gegeben hatte, so war zumindest nun jedem klar geworden, dass der Widerstand gegen das neue Kolonialregime auf nationaler Ebene organisiert wurde.

Doch kein Widerstand, wie gut er auch organisiert sein mochte, hätte eine wirkliche Chance gehabt, das zu überstehen, was nun kam. Es begann mit einem gewaltigen britischen Truppenaufmarsch im gesamten Irrawaddy-Tal, gefolgt von Zwangsumsiedlungen ungeheuren

Ausmaßes. Crosthwaite war entschlossen, den Rebellen jede weitere Unterstützung von der Basis zu entziehen. Den Kolonialbeamten wurden weitreichende Vollmachten übertragen, um alle Personen umzusiedeln, die sie der Sympathie mit den Rebellen verdächtigten. Dutzende Dörfer wurden einfach niedergebrannt. Standrechtliche Erschießungen von manchmal einem halben Dutzend und noch mehr Menschen waren an der Tagesordnung, ebenso wie die öffentliche Auspeitschung von gefangenen Rebellen. In zumindest einem Fall wurde ein mutmaßlicher Rebellenführer öffentlich gefoltert. Der gelegentlichen Enthauptung von Gefangenen wurde erst Einhalt geboten, als Lord Dufferin höchstpersönlich intervenierte.

Es gab Brutalitäten auf beiden Seiten, denn der umkämpfte bewaffnete Widerstand Burmas griff zu jeder nur denkbaren Taktik, um seinen Einfluss auf die Dörfer nicht zu verlieren, während die Briten bei ihrem Feldzug gegen die Aufständischen mehr als nur bereit waren, Terror mit Terror zu vergelten. Am Ende des Jahres 1886 brach fast im ganzen Land eine Hungersnot aus, die sich im Wesentlichen dem Kriegsgeschehen verdankte. Ausgehungert, erschöpft und dringend der Hilfe bedürfend, fügten sich mehr und mehr Menschen in ein Leben unter der Besatzung.[20]

In einigen Regionen des oberen Irrawaddy-Tals sollte es noch jahrelang Widerstandsnester geben. Zu denen, die sich am längsten wehrten, gehörte der Rebellenführer und einstige Provinzbeamte Bo Cho, der sich bis ins Jahr 1896 erfolgreich einer britischen Gefangennahme entziehen konnte. Sein Aktionsgebiet war das Ödland rund um den erloschenen Vulkan Popa. Der Legende nach soll er in den ersten Jahren der Besatzung über achtzig seiner Feinde getötet haben. Als er schließlich gefangen genommen wurde, brachte man ihn in sein Heimatdorf zurück, dann zitierte der zuständige britische Offizier Bo Chos Freunde und Familie herbei und zwang sie, seiner Exekution beizuwohnen. Als der Rebellenführer auf den Galgen zuging, sprach er zu seinem Neffen: »Wir Burmesen sind am Ende und wären besser tot als deren Sklaven.« Nach diesen Worten wurden er und seine beiden Söhne gehängt. Es waren nur drei von hunderten Hinrichtungen, die Burmas modernes Zeitalter einläuteten.

Die alte Welt der Aristokratie war noch viel schneller zusammengebrochen. Der Adel war ungemein konservativ gewesen und hatte gelernt, seine Vorbilder in der Vergangenheit zu suchen und sein Leben oder seine Berufung als einen untrennbaren Bestandteil eines Erbes zu betrachten, welches ohne Unterbrechung auf die Einführung des Buddhismus und der Monarchie vor mehr als tausend Jahren zurückreichte. Der Status eines Aristokraten beruhte auf zwei Dingen. Zum einen auf dem ständigen Wohnsitz innerhalb der ummauerten Stadt; aber bis Jahresende 1886 war diese Stadt in ein Militärquartier verwandelt und in Fort Dufferin umbenannt worden, während man die Hunderten Teakholzhäuser, die akribisch je nach Rang und Abstammung errichtet worden waren, abgerissen hatte, um Raum für einen Exerzierplatz und ein neues Gefängnis zu schaffen. Zum anderen beruhte der Status des Aristokraten auf den genealogischen Archiven, die im Palast verwahrt worden waren; aber diese waren mit fast allen anderen Unterlagen des Hofes von Ava in Flammen aufgegangen, als betrunkene britische Soldaten kurz nach Thibaws Kapitulation Feuer in der königlichen Bibliothek gelegt hatten. Erst als Vizekönig Lord Curzon der Stadt 1901 einen Besuch abstattete, wurde der mutwilligen Zerstörung aller alten Gebäude Einhalt geboten und der Rest der Palastanlage von Mandalay erhalten.

Bei den Kämpfen Ende der achtziger Jahre des 19. Jahrhunderts war auch eine ganze Generation junger Aristokraten getötet worden. Viele der Überlebenden zogen sich in kleinere Städte und Dörfer in der Umgebung der einstigen Hauptstadt zurück. Noch in den zwanziger Jahren des 20. Jahrhunderts fanden Hochzeiten und häufiger noch Beerdigungen statt, zu denen sich die einstigen Mitglieder von Thibaws Hof versammelten. Der Kinwun starb 1908 als gebrochener Mann. Ein paar Aristokraten überlebten wesentlich länger. Prinz Pyinmana, Thibaws Halbbruder, den Lord Dufferin einst als noch unmündigen König in Betracht gezogen hatte, starb im Sommer 1963 im Alter von dreiundneunzig Jahren. Es war die Woche, in der die Beatles auf ihre erste Tour gingen. Mittlerweile hatte ein ganz neues Burma das Licht der Welt erblickt.

2

Debatten über Burma

Elaine: »Peterman ist nach Burma abgedüst.«
Seinfeld: »Sagt man heute nicht Myanmar?«
Kramer: »Myanmar ... ist das nicht die Discountapotheke?«
— Amerikanische Sitcom

Im Sommer des Jahres 1988, vor dem Fall der Berliner Mauer und fast genau hundert Jahre nachdem Harry Prendergasts Feldarmee in Mandalay eingezogen war, gingen die Burmesen zu Zehntausenden auf die Straße, um das Ende der Militärdiktatur und internationalen Isolation zu fordern, die seit Jahrzehnten ihr Land bestimmten. Die Proteste hatten schon seit Monaten geschwelt. Zuerst waren sie auf die Studenten des exklusiven Institute of Technology in Rangoon beschränkt gewesen, dann begannen sie sich von der wuchernden Hauptstadt ins Hinterland auszuweiten. Im März, nach den Unruhen auf dem Campus, verhaftete die Bereitschaftspolizei Dutzende von Studenten. Über dreißig erstickten in einem Polizeitransporter auf dem Weg zur Haftanstalt. Es wurde weiter protestiert. Dann stiegen die Lebensmittelpreise sprunghaft an, und zum ersten Mal verschmolz die aufgepeitschte Stimmung unter den Menschen, die eine günstige Gelegenheit für einen landesweiten Aufstand witterten, mit dem lange aufgestauten Zorn, den das Volk gegen die Behörden hegte. Gerüchte über Streiks und Massenkundgebungen in mehreren Städten machten die Runde. Wer konnte, der lauschte Nacht für Nacht den (unzensierten) Nachrichten, die von der BBC in burmesischer Sprache ausgestrahlt wurden. Selbst in den Wohnungen wohlhabender Städter, hochrangiger Beamter und Akademiker, die ein relativ komfortables

Leben führten, herrschte das Gefühl, dass »sich etwas ändern muss«. Revolution lag in der Luft.[1]

Am 23. Juli, kurz nachdem der Monsun mit den üblichen Wolkenbrüchen eingesetzt hatte, bestieg General Ne Win – der Mann, der 1962 die Macht ergriffen und seither praktisch im Alleingang regiert hatte – das Podium und sprach zu Hunderten von versammelten Delegierten. Es war heiß und stickig in Rangoon, aber diese Veranstaltung fand in einer Art voll klimatisierten Höhle neben der alten Rennbahn statt. Der von Wand zu Wand mit Teppichboden ausgelegte Saal war mit Sitzreihen voller ordentlich gekleideter Männer (und einiger weniger Frauen) besetzt und bot das seltene Bild von Modernität in einem Land, das dem 20. Jahrhundert so offensichtlich den Rücken gekehrt hatte. General Ne Win hatte das Zentralkomitee seiner Sozialistischen Programmpartei zu einer außerordentlichen Sitzung einberufen. Die Partei war seine eigene Schöpfung und die einzig zugelassene im Land. Ihre Mitglieder waren fast ausschließlich ehemalige Militärs, die den Streitkräften als zivile Fassade dienten.

Dort, vor seinem gekühlten und folgsamen Auditorium, sagte General Ne Win, der Diktator von Burma, nach einer kurzen Rede über die jüngsten Ereignisse etwas, das niemand erwartet hatte. In deutlichem Ton und mit bedächtigen Worten forderte er ein Volksreferendum über die Rückkehr zur Demokratie. Dann umriss er sehr konkret den Prozess, der binnen Monaten zu »einem Mehrparteiensystem« führen sollte, und erklärte, dass er die volle Verantwortung für den Tod der Studenten übernehme, die im März im Polizeigewahrsam ums Leben gekommen waren. Die fortdauernden Demonstrationen und Gewaltakte hätten gezeigt, dass das Volk ganz allgemein das Vertrauen in die Regierung verloren habe. Wenn es sich nun bei einem Referendum für einen Regimewechsel ausspreche, dann werde eben ein Parlament gewählt werden müssen, und diesem neuen Parlament bleibe es dann vorbehalten, eine neue Verfassung zu schreiben. Er selbst wolle mit seiner gesamten Beraterspitze sofort abdanken.

Ob Ne Win wirklich meinte, was er an diesem Tag sagte, lässt sich unmöglich feststellen. Vor seiner Abdankung bestimmte er jedenfalls noch einen altgedienten Untergebenen zu seinem Nachfolger: General Sein Lwin, »der Löwe«, ein Mann, der nicht gerade seiner liberalen Einstellungen wegen bekannt war. Wie dem auch sei, es war eine unglaubliche Rede. Die herrschende Elite im Saal starrte den General fassungslos schweigend an. Dann blickte Ne Win direkt in die Fernsehkamera und gab eine kaum verhüllte Drohung von sich: »Auch wenn ich erklärte, dass ich mich aus der Politik zurückziehen werde, werden wir die Kontrolle beibehalten müssen, um das Land vor dem Zerfall zu bewahren, vor dem Chaos, und zwar so lange, bis die künftigen Organisationen die volle Kontrolle übernehmen können. Hiermit lasse ich die ganze Nation, das Volk, wissen, dass die Armee zur Wahrung der Kontrolle schießen wird, falls es zu weiteren Störungen durch den Mob kommt. Und wenn sie schießt, wird sie treffen – es wird keine Warnschüsse geben.«

An diesem Tag begann Burmas Demokratiebewegung.

In Rangoon herrschte eine gespannte Stimmung. Normalerweise war dies eine völlig verschlafene Stadt mit vielleicht zwei Millionen Einwohnern. Auf den Straßen, die von bröckelndem Mauerwerk hinter üppigen Baumreihen gesäumt wurden, fuhren endlos oft reparierte Limousinen aus den fünfziger Jahren. Doch jetzt wappnete sich die burmesische Hauptstadt für die Aktion. Entweder vertraute das Volk Ne Win nicht mehr, oder es wollte nicht warten, bis der von ihm dargelegte Prozess Gestalt annahm. Studentengruppen begannen, im Untergrund mobil zu machen und emsig Flugblätter zu verteilen, die zum Generalstreik aufriefen. Durch die Tore des baufälligen Mingaladon-Flughafens tröpfelte ein stetiges Rinnsal an ausländischen Journalisten. Auch jenseits der Hauptstadt flammten sporadisch Proteste auf.

Und dann, am 8. August 1988 um acht Minuten nach acht Uhr morgens – das Datum und diese Uhrzeit wurden von den studentischen Organisatoren als glückverheißend betrachtet –, legten die Dockarbeiter am Rangoon-Fluss die Arbeit nieder. Kaum hatte sich diese Nachricht verbreitet, begannen die Menschen Fahnen, Banner und Plakate schwenkend aufs Stadtzentrum zuzumarschieren. Da es zu dieser Zeit keine Persönlichkeit gab, die sie sich zum Vorbild hätten nehmen können, hielten viele das Porträt von Aung San hoch, des nationalistischen Führers aus den vierziger Jahren. Aus den Vorstädten im Norden strömten immer längere Kolonnen von Studenten und Schülern auf den begrünten Boulevards in Richtung Stadtzentrum herbei. Bis zur Mittagszeit drängten sich in der gesamten Gegend um den Bandoola-Park jubelnde Menschen. Die Balkone vor den Wohnungen und die Dächer im alten Kolonialteil der Innenstadt füllten sich mit Zuschauern. Vor dem Rathaus wurden provisorische Podien errichtet. Ein Redner nach dem anderen drängte sich vor, um die Regierung anzuprangern, die das Volk schon über eine Generation lang unterdrückt und in die Armut gezwungen hatte. Ne Wins Erklärung fand ihr Echo in der Forderung nach einer Mehrparteienregierung. Tausende zogen zur Shwedagon-Pagode in rund zwei Kilometern Entfernung weiter, wo dann neue feurige Reden gehalten wurden. Straßenhändler verkauften Zigaretten und Getränke, und niemand bezweifelte, dass sich das Land an einem Wendepunkt befand.

Die Demonstrationen beschränkten sich nicht auf Rangoon. In allen größeren Städten Burmas legten die Menschen an diesem Nachmittag die Arbeit nieder und versammelten sich auf den Straßen, um ihrem Frust gegen Ne Wins Regime Luft zu machen. Dergleichen hatte man seit Jahrzehnten nicht gesehen.

Das Militär stand den ganzen Tag herum und sah zu. Es kam zu keinem Zwischenfall, die Armee ließ die Demonstrationen geschehen. Doch als um halb zwölf Uhr nachts noch immer Tausende vor dem Rathaus herumstanden, beschloss sie, dem Ganzen ein Ende zu setzen. Zuerst wurde der gesamten Innenstadt der Strom gesperrt, dann forderte man die Menschen aus großen Lautsprecherwagen auf, die Straßen zu räumen. Niemand rührte sich. Mit Maschinengewehren bestückte Raupenfahrzeuge und Truppentransporter voller kampfbereiter Soldaten in Tarnanzügen und Stahlhelmen eilten durch die schwüle Nacht, um sich am Hauptplatz zu sammeln. Doch die jungen Leute ließen sich nicht einschüchtern und begannen die burmesische Nationalhymne zu singen. Da eröffnete die Armee das Feuer. Der Beschuss währte bis zum nächsten Morgen. Dutzende sollen in dieser ersten Nacht getötet oder verletzt worden sein. Es hat sie nie jemand gezählt.

Die Reaktionen entsprachen nicht den Erwartungen der Armee. Die Demonstrationen lösten sich nicht auf, das Blutbad hatte die Menschen noch wütender gemacht. In den nächsten fünf Tagen stieg die Zahl der Todesopfer weiter an, die Soldaten feuerten weiterhin tödliche Schüsse aus ihren Waffen ab, um die wachsende Menge an

Demonstranten auseinanderzutreiben. Am 10. August eröffnete die Armee das Feuer auf eine Gruppe völlig erschöpfter Ärzte und Krankenschwestern, die vor das Gebäude des Allgemeinen Krankenhauses von Rangoon getreten waren, um ein Ende der Gewalt zu fordern. Viele unter den Toten in der ganzen Stadt waren Gymnasiasten oder junge Burschen aus den ärmeren Vierteln, die sich als die Tapfersten oder Törichtsten erwiesen, wenn es darum ging, den deutschen G7-Gewehren der Burmesischen Armee Paroli zu bieten. Einigen Zählungen zufolge ging die Zahl der Toten und Verwundeten in die Hunderte.

Am 13. August sah es so aus, als ob die Verantwortlichen schließlich selbst genug von dem Blutbad hatten. Die Armee stellte alle Aktionen ein und verkündete den Rücktritt von General Sein Lwin. Allerorten wurden Soldaten zurück in ihre Kasernen beordert und machten sich schnell und leise aus Rangoon davon. Ein enger Vertrauter des alten Diktators, ein Zivilist und in England ausgebildeter Jurist, wurde zum Präsidenten ernannt und hielt eine von Herzen kommende, versöhnliche Radioansprache. Doch die Menschen ließen sich davon nicht beeindrucken. Allmählich machte sich das Gefühl von einem unmittelbar bevorstehenden Sieg des Volkes breit.

In den folgenden Tagen brach praktisch in jeder Stadt und jedem Dorf des Landes die Zivilverwaltung zusammen. Millionen Menschen gingen auf die Straße und taten, was sie seit Ewigkeiten nicht hatten tun können, nämlich was sie wollten. Und sie sagten, was sie dachten. Nun waren es nicht mehr nur Studenten oder Arbeiter, sondern Bürger aus allen Gesellschaftsschichten. In Rangoon machte sich eine regelrechte Volksfeststimmung breit. Von einem Tag auf den anderen entstanden Gewerkschaften, und in einem Land, in dem die Presse seit Generationen streng kontrolliert worden war, tauchten plötzlich in allen Läden und an allen Straßenecken mühsam vervielfältigte Zeitungen und Zeitschriften zu Dutzenden auf. In Mandalay zog sich die Armee hinter die Mauern des alten Palastes zurück, als Studenten- und Arbeiterkomitees gemeinsam mit buddhistischen Mönchen die Verwaltung von Thibaws Stadt übernahmen. Als das noch immer von der Regierung kontrollierte Radio und Fernsehen behauptete, dass die Demonstranten nicht für die schweigende Mehrheit der gesetzestreuen Hausfrauen und all der anderen loyalen Bürger sprächen, wurde ein Nationaler Hausfrauenverband gegründet. Hunderte Frauen aus der Mittelschicht stürzten sich fröhlich, auf ihre Töpfe und Pfannen schlagend, in das Menschengewimmel und marschierten unter immer neuen Spruchbändern mit. Bald tanzte sogar die Regierung selbst aus der Reihe. In einem Ministerium nach dem anderen verließen Zivilbeamte und Angestellte ihre Büros und mischten sich unter die Massen auf der Straße. Im Auswärtigen Amt unterzeichneten hochrangige Diplomaten ein Schreiben, in dem es hieß, dass die Politik des Militärregimes den einst so stolzen internationalen Ruf Burmas zerstört habe. Schließlich verließen auch die Mitarbeiter der Burmesischen Rundfunkanstalt ihre Arbeitsplätze. Mit einem Mal blieben die staatlichen Medien still. Sogar die Polizei ging in den Streik. Die Revolution schien kurz vor dem Sieg zu stehen. Doch wer sollte sie anführen?

Einer nach dem anderen traten alte und neue Politiker aus dem Schatten hervor. Zuerst Aung Gyi, Ne Wins einstiger Armee-Stellvertreter. Dann, am 25. August, sprach zum ersten Mal Aung San Suu Kyi, die Tochter von Aung San, zu der großen Menge, die sich am Westabhang des Hügels versammelt hatte, auf dem die Shwedagon-Pagode thront. Am 28. August verkündete der über achtzigjährige U Nu, der letzte demokratisch gewählte Ministerpräsident Burmas, die Gründung der neuen Liga für Demokratie und Frieden. Auch aus der einstigen linken Szene traten wieder Männer ins Rampenlicht, darunter alt gewordene einstige kommunistische Kader, die die Aufstände in den fünfziger Jahren geschürt hatten. Der ehemalige stalinistische Agitator und Partisanenstratege Thakin Soe, mittlerweile dreiundachtzig Jahre alt, rief von seinem Krankenhausbett begeistert zur Revolution auf. In über zweihundert Städten wurden Generalstreikzentren eingerichtet. Doch vielen Studenten (und anderen Gruppen) schienen diese Politiker bloß reine Effekthascherei zu betreiben. Keine einzige Partei oder Organisation genoss die Unterstützung der breiten Mehrheit. Die aber wäre nötig gewesen, um den letzten Schlag ausführen zu können. Und als sich die erste Euphorie über den Aufstand verzogen hatte, begannen viele Bürger, insbesondere aus der Mittelschicht, eine schiere Anarchie zu befürchten.

Bis Ende August hatte sich die Gewalt in die Arbeitervorstädte von Rangoon ausgebreitet. Die Lebensmittelknappheit hatte zu ersten Ausschreitungen geführt. Dann verbreiteten sich Gerüchte, dass Ne Wins Spione das Wasser vergiftet und führende Studentenkreise infiltriert hätten. Am 25. August wurden im ganzen Land Gefangene entlassen oder brachen Häftlinge aus den Gefängnissen aus, was noch zusätzlich zur wachsenden Unsicherheit beitrug. Mehr als nur einmal wurden Regierungsbevollmächtigte vor jubelnden Menschenmassen grausam enthauptet und zerstückelt. Was als ein politischer Aufstand von unzufriedenen Studenten begonnen hatte, stand kurz davor, zu einer sehr blutigen Gesellschaftsrevolution zu werden.

Viele begriffen, dass die Zeit knapp wurde. Tag für Tag wurden hunderte politische Versammlungen in verräucherten Wohnzimmern oder den Teestuben an den Straßenecken abgehalten, wo mit baumwollenen *longyis* (burmesischen Sarongs) bekleidete Männer und Frauen leidenschaftliche und oft sehr hitzige Argumente für oder gegen das vorbrachten, was als Nächstes geschehen sollte. Am 17. September versammelte sich eine gewaltige Menschenmenge vor dem Handelsministerium und entwaffnete die Soldaten, die das Gebäude bewachten. Zum ersten Mal hatten Armeeangehörige friedfertig ihre Waffen hergegeben. Einer anderen Menge gelang es sogar fast, das Kriegsministerium zu stürmen, wo die Streitkräfte ihr Hauptquartier hatten. Sie konnte jedoch von mehreren Politikern mit dem Versprechen davon abgehalten werden, dass die Regierung ohnedies bald freiwillig zurücktreten werde. Dann stimmten diese Politiker – Aung Gyi, Aung San Suu Kyi, U Nu und andere – einem Treffen mit den Studentenführern am 19. September zu, um eine revolutionäre Übergangsregierung zu bilden. Man setzte sich mit den ausländischen Botschaften in Rangoon in Verbindung, um sicherzugehen, dass eine sofortige Anerkennung zu erwarten war. Doch General Ne Win und seine Männer hatten nach dem Schock der jüngsten Vorgänge bereits andere Pläne geschmiedet.

Am 18. September, nach über einem Monat anhaltender Protestaktionen, schlug die Armee zurück, zuversichtlich und in voller Stärke. Diesmal währte das Blutbad zwei Tage. Es war alles umsonst gewesen. Die alte Verfassung wurde formal abgeschafft, und anstelle des alten Regimes wurde der »Staatsrat zur Wiederherstellung von Gesetz und Ordnung« (SLORC) unter der Führung von Generalstabschef General Saw Maung ins Leben gerufen. Die Armee behauptete, dass sie die Macht nur wieder an sich gerissen habe, »um die Auflösung der Union zu verhindern«. Allein in Rangoon sollen hunderte Menschen getötet worden sein, in anderen größeren und kleineren Städten jeweils mindestens Dutzende. Die Proteste brachen in sich zusammen. Das Land war aufgebracht und erschöpft zugleich. Das Moment der Revolution war verpasst.

Die internationale Reaktion war gedämpft. Die Vereinigten Staaten, Japan, das Vereinigte Königreich und die Bundesrepublik Deutschland setzten ihre bilateralen Hilfen aus. Doch nirgendwo war ein deutlicher Aufschrei zu hören, jedenfalls gewiss nicht aus der allgemeinen Öffentlichkeit in Europa und Nordamerika. Es gab nichts, was der Reaktion auf das Massaker am Tiananmen-Platz ein Jahr später auch nur nahe gekommen wäre. Niemand forderte entschiedenes Handeln von den Vereinten Nationen. Es setzte auch keine transatlantische Dringlichkeitsdiplomatie ein. Ein Grund dafür war schlicht, dass in diesem Moment keine Kameras auf das Land gerichtet waren. CNN war weit und breit nicht zu sehen, es gab keine Bilder in den Abendnachrichten, die dem Zuschauer ein Gefühl für die Intensität des Volksempfindens oder der anschließenden Gewalt hätten vermitteln können. Es gab auch keine Experten, die nach Gerechtigkeit verlangten, und kaum Aufmerksamkeit auf dem Capitol Hill oder in Westminster. Der wesentliche Teil des Aufstands hatte im späten August und Anfang September stattgefunden, als die halbe westliche Welt in den Sommerferien war.

Die fehlenden Reaktionen lassen sich aber nicht nur mit der Abwesenheit von Fernsehkameras oder mit der Tatsache erklären, dass der Westen gerade auf Martha's Vineyard oder in der Toskana Urlaub machte. Ein Grund dafür war auch, dass man im Westen nicht viel von Burma wusste. Falls sich überhaupt jemand ein Bild von diesem Land machte, dann als eine exotische und von liebenswürdigen Buddhisten bewohnte Gegend, die still und isoliert in irgendeinem Zeitloch am Ende der Welt verharrte und von der kaum anzunehmen war, dass sie eine außenpolitische Krise auslösen konnte. Bestenfalls zog Burma Touristen an, die abseits der ausgetretenen Pfade in einer Landschaft wandeln wollten, welche im Vergleich zum benachbarten Thailand noch völlig unberührt war. Dem einen oder anderen bot es sich wohl auch als ein Vorbild für alternative Lebensentwürfe an, weil es dort offenbar nie jemand eilig hatte und sich weder die Extreme des modernen Kapitalismus noch die des Kommunismus fanden. Prodemokratische Demonstrationen in Burma? Das war, als hätte man von einem Putsch in Shangri-La gehört. Was sollte man damit anfangen?

Ich war damals zweiundzwanzig Jahre alt. Geboren wurde ich an einem verschneiten Januarmorgen sehr weit entfernt von Burma im Columbia-Cornell Medical Center auf Manhattans Upper East Side. Zu dieser Zeit war U Thant, der Vater meiner Mutter, Generalsekretär der Vereinten Nationen. Er hatte den Posten nach dem Tod seines Vorgängers Dag Hammarskjöld im Jahr 1961 übernommen und sollte ihn bis zum Ende seiner zweiten Amtsperiode zehn Jahre später innehaben. Mein Großvater stand der UNO also während eines Jahrzehnts vor, das beträchtlichen Wandel mit sich brachte. Erst jüngst waren Dutzende frisch in die Unabhängigkeit entlassene asiatische und afrikanische Staaten in die Reihen der Weltgemeinschaft aufgenommen worden, und deren Sorgen – wobei es im Wesentlichen um den Abbau der Ungleichheiten zwischen den reichen und den armen Nationen ging – bestimmten einen guten Teil der sich schnell entwickelnden neuen Agenda der Weltorganisation. Auch politische Herausforderungen gab es zuhauf in den Sechzigern, dieser Blütezeit des Kalten Krieges, vom arabisch-israelischen Konflikt und der Kubakrise bis hin zu Vietnam und dem sowjetischen Einmarsch in die Tschechoslowakei. Schon damals war die UNO oft an den Rand gedrängt oder als Sündenbock herangezogen worden. Andererseits wurde damals vermutlich noch eher erkannt als heute, welchen Wert der Generalsekretär als ein unparteiischer Schlichter oder als eine neutrale Stimme haben kann und welche Hintertürchen er öffnen kann, wenn sich die öffentliche Diplomatie als nicht mehr gangbar erweist. Doch wie heute gab es auch damals schon den Ruf nach Reformen oder Menschen, die angesichts der offensichtlichen Unfähigkeit dieser Organisation, dieses oder jenes Problem zu lösen, verzweifelt die Hände rangen. Aber weil der Zweite Weltkrieg mit seinen fünfzig Millionen Toten in den sechziger Jahren noch nicht einmal eine Generation zurücklag, waren die Beteiligten vielleicht noch aufrichtiger bestrebt, diese Organisation wirklich funktionstüchtig zu machen.

Ich hatte von all dem natürlich keine Ahnung, als ich in Riverdale heranwuchs, einem soliden Mittelklasseviertel, rund fünfundvierzig Minuten Autofahrt oder per Subway vom Stadtzentrum entfernt. Meine Eltern, beide Burmesen, hatten sich in New York kennengelernt und dort geheiratet. Nun lebten sie mit meinen Großeltern in der damaligen offiziellen Residenz des Generalsekretärs, einem weitläufigen efeubewachsenen Backsteinhaus mit sieben Schlafzimmern, das auf einem zweieinhalb Hektar großen grünen Hügel am Hudson lag. Auf der Karte gehörte das Anwesen zu Riverdale, doch in fast jeder anderen Hinsicht war es ein Stückchen Burma. Neben meinen Eltern und Großeltern (sowie mir und später drei jüngeren Schwestern) gab es ständig zahlreiche burmesische Hausgäste, die über jeden nur erdenklichen Zeitraum blieben, von einem Abend bis hin zu vielen Monaten, sowie eine Reihe von Hausangestellten (ebenfalls allesamt Burmesen), Kindermädchen, Dienstmädchen, Köche und Gärtner, ganz so wie man es in einem Pukka-Haus* von Rangoon erwarten würde. Manchmal gab es Feste, auf denen burmesische Tänzerinnen und Musiker im Garten ihre Künste darboten. Im ersten Stock befand sich ein Raum mit einem buddhistischen Schrein, vor dem immer frische Blumen standen; und aus der ständig geschäftigen schwarzweiß gekachelten Küche drang ein steter Strom an Curry-Düften. Die UN-Sicherheitsposten am Tor – fast immer Amerikaner irischer und italienischer Herkunft – trugen hell- und dunkelblaue Uniformen, doch im Inneren der Steinmauern war der Longyi ein üblicher Anblick, sogar im kalten Winter dieser Stadt im amerikanischen Nordosten.

U Thant starb kurz nach seiner Pensionierung an Krebs. Einige Zeit später übersiedelte meine Familie nach Thailand, wo auch ich bis zu meinen Schulabschluss lebte, bevor ich dann in Harvard und Cambridge studierte. In diesen Jahren verbrachten wir viele Sommer in Burma: in Rangoon, wo enge Verwandte meiner Mutter wohnten, oder in Mandalay, wo mein Großvater väterlicherseits noch lebte. Oft reisten wir im Land herum, und einmal, ich war vierzehn, verbrachte ich einige Zeit als Mönchsnovize in einem Kloster, wie man es von jedem guten buddhistischen Jungen in Burma erwartet. Für

---

* »Pukka« bedeutet im indischen Englisch »hochwertig«. Umgangssprachlich wird etwas sehr Vornehmes, Feudales als »very pukka« bezeichnet.

mich waren diese Reisen nach Burma immer voller Überraschungen, weil die Innenwelt hinter den Mauern von Riverdale plötzlich zur Außenwelt geworden war, zu der Welt aller Menschen auf den Straßen und den Märkten, in den Zügen und in den Häusern. Was mir als eine Besonderheit meiner Familie erschienen war, war plötzlich öffentlich und überall in einer mir fremdartigen, neuen und zugleich aufs Intimste vertrauten Welt zu finden. Ich empfinde dieses Gefühl des Überraschtseins noch heute, wenn ich in Burma sogar außer Haus in meinem Longyi herumlaufen oder mit Verkäufern und Taxifahrern in meiner Muttersprache reden kann.

Als der Aufstand von 1988 begann, hatte ich gerade ein paar Wochen zuvor mein Studium abgeschlossen und stand am Beginn meiner späteren eigenen Karriere bei den Vereinten Nationen, die ich in Genf als Praktikant bei Prinz Saddrudin Aga Khan begann, dem damaligen UN-Koordinator für die Humanitäre Afghanistan-Hilfe. Ich hörte mehrmals am Tag die Nachrichten von BBC. Dann verbrachte ich mit Freunden ein Wochenende in Lausanne und las Artikel über die erste Welle der militärischen Gewalt in Burma. Binnen einer Woche beschloss ich, mein Praktikum zu schmeißen und mir ein Flugticket nach Bangkok zu kaufen. Ich wollte teilhaben an dem Moment, den jeder Burmese für einen Wendepunkt in der Geschichte seines Landes hielt. Unglücklicherweise hatte die Armee bis zu dem Zeitpunkt, als ich in Bangkok eintraf und meinen Weiterflug nach Burma antreten wollte, den Flughafen von Rangoon bereits geschlossen und das Land vor dem Rest der Welt abgeschottet. Ich fühlte mich miserabel, denn ich glaubte, es wäre meine einzige Chance gewesen, Teil des Geschehens zu werden und vielleicht selbst dazu beitragen zu können.

Im Jahr darauf folgte meine Initiation in die burmesische Politik. Nachdem der Aufstand niedergeschlagen worden war, hatten sich Tausende junger Frauen und Männer in die von Rebellen gehaltenen Regionen an der Grenze zu Thailand durchgeschlagen – nicht um vor den burmesischen Behörden zu fliehen, sondern in der verzweifelten und fehlgeleiteten Hoffnung, dass der Westen ihnen Waffen geben und somit helfen würde, das Regime in Rangoon zu stürzen. Ich marschierte los, um diese Leute kennenzulernen, und verbrachte viele Monate in ihren morastigen provisorischen Lagern. Zwar hatte ich nie geglaubt, dass eine bewaffnete Revolution die Antwort auf Burmas Probleme sein könnte, doch in jeder anderen Hinsicht teilte ich den Zorn und die Verdrossenheit, die diese Menschen in den malariaverseuchten Dschungel getrieben hatten. Im Gegensatz zu ihnen war es mir allerdings mehr oder weniger jederzeit möglich, in ein klimatisiertes Appartement nach Bangkok zurückzukehren, außerdem wartete auf mich ein großzügiges Doktorandenstipendium. Sie jedoch, die derselben Generation angehörten wie ich und oft auch einen vergleichbaren familiären Hintergrund hatten, steckten viel tiefer in dieser Sache drin und riskierten eine Menge mehr.

Ihr Burma war ein Land, das ich nicht wirklich kannte. Mein Burma war ein Anachronismus, angefüllt mit pensionierten Beamten aus der Zeit von Britisch-Burma, die maßgeschneiderte Anzüge trugen und im Garten von Riverdale Zigarren rauchten; oder mit trägen Abenden in der vornehmen Atmosphäre einer inzwischen heruntergekommenen Villa in Rangoon, wo Schwarz-Weiß-Porträts von lange verstorbenen Staatsdienern an den Wänden hingen und Gespräche geführt wurden, die sich immer um ein vergangenes, besseres Zeitalter drehten. Erst hier entdeckte ich das drängende, aggressive, dynamische Burma von jungen Leuten, die ihren Blick in die Zukunft richteten.

Seit diesem Jahr an der Grenze habe ich die meiste Zeit meines Lebens weit entfernt von Burma verbracht, mit Ausnahme von einigen Monaten hie und da, zuletzt im Jahr 2006. Doch keine der Fragen, die ich (und viele andere) am Ende der achtziger Jahre gestellt hatten, hat sich inzwischen erübrigt: Wieso konnte sich Burmas Militärdiktatur als derart ausdauernd erweisen, und was könnte wirklich politische Freiheit und Demokratie bringen? Was soll man von dem andauernden Krieg zwischen den Militärs in Rangoon und einem bewaffneten Widerstand halten, der seine Rebellionen mit seinem jeweiligen ethnischen Minderheitenstatus begründet? Wie konnte Burma, das über so reiche Naturschätze verfügt und seinen asiatischen Nachbarn einst deutlich voraus gewesen war, so weit zurückfallen? Oder konkreter: Was tun?

Es gibt Menschen, die alles über Burma zu wissen glauben. Die Militärdiktatur, sagen sie, sei die Schöpfung von General Ne Win, habe das Land in die Armut getrieben und müsse gestürzt werden, basta;

ob der Aufstand, ob der interethnische Konflikt oder die zermürbende Armut, alles ergebe sich aus diesem einen Problem; wenn die Militärdiktatur erst einmal durch eine demokratisch gewählte Regierung ersetzt wäre, käme es automatisch zu einem völligen Neuanfang.

Dieser Denkansatz besaß vielleicht einmal die Kraft der Klarheit, sowohl in moralischer als auch in aktionistischer Hinsicht: Burma war ein im Wesentlichen gutes Land, das zur Geißel einer niederträchtigen Regierung wurde, weshalb alles Bemühen auf die Beseitigung des herrschenden Establishments ausgerichtet werden müsse. Nur, wie lässt sich dieses Regime beseitigen? Aus Sicht einer Minderheit wie die der einstigen Studenten, die ihre Zelte entlang der Grenze zu Thailand aufgeschlagen hatten, konnte nur ein bewaffneter Aufstand das Mittel zu diesem Zweck sein. Aus dem Blickwinkel anderer waren massive diplomatische und wirtschaftliche Sanktionen die einzig mögliche Antwort. Die Menschen, sagten sie, würden dann erneut auf die Straße gehen, und die Armee würde sich diesem Druck schließlich beugen müssen.

Im Laufe der letzten siebzehn Jahre hat sich das Interesse an der Misere des Landes beträchtlich verstärkt. Dass das Militärregime 1990 selbst Wahlen angesetzt hatte und dann zu ignorieren beschloss, nachdem es sie verloren hatte, verdeutlichte nur seine Korruptheit. Heute gilt Burma nicht nur das Interesse von Prominenz und Politik, es hat sich auch fest als ein außenpolitisches Thema zweiten Ranges etabliert. Die Regierungen im Westen wahren ihre Positionen gegenüber dem Militärregime dieses Landes mit seiner kleinen Baumwollindustrie; und seit im Jahr 1991 Aung San Suu Kyi der Friedensnobelpreis verliehen wurde und der Oppositionsführerin internationalen Beifall einbrachte, lenkt auch die Prominenz immer wieder einmal die Aufmerksamkeit auf die Sache der burmesischen Demokratie, seien es die Musiker von U2 oder REM, die ihr beide ein Album widmeten, sei es Tony Blair, der in seiner Zeit als Premierminister den Aufruf, Burma touristisch zu boykottieren, persönlich unterstützte, sei es die amerikanische Außenministerin Condoleezza Rice, die das Land als einen »Außenposten der Tyrannei« bezeichnete.

Dennoch haben sich sämtliche Prophezeiungen, die im Laufe dieser siebzehn Jahre einen unmittelbar bevorstehenden Zusammenbruch des Regimes dank der verstärkten internationalen Sanktionen vorhersagten, als reines Wunschdenken erwiesen. Das Land *hat* sich beträchtlich verändert, und die Regierung *hat* selbst für ihre Verwandlung gesorgt, nur eben nicht auf die Weise, die den Wünschen der wachsenden Legionen an Burma-Aktivisten entspräche. Lange Zeit hatten alle Burmesen geglaubt, dass der Tod von General Ne Win sofort eine Wende, eine positive Umgestaltung nach sich ziehen würde. Doch dann starb der alte Mann im Jahr 2002 friedlich in seiner Seevilla, und nichts geschah. Eine neue Generation von Feldherrn und Obristen hatte das Kommando bereits übernommen und längst entschieden, die eigenen Träume zu verwirklichen und eine Wahrwerdung ihrer Albträume zu verhindern. Die diversen politischen Strategien der internationalen Gemeinschaft – beschränkte (amerikanische und europäische) Handels- und Investitionssanktionen, eine Sperre der meisten Entwicklungshilfen, darunter auch der Hilfen der Weltbank, und ein ständiger Strom an rechtschaffenen Verurteilungen, ob vom Grund her richtig oder falsch – haben bislang nicht funktioniert. Vielmehr hat sich das Regime ganz offensichtlich konsolidiert, während das Volk weiterhin millionenfach in der Armut verharrt. Die Kraft der Klarheit, die besagter Denkansatz einmal besaß, blieb ohne Wert und Wirkung. Deshalb müssen wir uns nun erneut fragen: Wie konnte das Land in einen solchen Zustand geraten?

Der verblüffendste Aspekt bei den derzeitigen Debatten über Burma sind die Abwesenheit jeglicher Nuancierung und die einzigartige Geschichtslosigkeit all der vorhandenen Denkansätze. Sowohl die Militärdiktatur als auch die Aussichten auf eine Demokratisierung werden immer nur durch das Prisma der vergangenen zehn oder zwanzig Jahre betrachtet, so als ob es die drei von England geführten Burma-Kriege, das Jahrhundert der Kolonialherrschaft, die ungemein zerstörerische japanische Invasion und Okkupation sowie sechs Jahrzehnte des Bürgerkriegs, der ausländischen Interventionen und kommunistischen Aufstände nie gegeben hätte. Man betrachtet ein Land von der Größe und mit den Bevölkerungszahlen des Deutschen Reiches am Vorabend des Ersten Weltkriegs durch eine eindimensionale Linse und wundert sich dann, dass es derart viele unerfüllte Voraussagen und derart viele Strategien gibt, die offenbar niemals Früchte tragen. Burma ist ein Land mit einer reichen und komplexen Geschichte, und zwar sowohl vor den Zeiten von König Thibaw und Lord Randolph Churchill als auch danach. Der heutige Nationalismus und die Ausländerfeindlichkeit in Burma, der ethnisch motivierte bewaffnete Widerstand, die Militärdiktatur und das Unvermögen einer Regierung nach der anderen, mit dem Rest eines zunehmend friedlichen und wohlhabenden Asien Schritt zu halten – all diese Dinge haben eine Geschichte, einen Grund. Was sich aus diesen Geschichten herauskristallisieren lässt, ist zwar keine Antwort auf sämtliche heutigen Übel, aber doch zumindest der erste Ansatz zu einer Erklärung. Und aus dieser Erklärung kann sich nicht nur eine realistischere und umfassendere Diskussion über Burma, sondern vielleicht auch ein deutlicherer Hinweis auf das ergeben, was möglicherweise bevorsteht.

3

Fundamente

Über das Altertum und Mittelalter,
als Burma Verbindungen zur gesamten bekannten Welt
von China bis zum Römischen Reich pflegte,
und über die Frage, wie die Auslegungen der Geschichte
die Gegenwart beeinflussen

∽

Burma wird in vieler Hinsicht von seiner Geografie bestimmt. Denn so abgelegen das Land auch ist, so verfügte es doch immer über die Möglichkeit zu direkten Verbindungen – im Norden zu China, im Westen zu Indien und über das Meer zum Rest der Welt. Andererseits ist es von dem hartnäckigen und manchmal wenig hilfreichen Gefühl geprägt, anders und einzigartig zu sein. Einen Großteil seiner Landflächen (etwas über die Hälfte) nimmt das Tal ein, durch das der Irrawaddy von den eisigen Höhen des östlichen Himalaya-Bogens rund fünfzehnhundert Kilometer bis in das brackige Tidengewässer der Andamanensee fließt. Der obere Teil dieses Tals, das Kerngebiet aller burmesischen Königreiche, ist trocken, fast eine Wüste, zwar nicht gerade wie die Sahara, doch von vergleichbarer Dürre wie die unfruchtbaren Regionen Südkaliforniens oder das australische Outback. Entweder es herrscht dort eine gewaltige Hitze unter wolkenlosem Himmel, oder die ausgetrockneten Böden verwandeln sich in einen Morast und jedes Rinnsal in einen tosenden Sturzbach, wenn im Spätsommer für die Dauer von nur knapp zwei Wochen plötzlich mit ungemeiner Heftigkeit der Regen einsetzt. Im Süden sieht es völlig anders aus. Der untere Teil des Tals, das Irrawaddy-Delta, bildet mit den beiden angrenzenden Küstenregionen Arakan und Tenasserim eine feuchtwarme Region unter meist bedecktem Himmel, aus dem über

Wochen und Monate stetiger Regen auf eine üppige tropische Fauna, lange Postkartenstrände und kleine Inseln vor der Küste fällt.

Umrahmt wird das Tal hufeisenförmig von einem Hochland, in dem sich furchterregende Abgründe und steil aufragende, schneebedeckte Berge mit Plateaus abwechseln, durch die sich kleine Bergbäche zwischen sanft abfallende Hügel winden. Es ist die Unwegsamkeit dieses ganzen Geländes, die die Außenwelt von jeher so schwer auf dem Landweg erreichbar machte. Das heißt nicht, dass Burma jemals abgeschottet gewesen wäre. Damit soll nur gesagt sein, dass es für Burmesen permanenter Anstrengungen bedurfte, ihren natürlichen Hang zur Innenbetrachtung und Zufriedenheit zu überwinden und Kontakte zu knüpfen. Die Außenwelt wiederum pflegte das Tal hinter diesem schützenden Bergland, das ebenso weitab von den Pfaden der Eroberer wie von den Handelsrouten lag, schon immer leicht zu übersehen. Die Erkenntnis, dass sich Bündnisse lohnen, geriet angesichts all der involvierten Risiken und Kosten der Durchquerung einer solchen Landschaft oft ins Hintertreffen. Es gab Zeiten, in denen Burma und die Burmesen Teil des Ganzen waren, Kontakt suchten und bereit waren, zu lernen und einen eigenen Beitrag zu leisten; und es gab Zeiten, wie heute, in denen das Land unruhig am Rande verharrte und sich das Wachstum und die Kreativität anderenorts aus der Ferne betrachtete.

Burma ist nach Meinung vieler seiner Bewohner ein sehr altes Land. Jedenfalls herrscht unter Burmesen ein lebendiges Bewusstsein für die eigene Geschichte. Überall sind Relikte der eigenen Vergangenheit zu sehen, und jedem burmesischen Schulkind wird beigebracht, dass die Geschichte seines Volkes in Tagaung begann. Heute ist Tagaung, einen halben Tag Autofahrt nördlich von Mandalay gelegen, ein staubiges, von Palmen beschattetes und von unternehmungslustigen Ladenbesitzern und Zuckermühlenarbeitern bewohntes Dorf mit ein paar offensichtlich sehr alten Ruinen und dem gelegentlichen Flair einstiger Größe. Laut den Chroniken der burmesischen Könige war dies jedoch der Ort, in dem der sakiyanische Fürst Abhiraja und sein Gefolge aus Mittelindien sesshaft wurden und das allererste Königreich des Landes gründeten.[1]

Der Überlieferung nach hatte der König von Panchala vor Tausenden von Jahren, lange bevor Buddha seine erste Predigt im Park der Hirsche von Sarnath hielt, ein Bündnis mit dem benachbarten König von Kosala eingehen wollen und diesen deshalb um die Hand seiner Tochter gebeten. Doch der König von Kosala, der sich stolz seiner weit vornehmeren Herkunft bewusst war, lehnte ab, woraufhin ein Krieg ausbrach, der mit dem Sieg des aufstrebenden Panchala und einer Niederlage für Kosala endete, die großes Unglück über die gesamte Königsfamilie brachte.

Die königliche Dynastie von Kosala gehörte dem Stamm von Sakiyan an, der später von der buddhistischen Welt gepriesen werden sollte, weil er die Dynastie des Buddha war. Doch das lag noch in weiter Ferne. Im Moment befanden sich die Sakiyan im Niedergang, und eben wegen dieser untragbaren Lage beschloss einer ihrer Fürsten, Abhiraja, sein Hab und Gut zusammenzupacken und sich mit seinem persönlichen Gefolge in Richtung Osten über die Schwarzen Berge auf den Weg in das Tal des Irrawaddy zu machen.

Ein Treck von Indien nach Burma muss in alten Zeiten eine beachtliche Leistung gewesen sein. Zwischen den beiden Ländern galt es mehrere Bergketten zu überwinden, die von über tausend Metern hohen Gipfeln gekrönt wurden, und dazu noch einige der feuchtesten und verseuchtesten Dschungelgebiete zu durchqueren, die man sich nur denken kann. Wir müssen uns ein Land mit nur wenigen Menschen vorstellen. Sogar Ende des 19. Jahrhunderts belief sich die Bevölkerung Burmas auf insgesamt nur rund fünf Millionen Menschen (verglichen mit den über fünfzig Millionen heute), was heißt, dass es in alter Zeit dementsprechend noch weniger gewesen sein müssen. Das Land war fast vollständig von Dickicht überwuchert und mit dichten Teak-, Eisenholz- und Birkenwäldern bewachsen oder in höheren Regionen mit Rhododendren. Und es wimmelte nur so von gefährlichen wilden Tieren. Tiger, Rhinozerosse und Elefantenherden streiften überall umher, während im hohen Gras die Leoparden und in jedem Busch und auf jedem Baum eine menschenfressende Python lauerten. Sogar der Riesenpanda, der heute in Burma ausgestorben ist, lebte im Altertum vermutlich noch in der Irrawaddy-Region. Die wenigen Menschen, die dort auf das eine oder andere kleine Gebiet beschränkt siedelten, vermutlich hauptsächlich entlang von Flüssen und Strömen, müssen sich eine ziemlich prekäre Existenz erkämpft haben.

Den Chroniken zufolge überlebte Abhiraja alle Widrigkeiten und baute sich ein gedeihliches Leben auf. Nichts gibt Anlass zu der Vermutung, dass er sich in einem völlig unbewohnten Gebiet niedergelassen hätte, denn es heißt nur, dass er zum ersten König geworden sei. Auch von zwei Söhnen ist die Rede. Der ältere hatte wohl den Abenteuergeist des Vaters geerbt, denn er zog gen Süden und gründete in Arakan ein eigenes Reich. Der jüngere Sohn beerbte den Vater, gefolgt von einer Dynastie aus einunddreißig Königen. Jahrhunderte später gründeten Sprösslinge dieser Dynastie ein anderes Reich, viel weiter unten am Irrawaddy nahe der modernen Stadt Prome, das fünfhundert Jahre währte, bis es im Mittelalter seinerseits vom Pagan-Reich abgelöst wurde. Thibaw, der letzte burmesische König, führte seine Abstammung auf dieses mittelalterliche Reich und somit letztendlich auf Abhiraja und den Stamm der Sakiyan zurück. Wie es scheint, waren es also ein fehlgeschlagener Hochzeitsplan, Standesdünkel und der Wunsch nach einem Neubeginn gewesen, die zu den Anfängen der burmesischen Kultur führten. Und den Burmesen modernerer Zeiten bot diese Geschichte die Möglichkeit, sich als ein uraltes Volk zu betrachten, das bis zum Fall von Mandalay ununterbrochen autark gewesen sei.

Die britischen Kolonialgelehrten standen dieser Geschichte ebenso skeptisch gegenüber wie den burmesischen Chroniken generell, insbesondere was die Berichte über die frühe Landesgeschichte betraf. Einige Engländer konnten sich zwar mit der Vorstellung einer indischen Abstammung der burmesischen Kultur anfreunden und akzeptierten auch mehrheitlich die Idee, dass es Neusiedler aus westlicher gelegenen Regionen gewesen seien, die in Burma eine aufgeklärte und langlebige Herrschaftsstruktur ins Leben riefen. Doch das von den Chroniken überlieferte Alter bezweifelten sie. Das heißt, die Vorstellung, dass es vor ungefähr 500 v. d. Z. überhaupt schon eine burmesische Kultur gegeben haben könnte, lehnten sie generell ab. Nichthistoriker waren manchmal sogar noch herablassender. Aldous Huxley, der während seiner gemächlichen Weltreise im Jahr 1925 auch durch Burma tourte, schrieb über die letzte königliche Chronik, die sogenannte *Glaspalastchronik*:

Es ist, als habe sich ein Komitee aus Scaligers und Bentleys zusammengetan, um Ammenmärchen zu edieren. Perraults Aufzeichnung von Rotkäppchen wird mit der Grimm'schen verglichen, dann werden die Abweichungen verzeichnet und die Glaubwürdigkeit beider verschiedenen Versionen debattiert. Und wenn das Nebensächliche dann zur allgemeinen Zufriedenheit abgehandelt wurde, folgt eine lange und unglaublich gelehrte Diskussion über das Schleierhafte, über die komplexen und schwierigen Probleme, vor die der Gestiefelte Kater stellt...[2]

Die jüngere Forschung legt nun aber nahe, dass die Zivilisation im Irrawaddy-Tal *tatsächlich* sehr alt ist und viele Orte, die in den königlichen Chroniken erwähnt werden, tatsächlich über eine sehr lange Zeit hinweg kontinuierlich bewohnt gewesen waren.[3] Bereits vor dreitausendfünfhundert Jahren – zur Zeit des Alten Reiches in Ägypten – wurden überall in der Region des heutigen Burma Kupfer in Bronze verwandelt, Reis angebaut und Hühner oder Schweine domestiziert. Somit gehörten die Bewohner dieser Gegend zu den ersten Völkern der Welt, die dies taten. In einem südlich der späteren Städte Ava und Mandalay gelegenen Gebiet fanden sich Überreste von Siedlungen mit Eisen verarbeitenden Werkstätten, deren Alter auf zweitausendfünfhundert Jahre datiert wurden. Die Fähigkeit der Eisenverarbeitung zog dann bekanntlich ihrerseits eine größere Nahrungsvielfalt und andere nützliche Dinge nach sich. Von diesen Siedlern aus grauer Vorzeit, die in ihrer Umgebung und vielleicht auch in der Fremde mit Salz, Glas, Kaurimuscheln, Kupfer und Eisen handelten, wurden uns mehrere Hinweise auf ihren Wohlstand hinterlassen, darunter mit Bronze beschlagene Särge, Grabstätten und irdene Überreste von großen Gelagen.

In den ersten nachchristlichen Jahrhunderten begannen komplexe Bewässerungsanlagen aufzutauchen. Da das Klima in einem Großteil des Tales sehr trocken war und der Regen immer so plötzlich kam und nur so kurz anhielt, war das Auffangen und Verteilen von Regenwasser der Schlüssel zu einer umfangreicheren Landwirtschaft. Erst als das mit Hilfe eines ausgeklügelten Systems aus Kanälen, Dämmen und Auffangbecken gelungen war, konnten auch kleine und arme Siedlungen groß und mächtig werden. Die ersten befestigten Städte entstanden, darunter einige von beträchtlicher Größe. Es gab Könige und Paläste, Festungsgräben und Palastmauern mit zwölf massiven Holztoren, jeweils eines für jedes Tierkreiszeichen – eines der vielen Muster, die bis zur britischen Besatzung beibehalten wurden.[4] Noch gab es kein einheitliches Königreich, nur Stadtstaaten. Aber schon diesen gelang es, alle geografischen Hürden zu überwinden und sich an die großen Handelswege des Altertums anzubinden. Abhiraja, wenn es ihn denn gab, war gewiss nicht der einzige Mann im Altertum gewesen, der sich auf den Weg nach Burma gemacht hatte.

Eine Landkarte aus vergangenen Zeiten (sagen wir einmal: zweitausend Jahre alt) würde vier Großreiche ausweisen, die einen Großteil von Europa und Asien umfassten, vom Norden Englands bis zum Japanischen Meer: Rom, Persien, das indische Maurya-Reich und das chinesische Han-Reich. Sie beherrschten mit überlegener Macht einen großen Teil der zivilisierten Welt. Doch es gab Lücken in diesen imperialen Karten, Regionen, die nicht von einem dieser Großstaaten kontrolliert wurden. Wie die Wälder Germaniens oder das Wüstenland von Arabien gehörte auch ein großes Gebiet zwischen dem Indien der Maurya und dem China der Han keinem Herrscher. Zu dieser Region zählte das hochgelegene Tibetische Plateau. Und unterhalb von Tibet erstreckte sich ein riesiges Gebiet aus Bergen und Tälern, zu dem auch das Irrawaddy-Tal gehörte. Das war die Welt der ersten Burmesen und ihrer Vettern.[5]

Diese Welt ist nicht sehr bekannt und wurde auch nie ausgiebig erforscht. Ihr gehörte nicht nur das gesamte heutige Burma an, sondern auch der ganze Nordosten des modernen Indien und Südwesten des heutigen China, ein Gebiet also, das so groß war wie Westeuropa und viele verschiedene Völker und Siedlungen beheimatete. Die meisten davon fielen dem Lauf der Geschichte zum Opfer, darunter nicht nur isolierte Stämme und abgelegene Stammessitze in den Bergen, sondern auch ganze Städte und Königreiche, deren Sprachen und Kulturen sich vollständig von den chinesischen und indischen Zivilisationen im Osten und Westen unterschieden haben.

In der Nähe des Dian*-Sees gleich nördlich von Burma wurden

---

* Ich verwende in diesem Buch grundsätzlich die Pinyin-Schreibweise für chinesische Namen, es sei denn, es hätte sich seit langem eine anders transliterierte eingebürgert (wie beispielsweise »Jangtse«, »Tschiang Kai-schek« usw.).

faszinierende Kultgegenstände gefunden, beispielsweise Opferfigurinen und kleine Darstellungen von Tigern, Leoparden und Bienen, die sich völlig von chinesischen Kunstwerken unterscheiden, dafür aber große Ähnlichkeit mit der Kunst aufweisen, die man in dem weit entfernten, wüstenartigen Ordos-Plateau in der Inneren Mongolei fand. Es ist zu erwarten, dass in dieser Region noch weitere alte Kulturen entdeckt werden. Erst 1986 fanden Archäologen durch reinen Zufall im heutigen Sichuan Hunderte wunderschöner, geheimnisvoller Masken und Bronzegefäße, welche von einer vollkommen unbekannten Zivilisation stammen, die ihre Blütezeit vermutlich vor über dreitausend Jahren erlebt hatte und in nichts der chinesischen Kultur ähnelte. Vielleicht waren sich die Menschen in Burma also sogar schon vor zwei- oder dreitausend Jahren einer größeren Welt bewusst gewesen, hatten Ideen und fremde Lebensweisen übernommen und mit Gütern aus weit entfernten Ländern gehandelt.

Irgendwann im Jahr 139 v. d. Z. machte sich ein chinesischer Beamter namens Zhang Qian in der Begleitung seines treuen Sklaven Kanfu und über hundert Gehilfen und Bediensteten aus der Reichshauptstadt Changan, damals die reichste und mächtigste Stadt der Welt, auf den Weg in die unbekannte und scheinbar endlose Steppe im Westen. Ihr Auftrag lautete, Verbündete gegen die unzivilisierten Feinde Chinas jenseits der Großen Mauer zu finden. Zhang sollte einer der größten Entdecker des Altertums werden. Nach langen und aufreibenden Jahren auf Reisen und einer Gefangenschaft bei den Barbaren schlug er sich schließlich durch die Wüste im Tarim-Becken bis ins heutige Afghanistan durch, von wo er dann als Held an den Han-Hof zurückkehrte.

Er berichtete seinen gebannten Zeitgenossen von den Königreichen im Fergana-Tal und in Baktrien, von Persien, Mesopotamien und Indien, allesamt Regionen, über die die Chinesen nichts gewusst hatten. Er erzählte ihnen vom persischen Wein und von den persischen Händlern, die auf Schiffen in ferne Länder reisten, von der Hitze und Schwüle in den Ländern am Arabischen Meer und von den Kriegselefanten in Indien. Und dann berichtete er noch etwas Verblüffendes und völlig Unerwartetes, nämlich dass er auf den Märkten von Baktrien Kleidungsstücke gesehen habe, die in der chinesischen Provinz Shu (dem modernen Sichuan) gefertigt worden waren. Shu lag weitab im Süden. Hatten sich etwa schon andere Chinesen vor ihm in den Westen aufgemacht? Nein, hatten ihm die Händler erklärt, die Kleidungsstücke und der Bambus seien aus Indien eingetroffen. Es existierte also eine *südliche* Route nach Indien und von dort aus weiter in den Westen![6]

Worauf Zhang Qian und der Han-Hof hier gestoßen waren, das hatten Händler schon seit Langem gewusst: Es gab einen profitablen Handelsverkehr mit allen möglichen Gütern aus China, die durch das Irrawaddy-Tal nach Indien und von dort aus in fernere Länder verkauft wurden. Auch mit Produkten aus dem Irrawaddy-Tal und dem umgebenden Hochland wurde gehandelt: mit Elfenbein und Edelsteinen, Gold und Silber, mit den kleinen, stämmigen Pferden dieser Region und mit dem vielleicht begehrtesten Gut, den handlichen Rhinozeroshörnern, denen man Zauber- und Heilkräfte zuschrieb.[7]

Bald schon nahm der Handel zu und wurden neue Kontakte geknüpft, denn immer mehr burmesische Stadtstaaten wollten von diesen Möglichkeiten profitieren und sich nicht länger von der abgeschiedenen Lage des Tals beschränken lassen. Als Abgesandte aus dem Römischen Reich, möglicherweise aus der Römischen Provinz Ägypten, im Jahr 97 auf dem Weg nach China durch das Irrawaddy-Tal kamen, betraten sie längst ausgetretene Pfade.[8] Erst als die Seefahrer die Hochsee meistern konnten, wurde die Straße von Malakka zur bevorzugten Route in den Osten. Eine Weile lang hatte die Fernstraße der Welt jedoch durch Burma geführt. Und dieses bereits hoch entwickelte Land mit seinen guten Beziehungen zum Ausland hatte sich entschlossen nach Indien im Westen gewandt, um sich dort geistig-kulturelle Anregung zu holen.

DER MITTLERE PFAD

Zur Zeit von Zhang Qian wurde Indien von den Maurya beherrscht. Zweihundert Jahre zuvor hatte Alexander der Große zusehen müssen, wie sich seine Welteroberungsträume wegen der Meuterei seiner Makedonier zerschlugen, kurz bevor sie den Indus erreichten. Alexander selbst verließ Indien bald für immer, aber bereits sein Einfall in den nordwestlichen Teil des Subkontinents hatte die bis dahin bestehenden politischen Absprachen völlig aus den Angeln gehoben. Und das hatte es dem Fürsten Chandragupta Maurya wiederum ermöglicht, den Thron von Magadha, des damals mächtigsten indischen Königreichs, an sich zu reißen und schließlich Alexanders General Seleukos Nikator zu besiegen. Nach dem Friedensvertrag traten ihm die Makedonier im Gegenzug für fünfhundert Elefanten einen Großteil der besetzten Gebiete ab. So entstand ein neues Maurya-Reich, das den gesamten Norden des Subkontinents umfasste. Seine Hauptstadt Pataliputra (im modernen Bihar) wurde eine der größten, wenn nicht *die* größte Stadt der Welt. Sogar Nikators Abgesandter Megasthenes, der immerhin in Babylon gewesen war, fühlte sich von ihr geblendet.

Derart ermutigt entwickelten sich die Maurya schnell zu gierigen Imperialisten. Bald erstreckte sich ihr Hoheitsgebiet vom Arabischen Meer bis zum Golf von Bengalen. Doch Chandraguptas Enkel Kaiser Aschoka, ein hervorragender Soldat ganz im Geiste seiner Vorfahren, der Armeen aus angeblich Hunderttausenden von Fußsoldaten und Zehntausenden von Reitern für seine Eroberungszüge aufgestellt hatte, überkam im sechzehnten Jahr seiner Herrschaft wie aus heiterem Himmel ein Sinneswandel. Gerade noch hatte er die drei Kalinga-Reiche an der dunstigen Ostküste besiegt, da entsagte Aschoka traumatisiert vom Sterben und Leiden, das er dort mit angesehen hatte, dem Krieg für immer und wandte sich den Lehren Buddhas zu. Und diese Konversion sollte nicht weniger Einfluss auf die Geschichte haben als der Glaubenswandel von Kaiser Konstantin. Sie verwandelte Asien für immer.[9]

Zu diesem Zeitpunkt war der Buddhismus bereits mehrere Jahrhunderte alt gewesen. Sein Gründer Siddhartha Gautama war der Erbe eines kleineren Adelsgeschlechts aus einer Region am Fuße des Himalaya, hatte der fürstlichen Macht und der höfischen Freuden aber entsagt, um über das Wesen des menschlichen Seins nachzudenken. Buddhisten glauben, dass er lehrte, was er bei seiner Erleuchtung selbst erfahren hatte. Nach seiner ersten Predigt in Sarnath wanderte er bis zu seinem Tod (durch verdorbenes Schweinefleisch) als Achtzigjähriger im Jahr 484 v.d.Z. durch Nordindien. Seine Lehren flossen in viele verschiedene Philosophien und Verhaltensschulen ein, vor allem in die Mahayana-Schulen, die in Tibet, China und Japan praktiziert werden, und in die konservativeren Theravada-Schulen Sri Lankas,

Burmas und Thailands. Doch im Zentrum beider Denkschulen stehen Buddhas Gedanken über die Unzufriedenheit des Menschen, über die Ursprünge dieser Unzufriedenheit und über einen Ausweg aus dieser Unzufriedenheit durch den Pfad eines ethischen, ausgeglichenen Lebens und durch eine Betrachtungsweise, welche stetigen Wandel als eine integrale Wesenheit aller Dinge versteht. [10]

Im 3. Jahrhundert v. d. Z. war der Buddhismus nur eine von vielen konkurrierenden Glaubenslehren gewesen. Erst Aschokas Konversion machte ihn zum vorherrschenden Glauben in Indien und einem Großteil Asiens. Von Aschoka stammt auch die Idee von einer gerechten Regierung und öffentlichen Ordnung, welche jeder Gewalt entsagen muss, auch der Gewalt gegen Tiere, und jeden Mensch sowohl innerhalb als auch außerhalb des eigenen Reiches ungeachtet seiner sozialen Herkunft oder Kaste human und gerecht behandeln soll. Aschoka erschuf den ersten »buddhistischen Staat«, wie er dann zum erklärten Vorbild der späteren Könige Südostasiens werden sollte. Er sandte Missionare nach Ceylon, Persien und in den noch entfernteren Westen und bereitete damit den Weg für die Konversionen Afghanistans und der Städte entlang der Seidenstraße. Die ostgriechischen Abkömmlinge von Alexanders Heerführern zählten zu den glühendsten neuen Anhängern und verwandelten ihre Reiche in Baktrien und Nordwestindien bald in Zentren der buddhistischen Kunst und Gelehrsamkeit. Sie waren es auch, die die allerersten Abbilder Buddhas nach dem Vorbild der griechischen Apollon-Kunst schufen. Bis heute nennt man in Burma eine Hochschule *tekkatho*, abgeleitet von Taxila, dem längst entschwundenen graeco-buddhistischen Lehrzentrum östlich des Khyber-Passes.

Der burmesischen Überlieferung nach bereisten zwei burmesische Händler namens Tapussa und Ballika, beide aus der Region um Rangoon stammend, den Norden Indiens, wo sie zufällig Buddha begegneten. Es war die Zeit kurz nach seiner Erleuchtung. Sie boten ihm Reiskuchen und Honig an und baten ihn um ein Andenken. Buddha riss sich acht Haare aus und überreichte sie ihnen. Nach ihrer Rückkehr wurden diese acht Haare im tiefsten Inneren der späteren Shwedagon-Pagode verwahrt, dem heiligsten Schrein des Landes, wo sie seither gehütet wurden. Heute ist diese große Pagode über neunzig Meter hoch und von sechzig Tonnen Blattgold umhüllt. Sie thront auf einem Hügel, der das Bild der modernen Stadt Rangoon dominiert, umgeben von einer marmornen Plattform, vierundsechzig kleineren Pagoden und zahlreichen Schreinen. Doch dieses heutige Erscheinungsbild ist relativ jungen Datums – es reicht nur rund fünf Jahrhunderte zurück. Unter dem äußerlich sichtbaren Bau befinden sich fremdartigere ältere Formen, womöglich uralte Strukturen, die dessen Entstehungsgeschichte und ursprünglichen Zweck enthüllen könnten, würde man die vier Tunnel untersuchen, deren Eingänge verlockend sichtbar von der Pagodenplattform abgehen. Aber sie wurden nie erforscht. Die Legenden erzählen von Untergrundströmen und wundersam bewachten Durchgängen, aber niemand weiß, was sich wirklich unter dem Fundament der Shwedagon-Pagode befindet.

Dass es sich tatsächlich so zutrug, wie diese burmesische Legende berichtet, ist nicht unmöglich. Es könnte wirklich vor langer Zeit Reisende gegeben haben, die den Buddhismus schon sehr früh ins Irrawaddy-Tal brachten. Allem Anschein nach ging der burmesische Buddhismus jedoch eher aus Kontakten in späterer Zeit hervor und erreichte Burma wahrscheinlich über den See- und nicht den Landweg, also nicht auf direktem Wege aus der Wiege des Glaubens in der Ganges-Ebene Nordindiens, sondern rund acht- oder neunhundert Jahre nach Buddhas Tod via Südindien.

Südindien pflegte schon immer Kontakte zu fernen Orten. Der Bibel zufolge schickte König Salomon Schiffe, um unter anderem Gold, Silber, Pfauen und Elfenbein zu laden. Als es den Seefahrern schließlich gelungen war, das Problem der Monsunwinde zu meistern, stieg der Handel zwischen Indien und dem Mittelmeerraum sprunghaft an, da man nun auch in der Lage war, die von Piraten heimgesuchten Küstenlinien zu umschiffen und direkt über das Arabische Meer zu segeln. In den längst verschütteten Seehäfen der Koromandelküste entdeckten Archäologen unzählige römische Münzen und ganze Fundgruben an Amphoren, die einst mit gutem italienischem Wein gefüllt gewesen waren.[11]

Allmählich vermischten sich die römischen und hellenistischen Traditionen in den Deltastädten und Seehäfen entlang dieser südöstlichen Küste mit Einflüssen aus dem ganzen indischen Subkontinent. Aber sie entwickelten sich nicht nur zu bedeutenden internationalen Handelsmetropolen, sondern auch zu berühmten Kunst- und

Bildungszentren. In diesen kosmopolitischen Knotenpunkten blühte der Buddhismus und entstanden einige der größten Werke buddhistischer Gelehrtheit. In den Studiensälen und Bibliotheken der vielen Klöster dieser Region wurden philosophische Debatten geführt, die noch Jahrhunderte später ihren Nachhall in ganz Asien finden sollten. Auch der große Philosoph Nagarjuna, der wohl bedeutendste buddhistische Denker nach dem Gautama Buddha selbst, studierte dort und verfasste im 3. Jahrhundert dort seine Schriften. In den Universitäten dieser Region nahm auch die historische Trennung zwischen dem Mahayana- und dem Theravada-Buddhismus erste Gestalt an.

Es war ein Glücksfall für Burma, dass es bereits enge Beziehungen zu einer derart dynamischen Region unterhielt, seit Händler und Gelehrte in beiden Richtungen über den Golf von Bengalen gereist waren und dabei sowohl die buddhistische als auch die indische Kunst- und Ideenwelt in sich aufgenommen hatten, um sie dann in den fruchtbaren Boden der schon lange existierenden Kultur im Irrawaddy-Tal zu verpflanzen. Wie es wohl gewesen sein mag, als die immer fortschrittlicheren und wohlhabenderen Stadtstaaten am Irrawaddy von den Ereignissen erfuhren, die westlich von ihnen geschahen? Offenbar wollte man mehr darüber wissen, brachte Schriften und Kunstwerke aus Indien nach Hause und diskutierte dann vielleicht bei einem Glas guten italienischen Weines darüber, um schließlich von Indien und via Indien vom Rest der Welt das zu übernehmen, was am besten gefiel.

In den mittleren Jahrhunderten des 1. Jahrtausends geschah das fast überall in Südostasien, ob in Java, Kambodscha, Sumatra, Siam oder eben Burma. Könige nahmen indische Titel und Namen an, auch ihre Kunst und Architektur trugen deutlich den Stempel indischer Einflüsse. Die Kolonialgelehrten glaubten, dass es eine indische Kolonisation gegeben haben müsse und indische Händler, die den dunklen Gewässern des Golfes getrotzt hatten, kleine Siedlungen aufgebaut hätten, um den unzivilisierten Ländern das Licht der Aufklärung und Kultur zu bringen. Doch allen Hinweisen nach ist es sehr viel wahrscheinlicher, dass der Verkehr in beide Richtungen geflossen und Burma sogar im Altertum schon in ein Netzwerk aus Handel und Kontakten eingebunden gewesen war. Die Ideen aus dem Ausland wurden also eher importiert als oktroyiert.

Solche engen Kontakte zu Südindien müssen in einer Zeit stattgefunden haben, als Seefahrer bereits routinemäßig den Golf von Bengalen kreuzten.[12] Der griechische Mathematiker Klaudios Ptolemaios machte im 2. Jahrhundert in seiner *Geographike Hyphegesis* nicht nur Angaben über indische Hafenstädte, sondern auch über die sagenhaften Inseln des Goldes und Silbers (*Chryse* und *Argyre*) unweit der Ganges-Mündung. Und einige der versiertesten Seefahrer des Altertums waren weder Inder noch Chinesen, weder Araber noch Griechen, sondern Malayen gewesen, Männer (und vielleicht auch Frauen) aus der heute zu Malaysia* und Indonesien gehörenden Region, die gen Westen segelten, die Insel Madagaskar kolonisierten und tausend Jahre vor Vasco da Gama sogar die afrikanische Küste erforschten. Der römische Historiker Plinius berichtete im 1. Jahrhundert von Schiffen, die, aus den Meeren im Osten kommend, mit Zimt und anderen Gewürzen beladen in Afrika eintrafen. Noch heute wird auf Madagaskar – dem westlichsten Außenposten einer Seefahrerwelt, die diese Entdecker und Händler des Altertums gen Westen nach Afrika und gen Osten bis zu den abgelegensten polynesischen Inseln geführt hatte – hauptsächlich Malagasy gesprochen, eine Mundart, die eng mit den Sprachen Javas und Borneos verwandt ist.

Bis ins 4. Jahrhundert waren viele Menschen im Irrawaddy-Tal zum südindischen Buddhismus konvertiert, was man wohl als die bedeutendste Entwicklung in der langen Geschichte Burmas bezeichnen darf. Unter den vielen Stadtstaaten, die damals ihre Blütezeit erlebten, war Prome am mittleren Irrawaddy der bedeutendste. Er war von enormer Größe, rund zwanzig Kilometer vom einen zum anderen Ende, wurde von einer massiven Ringmauer aus grün lasierten Ziegeln umgeben und beherbergte unzählige Stupas, ähnlich jenen, welche es in Südindien gab und die zu den Prototypen der späteren großen Pagoden wurden. Die Herrscher von Prome imitierten indische Dynastien, indem sie sich Vikram und Varman nannten; ein chinesischer

---

* Anm. d. Übers.: Die uneinheitliche Landesbezeichnung im folgenden Text ergibt sich aus der Geschichte, von den malaiischen Königreichen über die britische Kronkolonie der »Straits Settlement« und der schrittweisen britischen Besetzung der Malaiischen Halbinsel bis zur Föderation Malaya (1957) und schließlich der Föderation Malaysia (1963).

Reisender vermerkte nach seinem Besuch auch den hingebungsvollen
Buddhismus der Bewohner:

> *Es ist ihr Brauch, das Leben zu lieben und das Töten zu verachten...
> Sie wissen, wie man astronomische Berechnungen anstellt. Sie sind
> Buddhisten und haben Hunderte von Klöstern aus Glasziegeln er-
> richtet, verziert mit Gold, Silber und Zinnober, fröhlichen Farben
> und rotem Kinoharz... Im Alter von sieben Jahren schneiden sich die
> Leute das Haar und treten in ein Kloster ein. Wenn sie bis zum Alter
> von zwanzig Jahren die Lehre nicht erfasst haben, kehren sie in den
> Laienstand zurück... Sie tragen keine Seide, da, so sagen sie, diese
> von der Seidenraupe stammt und dies eine Verletzung des Lebens mit
> sich brächte.*[13]

Die Legenden über die Heldentaten ihrer Könige erzählt man sich
noch heute. Bis zum Sturz des Königreichs im Jahr 1885 gab es *ponna*,
Meister der Zeremonie und der Geheimwissenschaften vom königlichen Leben, die eine lückenlose Abstammung von den ersten Ritua-
listen aus Prome nachweisen konnten. Es war eine bemerkenswert
dauerhafte Kultur. Sie währte von den letzten vorchristlichen Jahrhunderten bis ins 9. Jahrhundert, als eine neue Macht aus dem Norden herabkam und in ihrem Kielwasser ein neues Volk brachte – die
schnellen Reiter aus den Ausläufern des Himalaya: die Myanma.[14]

DIE HERREN DES SÜDENS

Biegt man von Mandalay in die Straße ein, die in den Osten führt, wird
man sich schnell (und sehr nervös, falls man in einem burmesischen
Bus sitzt) auf Serpentinen wiederfinden, die sich rund sechshundert
Meter zum Rand des Shan-Plateaus hinaufschrauben. Die Luft kühlt
sich schnell ab, plötzlich herrscht ein völlig anderes Klima. Der Staub
und die Palmen der Ebenen sind grünen Hügeln mit Eichen-, Magno-
lien- und Kieferwäldern gewichen. Wenn man noch rund einen halben
Tag zugibt und die furchterregende Schlucht überwindet, durch die
der Salween fließt, verwandeln sich die Hügel in zweieinhalbtausend
Meter hohe Berge, und die schönen Vorstellungen von den Tropen

werden dem Wunsch nach warmen Decken und offenen Feuerstellen weichen. Im Norden, vorbei an den Tee-, Opium- und Reisfeldern, stößt man auf die ersten Ausläufer des Himalaya und erreicht dann das unvorstellbar weite und nahezu unbewohnte Grenzland, das China von Tibet trennt. Geradeaus liegt das Bergland von Yunnan, das heute zur Volksrepublik gehört. Hängt man noch zwei weitere Tage an, wird man schließlich (wenn einen die chinesischen Grenzsoldaten lassen) in der Stadt Dali landen, ein Magnet für Rucksacktouristen, mit dem hübschen Kopfsteinpflaster, der entspannten Lebensart und dem noch immer wenigstens zum Teil erfüllten Versprechen, ein Ort abseits aller ausgetretenen Pfade zu sein. Diese Region zwischen Mandalay und dem westlichen Yunnan wurde vielen verschiedenen Volksgruppen zur Heimat. Heute sind es auf burmesischer Seite hauptsächlich Shan (die eine dem Thai sehr ähnliche Sprache sprechen), auf der chinesischen Seite ethnische Chinesen. Aber das war nicht immer so, denn vor etwas über tausend Jahren war Yunnan das Zentrum eines unabhängigen multiethnischen Reiches gewesen.

Irgendwann am Anfang des 8. Jahrhunderts, um die gleiche Zeit, als die Mauren ihre Eroberung Spaniens abschlossen, wurden die sechs Fürstentümer, die sich an die Kalksteinberge am Dali-See schmiegten – jenem Mekka heutiger Rucksacktouristen – erstmals zu einem Königreich vereint. Sowohl das Reich als auch seine Herrscher wurden Nanzhao genannt, was im Chinesischen »Herr des Südens« heißt.[15] Und dieses Königreich zeigte sich von Anfang an aggressiv expansionistisch. Es drang in alle Himmelsrichtungen vor, überfiel verwandte Stammesvölker im tibetischen Grenzland, um deren Gesellschaften dann völlig umzukrempeln, marschierte in die Regenwälder am Salween im Süden und schließlich auch gen Osten in Richtung China. Der Erfolg brachte Selbstvertrauen und zog noch größere Ambitionen nach sich. Einige Male im Verlauf der nächsten hundert Jahre unterhielt das Königreich, das mittlerweile zu einem Imperium geworden war, freundschaftliche Beziehungen zu den Chinesen. Am Hof der Tang-Dynastie in Changan wurden die Abgesandten von Nanzhao mit prächtigen Zeremonien und einer Ehrengarde von Kriegselefanten und Kriegern im vollen Harnisch willkommen geheißen, und wenn die Tang ihrerseits Emissäre nach Dali entsandten, überbrachten diese kostbare und ausgefallene Geschenke.

Zu anderen Zeiten verbündete sich Nanzhao mit Chinas Erzfeind Tibet, einer damaligen Großmacht in Zentralasien. Als im Jahr 755 ein vom türkisch-sogdischen Gouverneur An Lushan geführter Aufstand einen gewaltigen Bürgerkrieg in China auslöste, bei dem Millionen getötet wurden und der das Land ins Chaos stürzte, schlossen Nanzhao und Tibet ihre Truppen zusammen, plünderten und brandschatzten chinesische Städte und nahmen kurzfristig sogar die kaiserliche Hauptstadt ein.

Ende des 8. und Anfang des 9. Jahrhunderts war das Nanzhao-Reich in vollem Schwung. Es war ein bis ins Letzte durchmilitarisierter Staat. Alle starken Männer mussten in das Reiterheer eintreten, alle schwächeren wurden als Fußsoldaten mobilisiert. An der Spitze stand der »Herr des Südens« höchstselbst, bekleidet mit einem Tigerfell, »rot und schwarz mit leuchtenden breiten Streifen, angefertigt von den schönsten Tigern aus den höchsten und abgeschiedensten Bergen«. Mittlerweile konnte er auf ein Reich zurückblicken, das schon ein ganzes Jahrhundert lang ungezügelt seiner Eroberungslust gefrönt hatte.[16]

Dieses Imperium war zwar von Anfang bis Ende ein multiethnisches, trotzdem sprachen viele seiner Bewohner insbesondere im westlichen Yunnan sowie unter der herrschenden Schicht ein und dieselbe, dem modernen Burmesisch ähnliche oder angestammte Sprache. Die Chinesen nannten diese Menschen ihrer dunklen Hautfarbe wegen Wuman, »schwarze Südbarbaren«. Im 9. Jahrhundert verfasste ein begabter Chinese und gelehrter Bürokrat namens Fan Chuo ein Buch über Nanzhao (*Manshu: Buch der Südbarbaren*), das eine farbige Ethnografie der einzelnen Stämme dieses Reiches enthielt. Viele von ihnen waren Gruppen von einfachen Ziegenhirten oder Schäfern, die allmählich über die schroffen Berge in den Süden abdrifteten, bis sie in den brennend heißen Ebenen Mittelburmas anlangten.

Über einen Stamm, den die Chinesen Loxing Man nannten (»Man« steht für einen bestimmten Barbarentyp), heißt es in dieser gelehrten Studie: »Sie sind nicht aus Gewohnheit kriegerisch, sondern von Natur aus freundlich und gefügig... Ihr Mannsvolk und Weibervolk verteilt sich in Hülle und Fülle über die Bergwildnis. Und sie haben weder Fürsten noch Stammesführer... Sie tragen keine Kleidung, sondern verhüllen ihren Körper mit Baumrinden.« Daneben gab es die Bu Man aus den Wäldern östlich des oberen Irrawaddy: »Sie sind tapfer, grimmig, wendig und geschäftig ... sie züchten Pferde, weiße oder scheckige, und binden den wilden Maulbeerbaum, um daraus die feinsten Bögen zu machen.« Ein anderer Stamm, Wanghzu Man, lebte auf den schneebedeckten Kämmen in nächster Nähe zu Tibet, wo der Sandochse* mit seinen fast eineinhalb Meter langen Hörnern heimisch war. Über diese entfernten Vorfahren der Burmesen verzeichnet das Buch, dass »ihre Frauen nur Milch und Sahne mögen. Sie sind fett und weiß und lieben das Nichtstun«. Die Mo Man scheinen sogar noch sorgloser gewesen zu sein: »Jede Familie besitzt eine Schafherde. Während ihres ganzen Lebens waschen sie niemals die Hände oder das Gesicht. Alle Männer und Frauen tragen Schaffelle. Es ist ihre Sitte, dem Alkohol zuzusprechen und dem Gesang und dem Tanz ...«

Diese Menschen wurden nun also allesamt in die Kriegsmaschinerie von Nanzhao eingespannt und zu Kämpfern ausgebildet, um dann in nicht unbeträchtlicher Zahl auf den weitverstreuten Schlachtfeldern im Kampf gegen Tibet und China oder gegen ein noch ferneres Land ihr Leben zu lassen. Aber auch wenn sie in der Nähe des eigenen Landes kämpften, fochten sie oft gegen Fremde. Im Jahr 801, als sich Nanzhao mit China gegen Tibet verbündet hatte, schlug das vereinigte Heer von Nanzhao und China eine tibetische Streitmacht, in der das reinste Sprachengewirr geherrscht haben muss: Sie wurde zwar von tibetischen Generälen kommandiert, bestand aber im Wesentlichen aus Gefangenen aus dem fernen Westen. So kam es, dass Tausende Männer aus Samarkand oder Araber aus dem Bagdader Abbasidenkalifat und Männer von den Höfen des Harūn ar-Rashīd (bekannt aus *Tausendundeiner Nacht*) in einem burmesischen Hochtal gefangen genommen wurden, wobei praktischerweise gleich auch noch zwanzigtausend Rüstungen erbeutet wurden.[17]

Mittlerweile war auch ein Großteil des Irrawaddy-Tals unter die Nanzhao-Herrschaft geraten. Die kriegerischen Völker aus dem Norden waren immer weiter in den Süden vorgestoßen. Ein alter Stadtstaat nach dem anderen kapitulierte oder wurde von den mächtigen

---

* Der Name »Sandochse« ist eine Übersetzung aus dem mittelalterlichen Chinesisch für eine rein lokale Rinderrasse.

berittenen Bogenschützen aus dem Norden überrannt. Im Jahr 832 zerstörte Nanzhao die Stadt Halin in der Nähe des alten Tagaung; 835 kehrten seine Truppen zurück und verschleppten viele Gefangene. Im *Manshu*-Bericht heißt es, dass sie »über dreitausend von deren Leuten gefangen nahmen. Sie verbannten sie in die Knechtschaft nach Chetung und erklärten ihnen dann, dass sie für sich selbst sorgen müssten. Derzeit sind ihre Kinder und Kindeskinder noch immer dort und nähren sich von Fisch, Insekten usw. So ist das Ende ihres Volkes«.[18]

Die Reiterhorden sollen das ganze Tal bis zum Golf von Bengalen herabgefegt sein, ungeachtet des heftigen Widerstands, der ihnen dort begegnete. Man kann sich heute nur schwer vorstellen, dass diese Männer, möglicherweise geschützt von den erbeuteten Kettenhemden aus Bagdad, auf ihren zähen kleinen Ponys, die den Duft der windgepeitschten zentralasiatischen Steppe verströmten, die ganze Strecke vom Yunnan-Plateau bis zu den palmengesäumten Stränden an der Andamanensee geritten sein sollen. Doch das waren noch andere Zeiten, damals pflegten sich ungebildete Nomadenstämme oder die Abkömmlinge von ungebildeten Nomaden ihren Weg noch in die unglaublichsten Regionen zu erkämpfen, man denke an die Goten und Vandalen auf Sizilien und in Nordafrika.

Bis zum 10. Jahrhundert entschwand das Nanzhao-Reich allmählich aus der Geschichte. Inzwischen war der Buddhismus, vor allem der Mahayana- und der Tantra-Zweig, zur vorherrschenden Religion in Dali geworden. Der Nanzhao-Hof hatte sich selbst zu einem leidenschaftlichen Patron des neuen Glaubens gemausert. Vielleicht dämpfte das seine Kriegslust, vielleicht war es aber auch bloß so, dass das Kernland von Yunnan nach zwei Jahrhunderten ständiger Kriegführung all der Männer und all des Kleingeldes beraubt war, die für eine Aufrechterhaltung seiner Expansionspolitik nötig gewesen wären. Im Jahr 902 wurde die gesamte Herrscherfamilie von Nanzhao während eines internen Machtkampfes getötet. Um diese Zeit herum begannen auch die Kontakte zu China seltener zu werden, wohingegen sich der Verkehr mit Burma vermutlich sowohl auf kultureller als auch auf politischer Ebene verstärkte. Die alte Elite, die das mit dem Burmesischen verwandte Yi gesprochen hatte, wurde durch eine neue ersetzt, welche dann ein bescheideneres Reich ins Leben rief, schlicht als das Dali-Reich bekannt, das noch weitere drei Jahrhunderte überleben sollte.*

Doch etwas von dem alten kriegerischen Geist muss geblieben sein, denn wie in allen einstigen Großreichen gab es auch in diesem noch Männer, die sich weiterhin als Eroberer aufspielten und nun zürnten, weil man sie ihrer Plünderungsmöglichkeiten beraubt hatte. Und sie waren nach wie vor erstklassige Reiter. Das nach einem Jahrhundert der Überfälle und Unterdrückung geschwächte Irrawaddy-Tal hatte den Männern, die sich nun von dem wärmeren Klima und den fruchtbaren Reisanbaugebieten angezogen fühlten, kaum etwas entgegenzusetzen. Die Stämme aus dem Westen – deren Weibervolk Milch und Sahne genoss und die nur Schaffelle trugen, sich niemals wuschen und sich nur am Saufen, Singen und Tanzen erfreuten – zogen mit ihren *mang* (Stammesführern) in den Süden, vielleicht dem Lauf des großen Flusses folgend, um schließlich die fruchtbare Reisebene in der Nähe des heutigen Mandalay zu besetzen. Sie nannten sich die Myanma oder starken Reiter.**

DER DIE FEINDE MIT FÜSSEN TRAT

Im Jahr 849, siebzehn Jahre nachdem Nanzhaos Reiterarmee zum letzten Mal durch die Städte im Irrawaddy-Tal gefegt war, wurde an einer Irrawaddy-Schleife die befestigte Siedlung Pagan*** gegründet.[19] Möglicherweise sollte diese neue Stadt Nanzhao helfen, das umgebende Hinterland zu befrieden. Jedenfalls war ein ausgesprochen strategischer Platz dafür ausgesucht worden, nahe der Stelle, wo der Irrawaddy mit seinem wichtigsten Nebenfluss Chindwin zusammenfließt, nur ein Stück westlich von einer reich bewässerten Reisanbauebene.

---

* Burmesisch und Yi (auch Lolo und Norsu genannt) gehören demselben Zweig der tibeto-burmesischen Sprachfamilie an, zu dem neben dem Tibetischen und Burmesischen selbst noch Dutzende von anderen Sprachen und Dialekte zählen.
** Diese Herleitung ist nicht allgemein akzeptiert, aber es ist eine gute. Sie stammt von einer hoch angesehenen Autorität auf diesem Gebiet, nämlich von U Bokay, dem inzwischen verstorbenen Direktor des Pagan-Museums, der sie mir 1987 in einem persönlichen Gespräch erläuterte.
*** Manchmal auch »Bagan« geschrieben und mit Betonung auf der zweiten Silbe ausgesprochen.

Die Eisenschmieden und brummende Waffenindustrie in dieser Region hatte es aber vermutlich schon zuvor gegeben.[20] Jedenfalls wurde Pagan innerhalb von zweihundert Jahren zum Zentrum eines großen buddhistischen Königreichs, dessen Ruinen heute zu den überwältigsten Stätten in ganz Südostasien zählen. Das Kerngebiet dieses Reiches war eine Ödebene (einst *tattadesa* genannt: »verdorrtes Land«), doch die Befehlsgewalt des Herrscherhauses erstreckte sich bald über einen Großteil des heutigen Burma, von Tibet bis zur Straße von Malakka.

Den burmesischen Chroniken zufolge stieg nach den Einfällen der Nanzhao eine neue Dynastie auf, gegründet von dem halbmythischen Kriegerkönig Pyusawthi. Als der große Bogenschütze nach Pagan gekommen war, hatte er in der Manier des heiligen Georg siegreich einen großen Vogel, einen großen Keiler, einen großen Tiger und ein Flughörnchen erlegt und die Bewohner von deren Terrorregimes befreit. Einigen Darstellungen zufolge war er der Sohn eines Sonnenprinzen gewesen und dem Ei eines Drachen entschlüpft, anderen Berichten nach war er ein Spross aus dem Geschlecht der Sakiyan von Tagaung und ein Hüne von einem Mann – zweieinhalb Meter groß –, der bis ins hohe Alter von einhundertzehn Jahren lebte.

Einmal abgesehen von seiner Größe und der Frage, ob er menschlicher oder übermenschlicher Abstammung war, scheint zumindest eines sehr wahrscheinlich, nämlich dass er in einer noch immer ungeklärten Beziehung zu dem alten, mittlerweile zerfallenen Haus von Nanzhao gestanden hatte. Denn die Herrscherschicht von Nanzhao hatte ein merkwürdiges Namenssystem – der Familienname des Vaters wurde immer zum Vornamen des Sohnes –, und genau dieses System wurde nun sieben Generationen lang von Pyusawthi und seinen Nachkommen angewendet. Auf irgendeine Weise waren zweihundert Jahre Nanzhao-Reich an den Ufern des Irrawaddy angeschwemmt worden, um dort zu neuem Leben zu erwachen, mit der ansässigen alten Kultur zu verschmelzen und dann eines der beeindruckendsten kleinen Königreiche des Mittelalters hervorzubringen. Aus dieser Verschmelzung gingen das burmesische Volk und die Fundamente der modernen burmesischen Kultur hervor.

Im Laufe von rund zweihundert Jahren gewann dieses neue Reich von Pagan stetig an Boden. Im 11. Jahrhundert ereignete sich schließlich eine regelrechte Explosion, und zwar in Gestalt des Energiebündels Aniruddha, der bereits als Halbwüchsiger im Jahr 1044 seinen Vetter in einem Zweikampf getötet und sich des Thrones bemächtigt hatte – »die Milch seiner Mutter noch feucht auf den Lippen«. Sein Name bedeutet »der Unbändige« oder »Eigensinnige«. Und dieser Mann machte Pagan nun zum Zentrum eines neuen, ganz Burma umfassenden Reiches.[21]

Die Chroniken berichten, dass er mit Hilfe seiner vier Feldherren Krieg in allen Himmelsrichtungen führte. In das von starken Mauern umgebene Prome mit seinem stolzen, uralten Hof ritt Aniruddha mit einem »großen Gefolge an Elefanten und Pferden« ein, annektierte den Stadtstaat und beraubte ihn seiner sagenhaften Buddha-Reliquien. Auch in das Kernland des alten Nanzhao führte er seine Männer, um dann zum Schutz vor weiteren Überfällen im Vorland des Shan-Plateaus eine Reihe von Wehrdörfern zu errichten. Seine Herrschaftszeit, die sich größtenteils noch immer im Nebel von Legenden verbirgt, war offenbar geprägt von seiner persönlichen Energie. Nach dreiunddreißig Jahren hatte dieser König etwas erreicht, das noch keinem vor ihm gelungen war: Er vereinte das Irrawaddy-Tal unter einem einzigen Souverän und erschuf ein Reich, dessen Grenzen ziemlich genau denen des heutigen Burma entsprachen.

Aber er tat das nicht einfach nur aus schieren Eroberungsgelüsten. Fahrten über die warmen Gewässer des Indischen Ozeans waren etwas ganz Normales geworden, seit die Seefahrer gelernt hatten, die Monsunwinde zu meistern, und eine wirtschaftliche Expansion nach Ost wie West möglich geworden war, die auch den Handel über große Entfernungen immer profitabler machte. Und da die direkte Schiffsroute von Ceylon und Südindien zum Südchinesischen Meer zuerst an der Tenasserimküste vorbei und dann durch die Straße von Malakka führte, muss die Eroberung der Seehäfen entlang dieser Strecke und die Möglichkeit, dadurch vom Welthandel zu profitieren, für Aniruddha und seinen Hof eine höchst attraktive Aussicht gewesen sein. Zuerst nahm er das Fürstentum Thaton an der Küste ein, dann kämpfte er sich den Weg bis hinunter zur Malaiischen Halbinsel frei. Dort, nahe des windigen Küstenstrichs unweit der Insel Phuket und tausend Meilen von Pagan entfernt, fand man seine Votivtafeln.

Die Gesellschaft, über die er herrschte, hing einem eklektischen

Glauben an. Die von ihr verehrten Geister und *naga* (Drachen) lebten in glücklicher Koexistenz mit dem Buddhismus, Hinduismus und sogar einigen Strömungen des Islam. Der aus Ceylon und Südindien stammende Theravada-Buddhismus wetteiferte mit den immer beliebteren Ausprägungen des Mahayana- und Tantra-Buddhismus ebenso wie mit den Praktiken aus dem benachbarten Bengalen und Tibet, darunter ebenfalls tantrische, die die prüderen burmesischen Buddhisten späterer Zeiten schockieren und abstoßen sollten. Wie so viele Herrscher im Mittelalter war auch Aniruddha ein Mann, der seinen Glauben mit inbrünstiger Leidenschaft vertrat und deshalb nicht nur in Pagan, sondern überall im Land Tempel und Pagoden errichten ließ. Und da er auch der Schutzherr des in Burma heimischen *nat*- oder Geisterkults war, bildete er diesen Glauben ebenfalls zu einem national einheitlichen System um.

Im 12. Jahrhundert – der Zeit von Saladin und den Kreuzzügen – war Pagan auf dem Höhepunkt seiner Pracht und Herrlichkeit. Am Irrawaddy wuchsen Bauten von erhabener Schönheit in die Höhe. Die Gesellschaft war ungemein kreativ und energiegeladen und sog Kunststile und Ideen aus dem ganzen indischen Subkontinent auf, um sie dann neu zu interpretieren. Ihre Könige und Edelleute schrieben nicht nur in Sanskrit und Pali, sondern auch in unterschiedlichen indigenen Sprachen und experimentierten dabei mit verschiedenen indischen Alphabeten. Nachdem die burmesische Sprache auf das Schriftliche beschränkt worden war (unter der Nutzung eines südindischen Alphabets), begann man mit großer Begeisterung neue Grammatiken zu verfassen. Ideen über die Staatskunst und die staatlichen Institutionen, die in vielen Fällen von Prome ererbt worden waren – einige stammten vielleicht auch aus Nanzhao oder waren frisch aus Indien importiert –, wurden gebündelt und zu einer Tradition geschmiedet, die bis ins 19. Jahrhundert Bestand haben sollte.

Pagans wachsender Wohlstand und zunehmende Macht entgingen auch der Aufmerksamkeit des Auslands nicht. Im Jahr 1106 wurde eine Abordnung an den hochmütigen chinesischen Kaiserhof in Kaifeng entsandt. Die Geschichtsschreibung der Sung-Dynastie verzeichnet, dass der Kaiser zuerst angeordnet habe, den Gesandten aus Pagan denselben Rang und dasselbe Zeremoniell zuzugestehen wie den Chola aus Südindien. Der Große Rat wandte jedoch ein, dass die

Chola Untergebene des Sri-Vijaya-Reiches von Sumatra waren, wohingegen es sich bei Pagan um ein großes und unabhängiges Reich handelte. In früheren Zeiten waren dem burmesischen Hof kaiserliche Dekrete auf »kartoniertem Papier« mitgeteilt und in einer »umwickelten Schatulle« überbracht worden. Nun empfahl der Große Rat, dass man gegenüber Pagan dasselbe Ritual anwenden sollte wie gegenüber dem König von Annam und dem Kalifen von Bagdad: Alle Vereinbarungen und Dekrete sollten auf »gebleichtem, mit geblümtem Golddamast hinterlegtem Papier« geschrieben, dann in einem »teilvergoldeten Rohr mit Schlüssel« verwahrt und in einer »brokatseidenen Doppelhülle« eingeschlagen überbracht werden. Der Kaiser stimmte diesem weisen Ratschlag zu.[22]

Auf Aniruddha folgte eine Reihe von fähigen Königen, die alles in allem Tausende von Tempeln und Hunderte von Klöstern, Bibliotheken und Hochschulen errichteten und all die Dämme und Wehre reparieren oder erbauen ließen, die Mittelburma schließlich zu einem Großproduzenten von Reis machten. Den Chroniken zufolge segelte einer dieser Könige von Pagan, Aniruddhas Enkel Alaungsithu, sogar um die ganze Welt – Sumatra, Bengalen und Ceylon –, bestieg den Berg Meru am Mittelpunkt der Erde und reiste zum Zambutha-byebin, dem sagenhaften Malabarapfelbaum am Ende der Welt.[23]

Die Periode von Pagans Glorie im 11. und 12. Jahrhundert traf mit einer Zeit der Unruhen und Aufstände in einem Großteil Asiens zusammen. Der Buddhismus befand sich fast überall auf dem Rückzug. In Indien fegte der Mahmud von Ghazni mit seinen türkischen und afghanischen Reiterhorden durch die Ganges-Ebene und plünderte 1033 die heilige Stadt Benares. Weiter oben im Norden, in China, sorgte derweil die Sung-Dynastie für eine schrittweise Abkehr vom Buddhismus und begann neokonfuzianische Ideen im Volk zu fördern. Im Süden weiteten die Chola, die den Hindugott Shiva verehrten, ihre Macht nach Ceylon und Sumatra aus. In Bihar, wo Buddha geboren worden und das Zentrum der buddhistischen Lehre war, siechten derweil die uralten Universitäten von Nalanda und Vikramasila dahin, einst die Heimstatt von tausenden Gelehrten und zehntausenden Studenten aus allen Teilen Asiens, und warteten darauf, von den ungestümen islamischen Armeen aus dem Westen überrannt zu werden. Gelehrte aus diesen Universitäten machten sich Schutz suchend auf den Weg nach Tibet, manch einer mag auch nach Pagan geflohen sein, denn das Volk von Pagan, das inbrünstig den Buddhismus praktizierte und sich zunehmend dem Theravada-Buddhismus zuwandte, sah sich mehr und mehr in die Rolle des Verteidigers eines bedrohten Glaubens gedrängt und somit als eine Insel für konservative Traditionen in einer sich feindlich wandelnden Welt.

Einst hatte Burma einen dynamischen Diskurs mit vielen Kulturen gepflegt und einer buddhistischen Welt angehört, welche Afghanistan und die sandigen Oasenstädte entlang der Seidenstraße mit Kambodscha, Java, Sumatra, den gelehrten Beamten aus jeder chinesischen Provinz und Studenten und Lehrern aus ganz Indien vernetzt hatte. Nun wurde dieser Diskurs zum Schweigen gebracht und Burmas Buddhismus dementsprechend immer leidenschaftlicher. Das Land gehörte weder der christlichen noch der islamischen Welt an, noch war es Teil der kulturellen Welten des hinduistischen Indien oder konfuzianischen China. Burma, das so stolz und entschieden dem Theravada-Buddhismus anhing, blieb nichts anderes übrig, als Selbstgespräche zu führen.

Wer heute Pagan besucht, der bekommt einen guten Eindruck vom einstigen Glanz und Wohlstand dieses mittelalterlichen buddhistischen Königreichs. Noch immer gibt es eine Vielzahl an Tempeln und Pagoden zu sehen, einigen Zählungen nach gehen sie in die Tausende. Bei manchen handelt es sich nur noch um Ruinen, viele andere blieben jedoch in gutem Zustand erhalten: prachtvolle hoch aufgetürmte Mauerwerke, die sich kilometerweit über die rötliche, fast rosarote Erde der sandigen, windgepeitschten Ebene erstrecken, umrahmt von Gestrüpp, dem tiefen Blau des Irrawaddy, der hier fast zwei Kilometer breit ist, und den nackten Bergen am fernen Horizont. Doch es ist schwer, sich wirklich vorzustellen, wie es zu Pagans Blütezeit ausgesehen haben mag. Es blieben uns nur die religiösen Bauten, alles andere verschwand, begraben von Erdbeben, im Feuer verbrannt oder dem langen natürlichen Zerfall preisgegeben. Von den königlichen Residenzen und den Regierungsgebäuden, von den Straßen, den Läden und all den gewöhnlichen Häusern aus der Zeit vor achthundert Jahren blieb nichts als eine Mauer und die königliche Bibliothek. Hie und da finden sich an der Stelle von einst großen Plätzen und belebten

Märkten kleine bebaute Landflecken, auf denen Sesam, Gurken und Erdnüsse gedeihen. Und wo einst prächtige Teakpaläste standen, stehen heute strohgedeckte Bambushütten.

Im 13. Jahrhundert brachten die mongolischen Horden Schrecken und Zerstörung über weite Landstriche Europas und Asiens. Burma war keine Ausnahme. Aber in dieser Zeit befand sich Pagan bereits im Niedergang, die Mongolen haben den Untergang des Königreichs nur beschleunigt.[24] Am Beginn jenes Jahrhunderts hatte der Kriegsherr Genghis Khan die mongolischen Stämme aus den Steppen südlich von Sibirien vereint. Im Laufe der anschließenden Jahrzehnte drangen er und seine Nachfolger tief in die islamische Welt ein, eroberten Persien, Russland und China und machten erst an den Grenzen zu Westeuropa halt, doch nur, weil sie es so wollten. Burma war sozusagen nur eine Erweiterung des mongolischen Feldzuges zum Zweck der Einkreisung Chinas gewesen. Als Genghis' Enkel Kublai Khan noch der Feldherr seines älteren Bruders Mangu war, führte er eine Invasion an, die dem unabhängigen Königreich Dali den Garaus machte und die mongolischen Horden bis an die Grenzen von Burma brachte. Zwanzig Jahre später wurde Kublai zum Kaiser von ganz China und setzte seine Vorstöße in den Südwesten fort. Nachdem er zuerst den Tribut von Pagan gefordert hatte, schickte er schließlich sein berüchtigtes Reiterheer unter der Führung des türkischen Generals Nasruddin von Buchara aus.[25]

Im Jahr 1271 sandten die neuen Militärgouverneure von Yunnan auf Anweisung des Kublai Khan Abgesandte zu den Burmesen, um erneut Tribut von ihnen zu fordern. Es folgten eine schlechte Diplomatie, überstürzte Aktivitäten und schließlich Krieg. Der venezianische Händler Marco Polo, der erste Europäer, der jemals Burma erwähnte und zu dieser Zeit Berater des Kublai Khan war, hielt fest, was ihm über das Geschehen zugetragen worden war: Zu den Streitkräften des burmesischen Königs, der über sechzigtausend Soldaten verfügt haben soll, zählten auch zweitausend Großelefanten, »welchen jeweils ein Holzturm aufgesetzt worden war, gut gerahmt und stark, der zwischen zwölf und sechzehn schwer bewaffnete Kämpfer barg«. Gegen diese trat Nasruddin, »ein sehr beherzter und fähiger Soldat«, mit zwölftausend Reitern an. In den Bergen nahe der heutigen chinesischen Grenze stießen sie aufeinander, doch in den ersten Stadien der

Schlacht bekamen es die türkischen und mongolischen Reiter »derart mit der Angst zu tun beim Angesicht der Elefanten, dass sie nicht dazu bewegt werden konnten, dem Feind ins Auge zu blicken, und immer wieder ausbrachen oder umkehrten«. Derweil stießen die Burmesen immer weiter vor. Doch der Soldat Nasruddin hatte gute Nerven und geriet nicht in Panik. Er befahl seinen Mongolen, vom Pferd zu steigen und hinter der nahen Baumlinie Deckung zu suchen, um von dort aus ihre Bögen direkt auf die vorstoßenden Elefanten anzulegen. Auf diese Weise fügten sie den Tieren solche Qualen zu, dass diese schließlich Reißaus nahmen. Die Mongolen stiegen wieder auf ihre Pferde und metzelten die Burmesen nieder.

Anschließend fiel Nasruddin in das Irrawaddy-Tal ein, vernichtete trotz heftigster Gegenwehr eine Reihe von Verteidigungspalisaden und überrannte die alte Stadt Tagaung, die Residenzstadt der ersten Könige des Landes. In den chinesischen Chroniken wird sie als »das Nest und das Loch« der Burmesen bezeichnet. Die Kämpfe zwischen den beiden Parteien zogen sich noch über Jahre hin, denn die Mongolen waren begierig darauf, den Burmesen eine Lektion zu erteilen, während diese um das schiere Überleben kämpften. Hin und wieder wurde der Krieg von Verhandlungsversuchen unterbrochen, darunter im Jahr 1284 von der gefeierten Mission des Ministers Disapramok, die ihn an den Hof des Kublai Khan führte. Es kann nicht einfach gewesen sein für die Mongolen, diese ungewaschenen Männer auf ihren Pferden aus der offenen Steppe, sich an Kampfelefanten und sengende Hitze zu gewöhnen. Die letzte Invasion wurde von einem Enkel des Kaisers angeführt und brachte sie schließlich ins Herz des Königreichs. Bald befand sich das Land in völliger Auflösung. Der König war Hals über Kopf nach Prome geflohen und dort von seinem eigenen Sohn getötet worden. An die Stelle der Befehlsgewalt des einstigen Königreichs von Pagan traten nun kleine, kriegerische Fürstentümer und rivalisierende Stammesfürsten. Burma wurde zwar nie in die Verwaltungsstruktur der Mongolenkaiser eingebunden, stand aber einige Jahre unter der Fuchtel der fernen Machthaber in Peking oder Xanadu und damit zum ersten und einzigen Mal im selben Joch wie Kiew, Moskau und Bagdad.

In den anschließenden Jahrhunderten schrumpfte die einstige Kapitale Pagan zu einem Dorf, wenngleich es immer ein Dorf von Bedeutung bleiben sollte. Die weitverzweigte Aristokratie des einstigen Reiches genoss sogar im 19. Jahrhundert noch ein symbolisches Ansehen, das weit über jeden verbliebenen realpolitischen oder wirtschaftlichen Einfluss hinausging. Seine Erbfürsten führten den Titel *mintha* (Prinz). Der Stammesfürst des nahe gelegenen Nyaung-U machte eine direkte Abstammung von Manuha geltend, dem versklavten König von Thaton, den Aniruddha der Legende zufolge im Anschluss an einen Eroberungsfeldzug in den Süden nach Pagan verschleppt hatte.

Viele Burmesen betrachten diese Geschichten aus weit zurückliegenden Zeiten – von den legendären Herrschern Tagaungs bis zum Fall von Pagan – als den Beweis für die tief verwurzelten Traditionen ihres Volkes und seiner langen Verbundenheit mit dem buddhistischen Glauben. Da spielt es keine Rolle, dass es die Zivilisation im Irrawaddy-Tal schon lange vor dem Buddhismus gegeben hatte oder dass der Buddhismus in seiner heutigen Ausprägung eine ziemlich neue Sache ist oder dass die burmesische Sprache erst im Zuge der Eroberungen durch fremde Völker aus dem Norden verbreitet wurde. Es *gibt* dieses Nationalbewusstsein von einer kontinuierlichen und ethnisch unverfälscht burmesischen Vergangenheit, der erst durch die britische Besatzung ein vorläufiges Ende bereitet worden sei. Als die Einwohner von Mandalay die Exilierung von Thibaw beweinten, hatten sie das Gefühl, den Verlust einer Institution zu beklagen, die sich über Jahrtausende erhalten hatte.

In Wahrheit lebten in Burma immer auch andere Völker mit einer anderen Vergangenheit und anderen Traditionen, ebenso wie es das allmähliche Eindringen von Indien aus dem Westen und von China aus dem Osten gab. Und in der nun anbrechenden modernen Welt – mit all ihren Kanonen, dem Schießpulver, den Söldnern, die von so weit her wie Lissabon und Nagasaki kamen, und mit einer aufkeimenden globalisierten Wirtschaft, die Abenteurern unsagbare Reichtümer versprach – sollten neuerliche Versuche, ein ethnisch burmesisches Imperium aufzubauen, nicht mehr unwidersprochen hingenommen werden.

4

Prinzen und Piraten im Golf von Bengalen

Über Burma in der frühen Neuzeit, als China und die islamische Welt drohend das Haupt erhoben und die ersten Europäer ins Land kamen – und über die Vorstellung heutiger Burmesen, einst alles und jeden bezwungen zu haben

༄

Er verfügt über kein Heer oder über Macht auf See, doch an Land übertrifft er mit seinem Volk, seinen Besitztümern, seinem Gold und Silber bei Weitem die Schätze und die Macht des Großtürken.
— Cesare Federici, Händler aus Venedig[1]

König Bayinnaung lebte vor fast fünfhundert Jahren und ist der Lieblingskönig von Burmas herrschenden Generälen. Niemand weiß, wie er aussah, trotzdem starrt er – eine hochgewachsene, imposante Erscheinung mit breitkrempigem Hut und einem langen, verzierten Schwert – in der Gestalt von riesigen Bronzestatuen unbewegt auf die Passanten in Flughäfen, Museen und öffentlichen Parks im ganzen Land. Seine königlichen Vorgänger hatten sich noch damit begnügt, das Irrawaddy-Tal zu vereinen. Nicht so der wesentlich ambitioniertere Bayinnaung. Er eroberte und bezwang nicht nur ein beeindruckendes Aufgebot an benachbarten Königreichen, er marschierte sogar über das Hochland, um Burmas Erzfeind Siam niederzuwerfen. Auf dem Gipfel seiner Macht reichte seine Befehlsgewalt unangefochten von Gebieten im heutigen Nordosten Indiens bis über die Grenzen nach Kambodscha und Vietnam. Es war ein Imperium von der Größe des Reiches, das Karl der Große regierte, und besaß natürlich auch eine entsprechend beeindruckende Hauptstadt. Reisende aus Europa erschauderten ehrfürchtig vor all dem Reichtum, den vergoldeten Palästen und den juwelenbesetzten Gewändern oder staunten über die Kampfkraft seiner Kriegselefanten und seiner persischen und portugiesischen Musketiere. Nicht nur die heutigen Militärs, alle angriffslustigeren burmesischen Nationalisten betrachten Bayinnaung als das Symbol der vergangenen Glorie ihres Landes, nach deren Neuauflage sie sich so sehnen. Ihn ziehen sie zum Beweis heran, dass Burma nicht immer so tief in der Achtung der Welt gesunken war. Und da Bayinnaungs Herrschaft einerseits lange genug zurückliegt, um noch nicht von den Erniedrigungen der späteren Kolonialzeit besudelt worden zu sein, andererseits erst so kurz, dass die von ihm und seinen Erben unterworfenen Völker und Orte noch immer da sind, bietet er sich der heutigen so glanzlosen militärischen Zeit auch als das Vorbild eines soldatischen Helden ohne Fehl und Tadel dar.[2]

Und noch etwas: Viele Burmesen sehen in der Geschichte von Bayinnaung und seinen Zeitgenossen die natürliche Spaltungstendenz einer Nation symbolisiert, welche nur durch Heldentaten zu einem Ganzen geschmiedet und geeint werden könne. Ohne die Führung von starken Soldatenkönigen würde das Land auseinanderbrechen, da es Größe immer nur dann hervorbringe, wenn das Volk der eisernen Hand eines starken Regenten folge.

Am Beginn des 14. Jahrhunderts, nachdem sich die letzten Mongolenreiter aus der Tiefebene in der Landesmitte zurückgezogen hatten, entstanden sowohl im Irrawaddy-Tal als auch im Hochland, das an China grenzt, mehrere kleine Fürstentümer und Königreiche: Ava, Prome, Mongmit, Pegu, Martaban, Toungoo und Bassein.[3] Die meisten davon waren nicht sehr beeindruckend, nichts als befestigte Städtchen mit einem Holzpalast, einer Mauer mit hölzernen Toren, einem Wassergraben, einer Brücke und ein paar buddhistischen Klöstern und Pagoden in der Nähe. Jeder dieser Staaten umfasste bloß ein paar Dutzend Dörfer, pflegte aber Zeremonien und Rituale, die ihm halfen, sich als Nachfolger der großen Könige von Pagan darzustellen. Für eine Weile herrschten Innerlichkeit und kulturelle wie geistige Kreativität. Es gab weniger Beziehungen zur Außenwelt, vor allem zu Bengalen und Südindien; und wenn es Einflüsse aus der Fremde gab, dann wurden diese schnell und selbstbewusst durch einheimische Ideen ersetzt. Das traf auf die Literatur ebenso zu wie auf die bildenden Künste und die Architektur. Derweil entwickelte sich die einst so ungewohnte und neuartige burmesische Sprache zur weit verbreiteten Mundart und zum Idiom der Dichtung und rechtsgelehrten Schriften, die bis heute als Klassiker gelten.

Der reichste und mächtigste dieser Nachfolgestaaten war Pegu, heute ungefähr eine Stunde Autofahrt nördlich von Rangoon an der Straße nach Mandalay und somit weit entfernt vom Meer gelegen. Im 15. und 16. Jahrhundert, bevor der Zugang zur Andamanensee durch die Versandung des Sittang abgeschnitten wurde, verfügte die Stadt jedoch über einen ziemlich wichtigen Hafen. Ihre Bewohner sprachen das mit dem Kambodschanischen verwandte Mon, das zur Muttersprache im ganzen Irrawaddy-Tal wurde. Das Volk der Mon selbst genoss unter einer Reihe von besonders fähigen Königen ein langes goldenes Zeitalter in Pegu, profitierte vom Handel mit dem Ausland und setzte sich geschickt gegen alle Herausforderer zur Wehr. Peguaner fuhren über das Meer, um Geld zu verdienen, und Händler aus allen Regionen am Indischen Ozean – Bengalen und Tamilen, Griechen, Venezianer, Juden, Araber und Armenier – kamen angereist, um mit dem König von Pegu und seinen Zwischenhändlern Geschäfte zu machen und die Lager der Stadt mit Gold und Silber, Seide, Gewürzen und all den anderen Dingen zu füllen, die am Beginn der Neuzeit gehandelt wurden.[4]

Die Stadt entwickelte sich auch zu einem berühmten Zentrum des Theravada-Buddhismus. Ihre Könige und Königinnen waren große Förderer des Glaubens und pflegten sich in Gold aufwiegen zu lassen, auf dass die alte Stupa in Rangoon zur heutigen Form der Shwedagon-Pagode, dem modernen Symbol des burmesischen Buddhismus, in die Höhe wachsen konnte. Das Königreich entwickelte enge Beziehungen zu Ceylon, und es ermunterte zu grundlegenden Reformen, die später auf das ganze Land übergriffen.

Bayinnaung, der Liebling der Generäle, stammte allerdings nicht aus Pegu, sondern aus Toungoo, einem ärmeren, von den dunklen Teak- und Bambuswäldern am Fuße des Shan-Plateaus im Norden umgebenen Reich. Während die Bewohner von Pegu Mon sprachen, sprachen die Menschen in Toungoo Burmesisch. Und weil sie Pegu den Wohlstand und leichten Zugang zum Meer neideten, entschieden sie sich zum Krieg. Sie wollten selbst in den Genuss all des fremdartigen Luxus kommen, der sich hinter den massiven Stadtmauern verbarg. Der König von Toungoo hieß Tabinshweti, Bayinnaung war sein getreuester Hauptmann und loyalster Freund. Gemeinsam sollten sie bald Feuer und Schwert nicht nur nach Pegu, sondern in jede Ecke von Burma tragen. Als Tabinshweti dann eines mysteriösen Todes starb, zog Bayinnaung alleine weiter, erfocht noch grandiosere Siege und wurde für sein Volk schließlich zu dem Weltenherrscher, den die Legende überliefert.[5]

Der Aufbau des Imperiums durch Tabinshweti und Bayinnaung fand in einer Zeit statt, als anderenorts noch wesentlich größere Reiche aufgebaut wurden. Die Osmanen waren gerade auf dem Gipfel ihrer Macht. Im Frühjahr 1532 stießen sie, von Sultan Suleiman dem Prächtigen geführt, bis an die Tore Wiens vor. Weiter östlich war der jüngst zum Schah von Persien gekrönte Ismail gerade zu den Eroberungszügen aufgebrochen, die das respekteinflößende und glanzvolle schiitische Safawiden-Reich begründeten. Näher daheim bei Burma besiegte der zentralasiatische Kriegsherr Babur, Spross der Dynastie von Genghis Khan und Tamerlan, im Jahr 1526 den Sultan von Delhi und begründete die Vorherrschaft der Moguln über fast den gesamten indischen Subkontinent. Das islamische Weltreich drang beinahe bis an die Grenzen Burmas vor, es war nur noch durch die Priele und malariaverseuchten Sümpfe im Osten Bengalens von ihm getrennt. Doch die für Burma vielleicht wichtigsten Entwicklungen fanden im nahen Norden statt.

Mehr noch als die Osmanen, die Safawiden oder sogar die Moguln konnte das China der Ming einen Supermachtstatus für sich in Anspruch nehmen. Niemand auf der Welt konnte seinen hundertfünfzig Millionen Menschen, seiner gewaltigen Militärmaschinerie und seiner gigantischen Armee aus examierten Bürokraten Paroli bieten. Das benachbarte Burma nahm sich gegenüber den Bevölkerungszahlen und der Wirtschaftsmacht dieses Reiches wie ein Zwerg aus. Der Gründer dieser Ming-Dynastie, der zähe Bauernführer Zhu Yuanzhang, und seine Erben walteten über eine lange Periode des wissenschaftlichen Fortschritts, Wirtschaftswachstums und der politischen Stabilität. Militärische Macht wurde in aggressive Außenpolitik umgemünzt, während das neue chinesische Heer – das erste weltweit, das mit Schusswaffen und Kanonen ausgestattet und somit das tödlichste war, dass die Welt je gesehen hatte – jeden Dissens im eigenen Land zum Schweigen brachte und sich gewaltige Flächen aus der innerasiatischen Steppe herausmeißelte.[6]

Auch über das Meer zogen die Ming. Einer der bedeutendsten Admiräle Chinas war ein muslimischer Eunuch mongolischer Herkunft namens Zheng He. Er wurde in einer Stadt unweit der Grenze zu Burma geboren, aber schon als Kind gefangen genommen und kastriert, um in der Verbotenen Stadt zu dienen. Später schickte man ihn zum Studium an die kaiserliche Zentraluniversität, und weil er sich dann nicht nur in der Schlacht, sondern auch bei den Hofintrigen so gut bewährte, erhielt er 1405 das Kommando über eine Flotte im Indischen Ozean, die Militärhistoriker bis heute das Fürchten lehrt – es heißt, Zheng He habe zur Figur von Sindbad dem Seefahrer in den Geschichten von *Tausendundeiner Nacht* angeregt. Allein bei der ersten Expedition segelten über dreißigtausend Mann auf dreihundert Schiffen (man vergleiche das mit den drei Schiffen des Christoph Kolumbus). Es waren die größten hölzernen Wasserfahrzeuge, die jemals gebaut wurden. Von China aus segelten sie bis nach Ägypten und ins Rote Meer oder die afrikanische Küste entlang bis Mozambique und vielleicht sogar noch weiter. Im Laufe des anschließenden Vierteljahrhunderts wurden insgesamt sieben Expeditionen unternommen, die nicht nur dem Ansehen Chinas einen gewaltigen Schub verpassten, sondern auch das Wissen über die Welt vervielfachten, über welches das Reich der Mitte damals verfügte. Viele Schiffe waren mit Porzellan, Lack, Seide und anderen begehrten Gütern beladen, die zum Zeichen der chinesischen Überlegenheit freizügig verteilt wurden. Nach einer seiner Fahrten kehrte Zheng mit einer Giraffe und anderen exotischen Tieren für die kaiserliche Menagerie nach Peking zurück, nach einer anderen mit Gesandten aus nicht weniger als dreißig Ländern, darunter dem König von Ceylon, der an Bord gegangen war, um dem Kaiser von China persönlich seine Ehrerbietung zu erweisen.[7]

Die Burmesen waren ganz zweifellos beeindruckt von den Heldentaten, die ihre chinesischen Nachbarn auf See vollbrachten. Doch vermutlich waren sie noch beeindruckter und vor allem alarmierter von einer Veränderung, die wesentlich subtiler vonstatten ging. Eine Landreform, der technische Fortschritt und die anhaltende politische Stabilität hatten sich verbündet, um der ohnedies schon gigantischen chinesischen Bevölkerung ein geradezu explodierendes Wachstum zu bescheren. Und nirgendwo wurde das deutlicher als im Südwesten an der Grenze zu Burma. Dort, gleich auf der anderen Seite des Hochlands im burmesischen Osten, begann sich das Ming-Reich in voller Größe und mit aller Selbstgefälligkeit zu präsentieren. Das Reich der Mitte warf einen gewaltigen Schatten über das Irrawaddy-Tal, der sich nie wieder verzog.

Vor dem Hintergrund dieses weltweiten Aufbaus von Imperien, brachen Tabinshweti und Bayinnaung auf, um ihren wesentlich bescheideneren Traum von einem Burma zu verwirklichen, das sie unter dem Toungoo-Banner vereinen wollten.[8] Langsam, aber sicher gelang es ihnen, ein kleines Fürstentum und Königreich nach dem anderen gefügig zu machen. Pegu gehörte zu den Ersten, die fielen, allerdings nicht allein durch schiere Waffengewalt, auch dank einer Hinterlist. Als Nächstes stürzte Martaban, ein berühmter Umschlaghafen von beträchtlichem Wohlstand, der von einem geschickten und ausgefuchsten, aber am Ende unterlegenen portugiesischen Söldner namens Paolo Seixas verteidigt wurde. Der Fürst und die fürstliche Familie von Martaban – heute ein schäbiges Dorf, das man leicht übersieht, damals jedoch eine Stadt von internationalem Ruf – wurden ungeachtet aller Versprechungen auf gute Behandlung vor den herrlichen Sandstränden im Meer ertränkt. Es folgten noch viele ebenso brutale Eroberungen, doch dann, gerade als es schien, als würde ein geeintes Burma in Reichweite liegen, geriet Tabinshweti, der König von Toungoo und nunmehrige König von Burma, in persönliche Schwierigkeiten, die sein Ruin waren.

Die Probleme begannen mit der Ankunft eines jungen *feringhi** am Hof, eines Europäers, dessen Name in den Wirren der Geschichte verloren ging. Über seine Vergangenheit ist so gut wie nichts überliefert, jedenfalls nichts, das ihn von den unzähligen anderen ungehobelten iberischen Glücksrittern unterscheiden würde, die so unternehmungslustig nach Beutegut Ausschau haltend im Golf von Bengalen herum-

---

* Abgeleitet vom arabischen Wort *firanj* für »Franke«.

lungerten. Man weiß nur, dass er Portugiese war, was aber ebenso bedeuten kann, dass er ein geborener Portugiese war, wie dass er aus einer lusitanisch-asiatischen Familie stammte und bereits in Asien geboren wurde.

Inzwischen waren Männer aus Lissabon oder deren Vettern aus Asien für Burmesen längst zu einem vertrauten Anblick geworden. Im Jahr 1494, zwei Jahre nachdem Kolumbus mit seinen Schiffen in der Karibik gestrandet war, hatte Papst Alexander VI. eine Bulle besiegelt, die die Herrschaft über die Welt unter den frömmsten katholischen Königen Iberiens aufteilte und König Emanuel von Portugal sowie dessen Erben Brasilien, Afrika und Asien inklusive Burma zusprach. Das Ganze war schlicht ein Freibrief zur Bereicherung. 1510 kämpften unerschrockene portugiesische Seefahrer dem Sultan von Bijapur Goa ab, ein Jahr später erstürmte Dom Afonso de Albuquerque das sagenhaft reiche Handelszentrum Malakka auf der Malaiischen Halbinsel, ein Dreh- und Angelpunkt des Welthandels, und brachte damit die geschäftigste Schifffahrtsstraße der Welt unter portugiesische Kontrolle.

Aber die Portugiesen hatten ihren Fuß natürlich nicht in eine Welt gesetzt, in der es zuvor noch keinen Handel gegeben hätte. Vielmehr begannen sie alle existierenden, lukrativen internationalen Netzwerke zu durchlöchern oder zu umgehen, davon viele, die von Persern und anderen islamischen Geschäftsleuten aus Asien kontrolliert worden waren. Den Islam betrachteten sie als ihren unerbittlichen Feind, doch mit den Fürsten aus den buddhistischen und hinduistischen Welten am Indischen Ozean trieben sie bereitwillig Handel, wobei sich ihr scharfer Geschäftssinn mit einer nicht weniger ausgeprägten Bereitschaft zum Töten paarte. Es dauerte nicht lange, bis der gesamte Handel, der im Mittelmeerraum mit Pfeffer von der Malabarküste, Spezereien, Gewürznelken und Muskat von den Molukken und Zimt aus Ceylon betrieben wurde, fest in portugiesischer Hand war. Auch die alten Handelsrouten, die auf dem Landweg über Beirut und Alexandria nach Venedig geführt hatten, gerieten ins Hintertreffen, seit man die Waren um das Kap der Guten Hoffnung herumschiffen konnte. Wer Glück hatte und auf dieser Globalisierungswelle mitschwimmen konnte, der wurde reicher, als er es sich in seinen kühnsten Träumen erhofft hatte.[9]

Und genau das wollte nun auch dieser junge und namenlose Feringhi: über seine kühnsten Träume hinaus reich werden. Doch der ursprüngliche Plan, den er mit seinem großen Gefolge an Schiffen und insgesamt dreihundert Mann in die Tat umsetzen wollte, nämlich den Sultan von Aceh vom portugiesischen Stützpunkt auf Malakka aus anzugreifen, war schlicht und einfach dumm gewesen. Denn ein solches Vorhaben wäre selbst unter den bestmöglichen Umständen ein Vabanquespiel gewesen, und bestmögliche Umstände herrschten gerade gewiss nicht, denn in dieser Zeit wurde Aceh von Ala'ad-din Ri'ayat Shah al-Kahar regiert, dem mächtigsten Regenten dieses Reiches im 16. Jahrhundert. Und der machte kurzen Prozess mit dem Feringhi und seiner Bande. Sie flohen nach Martaban, von wo aus der Feringhi schließlich den Hof des neuen burmesischen Königs erreichte.

Tabinshweti, der gerade auf dem Gipfel seiner Macht angelangt war, beschloss, den Feringhi in sein Gefolge aufzunehmen. Dank seiner charmanten Art genoss der junge Mann bald beträchtliche königliche Gunst, was aber vorerst noch niemanden beunruhigte. Er zeigte sich so geschickt im Umgang mit den meisten modernen Feuerwaffen, dass ihn der von solchem Können beeindruckte Tabinshweti auf die Jagd mitnahm und ihm zum Zeichen der Freundschaft schließlich eine Hofdame zur Frau gab. Der Feringhi lehrte sie die portugiesischen Kochkünste, und es dauerte nicht lange, bis sie ihm typische Gerichte aus Lissabon und Goa vorsetzen konnte. Währenddessen aber machte er den König nicht nur mit Wein, sondern auch mit Stärkerem bekannt, etwa mit Arrak, dem etwas Honig beigemischt wurde.

Und genau damit begannen die Probleme. Denn wie sich herausstellte, hatte Tabinshweti schnell eine Schwäche für Wein und Schnaps entwickelt und kümmerte sich bald um gar nichts mehr außer um ein volles Glas. Er »respektierte keines anderen Mannes Frau, hatte ein offenes Ohr für boshafte Geschichten und schickte die Männer zum Scharfrichter«. Sein Verhalten wurde immer gewalttätiger und blindwütiger. Die Unzufriedenheit mit ihm wuchs, in den entlegenen Provinzen plante man sogar schon einen Aufstand. Tabinshweti, der so viel erreicht hatte, führte seinen Staat ins Chaos.

Es war Bayinnaung, der ihn als Erster vor seiner Sucht warnte und ihm vor Augen führte, wo das Ganze enden würde. Aber es nutzte alles nichts. Tabinshweti wollte in Ruhe gelassen werden. Die Hinrichtungen gingen weiter, und der König verlor allmählich den Verstand. Die Minister und Höflinge flehten Bayinnaung an, etwas zu unternehmen, er aber erwiderte, dass er nicht derart treuebrüchig werden könne. Stattdessen verbannte er den jungen Portugiesen, der diese Katastrophe verursacht hatte, vom Hof und ließ den König nach Pantanaw im Irrawaddy-Tal bringen. Kurz darauf wurde Tabinshweti von den eigenen Höflingen in den feuchtheißen Dschungel gelockt, angeblich um nach einem weißen Elefanten Ausschau zu halten, und dort auf unbekannte Weise ermordet.[10]

Nach Tabinshwetis Tod betrat Bayinnaung als neuer König die Bühne. Aber noch während er damit beschäftigt war, sich sein Imperium zu erkämpfen, zerfiel das Reich rapide. Jede Stadt ergriff diese Chance, um sich unabhängig zu erklären und dem neuen Herrscher ihre Tore zu verschließen. Bayinnaung blieb nicht viel mehr als sein unmittelbares Gefolge. So kam es, dass er sich im Laufe der nächsten zwanzig Jahre Burma zurückerobern musste. Unermüdlich führte er Krieg und zog so lange mit äußerster Brutalität und ungemeinem Zerstörungswillen zu Felde, bis man im Westen des gesamten südostasiatischen Festlands seine Souveränität anerkannt hatte.

Doch bis an sein Ende blieb Bayinnaung von den bärtigen portugiesischen Söldnern in ihren Pluderhosen abhängig, die nicht nur die neueste militärische Ausrüstung mitgebracht hatten (über die die Chinesen verfügten), sondern selbst kampferprobte Soldaten mit kriegerischem Sachverstand waren. Angeführt wurden sie von Bayinnaungs gutem Freund und Kampfgenossen Diego Soarez de Mello, den man den Galicier nannte. Soarez de Mello war viele Jahre zuvor Richtung Osten aufgebrochen, hatte Anfang der vierziger Jahre im 16. Jahrhundert als berüchtigter Pirat die Gewässer um Mozambique unsicher gemacht und war schließlich in die Dienste verschiedener Monarchen getreten, von Arakan bis zu den malaiischen Königreichen, bevor er als Bayinnaungs Getreuer zu Reichtum kam.

Als Erstes galt es den großen Seehafen von Pegu zurückzuerobern. Prompt fiel er der vereinten Streitmacht von Bayinnaungs gefürchtetem Elefantenkorps und den harten iberischen Musketieren des Galiciers zum Opfer. Die stolze Aristokratie von Pegu hatte sich noch auf ein letztes Gefecht eingelassen, bevor ihr König Smim Htaw in seiner Verzweiflung schließlich selbst hervortrat und Bayinnaung zu einem Zweikampf auf ihren Kriegselefanten aufforderte. Bayinnaung, der nie einen guten Kampf ausließ, siegte. Er hatte den Gegner gleich beim ersten Angriff von seinem Elefanten geschlagen und dem Tier dabei einen Stoßzahn abgehackt. In Burma heißt es: »Er achtete ihn nicht mehr als der Löwe den Schakal.« Dann nahmen die Burmesen mit Hilfe der Portugiesen Pegu ein, plünderten die Stadt und töteten Mann, Frau und Kind. Smim Htaw floh in den Dschungel und versteckte sich über Monate, bis er gefangen genommen und durch die Straßen zu seiner Exekution gezerrt wurde.

Nachdem Bayinnaung das Irrawaddy-Tal also zum zweiten Mal unterworfen hatte, machte er sich mit einer riesigen Armada auf den Weg in den Norden. Seine teakhölzernen Kriegsschiffe hatten die Form von Tiergestalten – Pferden, Krokodilen, Elefanten, der König selbst fuhr in einer vergoldeten Barke in Gestalt einer Brahmanen-Ente, des Wappentiers der besiegten Monarchie von Pegu. Der Norden Burmas war nicht vorbereitet auf die Gewalt, die nun über ihn hereinbrechen sollte. Ava war schnell besiegt, ebenso wie im Verlauf der nächsten vier Jahre ein Fürstentum im Hochland nach dem anderen, von Manipur im Westen (heute Indien) über Chiang Mai (heute Thailand) bis zu den Lao-Staaten am mittleren Mekong.

Es war ein endloser Krieg. Monat auf Monat, Jahr auf Jahr taten Bayinnaung und seine Männer, was ihnen gefiel: Gefangene und Beutegut in ihre neue Königsstadt Pegu zu verschleppen. Dabei ritten die tätowierten und turbantragenden Stammesführer auf ihren Ponys und die iberischen Arkebusiere und Musketiere mit ihren Conquistador-Helmen immer Seite an Seite. Es war ein brutaler Haufen, wenngleich vermutlich nicht brutaler, als es die Norm zu dieser Zeit war. Gegen das widerspenstige Fürstentum von Mogaung sah sich Bayinnaung zwischen 1562 und 1576 gleich mehrmals gezwungen, zu Felde zu ziehen. Als der Fürst von Mogaung, der aus einem uralten Geschlecht stammte, endlich besiegt war, wurde er eine Woche lang an den Toren von Pegu angekettet, bevor er gemeinsam mit seinen Hauptmännern auf dem Sklavenmarkt in Ostbengalen verkauft wurde.

Bayinnaungs Mannschaft schien unbesiegbar, deshalb wendete sich nach einer Weile das Blatt, der Widerstand ebbte ab, und die Tribute flossen nur so herein. Niemand wollte mehr gegen Bayinnaung kämpfen. Der König von Chiang Mai, einer der ehrfurchtgebietendsten Männer des Hochlands, sandte Elefanten, Pferde, Seide und die Lackwaren, für die seine Stadt so berühmt war. Bis heute lautet der burmesische Begriff für Lack *yun*, wie das Volk von Chiang Mai selbst genannt wurde.

Doch dieser rastlos getriebene und ehrgeizige Mann war nicht zufriedenzustellen mit einem Sieg, der ihm nur das Irrawaddy-Tal mit seinem umgebenden Hochland beschert hatte. Wenn er gen Osten blickte, dann sah er dort die reichste und kultivierteste Stadt der ganzen Region: Ayutthaya, die Hauptstadt von Siam. Zuerst forderte Bayinnaung als Tribut einen weißen Elefanten von ihr. Als ihm dieser verwehrt wurde, bereitete er eine Invasion vor. Der Ausgang stand nie wirklich in Frage. Das Heer des Angreifers trampelte einfach durch die Ebenen des Chao-Phraya-Tals und belagerte die Metropole.

Die Siamesen ergaben sich, um einer vollständigen Zerstörung ihrer Stadt vorzubeugen, und die Burmesen nahmen sich nicht nur einen, sondern gleich vier weiße Elefanten, plus den König von Siam und mehrere Prinzen als Geiseln. Bayinnaung selbst wurde eine Prinzessin als Konkubine zugeführt. Der gesamte Küstenstrich von Tenasserim wurde auf Dauer annektiert und von einer zurückgelassenen Garnison aus dreitausend Soldaten bewacht, die die Bewohner Mores lehren sollten. Tausende einfache Leute und viele höfische Unterhaltungskünstler, Tänzer und Schauspieler wurden deportiert, während der König im Triumphzug hinter seinen geschmückten Elefanten in Pegu Einzug hielt. Bald war seine Hauptstadt zu einem spektakulären Konkurrenten Pagans geworden, mit goldenen Palästen und vergoldeten Toren, ein jedes nach einem der zwanzig untergebenen Königreiche benannt, und bewohnt von einem Völkergemisch aus dem ganzen Land und von weiter her. Bayinnaung hatte das ausgedehnteste burmesische Reich aller Zeiten geschaffen.

Für heutige Burmesen lesen sich die Chroniken von Bayinnaungs Siegen so wie für einen europäischen Schüler die Geschichte von den Eroberungszügen Roms. Der Unterschied ist nur, dass sich die moderne Burmesische Armee sozusagen immer noch im Kampf gegen dieselben alten Feinde und dieselben alten Städte glaubt. Noch immer zwingt sie das Volk in den Shan-Bergen in die Unterwerfung oder schlägt den Mon-Widerstand im Süden nieder. Noch immer kämpfen sich ihre Soldaten durch dieselben dichten Dschungelgebiete, um eine Stadt niederzubrennen oder die Männer eines Dorfes zwangsweise zu rekrutieren. Das Militär zieht die Vergangenheit heran, um ihr die Gegenwart anzupassen und dann das eigene Vorgehen damit zu rechtfertigen. Bayinnaungs Statuen stehen herum, weil die Tortur, die es für das Volk bedeutet, wenn eine Nation mit Gewalt geschmiedet werden soll, nicht nur Geschichte ist. Es ist, als würde die heutige italienische Armee den Hadrianswall bewachen, Syrien gegen die Perser verteidigen und mit scheinbar unausweichlicher Brutalität den deutschen Widerstand niederschlagen.

Bayinnaung starb im Jahr 1581 im Alter von sechsundsechzig Jahren und hinterließ fast einhundert Kinder. Er hatte über eine Region geherrscht, die fast das gesamte heutige Burma, Thailand und Laos umfasste. Nach Meinung eines Historikers war er »ein Energiebündel, wie es Burma noch nicht gesehen hatte«. Er starb, als er gerade eine Expedition in den Westen plante: in das einzige Königreich, das seine Souveränität niemals anerkannt hatte, das Reich von Arakan.

DIE STADT NAMENS AFFENEI

Heute ist Arakan ein Staat innerhalb der Grenzen Burmas, der jedoch weitgehend vom Rest des Landes abgeschnitten ist. Die einzige Möglichkeit, ihn auf dem Landweg zu erreichen, bieten ein paar tückische und kaum befestigte Schotterpisten über die Berge. Von Prome am Irrawaddy aus fahren klapprige Busse durch den dichten Dschungel bis nach Sandoway am Südende von Arakan. Die Staatshauptstadt Akyab ist selbst nach heutigen burmesischen Standards ein verschlafener, heruntergekommener Ort, in dem nur ein paar Stunden pro Tag Strom zur Verfügung steht (und manchmal gar keiner). Es gibt dem äußeren Anschein nach nichts, das irgendeinen Fortschritt erkennen ließe, es scheint auch nicht die geringste Lebensfreude dort zu geben. Man findet ein paar Bruchbuden, in denen man sich etwas zu essen geben lassen kann, oder Märkte unter freiem Himmel, die dem Ort den Anstrich eines größeren Dorfes geben. Wenn sich einmal ein westlicher Tourist dorthin verirrt, dann wirkt er wie ein Außerirdischer, der in einem abgelegenen und völlig isolierten Gebiet in irgendeiner abgelegenen und völlig isolierten Ecke der Erde gelandet ist.

Doch selbst dem unvorbereitetsten Besucher wird vermutlich in den Sinn kommen, dass Arakan nicht immer schon derart weltabgeschieden gewesen sein kann, denn es liegt ja direkt am Golf von Bengalen, wo das strahlend blaue Wasser des Indischen Ozeans sacht auf Postkartenstrände schwappt. Tatsächlich hatte Arakan jahrhundertelang vom internationalen Handel profitiert und bereitwillig Menschen und Ideen aus dem ganzen asiatischen Kontinent und noch viel weiter entfernten Ländern angenommen. Es war eine blühende Zivilisation unter dem kosmopolitischsten Hof, den die neuzeitliche Geschichte Burmas aufzuweisen hat. Die Isolation dieses Staates ist sehr jung, und ebendem Verlust seines Kosmopolitismus verdankt sich ein guter Teil der heutigen Armut Burmas.

Arakan ist im Grunde genommen nur ein schmaler, lang gestreckter Küstenstreifen, der durch eine Bergkette mit zum Teil tausend Meter hohen Gipfeln vom Irrawaddy-Tal abgeschnitten wird und rund dreizehnhundert Kilometer von Nord nach Süd und hundert Kilometer von den Bergen bis zum Meer misst. Es ist eine üppig bewachsene, tropisch fruchtbare Landschaft, durchsetzt von Mango-, Guaven- und Zitrushainen, durch deren fruchtbare Schwemmebenen sich mehrere Flüsse schlängeln. In der kurzen Trockenzeit ziehen Elefanten aus dem Dschungel herab, um sich in den salzigen Mangrovensümpfen zu vergnügen; in den langen Sommermonaten versinkt alles im endlos strömenden Regen.

In alten Zeiten war Arakan unverkennbar eine Erweiterung von Nordindien gewesen.[11] Die Chandra-Dynastie, die über die Fürstentümer von Vesali und Dhanyawaddy geherrscht hatte, leitete ihre eigene Herkunft direkt vom hinduistischen Gott Shiva ab, förderte aber auch die Mahayana-Schulen aus Tibet und Bengalen. Im Mittelalter kam es jedoch zu einer Rückorientierung in den Osten. Die Region geriet unter die Vorherrschaft von Pagan, das Volk von Arakan begann eine burmesische Mundart zu sprechen, die es bis heute beibehalten hat, und mit diesem burmesischen Einfluss kamen auch Verbindungen zu Ceylon und die wachsende Beliebtheit des Theravada-Buddhismus.

Doch kaum hatte die Kontrolle Pagans nachgelassen, tauchte Arakan wieder aus dem Schatten auf, wurde erneut unabhängig und verstrickte sich in die Kleinkriege der damaligen Zeit. Als das Königreich Ava im Jahr 1404 in Arakan einfiel, floh der damalige König Naramithla in die bengalische Königsstadt Gaur im Westen, wo er viele Jahre lang lebte und die elegante Welt des östlichen Islam aufsaugte, bevor er in die Heimat zurückkehrte und seinen Thron wieder einnahm. Es sollte sich als ein schicksalhaftes Exil erweisen.

An diesem Punkt überschneidet sich die Geschichte von Arakan mit der Geschichte Indiens und insbesondere der von Bengalen. Zweihundert Jahre zuvor waren die ersten islamischen Heere – türkische und afghanische Reiterhorden – von Muhammad Bakhtiyar angeführt über die fruchtbare Ganges-Ebene galoppiert, um gnadenlos die Städte und buddhistischen Universitäten von Bihar zu überrennen und die heilige Stadt Benares zu plündern. Vor Nudiya in Bengalen verkleideten sie sich als Pferdehändler und erschlichen sich Einlass durch die Stadttore. Kaum im Inneren, metzelten sie die ahnungslosen Garnisonssoldaten nieder und kämpften sich ihren Weg bis zum König frei, der sich gerade zum Abendessen setzen wollte. Es gelang ihm, durch eine Hintertür zu entkommen, doch dann verschwand er für immer im Dschungel des östlichen Deltas. So begann die islamische, türkisch-afghanische Herrschaft über Bengalen, die über fünfhundert Jahre währte.

Der verhängnisvolle arakanische König Naramithla war demnach also in einer Zeit nach Bengalen geflohen, als dort bereits zwei Jahrhunderte lang das türkisch-afghanische Sultanat geherrscht hatte. Im Jahr 1430, nach fast drei Jahrzehnten im Exil, kehrte er an der Spitze eines furchterregenden Trupps aus hauptsächlich afghanischen Abenteurern in die Heimat zurück und überwältigte schnell jeden Widerstand. Es war der Beginn eines neuen goldenen Zeitalters für dieses Land, einer Periode der Macht und des Wohlstands unter einem eigenartigen Zwitterhof aus Buddhismus und Islam, welcher Traditionen aus Persien und Indien mit Werten aus den buddhistischen Welten westlich von Burma verschmolz. Naramithla verließ seine alte Residenzstadt und übersiedelte in eine neu gegründete Stadt, die er Mrauk-U nannte, »Affenei« (niemand weiß, wieso). Seine Astrologen hatten ihn gewarnt, dass die Omen für Mrauk-U zwar allesamt gut stünden, er selbst aber sterben werde, wenn er dorthin übersiedele. Doch er war bereit, das Schicksal herauszufordern. Im Jahr 1433 wurde mit einer prächtigen Zeremonie der Umzug vollzogen. Im Jahr darauf starb der König.

Mrauk-U wuchs zu einer internationalen Kapitale mit über hundertsechzigtausend Einwohnern heran, einem Völkergemisch aus Arakanern, Bengalen, Afghanen, Burmesen, Holländern, Portugiesen, Abessiniern, Persern und sogar japanischen Christen aus Nagasaki, die der Verfolgung des Diktators Hideyoshi Toyotomi entkommen waren. Einige von ihnen waren *ronin*, herrenlose Samurai, und wurden vom arakanischen König deshalb sofort als Sonderleibwache aufgestellt. Dieser kosmopolitische Hof wurde bald zu einem großen Förderer bengalischer und arakanischer Literatur. Höflinge wie Daulat Qazi, der Autor des ersten bengalischen Romans, verfassten bedeutende originäre Werke in Versform, andere, wie Alaol, der als der größte bengalische Dichter des 17. Jahrhunderts gilt, übersetzten nebenher noch Werke aus Persien und Indien. Mehrere Könige übernahmen Titel aus den Sprachen der islamischen Welt oder dem Pali, während sie zugleich buddhistische Klöster förderten und buddhistische Pagoden errichten ließen. Ihre Kleidung war der persischen Mode angelehnt, dazu trugen sie die kegelförmige Kopfbedeckung, die in Isfahan und unter den Moguln von Delhi üblich war. Auf den Münzen, die sie prägen ließen, stand die *kalima*, das islamische Glaubensbekenntnis.

Die Stadt lag im Landesinneren und war von einem massiven Verteidigungssystem aus Erdwällen und Gräben umgeben. Auf den Hügeln und an den Ufern der Flüsse im Umkreis waren zusätzlich Zitadellen als Vorposten errichtet worden. Der portugiesische Jesuit Antonio Farinha bezeichnete die von vielen Flüssen durchzogene Stadt Mrauk-U als »ein zweites Venedig«[12], andere zeitgenössische Schriftsteller verglichen sie mit Amsterdam und London. Aber sie wurde verlassen, als die Briten Arakan 1826 annektierten. Heute sind nur noch Ruinen zu sehen. Wo der Rauch von offenen Feuerstellen im Dorf aufsteigt, standen einst die vornehmen Häuser von Militärs, Gelehrten und Händlern aus ganz Eurasien.

Für die Dauer von rund hundert Jahren unterhielt Arakan eine Art tributpflichtige Beziehung zum mächtigeren bengalischen Sultanat in der Nachbarschaft. Doch dann brachen schwere Zeiten über das bengalische Sultanat herein, und die Arakaner begannen flügge zu werden. Sie bauten eine starke Marine mit Hunderten von Schiffen auf, besetzten die Insel Ramu und nahmen 1578 die große Hafenstadt Chittagong ein, die heute zu Bangladesch gehört. Nachdem sie sich mit portugiesischen Piraten und Söldnern verbündet hatten, dauerte es nicht lange, bis sie auch einen Großteil von Ostbengalen eingenommen hatten und in den Osten Burmas vorgestoßen waren. Eine Weile lang hielten sie Pegu, von wo sie dreitausend Menschen deportierten, darunter auch Mitglieder der Königsfamilie.[13] Bald war Arakan auf dem Gipfel seiner Macht angelangt. Für einen kurzen historischen Moment erstreckte sich sein Herrschaftsgebiet über mehr als eininhalbtausend Kilometer erstrangigen Landbesitzes von Dakka bis nach Martaban an der Küste.

Die moderne Wissenschaft erklärt uns, dass sexuelle Anziehungskraft bei Menschen zumindest teilweise auf dem Einfluss von Pheromonen beruhe, auf einem chemischen Cocktail, der einem potenziellen Partner die Tauglichkeit (oder Untauglichkeit) des anderen signalisiere. Die Könige von Arakan scheinen das von jeher gewusst zu haben: Laut dem portugiesischen Händler und Reiseschriftsteller Duarte Barbosa, der Arakan im Jahr 1610 besucht hatte, wurden regelmäßig zwölf der attraktivsten jungen Frauen aus allen Regionen des Reiches in den Palast geschickt, jedoch nicht, um sofort dem König vorgeführt zu werden, sondern vielmehr, um erst einmal vollständig bekleidet eine Weile in der prallen Hitze auf einer »Terrasse in der Sonne« zu stehen. Dann nahm man ihnen das »feuchte Gewand« ab, versah es jeweils mit dem Namen der Trägerin und reichte es seiner Majestät zum Beschnüffeln. Nur Frauen, die diesen Geruchstest bestanden, wurde in die königlichen Gemächer eingeladen, alle anderen wurden geringeren Herren angeboten.[14]

Im Laufe der Jahre wurde Mrauk-U dank des üppigen Beuteguts und der Ansiedlung von vielen Gefangenen in den fruchtbaren Flusstälern immer reicher. Reich machte es aber auch der Handel, darunter nicht zuletzt der Sklavenhandel, ein wichtiger Geschäftszweig im Golf von Bengalen. Dies war das 17. Jahrhundert, in dem nicht nur Zehntausende von Afrikanern aus Gambia, Angola und anderenorts in die Plantagen auf den Westindischen Inseln oder von Virginia verschleppt wurden, sondern als Berberpiraten auch die Küsten Westeuropas, Irlands und sogar Islands (im Jahr 1627) auf der Suche nach Gefangenen für den König von Marokko oder für die Märkte von Konstantinopel unsicher machten. Portugiesen und andere Freibeuter stellten sich jederzeit gerne zur Verfügung, um Nachschub für die Sklavenmärkte aufzutreiben. Mit den Männern der arakanischen Könige suchten sie die Küsten von Bengalen heim, um Zehntausende Einwohner pro Jahr gefangen zu nehmen. Einst dicht bevölkerte Orte wurden menschenleer und zu »verwahrlosten Lagern von Tigern und anderen wilden Tieren«.[15] Aber für Mrauk-U bedeutete es noch mehr Reichtum und noch mehr Pracht.

Auch die Holländer waren eifrig darauf bedacht, sich ein Stück vom Kuchen abzuschneiden.[16] Anfang des 17. Jahrhunderts ließ der Tatendrang der Portugiesen allmählich nach, dafür setzten nun andere Europäer alles daran, Asien ihren Stempel aufzudrücken. Die Vereenigde Oostindische Compagnie (VOC), wie die Niederländische Ostindien-Kompanie hieß, wurde im Jahr 1602 gegründet, als ihr die niederländischen Generalstaaten das exklusive Handelsrecht im Osten einräumten. Das regionale Hauptquartier wurde in Batavia (heute Jakarta) eingerichtet. Bald verteilten sich mehrere Außenposten über ganz Asien – in Japan, Persien, Bengalen, Ceylon, Siam und China sowie in Burma und auf den Gewürzinseln. Prompt begannen die Holländer, den ungemein lukrativen Muskat- oder Mazisblütenhandel mit Europa zu beherrschen. Bis Mitte des 17. Jahrhunderts war die Niederländische Ostindien-Kompanie zur reichsten Gesellschaft geworden, die die Welt je gesehen hatte. Sie war im Besitz von hundertfünfzig Handelsschiffen und vierzig Kriegsschiffen, rühmte sich fünfzigtausend Angestellter, eines beträchtlichen Privatheeres und brachte ihren Aktionären die hübsche Dividende von sage und schreibe vierzig Prozent jährlich ein. In Arakan schritten die Holländer, die vornehmlich an Sklaven interessiert waren, schnell zur Tat: Zehntausende Arakaner wurden gefangen genommen und als Sklaven in die neuen niederländischen Kolonien auf den Ostindischen Inseln verfrachtet.[17] Doch viele starben an Krankheiten und Misshandlungen, noch bevor sie die Küsten von Java erreicht hatten.

Auch mit Pegu und anderen burmesischen Hafenstädten betrieben die Holländer Handel, der dann seinerseits wieder neue Luxusgüter und neue Trends brachte. Im frühen 18. Jahrhundert hatten wohlhabende Burmesen sogar Geschmack an nordamerikanischen Biberfellmützen gefunden, die den ganzen Weg aus dem kanadischen St. Lorenz-Tal herübertransportiert und ihnen zu ausgesprochen extravaganten Preisen verkauft wurden. Man stelle sich den modisch korrekt gekleideten Mann aus Pegu oder Ava und vielleicht auch aus Mrauk-U in seinem bunten Seidengewand mit dem breitkrempigen Pelzhut eines Rembrandt oder Vermeer vor.[18]

VOM RIO TEJO

Filipe de Brito e Nicote war der Armut in Lissabon entflohen, als in Virginia die ersten elisabethanischen Siedlungen gegründet wurden. Am Ende seiner Reise krönte er sich zum burmesischen König. In den Osten gekommen war er als halbwüchsiger Schiffsjunge auf einem der stolzen Dreimaster jener Zeit, die an der Küste von Angola vorbei um das Kap der Guten Hoffnung bis Goa und schließlich in die ruhigen Gewässer des Golfs von Bengalen segelten. Als er viele Jahre später in Arakan eintraf, war er bereits ein erfahrener Kämpe und wurde vom arakanischen Heer als Musketier angeheuert. Binnen Kurzem stieg er zum Offizier auf und führte selbst die königlich-arakanischen Soldaten in die Schlacht. Die Portugiesen waren sehr erfahren, wenn es darum ging, Geld aus Goa oder Malakka herauszuholen, doch so mancher strebte noch nach ganz anderer Macht. Gerade erst war Ceylon besetzt worden, und das hatte bei vielen Männern vom Schlage de Britos den Appetit auf die Schätze angeregt, die Hand in Hand mit einer realen Herrschaft über ein asiatisches Land gingen. Im Jahr 1599 wäre es portugiesischen und spanischen Söldnern fast gelungen, Kambodscha einzunehmen, und nun war de Brito an der Reihe herauszufinden, wie gut er sein Blatt ausspielen konnte.[19]

Sein Plan war simpel: Der Estado da India besaß an der langen Ostküste des Golfs von Bengalen weder ein Zollhaus noch eine einzige Festung, mit der entscheidenden Ausnahme von Malakka. Ein Hafen in Südburma, dachte er, würde sich also gut als Malakkas nördlicher Gegenpart machen, und mit einer in Burma stationierten Flotte könnten die Portugiesen nicht nur den gesamten Handel zwischen

Bengalen und der Malaiischen Halbinsel, sondern auch Burmas Binnenhandel kontrollieren. Bayinnaung war tot, und mit seinen Erben konnte man fertig werden, auch wenn es ziemlich mächtige Fürsten waren. Außerdem befand sich wieder einmal ein Großteil des Landes in Auflösung, denn Bayinnaungs Nachfolger, deren Sitz inzwischen Ava war, hielten nur einen Teil des Irrawaddy-Tals.

Es war die Zeit, als Arakan vollends flügge geworden war und zeitweilig die ganze burmesische Küste kontrollierte. Der König von Arakan, der zumindest dem Namen nach de Britos Herr war, gestattete ihm die Errichtung des gewünschten Hafens (Syriam, in der Nähe des modernen Rangoon). Eilends machte sich de Brito ans Werk und erbaute, so gut es ihm möglich war, eine Siedlung, um dann Männer aus der ganzen Region zu ermuntern, sich unter seinem Schutz dort niederzulassen. An seiner Seite stand sein Stellvertreter Salvador Ribeyro. Gemeinsam ließen sie eine Mauer errichten, einen Graben ausheben und dann aus dem harten Kern der abgebrühten iberischen Kämpfer eine beeindruckende Miliz aufstellen, darunter viele Männer mit einem gemischt europäisch-asiatischen Hintergrund, neben Burmesen, Afrikanern und Malabaren aus Südindien. Die Burmesen nannten de Brito »Nga Zinga«, was im Dialekt der Region am Indischen Ozean »der gute Mann« bedeutete.

Als Nächstes wandte er sich unter Umgehung der Arakaner direkt an den Vizekönig von Goa, Dom Aires de Saldanha, um Geld und Männer zu erbitten. Dem Vizekönig gefielen seine Vorschläge, und er gab de Brito, was er wollte. Nachdem die Mittel also nur so flossen, wurde Syriam allmählich zu einer eigenständigen Macht, obwohl es theoretisch nach wie vor unter der Oberherrschaft von Arakan stand. Die meisten seiner Reichtümer erwarb de Brito, indem er Schiffe zwang, seinen neuen Hafen anzulaufen, oder indem er die Städte im Landesinneren von Burma plünderte und brandschatzte. Sogar Pagoden brannte er nieder, viele buddhistische Einrichtungen beraubte er ihrer bronzenen Glocken, um sie einschmelzen und daraus Kanonen für seine Armee gießen zu lassen.

Auch um strategische Allianzen war de Brito bemüht. Seinen Sohn Simon verheiratete er mit einer Tochter des Fürsten von Martaban, sich selbst nahm er Donna Luisa de Saldanha zur Frau, eine Nichte des Vizekönigs von Goa, die eine Javanerin zur Mutter hatte und selbst »weder groß noch schlank« war, jedoch »jene Prise Schönheit besaß, welche bei Frauen so gefährlich ist«.[20] Mittlerweile war das 17. Jahrhundert angebrochen. Die Macht der Portugiesen im Osten schwand, doch für den einstigen Schiffsjungen aus Lissabon schienen die Dinge prächtig zu laufen. De Brito führte ein extravagantes Leben und spielte sich als asiatischer König auf.

Neben seinen portugiesischen Hauptmännern zählte auch ein burmesischer Aristokrat namens Natshinnaung zu de Britos engen Freunden. Er blieb vor allem als preisgekrönter Polospieler, gekonnter Dichter und Gelehrter in Erinnerung. Nachdem dieser Edelmann 1593 als Fünfzehnjähriger mit angesehen hatte, wie der burmesische Kronprinz auf dem Rücken eines Elefanten vom siamesischen Kronprinzen getötet wurde, hatte man ihn mit der Aufgabe betraut, nach Pegu zu reiten und der Witwe des getöteten Prinzen, Raza Datu Kalayani, die wesentlich älter als Natshinnaung und eine gefeierte Schönheit war, vom Schicksal ihres Mannes zu berichten. Prompt verliebte er sich in sie, und irgendwann verliebte auch sie sich in ihn. Seit diesem Tag träumte Natshinnaung davon, König zu werden und Kalayani zu seiner Königin zu machen.[21] Und in Filipe de Brito hatte er nun einen Gleichgesinnten gefunden.

Der Mann, der dann aber sowohl de Britos als auch Natshinnaungs hochfliegende Pläne vereiteln sollte, war Bayinnaungs Enkel Anaukpetlun, der König von Burma. Er war zwar nicht gerade ein Welteneroberer im Stil seines Vorfahren, aber nichtsdestotrotz ein ernstzunehmender Prinz mit einer ernstzunehmenden Armee, der zumindest das ganze Irrawaddy-Tal beherrschen wollte. Doch da stand ihm nun de Brito im Wege. Niemand war glücklich über de Britos Syriam, nicht die persischen Händler aus Masulipatnam in Südindien, die seinetwegen Handelsmöglichkeiten und Geld verloren, nicht die Arakaner, deren nominelle Herrschaft er mit einem Achselzucken abtat, und gewiss auch nicht die Burmesen, deren Territorium er annektiert hatte. Von vielen ermutigt, beschloss der König von Burma deshalb, de Brito ein für alle Mal das Handwerk zu legen, und segelte mit einer gewaltigen Streitmacht aus über vierhundert Kriegsschiffen den Irrawaddy herab. Sechstausend seiner Männer waren muslimische Söldner aus dem indischen Dekkan oder stammten aus Persien und anderen Teilen der islamischen Welt. Langsam, aber sicher fielen sämtliche Städte und Dörfer, die unter de Britos Kontrolle gestanden hatten, an den Burmesen, bis schließlich nur noch Syriam übrig war. De Brito war umzingelt.

Dem Portugiesen standen ungefähr dreitausend Soldaten zur Seite, darunter rund hundert Landsleute. Doch es begann ihnen das Schießpulver auszugehen, auch die Lebensmittel und anderen Versorgungsgüter gingen zur Neige. De Brito schickte einen Boten mit Geld und der Bitte um Hilfe nach Bengalen, aber der Kurier sackte das Geld selbst ein und machte sich aus dem Staub. Als das Schießpulver schließlich ausgegangen war, überschütteten die Verteidiger von Syriam die Burmesen mit kochendem Öl, um sie am Erklimmen der Mauer zu hindern. Schiffe wurden losgeschickt, um die Blockade zu durchbrechen, sahen sich aber zum Rückzug gezwungen. Nach über einem Monat war de Brito endlich klar, was die Stunde geschlagen hatte. Er fragte nach den Bedingungen, doch der König von Burma antwortete, dass für ihn nur eine bedingungslose Kapitulation in Frage kam. Dann griffen die Burmesen drei Tage und Nächte lang an. Hunderte fielen, bis der Kampf schließlich vorüber war. De Brito wurde gefangen genommen, nachdem er von einem Mon-Offizier aus den eigenen Reihen verraten worden war.

Filipe de Brito wurde auf einen Hügel über der Stadt geführt, die zu seiner Königsstadt hätte werden sollen, und dort gepfählt. Zwei Tage dauerte es, bis sein Todeskampf vorüber war. Seine Frau Luisa wurde ergriffen, im Fluss gebadet und dann dem König von Burma vorgeführt, der die Absicht kundtat, sie für sich zu behalten. Als sie ihn dann jedoch »mit solch mutiger Verachtung behandelte, dass sich sein Begehr nach ihrer Schönheit in Zorn verwandelte«, ließ er sie nach Ava bringen, auf dass sie mit den gewöhnlichen Sklaven verkauft werde. Auch hochrangige portugiesische Offiziere wie Francisco Mandez wurden gepfählt. Andere, wie zum Beispiel Sebastian Rodriguez, wurden nach Ava gebracht, um dann in irgendeinem Dorf nördlich der Stadt als Angehörige der königlichen Leibwache oder Artillerie angesiedelt zu werden. Bevor König Anaukpetlun in den Norden zurückkehrte, stiftete er der Shwedagon-Pagode Gold, Diamanten und zweitausend Rubine.[22]

Natshinnaung und de Brito blieben sich bis ans Lebensende loyal verbunden. Der burmesische König hatte noch versucht, einen Keil zwischen die beiden Freunde zu treiben, und de Brito versprochen, dass er ihn gut behandeln werde, sofern er bereit sei, den abtrünnigen Burmesen auszuliefern. Der Bote, der dieses Schreiben überbracht hatte, war mit verbundenen Augen zu ihnen geführt worden, und weil de Brito sehr wahrscheinlich kein Burmesisch lesen konnte, hatte er Natshinnaung gebeten, es ihm vorzulesen. Als er das Angebot dann vernahm, erklärte er dem Boten: »Sage deinem Herrn, dass wir Portugiesen treu sind. Ich habe Natshinnaung mein Wort gegeben und kann es nicht brechen.« In den letzten Tagen der Belagerung konvertierte Nathsinnaung zum Katholizismus und ließ sich von einem Priester aus Goa taufen.

Von de Britos Vermächtnis ist im heutigen Syriam nichts geblieben außer ein paar Ziegeln aus der alten Stadtmauer und einer katholischen Kirche. Doch nicht weit entfernt in Henzada im Irrawaddy-Tal steht eine kleine Pagode mit einer Inschrift, welche besagt, dass sie von »Nanda Baya und seiner Schwester Supaba Devi« errichtet worden sei, den Kindern einer arakanischen Hofdame namens Saw Thida und »des Feringhi Nga Zinga, König von Syriam«.

Im Januar 1997 mietete ich mir einen alten Nissan und fuhr unter einem wolkenlos blauen Himmel zwei Stunden ins Mu-Tal nordwestlich von Mandalay hinab. Verstreut zwischen den scheinbar endlosen Reis-, Baumwoll- und Tabakfeldern, den Reihen von Bananenstauden und der gelegentlichen strahlenden Pagode auf einem Hügel liegen die Siedlungen der sogenannten *bayingyi* oder *feringhi* – christliche Inseln inmitten eines Meeres aus burmesischen Buddhisten. Die Bewohner dieser Dörfer sind allesamt Abkömmlinge der Europäer, die einst ins Land geströmt waren, darunter auch Nachfahren von de Britos portugiesischen Offizieren und von anderen Einwanderern oder Gefangenen aus dem Westen. Burmesische Könige hatten es sich zur Gewohnheit gemacht, Neuankömmlinge in eigenen Ortschaften anzusiedeln, damit sich diese Gemeinden einerseits selbst verwalten und andererseits der Hof von Ava ein Auge auf sie haben und nötigenfalls schnell zum Dienst für die Krone zwingen konnte. Muslime und Christen hatten jeweils eigene Dörfer. Das Dorf in der Nähe des Mu war zuerst von Iberern bewohnt worden, aber im Verlauf von Generationen bis zum Fall von Mandalay auch holländischen und französischen Söldnern und Gefangenen mitsamt Frauen und Kindern zur Heimstatt geworden.

Die kleinen Hütten aus Holz und Stroh drängen sich auf sandigem Boden unter dem Schatten der Palmen aneinander und unterscheiden sich durch nichts von jeder anderen Siedlung in Oberburma, abgesehen von der pastellblau und weiß gestrichenen Kirche am Dorfrand und einem überfluteten Friedhof, der niedriger liegt als der Kanal, weshalb Dutzende von Kreuzen nur noch halb aus dem Brackwasser ragen. Es gab keine Wegweiser, und ich musste viele Male anhalten und nach der Richtung fragen. Aber als ich endlich eintraf und die Gesichter der Bewohner sah, hatte ich die Feringhi-Vergangenheit des Dorfes deutlich vor Augen.

Ich sprach mit der Dorflehrerin und einer Nonne, die erst vor kurzem aus Rom zurückgekehrt war. Beide waren sich ihrer ungewöhnlichen Herkunft auf eine sehr stolze Weise bewusst. Sie erzählten, dass es niemanden mehr im Dorf gab, der noch etwas anderes als Burmesisch sprach, höchstens noch einige Leute, die ein paar Brocken Englisch verstanden. In der Generation ihrer Großväter (beide Frauen waren zwischen dreißig und vierzig Jahre alt) habe es noch Einwohner gegeben, die etwas Portugiesisch gesprochen hätten. Die Lehrerin berichtete, dass ihr Urgroßvater dem Königlichen Fünfzigerregiment angehört und im Palast von Thibaw gedient habe und andere Vorfahren Übersetzer bei Hofe gewesen seien. In der Nähe spielte eine Meute von Kindern Fußball, viele von ihnen hatten braunes Haar und grüne Augen. Die Frauen bedauerten offensichtlich, dass sie sich an einem Wendepunkt befanden und die Gemeinschaft, die ihre Identität über so lange Zeit gewahrt hatte, ihre Eigenarten schon sehr bald verlieren würde. Geld, um ihren Friedhof und die vielen Grabsteine mit den galicischen, bretonischen und wallonischen Namen zu retten, hatten sie nicht, und die Regierung war ihnen gewiss keine Hilfe, wenn es darum ging, ihr Erbe zu wahren.

Im Jahr 1861 hatte Bischof Bigandet von der römisch-katholischen Mission in Mandalay diesen Dörfern einen Pastoralbesuch abgestattet:

Es ist eine bemerkenswerte Tatsache, dass ungeachtet des großen Einflusses, welcher aus dem Zuwachs an vorherrschend burmesischen Elementen hervorgegangen sein muss, die Christen von Burma un-

verkennbare Anzeichen ihrer ursprünglichen Herkunft in ihren Gesichtszügen zur Schau stellen. Ausnahmslos alle haben ihre Familiennamen verloren, welche sofort die Herkunft ihrer Vorfahren enthüllt hätten, doch bei genauerer Betrachtung ihrer persönlichen Erscheinung, insbesondere des Gesichts, können wir mit Leichtigkeit ihre Herkunft aufspüren. In Monhla bemerkte der Autor beispielsweise einen alten Mann mit grünen Augen und einem Gesicht des holländischen Typs. Bei anderen Menschen waren die französischen Züge nicht zu verkennen, und keinem Betrachter würde entgehen, wie hervorstechend die Ähnlichkeiten der meisten Menschen, die im Dorf Khiaonio hausen, mit jenen Nachfahren der Portugiesen sind, welche wir an der Westküste der indischen Halbinsel und an der Straße von Malakka finden.[23]

Es sollten schon bald weitere zu diesem burmesischen Schmelztiegel beitragen.

MOGULN-FLÜCHTLINGE

Schah Shuja, der zweitälteste Sohn von Schah Jehan und der Kaiserin Mumtaj Mahal, herrschte Mitte des 17. Jahrhunderts als mogulischer Vizekönig über Bengalen und Orissa.[24] Die Moguln waren die neuen Herren eines riesigen indischen Reiches, das sich fast über den gesamten Subkontinent erstreckte. Dieser ursprünglich aus Zentralasien kommende Stamm führte seine Herkunft über Tamerlan, den großen Krieger und Eroberer aus Samarkand, auf Genghis Khan zurück. Der erste Mogulkaiser Babur hatte Delhi im Jahr 1526 eingenommen. Von dort aus expandierten er und seine Nachfahren in den Osten, um sich bald die Oberherrschaft über das gesamte Gangesbecken zu sichern. Im Jahr 1612 räucherten sie die letzten afghanischen und indischen Widerstandsnester in Ostbengalen aus und machten erst an den sumpfigen Grenzen zu Arakan halt. Das bengalische Sultanat war Geschichte und das Bengalen der Moguln der neue Nachbar von Mrauk-U.

Schah Shuja war ein erstklassiger Soldat. Schon als junger Prinz hatte er an vielen Feldzügen teilgenommen und sogar als Vizekönig seine

Amtsgeschäfte zweimal hintangestellt, um sich in den Norden zu begeben und selbst den Kampf gegen die afghanischen Rebellen am Khyber-Pass anzuführen. Shuja war jedoch auch ein typischer Moguln-Aristokrat und deshalb ein hochgebildeter, kultivierter und eleganter Mann, dessen Hof bald feingeistige Dichter und Gelehrte aus Persien anzog. Es kam zwar noch zu kleineren Grenzscharmützeln gegen das Kamarupa-Reich im Norden und die kleine Kolonie Cooch Behar, doch ansonsten erlebte Bengalen eine Zeit des Friedens. Die örtlichen Zamindaren scheinen völlig eingeschüchtert angesichts der Tatsache gewesen zu sein, dass ihr unmittelbarer Gebieter nun ein Sohn des Kaisers war. In Dakka wurden grandiose Gebäude errichtet, und englische oder holländische Händler, die sich eifrig um einen Anteil an den Reichtümern Bengalens bemühten, wurden willkommen geheißen.

Im Herbst 1657 erkrankte der Kaiser. Es verbreitete sich das Gerücht, dass er bereits gestorben sei und sein Tod von seinem ältesten Sohn Prinz Dara Shikoh nur geheim gehalten werde, damit er Zeit habe, seinen Thronanspruch zu sichern, denn die drei ältesten Söhne – darunter auch Shuja – marschierten gerade gen Delhi, um ihre jeweiligen Ansprüche auszufechten. Nach vielen blutigen Schlachten war es am Ende Prinz Aurangzeb, der als Sieger hervorging. Dara Shikoh wurde gefangen genommen und getötet. Shuja, der von einem kaiserlichen Heer unter dem Befehl von Mir Jumla verfolgt wurde, beschloss, in den Osten zu fliehen.

Am 6. Mai 1658 bestieg Schah Shuja in Dakka ein portugiesisches Schiff mit dem Ziel Arakan. Acht Tage später nahm er Kontakt zu den Repräsentanten des arakanischen Hofes auf. Er wollte sich nur kurz in Arakan aufhalten, um dann nach Mekka und schließlich Persien oder Konstantinopel weiterzureisen. Weil jedoch gerade der Monsun einsetzte und die See zu stürmisch war, bat er um Asyl in Arakan und um Beistand, damit er seine Reise in den Westen verschieben konnte.

Zuerst wurde Schah Shuja vom König von Arakan, Sanda Thudamma, herzlich willkommen geheißen. Gleich ließ er dem fürstlichen Gast am Rande der Stadt ein Haus errichten. Aber dem Spross einer der bedeutendsten Kaiserdynastien der Welt muss Mrauk-U selbst in dessen Blütezeit wie ein Provinznest erschienen sein. Er soll sich denn auch entsprechend distanziert dem arakanischen Hof gegenüber verhalten haben, was gewiss wenig zur Entwicklung von freundschaftlichen Gefühlen bei Sanda Thudamma beitrug, der ohnedies schon ein neidvolles Auge auf die enormen Schätze in Shujas Gepäck geworfen hatte. Bald wurden dem König von den Gesandten des neuen Mogulkaisers Aurangzeb noch größere Schätze versprochen, wenn er dessen flüchtigen Bruder aushändigen würde. Es vergingen Wochen, dann Monate. Insgesamt waren schließlich acht Monate ins Land gegangen, und Sanda Thudamma hatte Schah Shuja noch immer nicht an die Moguln ausgeliefert. Allerdings gestattete er ihm auch nicht die Weiterreise. Stattdessen bat der verliebte arakanische König Schah Shuja um die Hand seiner ältesten Tochter, der schönen Prinzessin Ameena (und das ohne vorherige »Duftprobe«).[25]

Der Gedanke, dass seine Tochter diesen halbbarbarischen Stammesfürsten heiraten müsste, brachte den vom Glück verlassenen Prinzen fast um den Verstand. Da er jedoch nicht entkommen konnte, beschloss er in seiner Verzweiflung einen Putsch, um selbst die Macht zu übernehmen. Er hatte zweihundert gute Kämpfer an seiner Seite, außerdem war ihm die Unterstützung von zumindest einem Teil der örtlichen muslimischen Gemeinde sicher. Doch der Plan wurde dem König rechtzeitig zugetragen. Schnell ließ er Shujas Anhänger festsetzen. Bei den anschließenden Kämpfen brannte zwar ein Teil der Stadt ab, doch Sanda Thudammas Position war zu keinem Zeitpunkt in Gefahr gewesen. Shuja gelang es, ins Landesinnere zu fliehen, wo er sich wochenlang im Dschungel versteckt hielt, bis er schließlich aufgegriffen und hingerichtet wurde. Der große Schatz aus seinem Besitz wurde dem Palast übergeben, Ameena und die anderen Prinzessinnen wurden dem königlichen Harem einverleibt. Ein Jahr später befürchtete der König einen neuerlichen Putsch und ließ deshalb auch alle verbliebenen Mitglieder der kaiserlichen Familie töten, sogar Ameena, die in einem fortgeschrittenen Schwangerschaftsstadium gewesen sein soll. Ihre Brüder wurden geköpft.

Als die Nachricht davon in Delhi eintraf, tobte Aurangzeb. Er hätte Shuja und den Rest seiner Familie zwar ohne mit der Wimper zu zucken selbst getötet, doch die Vorstellung, dass irgendein ausländischer König sein eigen Blut vergoss, konnte er nicht ertragen. Abgesehen davon wollte er den Arakanern ohnedies eine Lektion erteilen und ihre nach wie vor einschüchternde Militärmacht in Schach halten. Im Jahr 1665 segelte der Mogul Shayista Khan, der neue Vizekönig von Bengalen, an der Spitze einer gewaltigen Flotte aus dreihundert Kriegsschiffen gen Osten und vertrieb die Arakaner aus ihrer Festung auf der Sandwip-Insel, während sich eine zweite Armee aus sechstausendfünfhundert Soldaten unter Buzurg Umid Khan den Weg an der Küste entlang freikämpfte. Im nächsten Jahr fiel auch Chittagong nach langer Belagerung an die Moguln. Der jahrhundertealten Vorherrschaft Arakans in Ostbengalen war ein Ende gesetzt worden. Zweitausend Arakaner wurden in die Sklaverei verkauft, über hundert ihrer Schiffe wurden konfisziert. Von den portugiesischen Söldnern in Mrauk-U hatten allerdings viele schnell die Seiten gewechselt und durften sich deshalb nun auf dem Hoheitsgebiet der Moguln niederlassen. Ihre Nachfahren leben noch heute in einem Ort namens Feringhi Bazaar rund zwanzig Kilometer südlich von Dakka.

Auch ein paar von Schah Shujas Anhängern hatten überlebt. Nach dessen fehlgeschlagenem Versuch, die Macht an sich zu reißen, waren alle überlebenden Bogenschützen vom König von Arakan übernommen und zu einer Sonderpalastwache aufgestellt worden, die durch weitere Neuankömmlinge aus verschiedenen indischen Regionen immer größer wurde, bis sie im Jahr 1692 schließlich aufgelöst und ihre Mitglieder auf die Insel Ramree deportiert wurden. Ihre Nachfahren, die bis heute »Kaman« genannt werden (das persische Wort für »Bogen«), leben noch immer auf Ramree und in anderen arakanischen Regionen. Sie sprechen arakanisch, tragen aber oft noch die Gesichtszüge ihrer afghanischen oder persischen Vorfahren. Das derzeitige burmesische Militärregime hat sie als eine eigenständige ethnische Gruppe unter den dreihundertdrei Nationalitäten aufgelistet, aus der die »Union Myanmar« besteht. Es ist mit Sicherheit die einzige Gruppe, die ihre Abstammung von den geflohenen Soldaten eines Mogulprinzen herleiten kann.

Dem Königreich Arakan erging es seit dem Angriff der Moguln nicht besonders gut. Nun gab es keine Möglichkeit mehr, in Bengalen einzufallen, um sich Sklaven zu holen. Außerdem stellten die Moguln sicher, dass sich holländische Schiffe künftig von arakanischen Häfen fern hielten. Derweil verhinderten auch die burmesischen Könige am anderen Ende des Reiches, deren Existenz seit der Beseitigung von de Brito und der Bewältigung anderer Herausforderungen gesicherter denn je war, jede Aggression seitens der Arakaner. Die Vormachtstellung von Mrauk-U schrumpfte. Bis Anfang des 18. Jahrhunderts waren in einem Großteil des arakanischen Hinterlands Anarchie und Konflikte an der Tagesordnung. Hinzu kam, dass das Land jahrzehntelang regelmäßig von Erdbeben erschüttert wurde, was die Menschen als ein deutliches Vorzeichen von schlechten Zeiten deuteten. Im Jahr 1761 hob ein gewaltiges Erdbeben den gesamten Küstenstrich um eineinhalb Meter an. Das Ende des Königreichs war nahe.

DIE FLUCHT DES MING-PRINZEN

Im Westen von Burma waren es die Moguln, die gegen die Grenzen des rapide schrumpfenden Reiches von Arakan vorrückten, im Norden und Osten war es das immer kraftstrotzendere China, das Druck auf Burma machte und schließlich bis ins Herz des Landes vordrang. Im Jahr 1646, nachdem das Jangtse-Tal und die Ostküste Chinas an die einfallenden Mandschu-Armeen verloren gegangen waren, wurde der dreiundzwanzigjährige Prinz von Gui, der einzige überlebende Enkel des Wanli-Kaisers, zur letzten verzweifelten Hoffnung für die Sache der Ming-Dynastie. Seit Jahren befand sich China im Krieg. Die Mandschuren hatten unter ihrem Führer Nurhaci die tungusischsprachigen Nomadenstämme im Amur-Tal geeint, anschließend die nördlichen Grenzregionen bedroht und 1644 schließlich Peking eingenommen. Ihre neue Dynastie, die Qing, zog in das chinesische Kerngebiet ein und versprengte die Getreuen des alten Regimes. Bis zu der Revolution, die 1911 die Republik bringen sollte, wurde China dann von diesen Milch trinkenden und Käse essenden einstigen Nomaden aus dem entfernten Norden beherrscht.[26]

Der Vater des Prinzen von Gui war der siebte Sohn des Wanli-Kaisers gewesen, weshalb der junge Prinz in der ebenso genusssüchtigen wie streng hierarchischen Atmosphäre der Kaiserstadt aufgewachsen war. Doch nun befand er sich auf der Flucht, zuerst nach Hunan in Zentralasien, der Heimat seiner Ahnen, dann in eine Gegend im Südwesten nahe dem heutigen Hongkong. Und dort, bei den Sandsteinklippen im Delta des Perlflusses, wurde er schließlich vom geflohenen Hofstaat zum Yongle-Kaiser ernannt und zum rechtmäßigen Erben des dreihundert Jahre alten Ming-Thrones erklärt.

Aber er wurde schnell zum Blitzableiter für den wachsenden Widerstand gegen die mandschurische Besatzung. Während der nächsten eineinhalb Jahre zogen der Prinz von Gui und sein Gefolge durch die südlichsten Regionen Chinas an der Grenze zu Vietnam, dann in die Stammesregionen von Guangxi im Südwesten. Und diese lange Flucht vor Peking sorgte dafür, dass sich der selbsternannte Kaiserhof allmählich völlig veränderte und so gar nicht mehr dem Bild eines Ming-Hofes entsprach. Ein Zeitgenosse schrieb, dass »alle möglichen Betelnusskauer, Solquellenarbeiter und eingeborene Hurenhausbetreiber« bei Hofe herumgelungert hätten.[27] Doch immerhin brachte es dieser Ming-Hof fertig, den Kampfgeist hoch- und die vorrückenden Truppen des Qing-Herrschers eine Weile in Schach zu halten.

Am Jahresbeginn 1650 gelang den Qing-Armeen jedoch ein Durchbruch. Zuerst zerschlugen sie den Widerstand in den Regionen, die dem Prinzen von Gui die Treue geschworen hatten, dann griffen sie direkt dessen Stützpunkte im Süden an. Bei dieser Offensive vertrauten die Mandschuren vor allem Ming-Generälen, die vor über einem Jahrzehnt zu ihnen übergelaufen waren und es nun prompt fertigbrachten, die Loyalisten immer tiefer in den Südwesten abzudrängen. Im Jahr 1658 kam es in der kleinen Grenzstadt Tengyue schließlich zum letzten Gefecht, und der Prinz von Gui musste mit seinen Anhängern über die Berge in das Königreich Burma fliehen.

Der Prinz betrat burmesisches Hoheitsgebiet in dem breiten Hochlandbogen im Nordosten, der immer nur indirekt unter der Oberherrschaft von Ava gestanden hatte. Hier waren die wenigsten Bewohner Burmesen. Man sprach eine Variante des Thai oder der siamesischen Sprache, die im Burmesischen »Shan« genannt wird. Einige dieser Fürstentümer waren von beträchtlicher Größe. Chiang Mai und Kengtung zum Beispiel umfassten Gebiete von der Größe des heutigen Belgien oder Wales, wohingegen andere kaum mehr als eine Anhäufung von verarmten, kleinen Bergregionen waren. In den frühen Jahren der Ming-Dynastie hatten viele dieser Fürstentümer aggressiv in den Süden expandiert und sowohl Ava als auch die burmesische Tiefebene überrannt – vielleicht, weil sie die ersten Menschen in Südostasien gewesen waren, die von den Chinesen das Wissen über Waffen und Schießpulver erworben hatten. In jüngerer Zeit waren sie jedoch bescheidener geworden. Ihre Sawbwa unterhielten eine mehr oder minder tributpflichtige Beziehung zum Hof von Ava und sorgten für den regelmäßigen Nachschub an Töchtern für den königlichen Harem und an Geschenken für den König, sei es in Form von Silbergaben oder von Pferden.[28]

Als der Prinz von Gui mit seinem siebenhundertköpfigen Gefolge nun am Grenzposten von Momein auftauchte, wurde er zum lokalen Stammesführer gebracht, den er um Schutz bat, nicht ohne zu versichern, dass er dessen burmesischem Souverän einen beträchtlichen Goldschatz anbieten könne. Der damalige König Pindalay hieß den Prinzen denn auch sofort willkommen und ließ ihm am anderen Ufer des Irrawaddy in Sagaing gleich gegenüber Ava eine Residenz errichten. Doch dann stellte sich heraus, dass der Prinz von Gui nur der erste von Tausenden Chinesen gewesen war, die plötzlich über die Grenze strömten, einige davon Flüchtlinge, andere Banditen und Freibeuter, die sich die Anarchie in Südwestchina zunutze machten, um das burmesische Hinterland zu terrorisieren. Und weil diese marodierenden Banden nun allesamt dem Prinzen von Gui die Treue schworen, forderten sie von ihm, Sagaing zu verlassen und sich ihnen anzuschließen. Sie eroberten die Städte Mongnai und Yawnghwe im Osten und schlugen das Heer in die Flucht, das Pindalay gegen sie ausgeschickt hatte. Klöster wurden niedergebrannt, ganze Dörfer wurden geplündert und Männer wie Frauen gefangen genommen und verschleppt. Es dauerte nicht lange, da standen sie in Tada-U, unmittelbar vor Avas Toren. Nur dem heftigen Widerstand der portugiesischen Artillerie des Königs war es zu verdanken, dass sie die Residenzstadt nicht einnehmen konnten.[29]

Der Prinz von Gui zeigte sich zutiefst reumütig und erklärte entschieden, dass er nicht das Geringste mit dem zu tun gehabt habe, was in seinem Namen geschehen sei. Daraufhin wurde die Schuld einfach dem burmesischen König angelastet, da er die Chinesen einst willkommen geheißen hatte. Pindalay war ein schwacher Herrscher, und weil er der Sohn einer Konkubine und keiner rechtmäßigen Königin war, hatte seine Legitimität von jeher gelitten und die immer mächtigere Aristokratie ihn ohnedies ständig manipuliert. Nun wandte sie sich vollends gegen ihn, machte ihn zum Sündenbock für alle Probleme und ersetzte ihn durch seinen jüngeren Bruder, den Prinzen Prome. Die Erboffiziere hatten seine Absetzung als Erste betrieben.

Aber das nicht nur, weil sie als Militärs die Verwüstungen im Land mit eigenen Augen gesehen hatten – viele ihrer Familien hatten den König um Hilfe gebeten, als in ihren Dörfern südlich von Ava nach dem Einfall der Chinesen die Lebensmittel knapp geworden waren; dieser hatte es jedoch vorgezogen, seinen Favoriten und Konkubinen das Recht zu gewähren, Reis zu exorbitanten Preisen an die Hungernden zu verkaufen; daraufhin hatten sich die Offiziere an die königlichen Minister gewandt, die Pindalay dann eilends durch seinen Halbbruder Prome ersetzten.

Prome war ein stärkerer Herrscher. Und er wandte seine Aufmerksamkeit nun auch dem zunehmend beunruhigten Prinzen von Gui zu, weil er den Flüchtlingskaiser ohnehin längst verdächtigt hatte, gemeinsame Sache mit den chinesischen Banden im Land zu machen. Also zitierte er dessen Anhänger, alle siebenhundert von ihnen, in die Tupayon-Pagode von Sagaing, um ihnen dort, wie er sagte, den Treueeid abzunehmen. Aber sie waren misstrauisch und erst zu kommen bereit, als der Sawbwa von Mongsi, dem sie vertrauten, dort ebenfalls zu erscheinen versprach. Tatsächlich fielen sie dann einer List zum Opfer. Zuerst wurde der Stammesfürst von Mongsi vor der Pagode abgefangen, dann kreisten die königlichen Truppen die Chinesen ein, und sobald diese nach ihren Schwertern griffen, wurden sie von den Musketieren des Königs niedergemäht. Wer überlebt hatte, der wurde geköpft. Der Prinz von Gui wurde immer nervöser.

Im Jahr 1662, vier Jahre nachdem der Prinz burmesischen Boden betreten hatte, marschierte der große chinesische General und Vizekönig Wu Sangui an der Spitze eines gewaltigen kaiserlichen Heeres aus zwanzigtausend Mann in das Königreich Burma ein und auf direktem Wege aus den Bergen herab, um erst ein paar Kilometer vor Ava haltzumachen und die Herausgabe des Ming-Prinzen zu fordern. Wu Sangui war damals fünfzig Jahre alt und einst ein hochrangiger Befehlshaber der Ming gewesen, bevor er die Seiten gewechselt und den Mandschu-Armeen aus dem Norden die Tore der Großen Mauer nach China geöffnet hatte. Im Jahr 1673 sollte er die Seiten erneut wechseln, diesmal um gegen die neue Qing-Dynastie zu rebellieren. Aber da er die Schwester des neuen mandschurischen Herrschers zur Frau genommen hatte, stand er im Moment auf Seiten der Mandschu.

Es hieß, Prome sei zum Kampf bereit gewesen, von seinen Ministern jedoch belehrt worden, dass es besser wäre, sich ein für alle Mal ihres lästigen Gastes zu entledigen. Also wurden der Prinz von Gui und seine Familie als Gefangene ausgehändigt. Der Prinz war inzwischen achtunddreißig Jahre alt, sein Sohn vierzehn. Beide wurden nach Kunming in Yunnan gebracht und dort auf dem Marktplatz mit Bogensehnen stranguliert. Ein anderer Sohn des Prinzen hatte offenbar bereits in Burma das Leben lassen müssen, denn er liegt in Bhamo noch vor der Grenze zu China begraben. Die Frau und die Töchter des Prinzen wurden nach Peking gebracht. Während ihrer Zeit in Burma war die gesamte Familie unter dem Einfluss eines Jesuiten aus Ava zum Christentum übergetreten und hatte christliche Namen aus dem gestürzten Hause Byzanz angenommen. Der Sohn des Prinzen von Gui war zu einem Konstantin geworden, seine Mutter, die Kaiserin, zu einer Anna, und die beiden Prinzessinnen hießen nun Helene und Maria.

Die Aufstände hatten die mittlerweile fast zweihundert Jahre alte Dynastie geschwächt, aber das Königreich Burma verkraftete die Schläge, die ihm durch die Einfälle der Chinesen beigebracht wurden, ohne auseinanderzubrechen und ohne in die Wirren von neuerlichen Aufständen zu geraten. Das verdankte sich im Wesentlichen den Reformen, die inzwischen eingeleitet worden waren. Wie in allen Gesellschaften Südostasiens zu dieser Zeit war der Schlüssel zu wirtschaftlicher Macht auch in Burma weniger »Land« als »Menschen« gewesen. Schon immer hatte ein Bevölkerungsmangel geherrscht, deshalb war es bei den Kriegen nie nur um Beutegut, sondern stets auch um Menschen gegangen, die man neu ansiedeln konnte, und beim Regieren um eine angemessene Verwaltung der Männer des Königs. Dieses System wurde verbessert und vieles umstrukturiert.[30] Aber die Vorstellung, wie das Imperium auszusehen hatte, und das Bild von Bayinnaungs Heldentaten blieben ebenso unangetastet wie die älteren Erinnerungen an die Glanzzeiten von Pagan und Prome. Als die Dynastie schließlich stürzte, übernahm der neue Königsclan die alten Traditionen. Erst später, als er mit der Katastrophe konfrontiert wurde, die sein völlig neuer Feind, die Britische Ostindien-Kompanie, für ihn in petto hielt, sollte er bereit sein, sich radikalen Reformen zu öffnen.

5

Der Patriotismus und seine Folgen

*Über Burmas letzte Dynastie,
die im Siebenjährigen Krieg an die Macht kam,
ein Imperium errichtete, Siamesen und Mandschuren bekämpfte
und den martialischen Geist zu neuem Leben erweckte*

∽

Aung Zeyya war ein höchst unerwarteter Kandidat für die Rolle des Erlösers seines Volkes. Seit Jahrzehnten hatten grimmige Reiterhorden aus Manipur das Mu-Tal unsicher gemacht, Dörfer in Brand gesteckt, Pagoden geplündert und Gefangene verschleppt. Angeführt von ihren Rajas Jai Singh und Gharib Newaz, besiegten sie auf ihren wendigen kleinen Manipuri-Ponys (derentwegen sie später berühmt wurden) wieder und wieder die Soldaten, die gegen sie ausgeschickt worden waren. Der burmesische Hof schien machtlos gegenüber dieser wachsenden Bedrohung und verlor wegen dieser Schwäche schließlich die Unterstützung im Volk, bis ihm sogar seine nominell Tributpflichtigen im Osten die Treue versagten. Im Sommer des Jahres 1739 stieß das Reiterheer von Gharib Newaz zum Irrawaddy vor, brannte die Klosterbibliotheken am Nordufer nieder und unterbrach seinen Raubzug nur, um, so erzählen sich die Burmesen, in den heiligen Gewässern des Flusses zu baden. Im Jahr 1743 traf ein berühmter Manipuri, der Lehrer Maha Tharaphu, höchstpersönlich in Ava ein, um den burmesischen König die Sitten und Gebräuche des hinduistischen Glaubens zu lehren. Die Dynastie, die zweihundert Jahre zuvor von Bayinnaung gegründet worden war, lag in den letzten Zügen. Die Zeit war reif für Aung Zeyya, den *kyedaing* (Erbfürsten) von Moksobo, um die Dinge selbst in die Hand zu nehmen.

Die Quelle allen Übels war Manipur, eine fruchtbare, von kieferbewachsenen Bergketten umgebene Ebene in der ungefähren Größe von Schleswig-Holstein. Sie lag einige hundert Kilometer nordwestlich von Aung Zeyyas Heimatdorf Moksobo und ist auf modernen Karten direkt an Burma angrenzend im Osten Indiens zu finden. Das Gebiet, das sich einst unzählige kriegerische Clans untereinander aufgeteilt hatten, war erst einige Zeit zuvor unter einem leidenschaftlich neuhinduistischen Regime vereinigt worden. Brahmanenpriester aus Bengalen, Anhänger des Gottes Vishnu, hatten die herrschende Schicht der Manipuren bekehrt und zur Annahme von neuen Zeremonien und Kastengesetzen bewegt. Und derart frisch gestärkt hatten die Manipuren dann all ihre Energien in einen militärischen Vormarsch Richtung Süden kanalisiert. Die ersten Einmärsche nach Burma waren Mitte und Ende des 17. Jahrhunderts unternommen worden, nun wurden sie immer häufiger und gewalttätiger.

Als die Autorität des burmesischen Königs im Norden bröckelte, ergriffen die Provinzen um Pegu und am Delta im Süden diese Gelegenheit, um sich unabhängig zu erklären. Wegen der steigenden Steuern und der harten, immer ineffizienteren Verwaltung hatte dort seit Jahren Unzufriedenheit gegärt. Der Aufstand brach 1740 in Pegu aus, angeführt von einem örtlichen Mon-Edelmann namens Bannya Dala, der sich 1747 schließlich zum König krönte und versprach, die einstige Reichshauptstadt in ihrer alten Größe wiedererstehen zu lassen. Viele Bewohner dieser Region sprachen Mon, die Mundart des Königreichs Pegu im 15. Jahrhundert, und die Träume von einem eigenständigen Mon-Reich waren nie verblasst.

Es dauerte nur wenige Jahre, bis alle wichtigen Städte im Süden – Henzada, Prome, Martaban und Pegu – in der Hand der Volksrebellen waren. Um den Sieg zu vervollständigen, rückte Bannya Dalas Armee dann stetig weiter in den Norden vor. Es schien eine strahlende Zukunft bevorzustehen. Selbst das einstige Bollwerk Ava fiel ohne große Gegenwehr. Die alte Königsfamilie hatte kapituliert und wurde in die Gefangenschaft geführt. Nun waren nur noch ein paar Säuberungsaktionen nötig. Kleine Militäreinheiten wurden von Ava mit dem Auftrag ausgesandt, dem neuen König in Pegu die Loyalität der regionalen Stammesführer zu sichern. Man schrieb das Jahr 1753. Auf der anderen Seite der Welt stapfte gerade ein kleiner Miliztrupp aus Virginia unter Major George Washington im heftigen Schneesturm bei eisiger Kälte in Richtung Fort Le Boeuf, um den Vormarsch der Franzosen im Ohio Valley aufzuhalten. Es hätte sich wohl kaum jemand vorstellen können, dass es eine Verbindung zwischen diesen beiden Ereignissen gab oder dass sich das Blatt in Burma bald schon auf eine Weise wenden sollte, die nicht nur Burma selbst, sondern auch den Lauf der imperialen Geschichte Europas veränderte.

DIE HERREN DES MU-TALS

Als Bannya Dalas Kavalleristen an Ava vorbei in das Mu-Tal galoppiert waren, hatten sie gehofft, dass die Unterwerfung des ländlichen Erbadels, dem diese Region unterstand, eine leichte Sache sein würde. Ob unter starken oder schwachen Königen, diese Stammesfürsten hatten ihre Provinzangelegenheiten von jeher selbst geregelt. Nicht nur im Mu-Tal, überall in Burma hatten sie Recht vollstreckt, Steuern eingetrieben und über die vielen Zeremonien und buddhistischen Feste präsidiert, die den Kern des ländlichen Lebens bildeten. Sie waren die traditionellen Herren ihrer Regionen und schützten diese militärisch, deshalb waren sie auch die unverzichtbaren Vermittler zwischen der Welt der einfachen Dorfbewohner und der der Prinzen und Höflinge.

Die wichtigsten dieser Stammesführer hatten das mächtige erbliche Amt des *myothugyi* inne und herrschten zeitweilig über Hunderte von Kleinstädten und Dörfern. Doch daneben gab es je nach lokalen Gebräuchen und Entwicklungsgeschichten noch eine verwirrende Menge an weiteren Stammesämtern. Als eigene Schicht betrachtet bestand dieses Stammeswesen aus einer Gruppe von außerordentlich stolzen Männern und Frauen, die untereinander zu heiraten pflegten, sich vom einfachen Volk sowohl in ihrer Kleidung als auch durch ihre Häuser unterschieden und üblicherweise in direkter Linie von den Gründern ihres jeweiligen lokalen Geschlechts abstammten. Besonders schätzten sie ihr Vorrecht, die Offiziere und Beamten für den Hof von Ava stellen zu dürfen. Das traf nirgendwo deutlicher als auf das Mu-Tal zu, in dem die Stadt Tagaung lag, der Sitz des allerersten burmesischen Königreichs, aus dem die besten Soldaten des Landes kamen.

Als Ava von der Armee aus dem Süden eingenommen wurde, war Aung Zeyya sechsunddreißig Jahre alt gewesen, verheiratet und der Vater von halbwüchsigen Söhnen. Er war ein für die damalige Zeit hochgewachsener (knapp unter einem Meter achtzig großer) Mann von kräftiger Statur und der dunklen, sonnenverbrannten Hautfarbe vieler Bewohner Oberburmas. Sein Heimatdorf Moksobo lag rund neunzig Kilometer nördlich von Ava und war eine ziemlich bedeutungslose Ansiedlung von vielleicht ein paar hundert Haushalten inmitten von Reis-, Hirse- und Baumwollfeldern, im Osten umgeben von niedrigen, teakbewaldeten Bergen und im Westen von den Hügeln und Wäldern der Region um Indaing.[1] Aung Zeyya stammte aus einer großen Familie und war mit den Familien vieler anderer Stammesführer im Tal blutsverwandt oder durch dynastische Ehen verbunden. Seit Generationen hatten seine Vorfahren wichtige regionale Ämter eingenommen. Seine Abstammung führte er in direkter Linie auf einen Kavalleriekommandeur aus dem 15. Jahrhundert und damit letztendlich auf die königliche Linie von Pagan zurück.

Einige dieser Stammesführer hatten schnell gemerkt, woher der Wind nun wehte, und sich widerspruchslos den neuen Machthabern in Pegu unterworfen. Nicht so Aung Zeyya. Als er hörte, dass Bannya Dala einen bewaffneten Trupp nach Moksobo entsandt hatte, um den Treueeid von ihm einzufordern, wurde er augenblicklich aktiv, traf alle möglichen Vorkehrungen in den Dörfern der Umgebung, ließ Palmen fällen, um die Stämme zur Verstärkung der Wälle zu verwenden, schärfte sein Schwert, suchte ein paar alte Musketen zusammen und überfiel die ahnungslosen Mon-Soldaten, als sie sich gerade durch das dornenreiche Unterholz im Dschungel schlugen.

Die Mon schickten einen größeren Trupp, um den aufsässigen Stammesführer zu bändigen. Doch auch dieser wurde von Aung Zeyya bereits erwartet und in die Flucht geschlagen. Die Nachricht verbreitete sich. Bald gelang es dem Kyedaing von Moksobo mit Soldaten aus dem gesamten Mu-Tal und dank seiner ausgedehnten familiären Beziehungen, auch von weiter her eine regelrechte Armee aufzustellen und die anderen Stammesführer zu überzeugen, sich ihm als Hauptmänner zu unterstellen. Wieder schickte Pegu frisch rekrutierte Soldaten gegen sie aus, wieder wurden sie in die Flucht geschlagen und die Führer niedergemacht, die sich mit Pegu verbündet hatten. Dieser Erfolg brachte

Aung Zeyya nur. Tag für Tag neue Rekruten ein. Noch gab es zwei Widerstandsnester, eines in Salin am mittleren Irrawaddy, das andere im weit nördlich gelegenen Mogaung, doch am Ende hatte Aung Zeyya, dieser unerwartete Kämpe aus dem burmesischen Norden, alle für sich eingenommen, weil er die Mon im Süden Mores gelehrt hatte.

An einem kühlen Morgen Anfang 1754 verließ Aung Zeyya schließlich sein kleines Dorf und zog feierlich an den noch rauchenden Ruinen vorbei in die Stadt Ava ein, um in den königlichen Pagoden der alten Stadt zu beten. Tributpflichtige Fürsten aus den Bergen im Osten eilten herbei, um vor ihm niederzuknien und sich ihm zu unterwerfen. Ihre Träume von einem schnellen und problemlosen Eroberungszug schienen sich zwar erst einmal zu zerschlagen, weil Pegu sofort seine gesamte Armee flussaufwärts schickte, doch der Mann, der sich mittlerweile König nannte, besiegte auch diese Truppen.[2]

MONSIEUR DUPLEIX UND DER TRAUM
VON EINER BIRMANIE FRANÇAISE

Joseph François Dupleix hatte schon fast dreißig Jahre lang als erfolgreicher Händler und Kolonialverwalter in Asien gelebt, als er 1742 zum Generalgouverneur der Établissements Français de l'Inde (Französisch-Indien) ernannt wurde. Das war, bevor die Britische Ostindien-Kompanie ihre Herrschaft über den Subkontinent antrat. Noch stellten die Franzosen mit ihren Stützpunkten und indischen Armeen eine Bedrohung für die Pläne der Engländer dar. Der ungemein ehrgeizige und phantasievolle Dupleix, der wie so viele Europäer in Asien eine Vorliebe für die Kleidung und Lebensart von asiatischen Prinzen entwickelt hatte, war zur Zeit des Österreichischen Erbfolgekrieges zum Gouverneur ernannt worden, als er gerade auf der Suche nach Allianzen mit einheimischen Herrschern gewesen war, um die Macht der Franzosen zu mehren. Und als dieser Krieg im Jahr 1748 dann ohne große Vorteile für die Franzosen oder Engländer als den Hauptrivalen auf dem indischen Subkontinent endete, versuchte Dupleix den richtigen Moment abzupassen, um auch auf der anderen Seite des Golfs, in Burma, die Position seines Landes gegenüber den angelsächsischen Feinden zu stärken.

Dupleix wusste, dass Bannya Dala erst jüngst die Macht in Pegu an sich gerissen hatte. Er wusste aber auch, dass Pegu bereits auf erste Probleme im Norden gestoßen war und Bannya Dala Hilfe benötigen würde, wenn er seinen frisch erworbenen Thron behalten wollte. In Indien hatte Dupleix schon oft die Strategie verfolgt, die schwächere Seite zu unterstützen, um sie in eine künftige Abhängigkeitsbeziehung zu zwingen. Bannya Dala schien zwar ziemlich gut allein zurechtzukommen, aber sein Regime war noch immer ein Emporkömmling und würde letztlich alle Hilfe brauchen, die es kriegen konnte. Als im Jahr 1750 eine Abordnung von Bannya Dala in Pondicherry eintraf, dem Hauptsitz der Franzosen in Indien, wurde sie mit großem Pomp und Getue willkommen geheißen. Im Gegenzug entsandte Dupleix den Sieur de Bruno als seinen Repräsentanten nach Pegu, der sich dort dank seines Charmes bald schon als ein großer Hit erwies und die Mon-Führer auf seiner Seite hatte. Schließlich wurde ein Freundschaftsvertrag unterzeichnet, der eine militärische Unterstützung der Franzosen als Gegenleistung für lukrative Handelskonzessionen versprach. Es sah ganz so aus, als würden die Franzosen Pegu schon bald in der Tasche haben. Dupleix teilte den Direktoren der Compagnie Royale in der Heimat mit, dass ein neues französisches Imperium an den Ufern des Irrawaddy im Entstehen begriffen sei.

Die Engländer in Fort St. George waren alarmiert. Ihre Ostindien-Kompanie, die seit dem 17. Jahrhundert in Burma tätig war, hielt ebenfalls gerade Ausschau nach neuen Möglichkeiten, allerdings weniger, um ihren Einflussbereich in Burma auszuweiten, als um den französischen Initiativen Paroli zu bieten. Im Jahr 1746 war es einem Marineheer unter Admiral Bertrand François Mahé de La Bourdonnais, dem Gouverneur der Insel Bourbon*, gelungen, den Engländern Madras abzukämpfen, und auch in der südindischen Region Karnataka waren die Franzosen noch immer die überlegene Macht. Bei der Ostindien-Kompanie war man sich bewusst, dass Englands Häfen in Indien bei einem möglichen Krieg wieder verloren gehen könnten, und hielt deshalb einen sicheren Hafen in nicht allzu weiter Ferne, beispielsweise in Burma, für einen guten Rückhalt. Außerdem war Burmas Schiffbauindustrie Weltklasse. In den dreißiger und vierziger Jah-

---

* Das heutige Réunion, ein französisches Département im südindischen Ozean.

ren des 18. Jahrhunderts gaben die Franzosen dort viele ihrer besten Kriegsschiffe in Auftrag. Nachdem die Engländer also von den Konzessionen an die Franzosen erfahren hatten, sandten sie schnell eine eigene Abordnung nach Pegu, um Bannya Dala zu bitten, eine Niederlassung auf Negrais eröffnen zu dürfen, einer kleinen Insel vor der äußersten Südwestküste Burmas. Doch sie trafen auf wohl überlegte Feindseligkeit. Denn da gerade französische Musketen und Kanonen in die Arsenale der Mon wanderten, tendierte Pegu entschieden zum Lager der Franzosen. Kurz darauf wurde Bruno zum Residenten an Bannya Dalas Hof ernannt. Dupleix' Träume schienen wahr zu werden.

In heller Panik entschieden sich die Engländer daraufhin für ein riskantes Spiel: Sie nahmen Negrais einfach militärisch ein. Aber das war ein Fehler. Denn in Wirklichkeit hatte Paris Dupleix' Pläne längst zurückgewiesen – was er normalerweise vielleicht missachtet hätte, doch im Moment hatte er in Südindien gerade alle Hände voll zu tun. Das heißt, die Engländer hätten eigentlich gar nichts zu unternehmen brauchen. Nun aber hatten sie Negrais eingenommen, und obwohl ihre kleine Kolonie dort von Anfang an durch Tropenkrankheiten, ständige Lebensmittelknappheit und andauernde Meutereien völlig gelähmt war, war die Britische Ostindien-Kompanie jetzt auf Gedeih und Verderb in den burmesischen Bürgerkrieg verwickelt.

Natürlich war sowohl den Engländern als auch den Franzosen daran gelegen, auf das richtige Pferd zu setzen. Und gerade sah es so aus, als würde sich das Blatt gegen Bannya Dala wenden und Dupleix sich verrechnet haben. Nicht nur dass Aung Zeyya, von dem bis dahin keine Seite auch nur gehört hatte, Oberburma von Pegus Armee gesäubert hatte, jetzt marschierte dieser unbekannte Dörfler auch noch in voller Stärke den Irrawaddy herab. Aung Zeyya war ein meisterhafter Taktiker und vielleicht der größte Heerführer seiner Zeit. Es gelang ihm, jede Opposition auszumanövrieren und im Zuge seines Vormarschs sämtliche Stammesführer und einflussreichen Amtsträger zu unterwerfen. Am Beginn des Jahres 1755 eroberte er die strategisch gelegene Flussstadt Prome und ehrte dort als Erstes die Herren von Salay und Pakhannge, weil sie seine Pläne mit lokalen Aufständen gestützt hatten.

Es folgten drei weitere Jahre erbitterter Kämpfe, doch inzwischen zweifelte kaum noch jemand an ihrem Ausgang. Das Bollwerk im Delta, die Stadt Danubyu, nahm Aung Zeyya mit einer brillanten Taktik ein. Im Mai 1755 fiel ihm auch die alte Pagodenstadt Dagon in die Hände. Und wo immer er gesiegt hatte, errichtete der neue König ein hartes, aber effizientes Justizsystem; wo immer er einmarschierte, erwies er sich nicht nur als fähiger General, sondern auch als kompetenter Verwalter. In der Hoffnung, dass der Bürgerkrieg nun bald ein Ende finden würde, nannte er die Stadt Dagon in »Rangoon« um: »Das Ende des Feindes«. Seine Anhänger nannten ihn fortan »Alaungpaya«: »Künftiger Buddha«.

Der nervöse Dupleix versuchte seinen Griff auf die Regierung von Pegu zu verstärken, indem er drohte, die Seiten zu wechseln und den Burmesen beizustehen, die Aung Zeyya alias Alaungpaya unterstützten. Zum Beweis, dass es ihm ernst damit war, aber auch um sich selbst abzusichern, schickte Dupleix ein Waffengeschenk an Alaungpaya, der es zwar gerne annahm, die Franzosen deshalb aber trotzdem weiterhin als seine Feinde betrachtete und dies auch deutlich zeigte. Er zog eine Allianz mit den Engländern bei weitem vor. Zwar hatte er gegen die unilaterale Besetzung von Negrais protestiert, den Engländern aber zugleich signalisiert, dass er im Gegenzug für eine militärische Unterstützung die Insel an England abzutreten bereit sei. Nun befand sich Alaungpaya auf dem Siegeszug, und das wussten sowohl Dupleix als auch die Männer in Fort St. George. Das Problem beider Seiten war jedoch, dass jede von ihnen nur so wenige Waffen erübrigen konnte. In Europa war gerade der Siebenjährige Krieg ausgebrochen. England hatte Frankreich den Krieg erklärt; Preußen kämpfte unter Friedrich dem Großen von Spanien bis Schweden gegen ein ganzes Aufgebot an Nationen; und die Engländer standen zudem noch kurz davor, gegen die Armeen und Flotten von Ludwig XV. auf dem und um den gesamten nordamerikanischen Kontinent, in der Karibik und in Indien zu kämpfen. So gesehen war Burma ein reiner Nebenkriegsschauplatz, aber doch wichtig genug in einem Moment, in dem die Weltherrschaft auf den Prüfstand gestellt wurde.

SYRIAM UND DER SIEBENJÄHRIGE KRIEG

*Der König sagte, dass er sie auch dann aus seinem Land vertreiben könne, wenn alle Mächte der Welt kämen. Dann fragte er mich, ob wir uns vor den Franzosen fürchteten. Ich antwortete ihm, dass Engländer und Franzosen nicht viel füreinander übrig hätten, aber der Engländer erst geboren werden müsse, der sich vor einem Franzosen fürchte ...*³
– Der englische Gesandte Robert Lester
über seine Audienz bei Alaungpaya⁴

Den von Alaungpaya geführten Burmesen blieben nur noch zwei Städte zu erobern: Syriam und Pegu selbst. Der erste Versuch im Jahr 1755, Syriam einzunehmen, war ein Fehlschlag. Erstens hatten Bruno und eine Reihe von französischen Offizieren bereits für eine Verstärkung der dortigen Garnison gesorgt, zweitens hatten es die standhaften Mauern und modernen Kanonen den Burmesen schwer gemacht, diese Festung einfach zu stürmen. Und weil sich ein englisches Schiff, die *Arcot*, etwas unbeholfen und offenbar ohne jeden Befehl einem kombinierten Angriff der Franzosen und Mon auf Rangoon angeschlossen hatte, der Versuch aber schiefgegangen war, fürchteten die Engländer nun zu Recht Vergeltungsmaßnahmen der Burmesen. Also entsandten sie Captain George Baker mit dem Auftrag zu Alaungpaya, sofort einen Freundschaftsvertrag mit ihm zu schließen.

Alaungpaya hielt sich gerade in seinem Heimatdorf auf, das allerdings längst schon kein Dorf mehr war. Tausende Menschen aus der Umgebung waren nach Moksobo umgezogen und hatten die kleine Siedlung mit neuen Mauern und neuen Gebäuden schnell in eine angemessene Landeshauptstadt verwandelt. *Moksobo* bedeutet »Führer der Jäger«, aber Alaungpaya fand das nicht mehr gut genug und nannte den Ort in Shwebo um: »Goldener Führer«. In dem Schlachtruf seiner Anhänger, *Shwebo-tha* (»Söhne Shwebos«), kam bereits mehr als nur ein Hauch des Patriotismus (und ethnischen Stolzes) zum Ausdruck, mit dem sich Oberburma von der monsprachigen Kultur im Süden des Landes absetzen wollte.⁵ Alaungpaya hielt sich also gerade in Shwebo auf, um eine Expedition nach Manipur zu dirigieren, die den Spieß in diesem einst so aggressiven kleinen Fürstentum umdrehen sollte. Es war die erste burmesische Invasion mit dem Einsatz von Schusswaffen und der erste von mehreren zerstörerischen Einmärschen nach Manipur. Gleichzeitig sandte er den Hauptmann seiner Musketiere, Minhla Mingaung Kyaw, in die Shan-Berge, um sich die Unterwerfung der Stammesführer im Hochland zu sichern.

Syriam und Pegu waren zwar noch nicht gefallen, doch Alaungpaya herrschte bereits über ein riesiges Gebiet, das sich vom Himalaya bis herunter an die Grenze zu Siam erstreckte. Der junge englische Gesandte George Baker bekam denn auch mehr als nur eine Prise Prahlerei zu hören. »Seht Ihr diese Arme und diese Schenkel?«, fragte Alaungpaya den Engländer, während er sich die Ärmel seines Hemdes hochkrempelte und seinen *paso* zurückschlug. »Unter eintausend werdet Ihr meinesgleichen nicht finden. Ich allein kann einhundert von der Sorte des Königs von Pegu zerquetschen.« Er gewährte den Engländern das Bleiberecht in ihrer verseuchten Kolonie auf Negrais, doch einen Vertrag mit der Ostindien-Kompanie wollte er nicht unterschreiben. Dafür schrieb er auf ein mit Edelsteinen verziertes Goldblatt einen Brief an King George II.:

Der König, Herrscher von großem Verdienst, von großer Macht, Herr der Länder Thonahprondah, Tomp Devah und Kambodscha, Souverän des Königreiches der Burmesen, des Königreiches von Siam und Hughen* und des Königreiches von Kassai, Herr der Minen für Rubin, Gold, Silber, Kupfer, Eisen und Bernstein, Herr des Weißen Elefanten, Roten Elefanten und Gefleckten Elefanten, Herr der Lebendigen Goldenen Lanze, vieler Goldenen Paläste und all der Königreiche, Herrlichkeiten und Reichtümer, deren königlichen Würdenträger der Völkerschaft der Sonne entstammen, grüßt den König von England, von Madras, von Bengalen, von Fort St. David und von Deve Cotah, mögen Seiner Majestät Unsere Empfehlung dargebracht und Er davon in Kenntnis gesetzt werden, dass es seit den Zeiten Unserer Ahnen bis in Unsere Zeit einen großen von Engländern und Burmesen getragenen Gewerbeverkehr und Handelsverkehr gab, mit jeder erdenklichen Freiheit, Gewogenheit, Vorteilhaftigkeit und Errungenschaft...[6]

---

* Womit vermutlich Chiang Mai im Norden Thailands gemeint war.

Dann schlug er eine verbindliche Allianz zwischen den beiden Staaten vor. Doch die Monate gingen ins Land, und es traf keine Antwort vom Hannoveranerkönig oder wenigstens einem seiner Sekretäre aus Hampton Court ein. Ungeachtet der Geste Alaungpayas hinsichtlich der englischen Kolonie Negrais, die er ausgesprochen großmütig fand (und zu der er sich gegen den Rat seines antibritischen armenischen Beraters entschlossen hatte), zeichnete sich auch keinerlei militärische Unterstützung ab. War er hereingelegt worden? Er war sich nicht sicher. Doch die Idee, dass man den Engländern nicht trauen könne, wurde der neuen Dynastie somit schon früh eingepflanzt und sollte sich tief ins Denken der ersten burmesischen Nationalisten einbrennen.[7]

Mittlerweile waren Bruno und seine französischen Landsleute in der Gluthitze von Syriam gefangen und warteten immer verzweifelter auf Verstärkung aus Pondicherry. Kurz zuvor war Alaungpaya mit einigen seiner besten Männer aus dem Norden eingetroffen, um sein Werk zu vollenden. Das Ganze schien nur noch eine Frage der Zeit. Als dann auch noch die Lebensmittel knapp wurden, beschloss Bruno das wenig Ehrenhafte zu tun und insgeheim mit den Burmesen zu verhandeln. Doch es kam heraus, und er wurde in Ketten gelegt.

Derweil machte sich Alaungpaya Sorgen, dass tatsächlich schon bald französische Verstärkung eintreffen könnte. Also entschied er, dass die Zeit zur Erstürmung der Festung gekommen sei. Er wusste, dass weder die Franzosen noch die Mon Schonung erwarteten und deshalb erbittert kämpfen würden, und dass Hunderte seiner eigenen Männer bei dem Versuch, den Schutzwall zu stürmen, ums Leben kommen würden. Deshalb suchte er nach Freiwilligen, wählte dann dreiundneunzig unter ihnen aus und gab ihnen den Namen »Goldene Kompanie von Syriam« – sie sollte einen Ehrenplatz in der nationalistischen Mythologie Burmas erhalten. Es zählten Gardisten, Offiziere sowie Prinzen königlichen Geblüts und Nachfahren von Bayinnaung dazu. Am Nachmittag vor dem Angriff, während sich der früh einsetzende Monsunregen in Strömen über ihre provisorischen Hütten ergoss, saßen sie beisammen und nahmen in der Gegenwart ihres neuen Königs ein letztes Mahl ein. Alaungpaya überreichte jedem einen Lederhelm und eine lackierte Rüstung.

Am Abend, während die Burmesen ihre Trommeln schlugen und

laute Musik spielten, um die Verteidiger von Syriam abzulenken und in dem Glauben zu wiegen, dass ein großes Fest im Gange sei, erstürmte die Goldene Kompanie die Mauern. Nach einem blutigen Gefecht Mann gegen Mann gelang es den Soldaten, die großen Holztore aufzubrechen. Im Schutze der Dunkelheit stürmten sie unter den Schreien von Frauen und Kindern mit ihrem burmesischen Schlachtruf (»Shwebo-tha!«) auf den Lippen die Stadt. Die Männer aus den Dörfern im Norden trauten ihren Augen nicht, als sie die Luxuswaren aus aller Welt erblickten und sahen, welcher Wohlstand in Syriam herrschte. Am nächsten Morgen schichtete Alaungpaya alles eroberte Gold und Silber auf einen Haufen und teilte das gesamte Beutegut dann unter den zwanzig überlebenden Männern aus der Goldenen Kompanie und unter den Familien der dreiundsiebzig Gefallenen auf.[8]

Ein paar Tage später und ein paar Tage zu spät trafen zwei französische Entsatzschiffe ein, die *Galatee* und die *Fleury*, bepackt mit Soldaten, Waffen, Munition und Lebensmitteln aus Pondicherry. Kurz vor der Einfahrt in den Fluss (Syriam lag mehrere Kilometer vom Meer entfernt) schickten sie einen Voraustrupp mit einem kleinen Boot los, um einen Lotsen zu finden. Das Boot wurde von Alaungpayas Männern gekapert und der gefangen genommene Bruno gezwungen, eine Botschaft in französischer Sprache zu verfassen, mit der die Franzosen den Fluss heraufgelockt werden sollten. Der Trick funktionierte. Die Schiffe liefen auf Grund und wurden schnell von den Kriegsschiffen der Burmesen eingekreist. An Bord befanden sich zweihundert französische Offiziere und Soldaten, die von der burmesischen Presspatrouille sofort für Alaungpayas Armee zwangsrekrutiert wurden. Außerdem erbeuteten sie fünfunddreißig Schiffskanonen, fünf Feldkanonen und über tausend Musketen an Bord. Das war ein beträchtlicher Fang. Bruno wurde neben seinen höchstrangigen Adjutanten hingerichtet – einige sagen, er sei gepfählt und dem langsamen Tod in der sengenden Sonne überlassen worden.

Im Allgemeinen wurden diese französischen Neuankömmlinge jedoch gut behandelt. Vielen Kanonieren gab man eine Burmesin zur Frau und stellte sie in den königlichen Dienst, so mancher stieg sogar bis zum Gardeoffizier der königlichen Hofhaltung auf. Auch sie wurden in den Feringhi-Dörfern angesiedelt, womit sich nun Bretonen und Normannen zu den dort lebenden Portugiesen und anderen katholischen Untertanen gesellten. Einer davon, der Chevalier Pierre de Millard, der noch fast zwanzig Jahre lebte, stieg sogar zum Hauptmann der königlichen Artillerie auf und diente seinem neuen Herrn im Felde gegen Pegu, Ayutthaya und Manipur.

Zu diesem Zeitpunkt war Pegus Schicksal bereits besiegelt. Im Mai 1757 fiel die große Stadt an Alaungpaya. Bannya Dala hatte noch den Versuch gemacht, seine einzige Tochter in einer prächtigen Sänfte als Friedensangebot zu schicken, doch es gab kein Erbarmen mit der hungernden Stadt. Beim Aufgang des Mondes wurde Pegu eingenommen. Die versammelten burmesischen Horden massakrierten unterschiedslos Mann, Frau und Kind. Dann ritt Alaungpaya auf seinem besten Elefanten und umringt von zahllosen Gardisten und französischen Kanonieren durch das Mohnyin-Tor und warf sich vor der Shwemawdaw-Pagode in den Staub. Die Stadtmauer, die Tabinshweti und Bayinnaung zwei Jahrhunderte zuvor hatten errichten lassen, wurde mitsamt ihren zwanzig Toren niedergerissen.

Für die Mon aus Pegu und dem Umland war es das Ende ihres Unabhängigkeitstraums. Sie sollten sich noch lange an die heillosen Zerstörungen erinnern, die den endgültigen Zusammenbruch ihres kurzlebigen Königreichs begleitet hatten. Tausende flohen über die Grenze nach Siam, viele wurden in die Sklaverei verkauft. Ein zeitgenössischer Mon-Mönch schrieb: »Söhne konnten ihre Mütter nicht finden, noch Mütter ihre Söhne, und das ganze Land weinte.«[9] Bald darauf begannen ganze Gemeinden ethnischer Burmesen aus dem Norden ins Delta zu übersiedeln. Die Jahrhunderte währende Vorherrschaft der Mon an der Küste war beendet.

Mittlerweile war auch der Siebenjährige Krieg vorüber und Englands globale Überlegenheit gegenüber den Franzosen gesichert. Die Britische Ostindien-Kompanie hatte unter dem Kommando von Robert Clive die Franzosen quer durch Karnataka gejagt, im September 1759 besiegte General James Wolfe den Marquis de Montcalm auf der Abraham-Ebene in Quebec und eroberte den Engländern damit ganz Neufrankreich. Für die Burmesen wichtiger war jedoch, dass Clive auch die Heere des Nawab von Bengalen, Siraj-ud-Daula, in die Flucht geschlagen und damit die britische Macht im gesamten Osten Indiens etabliert hatte. Ohne Alaungpaya wäre es sehr wahrscheinlich anders gekommen: Pegu hätte mit dem Rückhalt von Dupleix, der Unterstützung von Pondicherry und beeinflusst von Paris über ein neues burmesisches Königreich geherrscht. Doch nun war der Golf von Bengalen in britischer Hand.

DIE VERNICHTUNG VON AYUTTHAYA

Im Laufe des nächsten halben Jahrhunderts, das eine der militärisch ambitioniertesten und expansionistischsten Perioden in der burmesischen Geschichte war, folgten Alaungpaya drei Söhne und ein Enkel auf den Konbaung-Thron (»Konbaung« für das Gebiet um Shwebo). Mit der Vernichtung der monsprachigen Gesellschaft im Süden waren die Gefahr eines Aufstands in dieser Region gebannt und der Grundstein für einen fundamentalistischeren ethnischen Nationalismus im ganzen Irrawaddy-Tal gelegt worden. Und bis schließlich das Britische Empire als die größte Bedrohung betrachtet wurde, richteten sich in Ava nun alle Augen auf Siam im Osten.

Es war noch Alaungpaya selbst gewesen, der sich erstmals über das Tenasserimgebirge gewagt hatte, nachdem er bei seinen Eroberungszügen von Manipur bis Mergui Blut geleckt hatte. Persönlich führte er in der Trockenzeit 1759/60 den Angriff auf Ayutthaya, um die belagerte Stadt dann aufzurufen, sich ihm als dem neuen *chakravartin* oder Weltenherrscher zu unterwerfen. Der König von Siam weigerte sich, ungeachtet seiner mageren Verteidigungsmöglichkeiten. Es war reines Glück für ihn, dass Alaungpaya plötzlich krank wurde und sich seine Armee zum Rückzug gezwungen sah. Doch die Burmesen sollten bald zurückkehren, und diesmal waren die Folgen für Siam katastrophal.

Das gemeinsame Oberkommando bei diesem Feldzug wurde zwei der hervorragendsten Soldaten Burmas übertragen, Naymyo Thihapati und Maha Nawrata. Thihapati fiel an der Spitze eines Heeres aus dem Norden ein, das fast ausschließlich aus Shan-Männern aus dem Hochland unter dem jeweiligen Kommando der eigenen Stammesführer bestand. Die nördliche Stadt Chiang Mai wurde im Jahr 1763 eingenommen. Binnen Monaten war das ganze alte Königreich von

Lanna (heute Nordthailand) in Thihapatis Gewalt. Nachdem er, wie die burmesischen Chroniken verzeichnen, »alle Menschen in den Städten der siebenundfünfzig Provinzen von Chiang Mai, welche sich anmaßend der Unterwerfung verweigerten, erledigt hatte, gab es keine Probleme mehr, alles war glatt wie die Oberfläche des Wassers«.[10] Der Lao-König von Vientiane hatte sich Ava bereits als Vasall anerboten; sein Konkurrent, der König von Luang Prabang, wurde im März 1765 besiegt, womit die Burmesen die gesamte nördliche Grenzregion von Siam unter ihre Kontrolle gebracht hatten. Naymyo Thihapati marschierte das Chao-Phraya-Tal herunter, nahm auf seinem Weg alle Städte in Zentralsiam ein und stieß dann auf die von Maha Nawrata geführte Hauptabteilung des burmesischen Invasionsheeres, welche aus Martaban und Tavoy kommend die Gebirgskette von Dawna überquert hatte. Ende Januar 1766 verbanden sich die burmesischen Heere, die durch zwangsrekrutierte Ortsansässige stetig verstärkt worden waren, vor Ayutthaya. In der Ferne waren bereits die strahlenden, goldummantelten Paläste und Tempeltürme zu sehen.

Angesichts dieser massiven Bedrohung kam die Reaktion der Siamesen viel zu spät und viel zu unkoordiniert. Einige Monate zuvor hatte König Suriyamarin ein paar seiner besten Legionen ausgeschickt, aber sie waren von Maha Nawrata geschlagen worden. Nun hofften die Siamesen, dass sie die Burmesen zum Rückzug zwingen könnten, wenn sie ihnen bis zum Monsun im Sommer standhalten würden. Doch auch als der Regen schließlich einsetzte, und obwohl die Stadt sich hielt, ließen sich die Burmesen nicht entmutigen. Sie versammelten ihre Männer auf frisch befestigtem höherem Gelände und bauten oder requirierten Boote, um die Truppen in Bewegung zu halten. Gegen Jahresende wurden ein paar Versuche unternommen, die Belagerung zu durchbrechen, doch vergebens. Ein Jahr nach Beginn der Einkreisung litt die große Stadt Hunger, auch Seuchen forderten zunehmend einen hohen Tribut. Und als sei das noch nicht genug gewesen, brach am Jahresbeginn 1767 auch noch ein Feuer aus, dem tausende Häuser zum Opfer fielen. Angesichts der drohenden Niederlage bot Suriyamarin schließlich seine Unterwerfung an. Doch Avas Generäle, die den Sieg schon riechen konnten und deshalb voll des Hochmuts waren, wollten sich nur auf eine bedingungslose Kapitulation einlassen.

Am 7. April 1767 durchbrachen die Burmesen die Verteidigungslinien. Alles in Reichweite wurde in Brand gesetzt, Zehntausende wurden nach Burma in die Gefangenschaft verschleppt. Von dem Großen Palast aus dem 14. Jahrhundert, dem Sitz der Könige – dreiunddreißig insgesamt – aus fünf Dynastien, und vom Sanphet Prasat, der zum Empfang von ausländischen Würdenträgern und Gesandten gedient hatte, darunter im Jahr 1695 eines Botschafters von Ludwig XIV., war buchstäblich nichts mehr übrig. Der letzte König von Ayutthaya soll in einem kleinen Boot entkommen, aber nur Tage später verhungert sein. Ein ehemaliger König, hunderte Minister, Aristokraten und Mitglieder der königlichen Familie wurden nach Burma umgesiedelt. Die so romantisch nach der legendären Hauptstadt des Prinzen Rama benannte Stadt Ayutthaya, die um ein Vielfaches größer war als jede burmesische Stadt und über eine Bevölkerung verfügt haben soll, die es mit London und Paris aufnehmen konnte, war von der offensichtlich unaufhaltbaren burmesischen Militärmaschinerie in Schutt und Asche gelegt worden.

Myedu, der zweitälteste und inzwischen zum König gekrönte Sohn von Alaungpaya, hatte ursprünglich vorgehabt, eine Garnison von beträchtlicher Stärke in Ayutthaya zurückzulassen und dann entweder einen siamesischen Prinzen als Protegé auf den Thron zu setzen oder einen hochrangigen burmesischen Beamten mit der Herrschaft über das Land zu betrauen. Doch dann tauchte plötzlich eine völlig unerwartete Bedrohung im Norden auf: Die Mandschuren fielen mit einem gewaltigen Heer in Burma ein.

GRENZZIEHUNGEN

Der fünfte Kaiser aus der Mandschu-Qing-Dynastie war der erfolgreiche Feldherr Qianlong Aishin Gioro. Dank der Stärke seiner Armeen und wegen der Schwäche und Uneinigkeit der mongolischen und türkischen Völker im Westen gelang es ihm während seiner Regentschaft, sein Hoheitsgebiet ungemein zu erweitern. Im Jahr 1759 eroberten die Qing Kashgar und Yarkand, schlachteten mit ungeheurer Grausamkeit die letzten Heere der Dzungar-Mongolen ab und erweiterten die Kontrolle Pekings bis ins Herz von Zentralasien. 1793 erklärte der mittlerweile über achtzigjährige Qianlong dem britischen

Gesandten Sir George McCartney selbstgefällig, dass das Reich der Mitte keiner ausländischen Dinge bedürfe, da es bereits alles habe. Seine Herrschaftszeit währte von 1736 bis 1799 und war die längste in der Geschichte Chinas.[11] Doch inmitten all dieser Siege und trotz aller Überheblichkeit, die diese nach sich zogen, kam es zu einem geradezu unwahrscheinlichen Fehlschlag, der im großen Ganzen geheim gehalten wurde: zu den Burma-Kriegen zwischen 1767 und 1770, den verhängnisvollsten, die die Qing je führten.[12]

Von der vorangegangenen Ming-Dynastie war die an Burma grenzende Provinz Yunnan im Südwesten des Landes nur unwesentlich in die kaiserliche Verwaltung eingebunden worden. Im späten 17. und im 18. Jahrhundert wurde die Grenzprovinz praktisch sich selbst überlassen, zog jedoch mit ihren riesigen lukrativen Silberminen Zehntausende von Glücksrittern aus anderen chinesischen Provinzen an. Vom alten Dali-Reich war nur noch wenig, wenn überhaupt etwas übrig. Kunming und die anderen Großstädte hatten mittlerweile eine Art panchinesischen Charakter angenommen, und Mandarin war zu der Lingua franca geworden, die dieses Flickwerk aus Völkern verband, welche Yunnan zu ihrer Heimat erkoren hatten.

Die vielen kleinen Stammesgebiete und Fürstentümer im Südwesten der Provinz waren sehr darauf bedacht gewesen, sich wenigstens de facto die Unabhängigkeit von sowohl Kunming als auch dem burmesischen Königreich auf der anderen Seite zu bewahren. Doch nach Alaungpayas Aufstieg und angesichts seiner offensichtlichen Entschlossenheit, seine Kontrolle so weit als möglich in das Shan-Hochland auszuweiten, hielten es schließlich viele von ihnen für das Beste, engere strategische Beziehungen zu China zu knüpfen. Prompt wurde Alaungpayas Sohn Myedu, der die aggressive Politik des Vaters fortführte, in den sechziger Jahren des 18. Jahrhunderts in mehrere Konflikte an der Ostgrenze verwickelt.

Den burmesischen Chroniken zufolge brach der Krieg wegen eines Streits in einer Schankwirtschaft aus, der den Tod eines chinesischen Händlers aus Kengtung, einem halbautonomen Fürstentum unweit des Mekong, zur Folge hatte. Burmesische und chinesische Soldaten waren bereits in der Pu'er-Präfektur (berühmt für ihren Tee) aneinander geraten, und schon bei diesem Konflikt waren die Chinesen vernichtend geschlagen worden. Der damalige Gouverneur von Yunnan, der als ein aufrechter und ehrlicher Mann geltende Liu Zao, hatte sich deshalb derart geschämt, dass er die Niederlage sogar zu verheimlichen versuchte. Doch dann war der Kaiser misstrauisch geworden und hatte Lius sofortige Abberufung und Degradierung befohlen, woraufhin es der gedemütigte einstige Gouverneur vorzog, Selbstmord zu begehen, und sich mit einem Papiermesser die Kehle aufschnitt. Während das Blut aus seinem Hals quoll, schrieb er die Worte: »Es gibt keinen Weg, mich des Kaisers Huld würdig zu erweisen, meines Verbrechens angesichts verdiene ich den Tod.«[13] Ein Selbstmord aus Scham wegen eines bürokratischen Versagens war nichts Ungewöhnliches in Mandschu-China gewesen, doch dieser Fall erzürnte Qianlong. Es war nun eine Frage des kaiserlichen Ansehens geworden, dass man sich die Mien (das chinesische Wort für »Burmesen«) vorknöpfte, und der Mann, der mit der Lösung des Burma-Problems betraut wurde, wusste, dass man ihn nach diesem Vorfall sehr genau im Auge behalten würde und von ihm erwartete, seinen Auftrag unverzüglich zu erfüllen. So begann der eigentliche Krieg.

Der neue Mann hieß Yan Yingju und war ein erfahrener Satrap, der bereits viele Jahre im Nordwesten Chinas und in Kanton gedient hatte. Gleich nach seiner Ankunft in Yunnan im Sommer 1766 startete er zuversichtlich eine Großoffensive in den Shan-Bergen, nur um dann auch seine Armee stark dezimiert auf chinesisches Territorium zurückgejagt zu sehen. Er konnte nicht wissen, dass König Myedu seinen Truppen eine Falle gestellt hatte: Dem burmesischen Feldherrn Bala Mindin war befohlen worden, die grenznahe Stadt Bhamo mehr oder weniger kampflos aufzugeben, um die Chinesen weiter ins Landesinnere zu locken. Dort konnte er sie dann mit zwei weiteren burmesischen Armeen umzingeln. Sehr wohl mitbekommen hatte Yang allerdings – wie noch so viele nach ihm (darunter auch die Briten einige Jahrzehnte später) –, dass man es in Burma immer mit mehreren Feinden zu tun hatte und Seuchen die weit schrecklicheren davon waren. Es gibt keine eindeutigen Statistiken, aber es besteht gar kein Zweifel, dass die chinesischen Soldaten zu Tausenden von Cholera, Ruhr oder Malaria hingerafft wurden. Als der skeptische Qianlong den Feldbericht las, demzufolge in einer Garnison achthundert von tausend Soldaten an einer Seuche gestorben und bereits weitere hundert erkrankt waren, tat er ihn als völlig »unglaubwürdig« ab. Prompt begann sich auch Yang in Lügen zu verstricken. Doch diesmal wartete der Kaiser nicht, bis Yang Selbstmord begehen konnte. Er entband ihn augenblicklich seines Kommandos, ließ ihn nach Peking bringen und befahl ihm dort die Selbsttötung.

DIE BANNERTRÄGER ÜBERNEHMEN

Der Kaiser sah es nun an der Zeit, dass die Mandschuren selbst die Bühne betraten, denn die soldatischen Fähigkeiten seiner chinesischen Grünen Standarten hatte er von jeher angezweifelt. Die mandschurischen Eroberer hielten sich für unbesiegbar und verachteten das besetzte Volk der Chinesen, trotzdem hatte es sie überrascht, dass die Burmesen den Grünen Standarten Widerstand leisten konnten. Aber der Elite seiner mandschurischen Bannerträger, so dachte der Kaiser, würden sie gewiss nicht gewachsen sein! Also ernannte er den altgedienten mandschurischen Kommandeur Mingrui zum Generalgouverneur von Yunnan und Guizhou sowie zum Oberbefehlshaber des Burma-Feldzuges. Mingrui hatte bereits gegen die Türken im Nordwesten gekämpft und einen strategisch bedeutenden Posten in Ili (im heutigen Kasachstan) befehligt. Seiner Ernennung ließ sich daher entnehmen, dass es sich nun nicht mehr nur um einen Grenzkonflikt, sondern um einen ausgewachsenen imperialistischen Krieg handeln würde. Eilends wurden Truppen aus dem Norden Chinas und der Mandschurei herbeigeschafft und Provinzen in ganz China mobilisiert, um den nötigen Nachschub zu garantieren. Als Vorsichtsmaßnahme gegen Seuchen (die Peking inzwischen ernst nahm) wurde der Feldzug auf den Winter angesetzt, denn in dieser Jahreszeit hielt man die Gefahr für geringer. Die Burmesen sahen sich einer Mobilmachung des größten Reiches der Welt gegenüber.

Zuerst lief alles nach Plan. Mingrui führte eine siegreiche mandschurische Armee ins Irrawaddy-Tal und versetzte Ava in Panik, als er die Gokteik-Schlucht durchquerte und die Stadt Singu einnahm, nur fünfzig Kilometer oder einen Dreitagesmarsch von der Hauptstadt entfernt. König Myedu behielt die Nerven. Persönlich führte er seine Männer an die Front, nicht ohne zuvor versichert zu haben, dass er mit seinen prinzlichen Brüdern, den Söhnen von Alaungpaya, wenn nötig alle Chinesen im Alleingang bekämpfen würde. Dann schickte er ungeachtet der Bedrohung, der die Hauptstadt ausgesetzt war, ein zweites Heer von dort nach Hsenwi in die Berge. Nach heftigen Kämpfen überwältigte es die mandschurische Garnison und stoppte den Vormarsch einer zweiten Invasionstruppe unter dem Mandschu-General E'er-deng'e. Aus Siam kam derweil eine kampferprobte burmesische Verstärkung, geführt von Maha Thiha Thura.

Mingrui hatte sich übernommen. Die von Maha Sithu geführten Burmesen nutzten jeden Vorteil, um den Angreifer von seinen Nachschub- und Kommunikationslinien abzuschneiden und dessen Truppen aus verschiedenen Richtungen einzukreisen und zu schlagen. Dann dauerte es nicht mehr lange, bis Tausende aus der Bannerträgerelite, Tausende dieser Fellstiefel tragenden Nomaden aus den eisigen Steppen Russlands, in dem Glutofen von Mittelburma, wo die Temperaturen die Vierziggradmarke schnell überstiegen, an Malaria oder durch die Hand burmesischer Soldaten starben. Mingrui begrub jede Hoffnung auf einen Vormarsch Richtung Ava und versuchte deshalb, die burmesische Einkesselung zu durchbrechen und sich mit so vielen Soldaten wie nur möglich nach Yunnan zurückzuschlagen. Anfang des Jahres 1768, nach Monaten aufreibender Kämpfe, wurde Mingrui selbst schwer verwundet, gerade als er die Grenze überqueren wollte. Er schnitt sich den Zopf ab und erhängte sich an einem Baum. Aus dem Heer von über zehntausend mandschurischen Soldaten, die nach Burma eingefallen waren, kehrten nur ein paar Dutzend zurück.

Als Qianlong seinen Oberbefehlshaber Mingrui und die Bannerträger ausgeschickt hatte, war er von einem schnellen Sieg ausgegangen. Tatsächlich hatte er sich bereits Gedanken gemacht, wie er sein neuestes Herrschaftsgebiet verwalten würde. Dann hörte man in Peking wochenlang nichts, schließlich traf die vernichtende Nachricht ein. Der Kaiser war völlig schockiert und befahl die sofortige Einstellung aller militärischer Handlungen, bis er entschieden habe, was als Nächstes zu tun sei. Von der Front zurückkehrende Generäle mahnten ihn zur Vorsicht und erklärten, dass es keine Chance gebe, Burma zu erobern. Doch am Ende sah der Kaiser keine andere Möglichkeit, als es weiter zu versuchen. Das Ansehen des ganzen Reiches stand auf dem Spiel.

An diesem Punkt wandte er sich an einen seiner vertrauenswürdigsten Berater, den Vorsitzenden des Großen Rates, Fuheng, der in dem Ruf stand, den Willen des Kaisers in harten Zeiten noch stählen zu können. In den fünfziger Jahren war er einer der wenigen hochrangigen Beamten gewesen, die voll hinter Qianlongs Entscheidung gestanden hatten, die Dzungar-Mongolen zu eliminieren – und das in einer Zeit, als ein Krieg nach Ansicht der meisten viel zu riskant gewesen war. Also verkündete der Kaiserhof am 14. April 1768 den Tod von Mingrui und die Ernennung von Fuheng zum neuen Oberbefehlshaber der Truppen, die gegen Burma kämpfen sollten. Nachdem die mandschurischen Generäle Agui, Aligun und Suhede zu seinen Stellvertretern ernannt worden waren, begannen sich die obersten Ränge des Qing-Militärs auf die entscheidende Kraftprobe mit den Burmesen vorzubereiten.

Noch bevor die Kämpfe wieder aufgenommen werden konnten, hatten einige Chinesen ihre Fühler ausgestreckt, um die Friedensbereitschaft am Hof von Ava zu erkunden. Auch die Burmesen hatten angesichts ihrer Aktivitäten in Siam Signale gesandt, dass sie der Diplomatie eine Chance geben wollten. Aber der von Fuheng aufgestachelte Kaiser ließ keinen Zweifel aufkommen: Mit diesen Mien würde er niemals Kompromisse eingehen, die Würde des Staates erforderte ihre totale Kapitulation.

Im späten Frühjahr 1769 traf Fuheng in Yunnan ein. Sein Ziel war nichts mehr und nichts weniger als die Errichtung einer direkten Qing-Herrschaft über das ganze Reich von König Myedu. Emissäre wurden nach Siam und in die Lao-Staaten geschickt, um diese über die Pläne der Chinesen zu informieren und Allianzen zu schmieden. Fuheng wollte auf drei Wegen aus Yunnan nach Ava vorstoßen. Er hatte Rat in den Geschichtsbüchern gesucht und sich zuerst über die Routen informiert, die der große Ming-General Wu Sangui ein Jahrhundert zuvor eingeschlagen hatte, dann auf einer anderen Seite über die Mongolen-Armee nachgelesen, die den Irrawaddy offenbar ausgezeichnet zu nutzen verstanden hatte, und schließlich beschlossen, es dieser gleichzutun. Tausende Matrosen der Fujian-Kriegsflotte wurden an die Fronten gekarrt, Hunderte von Booten wurden gebaut, während zugleich in dem kleinen Grenzdorf Nyaungshwebin ein gewaltiges Fort errichtet wurde. Der Kaiser war hocherfreut: »Nur Fuheng marschiert mutig voran«, sagte er. Unheilvoller jedoch war, dass er entschieden hatte, das Flehen seiner Offiziere zu ignorieren und den Feldzug zur Überraschung der Burmesen am Höhepunkt der Regenzeit zu beginnen, hoffend, dass sich nicht gleich »überall Seuchen ausbreiten werden«.[14]

Auch der König von Burma bereitete sich vor. In der letzten Septemberwoche schickte er ein Heer unter der Führung von Thihathu in den Norden nach Mogaung am oberen Irrawaddy, eine zweite Armee unter Maha Thiha Thura zog per Schiff flussaufwärts in Richtung Bhamo, und ein drittes Heer marschierte mit Elefanten, der Kavallerie und den von Pierre de Millard geführten französischen Musketieren – Millard war inzwischen der Myoza von Tabe geworden – unter dem Kommando des Fürsten von Mongmit am Ostufer des Irrawaddy hinauf. Einige Zeit zuvor hatte ein gewaltiges Erdbeben weite Teile des Landes erschüttert, was viele Menschen in Ava als böses Omen gedeutet hatten. Deshalb wurden die Shwezigon-Pagode in Pagan und die Shwedagon-Pagode in Rangoon schnell noch mit Schätzen überhäuft – mit Hunderten von goldenen und silbernen Bildnissen –, auf dass die Geister am Vorabend der drohenden Vernichtung milde gestimmt waren.

Die Mandschu-Invasion begann im Oktober 1769 am Höhepunkt der Monsunzeit. Wie vorauszusehen war, wurden die mandschurischen Soldaten und chinesischen Matrosen krank und starben in großer Zahl. Auch Fuheng selbst wurde vom Fieber niedergestreckt. Derweil verteidigten sich die Burmesen in ihrem Fort Kaungton unweit der Grenze mit erstaunlicher Kampfkraft. Selbst nach vier Wochen waren die besten Soldaten des Qing-Kaisers noch immer nicht in der Lage, die mit Bravur gehaltene Linie der Burmesen zu durchbrechen. Immer mehr Männer starben an Seuchen und im Kampf. Schließlich hatten beide Seiten genug. Fuheng war vermutlich einfach zu krank, um gegen die beginnenden Verhandlungen zu protestieren, und Maha Thiha Thura wusste, dass ein Frieden Burmas beste Option war. So kam es, dass an einem frostigen Dezembertag im Jahr 1769 vierzehn Burmesen und dreizehn mandschurische Offiziere vor dem Hintergrund der blau-grünen Berge von Yunnan einen Friedensvertrag unterzeichneten: Die Mandschuren im Norden des Shweli-Tals (heute in Grenznähe) sollten abziehen, alle Kriegsgefangenen sollten freigelassen werden, der Handel sollte wiederaufgenommen werden, und künftig sollten beide Staaten in jedem zehnten Jahr eine Gesandtschaft an den Hof des anderen entsenden. Die Qing setzten ihre Schiffe in Brand, schmolzen ihre Kanonen ein und verließen Burma für immer.

Kurze Zeit später bestieg Prinz Badon, der damals sechsunddreißigjährige viertälteste Sohn von Alaungpaya, den Thron, hinter sich ein Meer aus Blut. Neben seinem Neffen, dem einstigen König, war auch jeder andere mögliche Herausforderer getötet worden, darunter Dutzende von Stammesführern und Hofbeamten. Badon nahm den langatmigen Titel Sri Pawara Vijaya Nandayastri Bhuwanaditya Adipati Pandita Maha Dhama Rajadhiraja an, blieb der burmesischen Geschichte jedoch als Bodawpaya erhalten: der »Großvaterkönig«. Wie alle burmesischen Könige mit Ausnahme des allerletzten nahm auch er sich viele Frauen. Doch selbst nach den Standards des Hofes von Ava war er ungewöhnlich produktiv. Er zeugte zweiundsechzig Söhne und achtundfünfzig Töchter mit nicht weniger als zweihundertsieben Königinnen und Konkubinen. Allerdings überlebte gerade einmal etwas über die Hälfte die Geißeln der Kindheit. Niemand weiß, wie viele Enkel der Großvaterkönig hatte, nur dass zwei künftige Könige darunter waren. Auch meine eigene Ur-Ur-Urgroßmutter stammte (wie unzählige andere Burmesen im beginnenden 19. Jahrhundert) aus einer Verbindung zwischen ihm und einer Konkubine von niedrigerem Rang, der Tochter des Stammesfürsten der Grenzregion Mwayyin.

Bodawpayas Herrschaft setzte der frühen Konbaung-Dynastie ein Ende – der Zeit, in der sein Vater und seine älteren Brüder in den Krieg gezogen waren, um ein Königreich zu gründen und persönlich ihre Soldaten in den Kampf auf fremdem Boden geführt hatten. Mit seiner Regentschaft begann die spätere Konbaung-Dynastie: Die Könige blieben zuhause, genossen den Prunk und sanfteren Glanz der Monarchie und befassten sich innerhalb der Mauern von Ava mit den unkriegerischen, wenngleich nicht weniger lasterhaften Angelegenheiten des Hofes. Das heißt nicht, dass Bodawpaya ein friedfertiger Mann gewesen sei, nur, dass er nie selbst zu Felde zog und es lieber seinen Generälen überließ, Angriffskriege gegen Arakan und Siam zu führen. Er interessierte sich für Religion, diskutierte mit Mönchen und Gelehrten, intervenierte bei klösterlichen Disputen und zeigte sich neuen Sekten gegenüber mal tolerant, mal strafte er sie als Häretiker ab. Er war ein Mann mit mächtigem Appetit, aber auch mit einer großen Vision. Höchstpersönlich überwachte er den Bau einer Pagode (bis es ihm schließlich zu langweilig wurde und er die Aufgabe seinem Sohn übertrug). Wenn sie denn je fertiggestellt worden wäre, dann wäre sie mit ihren geplanten hundertfünfzig Metern zum höchsten Gebäude der Welt geworden und hätte sogar die Cheopspyramide in den Schatten gestellt. Die Überreste ihres gewaltigen Fundaments kann man bis heute in Mingun bestaunen, einen Tag Bootsfahrt von Mandalay entfernt.[15]

Unter Bodawpaya wurde der Hof von Ava extravaganter, vielleicht auch pompöser, die königlichen und aristokratischen Titel wurden immer länger und beeindruckender. Aber auch die Künste und die Bildung wurden an diesem Hof aktiv gefördert. Die Anwesenheit von gefangenen Prinzen, Gelehrten, Künstlern und Musikern aus den verloschenen älteren Höfen von Mrauk-U und Ayutthaya belebte die geistige Atmosphäre in dieser noch jungen Dynastie, forderte zu neuen Debatten über die Geschichte und über das Recht heraus und ermöglichte auch dem burmesischen Theater und Tanz eine Wiedergeburt. Experten aus Arakan weckten das königliche Interesse an Sanskritschriften, und man bemühte sich schnell, die höfischen Gebräuche den brahmanischen Standards anzupassen.

Burma und der burmesische Patriotismus waren vollends flügge geworden. Siam war gedemütigt und die geballte Macht des chinesischen Kaiserreichs abgewehrt worden. Nun waren es die Burmesen, die sich als unbesiegbare Eroberer betrachteten und es für ihre Bestimmung hielten, benachbarte Völker zu unterjochen. Sie sahen sich als eine aufstrebende Macht auf Augenhöhe mit den Großmächten dieser Welt. Für die Mon und die Arakaner war es hingegen das Ende ihrer jahrhundertelangen Unabhängigkeit und ihrer eigenen stolzen und in vieler Hinsicht kosmopolitischeren Traditionen.

Die Dynastie richtete sich auf eine lange Herrschaft ein. Tatsächlich sollte sie nur noch hundert Jahre währen. In dieser Zeit wurden die Verwaltungsschrauben angezogen und die Überwachung der Städte und Dörfer im Hinterland verstärkt. Es wurden Bestandsaufnahmen gemacht, alte Erhebungen revidiert und die Erbrechte und -pflichten ausgebaut. Sogar eine neue Hauptstadt wurde errichtet: Amarapura: »die Unsterbliche Stadt«. Gesandtschaften wurden in den Westen geschickt, manchmal nur, um frisches heiliges Wasser aus dem Ganges zu schöpfen, aber immer auch, um ein wenig nervös herauszufinden, wie weit sich der Schatten der Fahne von St. George mittlerweile über die Königreiche Mittelindiens gelegt hatte.

6

Krieg

*Über das burmesische Königreich,
die Britische Ostindien-Kompanie
und den scheinbar endlosen zweijährigen Krieg,
den sie mit verheerenden Folgen
für den Hof von Ava führten*

∽

In den ersten Jahren des 19. Jahrhunderts strotzten die Generäle und Edelmänner am Hof von Ava nur so vor Selbstvertrauen angesichts der vielen errungenen militärischen Erfolge. Auch was die Zukunft betraf, waren sie voller Hoffnung, denn mittlerweile hielten sie die Engländer und die Britische Ostindien-Kompanie für ihre einzigen verbliebenen Feinde und glaubten, nur Allianzen gegen das Britische Empire schmieden zu müssen, damit es ihren eigenen, immer martialischeren Gelüsten nicht in die Quere kommen würde. Zu diesem Zweck, aber auch um ihre Chancen bei einem möglichen Krieg abzuwägen, versuchten sie zuerst einmal, mehr über die Britische Ostindien-Kompanie herauszufinden. Illusionen über die Stärke der britischen Macht gaben sich nur wenige hin, doch weil der Hof von Ava gerade auf einer Welle militärischer Siege schwamm, setzten sich die höfischen Fraktionen durch, die zu mehr Wagemut rieten.

Die Stimmung hatte sich völlig verändert. Der erste Engländer hatte Mitte des 16. Jahrhunderts seinen Fuß auf burmesischen Boden gesetzt: Ralph Fitch, ein Händler aus dem elisabethanischen London. Ihm waren dann in unregelmäßigen Abständen weitere Händler und Glücksritter gefolgt, allesamt in der Hoffnung, dass sich diese Region an der Ostküste des Golfs von Bengalen, die den englischen Stützpunkten in Indien so nahe lag, als ebenso lukrativ erweisen würde wie die ferneren Gewürzinseln. Doch ihre Hoffnungen auf einen wirklich profitablen Handel sollten sich nie erfüllen. Allerdings erschien ihnen die Entwicklung eines burmesischen Marktes auch nie der Mühe wert, zum einen wegen der Kosten, die Verhandlungen mit einem weiteren fremdartigen Hof mit sich brachten, zum anderen wegen des Risikos von allen möglichen Tropenkrankheiten. Im 17. Jahrhundert hatte die Ostindien-Kompanie zwar kleine Niederlassungen in Syriam und Ava eingerichtet, sie aber später wegen völliger Unrentabilität wieder geschlossen. Die Burmesen, die damals weder die Engländer noch einen Handel mit England besonders wichtig fanden, hielten das für völlig nebensächlich.

In Burma betrachtete man die Engländer, sofern man ihnen überhaupt Beachtung schenkte, nur als eine weitere Volksgruppe aus dem Westen. Und für Burma begann der Westen in Bengalen. Die vielen unterschiedlichen Besucher und Einwanderer – Bengalen, Tamilen, Singhalesen, Afghanen, Perser, Araber, Armenier, Juden, Griechen und Portugiesen – wurden alle über einen Kamm geschoren und zu einer einzigen ethnischen Kategorie zusammengefasst: *kala*, ein altes Wort, das sich nicht mehr eindeutig ableiten lässt. Die neueren Kala aus Europa wurden manchmal auch *bayingyi kala* genannt. »Bayingyi« ist die burmesische Verballhornung des arabischen Wortes *feringhi*, »Franke«, das (unterschiedlich ausgesprochen) am ganzen Indischen Ozean verbreitet und eine Hinterlassenschaft aus dem Zeitalter der Kreuzzüge war – und das in einem Land, das von den christlich-islamischen Kriegen des Mittelalters gar nichts gewusst hatte.

Die Engländer waren jedenfalls eine neuere Sorte von Feringhi. Zuerst hielt man sie für ein reines Handelsvolk, das sich weniger als seine spanischen und portugiesischen Vorgänger für Kriege interessierte und sich deshalb auch weniger als Lieferant von Söldnern eignete. Manchmal nannte man Engländer auch *tho-saung kala*, »Schaftragende Kala«, was sich zweifellos auf die wollene Bekleidung bezog, die diese Männer trugen, aber auch den an ihre bequemen Baumwollsachen gewöhnten Burmesen andrehen wollten.

Doch allmählich wurde selbst dem relativ isolierten Hof von Ava bewusst, dass sich die Macht der Engländer in Indien zu mehren begann. Während des Bürgerkriegs in den fünfziger Jahren des 18. Jahrhunderts wurde es schließlich zum logischen Ziel aller Betroffenen, entweder mit den Engländern oder mit den Franzosen freundschaftliche Bande zu knüpfen. Alaungpaya war es zwar vordringlich um Kanonen und Musketen gegangen, aber letztlich auch um eine dauerhafte Partnerschaft. Aus irgendeinem Versehen wurde sein Brief an King George II. jedoch nie beantwortet und ihm von seinen muslimischen und armenischen Höflingen deshalb schnell eingeflüstert, dass man den Briten nicht trauen könne.

Die Vorbehalte der Burmesen gegenüber dem Britischen Raj verstärkten sich aus zwei Gründen. Erstens hatte der Hof von Ava vom Expansionsdrang der Briten gehört und war sich bis zur Jahrhundertwende immer bewusster geworden, dass die Briten ihre Kontrolle geradezu explosionsartig über ganz Indien ausdehnten. Also schickte der burmesische König Spione tief auf britisches Hoheitsgebiet, viele von ihnen als Pilger getarnt, die zu den heiligen buddhistischen Stätten unterwegs waren (oder es handelte sich um echte Pilger, die zu Spionagezwecken genutzt wurden). Um den Feind besser einschätzen zu können, wurde sogar ein Engländer eingestellt, der der Nachwelt nur als »George« überliefert ist und einigen Mitgliedern der königlichen Familie die Grundlagen der englischen Sprache beibrachte. »Nur noch die Fahne der Ostindien-Kompanie flattert an der Koromandelküste«, warnte ein Geheimdienstbericht. In einem anderen wurden die Briten mit einem Feigenbaum verglichen, der sich an andere Bäume lehnt, um groß und stark zu werden, und ihnen dann alles Leben aussaugt. Das Schicksal unzähliger indischer Fürsten und Potentaten stand dem Hof von Ava besorgniserregend deutlich vor Augen.

Zwischen den fünfziger Jahren des 18. Jahrhunderts, als Alaungpaya King George sein Freundschaftsangebot unterbreitet hatte, und dem frühen 19. Jahrhundert war die Armee der Britischen Ostindien-Kompanie um mehr als das Sechsfache angeschwollen, von rund achtzehntausend Soldaten auf über hunderttausend. Und diese Streitmacht hatte sich inzwischen mehr als nur gleichwertig mit den anderen Armeen auf dem Subkontinent erwiesen. Einen Rivalen nach dem anderen hatte sie besiegt, darunter auch den Nawab von Bengalen und den Tipu Sultan. Der König von Burma hatte noch versucht, irgendein Bündnis mit dem Tipu (und vielen anderen indischen Höfen) zu schmieden, nun war dieser bereits ebenso Geschichte geworden wie sein entschieden englandfeindlicher Hof. In den zwanziger Jahren des 19. Jahrhunderts reduzierten die Engländer das Königreich

Nepal auf ein Protektorat, und sogar das einst unbesiegbare Maratha war von der mächtigsten Handelsgesellschaft der Welt von der Landkarte gefegt worden.

Der Britische Raj bereitete den Burmesen zusätzliche Sorgen, weil ihre eigenen imperialistischen Ambitionen in vieler Hinsicht genauso martialisch, wenn auch auf eine kleinere Welt begrenzt waren als die der Ostindien-Kompanie. Bloß war der Weg in den Osten nun größtenteils versperrt. Denn trotz der katastrophalen Zerstörung von Ayutthaya im Jahr 1767 war es den Siamesen gelungen, sich flussabwärts in der neu gegründeten Hafenstadt Bangkok zu sammeln und unter einer strengen neuen Führung alle weiteren Angriffe Burmas abzuwehren. Die Einfälle der Qing in den Norden von Burma hatten den Siamesen die dringend benötigte und alles entscheidende Atempause verschafft. Im Jahr 1800 erschien eine burmesische Besetzung Siams praktisch schon undenkbar. Siam wurde immer mächtiger, annektierte nun seinerseits Teilgebiete von Kambodscha und der Malaiischen Halbinsel und sicherte sich die Macht über die Staaten am mittleren Mekong, die unter der Fuchtel des Königs von Burma gestanden hatten. Aber auch in den Nordosten schienen nun keine burmesischen Expeditionen mehr möglich, denn China wartete mittlerweile unmittelbar an der Schwelle zu Burma, und da im späten 18. Jahrhundert auch der Handel mit dem Reich der Mitte wieder aufgenommen worden war, hatte der Hof von Ava kein Bedürfnis nach einem neuen Austausch von Feindseligkeiten mit den Qing. Damit blieben nur noch die kleineren Fische im Westen.

Im Jahr 1784 ersuchte Naga Sandi, ein abtrünniges Mitglied der königlichen Familie von Arakan, den burmesischen König formell um eine Intervention, und Bodawpaya war nur allzu gerne bereit, dieser Bitte Folge zu leisten. Der Feldzug wurde dem Oberbefehl des Kronprinzen Thado Minsaw unterstellt. Sein Auftrag lautete, das Königreich Arakan zu besiegen, zu besetzen und dann mit der uralten hochverehrten Statue von Maha Muni, dem Symbol der arakanischen Souveränität, nachhause zurückzukehren. Das Hauptheer aus insgesamt über dreißigtausend Soldaten traf unmittelbar nach dem Ende der Regenzeit in Prome ein und marschierte etappenweise über die Berge, um sich dann mit einer kleineren Streitmacht zu verbinden, die von Bassein kommend entlang der Küste anmarschiert war. Sie hatten sich kein einfaches Ziel gesteckt. Die von einer zerklüfteten Bergwelt umgebene und deshalb für uneinnehmbar geltende Stadt, welche sie nun belagerten, war zudem auf einer Länge von rund dreißig Kilometern von einer massiven Mauer sowie von Wassergräben mit gewaltigen Schleusentoren geschützt. Deshalb vermutete auch so mancher, dass die Angreifer Hilfe aus dem Stadtinneren bekommen hatten. Wie auch immer, jedenfalls fiel das Bollwerk Mrauk-U am letzten Tag des Jahres. Zwanzigtausend Bewohner wurden deportiert und in der neuen »Unsterblichen Stadt« Amarapura angesiedelt. Bei den anschließenden Plünderungen wurde viel vom kulturellen und geistigen Erbe Arakans vernichtet, auch die ganze königliche Bibliothek wurde in Schutt und Asche gelegt. Das ganze einstige Reichsgebiet wurde annektiert und dann von vier jeweils durch eine Garnison gestützten Gouverneuren regiert.[1]

Die burmesische Besatzung war blutig und repressiv. Unzählige Arakaner flohen deshalb in die von der Britischen Ostindien-Kompanie beherrschten Regionen im Norden und Westen, Tausende arakanische Männer wurden vom Hof von Ava zusammengetrieben, um dessen dringenden Bedarf an Arbeitskräften für die Bau- und Bewässerungsprojekte in der Landesmitte zu decken. Im Jahr 1795 wurden zwanzigtausend Männer zwangsrekrutiert, um einen See im Süden der Hauptstadt zu vergrößern, was nicht nur eine Flut an verzweifelten Flüchtlingen nach Britisch-Bengalen auslöste, sondern auch eine entschlossene arakanische Widerstandsbewegung unter der Führung eines örtlichen Erbfürsten namens Chin Byan ins Leben rief. Im Jahr 1811 zog eine erneute Zwangsrekrutierung von diesmal vierzigtausend Männern einen Exodus nach Chittagong nach sich. Der Widerstand bekam immer mehr Zulauf. Tatsächlich gelang es den Rebellen, die burmesische Garnison in Mrauk-U zu überwältigen und die Stadt eine Weile lang zu halten. Weil Chin Byan sich sogar erbot, Arakan als Vasall der Ostindien-Kompanie zu regieren, wurde der Hof von Ava noch misstrauischer, vor allem da die arakanischen Rebellen nun so viele Angriffe direkt von den Stützpunkten der Ostindien-Kompanie aus unternahmen. Als burmesische Soldaten dann begannen, Chin Byans Männern über den Grenzfluss Naaf nachzusetzen, fanden schließlich die ersten direkten Scharmützel zwischen britischen und burmesischen Truppen statt.

Ein anderes Angriffsziel war Manipur. Nach dem Einmarsch von Alaungpaya im Jahr 1758 war das Königreich brutal verwüstet worden, nach einer neuerlichen Invasion 1764 wurden Tausende Bewohner deportiert und das Tal auf Jahre praktisch unbewohnt zurückgelassen. Viele dieser Gefangenen aus Manipur waren Schmiede, Weber und andere Handwerker, die man dann nach Standesgruppen gebündelt ansiedelte und in den exklusiven Dienst der Krone stellte. Noch Generationen später sollten ihre Nachkommen der burmesischen Aristokratie als Lakaien und Landarbeiter zu Diensten sein. Aus ihren Reihen rekrutierte sich auch der neue Kassai-Reitertrupp, ein Elite-Kavallerieregiment, aus dem einige der besten Polospieler Avas hervorgingen. Es folgten noch insgesamt zwei weitere Invasionen, bis schließlich ein burmesisch erzogener Marionettenfürst auf den Thron von Manipur gesetzt wurde.

Von ihren nördlichsten Forts am Fluss Hukawng sowie von westlichen Stützpunkten aus stieß die Armee bis nach Assam in den Westen vor. Die Könige von Assam beherrschten das Brahmaputra-Tal von der Gletscherquelle des großen Flusses im Südosten Tibets bis zu seiner Ableitung in die Reisfelder der bengalischen Tiefebene. Über Jahrhunderte hinweg hatten diese hinduistischen Könige aus der Ahom-Dynastie das enge, von hohen Bergen umschlossene Tal regiert und sich auch bei mehreren Kriegen beherzt gegen das Mogulreich verteidigt, doch im späten 18. Jahrhundert begann ihre Macht zu schwinden. Dynastische Dispute und ein fast landesweiter Aufstand hatten ihr Reich immer instabiler gemacht. Schließlich wandte sich eine der beiden rivalisierenden Fraktionen an den Hof von Ava und die andere an die Engländer in Kalkutta um Hilfe. Im Winter 1792/93 marschierte die Ostindien-Kompanie mit einer kleinen Streitmacht ein, um dem *swagadeo* (König) von Assam gegen die Rebellion beizustehen. Aber auch die Burmesen waren interessiert.[2]

Im Jahr 1817 appellierte der Repräsentant einer der beiden verfeindeten Gruppen am Hof von Ahom an den König von Burma, gegen den Swagadeo Chandrakanta Singh zu intervenieren. Bodawpaya hatte ohnedies schon überlegt, Truppen zur Verstärkung dieser revoltierenden Fraktion zu entsenden, und beschloss deshalb, eine gut ausgerüstete Armee von achttausend Mann zu schicken, die sofort von Mogaung losmarschierte und auf ihrem Weg Tausende Stammesleute dazu zwang, sich ihnen anzuschließen. Tatsächlich erbrachten sie die erstaunliche logistische Leistung, knapp dreitausend Meter hohe Himalaya-Pässe zu überqueren, um schließlich am nördlichen Ende nahe Tibet in das Tal einzumarschieren. Es war ein zermürbender, wochenlanger Marsch durch eine Landschaft gewesen, die noch keiner der Männer je zu Gesicht bekommen hatte. Die Offiziere ritten zu Pferde oder auf Elefanten, die gewöhnlichen Fußsoldaten gingen nebenher, nur geschützt von ihren gesteppten Baumwolljacken, die kaum dazu angetan waren, sie bei den nächtlichen Minustemperaturen warm zu halten. Wochenlang kämpften sie sich durch tiefen Dschungel, in dem es nur so wimmelte von Blutegeln und der so dicht war, dass das Sonnenlicht nie den Boden erreichte. Ungeschützt wateten sie mit bloßen Füßen durch eisige Gebirgsbäche und stapften in den höheren Regionen oberhalb der Eichen- und Rhododendrenwälder durch Schneefelder und an Felsvorsprüngen vorbei, wo Schneeleoparden auf der Lauer lagen.

Erstaunlicherweise war dieses Heer am Ende noch intakt genug, um den Soldaten von Assam in der Schlacht von Kathalguri einen entscheidenden Sieg abzuringen, so dass am Ende ein burmafreundlicher Minister an die Macht gehievt werden konnte. Da die anschließenden Jahre dann aber derart von den Intrigen der Regionalfürsten geplagt waren, entschied der Hof von Ava 1821, seine Kontrolle zu verschärfen. Erneut überquerte eine Expedition die schneebedeckten Berge, diesmal aber, um den Hof von Ahom ein für alle Mal auszulöschen. Assam wurde zu einer burmesischen Provinz unter einem militärischen Generalgouverneur. Dann richteten die Burmesen ihre Gewehre gleich noch auf das kleine Bergfürstentum von Cachar im Süden. Anfang November 1823 versammelten sie sich mit einer beträchtlichen Streitmacht aus rund fünftausend Soldaten an der Grenze zu Cachar, woraufhin die Engländer alarmiert eigene Truppen aus Kalkutta zur Verteidigung des Raja von Cachar entsandten und fast augenblicklich ein blutiges Gemetzel zwischen den beiden Streitmächten einsetzte.

Im frühen Januar 1824 warnte der britische Generalgouverneur das Hauptquartier der Britischen Ostindien-Kompanie in der Londoner Leadenhall Street, dass es sich schon bald als unausweichlich erweisen könnte, Krieg zu führen, »um den maßlosen Stolz und die Arroganz des burmesischen Königs in die Schranken zu weisen«.[3]

Der König von Burma war zu dieser Zeit Bagyidaw, ein Enkel von Bodawpaya (des »Großvaterkönigs«) und Urenkel von Alaungpaya, des Gründers seiner Dynastie. Er hatte das Reich in dessen Blütezeit geerbt. Die Briten schilderten ihn als einen »sanftmütigen, liebenswürdigen und zuvorkommenden Gemütsmenschen«, der eine »Vorliebe für artistische Darbietungen, Schauspiele, das Einfangen von Elefanten und Bootsrennen« gehabt habe. Im Jahr 1824 war er jedoch stark unter dem Einfluss der höfischen Partei gestanden, die auf eine kriegerische Auseinandersetzung drängte.[4] Zu den Kriegsbefürwortern zählten auch Bagyidaws Hauptkönigin Me Nu und deren machthungriger Bruder, der Stammesfürst von Salin.

Ein nicht weniger entschlossener Kriegstreiber war der burmesische General, der den künftigen Kriegsschauplatz befehligen sollte, der damals rund vierzigjährige Thado Maha Bandula, Stammesfürst von Alon, ein sehr ehrgeiziger Soldat und das unerschütterbare Idol der modernen burmesischen Streitkräfte. Bandula war der Erstgeborene einer kleinadligen Familie und hatte wegen des frühen Todes des Vaters schon in jungen Jahren Verantwortung übernehmen müssen. Er war von gedrungener, mittlerer Statur und zeichnete sich vor allem durch ein ungehobeltes Benehmen aus. Aber seinen Ruf hatte er sich nicht nur mit seiner plumpen Art erworben, sondern auch mit Erfolgen auf dem Schlachtfeld. Nachdem er sich als Sonderbeauftragter des Kronprinzen und später als Gouverneur von Dabayin im Krondienst nach oben gekämpft und eine Beförderung nach der anderen ergattert hatte, wurde er schließlich zum Sprachrohr der höfischen Fraktion, die für eine aggressive Politik gegenüber dem Westen eintrat.

Bandula wurde von zwölf der besten Bataillone des Landes gestützt, darunter von einem unter dem eigenen Kommando, alles in allem eine Streitmacht aus zehntausend Männern und fünfhundert Pferden. Seinem Generalstab gehörten einige der höchstdekorierten Soldaten des Landes an, Männer wie der Stammesfürst von Salay und die Gouverneure von Danyawaddy, Wuntho und Toungoo (wie noch heute hatten auch damals schon viele Offiziere neben ihren militärischen Ämtern ein Verwaltungsamt inne). In Jaintia und Cachar wurden die burmesischen Truppen von einem der Top-Untergebenen Bandulas geführt, dem Stammesfürsten von Pahkan, Thado Thiro Maha Uzana.

Am 5. März 1824 erklärte der Generalgouverneur von Fort William, Lord William Amherst, der bis dahin hauptsächlich seiner fehlgeschlagenen diplomatischen Mission in Peking wegen bekannt gewesen war, dem Königreich von Ava formal den Krieg. In den kommenden zwei Jahren sollten die Armeen des burmesischen Königs und der Britischen Ostindien-Kompanie den langwierigsten und teuersten Krieg in der britischen Geschichte auf dem indischen Subkontinent führen. Fünfzehntausend europäische und indische Soldaten fielen neben einer unbekannten (aber mit ziemlicher Sicherheit höheren) Zahl an Burmesen. Der Feldzug kostete das britische Schatzamt fünf Millionen Pfund, was, wenn man es prozentual zur wirtschaftlichen Entwicklung des Landes berechnet, nach heutigem Wert rund zehn Milliarden Pfund (etwa zwölfeinhalb Milliarden Euro) waren.[5]

Die britische Seite wurde von Sir Archibald Campbell geführt, dem Sohn einer alten Militärfamilie aus Glen Lyon im schottischen Hochland und einem erfahrenen Soldaten der Ostindien-Kompanie, der bereits über dreißig Jahre gedient hatte, hauptsächlich in Südindien und im Krieg gegen den Tipu Sultan. Im spanischen Unabhängigkeitskrieg während der Napoleonischen Kriege hatte er unter dem Kommando des Duke of Wellington gegen die Franzosen gekämpft und deshalb auch die neuesten innereuropäischen Kriegstaktiken aus erster Hand kennengelernt.

Bald setzte ein gemischter Truppenverband aus insgesamt über zehntausend Mann im bengalischen Fort William und im Fort St. George in Madras die Segel. Sein vorrangiger Auftrag lautete: Einnahme der Hafenstadt Rangoon.

In Amarapura wussten die Männer des Königs durch ihre Spione in Kalkutta und Madras derweil, dass die Engländer vom Meer kommen würden. Wie sollte man darauf reagieren? Sollte man Bandula und das Heer vom Einsatz an der bengalischen Grenze zurückbeordern? Das würde zum Zusammenbruch der Westfront führen und den sicheren Verlust von Arakan und Assam bedeuten. Wie groß würde die englische Streitmacht sein? Niemand konnte das mit Sicherheit sagen. Doch die strategische Entscheidung schien auf der Hand zu liegen: Entweder man gab sich im Westen sofort geschlagen, um nach der Landung der Engländer alles, was man zur Verfügung hatte, gegen sie einsetzen zu können, oder man hoffte einfach auf das Beste und verfolgte eine Zweifrontenstrategie. Die Burmesen hofften schon immer gerne auf das Beste. Mit einigem Glück würden sie die Engländer gleich nach ihrer Landung besiegen können. Dann würde Bandulas Armee vorstoßen und Ostbengalen einnehmen. Das strategische Schlüsselmoment war die sofortige Vernichtung der britischen Streitmacht nach ihrer Landung, und landen würde sie höchstwahrscheinlich in Rangoon. Aber damit dieser Plan gelingen konnte, mussten die Burmesen zu einer Taktik greifen, mit der die Engländer noch niemals konfrontiert gewesen waren.

»ALLES EIN MYSTERIUM ODER VAGE MUTMASSUNG«

Rangoon, wo zwanzigtausend Menschen lebten, war keine besonders attraktive Stadt. Außerdem stank es meist penetrant nach Fisch. Sie lag einen guten halben Segeltag vom Meer entfernt und war von einer starken, rund fünfeinhalb Meter hohen Holzmauer umgeben, die sie vom Fluss trennte und ihr den Blick auf das Wasser versperrte. Ihre Grundfläche betrug ein Bruchteil der Fläche der heutigen Stadt. Das Zentrum befand sich unmittelbar östlich der Stelle, an der heute das Hotel Strand und die Britische Botschaft stehen. Die Residenz und der Hof des königlichen Gouverneurs befanden sich in einem hübschen Teakpalast. Steingebäude gab es so gut wie keine, abgesehen von einem großen Zollhaus und den armenischen und portugiesischen Kirchen. Die meisten Gebäude waren aus Holz und Bambus, was der Stadt einen etwas baufälligen Eindruck verlieh, nur die Sule-Pagode gleich im Westen erstrahlte bereits in ihrem Glanz. Jenseits der Stadtmauern lagen verstreut Dörfer, die heute allesamt Rangooner Stadtviertel sind, damals jedoch durch Wälder, Gärten und Wiesen von der Hauptsiedlung getrennt waren, durch welche ständig Tiger streiften (vor allem in der Gegend der heutigen Prome Road, die man noch bis ins 19. Jahrhundert als »Tiger Alley« bezeichnete). Betrachtet man sich einen modernen Stadtplan vom Großraum Rangoon, dann entdeckt man Ähnlichkeiten mit Lower Manhattan: die alte Stadt ganz unten und zu beiden Seiten Flüsse. Auch Rangoon war ein Handelshafen. Dem einfachen Volk bedeutete nur ein Gebäude etwas, nämlich die auf einem großen Hügel in nur zwölf Kilometern Entfernung thronende Shwedagon-Pagode, die bedeutendste Pilgerstätte des Landes und der Stolz aller Buddhisten der Region.

Die britischen Militärplaner hofften, dass der burmesische Hof sofort um Friedensverhandlungen ersuchen würde, sobald sie Rangoon eingenommen hätten. Sie erwarteten zwar einen Kampf, vielleicht sogar einen blutigen Kampf, waren sich aber absolut sicher, dass diese zweitwichtigste burmesische Stadt bald schon ihnen gehören würde. Vielleicht würde sich ja sogar das Volk erheben, das sie für so grausam unterdrückt hielten, und ihnen zu Hilfe eilen? Im besten Falle würden die Gesandten des Königs dann Verhandlungen erbitten; und nach ein paar Kompromissen könnte man einen für die Ostindien-Gesellschaft vorteilhaften Friedensvertrag schließen. Im schlechtesten Falle würden die Burmesen nicht so schnell aufgeben. Dann würde man Rangoon eben als Stützpunkt nutzen, Boote und Schiffer requirieren, die Lebensmittelbestände aufstocken und das Invasionsheer schnell in den Norden schicken, um die Hauptstadt selbst einzunehmen. Auch in diesem Fall würde der Feldzug nach ein paar Monaten, wenn nicht Wochen vorüber sein.

Doch die Briten hatten keine Planung für das, was sie tatsächlich erwartete. Als sich die hohen Holzschiffe am 11. Mai dem Ufer näherten, sahen die Besatzungen nichts als ein paar Feuer in einigem Abstand voneinander brennen – offenbar Beobachtungsposten in und um Rangoon. Die HMS *Liffey* segelte als erstes Schiff in den königlichen Hafen ein. Bald darauf betraten die ersten Truppen der Ostindien-Kompanie burmesischen Boden. Doch es gab keinen Kampf. Kein Artilleriefeuer. Kein Kanonenfeuer. Und was noch seltsamer war: Es gab auch keine Menschen, weder Soldaten noch Zivilisten. Die Stadt war vollkommen ausgestorben, eine Geisterstadt. Die Burmesen hatten zur Strategie der verbrannten Erde gegriffen: Es gab weder Boote noch Schiffer und ganz gewiss keine Lebensmittel. Und keine Massen an Unterdrückten hießen Sir Archibald und seine Männer willkommen.

Der Rückzug muss sehr unangenehm für die Briten gewesen sein, vor allem da er so beunruhigend total war. Nicht nur waren weit und breit keine Versorgungsgüter und keine Kollaborateure zu finden gewesen, es war ihnen damit auch unmöglich gemacht worden, sich irgendwelche geheimdienstlichen Informationen zu verschaffen.[6] Die ganze Nation war wie ein gigantischer Teppich vor den Invasoren zurückgerollt worden, um nichts zu hinterlassen, was von irgendwelchem Nutzen gewesen wäre, nicht einmal den kleinsten Schnipsel an Information. Und ganz eindeutig waren auch weit und breit keine weißen Fahnen oder Emissäre zu sehen, die um sofortige Verhandlungen baten.

Es gab auch keine Boote, aber Boote waren alles entscheidend, um das Gebiet jenseits von Rangoon erreichen zu können, denn es gab kaum richtige Straßen, nur hie und da einen staubigen und selten benutzten Trampelpfad. Und die Dörfer und Städte im Delta waren außer über den Wasserweg nur durch malariaverseuchte Dschungelgebiete zu erreichen. Was die britischen Planer daheim in Fort St. David nicht gewusst hatten, war, dass alle Schiffer am Irrawaddy im Dienste der Krone standen und zu eng verbundenen Regimentern unter ihren jeweiligen Erbfürsten organisiert waren. In Friedenszeiten verdienten sie sich ihr Brot mit der Beförderung von Personen und Waren, doch zu Kriegszeiten waren sie die Männer des Königs. Und diese waren nun allesamt spurlos verschwunden.

Im Verlauf der nächsten Tage konferierte Sir Archibald mit seinen rotberockten Offizieren über die nächsten Schritte, während er zugleich sein Bestes tat, um in und um Rangoon Verteidigungspositionen aufbauen zu lassen. Dann marschierten die britischen und indischen Soldaten Richtung Norden und nahmen gegen kaum oder gar keinen Widerstand die Shwedagon-Pagode mitsamt des Singuttara-Hügels sowie ein paar Dörfchen im Umkreis ein. Aber sie hatten keine Vorstellung davon, was sich hinter den Sümpfen und kleinen Seen vor ihren Augen befand. Ein Offizier erinnerte sich: »Es drangen weder jemals Gerüchte noch irgendwelche nachrichtendienstlichen Informationen aus dem Inneren der [feindlichen] Stellungen zu uns. Jenseits der unsichtbaren Linie, die unsere Position umgrenzte, war alles ein Mysterium oder vage Mutmaßung.«[7]

Was Campbell ebenfalls nicht wusste, war, dass die Generäle des Königs von Burma gleich hinter dem letzten Außenposten der Ostindien-Kompanie eine gewaltige Streitmacht aus über zwanzigtausend Soldaten versammelt hatten. Nachdem der Abzug aus Rangoon abgeschlossen war, hatten sie ihre ganze Energie auf die Errichtung von befestigten Posten entlang eines knapp zwanzig Kilometer breiten Ost-West-Bogens konzentriert. Nur vereinzelt hatten Musketiere mit Kanonen auf kleinen Hügeln oder anderen strategisch wichtigen Positionen jenseits der Stadt Stellung bezogen, geführt von einem erfahrenen Militär, dem Halbbruder des Königs, Prinz Dwarawaddy, der bis dahin die königliche Garnison in den Shan-Bergen befehligt hatte. Auch andere Prinzen aus königlichem Geblüt waren eingebunden, darunter der künftige König Tharrawaddy, ein jeder auf seinem geschmückten Elefanten reitend. Zudem war die Aristokratie in hoher Zahl vertreten. Zu den Kommandeuren, die in den Wäldern nördlich von Rangoon auf den Kampfbefehl warteten, zählten die Stammesfürsten von Zayun, von Yaw und sogar der Sawbwa von Kanmyaing, einem abgelegenen Fürstentum nahe der chinesischen Grenze.

Thado Mingyi Min Maha, der Herr der königlichen Flotte, war höchstpersönlich an der Spitze von Dutzenden Booten und über tausend Ruderern eingetroffen; der König selbst hatte viele Männer aus den verbliebenen obersten Rängen seiner königlichen Hofhaltungsgarden geschickt, darunter auch den Hauptmann seiner Linken Brigade, Mingyi Maha Minkaung, und den berühmten Kavalleriegeneral Maha Zeyya Thura.

Bandula und die Crème de la crème des Militärkorps waren zwar an der Westfront, doch Burma war ein Militärstaat, deshalb gab es keinen Mangel an Männern, die zu kämpfen bereit waren. Die Oberschicht blickte stolz auf ein Leben voller Siege zurück. Doch nun würde dieser Stolz nur noch zu rechtfertigen sein, wenn sie Rangoon zurückeroberten. Ende Mai, als gerade heftige Gewitter über dem Südwesten den heranziehenden Monsun ankündigten, waren die Burmesen mehr als bereit zum Kampf.

Am 28. Mai, noch während die Engländer auf eine Truppenverstärkung aus Madras warteten, befahl Sir Archibald Campbell Frontalangriffe auf die nächstgelegenen feindlichen Stellungen, die bereits durch Geschützfeuer geschwächt worden waren. Ein paar Wochen darauf wurde mit vier indischen und europäischen Infanterieregimentern ein noch größerer Angriff auf Kemmendine in Flussnähe gestartet. Auch diesmal hatte die Artillerie der nahen britischen Kriegsschiffe die beträchtlichen burmesischen Palisaden bereits heftig unter Beschuss genommen. Zweihundert Burmesen waren schon vor der Erstürmung der Palisaden gefallen. Unter den zurückgelassenen Toten und Sterbenden lag direkt neben seinem vergoldeten Schirm auch der königliche Gouverneur einer nahe gelegenen Provinz. Kurz darauf sahen sich die Burmesen zum Rückzug nach Kamayut gezwungen, zehn Kilometer von der Shwedagon-Pagode entfernt, und damit zur Aufgabe ihres wichtigsten Bollwerks. Eine weitere schwere Schlacht am 8. Juli, die mit einem überzeugenden Sieg der Briten endete, forderte erneut achthundert burmesische Gefallene, darunter diesmal auch einen Oberminister des Königs und andere hochrangige Hofbeamte. Die Dörfer hinter den burmesischen Linien waren mit verwundeten Soldaten überfüllt.

Trotz dieser ersten Erfolge begann sich die Lage für die Briten bald unerbittlich zu wenden, denn wie schon die mandschurischen Armeen in den sechziger Jahren des 18. Jahrhunderts stießen nun auch sie auf die tödlichsten aller burmesischen Feinde: die Seuchen. Bald erlagen ihre Soldaten, die Tage und Nächte im strömenden Regen verbracht hatten und kaum noch frische Lebensmittel bekamen, zu Tausenden der Malaria, Ruhr und anderen Tropenkrankheiten. Bis zum September hatten die Seuchen Campbells Streitmacht so dezimiert, dass es ihr nur noch unter großen Schwierigkeiten gelang, einen heftigen Mitternachtsangriff der Burmesen auf ihre Hauptstellungen um den Singuttara-Hügel abzuwehren. Zum Glück für die Briten geschah das, nachdem die Ostindien-Kompanie die burmesischen Provinzen Tavoy und Mergui an der Tenasserimküste bereits eingenommen hatte, denn die hübschen Küstenstädte und kühlen Abendbrisen dort konnten nun ganz entscheidend zur Rekonvaleszenz der wachsenden Zahl an erkrankten Briten beitragen.

Auch die burmesische Seite hatte Truppenverstärkungen erhalten, nachdem man am Hof von Ava nervös die Tragweite der herrschenden Lage begriffen hatte. Die Armeen in Cachar und Jaintia waren zurückbeordert worden, und auch Bandula hatte den Befehl erhalten, mit seinen Truppen kehrtzumachen und schleunigst nachhause zu kommen. Schon in der Trockenzeit war es schwierig, zehntausende Männer über die Berge von Arakan mit ihren tausend Meter hohen Gipfeln zu führen oder über die schmalen Trampelpfade durch die dichten Wälder, ständig der Gefahr ausgesetzt, von Tigern und Leoparden angegriffen zu werden. Doch am Höhepunkt der Regenzeit, in der alles im Schlamm versank und die Luft mit Wolken von Insekten angefüllt war, war das wahrlich keine einfache Aufgabe. Aber Bandula und sein Stellvertreter Uzana bewiesen ihre Fähigkeit als Generäle und Logistiker und schafften es. Der dankbare König sollte sich mit beeindruckenden Beförderungen bei ihnen erkenntlich zeigen: Beide erhielten den Titel Agga Maha Thénapati Wungyi und wurden damit in den höchstmöglichen militärischen Rang erhoben. Auch andere Soldaten, die das jüngste Gemetzel überlebt hatten, wurden dekoriert und befördert. Bandula wurde zudem zum Myoza von Sittang ernannt. Aber der König war nervös. Und dazu hatte er auch allen Grund, denn noch hatte er keine Ahnung, dass just in diesem Moment frische indische und europäische Bataillone aus Madras eintrafen und mit ihnen eine völlig neue Waffe, die bisher noch auf keinem Schlachtfeld eingesetzt worden war.

DER GRELLE SCHEIN DER RAKETEN

Die moderne Rakete wurde nicht im Westen erfunden, wie man vielleicht vermutet hätte, sondern in Indien. 1799, als die Briten Seringapatam belagerten, war Oberst Arthur Wellesley (der künftige Duke of Wellington) mit seinen Männern auf einen kleinen Hügel vorgerückt, um sich plötzlich dem Trommelfeuer eines Raketenbeschusses ausgesetzt und zu einem völlig ungeordneten Rückzug gezwungen zu sehen. Als die Festung schließlich fiel, befanden sich unter dem ungeheuren Beutegut, das nach England verfrachtet wurde, auch zwei Exemplare der Raketen von Mysore.

Natürlich waren Fluggeschosse den Europäern schon lange bekannt gewesen, doch diese hier waren anders. Die Technik war weit fortschrittlicher. Statt hölzerner Rohre wurden eiserne verwendet, was ihnen eine größere Reichweite, mehr Stabilität und eine stärkere Sprengkraft verlieh. Noch wichtiger aber war, dass sie rückstoßfrei waren und deshalb auch von Schiffen abgefeuert werden konnten. Tipu Sultans Vater Hyder Ali hatte über ein Raketenkorps aus zwölfhundert Männern verfügt, Tipu Sultan selbst kommandierte bereits eines aus fünftausend Mann. Manchmal wurden auf einem einzigen Karren, der als eine Art Abschussrampe diente, drei bis vier Raketen aufgestellt. Der Lichtblitz und das Getöse, wenn diese dann gleichzeitig abgefeuert wurden, hatten nicht nur verheerende Auswirkungen auf die feindlichen Soldaten, sondern oft auch auf deren Kampftiere. Die Briten waren zutiefst beeindruckt und riefen augenblicklich ein Forschungs- und Entwicklungsprogramm im Royal Woolwich Arsenal ins Leben. Das Endprodukt, die nach ihrem Entwickler so genannte Congreve-Rakete, war dann eine verbesserte Version des südindischen Prototyps. Als die Briten 1807 die dänische Flotte angriffen, konnten sie vierzigtausend dieser Raketen auf das glücklose Kopenhagen abfeuern und damit nicht nur gewaltige Brände, sondern auch Panik in der ganzen Stadt schüren. Im Jahr 1812 gehörten Congreve-Raketen auch zu dem britischen Arsenal, das beim Angriff auf Washington eingesetzt wurde und das Weiße Haus in Schutt und Asche legte.

Im November 1824, gerade als Bandula mit dem burmesischen Hauptverband in Richtung Süden unterwegs war, wurden in Rangoon die ersten Frachtkisten mit Congreve-Raketen entladen.

Die Ankunft von Bandula und der Armeen aus Arakan und Assam muss Jubelstürme unter den burmesischen Soldaten an der demoralisierten Front vor Rangoon ausgelöst haben. Bandula bereitete sofort alles auf die Konfrontation vor. Im Osten, bei Pazundaung, stationierte er den Gouverneur von Myolat mit dreitausend Soldaten, seinen Bruder Mindin Minkaung stellte er mit dreitausend weiteren im Norden auf. Im Westen positionierte er Mingyi Maha Minhla Zeyyathu, einen Hauptmann der königlichen Garde, mit viertausend Soldaten, und in die Wälder unmittelbar vor dem Singuttara-Hügel, wo Sir Archibald Campbell das Lager aufgeschlagen hatte, sandte er den Staatsminister Mingyi Maha Minhla Raza mit einer vierten Brigade aus viertausend Mann.

Unter Bandula veränderte sich die Taktik der Burmesischen Armee. Er hielt nichts von Verteidigungskämpfen und glaubte nur an einen Sieg, sofern man die Briten frontal angreifen würde. Sobald er auch den Hof von dieser Möglichkeit überzeugt hatte, tat dieser alles in seiner Macht Stehende, um ihm den nötigen Nachschub und das erforderliche Material zu besorgen. In Ava gelang es Bandula daraufhin, sogar Männer zu mobilisieren, die bisher gezögert hatten, in den Kampf zu ziehen. Die Briten waren beeindruckt, glaubten aber, dass eine viel größere Streitmacht, nämlich geschätzte sechzigtausend Mann – darunter siebenhundert Kassai-Reiter und dreiundfünfzigtausend Musketiere –, gegen sie in Stellung gebracht worden sei. Ihrer späteren Erinnerung nach waren die »Lanzenträger von großer Körperkraft«. Sir Archibald selbst schrieb: »Wenn ich den Meldungen, die mich erreichen, Glauben schenken kann..., dann komme ich zu dem Schluss, dass sich das burmesische Reich gerade in seiner ganzen Stärke an meiner Front versammelt... Der Bundoola [sic], das sagen alle Gefangenen, ist mit unbegrenzter Machtbefugnis in Donoobew [Danubyu] eingetroffen und plant beim nächsten Mond einen Generalangriff auf unsere Stellungen.«

Seine rückwärtige Basis hatte Bandula in Danubyu eingerichtet. Am 30. November versammelten sich seine Armeen zunächst unbemerkt in den Wäldern und Feldern nördlich der feindlichen Stellungen. Den ganzen Tag über konnten die Briten das Schlagen der Äxte und Splittern von fallenden Bäumen hören. Am nächsten Morgen ließen die Burmesen ihre beste Artillerie losfeuern, um dann im Feuerschutz ihrer Musketiere anzugreifen. Doch beim Kampf Mann gegen Mann um die Shwedagon-Pagode wurden sie zurückgedrängt. Am Mittag rückten vier burmesische Regimenter unter der Führung ihrer berittenen Hauptmänner aus dem Südwesten durch Dalla nach Rangoon vor, vom Nordwesten der Stadt drangen die Burmesen derweil bis zur Shwedagon-Pagode vor, während der Hauptverband gleich nördlich davon in der Nähe des heutigen Inya-Sees Stellung bezog. Am frühen Nachmittag stellten die Briten fest, dass sie vollständig umzingelt worden waren.

Was dann geschah, kam für die Briten völlig überraschend: Die Burmesen begannen Gräben auszuheben, und »die gesamte Front verschwand unter der Erde«. Knapp hundert Jahre später sollten die Briten selbst diese Taktik auf den Schlachtfeldern in Nordfrankreich anwenden, doch in diesem Moment war das etwas völlig Neues und ziemlich unverständlich für sie:

Die beweglichen Massen, welche erst so spät unsere besorgte Aufmerksamkeit geweckt hatten, waren im Boden versunken; keinem, der diese Szene nicht mit eigenen Augen sah, würde die Existenz dieser unterirdischen Legionen glaubwürdig erscheinen. Das Einzige, was noch Aufmerksamkeit auf sich zog, war die gelegentliche Bewegung eines Stammesführers, welcher unter seinem vergoldeten Chattah [Schirm] von Stellung zu Stellung zog, um den Fortgang der Arbeiten zu überwachen. Einem unbeteiligten Beobachter wären diese von Erdhügeln übersäten Berge gewiss nicht als die Anrückabschnitte einer angreifenden Armee erschienen; uns jedoch, die wir den gesamten seltsamen Vorgang beobachtet hatten, mutete es an wie Magie oder Hexerei.[8]

Im Verlauf der nächsten Tage rückten die Burmesen nach besten Möglichkeiten vor, gruben sich erneut ein und versuchten so allmählich in Schussweite der beiden britischen Hauptstellungen auf dem Singuttara-Hügel und in Rangoon zu kommen. Doch nach jedem Vormarsch wurde ihnen der Weg von den Briten erneut versperrt. Bei Dutzenden von Zusammenstößen zermürbte jede Seite die andere, bis Campbells Truppen, die oft von heftigem Raketenbeschuss unterstützt wurden, am 7. Dezember schließlich die Oberhand gewannen. Hunderte toter Burmesen lagen auf den Schlachtfeldern. Bandula und seine Strategie waren bezwungen worden. Am 15. Dezember startete Sir Archibald eine Offensive, die die Burmesen schließlich auch aus ihrem einzigen noch verbliebenen Bollwerk Kokine am Fluss vertrieb.

Bandula zog sich in seine rückwärtige Basis nach Danubyu zurück, eine gleich westlich von Rangoon gelegene Kleinstadt im Irrawaddy-Delta. Der König schickte auch noch seine letzten Gardisten, dann wurde die ganze Provinz des Gouverneurs von Bassein im Süden mobilisiert. Es wurden auch ein Trupp von Zwangsrekrutierten unter dem Kommando des Fürsten von Dwarawaddy aus den Shan-Bergen entsandt und Hunderte von Schiffern eingezogen. Alles in allem hatte man nun rund zehntausend Soldaten unterschiedlicher Qualität zur Verfügung, von einigen der besten Kämpfer des Königs bis hin zu vielen untrainierten und kaum mit Waffen ausgerüsteten neuen Rekruten. Die Palisade aus schweren, viereinhalb Meter hohen Teakpfählen zog sich über einen Kilometer am Flussufer hin. Dahinter folgten Wälle, die aus den Steinen der alten Stadtmauern errichtet worden waren, und ein verzweigtes System aus Gräben und Pfahlspitzen, die zum Schutz vor Angreifern in die Erde gesteckt worden waren.

Als die Briten mit rund viertausend Mann in der Nähe eintrafen, schickten sie einen Boten mit der Aufforderung zur Kapitulation. Bandula antwortete: »Ein jeder von uns kämpft für sein Land und Ihr werdet mich ebenso standhaft das meine verteidigen sehen wie ich Euch die Ehre des Euren. Wenn Ihr den Wunsch habt, Donabew [Danubyu] zu sehen, dann kommt als Freund, und wir werden es Euch zeigen. Wenn Ihr als Feind kommt, so kommt!«

Die ersten britischen Angriffe schlugen fehl. Bandula startete einen Gegenangriff mit Fußsoldaten, Kavalleristen und siebzehn Kampfelefanten. Doch er bewirkte gar nichts. Die Elefanten wurden von einem Raketenhagel gestoppt, und die Reiter mussten feststellen, dass es unmöglich war, gegen den Dauerbeschuss der britischen Artillerie anzukommen. Hunderte weitere Burmesen fielen, während der britische Dampfer auf dem Fluss derweil alle Boote in die Flucht schlug, die gegen ihn ausgeschickt worden waren.

Bandula wurde immer ungeduldiger. Etwa um diese Zeit hatten zwei burmesische Soldaten ihre Posten verlassen, weil ihre befehlshabenden Offiziere von Raketen niedergestreckt worden waren: Bandula ließ sie zu genau der Stelle zurückführen, an der die Raketen eingeschlagen waren, und hieb ihnen ohne zu zögern den Kopf ab. Aber er wusste, dass das Ende nahte. Am 31. März beriet er sich mit seinen Feldherren und beschloss in voller Kenntnis des wahrscheinlichen Ausgangs, einen letzten Vorstoß zu wagen. Bis zuletzt war er unfähig, eine andere Taktik in Erwägung zu ziehen. In dieser Nacht schrieb er auf einem schmutzigen Leinenstück eine Botschaft an Campbell: »Im Krieg lernen wir die Kraft des anderen kennen; beide Länder befinden sich ohne Grund im Krieg, und wir kennen nicht einmal des anderen Geist!«

Doch am nächsten Morgen schlugen die Briten mit aller Wucht zu, hämmerten mit ihren schweren Kanonen auf die Stadt ein und ließen ihre Raketen auf jeden burmesischen Frontabschnitt regnen. Zuerst gab es keine Reaktion, dann kamen ein paar versprengte Burmesen mit der Nachricht, dass Danubyu evakuiert worden sei. Bandula war von einer Mörsergranate getötet worden, kurz darauf hatten die burmesischen Truppen die Festung evakuiert und sich nach Prome und dann weiter flussaufwärts zurückgezogen. Bandula hatte beschlossen, zu Fuß mit allen Insignien unter seinem glänzenden goldenen Schirm das Fort zu umrunden, um die Moral seiner Männer zu stärken, und war nicht bereit gewesen, der Warnung seiner Generäle Beachtung zu schenken, dass er ein leichtes Ziel für die feindlichen Kanonen abgeben würde.

Die Burmesen gedenken bis heute seiner letzten Worte:

Wir werden diese Schlacht wahrscheinlich verlieren. Das ist unser Schicksal. Wir geben unser Bestes im Kampf und zahlen mit unserem Leben dafür. Doch ich könnte die Würdelosigkeit und Schande nicht ertragen, würden wir die Schlacht aus Mangel an Mut und Tapferkeit im Kampfe verlieren. Macht ihnen bewusst, dass die Burmesen den Kampf nur dank des Verlustes ihres Oberbefehlshabers verloren haben. Es wird sich als ein unvergängliches Beispiel für den burmesischen Kampfgeist erweisen und die Ehre und Glorie unserer Nation und ihres Volkes unter den benachbarten Staaten mehren.[9]

Zur Beute der Briten zählte auch ein Paar von Bandulas gepanzerten Rajastan-Stiefeln. Campbell hatte sie sich geschnappt. Heute sind sie im Londoner Royal Armouries ausgestellt.

»LEERT EURE HÄNDE VON ALLEM, DAS IHR ERRUNGEN HABT«

Sturmwolken verwandelten die unerträgliche Hitze der letzten Wochen in anhaltende Regengüsse. Fünf Monate lang hatten sich die Briten in Prome erholt. Die Truppenstärke der Ostindien-Kompanie belief sich nun auf insgesamt fünftausend Soldaten, darunter dreitausend europäische Männer, ein Trupp Dragoner und die Artillerie.

So mancher in Ava, auch der Fürst von Tharrawaddy, riet dem König, Verhandlungen zu eröffnen. Tharrawaddy war ein Militär, hatte in Rangoon an Bandulas Seite gekämpft und deshalb mit eigenen Augen die Überlegenheit des Feindes auf dem Feld gesehen. Andere glaubten, dass die Kräfte des Königreichs noch lange nicht aufgezehrt seien und es noch immer den Sieg erringen könne. Doch offenbar gab es keinerlei Diskussionen über eine alternative Strategie, immer wieder nur den Vorschlag, weitere Männer zu mobilisieren und sich den Briten erneut auf dem offenen Schlachtfeld oder hinter gut verstärkten Palisaden zu stellen. Trotz all seines damaligen und künftigen Ruhmes war Bandula nicht in der Lage gewesen, sich den Einsatz von Guerillataktiken oder irgendeine innovative Strategie vorzustellen.

Später in diesem Sommer erhielt Sir Archibald Campbell die Order, Kontakt zur burmesischen Regierung für Friedensgespräche aufzunehmen. Die Antwort der Burmesen kam prompt: Für die Dauer eines Monats wurde ab dem 17. September ein temporärer Waffenstillstand vereinbart. Dann trafen sich die beiden Seiten auf halbem Wege zwischen dem britisch besetzten Prome und der burmesischen Front bei Myeday. Der burmesischen Delegation gehörten sowohl Minister des Staatsrats als auch Bandulas höchstrangige Stellvertreter aus Arakan an. Es heißt, man habe das von Campbell bereitgestellte gemeinsame Mittagessen aus gekochtem Schinken und Rotwein allenthalben »herzhaft genossen«. Dann stellten die Briten ihre Bedingungen: Die Regierung von Burma sollte die »Unabhängigkeit von Manipur« anerkennen, »ablassen von jeglicher Einmischung in Assam und Cachar«, »Arakan und seine Schutzgebiete abtreten«, einen britischen Residenten am Hof von Ava empfangen und zwei Crore (zwanzig Millionen) Rupien Entschädigung zahlen. Rangoon, Martaban und das Tenasserim, die allesamt in britischer Hand waren, würden besetzt bleiben, bis die Entschädigung geleistet worden sei.

Solche Bedingungen waren die Burmesen schlicht nicht zu akzeptieren bereit. Zuerst einmal spielten sie auf Zeit:

Wenn Ihr aufrichtig Frieden wollt und unsere einstige Freundschaft wiederherzustellen sucht, dann leert Eure Hände nach burmesischem Brauch von allem, das Ihr errungen habt. Wenn Ihr uns dann erneut fragt, werden wir Euch freundschaftlich entgegentreten… Wenn Ihr nach Ablauf der Waffenruhe zwischen uns jedoch Neigungen zeigt, Eure Forderungen nach einem Entgelt für Euren Aufwand oder nach einem unserer Territorien zu erneuern, werdet Ihr unsere Freundschaft als beendet betrachten müssen.

In Wahrheit hatten die Burmesen kaum eine andere Wahl. Sie waren nicht bereit oder nicht in der Lage, über eine neue Strategie nachzudenken, hatten aber kaum etwas in der Hand, um einen britischen Vormarsch wirklich aufhalten zu können. Ihrer Vorstellung nach konnten sie nichts anderes tun, als Tausende von weiteren schlecht ausgebildeten und schlecht ausgerüsteten Männern an die Front zu schicken, dann eine erneute Waffenruhe für neuerliche Verhandlungen zu erwirken, um anschließend das Ganze von vorne zu beginnen. Der König und der Hof waren über die Bedingungen der Briten empört. Vielleicht hatten sie tatsächlich Konditionen erwartet, die wesentlich leichter zu verkraften gewesen wären als die vollständige Abtrennung des westlichen Teils ihres Reiches und diese niederschmetternde Entschädigungssumme. Immerhin hatten sie den Briten doch noch den Vertrag erläutert, den sie in den siebziger Jahren des 18. Jahrhunderts mit China geschlossen hatten. Allerdings hatten sie hinzuzufügen vergessen, dass man sich auf diesen geeinigt hatte, nachdem Burma einen Sieg nach dem anderen errungen hatte, und nicht, nachdem dem Land so viele klare Niederlagen beigebracht worden waren.

Bei den anschließenden Gesprächen erklärte der burmesische Gesandte, der Stammesfürst von Kawlin, den Briten, dass die königlichen Schatzkammern infolge des Krieges völlig leer seien und es dem Hof deshalb unmöglich sei, die geforderte Entschädigung zu leisten. Seine Regierung sei willens, jeden Anspruch auf Assam und Manipur aufzugeben, erhebe jedoch Einspruch gegen die britische Entscheidung, künftig einen Raja in Manipur einzusetzen. Die burmesische Seite sei sogar bereit, den Küstenstreifen von Tenasserim abzutreten, jedoch keinesfalls Arakan. Arakan nehme eine Sonderrolle ein und müsse zu einem integralen Teil des burmesischen Königreiches werden. Die Briten blieben unbeeindruckt: »Die Frage ist nicht, wie viel Ihr an uns abtreten werdet, sondern wie viel wir Euch wiedergeben wollen.«

Ein paarmal noch flackerte entschlossener Widerstand auf. Im November hätten Truppen unter der Führung von Maha Naymyo die Stadt Prome mit einer gewagten Einkreisungsbewegung beinahe zur Gänze eingeschlossen und ihr jede Kommunikation mit Rangoon abgeschnitten. Die Briten vermerkten, mit welch »großer Kühnheit« sich die Soldaten gegen sie in Stellung gebracht hätten und wie »gut gezielt und zerstörerisch« ihr Artilleriefeuer gewesen sei. Ein Großteil dieses neuen Heeres stammte aus den Shan-Bergen. Diese Männer kämpften und starben unter dem Kommando ihrer jeweils eigenen Sawbwa – in vielen Fällen grauhaarige alte Stammesführer aus dem chinesischen Grenzgebiet –, oft Mann gegen Mann mit dem Schwert. Einmal sahen sich Sir Archibalds Soldaten sogar von drei »jungen und hübschen« Shan-Frauen angegriffen, die ihre Landsleute hoch zu Ross in die Schlacht geführt hatten.

Doch die Briten gewannen diese Gefechte ebenso wie alle anderen. Im Laufe vieler Wochen hatten die Burmesen Tausende weitere Gefallene zu beklagen, alle waren sie noch dem nachlassenden Beschuss der britischen Gewehre und Raketen zum Opfer gefallen. Im Dezember, als Campbells Streitkräfte nochmals in die Offensive gingen und erneut jeden burmesischen Frontabschnitt angriffen, fiel auch der Oberkommandierende Maha Naymyo. Nun hatten die Burmesen nur noch eine einzige Hoffnung, nämlich die riesigen, jeweils über dreißig Meter langen Kriegsschiffe aus Teakholz, die mit bis zu sechzig Ruderern, dreißig Musketieren und Sechs- oder Zwölfpfünderkanonen bestückt waren. Also bereiteten sie alle Schiffe vor, die zur Verfügung standen, und hofften, dass sie sich mit diesem letzten Vabanquespiel wenigstens bessere Bedingungen einhandeln könnten.

Im Jahr 1823 hatten sich die Briten im indischen Hafen Kidderpore ein neues Schiff bauen lassen, die *Diana*, das erste Dampfschiff, das jemals im Krieg zum Einsatz kam. Es stand unter dem Kommando von Kapitän Marryat, der die meiste Zeit krank daniederlag, und war nicht besonders groß, verfügte jedoch über eine sechzig PS starke Dampfmaschine und hatte mehrere kleine Kanonen und Raketen an Bord. Es konnte schneller als jedes geruderte Schiff auf Flüssen navigieren und eine ganze Kette von Booten mit Soldaten und Nachschub in Schlepptau nehmen. Und genau dieses Schiff war nun gerade rechtzeitig im Irrawaddy eingetroffen. Wenn es von den riesigen burmesischen Kriegsschiffen angegriffen wurde, dampfte es ganz einfach ab, bis seine rudernden Verfolger völlig erschöpft waren. Dann dampfte es wieder auf sie zu und versenkte mit seinen kleinen Kanonen ein Kriegsschiff nach dem anderen mit Mann und Maus. Wieder und wieder jagte es mit seiner kleinen Besatzung einzelnen größeren Kriegsschiffen, manchmal sogar der gesamten burmesischen Kriegsflotte hinterher und versenkte diese schließlich komplett, ohne selbst auch nur einen Kratzer abbekommen zu haben. Die Kriegsflotte des Königs war Geschichte. Es war buchstäblich nichts von ihr übrig.

Der König von Burma entließ zwei Gefangene, einen Briten und einen Amerikaner, um sie als Gesandte in das britische Lager zu entsenden. Dort wurde ihnen mitgeteilt, dass die Bedingungen nach wie vor galten. Doch wieder verweigerte sich der König jeder Entschädigungsleistung. Neue Männer wurden zwangsrekrutiert und unter das Kommando von Minkyaw Zeya Thura gestellt. Aber diese neu formierte Armee hatte nicht die geringste Chance. Sie bestand fast ausschließlich aus rekrutierten Bauern, die praktisch mit nichts als ihren eigenen Schwertern bewaffnet waren und über keinerlei Kampferfahrung verfügten. Auch ihre Offiziere waren keine erfahrenen Militärs – diese waren mittlerweile alle tot oder verwundet –, sondern Höflinge und Palastbedienstete. Trotzdem wurde nun alles, was man noch übrig hatte, zusammengetrommelt und im Schatten der Lokananda-Pagode (»Die Freude der Welt«) nahe Pagan zu einem letzten verzweifelten Verteidigungsversuch aufgestellt. Umsonst. Auch diese Armee des letzten Auswegs wurde schnell aufgerieben.

Dann begann ein zuversichtlicher Sir Archibald Campbell auf Yandabo vorzustoßen, vier Tage Fußmarsch von Ava entfernt. Dort wurde er von besagten anglo-amerikanischen Gesandten empfangen, diesmal in der Begleitung von zwei burmesischen Ministern und sämtlichen britischen Gefangenen. Die Burmesen waren autorisiert worden, einen Vertrag zu unterzeichnen, der alle britischen Forderungen erfüllte. Die Delegation zahlte an Ort und Stelle fünfundzwanzig Lakh (zweihundertfünfzigtausend) Rupien in Gold- und Silberbarren als erste Anzahlung auf die geforderte Entschädigungssumme.

Mit dem Vertrag von Yandabo hatte der Hof von Ava eingewilligt, sich künftig aller Einmischungen in die Angelegenheiten von Jaintia, Cachar und Assam zu enthalten und seine Provinzen Manipur, Arakan sowie das Tenasserim an die Briten abzutreten. Er stimmte dem Austausch von diplomatischen Vertretern zwischen Amarapura und der britischen Kolonialregierung in Kalkutta zu und willigte ein, die Entschädigung in Raten von jeweils zehn Millionen Rupien oder einer

Million Pfund Sterling zu zahlen (nach heutigem Gegenwert ungefähr dreieinhalb Millionen Euro, was eine unglaubliche Summe für diese Zeit war). Die Briten verpflichteten sich ihrerseits, nach Eingang der ersten Rate sich nach Rangoon zurückzuziehen und nach dem Erhalt der zweiten Rate von dort abzuziehen. Das burmesische Reich, das einen kurzen Moment lang der Schrecken von Kalkutta gewesen war, wurde buchstäblich annulliert. Seine Gebiete waren derart beschnitten worden, dass es keine Bedrohung mehr für die Ostgrenze Britisch-Indiens darstellte. Campbell bescherte dieser Erfolg Ruhm und Reichtum und schließlich das Amt des Gouverneurs von New Brunswick in Kanada, für Burma bedeutete er den beginnenden Verlust seiner Unabhängigkeit.

DIE GLASPALASTCHRONIKEN

Der Reiseführer von *Lonely Planet* erklärt Besuchern von Mandalay, es gebe in der Umgebung »eine Reihe von Attraktionen, die einer Besichtigung wert sind«. Die vier »alten Städte sind leicht in einer Tagestour« zu erreichen.[10] Eine dieser Städte ist Ava, die älteste der vier, erbaut im 14. Jahrhundert. Sie war (von kurzen Unterbrechungen abgesehen) fast vierhundert Jahre lang Hauptstadt gewesen. Ava ist eine Insel. Im Norden schlängelt sich der Kleinere Fluss (Myit-ngè) in den Irrawaddy, vom Süden wird die Stadt durch einen tiefen Kanal abgeschnitten. Und weil sie gut zu verteidigen sein sollte, war sie einst von hohen Mauern und Wassergräben umgeben, von denen nur noch wenige Spuren übrig sind.

Der burmesische Name von Ava lautet Ratanapura, die »Stadt der Kleinodien«. Ava (»Die Mündung des Fischteichs«) war der ältere Name. Hier, hinter ihren uralten lackierten Stadtmauern, hatte der König dem Rat seiner Generäle und Minister und Ehefrauen gelauscht und dann, nachdem die Armee von General Campbell Yandabo erreicht hatte, entschieden, die Niederlage einzugestehen. Nur wenige Jahre zuvor wäre so etwas undenkbar gewesen. Als die Fremden dann die Provinzen im Westen und im äußersten Süden besetzten und fast den gesamten königlichen Schatz im heutigen Gegenwert von vielleicht anderthalb Milliarden Euro in Kisten verpackten und auf englische Schiffe luden, machte sich völlige Mutlosigkeit breit. Die Erfolge und Jubelfeiern von Generationen waren Geschichte. Die Aussicht für die Zukunft schien freudlos.

Touristen aus Mandalay werden für gewöhnlich auf einer verkehrsreichen Landstraße hinuntergefahren und dann auf eine Fähre verladen, die sie sich oft mit einem Bauern und seiner Kuh teilen müssen. Am anderen Flussufer buhlen dann ein Dutzend Ochsenkarrentreiber um sie, die behaupten, dass Ava viel zu groß sei, um zu Fuß erkundet werden zu können. Und damit haben sie nicht einmal unrecht (ganz zu schweigen von den Schlangen, die neben allen Pfaden lauern). Heute sind dort nur noch die Überreste alter Ziegelmauern zu sehen. Alles, was vom Palast übrig blieb, ist ein dreißig Meter hoher Wachturm, der bei einem großen Erdbeben 1839 in Mitleidenschaft gezogen wurde und sich seither gefährlich zur Seite neigt. Neben langen Tamarinden-Alleen und riesigen Bombax-Bäumen grasen Rinder. Auch ein wunderschönes und glücklicherweise völlig unrenoviertes Klostergebäude aus Teakholz gibt es, das nach wie vor bewohnte Bagaya-Kloster, nur befindet sich darin heute eine Privatschule für Waisenkinder, die sich im Wesentlichen aus den Spenden des gelegentlichen westlichen Touristen und der burmesischen Dörfer in der Nachbarschaft finanziert. Im 18. Jahrhundert beherbergte es eine der bedeutendsten Klosterschulen des Landes, in der Generationen von Ministern und Fürsten Recht, Geschichte, Literatur und Naturwissenschaften gelehrt wurden. Inzwischen liegt es in einer Art Dschungellichtung verborgen, damals thronte es im Zentrum von Ava.

Ava war eine kosmopolitische Stadt mit einer beträchtlichen islamischen Gemeinde aus Sunniten wie Schiiten. Von vielen glaubte man, oder viele glaubten von sich, dass sie arabischer, persischer oder türkischer Herkunft seien, tatsächlich aber waren die meisten direkt aus diversen Provinzen Indiens oder aus Arakan und Manipur gekommen. Englische Besucher konnten sie kaum von anderen Burmesen unterscheiden und notierten auch, dass »ihr Weibervolk jeden Ranges unverhüllt geht und sich ebenso spärlich bekleidet wie der Rest ihrer Landsfrauen; sie heiraten aus Liebe; Frauen beten sogar in denselben Moscheen wie Männer«.[11] Mitte des 19. Jahrhunderts besetzten Muslime hohe Regierungsämter, sogar der Bürgermeister der Königsstadt war ein Muslim, ebenso wie der Gouverneur von Pagan.

Der britische Diplomat Sir Henry Yule stellte bei einem Besuch in der Stadt eine hohe Zahl an muslimischen Eunuchen, Höflingen und königlichen Leibwächtern fest.

Nach dem Sieg der Engländer trat der König stark in den Hintergrund. Er war schockiert gewesen über das gewaltige Blutbad in diesem jüngsten Krieg und konnte den Todesstoß, der dem Prestige seiner Familie und seines Thrones versetzt worden war, nicht verkraften. Von nun an lebte er sehr zurückgezogen und empfing nur noch wenige Freunde, abgesehen vom spanischen Kaufmann Don Gonzáles de Lanciego. Auch für die Höflinge waren Krieg und Niederlage traumatisch gewesen. Eine ganze Generation von Männern war auf dem Schlachtfeld ausgelöscht worden, die bekannte Welt aus Eroberungen und martialischem Stolz war über den Burmesen zusammengebrochen. Der Patriotismus am Hof von Ava hatte sich über ein halbes Jahrhundert lang aus beeindruckenden militärischen Erfolgen gespeist; dass man nun zusehen musste, wie die Engländer Arakan und das Tenasserim besetzten, und dass man fast die gesamte königliche Schatzkammer hatte leer räumen müssen, war schwer zu verwinden. Und dieses Trauma, kombiniert mit allem, was im Laufe des nächsten halben Jahrhunderts noch folgen sollte, lenkte den burmesischen Nationalismus nun in ganz neue Richtungen.

Vom Südtor der Stadt geht ein langer und breiter Dammweg in der wunderbaren grau-braunen Farbe verwitterten alten Holzes ab. Heute führt er mit seinem niedrigen Geländer an Tamarinden vorbei über Felder. An einer Stelle steht eine kaum lesbare kleine Inschrift, demzufolge diese Brücke, genannt Maha Zeya Pata (»Der Große Siegreiche Pfad«), vom »Prinz Singu und seiner Frau und seinen beiden Töchtern« errichtet wurde, jedoch »nicht des Lobes und weltlichen Ruhmes wegen erbaute der Prinz diese große Brücke, sondern als ein Verdienst für das Nirwana«.[12]

Auf der anderen Seite des Dammwegs liegt die ungemein staubige Stadt Tada-U (»Kopf der Brücke«), die zu Kolonialzeiten das stille Verwaltungszentrum der Region war und über ein hölzernes Gerichtsgebäude, ein einstöckiges Haus, und einen Polizeiposten verfügte. Heute ist sie der Standort eines riesigen internationalen Flughafens aus Beton und Glas, der ein thailändisch-italienisches Gemeinschaftsprojekt war und dem Militärregime als ein propagandistisches Aushängeschild dient. Hier waren 1656 die chinesischen Soldaten, die dem letzten Ming-Kaiser treu gedient und sich plündernd ihren Weg von den Bergen im Osten heruntergebahnt hatten, auf die muslimischen und portugiesischen Kanoniere des Königs gestoßen. Heutzutage landen hier Air Mandalay und andere Privatlinien aus Rangoon, um betuchte Touristen auszuspucken, die dann schnell von klimatisierten Bussen und Taxis in ihre Hotels in Mandalay gebracht werden.

Die Familie meines Vaters stammte ursprünglich aus dieser Region, genauer: aus Dabessway, einem Zusammenschluss von sieben Dörfern gleich um die Ecke von Tada-U. Die Gemeinde zieht sich Kilometer weit an den Schleifen des Kleineren Flusses entlang und liegt in einer ausgedörrten, nur von Eukalyptus und Brennpalmen bewachsenen Landschaft mit kahlen Hügeln, auf denen hie und da das geweißelte Mauerwerk von zerfallenden Pagoden aufragt. Meine Vorfahren müssen über Jahrhunderte hier ansässig gewesen sein und in den gleichen strohgedeckten Bambushütten gelebt haben, in denen noch heute viele Menschen hausen, bevor sie etwas Geld gespart haben und aus dem Schatten des anonymen Dorflebens heraustreten können. Auch meinem Ur-Ur-Ur-Urgroßvater U Kyaw Zan, der irgendwann im 18. Jahrhundert in Dabessway geboren und in einem örtlichen Kloster erzogen worden war, gelang es, nach Ava zu übersiedeln, wo er schließlich als Privatbankier des Königs ein Vermögen erwarb.

Obwohl selbst von einfacher Herkunft, ermöglichte ihm der neu erworbene Wohlstand die Hochzeit mit einer jüngeren Tochter des Fürsten von Mekkaya, der sich eines langen Stammbaums rühmen konnte, von beträchtlichem Stand war und qua Erbrecht eine alte befestigte Stadt, ungefähr eine halbe Tagesreise entfernt, regierte. Kyaw Zan war der typische Händler-Bankier seiner Tage. Sein erstes Geld hatte er sich im Baumwoll-, Elfenbein- und Edelsteinhandel auf lokaler Ebene und mit China verdient, dann begann er Silber an die armen und bargeldknappen Bauern in den Reisanbaugebieten und Baumwollregionen östlich von Ava zu verleihen und wurde immer reicher.

Dank seines blühenden Geschäfts wurde er schließlich eingeladen, sich dem privaten Hofstaat des Prinzen Singu anzuschließen. Und als Singu 1780 König wurde, berief er Kyaw Zan zu einem seiner *thutay*, wie man die königlichen Geldhändler nannte, was bedeutete, dass er von nun an die königlichen Finanzen verwaltete. Die Könige von Burma bildeten die Spitze der Finanzpyramide, ganz unten angesiedelt waren die Bauern, die sich häufig Silber leihen mussten, um ihre Steuern, wichtige Feierlichkeiten oder die Zinsen alter Kredite bezahlen zu können. Solche Anleihen konnten sie sowohl bei einem örtlichen Geldverleiher als auch bei ihren Stammesfürsten oder Dorfältesten machen. Und weil diese sich ihrerseits Silber beim König an der Spitze dieses Kreditsystems liehen, bedurfte dieser seiner Privatbankiers.

Im Januar 2004 fuhr ich mit dem Auto an Ochsenkarren und Fahrrädern vorbei über die holprigen Straßen von Ava nach Dabessway. Während der Trockenzeit verwandeln sich die viele kleine Kanäle in wogende Sandbäche. Es gibt ein kleines, gut erhaltenes buddhistisches Kloster und eine örtliche Grundschule, in der Kinder in weißen Hemden und grünen Sarongs Englisch durch Vorsagen lernen. Ein paar kleine Geschäfte führen das Allernötigste wie Seife, Plastikbecher und T-Shirts, in einer Hütte gibt es frisch zubereiteten Palmwein. Grüppchen von Männern und Frauen sitzen Stumpen oder die lokalen Duya-Zigaretten qualmend auf ihren Korbstühlen im Schatten der Tamarinden, nur hie und da gestört von einem Bauern, der mit einem rumpelnden Ochsenkarren von der Feldarbeit zurückkehrt. Ich war schon viele Male dort gewesen, hatte mich aber jedes Mal damit begnügt, im zentralen Dorf zu bleiben. Diesmal spazierte ich auch in die muslimische Nachbarschaft.

Die Muslime von Dabessway bereiteten gerade geschäftig ein Fest zu Ehren eines heiligen Sufi vor, der mit diesem Ort in Verbindung gebracht wurde. Man errichtete eine große Plattform, und jeder war mit Malerarbeiten und Großreinemachen beschäftigt. Das Gemeindeoberhaupt war ein Mann namens Omar, der mit einem modischen Poloshirt und einem baumwollenen Longyi bekleidet war. Muslime, erklärte er, hätten sich als königliche Händler und Soldaten vor über zweihundert Jahren in Dabessway angesiedelt, den genauen Zeitpunkt kenne er nicht, und seien von irgendwoher in Indien gekommen. Er selbst sei erst kürzlich aus Kairo zurückgekehrt, wo er zwei Jahre lang studiert habe, und spreche neben Burmesisch auch etwas Englisch und Arabisch. Omar schien ein selbstsicherer, weltgewandter Mann zu sein. Er war größer als die anderen, seine Gesichtszüge hatten einen nahöstlichen Einschlag. Es leben vielleicht zwei oder drei Millionen Muslime in Burma, beinahe jede größere und kleinere Stadt verfügt über eine Moschee. Und doch sind sie eine mehr oder weniger unsichtbare Minderheitengruppe geblieben. In den offiziellen Minoritätenlisten der Regierung tauchen sie gar nicht auf, und die buddhistische Mehrheit Burmas empfindet sie noch immer als irgendwie fremdartig.

Mein Vorfahre Kyaw Zan war seinem Heimatdorf immer verbunden geblieben: Obwohl er reich geworden und in die heiligen inneren Zirkel des Hofes von Ava aufgestiegen war, wollte er in diesem Dorf seine Spuren hinterlassen. Unweit der heutigen Moschee in der Nähe einer Flussbiegung ließ er auf einem grasbewachsenen Hügel eine kleine, eierschalenfarbene Pagode errichten: eine gute Tat zum Wohle seiner künftigen Inkarnationen. Er wollte, dass man ihn als den *dayaka* (Stifter) der Dabessway-Pagode in Erinnerung behalten würde, und das war ihm wohl auch eine Zeit lang geglückt. Heute sind von der Erinnerung an ihn jedoch ebenso wenige Spuren geblieben (nur seine Pagode steht noch) wie von der Erinnerung an die alte Herrschaftsschicht als solcher. In dieser Gegend scheint die verschwundene alte Kluft der traditionellen Klassenunterschiede und gesellschaftlichen Stellungen durch eine religiöse Kluft zwischen Buddhisten und Muslimen ersetzt worden zu sein. Bei einem Besuch einige Jahre zuvor war ich dem ältesten lebenden Mann von Dabessway begegnet, damals fünfundneunzig Jahre alt. Doch als ich ihn nach ein paar historischen Ereignissen fragte, erklärte er, nie davon gehört zu haben. Er sei nur ein ungebildeter Holzfäller und ohnedies erst 1919 aus seinem weit entfernten Heimatdorf nach Dabessway gekommen. Geschichte war für ihn etwas, das sich in weiter Ferne abspielt.

Mein Ahn U Kyaw Zan wurde der Vater mehrerer Kinder, die zum Teil erst recht spät in seinem Leben geboren wurden. Sein zweitältester Sohn Mya Yit trat um die Zeit des Ersten Englisch-Burmesischen Krieges in den zwanziger Jahren des 19. Jahrhunderts in den Regierungsdienst ein, machte Karriere und wurde in den fünfziger Jahren schließlich Obersekretär des Staatsrats. Da er auch ein bekannter Dichter war, wurde er gegen Ende seines Lebens mit dem Adelstitel

Maha Mindin Thinkaya geehrt und zum Myoza der sieben Dörfer von Dabessway ernannt. Offenbar hatten die Gelehrten und königlichen Berufungsexperten die Herkunft dieses Bankierssohnes angemessen berücksichtigen wollen.

Meine Familie war wohlhabend, doch dies waren die düsteren Jahre nach dem Krieg. Die Erinnerung an die imperialistischen Eroberungen Burmas kollidierte mit der wesentlich frischeren Erinnerung an die Erniedrigungen, die den Burmesen von den Engländern zugefügt worden waren. Den Aristokraten und Granden bei Hofe waren weitgehend die Hände gebunden, aber sie waren auch nicht bereit, den neuen Status ihres Landes im Weltgeschehen zu akzeptieren oder neue Wege einzuschlagen. So mancher blickte lieber auf die Geschichte zurück. Am Ende der zwanziger Jahre des 19. Jahrhunderts, als die Briten gerade die Kisten voller Silber zählten, die in Rangoon für sie aufgeladen wurden, traf eine königliche Kommission aus Gelehrten und buddhistischen Mönchen im Glaspalast zusammen (so genannt nach den Glasmosaiken an seinen Wänden), um sich in die alten Palmblatthandschriften und noch älteren Schriften zu vertiefen, die burmesische Geschichte neu auszulegen und diese Neuinterpretation dann in den *Glaspalastchroniken der Könige von Burma* festzuhalten. Es war angemessen, die Lehren der Vergangenheit just in dem Moment einer genaueren Prüfung zu unterziehen, als die Zukunft unklar schien und die Gegenwart schmerzlich war.

Dann kam der Tag, an dem sich ein neuer König mit einem blutigen Coup den Thron sicherte. Bald darauf wurde mein Vorfahre U Mya Yit aufgefordert, seine Söhne und deren Familien zusammenzutrommeln, allen Besitz auf Ochsenkarren, Ponys und den Rücken von Elefanten zu packen und wie alle anderen Angehörigen des Hofes von Ava in ihren weißen und rosaroten Kopfbedeckungen und Samtpantinen mitsamt Zehntausenden anderer Burmesen die Reise flussaufwärts in die brandneue Hauptstadt Mandalay anzutreten.

7

Mandalay

*Über die hochfliegenden Reformpläne
der letzten burmesischen Könige
Mitte des 19. Jahrhunderts und ihre Versuche,
die Unabhängigkeit des Landes zu wahren*

൙

Wie Samarkand oder Sansibar zählt auch Mandalay zu den Namen, die an ferne Exotik, ein ungewohntes Klima, fremdartige Gewänder, fremde Gerüche und unveränderliche Gebräuche denken lassen. Deshalb sind die meisten Menschen erstaunt, wenn sie erfahren, dass Mandalay gar keine alte, sondern sogar eine ziemlich junge Stadt ist. In ihrem Gründungsjahr öffnete das Kaufhaus Macy's in Downtown Manhattan erstmals seinen Kunden die Tore.

Andererseits ist es nicht wirklich falsch, Mandalay mit etwas Altem in Verbindung zu bringen, denn die Stadt orientierte sich an einem sehr viel älteren Modell. Die Schilderungen, die uns aus dem frühen Mittelalter über die Städte im Irrawaddy-Tal erhalten blieben, wären Besuchern von Mandalay im späteren 19. Jahrhundert ausgesprochen vertraut erschienen: rechtwinklige hohe Mauern, buddhistische Klöster, Palastgebäude genau im Zentrum der Stadt. Einige Luftbildaufnahmen[1] bewiesen, dass es einst Dutzende solcher befestigten Kleinstädte gab – die Namen von einigen lassen sich in den Legenden Burmas finden. Heute liegen ihre Fundamente unter der Erde oder wurden von dichtem Dschungel überwuchert, einst waren es jedoch die Herrschersitze von Stammesfürsten, die kunstvolle Gewänder trugen und bestrebt waren, einem bestimmten Vorbild nachzueifern und einen vorgeschriebenen Lebensstil einzuhalten.

Dieses Vorbild hatte schon der Vergangenheit angehört, als die ersten Europäer in Burma eintrafen, denn Mandalay war bereits eine Replik oder zumindest als eine kunstvolle Abwandlung früherer königlicher Zitadellen errichtet worden, allerdings mit buchstäblich denselben zwölf Toren und denselben neunstufigen Dächern auf der großen Thronhalle. Wenn es Veränderungen gab – wie zum Beispiel in Pegu, wo der Wechsel vom quadratischen zum rechteckigen Grundriss vollzogen wurde –, dann waren es bewusste Abweichungen von der Norm und keine Fehlinterpretationen der Tradition.

Die Gebäude, ja sogar die Baumaterialien glichen sich aufs Haar, denn tatsächlich handelte es sich nicht nur um den gleichen Materialtyp oder die gleiche Art von Architektur, sondern wörtlich um dieselben: Sie waren in der alten Hauptstadt abgebaut, dann in die neue Hauptstadt transportiert und dort zu identischen Gebäuden wieder aufgebaut worden. Man muss sich einmal vorstellen, dass dieselben unglaublich langen und geraden Teakholzbalken im heutigen Mandalay einst identische Funktionen in Amarapura oder sogar schon in Ava gehabt hatten. Die Briten glaubten in dieser Verfahrensweise ein nomadisches Temperament zu erkennen, was natürlich übertrieben war. Doch wie diese dunklen Holzpaläste zuerst völlig auseinandergenommen, dann mit Menschenkraft und von Arbeitstieren über die staubigen Straßen gezogen und schließlich genauso wieder aufgebaut wurden, unterschied sich vielleicht wirklich nicht sehr vom Auf- und Abbau der großen Zeltstädte der Wüsten-Khane.

Andererseits ist es gerade die Neuheit von Mandalay, die man hervorheben muss. Burmesen lieben neue Dinge. Man kann das Land in seiner ganzen Länge und Breite bereisen und allergrößte Mühe haben, auch nur ein einziges nicht der Religion gewidmetes Gebäude zu finden, das älter als hundert Jahre ist. Natürlich ist das größtenteils eine Folge von Kriegen und Witterungsbedingungen, aber richtig ist auch, dass niemand dem Leben in einem alten Haus voller Geschichten oder mit aristokratischer Vergangenheit besonderen Wert beimisst. Das Pukka-Haus ist immer nagelneu, nie alt und renoviert. Die meisten Wohngebäude waren (und sind) einfache Konstruktionen, im Allgemeinen aus Holz, Bambus und Stroh. Und weil sie von ihren Bewohnern alle paar Jahre abgerissen und neu errichtet wurden, sahen sie immer so neu wie nur möglich aus. Diese tiefsitzende Vorliebe für Neues erstreckte sich später auch auf Gebäude aus festen Baustoffen.

Während man im Westen meist stolz auf das Alter eines Gebäudes verweist (»Erbaut 1791«), trifft in Burma das Gegenteil zu. Oft werden Hinweise auf Grundsteinlegungen in der Kolonialzeit (»Erbaut 1921«) von mehreren Schichten weißer Farbe überdeckt und dafür das Datum der jüngsten Renovierung vermerkt.

So gesehen war auch Mandalay ein Verjüngungsversuch. Es war ein in vieler Hinsicht modernes Projekt, nämlich das Bestreben, neue Ideen und Konzepte zum Zweck eines Neubeginns bewusst mit alten Formen in Einklang zu setzen. Man versuchte damit zum Ausdruck zu bringen, dass Brauchtum und Tradition zwar wichtig sind, jedoch jederzeit einer neuen Umwelt angepasst werden können, und das korrespondierte mit dem Gedanken, dass die Vergangenheit Burma helfen könne, sich einer sehr problematischen Zukunft zu stellen. Als König Mindon am schwülheißen 16. Juli 1858 von blaublütigen Männern und hohen Amtsträgern in einer edelsteinbesetzten Sänfte bei einer großen Prozession im Uhrzeigersinn um den neuen Herrschersitz getragen wurde und sich dann zu den entfernten Klängen eines Orchesters auf seinen Löwenthron setzte, hatte er gehofft, dass das traditionelle Burma nun seinen Platz in einer modernen Welt finden würde.[2]

Als die Idee für die neue Stadt Mandalay um das Jahr 1855 Gestalt annahm, durchlebte die Welt gerade eine Zeit tiefgreifender Veränderungen und politischer Rastlosigkeit. Das Jahrzehnt brachte beträchtliche Fortschritte in den Naturwissenschaften und der Technik mit sich. Die Stahlproduktion wurde durch den Bessemer-Prozess revolutioniert, die ersten transatlantischen Kabel wurden verlegt, und Charles Darwin machte Furore mit der Veröffentlichung seines Werks *Über die Entstehung der Arten*. Große Gebiete Nordamerikas genossen eine Ära anhaltenden wirtschaftlichen Wohlstands, während die Menschen mit Zügen zum kalifornischen Goldrausch eilten und die Schiffe Millionen erwartungsvolle irische und deutsche Einwanderer ausspuckten, die dem Hunger und den Unruhen in Europa entkommen waren.

Betrachtet man dieses Jahrzehnt aus Sicht der Briten, dann hatte der Indische Aufstand von 1857 der langen Expansion ihres Empires auf dem indischen Subkontinent höchstens kurzfristig Einhalt geboten. Denn sofort nachdem diese leidenschaftliche Rebellion die ganze nördliche Ebene erfasst und zum Zusammenbruch des Britischen Raj in Lakhnau und Kanpur geführt hatte, begannen die Briten einen blutigen und rachedurstigen Rückeroberungskrieg, der den Sturz des letzten Mogulkönigs, die Auflösung der Ostindien-Kompanie und die direkte Verwaltung Britisch-Indiens durch London nach sich zog. Doch die Gräueltaten, die von beiden Seiten begangen wurden, schlugen Wunden, die schlecht heilten und schließlich auch die Kolonialbeziehungen in ein ganz neues Licht stellen sollten.

Etwas früher in diesem Jahrzehnt, im Jahr 1852, hatte der Zweite und diesmal kürzere Englisch-Burmesische Krieg den Briten erneut einen klaren Sieg und den Burmesen weitere Territorialverluste eingebracht. Während der erste Krieg die Folge von burmesischer Aggression und britischem Expansionsdrang gewesen war, war die Schuld für den zweiten allein der britisch-indischen Regierung in Kalkutta anzulasten. Begonnen hatte das Ganze mit einem Zwischenfall. Der burmesische Gouverneur von Rangoon hatte zwei britische Schiffe wegen angeblicher Zollvergehen mit Bußgeldern belegt, woraufhin Lord Dalhousie, der Generalgouverneur von Britisch-Indien, ein Ultimatum aussprach: Die Burmesen sollten diese Buße für rechtsunwirksam erklären und ihren Gouverneur wegen dieser Beleidigung schassen. Die burmesische Regierung beeilte sich, dem Ultimatum nachzukommen, weil sie genau wusste, was ihr sonst blühen würde. Und obwohl es zu keinerlei weiteren Provokationen kam, beschloss der verantwortliche britische Marineoffizier vor Ort, Kommodore George Lambert (»the Combustible«, »der leicht Entflammbare«), die Gelegenheit beim Schopf zu packen und den gesamten Küstenstrich zu blockieren.[3] Dalhousie war zwar wütend über Lamberts Eigenmächtigkeit, hielt einen Krieg nunmehr aber ohnedies für unvermeidlich und beschloss deshalb, eine Million Rupien zu verlangen, was angeblich die Summe war, die die Briten bereits für ihre Kriegsvorbereitungen hatten ausgeben müssen. Aber dann warteten die Briten nicht einmal mehr eine Antwort der Burmesen ab und nahmen Rangoon sowie andere Hafenstädte im Süden ein.

Damit wurden die Burmesen in einen Krieg gezogen, den sie nicht gewollt und auf den sie sich auch nicht vorbereitet hatten. Die Armee wurde vom Stammesfürsten von Dabayin geführt, einem Karriereoffizier und Sohn von Maha Bandula. Doch obwohl Pegu heftigen Widerstand leistete, bestand wenig Hoffnung für die Verteidiger. Den technischen Fortschritten, die seit dreißig Jahren auf britischer Seite stattgefunden hatten, standen nur wenige Neuerungen auf der burmesischen Seite gegenüber.

Die Kämpfe zogen sich hin und endeten erst, nachdem eine Revolution am Hof von Ava den Regenten gestürzt und Prinz Mindon, einen Halbbruder des Königs und den künftigen Erbauer von Mandalay, auf den Konbaung-Thron gehievt hatte. In den schwärzesten Tagen des zweiten Krieges, als sich die Burmesen einer neuerlichen Niederlage bereits gewiss gewesen waren, hatte sich um den neununddreißigjährigen Prinzen eine Gruppe geschart, die den Realitäten ins Auge zu blicken bereit war, was ihm jedoch die Feindseligkeit der mächtigen konservativ-militanten Fraktion einbrachte. Als die britischen Truppen dann in den Norden vorstießen und es in der Gerüchteküche zu brodeln begann, floh Mindon in seine angestammte Heimatstadt Shwebo im Norden und hisste die Fahne des Aufstands.

In seiner Begleitung befanden sich sein Bruder Prinz Kanaung und jede Menge Waffenträger. Nachdem sie genügend weitere Männer rekrutiert hatten, konnten sie die Truppen der Königstreuen an den Ufern des Irrawaddy schlagen, und als sie dann an der Spitze ihres neuen Heeres vor Ava auftauchten und die Aristokraten der Stadt im klaren Novemberlicht deutlich dessen Standarten vor den blaugrauen Hügeln erkennen konnten, wechselten sie schnell die Seiten, um weiteres Blutvergießen zu verhindern. Zwei der mächtigsten Hofminister, die Stammesfürsten von Kyaukmaw und Yenangyaung, überzeugten die Palastgarden, den Weg frei zu machen. Die Tore flogen auf, und Mindon durchschritt an der Seite von Kanaung ohne jede Gegenwehr die große Teakmauer. Es war ein regelrechter Putsch gewesen. Und nun war eine neue Generation an der Macht.

Bis 1853 hatten sich schließlich alle alten Männer des einst so ausgedehnten burmesischen Imperiums aus den Regierungskammern zurückgezogen und einer jüngeren Generation Platz gemacht, die bereits im Schatten der englischen Macht aufgewachsen war. Zu den Älteren hatten Militärs wie der verdiente General Mingyi Maha Minhla Mingkaung gezählt, ein Kavallerieoffizier, dem im ersten Jahrzehnt des 19. Jahrhunderts sämtliche burmesischen Streitkräfte in Manipur und Assam unterstanden hatten und der im Ersten Englisch-Burmesischen Krieg zum Stellvertreter von Bandula aufgestiegen war. Aber für diese alten Männer, die sich so stolz ihrer Kriege und Siege erinnerten, war es beim besten Willen unmöglich, Burmas neue Lage zu begreifen.

Doch es gab auch unter den Älteren solche, welche wirklich etwas Neues versuchen wollten. Und gerade ihnen verdankte sich schließlich eine regelrechte Explosion an reformistischen Aktivitäten. Zum Beispiel dem Stammesfürst von Myawaddy. Er blieb Burma zwar vor allem als ein Homme de lettres in Erinnerung, der bereits zu Lebzeiten wegen seiner wunderbaren musikalischen und dramatischen Werke und insbesondere wegen seiner Übersetzung des javanischen Epos *Enao* berühmt gewesen war. Aber er war auch Soldat und ein umfassend gebildeter Verwalter aus einer Dynastie, die seit über zweihundert Jahren dem Hof gedient hatte. Nach seiner Ausbildung im Parama-Kloster bei Ava war er die Leiter bis zum Ministeramt aufgestiegen, seinen Ruf als tapferer Soldat hatte er sich im Krieg gegen die Engländer als Befehlshaber des linken Flügels der Arakan-Front verdient, wo er die Zerstörungskraft und Disziplin der Armee der Britischen Ostindien-Kompanie mit eigenen Augen hatte sehen können.

Bei vielen Männern weckte dieser Krieg einen unerbittlichen Hass gegen den Feind. Myawaddy hingegen wurde neugierig und wollte mehr über die Außenwelt erfahren. Er brachte sich selbst ein wenig Hindi bei und lernte sogar ein paar Zeilen aus einer lateinischen Hymne auswendig, die er britischen Abgesandten dann fröhlich zum Besten zu geben pflegte.[4] Ständig ermunterte er zu neuen Ideen und forderte zu neuem Denken auf, doch er starb bereits kurz nach Mindons Thronbesteigung im hohen Alter von zweiundneunzig Jahren.

Der wahre Doyen der europäischen Bildung in den Zwischenkriegsjahren war ein Mitglied der königlichen Familie, Prinz Mekkaya, ein Großonkel des neuen Königs. Der amerikanische Baptistenmissionar Adoniram Judson schilderte ihn als einen »großen Metaphysiker und Theologen«, der sich gerne »in Kirchenangelegenheiten einmischte«. Er wurde 1792 geboren und hatte bei einem geheimnisvollen Engländer, der dem Hofstaat angehörte, aber nur als »Rodgers« überliefert ist, die englische Sprache so gut in Wort und Schrift gelernt, dass er eine Gesamtausgabe der jüngsten *Cyclopaedia* von Dr. Abraham Rees erwarb, um dieses vielbändige Werk mit Tausenden von Artikeln über die neuesten industriellen und wissenschaftlichen Revolutionen dann gierig zu verschlingen. Später trug er selbst zur Kompilation des allerersten englisch-burmesischen Wörterbuchs bei. Den britischen Gesandten Sir Henry Burney pflegte er bei jedem ihrer unzähligen Treffen mit unermüdlichen Fragen über Geografie, Naturwissenschaften und Mathematik zu löchern. Burneys Berichten zufolge hingen in Mekkayas Gemächern ein Barometer und ein Thermometer, in seiner persönlichen Bibliothek standen Dr. Samuel Johnsons *Dictionary*, die Bibel und jüngst übersetzte Abhandlungen über die Berechnung von Sonnenfinsternissen und die Entstehung von Hagel. Burney schrieb, dass er noch nie »einer Person mit einem derart großen Wissensdurst wie diesem Prinzen« begegnet sei.[5] Noch vor Siam, Japan, Korea und Vietnam hatte sich der burmesische Hof dem Westen geöffnet, aber erst mit Mindons Machtübernahme schien die Bühne für Reformen bereitet.

DER VORLETZTE KÖNIG

Viele Burmesen gedenken Mindon als ihrem letzten großen König und einem der inbrünstigsten Förderer des Buddhismus. Er hatte sich um vieles verdient gemacht, ließ Klöster und Pagoden errichten, unterstützte Tausende von Mönche und berief 1871 sogar die Fünfte Große Buddhistische Synode ein, die erste ihrer Art nach zwei Jahrtausenden. Zweitausendvierhundert Mönche waren eingeladen worden, darunter mehrere aus Übersee, um dann in einer grandiosen gemeinsamen Anstrengung die alten Schriften zu überprüfen und von Zufügungen zu reinigen. Die Neubearbeitung wurde sechs Monate lang Tag und Nacht im Schatten des Mandalayhügels von den Mönchen rezitiert, während Meisterhandwerker jeweils eine Seite des revidierten Kanons auf über siebenhundert gewaltige Steinplatten meißelten, auf dass er für alle Zeiten festgehalten sei.[6]

Dass Mindon religiös war und sich seinen Glauben sehr zu Herzen nahm, steht außer Frage. Er war zutiefst gläubig, aber eben kein intoleranter Fanatiker gegenüber Andersgläubigen. Auch die islamische Gemeinde von Mandalay genoss seine Förderung und bekam von ihm nicht nur eine Moschee, sondern sogar ein eigenes Gästehaus in Mekka gestiftet. Mit Wohlgefallen betrachtete er auch die neue Schule, die von anglikanischen Missionaren gleich draußen vor den Palastmauern errichtet worden war und in der er dann mehrere seiner eigenen Söhne vom Missionsleiter Dr. Marks erziehen ließ.

Was jedoch kaum je anerkannt wurde, geschweige denn erinnert wird, sind Mindons politische Reformen, seine Versuche, den Staat auf neue Grundlagen zu stellen und seinem Land angesichts der fortwährenden Expansion des Britischen Empires auf dem indischen Subkontinent zu einer Modernisierung zu verhelfen. Dass man dieser Bemühungen nicht gedenkt, liegt aber wohl eher daran, dass sie am Ende fehlschlugen, weil sie General Prendergasts Eroberungskrieg und den gewaltigen politischen und sozialen Umwälzungen im Anschluss daran zum Opfer fielen. Trotzdem waren sie bedeutend, denn sie drangen tief in die Struktur der burmesischen Gesellschaft des späten 19. Jahrhunderts ein und stellten somit den Kontext her, innerhalb dessen sich dann die britische Kolonialstruktur entwickeln konnte.

Mindon arbeitete eng mit seinem Halbbruder Prinz Kanaung zusammen und teilte sich mit ihm auch die Regierungsgeschäfte, wobei sich Kanaung ganz auf die Reformen von Militär und Verwaltung konzentrierte. Man könnte dieses Königtum fast als ein Joint Venture bezeichnen. Zum großen Leidwesen von Mindons älteren Söhnen war Kanaung jedoch auch der designierte Thronfolger und verfügte über einen prächtigen Hofstaat, der es leicht mit dem des Königs aufnehmen konnte. Auch Mindons Hauptkönigin besaß großen Einfluss. Sie war seine Cousine aus einem älteren Zweig der königlichen Familie und nicht nur für ihr Interesse an Naturwissenschaften und Astrologie bekannt – sie verwendete einen englischen nautischen Almanach für ihre Berechnungen –, sondern auch wegen ihrer unangefochtenen Vorherrschaft über die Hundertschaften der königlichen Frauen.

Burma war nicht das einzige Land, das sich der Notwendigkeit einer Anpassung an die zunehmend europäisch dominierte und rapide umgestaltete Welt bewusst wurde. In Ägypten hatten Mehmet Ali und seine Nachfolger bereits eine Reihe von Reformen ins Leben gerufen, zum Studium der westlichen Wissenschaft und Technik aufgerufen, die Streitmächte modernisiert, die Verwaltung umstrukturiert und die Entwicklung einer riesigen Baumwollindustrie zu Exportzwecken ermöglicht. Siam wurde von Mindons Zeitgenossen König Mongkut (die Figur aus dem Film *Der König und ich*) ähnliche Reformen verordnet, und auch in Japan setzte mit dem Ende des Tokugawa-Shogunats und dem Beginn der Meiji-Restauration im Jahr 1868 ein durchgreifender gesellschaftlicher und politischer Wandel ein. Länder in Nordafrika und Asien, die den Kolonisierungsdrang bis ins späte 19. Jahrhundert überlebt hatten, folgten diesen Beispielen. Burma war zwar nicht der Leitwolf gewesen, aber auch gewiss kein Nachzügler.

Wesentlich zu den Reformbestrebungen von Mindon und Kanaung gehörte auch, dass sie Dutzenden von jungen Burmesen, hauptsächlich den Söhnen von Hofbeamten, eine Ausbildung im Ausland ermöglichten. Einige gingen an Schulen und Universitäten im nahe gelegenen Indien, viele aber auch ins entfernte Italien, nach Frankreich oder Deutschland. Am Ende der siebziger Jahre des 19. Jahrhunderts waren die obersten Ränge am Hof von Ava bereits mit mehreren Männern besetzt, die im Ausland studiert hatten. Und alle von ihnen sollten nun an dem fehlgeschlagenen Versuch teilhaben, die Modernisierung ihres Landes voranzutreiben.[7]

Auch die Armee wurde verstärkt und umstrukturiert.[8] Fabriken zur Produktion von Gewehren und Munition wurden gebaut, damit man endlich die noch immer verwendeten, aber völlig veralteten Musketen ersetzen konnte. Insgesamt zehn Dampfschiffe wurden importiert, die zwar für den regulären Schiffsverkehr gedacht waren, schließlich aber eine entscheidende Rolle für die innere Sicherheit spielen sollten. Viel wichtiger aber war, dass auch das System abgeschafft wurde, welches einigen Familien das erbliche Exklusivrecht zugestanden hatte, den König mit allen Soldaten und Offizieren zu versorgen. Dieses Prinzip, das seit Jahrhunderten dafür gesorgt hatte, dass die immer gleichen, auf ihre kriegerischen Traditionen stolzen Familien die Soldaten für den Hof von Ava stellten, wurde nun also durch ein angemessenes stehendes Heer ersetzt. Aber damit verschwand auch das Vorrecht dieser Familien auf eine Sonderbeziehung mit der Krone, das so entscheidend gewesen war für den Status, den ihre Dynastien in ihren eigenen Domänen genossen.

Im Jahr 1870 wurde eine Telegrafenleitung verlegt, die Mandalay mit Rangoon und anderen Städten in Oberburma verband und erstmals einen Nachrichtenverkehr im neu erfundenen burmesischen Morsecode ermöglichte. Westliche Bücher über Chemie, Physik und Biologie waren sehr gefragt, man plante sogar, die gesamte *Encyclopaedia Britannica* zu übersetzen. Es wurden ehrgeizige Programme unterschiedlichster Art ins Leben gerufen, und Silber floss in Strömen in neue Industrien, deren Fabriken so gut wie alles produzierten, von Glaswaren bis zu Textilien. Volkswirtschaftlich gesehen blieben sie zwar unrentabel, aber sie sollten ja letztlich ohnedies nur beweisen, dass gleich draußen vor dem ockerfarbigen Wall von Mandalay gerade ein neues Burma das Licht der Welt erblickte.

Parallel dazu wurden auch die Regierungsstrukturen selbst umgestaltet. Damit veränderten sich jedoch nicht nur die Funktionsweisen der politischen Macht, denn wie schon nach der Abschaffung des militärischen Krondienstes trug auch diese Reform zum Bröckeln des Fundaments bei, auf dem die Gesellschaftsstruktur im Irrawaddy-Tal seit Jahrhunderten beruht hatte. Die Verwaltung wurde zentralisiert und systematisiert, die alten königlichen Behörden wurden aufgelöst und neue geschaffen. Auch zum Zweck der Staatsfinanzierung wurde ein völlig neues System konzipiert und umgesetzt, das alle traditionellen und oft willkürlichen Arrangements abschaffte, die im Laufe von Jahrhunderten organisch gewachsen waren. Die Idee bei dem Ganzen war, Modernität durch Uniformität, durch klare Autoritätsstrukturen und eindeutige, rechtlich festgelegte Grenzen zu erreichen. So etwas hatte es noch nie zuvor gegeben. Die Macht des Erbadels, jener alten Clans, die schon lange vor der derzeit herrschenden Dynastie ihre Stadtstaaten geführt hatten, wurde beschnitten; der Einfluss von Mandalay und seiner offiziellen Helfershelfer wurde verstärkt. Seit Urgedenken hatten Mitglieder der königlichen Familie und des Adels Städte und Dörfer als Apanagen erhalten und ihren Lebensunterhalt dann aus den Einnahmen von diesen Gemeinden bestritten (weshalb sie auch als die *myoza* ihrer Herrschaftsregion bezeichnet wurden, wörtlich: die »Fresser«). Nun erhielten sie stattdessen ein Salär, das ihre traditionellen Verbindungen zum Hinterland kappte. Zudem wurde eine neue Steuer eingeführt, die sämtliche bislang existierenden (und wieder einmal willkürlichen) Abgaben ersetzte. Es war eine Revolution innerhalb des Regierungssystems, aber genau sie sollte die Gesellschaft Oberburmas bald schon ins Chaos stürzen.

Wie in Ägypten wollte man auch in Burma alle Modernisierungsprojekte mit dem Baumwollhandel finanzieren. Nachdem das Königreich von Mandalay kein fruchtbares Delta mehr zur Verfügung hatte und in seinem beschnittenen Territorium nur selten ein Überangebot von Reis erwirtschaftet werden konnte, hatte Mindon schon früh realisiert, dass Baumwolle die einzige verkäufliche Anbaufrucht war, die sich mehren und sowohl nach China als auch nach Übersee verkaufen ließ, um seine Schatzkammer zu füllen. Eine Weile lang funktionierte es. In den sechziger Jahren des 19. Jahrhunderts, als der amerikanische Bürgerkrieg und die Unionsblockade der konföderierten Häfen die Baumwollpreise in die Höhe trieben, konnten Mindons Makler sogar einen ordentlichen Profit eintreiben. Eine Weile lang waren die Zeiten gut.

DIPLOMATEN

Für Mindon war ein Krieg gegen England keine Option. Im Gegensatz zu seinem Vater, der mit dem Säbel zu rasseln pflegte und in seinen optimistischeren Tagträumen vermutlich bereits die Ungläubigen ins Meer getrieben hatte, im Gegensatz auch zu seinem Urgroßvater, der wirklich geglaubt hatte, dass ein Eroberungszug nach Indien machbar wäre, hegte Mindon keine solchen Illusionen. Einem Wunschbild hing allerdings auch er an, nämlich dass eine Freundschaft mit den Briten von Gleich zu Gleich möglich wäre und diese eines Tages, wenn er sie von seinen friedfertigen Absichten überzeugt hätte, den südlichen Teil seines Reiches an ihn zurückgeben würden.

Kurz nach seiner Thronbesteigung hatte er den Stammesfürsten von Magwe nach Kalkutta entsandt, um mit den Briten deren Abzug aus Rangoon zu verhandeln. Es war ein völliger Fehlschlag gewesen und hatte am Ende nur den Hardlinern in die Hände gespielt, die an nichts anderem als immer weiteren Kämpfen interessiert waren. Doch sowohl der neue König als auch Sir Arthur Phayre, der jüngst ernannte Hochkommissar für Britisch-Burma, waren entschlossen, eine friedliche Lösung für ihre Beziehungen zu finden. Ihrer Diplomatie und den Fähigkeiten von Sir Thomas Spears, des informellen britischen Beauftragten in Amarapura, war es dann zu verdanken, dass sich die Spannungen tatsächlich allmählich legten. Über Spears, von Haus aus ein schottischer Händler, arrangierte Phayre als eine besondere Geste des guten Willens sogar die Lieferung von zweihundertfünfzig stinkenden Durians an den burmesischen König, denn Mindon liebte diese »Königin der Früchte«, die jedoch nur im verlorenen Süden seines Reiches gedieh.

Am Ende der Regenzeit von 1855 stattete Sir Arthur dem Hof von Ava einen formellen Besuch ab. Ganz nach Art des imperialistischen mittelviktorianischen Forschungsreisenden kam er in Begleitung von Geographen und Naturwissenschaftlern, eskortiert von über vierhundert indischen Infanteristen und Kavalleristen auf zwei Dampfschiffen allerjüngster Bauart angereist. Weil die Burmesen aber keine Lust hatten, sich bei diesem Test des diplomatischen guten Willens derart ausbooten zu lassen, befahl Mindon seinem armenischen Minister und Vertrauten T. M. Makertich, dem Spross einer in Burma ansässigen armenischen Handelsdynastie, die britische Abordnung an der Grenze zu empfangen, im Schlepptau eine Flottille aus über tausend teakhölzernen Kriegsschiffen und vergoldeten Barken.

Als Phayre und Mindon einander zum ersten Mal persönlich begegneten, eröffnete Mindon das Gespräch in klassischer burmesischer Manier mit der Frage, ob »in dem englischen Land... der Regen und die Luft so gnädig sind, dass alle lebenden Geschöpfe glücklich sein können?« Sie unterhielten sich in liebenswürdigem Ton über so unterschiedliche Themen wie Segel- und Dampfschiffe, die Größe des Russischen Reiches, Amerikas republikanisches Regierungssystem, die anglo-amerikanischen Beziehungen, die jüngsten Entwicklungen in Persien, Ägypten und im Osmanischen Reich sowie über die Beziehungen zwischen dem (bald schon letzten) Mogulkaiser und dem Britischen Empire.[9]

Letzteres war allerdings von mehr als nur beiläufigem Interesse. Für Mindon war die Substanz seiner Beziehungen zu Kalkutta und London weniger bedeutend als deren Form. Das heißt, es war eine Sache des persönlichen wie des nationalen Stolzes für ihn, dass Burma als ein souveränes Land behandelt würde, auch wenn es ansonsten auf jede nur denkbare Weise von den Briten gegängelt wurde. Mindon war sich der Geschichte seines Landes sehr bewusst. Über die burmesischen *Glaspalastchroniken* sagte er zum Beispiel zu Phayre: »Lest sie mit Umsicht und lasst sie in Euer Herz dringen. Es wird von zwiefachem Lohn sein. Erstens werdet Ihr etwas über vergangene Ereignisse und über die Könige erfahren, die einander folgten; zweitens werdet Ihr daraus etwas für die Zukunft lernen, über die Unstetigkeit des menschlichen Handelns und die Sinnlosigkeit von Zwietracht und Zorn.«[10]

Das waren weise Worte, die er wie folgt einleitete: »Unser Geschlecht herrschte einst in allen Ländern, die heute Ihr in Indien besitzt. Die Kala haben nur zu uns aufgeschlossen.«[11] Damit meinte er, dass Burmesen und verwandte Völker die Urvölker auf dem Subkontinent waren und im Laufe der Jahrhunderte von Männern aus dem Westen, von Muslimen und nun von Europäern verdrängt worden seien. Es war ein Hinweis auf bessere Zeiten in einer lange zurückliegenden Vergangenheit, aber auch darauf, dass die Geschichte den Burmesen bloß im Moment nicht wohl gesonnen sei.

Wie auch immer, jedenfalls trieb der Bürgerkrieg in Amerika gerade die Baumwollpreise hoch. Doch bald trafen drei Dinge zusammen, die die Reformen des Königs untergraben sollten: zuerst die beharrliche Forderung der Briten auf einen Freihandel, was der königlichen Schatzkammer massive Probleme bereiten sollte; dann die heraufziehende Krise in China; und als Drittes schließlich ein Aufstand im eigenen Land.

DIE PALASTREVOLTEN VON 1866

Um die Mittagszeit des 2. August 1866 setzten zwei ältere Söhne des Königs, die Prinzen Myingun und Myinhkondaing, mehrere Gebäude innerhalb der Palastmauern in Brand, um zu signalisieren, dass der Aufstand begonnen hatte. Sie zürnten dem Vater wegen seiner Entscheidung, Kanaung zum rechtmäßigen Thronfolger zu erheben, auch das Verhältnis zwischen Onkel und Neffen hatte sich stetig verschlechtert. Einmal waren die Prinzen erwischt worden, als sie sich mitten in der Nacht nach einer ausgelassenen Feier (bei der sie die unantastbare Kuh des Königs für ihr abendliches Grillvergnügen geschlachtet haben sollen) in den Königspalast einschleichen wollten; der König hatte es daraufhin wie schon einige Male zuvor Kanaung überlassen, die jungen Männer zu disziplinieren, was vermutlich nicht sehr weise gewesen war, denn auch dafür wollten sie sich nun rächen.

Kanaung hielt gerade eine Besprechung über die jüngsten Neuerungen im Steuersystem ab und war die Punkte auf seiner Liste gerade zur Hälfte durchgegangen, als Myingun und Myinhkondaing mit ein paar Dutzend Männern in den kleinen Pavillon eindrangen, in dem die Sitzung stattfand, ihre machetenartigen *dahs* zückten und den Thronerben sowie eine Reihe von Ministern und königlichen Sekretären niedermetzelten. Normalerweise wäre auch mein Ur-Ur-Urgroßvater Maha Mindin Thinkaya, der Stammesfürst von Dabessway und zu dieser Zeit königlicher Sekretär, bei dieser Besprechung im Pavillon anwesend gewesen. Aber der damals schon Siebzigjährige hatte sich am Morgen krank gefühlt (er glaubte sich beim allzu späten Haarewaschen am Vorabend erkältet zu haben) und deshalb beschlossen, einen Tag zuhause zu bleiben.

Kanaung hatte nicht so viel Glück. Ihm wurde der Kopf abgeschlagen, dann wurde das prinzliche Haupt dem Volk zur Schau gestellt. Mehrere andere Prinzen hatten von den Verschwörern eine Botschaft erhalten, die vorgeblich vom König stammte, und waren wie befohlen zum Ort des Geschehens geeilt, wo die Ahnungslosen dann ebenfalls getötet wurden. Schnell brachen Kämpfe zwischen den rivalisierenden Parteien aus. Mehrere hochrangige Offiziere kamen bei dem Versuch ums Leben, die Revolte in Schach zu halten.

König Mindon selbst hielt sich gerade in einer Sommerresidenz rund zwei Kilometer entfernt am Fuße des Mandalay-Hügels auf. Es gelang ihm mit einem seiner anderen Söhne, dem Prinzen Mekkaya, und seiner königlichen Leibwache unbehelligt in die Königsstadt zurückzukehren. Zwei seiner höchstrangigen Minister waren tot, einer war gefangen genommen worden, nur sein alter Hauslehrer, der Stammesfürst von Pakhan, war noch an seiner Seite. Erst nach heftigen Kämpfen, die sich über den ganzen Nachmittag hinzogen, schafften es die Königstreuen, sich neu zu formieren und die beiden Prinzen in die Defensive zu schlagen. Nachdem den Verschwörern klar geworden war, dass sie nicht an den König herankommen würden, zogen sie sich durch das Rote Tor zurück, nahmen sich die Königsbarke *Yenan Setkya* und verschwanden in Richtung britisches Hoheitsgebiet.

Der schockierte König schickte ihnen eine Kolonne unter der Führung des erfahrenen Generals und Stammesfürsten Yenangyaung hinterher. Die königlichen Truppen sammelten sich im Schatten der mittelalterlichen Ruinen von Pagan und marschierten dann im strömenden Regen Richtung Süden.

Doch nun begann sich der Aufstand plötzlich in eine andere Richtung zu drehen. Der Putschversuch in Mandalay hatte eine weitere Palastrevolte ausgelöst, diesmal von Prinz Padein angeführt, dem Sohn des ermordeten Prinzen Kanaung. Gemeinsam mit anderen Mitgliedern von Kanaungs Familie war er aus der Stadt nach Shwebo ins Stammhaus seiner Ahnen im Norden geflohen. Er war selbst traumatisiert von dem grauenvollen Ende seines Vaters, aber unsicher, was die Einstellung des Königs betraf, und bangte deshalb um sein eigenes Leben. Mindon gewährte ihm zwar völlige Amnestie und sogar seinen persönlichen Schutz, doch inzwischen hatte Padein, ermuntert von einer wachsenden Zahl an Unterstützern, bereits beschlossen, selbst die Fahne der Revolution zu hissen. Der mächtige Gouverneur von Shwebo schloss sich ihm an und trommelte eine beträchtliche Streitmacht zusammen, die dann schnell auf die Hauptstadt zumarschierte.

Es war inzwischen Mitte September, und Oberst Sladen, der britische Resident in Mandalay, ging davon aus, dass Mindons Tage auf dem Thron gezählt waren. Deshalb verweigerte er dem König auch die Bitte, das Dampfschiff des Residenten benutzen zu dürfen. Die britischen Beamten in Rangoon lehnten sogar ab, die beiden königlichen Dampfschiffe freizugeben, die dort vor Anker lagen. Es gibt zwar keinen Hinweis auf eine Mittäterschaft der Briten beim Meuchelmord an Kanaung und der halben Regierung, fest steht nur, dass die Briten entschieden hatten, keinen Finger für Mindon in seiner schwersten Stunde zu rühren.

Padeins Truppen näherten sich vom Norden, Osten und Westen, während Myingun im Süden ein sogar noch größeres Gefolge um sich geschart hatte. Mindon erwog seine Abdankung, doch seine Hauptkönigin, eine geachtete Astrologin, konsultierte ihre Karten und sagte einen Sieg voraus. Also hielt Mindon durch. Nach mehreren weiteren Appellen gaben die Briten schließlich die beiden Dampfschiffe in Rangoon frei, die sich dann mit zweihundert Kriegschiffen und zehntausend Mann Mindons missratenen Söhnen an die Fersen hefteten. Im Oktober flohen die Söhne nach Britisch-Burma und gaben auf.

Als Nächstes war Padein an der Reihe. In Mandalay wurde eine noch größere und diesmal vom loyalen Königssohn Prinz Nyaunggyan geführte Streitmacht versammelt, der auch eine Division aus den Shan-Bergen unter dem Sawbwa von Yawnghwe angehörte. Eine Delegation buddhistischer Mönche versuchte noch im letzten Moment erfolglos zu vermitteln. An einem bewölkten Herbstmorgen begannen die Streitkräfte der Royalisten unter dem Prinzen Nyaunggyan mit einer Artillerie, sechzehn Kriegselefanten und sechshundert handverlesenen Kavalleristen den Irrawaddy zu durchqueren. Padein wurde nach mehreren Kämpfen in die Flucht geschlagen, schließlich gefangen genommen, eine Zeit lang in der Schatzkammer festgesetzt und dann wegen Hochverrats hingerichtet.

Mindon sollte sich nie wirklich von diesen Erlebnissen erholen. Er hatte seinen Bruder, engsten Mitarbeiter und Freund verloren, weil sich seine beiden ältesten Söhne gegen ihn verschworen hatten. Der König bemühte sich zwar auch weiterhin um Reformen, fühlte sich aber zusehends zu religiösen Fragen hingezogen und überließ die Amtsgeschäfte und Diplomatie bald einer neuen Generation an gelehrten Beamten. Und die hatten es dann plötzlich mit einem ganz anderen Problem zu tun, das aus China im Norden auf sie zu kam.

DAS LETZTE GEFECHT DER PANTHAI

Am 19. Mai 1856 hatten Qing-Beamte in Kunming, der Hauptstadt der Provinz Yunnan im Südwesten Chinas, ein methodisches Massaker an der muslimischen Gemeinde der Stadt dirigiert. Es währte drei Tage. Ethnische Chinesen, die Miliz und die kaiserlichen Beamten der Stadt hatten sich verschworen und zwischen vier- und siebentausend Panthai aus Yunnan abschlachten lassen, Männer, Frauen und Kinder. Dann legten sie die Moscheen der Stadt in Schutt und Asche und gaben die Order aus, jeden Muslim in jeder Präfektur, jedem Bezirk und jeder Gemeinde von Yunnan zu töten. Es war ein Genozid. Aber erst nach vielen weiteren Gräueltaten in der ganzen Provinz beschlossen die Panthai schließlich sich zu wehren. Ihr Aufstand dauerte achtzehn

Jahre und hatte verheerende Folgen für das benachbarte Königreich Burma.

In der zweiten Hälfte des 18. Jahrhunderts erlebte Yunnan eine dramatische Verwandlung. Weil China im Landesinneren bereits so dicht besiedelt war und die volle Last des fortwährenden demografischen Wachstums zu spüren bekam, hatte der Staat immer mehr Bürger mit großzügigen Anreizen zu bewegen versucht, nach Yunnan zu übersiedeln. Das war in der Zeit nach den Invasionen der Qing in den 1760er Jahren gewesen, als der Handel zwischen dem Südwesten Chinas und Burma wieder aufgenommen worden war. Die daraufhin einsetzende Migrationswelle ließ die Bevölkerung von Yunnan von den rund vier Millionen Menschen, die 1755 dort gesiedelt hatten, auf zehn Millionen im Jahr 1850 anwachsen. Allein diese Provinz verfügte nun über eine größere Bevölkerung als ganz Burma zu dieser Zeit.[12]

In Yunnan lebte eine Mischgesellschaft aus ethnischen Chinesen und den Angehörigen vieler Völker, die zum Teil dem Burmesischen sehr ähnliche Mundarten sprachen und schon seit der Zeit der mittelalterlichen Nanzhao- und Dali-Königreiche in der Region ansässig gewesen waren. Auch die beträchtliche muslimische Minderheit der Panthai lebte dort, die Nachfahren von mongolischen und türkischen Soldaten, von Siedlern aus lange zurückliegenden Zeiten und von lokalen Konvertiten. Aber die neu zugewanderten Chinesen unterschieden sich stark von den ethnischen Chinesen, deren Familien schon seit Generationen in der Provinz ansässig gewesen waren. Sie waren dreist und aggressiv, besetzten unrechtmäßig Land, rissen gewaltsam Silberminen und andere Abbaugebiete an sich und rühmten sich enger Beziehungen zur Qing-Regierung. Damit wurde eine gravierende wirtschaftliche und kulturelle Veränderung in Gang gesetzt. Yunnan wandte sich entschieden von Tibet und Südostasien ab und dem chinesischen Kernland zu.

Für Burma war Yunnan nach wie vor ein wichtiger Handelspartner. Im 19. Jahrhundert war der Baumwoll-, Seide-, Tee- und Silberhandel über den Landweg mit dieser chinesischen Provinz von großer Bedeutung, insbesondere seit die Briten die Küste unter ihre Kontrolle gebracht hatten. Und da dieser Handel von den Maklern des Königs bestimmt wurde und der Steuer unterlag, war auch die Finanzierung von Mindons Reformen von deren ungehindertem Ablauf abhängig. Und genau der änderte sich nun.

Seit dem gewaltigen Zuzug von chinesischen Siedlern hatten die Animositäten zwischen den verschiedenen ethnischen Gruppen in Yunnan, insbesondere zwischen Chinesen und Panthai, einen immer gewalttätigeren Charakter angenommen. Im Jahr 1839 stellte ein örtlicher Beamter eine Miliz auf, die mit Einverständnis der Regierung siebenhundert Panthai in der Grenzstadt Mianning abschlachtete. Sechs Jahre später, in den frühen Morgenstunden des 2. Oktobers 1845, verbarrikadierten örtliche Qing-Beamte mit Hilfe der Banden von chinesischen Geheimgesellschaften die Stadttore von Baoshan und gingen drei wahnsinnige Tage lang wie entfesselt auf die Panthai-Bevölkerung los.[13]

Doch nun, da die chinesische Repression so richtig in Fahrt gekommen war, entschieden die Panthai endlich, sich zur Wehr zu setzen. Vier Monate nach dem Kunming-Massaker nahmen Panthai-Kämpfer Dali ein und erklärten es zu einem neuen, unabhängigen Königreich. Im Süden und Osten von Yunnan kam es zu erbitterten Kämpfen. Die in Panik versetzten Provinzbeamten hatten alle Mühe, die Versorgungs- und Kommunikationswege zwischen Kunming und Zentralchina offen zu halten.

Am 23. Oktober 1856 wurde der Panthai-Führer Du Wenxiu bei der Gründungszeremonie des neuen Staates formal zum Oberbefehlshaber und Sultan aller Gläubigen erhoben. Du Wenxiu war 1823 in Baoshan in Westyunnan geboren worden, hatte die chinesischen Klassiker studiert und sich anschließend auf die chinesische Beamtenprüfung vorbereitet, was unter muslimischen Oberschichtsfamilien nichts Ungewöhnliches war. Aber nun plante sein neuer Panthai-Staat eine Revitalisierung der islamischen Lehre, obwohl er auf einem multiethnischen Fundament beruhte und sogar über entsprechende politische Richtlinien verfügte. Es wurden Madrassas gegründet, der erste Koran in chinesischer Sprache gedruckt und ausdrücklich die arabische Sprache gefördert.

Für Mandalay waren das keine guten Nachrichten. Mindon sympathisierte zwar mit den Panthai, weil er sie als die unterdrückten Nachfahren der Ureinwohner von Yunnan betrachtete, konnte sich eine Kritik Pekings aber nicht leisten. Und als Peking dann Sanktionen gegen die abtrünnige Provinz forderte, sah sich Mindon gezwungen, dieser Forderung nachzukommen. Der gesamte Handel mit dem Norden wurde mit entsprechenden Folgen für die königliche Schatzkammer eingestellt.

Das alles geschah vor dem Hintergrund eines noch viel größeren Dramas, von dem ganz China betroffen war, nämlich der Taiping-Revolution, die sich schließlich zu einem Bürgerkrieg auswuchs, der zwischen 1851 und 1864 mindestens zwanzig Millionen Menschen das Leben kosten sollte. Schon bevor der selbsternannte Mystiker und »kleine Bruder Jesu«, Hong Xiuquan, zu seinem großen Aufstand aufgerufen hatte, war die Macht der Qing bei internen Revolten und von imperialistischen ausländischen Mächten auf die Probe gestellt worden. Am Höhepunkt dieser Revolution kontrollierte Taiping (das »Himmlische Reich des Großen Friedens«) dann einen Großteil der südlichen und zentralen Regionen Chinas. Doch im Jahr 1864 wendete sich das Blatt, diesmal auch dank der Hilfe von westlichen Streitkräften. Die theokratische Armee wurde geschlagen.[14]

Kaum war der Taiping-Aufstand vorüber, konzentrierten sich die Qing-Armeen gnadenlos auf die Panthai und anderen kleineren Rebellionen, die im ganzen Land aufgeflammt waren. Am 26. Dezember 1872 kesselten die kaiserlichen Truppen Dali ein. Du Wenxiu beschloss, sich dem Qing-General auszuliefern, hoffend, dass er mit dieser Geste das Leben der Einwohner seiner Stadt retten könne. Allerdings schluckte er eine tödliche Dosis Opium, während ihn seine Sänftenträger ins Qing-Lager brachten, und war bereits tot, als man ihn dort in Empfang nehmen wollte. Der Genugtuung seiner Hinrichtung beraubt, zerrten die Qing-Offiziere Dus Leiche hastig vor die wartenden Soldaten und köpften sie. Das Haupt wurde in Honig eingelegt und dem Kaiser überbracht.

Drei Tage später setzten die kaiserlichen Truppen ein Massaker in Gang, das nach den konservativen eigenen Schätzungen der chinesischen Regierung zehntausend Leben forderte, darunter das von viertausend Frauen, Kindern und Alten. Hunderte ertranken zudem bei dem Versuch, durch das eisige Wasser des Erhai-Sees ans andere Ufer zu schwimmen. Andere wollten über die schmalen Pässe an beiden Enden des Tales zu entkommen, wurden aber samt und sonders von den nachsetzenden Mandschu-Reitern getötet. Jedem Getöteten wurde ein Ohr abgeschnitten. Am Ende wurden vierundzwanzig Körbe voller Ohren zusammen mit dem abgeschlagenen Kopf von

Du Wenxiu nach Peking gesandt. Doch tausende Panthai waren nach Burma entkommen, wo sie bis heute als eine unverwechselbare Minderheitengruppe in Mandalay und den Bergregionen nahe ihrer alten Heimat leben.

Bis der Aufstand in China schließlich niedergeschlagen war und die ersten Maultierkarawanen wieder vorsichtig auf den gewundenen Trampelfaden über die Shan-Berge ziehen konnten, hatte sich die Finanzlage Burmas in ein einziges Chaos verwandelt. Die Versuche der Briten und Burmesen, ihre Beziehungen in ruhigere Gewässer zu lenken, wurden intensiviert.

EINE ABORDNUNG ZU QUEEN VICTORIA

An einem stickig heißen Morgen im März dampfte die SS *Tenasserim* unter der Pfauenfahne des burmesischen Königs und dem britischen Union Jack den Rangoon-Fluss in die salzigen Gewässer des Indischen Ozeans. Es war ein Schiff nach neuestem technischen Standard, das erst jüngst für die Henderson Passenger Line in Glasgow vom Stapel gelaufen war und sich nicht weniger als zwanzig bestens ausgestatteter Erster-Klasse-Kabinen rühmte. An Bord befand sich eine Delegation des Hofes von Ava unter der Führung des gelehrten Kinwun Mingyi, eines Ministers des Königs. Die Männer waren auf dem Weg nach England, um, wie der Kinwun und seine Begleiter sehr wohl wussten, den allerletzten Versuch zu unternehmen, ihrem Land die jahrhundertealte Unabhängigkeit zu erhalten.[15]

Es war nicht einfach ein Kurzbesuch nach Art der Missionen heutiger Diplomaten. Der Kinwun und seine Begleiter sollten sich über ein Jahr in Europa aufhalten, hauptsächlich in England, aber auch kürzere Reisen in andere Regionen der Britischen Inseln sowie nach Rom und Paris unternehmen. Sie erhofften sich den Abschluss eines Freundschaftsvertrags zwischen ihrem König und Königin Victoria. Nach ihrer eigenen und nach Ansicht der burmesischen Regierung würde sie ein solcher Vertrag über die indischen Fürstenstaaten erheben und ein Garant gegen künftige Angriffe sein. Doch bei diesem Besuch im Westen sah der Kinwun zum ersten Mal mit eigenen Augen die gewaltige Kluft, die sich zwischen seinem Land und dem Europa seiner Tage in den Wissenschaften, bei der Technik und auf so vielen anderen Gebieten aufgetan hatte. Und was er dort vorfand, beeinflusste nicht nur ihn zutiefst, es sollte durch seine Schriften auch auf andere in Mandalay einwirken und schließlich zu einer Wende und in eine Tragödie führen.

Der Kinwun war damals fünfzig Jahre alt. Geboren wurde er kurz vor dem Ersten Englisch-Burmesischen Krieg in einer kleinen Stadt am Chindwin im Nordwesten von Ava, die den angemessenen Namen Mintainbin (»Des Königs Rat«) trug. Er hatte eine klassische Erziehung genossen, im Bagaya-Kloster von Amarapura studiert und sich den Ruf eines erstklassigen Gelehrten und Dichters erworben. Obwohl er aus einer Militärkaste stammte, fühlte er sich zu einer weniger martialischen Laufbahn berufen und war zuerst in den Hofstaat des Prinzen Kanaung eingetreten, um schließlich Mindon als Herr der königlichen Hofhaltung und später als sein Kämmerer zu dienen. Als Mindon den Thron bestieg, ernannte er den Kinwun zu seinem Oberkämmerer und erhob ihn in den Adelsstand. Von da an war ihm der Aufstieg auf der höfischen Karriereleiter sicher. Er wurde Gouverneur von Alon, dann Hauptsekretär des Staatsrats und schließlich Minister aus eigenem Recht. Und irgendwann auf diesem Weg wurde er auch beauftragt, die Pläne der alten Hauptstädte zu studieren und einen detaillierten Entwurf für das neu zu schaffende Mandalay vorzulegen.

Weil der Kinwun seinem König während der Palastrevolte im Jahr 1866 so unerschütterlich beigestanden hatte, war er vom dankbaren Mindon gebeten worden, mit dieser Reise nun diese wichtigste von all seinen Aufgaben zu übernehmen. In seiner Begleitung befanden sich drei weitere königliche Emissäre. Der erste war der nachgeordnete Minister Maha Minhla Kyawhtin, welcher wegen seiner schulischen Erziehung bei amerikanischen Missionaren und wegen seiner Englischkenntnisse ausgesucht worden war. Der zweite war Maha Minkyaw Raza, ein Aristokrat mit portugiesisch-armenischem Hintergrund, der in Kalkutta erzogen worden war und dann an der Pariser École Centrale des Arts et Manufactures studiert hatte. Europäer, die ihn kennenlernten, rühmten seine geschliffenen Manieren und sein einnehmendes Wesen. Er war der vielleicht am westlichsten orientierte Mann am burmesischen Hof und kleidete sich häufig sogar selbst nach französischer Art. Der Kinwun hatte ihm ein kurzes

Gedicht gewidmet (wie es in jenen Tagen die Gepflogenheit der literarisch gebildeten Schicht Burmas war), in dem er ihn rügte, weil er burmesische Bräuche aufgegeben und sich eine Französin zur Frau genommen hatte.

Der dritte Emissär schließlich war Naymyo Mindin Thurayn, der Spross eines alten Adelsgeschlechts, das seinen Stammbaum bis zu den Höflingen der alten Ava-Dynastie zurückverfolgen konnte. Er hatte an der französischen Militärakademie L'École Saint-Cyr graduiert und eine Karriere beim Kassai-Reiterregiment angetreten, die jedoch von kurzer Dauer sein sollte, da es bald schon keine burmesische Kavallerie mehr gab. Vervollständigt wurde diese Gesandtschaft durch Mr. Edmund Jones, einen »Händler aus Rangoon« und des Königs Konsul.[16]

Das Schiff glitt über die dunkelblauen Gewässer des Indischen Ozeans um Ceylon herum, fuhr in den Suez-Kanal ein und weiter bis Kairo, wo die Emissäre die Pyramiden bestaunten und sich anerkennend über die ihrer Meinung nach sehr westlich ausgerichtete Verwaltung Ägyptens äußerten. In Italien, ihrem ersten Stopp auf dem europäischen Kontinent, wurden sie mit einer großen Parade empfangen und zu einer Audienz bei König Viktor Emanuel gebeten, bevor sie sich als Touristen nach Pompeji begaben. Der Kinwun schilderte die Überreste der erloschenen antiken Stadt in allen Einzelheiten und vermerkte, dass der moderne Mensch mit Hilfe solcher Ausgrabungen »erfahren kann, wie klug und fortschrittlich seine Vorfahren waren«. Dem fügte er noch hinzu: »Dies ist die Gepflogenheit aller Europäer – immer bestrebt, alte Städte und Gebäude zu entdecken und zu erhalten.« Ganz allgemein waren die burmesischen Gesandten beeindruckt vom jüngst vereinigten Italien und fanden, dass Burma etwas von dieser italienischen Fortschrittlichkeit gut anstünde.

Dann ging es weiter nach Florenz, Südfrankreich und Paris (wo sie haltmachten, um sich das Grab Napoleons anzusehen), bis sie am 4. Juni schließlich Dover erreichten. Dort wurden sie aufs Freundlichste von britischen Beamten willkommen geheißen (»wir werden Dover bis ans Ende unserer Tage nicht vergessen können«), bestiegen die wartenden Sonderkutschen und traten unter den Salutschüssen von neunzehn Kanonen die letzte Etappe ihrer Reise an, vorbei am einfachen Volk, das ihnen vom Straßenrand oder den Fenstern aus zujubelte. In London angekommen, bezogen sie Quartier im Grosvenor Hotel, und Jones machte sich auf den Weg, um für die neue burmesische Botschaft angemessene Kutschen mitsamt Vorreitern und Lakaien sowie Diener und Boten anzuheuern, die mit eigenen Livreen ausgestattet wurden.

Die nächsten Wochen waren eine Tour de Force durch die spätviktorianische Gesellschaft. An einem strahlenden Junitag ging es nach Ascot, wo der Kinwun und seine Begleiter feststellten, dass der Prince of Wales »einen gewöhnlichen Anzug trug und sich frei in der Menschenmenge bewegte, ungezwungen und ohne königliche Allüren mit jedem plauderte, geradeso als wäre er ein normaler Lord oder gewöhnlicher Bürger«. Überall wurden sie freundlich von den Menschen gegrüßt, wofür sie sich dankend zu verbeugen pflegten. Immer wieder wurden sie vorgewarnt, dass derart strahlend sonnige Tage in England selten seien. Dann besuchten sie »eine Schule, in der siebenhundert Knaben nicht nur unterrichtet, sondern auch bekleidet, untergebracht und ernährt werden«. Der Bürgermeister von London führte sie in den Tower, »wo wir uns den Kerker und die Stätte ansahen, in der die Verräter hingerichtet wurden«. Anschließend gingen sie zu einem Empfang ins Kensington Museum. An einem anderen Tag besuchten sie den Duke of Devonshire auf seinem Landsitz, lauschten einem Konzert und genossen in Westminster ein fünfgängiges Menü in der Gesellschaft von mehreren Parlamentariern.

Der Kinwun und seine Begleiter besuchten auch Madame Tussauds Wachsfigurenkabinett, wo sie die Ebenbilder von Personen bestaunen konnten, die ihnen, wie der Prince of Wales, bereits leibhaftig begegnet waren. Als der Kinwun einen Blick in einen Figurensaal voller Besucher warf, notierte er in sein Tagebuch, dass es ihm schwergefallen sei, »zwischen den leblosen Wachsfiguren und den Menschen zu unterscheiden«. Auch ein Buch über das Museum, das man ihnen überreicht hatte, betrachteten sie sich aufmerksam nach ihrer Rückkehr ins Hotel. Einmal besuchten sie einen Wohltätigkeitsbasar vor dem Anwesen des Earl of Sussex, woraufhin der Earl sie ins Haus einlud und ihnen das »Gemälde eines Affen« vorführte, »welches von seinen Eltern für 40 000 Rupien erstanden worden war«. Sie sahen sich das jährliche Krickespiel zwischen Eton und Harrow an, machten eine Tour durch das Middlesex-Gefängnis, verbrachten einen Nachmittag im Kristallpalast und liefen durch die »saubere und aufgeräumte« Unfallstation des St. George's Hospital. Ein andermal besuchten sie das Bethlehem Mental Asylum, wo »Patienten in einer sehr angenehmen Umgebung betreut werden«. Im Laufe der nächsten Wochen besichtigten die burmesischen Emissäre die Westminster Abbey, machten eine Bootsfahrt nach Hampton Court und bestaunten die Ausstellungen im Britischen Museum. An einem heißen Juliabend, »so heiß wie ein Oktobertag in Burma«, hatten sie endlich die Chance, sich mit einem Empfang an Bord des königlichen Schiffes für die Gastfreundschaft der Engländer zu revanchieren.

Für den Kinwun (weniger für die anderen, die bereits Zeit im Westen verbracht hatten) war das alles eine Offenbarung. Falls er sich zuvor gefragt hatte, ob Burma künftigen Angriffen des Westens standhalten könnte, dürften seine Zweifel mittlerweile noch gewachsen sein. Die Kluft, die sich nicht nur auf wissenschaftlichem und technischem Gebiet auftat, sondern auch in so vielen Aspekten des gesellschaftlichen und politischen Lebens, lag ihm klar vor Augen. Von da an bis zum Sturz seines Königreichs sollte der Kinwun für Zurückhaltung und Kompromissbereitschaft gegenüber den Briten eintreten und sich klar auf die Seite der radikaleren Reformer hinter den Palastmauern stellen. Doch im Moment hatte er erst noch seine Mission zu erfüllen und den Vertrag mit der Queen auszuhandeln.

Am 21. Juni wurde die Gesandtschaft von der Königin höchstpersönlich in Windsor Castle empfangen. Die Emissäre hatten ihre prächtigsten Seiden- und Samtgewänder angelegt, bevor sie in gespannter Erwartung den königlichen Zug bestiegen. In einer kleinen Station vor den Toren Londons wurden sie von Viscount Sydney, dem Oberkämmerer der Königin, und drei Staatskarossen erwartet. Im Schloss angekommen, registrierten sie, dass sich die Königin erhob, um sie zu begrüßen (»die europäische Art, tiefsten Respekt zu erweisen«). Dann übergab der Kinwun Queen Victoria eine Schatulle, in der sich die Grußbotschaft seines Königs befand, sowie mehrere Kästchen mit Geschenken.

»Befindet sich Seine Burmesische Majestät, der König der Morgenröte, wohl?«

»Seine Majestät befindet sich wohl, Eure Majestät.«

»Hatten Eure Exzellenzen eine angenehme Reise nach England?«

»Wir hatten eine angenehme Reise, Eure Majestät.«
Das war's. Enttäuscht hatten die Gesandten wahrgenommen, dass sie der Königin nicht durch den Außenminister vorgestellt worden waren, sondern durch den Duke of Argyll, den Staatssekretär für Indien. Aber sie hofften, dass es wenigstens ein Anfang gewesen sei. Nach einem Spaziergang um das Schloss ging es zurück zur Great Western Station und ins Grosvenor Hotel, um etwas zu ruhen. Am Abend waren der Kinwun und seine Begleiter zu einem Staatsball im Buckingham Palace geladen, »wo die Mitglieder der königlichen Familie, ihre Freunde, die Botschafter fremder Länder und deren Damen, Lords und Ladies, hohe Beamte und deren Ehefrauen herumtollten, tanzten und fröhlich waren«.

Einen großen Teil ihrer Zeit in England verbrachten sie in den verschiedenen Handelskammern, die sich weit weniger für Burma selbst als für dieses Land als das Hintertürchen zu den sagenumwobenen Märkten Chinas interessierten. Eine Eisenbahn zwischen China und Burma schien den Engländern der Schlüssel zu unermesslichen Reichtümern zu sein. Der Kinwun besuchte Manchester, Birmingham, Leeds und diverse andere Industriestädte, tourte durch Fabriken und traf sich mit ansässigen Geschäftsleuten, doch wo er auch hinkam, überall galt das eigentliche Interesse China. Allerorten folgten neugierige Menschenmassen den Gesandten, in der Lime Street Station von Liverpool wurden sie von fast zweitausend Männern, Frauen und Kindern begrüßt, als sie dem Sechs-Uhr-Zug aus Birmingham entstiegen.

In Liverpool versuchte der Kinwun die Handelskammer mit den Potenzialen Burmas zu beeindrucken. Seine Schilderung sollte im Verlauf des nächsten Jahrhunderts noch oft von den Briten zitiert werden:

Unser Land ist fruchtbar und reich mit Mineralien und Rohstoffen ausgestattet. Wir haben große Rubin- und andere Edelsteinvorkommen. Unser Teakholz findet seinesgleichen nicht in der Welt. Europäische Besucher staunen über unsere sprudelnden Ölquellen. Wir haben auch Eisen und Kohle. Wir stellen Gold und Silber her. Unser Land produziert gewaltige Mengen an Sesam, Tabak, Tee, Indigo, allen Arten von Reis, allen Arten von Weizen und allen Arten von Ka-

techu.* Wir freuen uns feststellen zu dürfen, dass westliche Nationen mit uns der Meinung sind, dass die Zeit reif ist, um dieses reiche Land zu entwickeln.[17]

Inzwischen hatte sich allenthalben die Vorstellung breitgemacht, dass sich der burmesische König dem Versuch querstellte, durch die Hintertür einen Handel mit China zu eröffnen. Deshalb gab sich der Kinwun in Halifax alle erdenkliche Mühe, um klarzumachen, dass Mandalay ganz und gar nichts gegen eine Eisenbahnverbindung mit China habe, sondern vielmehr die bislang zu diesem Zweck vorgeschlagenen Strecken unmöglich zu bauen seien, da sie durch wilde und abgelegene Gebiete führten, deren Beschaffenheit sogar das modernste Ingenieurswesen vor große Herausforderungen stellen würde.

Nach dem Besuch der Börse von Glasgow wurde ihnen zu Ehren ein Lunch im Rathaus gegeben, zu dem dreihundert Händler geladen waren. Aus dieser Stadt stammten viele der vorrangig schottischen Geschäftsmänner in Rangoon. Der Präsident der Handelskammer erklärte: »Wir müssen wahrheitsgetreu sagen, dass der Handel mit dem burmesischen Königreich wegen der vielen Schwierigkeiten und Hindernisse in den vergangenen Jahren nicht den geringsten Fortschritt machte und die beiden Königreiche nur dann wirklich profitieren werden, wenn der burmesische König bereit ist, diese Schwierigkeiten und Hindernisse zu beseitigen.«

Die Rundreise ging weiter. Am 26. September überquerten sie den Irischen Kanal und fuhren mit dem Zug nach Dublin, wo sie im Shelburne Hotel abstiegen und die St. Patrick's Cathedral sowie die »große Lehranstalt von Dublin« (das Trinity College) besuchten. Zur abendlichen Unterhaltung hatten ihre Gastgeber eine Show organisiert, bei der auch siamesische Zwillinge vorgeführt wurden und ein paar Zwerge tanzten. Im strömenden Regen bereisten sie das Hinterland. Der Kinwun vermerkte, dass es kaum kultiviert worden sei und der Boden in Irland weit weniger fruchtbar schien als in England, da er nur aus »versumpftem Gelände von dunkelbrauner Farbe« bestehe.

In Newcastle erfuhr der Kinwun in einem privaten Observatorium

---

* Anm. d. Übers.: Substanz aus der Rinde der Gerberakazie, die sowohl zum Gerben als auch zu medizinischen Zwecken verwendet wurde.

zu seinem großen Interesse, dass der Mond von tiefen Tälern durchzogen und von kochendem Wasser bedeckt sei, welches wochenweise alternierend gefriere, und dass es dort keine lebenden Geschöpfe gebe. In Holyrood, Edinburgh, bestaunte er mit seinen Begleitern die Porträts der schottischen Herrscher. Besonderes Interesse brachte der Kinwun an der »tragischen Geschichte der schönen Mary, Königin der Schotten« zum Ausdruck.

Das waren alles wunderbare Erlebnisse, doch nach monatelangem Herumreisen hatte es nur eine einzige Audienz bei der Queen und keinerlei Anzeichen gegeben, dass die Briten überhaupt an einem Vertrag interessiert waren. Daheim in Burma verlor König Mindon allmählich die Geduld. Im November befahl er dem Kinwun und seinen Emissären, nach Paris abzureisen – eine kaum verhüllte Warnung an London, dass Burma auch noch über andere Freunde verfügte, vor allem aber ein Ausdruck der Hoffnung, dass man auch mit der neuen Französischen Republik einen Handelsvertrag abschließen könne. Doch auch dort gab es Sehenswürdigkeiten, die es trotz der jüngsten Zerstörungen im Deutsch-Französischen Krieg erst einmal zu besichtigen galt, nicht zuletzt den Louvre, in dem die Delegation die Waffensammlung, die Seide aus Japan und die ägyptischen Mumien bewunderte. In der Nationalbibliothek entdeckte der Kinwun überrascht eine alte Karte, die offenbar zu Zeiten des Pagan-Reichs von Marco Polo selbst angefertigt worden war und auf der sich auch Burma fand. In diesem Moment sei ihm bewusst geworden, »dass Europäer schon seit vielen Jahrhunderten Burma besuchen«. Kurz vor Weihnachten, als sie auf dem Weg nach Versailles waren, um vom französischen Präsidenten empfangen zu werden und den Handelsvertrag zu unterzeichnen, erlebten sie den allerersten Schneefall ihres Lebens. Es war der Beginn von französisch-burmesischen Beziehungen, die in der Realität nicht viel bringen, dafür jedoch bald die Briten dazu verleiten sollten, vom Schlimmsten auszugehen und zu beschließen, dem Königreich des Kinwun lieber gleich ganz ein Ende zu bereiten.

EIN LETZTES WAGNIS

Seit den Palastrevolten von 1866 hatte der König gezögert, einen neuen Erben zu ernennen. Die Ermordung seines Halbbruders Kanaung durch seine eigenen Söhne und das anschließende Blutbad hatten ihn stark mitgenommen. Er wusste, dass ein reibungsloser Übergang nur dann möglich war, wenn er einen seiner Söhne auswählen würde, aber es war ihm auch klar, dass er mit der Wahl des einen alle anderen zum Exil, zu einer Inhaftierung oder Schlimmerem verurteilen könnte. Es hatte durchaus friedliche Machtübergaben in der Vergangenheit gegeben, zuletzt 1819, doch das waren andere Zeiten gewesen, denn mittlerweile wurden die Rivalität und das Misstrauen innerhalb des königlichen Clans auch noch von den oft so rücksichtslosen Intrigen der Briten geschürt. Deshalb hatte der König beschlossen, dieses Thema von sich zu schieben, auch wenn diese bewusste Vernachlässigung jedes Jahr stärker auf seinem Gewissen gelastet haben muss. Sein Lieblingssohn war Prinz Mekkaya, ein intelligenter und fähiger, aber auch sehr ehrgeiziger Mann. Eine Weile lang hatte man ihm die Verantwortung für die neuen Fabriken übertragen, die vor den Stadtmauern errichtet wurden, außerdem hatte er bereits Erfahrungen im Regierungsgeschäft gesammelt. Doch dann kam heraus, dass er sich mit einer Ministerclique verschworen hatte, woraufhin dann eigens ein Edikt erlassen wurde, das private Gespräche zwischen Amtsträgern und Mitgliedern der Königsfamilie künftig untersagte.

An einem bedeckten Tag gegen Ende des Jahres 1878 starb Mindon unerwartet nach kurzer Krankheit. Es hatte ihn die Ruhr ereilt, und alles Bemühen seines deutschen Arztes hatte den schnellen Verfall seiner Gesundheit nicht aufhalten können. Seine Majestät war an das vergoldete *Thalun*-Bett in seinen Privatgemächern gefesselt geblieben, Tag und Nacht von seinen Frauen, Töchtern und den Dienern des innersten Hofes umsorgt.

Unweit seiner Gemächer hatten sich die Drahtzieher von Mandalay zusammengefunden, um zu entscheiden, was als Nächstes zu tun wäre. Es waren alle hochrangigen Minister anwesend – die *wungyi* und *atwinwun* –, daneben auch die Obersten der königlichen Hofgarde, Männer, deren Titel (»Herr des Tores«) zum Ausdruck brachten, welche Funktionen ihnen im Falle einer Palastrevolte zukamen. Sie gehörten allesamt dem Adel an, mehrere von ihnen waren mit dem König blutsverwandt oder durch dynastische Ehen verbunden. Als Gruppe bildeten sie jenes politische Establishment, welches über hundertdreißig Jahre bis auf die Gründung der Dynastie zurückreichte. Aber nicht wenige von ihnen hatten einen sogar noch älteren Stammbaum als die Königsfamilie vorzuweisen.

Ihnen ging es nun in erster Linie darum, einen Bürgerkrieg zu vermeiden. Wenn der König keinen Nachfolger benannte, fiel diese Aufgabe traditionell ihnen zu. Die naheliegendste Wahl war natürlich einer der ältesten Prinzen, entweder der bereits erwähnte Prinz Mekkaya oder Prinz Nyaunggyan und Prinz Thonze. Alle drei hatten Mindon in den dunkelsten Stunden des Jahres 1866 beigestanden, und die Mütter aller drei waren hochrangige Königinnen mit einer jeweils beträchtlichen Gefolgschaft und von großem Einfluss. Doch kaum jemand wollte einen dieser drei Prinzen auf dem Thron sehen. Sie hatten eine radikale Entscheidung zu treffen.

Als sie sich zusammengefunden hatten, einige in ihre schneeweißen Seidenjacken gehüllt, andere in lange kirschrote Samtroben, hatten sie letztendlich längst gewusst, was sie wollten: einen fügsamen Prinzen, »so biegsam wie Bambus«, sagten sie, jemanden, den sie gemeinsam kontrollieren konnten.[18] Die Welt war viel zu gefährlich geworden, um einem verantwortungslosen oder pflichtvergessenen Mitglied der Königsfamilie die Verantwortung zu übertragen. Sie alle fühlten sich der Monarchie zutiefst verpflichtet, waren aber mehr als nur bereit, sich gegenüber den wahren Nachfahren von Alaungpaya durchzusetzen, welche zweifellos gerade in anderen Gärten hinter anderen Teakwänden ihre eigenen Pläne für die Machtübernahme am Hof von Ava schmiedeten. Außerdem gab es, von den wenigen erwachsenen Prinzen abgesehen, noch viele andere, die, obwohl Halbwüchsige oder sogar noch Kinder, zur Wahl standen.

Für eine kleine Gruppe um den Kinwun ging es noch um etwas ganz anderes. Nicht nur dieser erfahrenste unter den Ministern, sondern auch seine Protegés waren von den Erkenntnissen beflügelt, die dieser über Staatsführungen europäischer Art und über die konstitutionelle Monarchie erworben hatte, als er zu Queen Victoria gesandt worden war. Und da der Kinwun auch einmal ein hohes militärisches

Amt bekleidet hatte, konnte er sich eines gewissen Rückhalts in der Armee sicher sein, abgesehen davon hatte er als Gouverneur von Alon gedient und in die Familie des Erbfürsten dieser Provinz eingeheiratet. Mit einem Wort, der alte Mann war ein ziemliches Schwergewicht unter den jungen gelehrten Beamten, die sich zu seiner Führungspersönlichkeit hingezogen fühlten.

Auch der alte Stammesfürst von Yenangyaung zählte zu den Männern, die sich an diesem klammen Septembertag zusammengefunden hatten. Er gehörte der Adelsklasse der *twinzayo* (»Ölbarone«) aus den ölreichen Regionen im Süden an und war durch seine Ehen mit einer Reihe von bedeutenden Familien verwandt, die traditionell hohe Regierungs- und Militärposten besetzten. Er war ein harter, aber einfallsreicher Mann, hatte 1852 gegen die Engländer gekämpft und pflegte seine Kriegsverletzungen ebenso gerne vorzuführen wie seine neueste blutjunge Konkubine. Und da eine seiner vielen Töchter mit dem König verheiratet war, war nun natürlich deren Sohn, der achtjährige Prinz Pyinmana, sein Kandidat. Doch es gab viele Prinzen, die mit den Repräsentanten der aristokratischen Clans blutsverwandt waren, die sich an diesem Tag versammelt hatten, deshalb wurden noch viele andere Vorschläge eingebracht.

Den entscheidenden Einfluss übte jedoch die Königin des Mittelpalastes aus. Mindons Hauptkönigin war einige Jahre zuvor gestorben und die Königin des Mittelpalastes seither die Höchstrangige unter den königlichen Frauen. Sie war ehrgeizig, hatte aber keine eigenen Söhne, deshalb galt ihr ganzes Streben, eine ihrer Töchter zur Hauptfrau des Mannes zu machen, der den Konbaung-Thron übernehmen sollte. Und da deshalb auch sie an einem gefügigen Prinzen interessiert war, fiel ihre Wahl auf den Prinzen Thibaw, einen Sohn von Mindon und einer relativ unbedeutenden Königin. Niemand wusste, dass Thibaw längst schon in die zierliche Prinzessin Supayalat mit ihren strahlenden braunen Augen verliebt war – justament die achtzehnjährige Tochter der Königin des Mittelpalastes. Am Ende war es ein Bündnis zwischen dem Kinwun und seinen Reformern auf der einen Seite und der mächtigsten Frau des sterbenden Königs auf der anderen, das diese Wahl besiegelte. Am 19. September 1878 ernannte der Staatsrat Prinz Thibaw zum Thronfolger.[19]

Das war jedoch nur der erste Schritt zur Verwirklichung der Pläne des Kinwun gewesen. Schnell sicherten er und die Königin des Mittelpalastes sich mit Hilfe der königlichen Palastgarde die Kontrolle über den gesamten Palastkomplex, dann befahlen sie die Verhaftung vieler prominenter Mitglieder der königlichen Familie, darunter auch der ältesten Prinzen Mekkaya, Thonze und all der anderen. Aber Mindon erfuhr auf dem Sterbebett von diesem Geschehen und sorgte auf das Flehen von deren Müttern und Ehefrauen hin dafür, dass alle wieder freigelassen wurden. Und weil der alte Mann wusste, dass seine Tage gezählt waren, erließ er noch ein letztes Edikt und ernannte jeden älteren Prinzen zum Vizekönig einer entfernten Provinz, damit sie Mandalay verlassen und sich in Sicherheit bringen konnten. Doch es nutzte nichts. Niemand fürchtete sich noch vor dem sterbenden König. Der Staatsrat widerrief diese Befehle und ließ die Prinzen erneut in Haft nehmen. Mindon starb bald darauf in dem Glauben, dass seine Söhne in Sicherheit seien.

Am 8. Oktober erschien Thibaw im Glaspalast und wurde zum König ausgerufen.

REFORMER AN DER MACHT

Thibaw war gerade einmal zwanzig Jahre alt und ein scheuer junger Mann, der selbst innerhalb der Palastmauern nicht sonderlich bekannt war. Ein paar Jahre lang hatte man ihn in die anglikanische Missionsschule von Dr. Marks geschickt, gleich gegenüber der Südmauer, wo er jeden Morgen mit drei anderen Prinzen, von goldenen Schirmen beschattet auf Elefanten sitzend und in der Begleitung von farbenfroh gekleideten Dienern, eintraf.[20] Gelegentlich musste er sich wegen schlechten Verhaltens in die Ecke stellen. Auch Kricketspielen wurde ihm beigebracht, wobei er, wie man sich erinnerte, annehmbar den Schläger zu führen lernte, sich aber als ein »ziemlicher Rüpel« mit einer reichlich unköniglichen Sprache entpuppte, wenn er über den Haufen gerannt wurde. Als Halbwüchsiger trat er dann in die renommierte Klosterschule von Bagaya ein, befasste sich dort mit Pali-Grammatik und komplizierten burmesischen Verträgen und entwickelte sich allmählich zu einem gebildeten Kenner der Klassiker. Nur ein Jahr vor seiner Ernennung zum Thronfolger hatte er das zweithöchste *Patama-gyi*-Examen bestanden und war aus diesem Anlass mit einer prächtigen Zeremonie von seinem stolzen Vater geehrt worden. Um diese Zeit muss er auch dem Zauber von Supayalat erlegen sein, seiner willensstarken Halbschwester, die so gar nichts Gelehrtes an sich, aber bereits damals verstanden hatte, wie die Macht am Hof von Ava wirklich funktionierte.

Einen Monat nach Thibaws formeller Ernennung trafen sich der Kinwun und andere hochrangige Beamte in einem neu errichteten Pavillon in den südlichen Palastgärten und leiteten eine Reihe von durchgreifenden Reformen ein. Noch immer befanden sich Dutzende Prinzen und andere Mitglieder der Königsfamilie im Gefängnis. Um sicherzugehen, dass auch die übrigen Anhänger des konservativen Establishments keinen Schaden mehr anrichten konnten, entließen die hohen Beamten alle mächtigen Dienststellenleiter und unzählige Höflinge. Die Minister und Offiziere, die ihren Coup unterstützt hatten, wurden mit neuen Posten und attraktiven Titeln belohnt.[21]

Die Staatsgeschäfte wurden um vierzehn Ministerien herum neu organisiert, das alte System der Audienzen beim König wurde abgeschafft und eine dem Kabinettsystem angelehnte Regierungsform begründet. Auch eine angemessene Gehaltsskala für die Beamtenränge wurde eingeführt, selbst der neue König und seine Königin waren nun angehalten, alle für sie erforderlichen Mittel beim Schatzamt zu beantragen. All das geschah in bewusster Nachahmung westlicher Verwaltungsstrukturen, und für eine kurze Weile sah es so aus, als wäre es ein wirklicher Neubeginn. Bei einem Interview mit der Londoner *Times* bemerkte Thibaw im November 1885, dass er sich in seinem ersten Jahr als König buchstäblich wie ein Gefangener seiner eigenen Minister gefühlt habe.

Auch bei der Ausarbeitung neuer Richtlinien kam man schnell zur Sache. Mit einem britischen Unternehmen wurde eine vorläufige Vereinbarung für den Bau einer Eisenbahnstrecke durch Oberburma getroffen (wie es die Händler in Glasgow so ungeduldig gefordert hatten), Handelsbeschränkungen wurden gelockert, und als eine Geste des Wohlwollens wurde den Briten gestattet, eine bewaffnete Garde vor der britischen Residenz aufzustellen. Was die traditionelleren Bereiche betraf, wurden insbesondere solche berücksichtigt, in denen sich die literarischen Neigungen so vieler Granden bei Hofe spiegelten – dem jungen König sollten bald schon sechsunddreißig neue orthografische Lehrbücher überreicht werden.

Währenddessen war der junge König praktisch völlig machtlos geblieben. Trotzdem, er war noch immer der König, also nahm es der Stammesfürst von Yaw guten Mutes persönlich auf sich, den neuen Monarchen auf reformistische Linie zu bringen.[22] Wie bei fast allen anderen obersten Amtsträgern bei Hofe wies auch Yaws Stammbaum eine lange Linie an Höflingen und Gardisten auf. Sein Vater war in den dreißiger Jahren des 19. Jahrhunderts ein Hauptminister und sein Schwiegervater Mindons erster Außenminister gewesen. Auch er verfügte über einen brillanten Geist, hatte zahlreiche gelehrte Werke über eine ganze Bandbreite an Themen verfasst, vom Recht bis zur Chemie, und sich zudem zu einem vollendeten Architekten herangebildet. Noch heute steht gleich hinter dem Golfclub von Mandalay das wunderschöne Ziegelgebäude des mittlerweile verlassenen Klosters Itakarama, an dessen Entwurf er sich nach dem ausgiebigen Studium der Pläne von italienischen Renaissancegebäuden beteiligt hatte.

Für Thibaw schrieb der Stammesfürst von Yaw eine eigene Essaysammlung. Zum Beispiel seine heute so berühmte *Rajadhammasangaha* oder »Abhandlung über den gerechten Staat«, in der er aus klassischen burmesischen und Pali-Quellen abgeleitete Ideen über die Beschränkung der Macht und Herrschaftsrechte des Königs vertrat, darunter, dass der Monarch durch ein Kabinett repräsentiert regieren müsse, welches die Interessen aller Untertanen vertritt. Mit dieser Abhandlung über die konstitutionelle Monarchie erwies sich Yaw als der vielleicht radikalste Denker unter den Amtsträgern dieser Regierung. Aber es sollte das letzte unter den fast zwei Dutzend Werken dieses gelehrten Beamten sein, denn Yaw war es nicht vergönnt, die bevorstehenden Ereignisse lange zu überleben.

LIEBE, EHE UND DER PRINZ VON YANAUNG

Während die Reformer in den äußeren Pavillons die Dinge mit viel Elan vorantrieben, begannen in den dunklen, mit dicken Teppichen belegten inneren Palastgemächern ganz andere Strukturen von Macht und Einfluss Gestalt anzunehmen. Denn nicht zu vergessen, Thibaw war der Kandidat eines Bündnisses, das der Kinwun und seine gelehrten Beamten mit der Königin des Mittelpalastes, ihrer Tochter und ihrem Gefolge eingegangen waren. In den letzten Wochen des Jahres 1878 und am Beginn des folgenden Jahres wurden alle Amtsträger der königlichen Hofhaltung und alle Zugangsberechtigten zu den königlichen Gemächern geschasst und viele hohe Posten an einstige Spielgefährten und nunmehrige Anhänger von Thibaw vergeben. Der wichtigste unter ihnen war Maung Toke, der Stammesfürst von Yanaung, ein alter Schulfreund von Thibaw, für den die Thronübernahme seines stillen und formbaren Freundes ein Geschenk des Himmels und *die* Gelegenheit war, sich persönlich zu bereichern.[23]

Yanaung stammte aus einer alten Militärfamilie. Sein Vater war noch immer ein hochrangiger Armeeoffizier, er selbst war Oberst der Tavoy-Garden. Skandalöserweise hatte er Thibaw nun aber überredet, ihn in den regulären Fürstenstand zu erheben, also zu einem *mintha* oder Prinzen zu machen, obwohl er nicht königlichen Geblüts war. Und natürlich dauerte es nicht lange, bis er einen jeden seine neue Macht spüren ließ und seine Tentakel angeblich im Namen des Königs in sämtliche muffigen Ecken aller kleinen Säle des inneren Palastes ausstreckte. Er hatte sein Geschichtsbuch gelesen und nicht zufällig Bayinnaung zu seinem Lieblingshelden erkoren – den König aus dem 16. Jahrhundert, der nicht königlichen Geblüts gewesen war, zum engsten Vertrauten des Königs aufstieg und sich schließlich selbst des Thrones bemächtigte. Abgesehen davon war Yanaung ein ziemlicher Frauenheld, der nur eine Modernisierung wirklich genießbar fand: Er soll sich ein elektrisches Summersystem installieren haben lassen, damit er jederzeit eine Frau unter seinen vielen Ehefrauen und noch mehr Konkubinen an sein Bett rufen konnte, ohne dass es die anderen erfuhren. Zwar konnten alle das Summen hören, doch immer nur die Erwählte wusste, wer gemeint war. So glaubte er die Eifersüchteleien unter den Frauen in Schach halten zu können.

Einen nützlichen Bündnispartner fand Yanaung im Stammesfürsten von Taingdar, der von der britischen Presse später sehr geschmäht werden sollte. Taingdar, ein Militär aus einer Familie, die während der arakanischen Besatzung in Amt und Würden gewesen war, war ein energischer, schlagfertiger Mann und wild entschlossen, keine Macht an die Gruppe um den Kinwun zu verlieren. Ironischerweise (vielleicht aber auch nur, um seine wahren Absichten zu verhüllen) hatte ausgerechnet er eine seiner Töchter mit einem der führenden Reformer verheiratet, die an der Sorbonne studiert hatten.

Der erste Zusammenprall beider Seiten kam früh. Ein Jahrzehnt zuvor hatte der älteste Sohn des siamesischen Königs Mongkut nach dessen Tod den Thron bestiegen. Aber weil der junge König Chulalongkorn – der einmal den siamesischen Staat und die Gesellschaft Siams revolutionieren sollte – erst fünfzehn gewesen war, hatte sein Hauptminister einige Jahre lang die Amtsgeschäfte geführt. Wie Thibaw bei Dr. Marks hatte auch Chulalongkorn eine zum Teil westliche Erziehung genossen, in seinem Fall bei diversen europäischen Privatlehrern, als berühmteste darunter die Lehrerin Anna Leonowens, deren Geschichte der Film *Der König und ich* erzählt. Als temporärer Regent hatte der Hauptminister nun seine Chance gesehen, einige weitgreifende Veränderungen vorzunehmen. Also schickte er Chulalongkorn für einige Zeit auf Reisen ins Ausland, nicht nur um ihn aus dem Weg zu haben, sondern auch, damit er mit eigenen Augen sehen würde, wie dringend erforderlich Modernisierungen in seinem Land waren. Der junge König reiste nach Singapur, Java, Indien und zweimal nach Europa.

Vielleicht hatte der Kinwun dieses Beispiel vor Augen, als er vorschlug, Thibaw auf Weltreise zu schicken. Und da Thibaw begeistert war, wurde ihm Anfang 1879 ein detaillierter Plan für einen Besuch in London vorgelegt. Dann wurden entsprechende Arrangements getroffen und die begleitenden Höflinge und Diener ausgesucht.[24]

Doch Yanaung und Supayalat waren nicht dumm und begriffen, dass sie leichte Beute für die amtierenden Minister wären, sobald der König fort war. Also bearbeiteten sie Thibaw, damit er seine Meinung ändern würde, und erklärten ihm, dass alles nur ein Komplott sei, um seine Position als König zu untergraben, und man ihn hilflos »wie einen Hund auf einer Sandbank« zurücklassen werde, sobald er in London eingetroffen sei, ohne eine Möglichkeit, in die Heimat zurückzukehren. Thibaw bekam es mit der Angst zu tun und willigte in die Absage seiner Reise ein. Die Minister waren bestürzt, Yanaung und Supayalat aber genossen ihre Glückssträhne.

Mittlerweile darbten Dutzende von Prinzen und Prinzessinnen,

Brüder und Schwestern von Thibaw, sowie die Kinder des ermordeten Kanaung-Prinzen in einem stinkenden Verlies nördlich des Hauptpalastkomplexes. Nur Prinz Nyaunggyan war entkommen. Er hatte sich als gewöhnlicher Arbeiter verkleidet in die britische Residenz gerettet, um dann mit Hilfe der Briten auf einem bewaffneten Dampfer nach Rangoon zu fliehen. Inzwischen wartete er in Kalkutta auf seine Chance. Alle anderen befanden sich jedoch in der Hand des neuen Regimes. Selbst der Kinwun und seine Reformer waren in Erinnerung an die Palastrevolten von 1866 und an all die Probleme, die diese Königsfamilie machen konnte, zufrieden, sie allesamt hinter Schloss und Riegel zu wissen. Yanaung und Supayalat genügte das aber nicht: Was, wenn einer entkäme? Vorsicht ist besser als Nachsicht.

Am 13. Februar wurden mehrere hohe Beamte, darunter eine ganze Zahl von Ministern, auf Yanaungs Befehl hin entlassen und ins Gefängnis geworfen. Unter den Verhafteten befand sich auch der Stammesfürst von Yaw, jener große Gelehrte und Meister, welcher für Thibaw die Abhandlung über den gerechten Staat verfasst hatte. Am nächsten Tag, dem Valentinstag des Jahres 1879, begannen die Hinrichtungen. Die Nord-Tavoy- und Süd-Tavoy-Gardisten trieben die königlichen Familienmitglieder, von denen viele inzwischen völlig geschwächt und nur noch in Lumpen gehüllt waren, unter Yanaungs Kommando in mehreren Gruppen aus der Königsstadt zu einem Stoppelfeld, ungefähr einen Kilometer Wegstrecke in Richtung Irrawaddy. Dort wurden sie erdrosselt oder von Elefanten zu Tode getrampelt (die Berichte variieren). Im Verlauf der nächsten Tage wurden alle umgebracht, insgesamt nicht weniger als einunddreißig von Mindons achtundvierzig Söhnen und neun seiner zweiundsechzig Töchter. Und dieses Schicksal erwartete jeden, der sich gegen Supayalat und Yanaung aufgelehnt hatte, ob Beamter oder Offizier. Am Ende war die sogenannte Regierung der Vierzehn Ministerien Geschichte. Yanaung und Supayalat waren frei, nach eigenen Wünschen zu schalten und zu walten.

Erst jetzt, Monate nach dem Tod seines Vaters, bestieg Thibaw formell den Thron und wurde mit Supayalat an seiner Seite bei einer Zeremonie gekrönt, die an das feierliche Krönungszeremoniell seines Ur-Urgroßvaters Bodawpaya angelehnt war. Die Gelehrten bei Hofe hatten tief in den Archiven gegraben und sogar einige Ideen von noch älteren Zeremonien übernommen, insbesondere von den Krönungen der Könige Thalun im Jahr 1629 und Dasaraja von Arakan im Jahr 1123. Und mit dieser Bestätigung der Tradition war die Reformbewegung erledigt.

Die Briten waren schockiert und entsetzt über die Vorgänge in Mandalay. Die britische Presse in Rangoon, Kalkutta und sogar London berichtete grausame Details von den Massakern und forderte, was wir heute eine humanitäre Intervention nennen würden. Thibaw wurde als ein blutrünstiges Ungeheuer dargestellt, und es dauerte nicht lange, da war die Rede von Krieg. Entlang des Grenzverlaufs bei Prome wurden weitere britische Truppen aufgestellt, während zugleich Vorbereitungen getroffen wurden, um den geflohenen Prinzen Nyaunggyan auf den Konbaung-Thron zu hieven. Wäre das geschehen, wäre Burma zu einem Protektorat von Britisch-Indien geworden, die burmesische Monarchie wäre gewahrt geblieben und die gesamte Geschichte Burmas im 20. Jahrhundert wäre anders verlaufen. Aber es geschah nicht.

Nur wenige Wochen zuvor hatten die Impi im Krieg zwischen dem Britischen Empire und der Zulu-Nation bei der Schlacht von Isandhlwana ein ganzes Bataillon der South Wales Borderers aufgerieben. Es war der katastrophale Auftakt des anschließenden viermonatigen Feldzuges von Lord Chelmsford gegen König Cetshwayo gewesen. Im selben Winter marschierten vierzigtausend britische und indische Soldaten in das afghanische Königreich von Sher Ali ein und besetzten ohne große Probleme einen Großteil des Landes, bis im September der britische Resident in Kabul, Sir Louis Cavagnari, und sein gesamter Stab von einem wütenden Mob abgeschlachtet wurden. Ein neues Expeditionsheer musste den mühsamen Marsch über die hohen Bergpässe antreten, nur um sich dann bei monatelangen Kämpfen in einem ungewinnbaren Krieg gegen entschlossene afghanische Stämme festzufahren. Eine Invasion Burmas, nur weil Thibaw ein paar seiner Verwandten umgebracht hatte, schien den Briten plötzlich keine gute Idee mehr zu sein.

Supayalat liebte Clowns und Komödianten. Wenn Tanzgruppen oder fahrende Schauspieler im Westhof ihre Künste vorführten, pflegten die Cleveren oder Habgierigen unter ihnen zu verkündeten, dass es »nur Platz für eine Trommel im Orchester« gebe.[25] Denn so etwas hörte sie gerne, da ihr Ehemann Thibaw im Gegensatz zu jedem anderen König in der burmesischen Geschichte (im Gegensatz auch zu den meisten Fürsten, Adligen und Stammesführern) beschlossen hatte, nur eine einzige Frau zu ehelichen. Das war ein ungemeiner Bruch mit der Tradition, tatsächlich etwas völlig Undenkbares – nicht nur weil es die Tradition verlangte, dass sich der König viele Frauen nahm, sondern vor allem, weil viele, wenn nicht alle dieser Frauen die Töchter oder Schwestern von tributpflichtigen Fürsten, Stammesführern oder hohen Beamten waren und ihren Familien somit eine Sonderbeziehung zum Hof garantierten. Der König, so erwartete man, stand an der Spitze eines weitläufigen familiären Netzwerks aus Bluts- und angeheirateten Verwandten, die zur Loyalität verpflichtet waren. Doch bei Thibaw gab es ausschließlich Supayalat und deren Mutter.

Niemand war glücklich über diese Situation, auch Yanaung nicht, der seinen alten Schulfreund drängte, sich wie ein König zu verhalten und weitere Ehefrauen und Konkubinen zu nehmen. Aber Thibaw wich aus. Also beschloss Yanaung, die Dinge selbst in die Hand zu nehmen. Er stellte dem König Mi Hkin-gyi vor, die Tochter des Stammesfürsten von Kannai (eines Ministers), Nichte des Stammesfürsten von Pagan (eines Kämmerers) und Enkelin des Stammesfürsten von Kampat (der unter Mindon Außenminister gewesen war). Durch eine Verbindung mit ihr würde Thibaw wenigstens mit einer bedeutenden Familie verwandt werden, außerdem war das Mädchen groß, jung und schön.

Tatsächlich verliebte sich Thibaw in Mi Hkin-gyi, aber er fürchtete sich vor Supayalat. Eine Weile lang wurde sie heimlich in den Palast eingeschleust, angetan mit der kurzen weißen Jacke und dem seidenen *paso* eines Pagen, und in den Kammern der königlichen Diener versteckt. Dann wurde Supayalat schwanger, und da sie deshalb wochenlang ihre Gemächer nicht verlassen konnte, wurde die Beziehung zu dem Mädchen immer öffentlicher. Nach der Geburt einer Tochter nahm Thibaw schließlich allen Mut zusammen, sagte Supayalat die Wahrheit und erklärte, dass er die Absicht habe, Mi Hkin-gyi zur Königin zu machen. Supayalat wurde völlig hysterisch. Der Streit zwischen den beiden schaffte es sogar in die ausländischen Klatschspalten: Im *Calcutta Statesman* war im November 1881 zu lesen, dass Supayalat die Scheidung verlangt habe und Thibaw überlege, sich in die Stille eines Klosters zurückzuziehen. Am Ende hatte es Thibaw entweder nicht geschafft, für Mi Hkin-gyi geradezustehen, oder er hatte es versucht und war gescheitert, jedenfalls wurde sie binnen weniger Monate verhaftet und hingerichtet (einigen Berichten zufolge durch Ertränken im Irrawaddy). Thibaw sah nie wieder eine andere Frau an.

Als Nächster kam Yanaung dran. Niemand wollte sich mit seinem Einfluss auf den König abfinden, nicht der Kinwun, für den er ein reaktionärer Halsabschneider war, und nach der Geschichte mit der Konkubine auch Supayalat nicht. Um diese Zeit hatte man begonnen, schwere Teakholzkisten um die Königsstadt aufzustellen, damit das Volk die Möglichkeit hatte, Petitionen abzugeben. Es wurden Hunderte Bittschriften und Beschwerden in Empfang genommen, darunter Dutzende, die in allen Einzelheiten über Yanaung klagten, über seine vielen Regelverstöße oder darüber, dass er sogar das Kapitalverbrechen begangen habe, zu eigenen Zwecken das königliche Pfauensiegel zu verwenden. Angestachelt von Höflingen, warf Thibaw seinen Freund ins Gefängnis. Dann begann der König, ein von Natur aus gutherziger, wenngleich schwacher Charakter, seine Entscheidung wieder in Frage zu stellen. Aber die handlungsfreudigere Supayalat hatte sie ihm bereits abgenommen und Yanaung neben seinen Getreuen am 17. März hinrichten lassen. Ein paar Tage später unterstrich sie ihre neue Macht, indem sie noch weitere Nobilitäten, die sich ihr in den Weg zu stellen gewagt hatten, darunter auch Mi Hkin-gyis Onkel und beide Großväter, ins Gefängnis werfen ließ.

DIE GEISTER VON DUPLEIX

Die Regierungsgeschäfte in den wenigen Jahren, die dem unabhängigen Burma noch blieben, waren geprägt von der unbehaglichen Partnerschaft zwischen Supayalat, die die Macht im inneren Palast ausübte, und dem Kinwun, der mit einer gemischten Gruppe aus Reformern und Konservativen die Staatsgeschäfte führte. Auf einigen Gebieten gingen die Modernisierungsversuche weiter, allerdings behindert durch eine immer drastischere finanzielle und administrative Krise. Seit 1883 waren die Steuereinnahmen von Mandalay rasant gesunken, was im Wesentlichen eine Folge des wachsenden Chaos auf dem Land war. Seit nun fast dreißig Jahren hatte der Hof von Ava alles getan, um die Kontrolle zu zentralisieren, seine Beziehungen mit den Städten und Dörfern im Hinterland zu systematisieren und die Macht der Stammesfürsten und *myothugyi*, die dem Hof qua Erbrecht dienten, einzudämmen. Das Endresultat in vielen Regionen des Irrawaddy-Tals war, dass die Position des alten Adels untergraben, seine Autorität aber durch keine neue ersetzt worden war.

Dieses Vakuum füllten nun Räuber und Banditen. Im Umland von Mandalay brachen Recht und Ordnung völlig zusammen. Nicht einmal die besten Eliteregimenter waren trotz größter Anstrengungen noch in der Lage, die königliche Autorität zu wahren. Nach zwei Jahren schlechter Ernten drohte zudem eine Hungersnot, die schließlich zehntausende Familien dazu trieb, den Verlockungen des friedlichen und immer wohlhabenderen Unterburma nachzugeben und auf der Suche nach einem Neuanfang über die Grenzen in britisches Hoheitsgebiet zu ziehen.

Auch in den Shan-Bergen begann Mandalays Einfluss zu schwinden. Es hatte dort schon seit Langem gegärt, schon seit Mindon versucht hatte, neue Steuern einzutreiben, und die Briten heimlich Kontakt zu lokalen Stammesführern aufgenommen hatten. Thibaws Entscheidung, keine weiteren Frauen zu nehmen, hatte außerdem zur Folge gehabt, dass auch die tributären Shan-Herrscher zum allerersten Mal nicht durch ihre Töchter und Schwestern eine familiäre Beziehung zum König knüpfen konnten. Und das wurde als eine derartige Beleidigung empfunden, dass sich der Sawbwa von Mongnai und andere sogar geweigert hatten, zum ersten *durbar* (Empfang) nach der Krönung im Palast zu erscheinen. Es dauerte nicht lange, bis die Steuereinnahmen aus den Shan-Fürstentümern (die allerdings noch nie sehr hoch gewesen waren) auf null absanken und sich die Rebellion von Mongnai aus Richtung Osten über das Hochland ausbreitete. Sechs Jahre lang wurden Mandalays beste Soldaten ausgeschickt, um diese Revolte niederzumachen. Aber sie starben in den malariaverseuchten Wäldern bei dem vergeblichen Versuch, ein vor Langem hingeschiedenes Imperium wieder zum Leben zu erwecken. Derweil warteten die Briten, die mittlerweile die Zulu in die Flucht geschlagen und sich Afghanistan vom Hals geschafft hatten, auf ihre Chance.

Burmas allerletzte Möglichkeit, sich eine Zukunft als unabhängiger Staat zu sichern, kam und verging im Jahr 1882. Die Regierung von William Gladstone hatte jüngst den Marquess of Ripon zum Vizekönig von Indien ernannt, und der war sehr darauf bedacht, die Beziehungen zu Mandalay zu reparieren und ein gerechtes Abkommen zwischen beiden Ländern zu treffen. Ripon war zum Katholizismus konvertiert und ein Mann mit liberalen Ansichten. Seine vier Jahre im Amt sollte er zum Beispiel auch nutzen, um mehr Inder in die Kolonialverwaltung Britisch-Indiens einzubinden. Im Jahr zuvor hatte er Rangoon besucht und der hauptsächlich schottisch beeinflussten Handelskammer erklärt, dass er für einen Krieg aus reiner Profitgier nichts übrig habe und sich lieber um ein neues Handelsabkommen mit Thibaws Hof bemühen werde. Ein paar Monate später entsandte Mandalay der Stammesfürsten von Kyaukmyaung zu einem Treffen mit dem Vizekönig auf das Hochplateau von Simla. Und in dieser kühlen, von Kiefernduft erfüllten Luft präsentierte der burmesische Gesandte dem Vizekönig dann eine lange Liste von Forderungen, darunter nach einer direkten Beziehung zur britischen Krone. Das war wahrlich keine gute Taktik der Burmesen, aber Ripon war großzügig und verstand die Bedeutung, die direkte Kronbeziehungen für den Hof von Ava hatten. Er schlug also zwei separate Abkommen vor, ein Handelsabkommen zwischen der britisch-indischen Regierung in Kalkutta und Mandalay, und einen Freundschaftsvertrag zwischen Thibaw und Victoria. Zudem sollten Vereinbarungen hinsichtlich der britischen Residency, der Einfuhr von Waffen und des Status der Burmesen getroffen werden, die auf britisches Hoheitsgebiet geflohen waren. Und da die Geschehnisse in Burma, die wir heute als Menschenrechtsverletzungen bezeichnen, von der britischen Öffentlichkeit gerade sehr genau wahrgenommen wurden, wollte Ripon noch eine Klausel einfügen, die künftig alle politischen Hinrichtungen untersagen sollte. Doch Kyaukmyaung weigerte sich mit der Begründung, dass dies auf eine Einmischung in die inneren Angelegenheiten seines Landes hinauslaufen würde.[26]

Im August einigten sich die beiden Seiten schließlich, und der Gesandte kehrte mit zwei unterschriftsreifen Verträgen nach Mandalay zurück. Es war die allererste Gelegenheit für die Burmesen seit Alaungpayas Sendschreiben an King George II. über ein Jahrhundert zuvor, direkte Beziehungen zu London aufzunehmen. Genau das hatten die Burmesen immer gewollt. Doch offenbar glaubte Thibaws Regierung noch wesentlich Besseres erreichen zu können und begriff nicht, wie sehr sich Ripon bereits dafür eingesetzt hatte, die offizielle britische Politik in neue Bahnen zu lenken. Die Monate vergingen, und die Briten hörten nichts. An Weihnachten erschien schließlich eine burmesische Abordnung mit einigen Änderungen in den Verträgen, darunter einer Klausel, die die Engländer verpflichten sollte, alle burmesischen Flüchtlinge aus britischem Hoheitsgebiet auszuweisen. Ripon lehnte ab. Mandalay hatte die Chance auf sein Überleben vertan.

Es folgten die Invasion, die Okkupation und der Zusammenbruch von jahrhundertealten Traditionen. Ein Burma ohne König war ein völlig anderes Burma als zu jeder früheren Zeit. Es bedeutete den totalen Bruch mit allen Ideen und Institutionen, auf denen die Gesellschaft im Irrawaddy-Tal schon vor dem Mittelalter beruht hatte. Das neue Burma, Britisch-Burma, trieb herrenlos und ohne mit der Vergangenheit verankert zu sein in einer plötzlich modernen Welt herum. Und die von so bitteren nationalistischen Gefühlen getriebenen Burmesen begannen nun in allen Ecken nach neuen Inspirationen zu suchen, bis sie in den extremistischen dreißiger Jahren des 20. Jahrhunderts schließlich ihre Stimme wiederfanden.

8

Übergänge

*Über die britischen Soldaten, Händler und Beamten,
die im späten 19. und frühen 20. Jahrhundert
eine burmesische Kolonialgesellschaft schufen
(und über die Geschichte meiner Familie in dieser Zeit)*

∽

PANTANAW

Irgendwann während der Regenzeit 1909/10 erwarb sich ein junger Mann aus einem kleinen Ort in der Nähe von Mandalay den Ruf eines Magiers. Den Gerüchten nach konnte er sich nach Belieben unsichtbar machen und weder von Kugeln noch von Bajonetten verwundet werden. Bald scharte er begeisterte Anhänger um sich, und dank dieser Jünger, seines Ruhmes und des vielen Zuspruchs fühlte er sich schließlich stark genug, um als Erster gegen die englischen Besatzer zu rebellieren und den vakanten Konbaung-Thron für sich zu beanspruchen.

Seinem Aufstand war jedoch weder ein langes Leben noch nennenswerter Einfluss beschieden, außer vielleicht auf die Phantasien einiger seiner Landsleute. Die Rebellionen nach Thibaws Sturz lagen schon fast eine Generation zurück, deshalb wirkten seine Aktionen anachronistisch und nur wie eine Neuauflage unruhiger alter Zeiten. Zuerst hatte er mit seiner kleinen Bande von Mitverschwörern einen nahen britischen Polizeiposten angegriffen und einige Sikh-Polizisten getötet, dann eine Zeit lang in einem schmalen Landstrich an beiden Ufern des Mu gewütet. Die vorhersehbare Reaktion ließ nicht lange auf sich warten, der Aufstand wurde niedergeschlagen, die Royalistenbande wurde aufgerieben und der von seinen Kräften offenbar verlassene junge Magier zum Tode verurteilt und im Hof eines britischen Gefängnisses gehängt.[1]

Einige Zeit zuvor hatte ein wohlhabendes Paar in der kleinen Stadt Pantanaw viele hundert Kilometer weiter unten im Süden beschlossen, seinem ersten Sohn den Namen des einstigen Thronprätendenten Thant zu geben. Eine naheliegende Wahl war das nicht gewesen, denn der frischgebackene Vater U Po Hnit, der bereits Ende dreißig war, war der Prototyp eines loyalen Untertanen von Britisch-Burma und vollständig in die aufstrebende Schicht der anglophonen Akademiker und Unternehmer integriert, die von der britischen Herrschaft am meisten profitierte. Als Halbwüchsiger war er an die Universität von Kalkutta geschickt worden, nach seiner Rückkehr ein paar Jahre darauf hatte er sich eine begehrte Stelle im britischen Provinzdienst ergattert. Das war in den frühen neunziger Jahre des 19. Jahrhunderts gewesen, Thibaws Sturz und die gewaltsame Unterdrückung des Widerstands in Oberburma lagen erst wenige Jahre zurück. Es ist zwar nicht bekannt, ob U Po Hnit die Kolonialbehörden unterstützt oder überhaupt irgendeine Rolle bei ihnen gespielt hatte, Tatsache aber ist, dass er einen Posten in Yamethin mitten im Gebiet des alten Königreichs erhielt und somit dem neuen und ungeliebten Britischen Raj angehörte.[2]

U Po Hnit war mein Urgroßvater mütterlicherseits. Nur zwei Jahre nach seinem Eintritt in den Kolonialdienst verließ er ihn wieder. Vielleicht hatte ihm die Arbeit nicht gefallen, vielleicht hatte er auch Bedenken gehabt, derart offensichtlich den ausländischen Besatzern zu dienen. Wie auch immer, jedenfalls war ihm seine Entscheidung gewiss durch seinen reichen Onkel U Shwe Khnin erleichtert worden, der ein führender Unternehmer und Großgrundbesitzer in Pantanaw war und beschlossen hatte, seinen Neffen unter die Fittiche zu nehmen. Da Po Hnits Vater ziemlich jung gestorben war, hatte sich der Onkel schon früh um ihn gekümmert und zudem seine teure Ausbildung in Kalkutta bezahlt. Vielleicht war der ältere Mann enttäuscht darüber gewesen, dass sein Adoptivsohn aus dem prestigeträchtigen Kolonialdienst ausgeschieden war, aber wenn, dann hatte das nichts an seiner Bereitschaft geändert, ihn sofort in das Familienunternehmen aufzunehmen.

Pantanaw liegt im Herzen des Deltas, dort, wo sich der große Fluss allmählich in Hunderte von Seitenarme zu verzweigen beginnt. Die riesige, von lindgrünen Reisfeldern bedeckte Ebene, die noch von den warmen, salzigen Brisen des Indischen Ozeans erreicht wird, war erst durch die Versandung des Irrawaddy im Laufe der letzten Jahrhunderte entstanden, weshalb der Boden aus einem unglaublich fruchtbaren, schweren, gelben Lehm bestand, auf dem Reis breitwürfig ausgesät werden konnte und nicht ständig umgepflanzt werden musste. Entlang der vielen kleinen Wasserwege wurden Chili und Tabak angebaut. Im Sommer stürzten gewaltige Regenfluten vom Himmel, die alles in Sichtweite versinken ließen, aber die Luft war fast immer erbarmungslos heiß und feucht. Diese Region war seit eh und je von einiger Bedeutung. Dank des großen Fischvorkommens und Fischhandels war Pantanaw einmal sehr reich gewesen. Auch wenn diese Industrie inzwischen rückläufig war (wegen der Versandung des Pantanaw-Kanals), handelte es sich doch immer noch um eine wohlhabende und schnell wachsende Stadt. Dort, im nahe gelegenen Dschungel, war König Tabinshweti, der in der Blütezeit der portugiesischen Abenteurer seinen Verstand an den Alkohol verloren hatte, auf der Suche nach einem weißen Elefanten dem Tod begegnet.

Mehrere hundert Jahre lang, bis irgendwann nach den Bürgerkriegen im 18. Jahrhundert, hatten die Bewohner von Pantanaw Mon gesprochen, die Sprache Pegus und einst fast des gesamten Deltas. Dann flohen Tausende vor den Aufständen und der Unterdrückung, viele in Richtung Osten nach Siam. Dafür trafen andere, burmesischsprachige Siedler aus dem Norden ein, die ihren Stammestraditionen nach Ruderer der königlichen Schiffe waren und daher fast alle im Dienst der Krone standen. Der lokalen Saga nach hatten ihre Stammesführer selbst beschlossen, sie von den Flussufern um Pagan und Nyaung-U ins Delta zu führen, weil sie sich dort ein besseres Auskommen erhofften. Sie kamen in großen Teakholzschiffen mit jeweils vierzig Ruderern im Jahr 1757, kurz nachdem Alaungpaya das Gebiet erobert hatte, und ließen sich in Pantanaw und vielen anderen Siedlungen der Umgebung nieder.

Mit sich brachten sie ihre *sandala*, Sklaven und Ausgestoßene, die sich um die Bestattung der Toten kümmerten. Seit Menschengedenken steht an der Straße zum Hauptkloster eine Ansammlung von Bambushütten, deren Bewohner allgemeiner Meinung nach Abkömmlinge dieser Sklaven aus Pagan sind. Ein paar hundert Meter entfernt, gleich nördlich des Klosters, beginnt ein von Unkraut überwuchertes Brachland, in dem inmitten eines kleinen gerodeten Fleckens ein riesiger umgestürzter Baum liegt. An diesen Baum, sagen die Leute, sei in den ersten Siedlungstagen ein berühmter Bandit nach seiner Gefangennahme gefesselt worden, bevor man ihn erstochen habe. Heute spricht hier niemand mehr Mon, obwohl noch viele Bewohner ihre Herkunft vom Volk der Mon ableiten. Die Pagode der Stadt wurde vor siebenhundert Jahren erbaut, also lange vor der Eroberung durch die Burmesen, der Folklore nach von einem singhalesischen Prinzen, dem die unglückliche Liebe zur Tochter eines lokalen Mon-Stammesfürsten das Herz gebrochen hatte. Man sagt, sein Schatz aus Gold, Silber, Bernstein und Jade befinde sich noch immer in der *tabana* im Pagodeninneren.

Um die Wende zum 20. Jahrhundert gab es kaum noch Menschen in der Region, die Mon sprachen, möglicherweise gar keine mehr. Doch es hatten sich bei Weitem nicht nur Burmesen in Pantanaw und Umgebung angesiedelt. In den umliegenden Dörfern lebten mehrheitlich Karen, deren Sprache sich völlig vom Burmesischen unterscheidet und die unter dem Einfluss von amerikanischen Baptistenmissionaren in großer Zahl zum Christentum übergetreten waren. Auch aus den östlichen Bergregionen Burmas waren kurz zuvor eine Menge Zuwanderer gekommen, viele andere Neuankömmlinge waren Hinduisten und Muslime aus Indien, darunter auch Chettyar, die traditionellen Geldverleiher von der Koromandelküste, die mit der ersten große Einwanderungswelle eintrafen.[3] Alles in allem hatte sich die Einwohnerzahl also drastisch erhöht. Allein die Stadt bot mittlerweile über fünftausend Menschen eine Heimat.

Das traf fast auf das ganze Irrawaddy-Delta zu. Es veränderte sich während dieser Jahre vollständig.[4] Zehntausende Hektar Dschungel, Sümpfe und Marschen voller Pythons, Krokodile und wilder Elefanten wurden gerodet, um das größte Reisanbaugebiet der Welt zu schaffen. In alten Zeiten hatte es keinen Reisexportmarkt gegeben, weil die burmesischen Könige aus Sorge vor einer Hungersnot jeden Außenhandel verboten hatten und jeden Überschuss aus dem Delta flussaufwärts in den Norden zu den trockeneren Regionen schaffen ließen, wo Reis oft Mangelware war. Die Briten kannten solche Sorgen nicht.

Die Hafenanlagen von Rangoon wurden schnellstens ausgebaut. Bis Ende der 1850er Jahre hatten Zuwanderer wie die Schiffer aus dem alten Königreich Pagan bereits für eine phänomenale Steigerung der Reisproduktion im Delta gesorgt.

Im Laufe der nächsten fünfzehn Jahre wurde die Landfläche, die dem Reisanbau vorbehalten blieb, auf rund fünfhundertfünfzigtausend Hektar mehr als verdreifacht. Der amerikanische Bürgerkrieg von 1861 bis 1865, der die Reisversorgung Europas aus den beiden Carolina-Staaten abgeschnitten hatte, ließ die Nachfrage nach dem burmesischen Getreide sprunghaft ansteigen. Und da der Indische Ozean seit 1869 durch den Suezkanal mit dem Mittelmeer verbunden war und sich die Transportzeiten zwischen Indien und Europa entsprechend verringert hatten, konnte schließlich ein dauerhafter europäischer Markt für burmesischen Reis erobert werden. Reis war nun *das* verkäufliche Anbauprodukt Burmas und zur bei Weitem wichtigsten Devisenquelle geworden. Fast jede andere bedeutende Industrie wurde vernachlässigt, nicht nur im Irrawaddy-Delta, sondern in der ganzen britisch-indischen Provinz Burma. Im 20. Jahrhundert ernährte burmesischer Reis die wachsende Bevölkerung Kalkuttas ebenso wie die indischen Plantagenarbeiter in den sogenannten »Straits Settlements«, den Kolonialsiedlungen an der Straße von Malakka. Bis 1930 waren nicht weniger als fünf Millionen Hektar Land in Burma dem Reisanbau vorbehalten. Aus einer Gesamtproduktion von fast fünf Millionen Tonnen wurden zweieinhalb Millionen – nach heutigem Maßstab ein Wert von über dreihundertfünfzig Millionen Euro – ins Ausland verkauft. Die Gesellschaft im Irrawaddy-Delta war zu einer Kolonialgesellschaft geworden, die nur noch wenig mit der Vergangenheit verband, hauptsächlich aus Neueinwanderern bestand und zumindest eine Weile optimistisch in ihre wirtschaftliche Zukunft blickte.

Po Hnits Familie war ein sehr typisches Beispiel für diese Kolonialfamilien sowohl muslimischer als auch buddhistischer Herkunft, welche fast nichts mehr mit dem alten Königreich verband. Sein Großvater war aus Akyab in Arakan nach Pantanaw gekommen. Als Händler war es ihm in den ersten Jahren der britischen Herrschaft gut ergangen, trotzdem hatte auch er beschlossen, sein Glück im Delta zu suchen. Die Stadt war wohlhabend, aber natürlich wohlhabend nach den

Standards der damaligen Zeit. Im Jahr 1909 gab es dort noch keinen Strom, und die einzige Möglichkeit, in die Nachbarstädte oder nach Rangoon zu kommen, war das Dampfschiff oder ein Ochsenkarren über Land (nur in der Trockenzeit).

Da Po Hnit als einziger Mann in Pantanaw Englisch sprach, muss man ihn dort für einen ziemlichen Sonderling gehalten haben. Nachdem er ein bisschen vom Ausland kennengelernt hatte, versuchte er den Kontakt zu dieser Welt nicht zu verlieren. Er baute sich eine Bibliothek mit Hunderten von englischsprachigen Büchern auf, was eine beachtliche Leistung in einer Gegend war, die so feucht und modrig ist wie das Irrawaddy-Delta; und er abonnierte nicht weniger als drei englische Zeitungen und mehrere Wochenmagazine, die mit der Dampfschiffpost aus Kalkutta geschickt wurden. Auch von der burmesischsprachigen Zeitung *The Sun*, einem politisch einflussreichen Blatt, zu dessen ersten Förderern und Anteilseignern er gehörte, erhielt er seine tägliche Ausgabe. In jenen Tagen konnte man sich in einer abgelegenen burmesischen Kleinstadt den Debatten, die die Gelehrten und alle anderen im Rest der Welt führten, noch auf eine Weise zugehörig fühlen, die später kaum mehr möglich war, vielleicht nicht einmal mehr nach dem Aufstieg des Satellitenfernsehens (das Pantanaw bis heute nicht erreicht hat).

Mein Urgroßvater blieb eine ziemlich lange Zeit Junggeselle und gründete seinen Hausstand erst 1906, nachdem er Nan Thaung begegnet war, einer wesentlich jüngeren Frau (er war fünfunddreißig und sie dreiundzwanzig, als sie heirateten), mit der er in schneller Folge vier Söhne bekam. Er reiste oft nach Rangoon, 1907 nahm er seine schöne junge Frau sogar auf eine Art verspätete Hochzeitsreise nach Indien mit. Sie lebten in einem großen, zweistöckigen Teakhaus, das, von einer gewaltigen Tamarinde beschattet, in einem Garten voller Jasmin, Mango und Guaven stand. Po Hnit, inzwischen das Bild eines wohlgenährten und wohlhabenden Mannes, ging es gut. Nach wie vor half er seinem Onkel Shwe Khin bei seinen diversen Geschäften, inzwischen besaß er jedoch selbst über vierzig Hektar Farmland und weitere fünf Häuser in der Umgebung von Pantanaw. Die Leute betrachteten ihn nicht nur als den reichen Adoptivsohn des mittlerweile schon alternden Shwe Khin, sondern auch als dessen natürlichen Erben. Aber ein paar Menschen sahen das anders.

Im Juni 1922, gerade als der erste Monsunregen herabprasselte, starb Onkel U Shwe Khin unerwartet. Offenbar hatte er einen Herzanfall erlitten. Po Hnits ältester Sohn Thant (mein Großvater) war gerade dreizehn Jahre alt. Viele Jahre später erzählte er mir, dass der Torwächter des alten Mannes um vier Uhr morgens an die Tür geklopft und die Nachricht von dessen Tod überbracht habe. Po Hnit eilte zu Shwe Khins Haus ein paar Türen weiter, um zu seiner großen Überraschung festzustellen, dass sein Onkel bereits um elf Uhr am Vorabend gestorben war und dessen Frau schon alle Wertsachen beiseitegeschafft hatte, darunter ein ganzes Vermögen an Diamanten und Tausende britische Pfundnoten, die sie in leere Keksdosen gestopft hatte (Huntley & Palmer's Golden Puff, die das ganze Land zur Teatime favorisierte). Allein die Diamanten und das Bargeld sollen mindestens eine Million Rupien wert gewesen sein [nach heutigem Wert rund zwölfeinhalb Millionen Euro].[5] Die alte Dame hatte keine eigenen Kinder, aber sie hatte Verwandtschaft.

Am nächsten Tag waren der unerwartete Tod von Shwe Khin und das eigenartige, verdächtige Verhalten seiner Witwe *das* Stadtgespräch. Freunde meines Urgroßvaters begannen Fragen zu stellen: Weshalb hatte sie so lange gewartet, um ihn von seinem Herzanfall zu informieren, und warum hatte sie sämtliche Wertsachen aus dem Haus geschafft? Sie selbst bestritt natürlich das Fehlen irgendwelcher Wertgegenstände. Doch als Po Hnit die beiden feuerfesten Safes im Haus öffnete (zu denen er Schlüssel besaß), waren sie leer. Ein enger Freund erzählte ihm, dass er Shwe Khin nur eine Woche zuvor noch mehrere Smaragde und Diamanten verkauft habe.

Es dauerte nicht lange, bis die Wahrheit ans Licht kam. Jeder in der Stadt wusste (so jedenfalls heißt es in meiner Familie), dass Po Hnit der Adoptivsohn von Shwe Khin war. In Burma gab es jedoch nicht einmal unter der britischen Besatzung rechtliche Vorkehrungen für eine Adoption oder auch nur die Gepflogenheit, ein Testament zu hinterlassen. Deshalb gab es auch keine rechtsgültigen Dokumente, die Po Hnits Beziehung zu seinem Onkel oder sein Anrecht auf den Familien- und Geschäftsbesitz hätten beglaubigen können. Ein paar Tage später wurde meinem Urgroßvater mitgeteilt, dass sämtliche Wertsachen und alles Geld einem Neffen der Witwe übergeben worden seien. Sie war wild entschlossen, alles zu behalten und sicherzustellen, dass Po Hnit keine Rupie erhalten würde.

Er suchte sofort seine Anwälte in Rangoon auf und beantragte auf deren Anraten formell einen Anteil an Shwe Khins Vermögen. Sie erklärten ihm, dass seine Chancen gut stünden und er wenigstens einen Teil des Besitzes seines Onkels erhalten müsse. Dann wurde ein gut begründeter Rechtsanspruch aufgesetzt. Wochen und Monate vergingen, im April wurde die Angelegenheit schließlich vor einem Bezirksgericht verhandelt. Man war zuversichtlich, dass sie zu einem baldigen und gerechten Abschluss gebracht würde.

Dann, gerade als die Verhandlungen begannen und alles so aussah, als ob sich die Dinge zu Po Hnits Gunsten wenden würden, wurde er plötzlich von einer geheimnisvollen Krankheit niedergestreckt. Mein Großvater erinnerte sich, dass sein Vater schrecklich geschwitzt habe. Eine angemessene Klinik in der Nähe gab es nicht, nur eine kleine Krankenstation mit zehn Betten, deren Arzt keine Diagnose stellen konnte. Binnen Tagen starb Po Hnit.

Zurück blieb meine Urgroßmutter Nan Thaung mit vier Söhnen im Alter zwischen vier und vierzehn Jahren und einem verfahrenen Rechtsstreit an der Hand. Die Anwälte rieten ihr, weiter Druck zu machen. Sie aber war sich unsicher, immerhin gehörten ihr noch die Häuser und das Land aus dem eigenen Besitz ihres Mannes. Doch jetzt erhöhte Shwe Khins Witwe den Einsatz und ließ meiner Urgroßmutter eine Mitteilung zukommen, wonach Shwe Khin ein Jahr zuvor Po Hnit eine riesige Geldsumme geliehen habe, die sie nun augenblicklich zurückforderte. Nan Thaung blieb nichts anderes übrig, als den Rechtsstreit fortzusetzen.

Meine Urgroßmutter gewann spielend vor dem Bezirksgericht, sowohl den ersten Fall als auch den Rechtsstreit wegen des angeblichen Kredits. Der Richter sprach ihr eine beträchtliche Geldsumme zu. Doch dann appellierte Shwe Khins Witwe an den Hohen Gerichtshof in Rangoon. Und weil dort ein offensichtlich bestechlicher Richter zuständig war, ging alles verloren. Meine Urgroßmutter blieb mit fast nichts zurück und hatte nun auch noch die teuren Anwalts- und Gerichtskosten am Hals. Mit Ausnahme ihres Grundbesitzes und eines Hauses musste sie alle Immobilien, Gärten, Mangobäume und sogar persönliche Dinge verkaufen.

Bis zu diesem Moment hatte Thant ein glückliches und unbeschwertes Leben geführt. Er war ein begeisterter Schwimmer und hatte sich in den letzten Jahren davor sehr für englische Bücher und Magazine zu interessieren begonnen. Seine Schulkameraden pflegte er nach dem Ende des Unterrichts mit Geschichten über Henry Stanleys Suche nach Dr. Livingstone im entfernten afrikanischen Dschungel zu erheitern. Beim Tod seines Vaters war er vierzehn gewesen. Im folgenden Jahr reiste er zum ersten Mal nach Rangoon (um seine Mutter zum Obersten Gericht zu begleiten). Zur gleichen Zeit befand sich auch der Prince of Wales (der künftige König Edward VIII.) in der Stadt. Thant hatte die königliche Gesellschaft gesehen, als sie sich gerade den Weg durch eine der Hauptverkehrsstraßen der Kolonialstadt bahnte. Edward war in Begleitung seines Cousins Lord Louis Mountbatten gewesen, des späteren Vizekönigs von Indien. Es hätte sich wohl niemand vorstellen können, dass Lord Mountbatten und der Junge aus Pantanaw einander Jahrzehnte später wieder begegnen sollten: als Staatsmänner in einem Hochhaus am East River in New York.

Thant hatte seinem Vater immer erzählt, dass es sein Traum sei, Staatsdiener in der Verwaltung von Britisch-Burma zu werden. Er wünschte sich nichts so sehnlich, wie die Universität zu absolvieren, um die Examen für den Elite-Abschluss im britisch-indischen Staatsdienst machen zu können. Doch jetzt gab es dafür keine Möglichkeit mehr, er musste sich um seine kleinen Brüder und seine Mutter kümmern. Vier Jahre Abwesenheit, um ein Studium zu beenden, kamen nicht mehr in Frage. Es war wichtig, dass er schnell eine Arbeit finden würde, damit er sie unterstützen konnte. Also beschloss er, nur zwei Jahre bis zum Vordiplom an der Universität von Rangoon zu studieren. Das würde ihm zwar nicht die Tür zum gehobenen Staatsdienst öffnen, aber ausreichen, um eine andere Idee verfolgen zu können: Er wollte Journalist werden. Er hielt das für die richtige Entscheidung.

Thant studierte mit großer Hingabe. Seine Kommilitonen erinnerten sich an einen »fleißigen, stillen, sauber und adrett, aber nicht teuer gekleideten« Studenten. Enge Freunde hatte er nur wenige, aber er war ein offener junger Mann und allgemein beliebt. Er wurde zum Sekretär der Philosophischen Gesellschaft sowie des Literatur- und Debattierclubs der Universität gewählt. Daneben schrieb er viele Artikel und Beiträge für lokale Zeitungen, darunter neunzehn offene Briefe an die sogenannte Simon-Kommission – sieben britische Unterhausabgeordnete, die gerade eine Verfassungsreform für Britisch-Indien erarbeiteten. Von seinem Vater beeinflusst, hatte er gelernt, dem Kolonialismus kritisch gegenüberzustehen, aber für blindwütige antikolonialistische Rhetorik hatte er ebenso wenig übrig. Sein schärfstes Missfallen erregten die selbsternannten Nationalisten, die seiner Meinung nach jeder wirklichen Debatte aus dem Wege gingen und lieber den Briten alle Schuld an sämtlichen Problemen des Landes in die Schuhe schoben.[6]

An der Universität begegnete Thant zum ersten Mal John Sydenham Furnivall, einem vom Kolonialbeamten zum Anthropologen gewandelten Mann, der den Staatsdienst verlassen hatte, um zu schreiben und zu lehren und eine ganze Generation junger burmesischer Studenten zu fördern. Er verfasste bahnbrechende Werke über Britisch-Burma und Indonesien und führte den Begriff der »pluralistischen Gesellschaft« (am archetypischen Beispiel von Burma) in die Weltsprachen ein – eine Gesellschaft, in der Gemeinschaften unterschiedlicher Religionen, Kulturen und Sprachen Seite an Seite, wenn auch separat, unter ein und denselben politischen Bedingungen leben.[7] Er hatte eine modernere Vision von Burma, das er sehr genau kannte, nachdem er im letzten Jahrzehnt des 19. und ersten Jahrzehnt des 20. Jahrhunderts als Bezirksbeamter in Hunderte von Dörfern gereist und die burmesische Sprache fließend zu sprechen gelernt hatte. Die meisten anderen Europäer in Rangoon hielten ihn vermutlich für einen komischen Kauz, denn wer interessierte sich schon für dieses Land und seine Geschichte. Ende der zwanziger Jahre rief er seinen »Burma Book Club« ins Leben, zu dessen wichtigsten Förderern auch Thant gehörte. Thant schrieb außerdem regelmäßig Beiträge für das vierzehntäglich erscheinende Magazin *The World of Books*, das Furnivall mit einem jüngeren Bruder Thants gegründet hatte. Ein anderer von Furnivalls Studenten, Thants guter Freund Nu, sollte zum ersten Ministerpräsidenten des unabhängigen Burma werden.

Furnivall drängte Thant, die Universität abzuschließen und die diversen Examen für den gehobenen Staatsdienst abzulegen. Er versprach dafür zu sorgen, dass er einen guten Posten bekommen würde.

Vielleicht war Thant einen Moment lang versucht, doch sein Verantwortungsgefühl für die Familie war zu stark. Außerdem fühlte er sich mehr und mehr zu einer Laufbahn als Schriftsteller hingezogen, und schreiben, fand er, könne er überall. So kam es, dass der mittlerweile neunzehnjährige Thant nachhause zurückkehrte und sich einen Job als Hauptlehrer an der lokalen »National School« (nicht zu verwechseln mit einer »staatlichen« Schule) ergatterte.

Von da an verbrachte er viele Jahre in Pantanaw. Er wohnte im alten Teakhaus der Familie im Schatten der großen Tamarinde. Neue Bücher fanden Eingang in die väterliche Bibliothek – Sidney und Beatrice Webb, Harold Laski, H. G. Wells, Bertrand Russell. Die Abende verbrachte er im Kerzenschein lesend, üblicherweise nachdem er im Anschluss an das Abendessen in einem Nachbarhaus eine Runde Billard gespielt hatte. Im Alter von vierundzwanzig Jahren schloss Thant als Bester das landesweite Examen für das höhere Lehramt ab und wurde zum jüngsten Rektor des Landes ernannt. Den zweiten Platz hatte ein anderer Einwohner von Pantanaw belegt, Thants einstiger Englischlehrer K. Battacharya, ein Bengale mit einer großen Leidenschaft für russische Literatur. Er hatte Thant und seine anderen preiswürdigen Schüler mit Tolstoj, Tschechow und Gogol bekannt gemacht und war begeistert, als er vom Erfolg seines einstigen Protegés erfuhr. Zufälligerweise wurde Thants bester und nur wenig älterer Freund Nu zum Inspektor derselben Schule ernannt.

Als junger Schriftsteller, er war etwas über zwanzig Jahre alt, wählte mein Großvater das Pseudonym Thilawa, nach einem säbelrasselnden Adligen aus dem 14. Jahrhundert, der dem kollektiven burmesischen Gedächtnis vor allem deshalb erhalten blieb, weil er nur dreimal in seinem Leben gelacht haben soll.[8] Dabei hat mein Großvater sicher weniger an dessen martialische Erfolge als an seinen Ruf als ein Mann von ruhigem Temperament und wenigen Worten gedacht. Ganz offenbar fühlte sich Thant zu ernsthaften und nüchternen Männern hingezogen, die in deutlichem Kontrast zu den rauflustigen und schillernden burmesischen Politikern standen, welche sich zu dieser Zeit einen Namen machten. So mancher junge Burmese blickte damals zu Mussolini oder Tschiang Kai-schek auf. Nicht so Thant. Sein persönlicher Favorit war Sir Stafford Cripps, der strenge und humorlose, aber hilfsbereite sozialistische Jurist, der später in letzter Minute die diplomatischen Verhandlungen leiten sollte, die Indien auf den Weg der Unabhängigkeit brachten. Das war eine interessante Wahl zum Vorbild des Rektors einer burmesischen Kleinstadtschule.

Gewissenhaft tat er alles, um ein guter Lehrer in Englisch und Geschichte zu sein, den beiden Fächern, die er selbst an der Universität studiert hatte. Seine Schule war eine sogenannte »National School«. Diese Anstalten unterschieden sich deutlich von den wenigen staatlichen Schulen, für die die britisch-burmesische Verwaltung aufkam, und von den Privatschulen, die von Missionaren betrieben wurden. Die Nationalschulen waren aus den Protesten hervorgegangen, die Anfang der zwanziger Jahre gegen die koloniale Bildungspolitik aufgeflammt waren, erhielten nur minimale öffentliche Mittel, hingen fast ganz von freiwilligen Beiträgen ab und hatten es sich zum Ziel gesetzt, den Jungen und Mädchen nicht nur eine vielseitige Bildung angedeihen zu lassen, sondern in ihnen auch einen gewissen Stolz auf Burma zu wecken und sich bewusst als Burmesen zu sehen. Die Nationalschule von Pantanaw war eine der wenigen, die es Anfang der dreißiger Jahre noch gab. Sie hatte rund dreihundert Schüler, deren Eltern meist viel zu arm waren, um irgendein Schulgeld zu zahlen. Thant, der sein Amt mit einem sehr bescheidenen Monatsgehalt von hundertfünfundsiebzig Rupien angetreten hatte, pflegte sogar von dieser Summe noch mindestens vierzig oder fünfzig Rupien für den Erhalt der Schule zu stiften.

Sein Wunsch nach einer Karriere als Journalist war jedoch mindestens so groß wie sein Wunsch, ein guter Lehrer zu sein. Er schrieb Artikel für *The Sun*, die Zeitung, die sein Vater einst abonniert hatte, und für das englischsprachige Journal *New Burma* sowie eine Reihe von burmesischsprachigen Magazinen. Für Furnivalls *World of Books* verfasste er monatliche Leitartikel und gelegentliche Kolumnen, die unter der Überschrift »From My School Window« erschienen. Auch er versuchte von der Veranda seines Holzhauses, das, von wilden Orchideen und den Gerüchen und Geräuschen des Irrawaddy-Delta umgeben, etwas zurückgesetzt von einer Schotterstraße stand, den Kontakt zur Welt zu halten. So wurde er auch das erste burmesische Mitglied des *British Left Book Club* und war stolz, sämtliche Veröffentlichungen von Cripps und John Strachey, den Webbs und George Orwell zu besitzen. Außerdem schrieb er selbst mehrere Bücher, angefangen mit einer burmesischen Übersetzung der *Story of the League of Nations – Told for Young People.*

Es war eine glückliche Zeit. Im November 1934 heiratete Thant meine Großmutter Thein Tin, die er zwei Jahre zuvor kennengelernt hatte. Sie war die einzige Tochter eines Kleinstadtadvokaten und stammte ursprünglich aus Tada-U in der Nähe von Mandalay. Nach dem Tod ihres Vaters war sie mit ihrer Mutter nach Pantanaw übersiedelt, wo sie Verwandte hatten und die Mutter als Besitzerin und Managerin einer sehr profitablen Zigarrenfabrik zu einer ziemlich erfolgreichen Geschäftsfrau wurde. Thant hatte lange und formell um sie geworben und unzählige Abende mit seiner künftigen Schwiegermutter bei einer Art von einjährigem Verhör verbracht. In dieser Zeit gewöhnte er sich auch das Zigarrerauchen an, das ihn zu einem Kettenraucher machen sollte, bis man 1973 im New Yorker Presbyterian Hospital Krebs diagnostizierte. Der erste Sohn starb als Säugling (die Kindersterblichkeit war und ist nach wie vor schockierend hoch), in den dreißiger Jahren wurden dem Paar zwei weitere Kinder geboren, ein Sohn (der ebenfalls starb, allerdings viel später bei einem Verkehrsunfall) und eine Tochter: meine Mutter.

Das Jahr, in dem mein Großvater zum Rektor ernannt wurde, war das Jahr, in dem der Deutsche Reichstag Adolf Hitler zum Diktator erkor und Japan den Völkerbund verließ, um einen brutalen Angriff auf das chinesische Festland zu starten. In den Vereinigten Staaten war Franklin D. Roosevelt gerade Nachfolger von Herbert Hoover geworden und hatte den Startschuss für seinen New Deal gegeben, mit dem er der Weltwirtschaftskrise ein Ende setzen wollte. Es gab viele Anzeichen für eine bevorstehende Instabilität, aber es haben wohl nur wenige geglaubt, dass bald auch Burma von Gewalt und Aufruhr verwüstet werden würde. Die Wirtschaftskrise hatte bereits verheerende Schäden im bäuerlichen Irrawaddy-Delta angerichtet, aber nur wenige Jahre später wurde die kleine Stadt Pantanaw in Schutt und Asche gelegt, und ihre Bewohner wurden zu Vertriebenen und Flüchtlingen. Viele kehrten nie wieder zurück. Burma war nicht vorbereitet gewesen auf das, was ihm bevorstand.

KEINE STRASSE MEHR NACH MANDALAY

Das Haus war nicht schwer zu finden. Es war ein sehr großes, weitläufiges Backsteingebäude im englischen Pukka-Stil der zwanziger und dreißiger Jahre. Der Rasen war von Unkraut überwuchert, auch der kleine Seiteneingang zu dem Anwesen war fast vollständig von hohen Gräsern eingewachsen. An einem Brunnen im hinteren Gartenteil wusch sich eine Frau, den dunkel gefärbten Sarong um die Schultern gewickelt. In der Nähe schnatterten ein paar Großgänse. Am Gehweg direkt vorm Haus verkaufte ein alter Händler Bananen, auf der anderen Straßenseite wurde gerade ein chinesischer Tempel gebaut, ein Bambusgerüst ragte vor den frisch gestrichenen hellgelben Wänden auf. Das Haus gehörte seiner Königlichen Hoheit Hteiktin Taw Hpaya, dem ältesten Enkel von König Thibaw und Königin Supayalat und Erbe des Konbaung-Throns. Es war der zweite Weihnachtstag des Jahres 1997, und ich war von Mandalay heraufgefahren, um ihn zu besuchen. Der Prinz, bequem in eine graue Hose und ein rot-schwarz kariertes Flanellhemd gekleidet, begrüßte mich herzlich und führte mich in eine Empfangshalle. Eine junge, hübsch gekleidete Frau erschien lautlos mit einem Tablett, auf dem Tee und Gebäck standen.

Wir unterhielten uns fast den ganzen Nachmittag. Der Prinz war sehr charmant und freundlich. Sein häufiges Lächeln und seine Fröhlichkeit ließen ihn viel jünger als seine zweiundsiebzig Jahre erscheinen. Er sprach mit einem altmodischen britisch-indischen Akzent. Hier, in diesem Haus an der Forest Road in Maymyo, hatte er fast sein ganzes Leben verbracht. Maymyo ist eine einstige britische Enklave auf einem Hochplateau, das ungefähr zweieinhalb Stunden Autofahrt über eine Serpentinenstraße von Mandalay entfernt liegt. Hier hatten sich die Briten ein Refugium mit Häusern errichtet, die den heimatlichen so ähnlich wie nur möglich gestaltet wurden und in das sich die europäischen Kolonialbeamten und ihre Frauen während der heißen Monate März und April zurückzogen. Seinen Namen hatte der Ort von Oberst May aus der Fifth Bengal Infantry erhalten (*myo* heißt »Stadt« auf Burmesisch). Es war immer kühl hier, nachts manchmal sogar richtig kalt, und inmitten dieses Faksimiles eines englischen Sommers (allerdings ohne den bewölkten, regnerischen Himmel Englands) hatten die Briten nicht nur ihre Pseudo-Tudorhäuser gestellt, sondern auch einen wunderschönen botanischen Garten angelegt, der sich größtenteils dem Arbeitseinsatz von türkischen Gefangenen im Ersten Weltkrieg verdankt. Es gab (und gibt) Erdbeerfelder und Gärten voller Rittersporn, Stockrosen und Petunien, die Häuser tragen Namen wie Fairview oder Primrose Cottage. Die sogenannte Chummery, die alte Junggesellenresidenz der Bombay Burmah Trading Corporation, ist heute ein Hotel, aber nach wie vor mit gewaltigen Kaminen, heißen Bädern und dem alles andere als verlockenden Roastbeef und Yorkshire Pudding im Angebot. Die Hauptstraße wirkt wie einem Wildwest-Film entsprungen, nur dass die Menschen Sarongs tragen. Aber die Pferdekutschen, hölzernen Ladenfronten und der große Purcell-Uhrturm im Zentrum sind alle da. Die Briten sind längst abgezogen, doch viele, die in ihrem Kielwasser gekommen waren, sind geblieben, auch die Nachfahren der großen Gurkha-Gemeinde, jener alten indischen Armee-Elite, die diesen Ort ebenfalls zu ihrer neuen Heimat erkoren hatte.

Der Prinz schien es gewohnt zu sein, dass Leute bei ihm anriefen, um mit ihm über seine Großeltern zu reden, über die Ereignisse in den achtziger Jahren des 19. Jahrhunderts und über das Schicksal der königlichen Familie. Er fühlte sich offenbar überhaupt nicht bedrängt und gab freudig Antwort auf meine vielen Fragen. Er erzählte, dass seine Familie nach der Unabhängigkeitserklärung Burmas die sterblichen Überreste Thibaws aus Indien überführen wollte, die britische Botschaft jedoch interveniert und sichergestellt habe, dass das nicht geschah. Sie fürchteten, sagte er, dass es antibritische Gefühle schüren würde.

Es war dem Prinzen in seiner entspannten Art sehr daran gelegen, mir deutlich zu machen, welch wichtigen Platz die königliche Familie noch immer im Herzen der Burmesen einnahm. Er erzählte eine Geschichte, die sich in den sechziger oder siebziger Jahren abgespielt hatte: Die Armee hatte ihn gebeten, an einer antikommunistischen Kundgebung in Shwebo, der Hauptstadt seines Vorfahren Alaungpaya, teilzunehmen. Doch bei seinem Anblick habe das Volk seinen royalistischen Gefühlen dann so freien Lauf gelassen, dass er nie wieder gebeten wurde, in der Öffentlichkeit aufzutreten. Der Prinz war auf eine eigenartige Weise entwurzelt, denn er befand sich ja im eigenen Land, das sich jedoch völlig verändert und weder etwas mit dem Burma zu tun hatte, das es zu Zeiten des Königs gegeben hatte, noch mit dem anschließenden Britisch-Burma seiner Schulzeit. Als er bemerkte, wie sehr ich daran interessiert war, über die alte Dynastie und den Hof zu sprechen, straffte sich sein Körper, und ein Strahlen ging über sein Gesicht.

Er erzählte, dass im Laufe der Jahre viele Menschen zu ihm gekommen seien, Burmesen wie Ausländer, die behauptet hätten, Forschungen zu betreiben oder ein Buch zu schreiben. Er habe ihnen bereitwillig Fotografien und andere Andenken ausgeliehen, die er dann jedoch nie zurückbekam. Besonders einen Australier erwähnte er, der ihn vor einigen Jahren besucht und Dokumente unter dem Versprechen mitgenommen habe, sie binnen einer Woche zurückzugeben. Er sei nie zurückgekehrt.

Es war seine Art, mir mitzuteilen, weshalb er so wenig besaß, das er mir zeigen konnte. Am Ende verschwand er aber doch hinter einer Tür und brachte stolz an, was noch vorhanden war: eine riesige Papierrolle mit der Genealogie seiner Dynastie und die wenigen Fotos, die ihm geblieben waren, darunter eines von einer Hochzeit im Jahr 1922, die, wie er mir erzählte, die letzte Gelegenheit war, bei der noch alle Mitglieder der königlichen Familie und alle überlebenden Mitglieder des Hofes anwesend waren. Am aufgeregtesten aber war der Prinz, wenn er über die Einschränkungen in seinem Leben und über die unfaire Behandlung seiner Familie während des ganzen vergangenen Jahrhunderts sprach.

»Wissen Sie, die Briten haben es uns nicht einmal gestattet, nach Mandalay zu fahren. Wir mussten alle in Rangoon oder in den Städten des Südens wohnen. Als ich in Moulmein studierte, gehörte ich dem Fußballteam an, und als das Team dann eingeladen wurde, gegen St. Paul's in Mandalay zu spielen – wissen Sie was? Die Briten haben mich nicht gehen lassen!« Er lachte, aber es war ein bitteres Lachen.

Er erzählte, dass er nie einen wirklichen Beruf erlernt habe. In seinen gesamten zweiundsiebzig Lebensjahren sei er immer in erster Linie der Prinz einer entthronten Königsfamilie gewesen. Der kurze Krieg im Jahr 1885 – Randolph Churchills Hoffnung, dass ein Sieg über Burma den Konservativen in England zum Wahlsieg verhelfen würde; und Lord Dufferins Entscheidung, die Monarchie in Burma ganz abzuschaffen – von solchen Dingen sei sein ganzes Leben bestimmt worden. Ich fragte ihn, was er früher gemacht habe, beispielsweise im Alter von dreißig oder vierzig Jahren. Durfte er überhaupt irgendetwas arbeiten? »Na ja,« sagte er und lachte wieder, »ich hab's ziemlich mit dem Bodybuilding gehabt.« Er war noch immer kräftig gebaut. »Das war mein Ding. Deshalb machte mich U Nu, als er Ministerpräsident wurde, zum Leiter des Rates für körperliche Ertüchtigung!«

Der Großvater meines Gastgebers, König Thibaw, war Anfang des Jahres 1886 im indischen Exil eingetroffen. Zuerst blieb er in Madras, dann zog er in die feuchtheiße Küstenstadt Ratnagiri an der Konkanküste gleich südlich von Goa. Man stellte ihm ein großes Haus zur Verfügung, in dem er dann mit Supayalat und dem großen Tross an mitgebrachtem Dienstpersonal wohnte, meist junge Mädchen aus den Kachin-Bergen. Später wurde ihm gestattet, sich einen kleinen Palast zu bauen. Das Gebäude mit den teakhölzernen Veredelungen und dem italienischen Buntglas, das in der untergehenden Sonne aufleuchtet, steht noch immer auf einem Hügel inmitten von zehn Hektar Land mit Blick auf das grüne Arabische Meer. Auch Supayalats Mutter wohnte bei ihnen, doch die Beziehungen zwischen dem einstigen König und der einstigen Geliebten des Weißen Elefanten waren nicht gut, und offenbar fanden die Briten, dass sie dem König, den sie vom Thron gestürzt und dem sie das Land genommen hatten, wenigstens ein Leben ohne Schwiegermutter gewähren müssten. Also gestattete man der alten Frau und einstigen gefürchteten Macht am Hof von Ava die Rückkehr nach Burma, wo sie den Rest ihres Lebens in völliger Abgeschiedenheit am Strand von Tavoy verbrachte.[9]

Nach allem, was man hört, lebten Thibaw und seine Familie von immenser Langeweile geplagt. Er scheint sein Schicksal nie verwunden und immer auf eine Berichtigung seines Status gehofft zu haben, denn er gab nicht auf und schickte dem Vizekönig immer neue Bittschriften. Zuerst lief sein Gesuch auf die Forderung hinaus, nach Mandalay zurückkehren und als britische Marionette regieren zu können. Im Jahr 1880 wäre das natürlich mehr als akzeptabel für die Briten gewesen, doch nun stand es völlig außer Frage. Später wurden seine Gesuche bescheidener. Im Jahr 1905 beispielsweise bat er, wenigstens wie die indischen Prinzen behandelt und ebenfalls zu King Edwards VII. Jahresempfang geladen zu werden.

Geld war ein ständiges Problem. Die Edelsteine und anderen Wertgegenstände, die Thibaw und Supayalat mitgenommen hatten, waren im Laufe der neunziger Jahre des 19. Jahrhunderts fast alle an lokale Händler verkauft worden. Ihre Apanage war gering. Wieder und wieder reichte Thibaw bei den Briten Eingaben um höhere Mittel ein. Doch die fanden, dass er völlig unverantwortlich mit Geld umging, und machten ihrerseits mehrere ermüdende Versuche, seine Ausgaben besser zu überwachen, geradeso als sei der einstige König ein Kind, auf dessen Taschengeld man ein Auge haben musste.

Thibaw führte ein unbewegtes Leben, war aber kein Gefangener im eigentlichen Sinne des Wortes. Er verfügte über eine beeindruckende Residenz, die nicht anders als königlich bezeichnet werden kann; er hatte jede Menge Bedienstete, ein ausgedehntes Stück Land und sogar ein Auto, ein T-Modell von Ford, mit dem er Besorgungen in der Stadt machen lassen konnte. Seinen Töchtern und den anderen Mitgliedern seines Haushalts war es gestattet, sich frei in der Gegend zu bewegen, doch Thibaw und Supayalat wollten oder durften das zum Haus gehörende Gelände nicht verlassen. Nach den Unterlagen seiner britischen Betreuer zu schließen, hat er jedoch auch nie darum gebeten, sein Grundstück verlassen und sich etwas ansehen zu dürfen. Es scheint ihm an jeder intellektuellen Neugier gemangelt zu haben, nicht einmal für Sport oder irgendwelche Hobbys scheint er sich interessiert zu haben. Auch seine klösterliche Ausbildung und frühen Errungenschaften als buddhistischer Gelehrter hatten offenbar keine Früchte getragen, denn nie bat er um religiöse Schriften (wenngleich oft buddhistische Mönche für Privatzeremonien zur Stelle waren). Seine körperlichen Aktivitäten scheinen sich auf Spaziergänge um das Haus beschränkt zu haben. Auch Laster hatte er offenbar nur wenige. Ganz im Gegensatz zur britischen Vorkriegspropaganda trank er überhaupt keinen Alkohol und scheint nur eine Schwäche für gebratenes Schweinefleisch gehabt zu haben, das er in großen Mengen genoss.

Das Königspaar war mit drei kleinen Töchtern in Ratnagiri eingetroffen (eine von ihnen war erst in Madras geboren worden), eine vierte brachte Supayalat in ihrem neuen Heim zur Welt. In den frühen Jahren des neuen Jahrhunderts waren alle von ihnen zu jungen Damen herangewachsen. In Burma und am königlichen Hof war ein unverheirateter Teenager oder eine unverheiratete Frau um die zwanzig oder sogar noch älter kein seltener Anblick gewesen, selbst alte Jungfern waren nichts Ungewöhnliches. Es hatte viele Prinzessinnen gegeben, die aus freien Stücken oder in Ermangelung eines angemessenen Kandidaten nie eine Ehe eingingen. Doch die spätviktorianischen Beamten, die sich um die burmesische Königsfamilie kümmern mussten, begannen sich Sorgen zu machen. Man stellte eine Liste mit den Namen von unverheirateten burmesischen Fürstensöhnen auf, doch Thibaw lehnte jeden ab, sagte, er kenne sie alle, es sei eine Bande von Tunichtguten. Schließlich nahm sich der Vizekönig höchstselbst der Sache an. Die burmesische Königsfamilie war generell endogam, wohingegen es in Indien zu dieser Zeit längst Tradition geworden war, in eine andere Familie vergleichbaren Ranges einzuheiraten. Und da die Burmesen Buddhisten waren, bot sich als eine Möglichkeit die königliche Familie von Sikkim an, jenem winzigen Himalaya-Staat, der eingezwängt zwischen Nepal und Bhutan liegt. Das Volk war mit den Tibetern verwandt und hing dem Mahayana-Buddhismus an. Das war nahe genug, fanden die Briten. Man nahm Kontakt zum Kronprinzen und künftigen Chogyal von Sikkim auf, welcher einwilligte, sich die beiden ältesten Töchter vorstellen zu lassen. Am Ende fand er keine von beiden angemessen und beklagte ihr unvollkommenes Englisch.

In der Trockenzeit des Jahres 1906 kam es schließlich zu einem Eklat. Die älteste Prinzessin wurde mit dem Kind des indischen *durwan* (Torwächter) schwanger, der bereits verheiratet war und eine eigene Familie hatte. Man war allenthalben schockiert, doch am Ende scheinen die Briten empörter gewesen zu sein als die Burmesen. Thibaw und Supayalat versöhnten sich schnell mit der Situation. Ihre erste Enkeltochter, der sie den Kosenamen Baisu gaben, wurde bald zum Mittelpunkt ihrer Welt.

Dann aber geschah etwas, das selbst das Königspaar nicht akzeptieren konnte. Die zweitälteste Prinzessin, die von jeher sehr willensstark gewesen war, verliebte sich in einen Mann namens Khin Maung Gyi, einen Burmesen, der in Mandalay ein kleiner Beamter gewesen war. Das war für Thibaw die absolute Grenze des Denkbaren. Vater und Tochter stritten sich heftig, dann verließ die zweitälteste Prinzessin das Haus und floh zu Mrs. Head, der Frau des britischen Bezirkssteuerbeamten. Als Thibaw davon erfuhr, sandte er seinen Chauffeur mit dem Wagen, um die missratene Tochter heimzuholen, und als der Fahrer eine Weile später ohne Prinzessin zurückkehrte, erlitt der ehemalige König von Burma einen Herzinfarkt. Wenige Wochen darauf war der letzte Inhaber des Konbaung-Throns tot.

Thibaw war erst sechsundfünfzig Jahre alt gewesen, als er 1916 starb. In der Heimat wurde sein Tod kaum zur Kenntnis genommen, außer in den immer kleineren aristokratischen Kreisen von Mandalay. Man fragt sich, was geschehen wäre, hätte Thibaw ein gesünderes Leben geführt. Bei Ausbruch des Zweiten Weltkriegs wäre er einundachtzig gewesen. Wäre er unter den Japanern wieder als König eingesetzt worden? Hätte er die Briten überlebt und wäre 1948 zum ersten Staatschef eines neuen, unabhängigen Burmas gewählt worden? Und hätte er als solcher einen Ständigen Vertreter zu den Vereinten Nationen nach New York entsandt?

Was tatsächlich geschah, war, dass die Briten nach dem Ende des Zweiten Weltkriegs ihren Griff lockerten und diversen Mitgliedern der königlichen Familie gestatteten, nach Burma, wenngleich nicht nach Mandalay zurückzukehren. Die älteste Prinzessin blieb mit ihrer kleinen Tochter Baisu zurück und driftete langsam in die Armut ab. Baisu ihrerseits heiratete und gründete eine große Familie mit mehreren Kindern und vielen Enkelkindern, zog in die Stadt und verschwand schließlich in der Masse der städtischen Armen in den Slums von Bombay. Zu Beginn des 21. Jahrhunderts lebte sie noch, inzwischen weit über neunzig Jahre alt. Die Journalisten, die sie besuchten, berichteten von ihrer Großzügigkeit und ihrem freundlichen Umgangston. Doch nur eine kleine Fotografie von Thibaw und Supayalat an einer Wand ihrer Hütte und ein letzter Hauch von oberburmesischen Gesichtszügen hatten sie von ihren Nachbarn unterschieden.

Das Schicksal der zweitältesten Prinzessin ist ein ziemliches Rätsel. Ihre Schwestern (zu denen sie keinen Kontakt hatte, seitdem sie durchgebrannt war) glauben, dass sie und Khin Maung Gyi keine Kinder bekamen. Allem Anschein nach landete das Paar im gebirgigen Kalimpong nahe Darjeeling, wo es einen Milchhof erwarb und den Rest seines Lebens in der kühlen, vom Kiefernduft erfüllten Luft in den Ausläufern des Himalaya verbrachte.

Supayalat kehrte mit ihren beiden jüngsten Töchtern nach Burma zurück und bezog ein Haus in der Churchill Road, einer kurvenreichen, von Bäumen gesäumten Straße in einem der besseren Viertel von Rangoon, die nach Lord Randolph Churchill benannt worden war, dem Mann, der ihren Ehemann dreißig Jahre zuvor vom Thron gestoßen hatte.

Auch andere Mitglieder der Königsfamilie waren ins Exil getrieben worden. Die Strategie der Briten war die vollständige Entwurzelung der Monarchie gewesen. Sie wollten sicherstellen, dass der Stamm von Alaungpaya nie wieder zu einer politischen Macht in Burma werden würde. Dutzende wurden weit in den Süden nach Tavoy oder Moulmein verschickt, Dutzende andere ins Exil nach Indien gezwungen, wo sie sich dann auf verschiedene Städte und Orte verteilten.

Prinz Limbin zum Beispiel wurde 1887 ins Exil nach Kalkutta verfrachtet und anschließend nach Allahabad am Ganges, eine große, wuselige Stadt, die der Geburtsort von Jawaharlal Nehru war, des künftigen indischen Premierministers. Rudyard Kipling war zu dieser Zeit Korrespondent des *Allahabad Pioneer*. Limbin, eines der fünfunddreißig Kinder von Mindons Bruder Prinz Kanaung, hatte eine Weile lang selbst eine Rebellion in Burma angeführt und war zu diesem Zweck ein Bündnis mit abtrünnigen Shan-Stammesführern eingegangen, hatte sein Blatt dann aber schlecht ausgespielt. Am Ende landete er wie sein Cousin, der Ex-König, mit Frau und zehn Kindern in Indien.

Seine jüngste Tochter Ma Lat wurde im Oktober 1894 in Allahabad geboren, ging dort auf eine gute Schule, lernte fließend Englisch und wuchs, nach allem was man hört, zu einer schönen und gebildeten Frau heran. Als sie sechzehn war, stellte man sie Kronprinz Wilhelm von Preußen vor, der auf seiner großen Indienreise auch in Allahabad haltgemacht hatte. Da er ein enger Verwandter von King George war, ließ man es sich von Ceylon bis ins hinterste Eck des Subkontinents nicht nehmen, ihn mit glamourösen Empfängen zu ehren. Die beiden begegneten sich im Allahabad Club, in dem Limbin Mitglied war. Später sagte der Kronprinz (und künftige Liebhaber von Mata Hari), dass Ma Lat die faszinierendste Frau gewesen sei, der er auf seiner Reise durch den Osten begegnet war. Angesichts ihres Charmes und ihrer Schönheit war es vielleicht nicht verwunderlich, dass sich schließlich ein anderer Mann königlichen Geblüts unsterblich in sie verliebte: der Anwärter auf den Thron von Nepal, Prithvi Bir Bikram Shah Devand. Die beiden träumten bereits von ihrer Hochzeit, doch die Hindu-Oligarchie von Nepal soll von Anfang an entschieden gegen diese Verbindung gewesen sein, weil Ma Lat Buddhistin war. Bald darauf starb der Kronprinz von Nepal im Alter von nur sechsunddreißig Jahren, wie es heißt, durch Gift.

Erst nach der Unabhängigkeit Burmas durften Mitglieder des Königshauses wieder nach Mandalay zurückkehren. Und dort leben noch immer viele ihrer Nachkommen in einer kleinen und so geschlossenen Gesellschaft, dass oft nur unmittelbare Nachbarn, enge Freunde und die Nachfahren einiger alter aristokratischer Familien sich deren königlicher Herkunft bewusst sind. Thibaws Enkel erzählte mir, dass sie zwei Organisationen ins Leben gerufen hätten, einen königlichen Rat für die unmittelbare Königsfamilie (also Thibaws Familie), dem er vorsaß, und eine Gesellschaft, welcher alle angehören, die von der erweiterten königlichen Familie abstammen. Doch schon zur Zeit der Unabhängigkeit in den fünfziger Jahren hatte es kaum noch Personen gegeben, die ihr Leben als echte Prinzen und Prinzessinnen begonnen hatten. Es lebten nur noch deren Kinder und Kindeskinder, die sich in Ermangelung von Apanagen oder eines besonderen Ranges inzwischen nicht mehr von der allgemeinen Bevölkerung unterschieden.

Einigen wenigen war allerdings ein langes Leben beschieden. Prinz Pyinmana zum Beispiel, ein Sohn von Mindon und ein Halbbruder von Thibaw, lebte bis zu seinem Tod im Jahr 1956 mit seiner Frau, einer Prinzessin aus dem Hause eines gefangenen siamesischen Prinzen, in Mandalay. Er war vierzehn Jahre alt gewesen, als Prendergasts Soldaten in die Palaststadt eingedrungen waren, und erinnerte sich noch, wie er auf den Balkon ging und die britischen Soldaten in ihren glänzenden Helmen mit dem Federbusch beobachtete. Beide hatten sich damit abgefunden, dass die Tage ihrer Dynastien seit Langem vorbei waren. Gegenüber dem Schriftsteller Norman Lewis, der sie in den fünfziger Jahren besuchte, beklagte sich der Prinz nur über den herrschenden Mangel an Lektüre und bat ihn, ihm aus England einen Band mit Thomas Hoods Gedichten zu schicken.[10]

Prinz Pyinmana war von den Japanern während der Besetzung des

Landes im Zweiten Weltkrieg kurz als Marionettenkönig in Betracht gezogen worden. In diesem Fall wäre Pyinmana das gleiche Schicksal beschieden gewesen wie Henry Pu Yi (dem »letzten Kaiser«), für den die Japaner einen neuen Staat in der Mandschurei geschaffen hatten. Doch es sollte nie geschehen, die königliche Familie wurde der Vergessenheit anheimgegeben. Es gab auch nie eine starke monarchistische Bewegung, und die Nationalisten waren viel zu sehr damit beschäftigt, sich ihre Inspirationen anderswo zu holen. Ihr Blick war auf das Ausland gerichtet, nicht auf das bezwungene und ziemlich traurige Haus von Alaungpaya. Es gab kein Zurück. Aber woher sollte sich das Volk neue Ideen holen? Der Bruch mit den jahrhundertealten Traditionen war so absolut. Welche Art von Zukunft war noch vorstellbar?

VOM KÖNIGREICH ZUR KOLONIE

Fünfzig Jahre nach Thibaws Sturz waren nicht nur die Erinnerungen an das Königtum verblasst, auch die Gesellschaft, die seit Jahrhunderten unter der Befehlsgewalt eines Königs gestanden hatte, war bereits einer offensiven Wandlung unterzogen worden. In den alten königlichen Hoheitsgebieten von Oberburma war die traditionelle Ordnung nach der Gefangennahme des Königs und der Auflösung des Hofes vollständig zusammengebrochen. Doch eingesetzt hatte dieser Prozess bereits mit Mindons Reformen, als die Stammesfürsten auf dem Land immer mehr Macht an Männer mit Geld oder an die Bevollmächtigten des Hofes abgeben mussten. Viele, vor allem die Angehörigen des alten Krondienstes, hatten zusehen müssen, wie ihr Sonderstatus dahinschwand, und sich deshalb in das britische Hoheitsgebiet in den Süden aufgemacht. Alles in allem hatten im späten 19. Jahrhundert Hunderttausende ihr Säckel gepackt, um sich im Irrawaddy-Delta ein neues Leben aufzubauen. Es war die größte Migration in der gesamten burmesischen Geschichte gewesen.

Die in Mandalay ansässige Familie meines Vaters schloss sich dieser Abwanderung in den Süden nicht an. Zur Zeit der Annexion war mein Ur-Urgroßvater Maha Mindin Kyawthu König Thibaws Oberkämmerer gewesen, zuständig für die Aufzeichnungen und Wertsachen des

Hofes. Er war nur einer von vielen Familienmitgliedern, die ihr ganzes Leben lang mit der inneren Palastwelt verbunden gewesen waren, der letzte aus drei Generationen adliger Gefolgsmänner, die seit den sechziger Jahren des 18. Jahrhunderts im Dienste der Konbaung-Dynastie gestanden hatten. Als Prendergast in die Stadt einmarschierte, war mein Ur-Urgroßvater um die Fünfzig gewesen und trug den Ehrentitel eines *pyinnya-shi*, eines Fachgelehrten, der über ein fundiertes Wissen in den burmesischen und den Pali-Klassikern verfügte und den König deshalb auch in Fragen des Hofzeremoniells und der Rangordnung beriet. Wie so viele andere hatten die Abschaffung der Monarchie und die britische Besatzung auch ihn traumatisiert. Nichts von all dem, was er studiert und wofür er gelebt hatte, existierte noch. Sein Bruder Maha Mindin Minkyaw Raza, dem die nunmehr verschlossene königliche Waffenkammer unterstanden hatte, war in einer ähnlichen Lage und deshalb ebenfalls nicht in der Stimmung gewesen, in Fort Dufferin oder irgendwo sonst in der alten Hauptstadt zu bleiben. Nach einer Anstellung beim neuen Raj nachzusuchen, stand für ihn außer Frage. Also beschlossen die beiden Brüder, mit ihren Familien in die Heimat ihrer Vorfahren zurückzukehren, in die staubigen Dörfer von Dabessway, ungefähr einen Tag Kutschfahrt entfernt im Süden. Dort verbrachten sie den Rest ihres Lebens voller Sehnsucht nach dem alten Hof und ständig von einer Restauration träumend.

Diese völlige Veränderung des Alltags und aller Lebensweisen wiederholte sich hunderte Male in jenen Tagen, als sich die Aristokratie und die Höflinge von Ava in das staubige Hinterland aufmachten und dort schlicht in der Masse untergingen. Ein paar Hofgewänder, die nie wieder getragen wurden, vielleicht auch die eine oder andere Fotografie aus der Zeit hinter den Palastmauern, waren ihre einzigen Erinnerungsstücke an eine erloschene Welt.

Aber auch das Dorfleben verwandelte sich. Die alten Kategorien von *ahmudan* und *athi* – die zu erkennen gegeben hatten, wer einer Gründerfamilie angehörte und wer nicht; wer zur Welt der Stammesführer und wer zu deren Gefolge zählte; wer zu den unzähligen Männern gehörte, die Krondienst leisteten; und wer zu den vielen verschiedenen Arten von Ausgestoßenen und Sklaven zählte – hatten sich in einem neuartigen, einheitlich bäuerlichen burmesischen Reservoir aufgelöst. Besoldete Beamte und Dorfvorsteher ersetzten die stolzen kleinen Hofstaaten des Erbadels, der einst hinter seinen zinnoberroten Toren unter roten oder goldenen Schirmen regiert hatte. Es war zwar schon lange her, dass die Männer Oberburmas für Kriege in so ferne Länder wie Assam und Siam zu den Waffen gerufen worden waren, doch nun wurden die Familien, die auf jahrhundertealte martialische Traditionen zurückblicken konnten, nicht einmal mehr als Palastwächter in die Pflicht genommen. Auch die buddhistischen Mönche erlebten einen völligen Wandel ihrer Rollen und ihres Status. Sie waren die Lehrer des Landes gewesen, in ihren Klosterschulen hatten alle Gelehrten des königlichen Hofes ihre Bildung erhalten. Jetzt hatten die neuen staatlichen Schulen und die christlichen Missionsschulen ihre Aufgaben übernommen und auf Gedeih und Verderb das alte Band zwischen dem buddhistischen Glauben und dem Erziehungswesen durchtrennt.[11]

Sogar die Kleidung und die Art, wie man sich die Zeit vertrieb, änderten sich dramatisch. Heute wird oft behauptet, dass sich Burmesen im Gegensatz zu beispielsweise ihren thailändischen Nachbarn ihren ursprünglichen Kleidungsstil bewahrt hätten. In Wirklichkeit ist die heutige formelle Kleiderordnung – der Unisex-Sarong oder Longyi für sowohl Männer als auch Frauen, dazu ein kragenloses weißes Hemd und eine kurze Jacke für Männer und eine Bluse für Frauen – eine ziemlich neue Kluft, nämlich ein Produkt aus britischen Tagen. Zumindest in Oberburma hätte sich im 19. Jahrhundert kein Mann mit Selbstachtung jemals in einem Longyi der Öffentlichkeit präsentiert. Die Männer trugen einen langen, karierten *paso*, der um die Taille gewickelt und zwischen den Beinen hindurch nach hinten festgesteckt wurde, ähnlich dem indischen Dhoti, und darüber ein enges weißes Obergewand oder eine lange, mantelartige Jacke; Frauen trugen bis über die Knie geschlitzte *tameins*, schulterfreie Leibchen, die um die Taille gewickelt wurden, und darüber kurze, enge Jacken.

Außerdem pflegten alle Männer ihren Körper von der Taille bis zu den Knien mit einem indigoblauen Farbstoff zu tätowieren, wobei die komplizierten Muster so fein waren, dass es aus der Ferne so aussah, als trügen sie hautenge blaue Kniehosen. Auch diese Mode verschwand nun schnell, obwohl man in einigen ländlichen Gegenden noch vor gar nicht langer Zeit alte Männer sehen konnte, die in dieser traditionellen Art tätowiert waren. In den alten Zeiten hätte sich ein

Mann außerdem niemals die Haare schneiden lassen, jeder trug das lange Haar mit einem weißen oder farbigen Stoffband zu einem engen Knoten auf dem Oberkopf gewickelt. Erst seit der Jahrhundertwende begann man es nach englischer Manier zu schneiden, ebenso wie nun viele Männer (auch meine Urgroßväter) einen Oberlippenbart trugen, wie es der damaligen europäischen Mode entsprach.

Auch die alten Zeitvertreibe verschwanden. Die Pony- und Bootsrennen, die Vergnügungen des Dorflebens, ganz zu schweigen von den wesentlich prächtigeren Festivitäten und Reiterfesten von Ava und Mandalay, gehörten nun ebenso der Vergangenheit an wie die vielen (wenngleich nicht alle) Wanderbühnen, die einst, vom Hochadel gefördert, durchs Land zogen. An ihrer Stelle hielten Hollywood und Bollywood Einzug, kamen Fußball und Golf, Letzteres vor allem wegen der vielen Schotten, die Burma zu ihrer neuen Heimat erkoren hatten. Ein guter Golfclub ist bis heute ein unerlässliches Muss in jeder burmesischen Stadt, die auf sich hält.

Doch die größten Veränderungen entstanden durch den Zustrom von Ausländern, und damit sind nicht nur die Briten gemeint, denn die machten immer nur einen winzigen Teil der Bevölkerung aus, sondern vor allem Inder, die schon bald zu Millionen ins Land strömten.

DER LETZTE MOGUL
(UND ANDERE NEUANKÖMMLINGE AUS INDIEN)

Wie Thibaw war auch der letzte Kaiser von Indien, Bahadur Shah Zafar, gezwungen worden, seine letzten Lebensjahre als britischer Gefangener zu verbringen, sozusagen spiegelbildlich, weil er nicht an die indische Konkanküste, sondern nach Burma ins Exil geschickt worden war. Der Aufstand von 1857/58 hatte mit der Abschaffung des dreihundert Jahre alten Mogulhofes in Delhi geendet. Obwohl es zuerst nur eine Rebellion der indischen Soldaten aus der Britischen Ostindien-Kompanie gewesen war, hatte sie sich schnell über die Ebenen in den Norden ausgebreitet und bald auch andere Männer angezogen, die ebenso unter der britischen Herrschaft litten. Schließlich hatten die Rebellen den über achtzigjährigen Mogulkaiser Bahadur Shah Zafar gebeten, sie anzuführen. Und als sich das Blatt dann wendete und der Aufstand niedergeschlagen war, schickten die Briten den Kaiser mitsamt Familie ins Exil.

Der alte Mann wollte nach Mekka ausgewiesen werden. Das wurde abgelehnt. Viele Rebellen waren unter die heiße Sonne der Andamanen geschickt worden, doch weil die Briten es für viel zu gefährlich hielten, den Kaiser in die Nähe seiner Gefolgsleute zu verbannen, wurde er in das frisch eroberte Unterburma ausgewiesen, mitsamt der ganzen kaiserlichen Familie, darunter sein Sohn, Prinz Mirza Jawan Bakht, sein Enkel Prinz Mirza Jamshed Bakht, die Begum Zeenat Mahal, einige Damen aus der Zenana (dem Harem), die Taj Mahal Begum (die zweite Frau des Kaisers), und sogar Dutzenden aus seinem Gefolge, etwa der Privatlehrer des jungen Prinzen, Hafiz Mohammed Ibrahim. Allesamt wurden sie auf ein Schiff von Mackinnon & Mackenzie verfrachtet und kurzerhand nach Rangoon geschafft. Damit endete die Karriere des letzten Monarchen aus der Linie von Timur und Genghis Khan.

In Rangoon konnte Bahadur Shah Zafar nur wenige Besucher empfangen. Er war ein schon ziemlich gebrechlicher und nun auch noch sehr trauriger Mann, aber die Briten hatten kein Interesse daran, ihn aus seiner Isolation zu befreien. Also saß der ehemalige Kaiser, ein vollendeter Urdu-Dichter und Kalligraph, in einem kleinen Haus gleich südlich der Shwedagon-Pagode, sann über das Schicksal seiner Dynastie nach und verzweifelte über dem Gerücht, dass die Briten in Delhi und anderenorts gerade heftig Vergeltung übten. Vier Jahre nach seiner Ankunft in Burma war er tot. Der Neunundachtzigjährige hatte noch selbst seine Grabinschrift in Form eines Ghasel verfasst: »Wie unglücklich ist Zafar! Für das Begräbnis waren nicht einmal sechs Fuß des Landes zu bekommen, in dem geliebten Land, dem Land der Geliebten.« In der Hoffnung, dass man die genaue Stelle seines Grabes nie finden würde, wurde er schnellstens und unter größter Geheimhaltung auf dem Gelände des kleinen Hauses verscharrt.

Seinen Nachkommen erging es schlecht. Sie lebten von einer mageren Pension der britisch-indischen Regierung, welche sie ansonsten völlig ignorierte. Prinz Jawan Bakht, der Sohn des ehemaligen Kaisers, wurde nach Moulmein verbannt, durfte jedoch hin und wieder seine Familie in Rangoon besuchen und wurde dort zu einem verehrten Gast von Rahim Bakshs Kebab-Bude in der Innenstadt. Kurz nachdem die Alliierten im August 1945 Moulmein eingenommen hatten, kam ein sehr alter Mogulprinz – vermutlich einer von Jawan Bakhts Söhnen – aus einem Haus vom Hügel herab, um seine Pension von zwölfeinhalb Annas einzufordern.

Zwei weitere Enkel (Nachkommen eines anderen Sohnes unter den neunundvierzig Kindern des Bahadur Shah Zafar), die Prinzen Jamshed Bakht und Sikander Bakht, wurden bereits in Rangoon geboren, wo sie auch aufwuchsen und sich mit Mitgliedern der großen und wohlhabenden muslimischen Familien aus Delhi und Surat anfreundeten, die zu dieser Zeit in der Stadt wohnten. Jamshed Bakht studierte an dem von amerikanischen Baptisten geführten Judson College und heiratete eine Burmesin. Ihr Sohn Mirza Muhammad Bedar Bakht war unter den vielen Flüchtlingen, die am Beginn der japanischen Okkupation im Jahr 1942 nach Kalkutta flohen. Er kehrte nie wieder zurück, arbeitete dort in einer Brotfabrik und starb völlig verarmt. Seine Witwe lebt noch heute in Kalkutta. Sie verkauft Tee am Gehweg vor dem Howrah-Bahnhof.

Die aus historischer Perspektive wohl ungewöhnlichste Geschichte hielt das Schicksal der kaiserlichen Enkelin Prinzessin Ranauq Zamani Begum parat, denn sie heiratete einen exilierten Panthai-Prinzen (dessen Familie nach dem Panthai-Aufstand in Yunnan in den sechziger Jahren des 19. Jahrhunderts geflohen war), womit sich die Linien von Babur und Du Wenxiu, des einstigen Sultans von Dali, vermischten. Andere Mitglieder aus der kaiserlichen Entourage ließen sich auf Dauer in Rangoon nieder. Noch heute finden sich in den hauptsächlich muslimischen Vierteln um den Surati-Bazaar Menschen, die ihre Abstammung stolz von den Gefolgsleuten des letzten Mogulkaisers ableiten.

Die Briten hatten gehofft, dass man den Kaiser schnell vergessen würde. Doch das Gegenteil geschah. Heute, fast eineinhalb Jahrhunderte später, gedenkt man Bahadur Shah Zafar vielleicht sogar noch mehr als zu jeder anderen Zeit seit seiner Gefangennahme durch Captain Hodson im Humayun-Mausoleum von Delhi. Im Jahr 1991 kamen die burmesische und die indische Regierung überein, gemeinsam eine Gedenkstätte am Ort seiner Gefangenschaft zu errichten. Als die Arbeiter dann die Erde für das Fundament aushuben, stießen sie auf das geheime Grab des Kaisers. Heute führt eine breite Treppe zu der

Grabstätte hinab, die man unberührt ließ und nur mit einem grünen, mit goldenen Pfauenfedern bestickten Satin bedeckte. Viele aus der örtlichen muslimischen Gemeinschaft verehren ihn wie einen Heiligen, auch die Ministerpräsidenten Indiens und Pakistans pflegen ihm die Ehre zu erweisen.

Bahadur Shah Zafar war jedoch nicht der erste und gewiss nicht der letzte Inder gewesen, der sich während der britischen Besatzung in Burma wiederfand. Wahrscheinlich hatte er diesen Weg nur am unwilligsten von allen angetreten. Millionen Inder begaben sich aus freien Stücken und mit oft großen Hoffnungen auf schnelles Geld und ein besseres Leben auf diese Reise. Natürlich hatte es von jeher Reisende zwischen Burma und den Orten am Golf von Bengalen gegeben, davon erzählt ja bereits die Gründungsgeschichte Burmas – man erinnere sich: Es war ein ins Exil getriebener indischer Prinz, der Burmas erstes Königreich in Tagaung gegründet hatte. Und schon lange vor der britischen Eroberung hatten sich Gelehrte und Händler aus Indien in Rangoon, Mandalay und anderen Städten angesiedelt. Doch Anfang des 20. Jahrhunderts schwoll die indische Migration zu einer Flut an, die das kleinere Land für immer verändern sollte.[12]

Für viele indische Familien war Burma das erste Amerika gewesen. Es war das Land der unbegrenzten Möglichkeiten, ein Land für einen kompletten Neuanfang. Tausende junge Männer traten die Reise aus Surat, Bombay, Lakhnau, Karachi, Kalkutta, Madras und anderen indischen Orten an, um in Akyab, Moulmein oder Rangoon ihr Glück zu suchen. Burma bot damals mehr Arbeit, bessere Löhne und eine dynamischere Wirtschaft. Die Abwanderung in dieses Land war der Aufbruch zu neuen Ufern, dort schien alles möglich, dort wollte man ein ganz neues Leben beginnen.

Viele Einwanderer waren hinduistische Nattukottai-Chettiar aus Südindien, die (nicht nur in Burma) wegen ihres geschickten Umgangs mit Geld und ihres Geschäftssinns bekannt waren. Sie waren clever und arbeiteten schwer. Ihre ursprüngliche Heimat war ein ziemlich trockenes und karges Gebiet unweit von Madras, in dem derart schlechte landwirtschaftliche Bedingungen herrschten, dass sie sich schon vor Langem dem Geldverleih als Lebensunterhalt zugewandt hatten. Um die 20. Jahrhundertwende emigrierten die Chettiar schließlich aus Indien nach Ceylon, Java oder auf die Malaiische Halbinsel, und Tausende kamen nach Burma, wo sie sich im Tenasserim und Irrawaddy-Delta verteilten. Zu dieser Zeit herrschte ein regelrechtes Gerangel um jedes Stückchen Land, und weil die Rodung von Landflächen einer Kapitalinvestition bedurfte, aber kaum ein Burmese eigenes Geld übrig hatte, sprangen nun die Chettiar in die Bresche. Sie wurden die Geldverleiher der Dörfer, und es dauerte kaum eine Generation, bis viele von ihnen reich geworden waren.[13]

Eine Menge Einwanderer kamen auch aus dem nahen Bengalen. Die muslimischen Familien aus Chittagong, dem einstigen Hafen der Mrauk-U-Könige, zogen praktisch geschlossen in Gemeinden im Westen von Arakan, in der übrigen Provinz ließen sich sowohl hinduistische als auch muslimische Ärzte, Beamte, Lehrer und Anwälte aus Bengalen nieder, um schließlich zu einem nicht mehr wegzudenkenden Teil der neuen urbanen Schicht zu werden.

Andere Inder kamen unter weit weniger günstigen Bedingungen als Kulis und Saisonarbeiter, viele davon aus Orissa, einer sehr armen indischen Provinz genau gegenüber Arakan am Golf von Bengalen, oder Tamilen aus der Madras Presidency. Zu Beginn des 20. Jahrhunderts traf eine Viertelmillion Inder jährlich ein, und diese Zahl stieg immer weiter an, bis sie mit vierhundertachtzigtausend Einwanderern im Jahr 1927 schließlich ihren Höhepunkt erreichte. Rangoon hatte New York City den Rang als größter Einwanderungshafen der Welt abgelaufen. Man bedenke, dass diese Immigrationswelle über ein Land mit einer Gesamtbevölkerung von nur dreizehn Millionen hereinbrach – das wäre so, als ob England heute alljährlich zwei Millionen Einwanderer aufnehmen würde. Einige blieben nur kurz und kehrten wieder in ihre Heimat zurück, sobald sie etwas Geld angespart hatten. Dafür kamen offenbar immer weitere Neueinwanderer, jedenfalls genügend, um bei jeder zehnjährigen Volkszählung einen neuerlichen Anstieg des in Indien geborenen Teils der Bevölkerung feststellbar zu machen.

Anfang des 20. Jahrhunderts entwickelte sich in Rangoon auch eine lebendige jüdische Gemeinde. Arabischsprachige Juden hatten schon seit Jahrhunderten Handel an der burmesischen Küste betrieben, aber erst mit der britischen Herrschaft setzte eine ziemlich große Einwanderungswelle von jüdischen Familien ein, die ursprünglich zumeist aus Bagdad oder Isfahan stammten, jedoch bereits seit einer Generation oder länger in Indien gelebt hatten. Der allererste Jude, von dem bekannt ist, dass er sich in Burma niederließ, war in den fünfziger Jahren des 18. Jahrhunderts Offizier in Alaungpayas Armee gewesen und hieß Solomon Gabriel. Bis 1898 war die jüdische Bevölkerung in Rangoon dann so angewachsen, dass sie beschloss, sich die Musmeah-Yeshua-Synagoge zu erbauen. Eine zweite wurde 1932 errichtet. Inzwischen gab es in Rangoon auch eine zionistische Organisation, kurzfristig wurde die Stadt sogar von einem jüdischen Bürgermeister namens David Sophaer regiert.

Es war jedoch die Anwesenheit der Inder, die das Alltagsleben verwandelte. In Rangoon stellten Inder die Hälfte aller Einwohner. Fast jede größere und kleinere Stadt im Land war einer beträchtlichen panindischen Minderheit – Tamilen, Malwaris, Bengalen, Paschtunen – zur Heimat geworden. Man fand sie in allen Berufen, vom Straßenfeger über den wohlhabenden Geschäftsmann bis hin zum Staatsbeamten. Freundschaften und Ehen zwischen Burmesen und Indern, ob Hinduisten oder Muslime, waren an der Tagesordnung. Am Anfang des 20. Jahrhunderts waren indische Speisen (vor allem Straßengerichte wie Samosas), indische Kleidung (wie der heute allgegenwärtige Longyi) und indische Unterhaltung (Musik und Filme) aus dem urbanen burmesischen Leben nicht mehr wegzudenken.

Das Thema Einwanderung ist immer und in jedem Land heiß umstritten. Aber für ein kleines Land wie Britisch-Burma wäre die Aufnahme von derart vielen Neuankömmlingen selbst in den denkbar besten Zeiten problematisch gewesen. Und die Tatsache, dass dies alles unter einer Besatzungsmacht geschah, konnte wohl nur zu Verbitterung und Feindseligkeiten führen. Schließlich kam es zu einem noch nie dagewesenen Bruch zwischen Burmesen und Indern. Überlegenheitsgefühle und Ängste verschmolzen zu einem völlig neuen burmesischen Rassismus – Überlegenheitsgefühle, weil viele Inder so erbärmlich arm waren, dass sie jede Arbeit annahmen, und Burmesen ihnen deshalb meist nur als untergebenen Hilfsarbeitern, Knechten und Hausdienern begegneten; und Ängste, weil es nicht nur eine so große, sondern oft auch ungemein geschäftstüchtige und deshalb erfolgreiche Zahl an Indern im Land gab.

Aber diese Einwanderung bewirkte auch noch etwas anderes. Mit dem Sturz der Monarchie hatte sich die Zahl der Bewohner von Mandalay beträchtlich verringert, während Rangoon ins Rampenlicht trat und zur einzig wirklich modernen Stadt im Land wurde. Und wie in vielen anderen größeren Städten – Akyab, Bassein, Moulmein – waren indische Immigranten dort inzwischen die Mehrheit. Doch entscheidender war noch, dass sie es waren, die nun all das symbolisierten, was neu in der Gesellschaft war. Außerdem stellten sie nicht nur die meisten Fachkräfte, sondern bildeten auch die neue urbane Arbeiterklasse. Die Burmesen hatten schon ihren König, ihre Prinzen, ihre Soldaten und ihre Beamten verloren, und nun sollten sie nicht einmal mehr die hohen Beamten und Richter, die Geschäftsleute und Bankiers, ja nicht einmal mehr die Ladenbesitzer und Fabrikarbeiter im eigenen Land stellen? Alles, was im alten Burma urban und kosmopolitisch gewesen war, war verschwunden. Alles, was modern im neuen Burma war, war fremd. Als die Briten abzogen und die Inder zu gehen gezwungen wurden, blieb ein völlig rückständiges Burma übrig.

DIE ASCHENPUTTELPROVINZ

Ich persönlich liebe die Burmesen mit jener blinden Bevorzugung, welche aus dem ersten Eindruck geboren wird. Wenn ich gestorben bin, will ich ein Burmese sein, den Körper mit zwanzig Metern wahrhaft königlicher Seide umhüllt, handgewebt in Mandalay, und eine Zigarette nach der anderen zwischen den Lippen. Ich werde mit der Zigarette wedeln, um meiner immer scherzhaften und schlagfertigen Konversation Nachdruck zu verleihen, und ich werde immer mit einem hübschen mandelfarbigen Mädchen herumspazieren, das ebenfalls lachen und scherzen wird, wie es einem Mägdelein geziemt. Sie soll ihr Haupt nicht mit einem Sari verhüllen, sobald ein Mann sie betrachtet, und verführerisch dahinter hervorlugen, noch soll sie hinter mir her wandern, wenn ich laufe, denn dies sind die Gebräuche Indiens. Sie soll aller Welt direkt ins Auge blicken, aufrecht und kameradschaftlich, und ich werde sie lehren, ihren hübschen Mund nicht mit geschnittenem Tabak im Kohlblatt zu besudeln, sondern gute Zigaretten der besten ägyptischen Sorte zu rauchen.

(Rudyard Kipling)[14]

Für die Briten war Burma von jeher tiefste Provinz gewesen. Sie hatten weder einen echten Plan für die Annexion gehabt, noch für das, was im Anschluss daran geschehen sollte. Und als die allgemeinen Wahlen 1885 in England vorbei waren und Randolph Churchill zu einer anderen Tagesordnung übergegangen war, entschwand Burma ebenso schnell aus dem Blick der britischen Öffentlichkeit, wie es aufgetaucht war. Es gab noch ein paar Artikel in *The Illustrated London News*, hie und da einen Bericht über den offenbar nie endenden Aufstand, und dann kaum noch etwas – bis die Japaner Singapur einnahmen und Burma auf General Tojos Marschroute nach Delhi lag.

Burma war nie ein Land gewesen, in dem sich große britische Familienvermögen anhäufen ließen und Briten große politische Karrieren machen konnten. Niemand erinnert sich wirklich an Fytche, Pharye, Sladen, Butler oder Dorman-Smith, niemand in Burma und niemand in Großbritannien. Und nachdem auch die Straßennamen in Burma wieder umbenannt worden waren (der Fytche Square beispielsweise in Bandula Square), war man nicht einmal mehr neugierig zu erfahren, wer diese Männer eigentlich waren. Der einzige Engländer, der einen Bezug zu Burma hatte und ebenso bekannt wurde wie seine Verbindungen zu diesem Land, ist Eric Blair (später George Orwell). Während Indien solche Namen wie Hastings und Clive oder Bilder von juwelenbehängten Maharajas und von Kostümen wie aus einem Merchant-Ivory-Film heraufbeschwört, denkt man bei Burma, Orwell sei Dank, als Erstes an ein echt schlechtes Erlebnis.

Zunächst einmal war Burma eine britisch-indische Provinz, die auf die gleiche Art regiert wurde, wie Britisch-Indien all seine Provinzen regierte. An der Spitze stand ein britischer Gouverneur, dem eine Hierarchie an Abteilungsleitern, Bezirksstellvertretern und Unterabteilungsleitern unterstand, die die Dinge im Hinterland am Laufen hielten. Angetan mit ihren Tropenhelmen und khakifarbenen Anzügen saßen sie auf den Veranden ihrer Teakbungalows oder an kleinen Klapptischen im Schatten eines großen Feigenbaumes und sprachen Recht oder verwalteten die Steuereinnahmen. Das britisch-indische Rechtssystem war dem burmesischen aufgepfropft worden. In den Sekretariaten von Rangoon stellten britische Beamten und ihre bengalischen Schreiber sicher, dass die Regeln und Vorschriften des Britischen Empires eingehalten wurden und ihre Vorgesetzten in Kalkutta oder im India Office von Westminster ein ständiger Fluss an korrekt ausgefüllten Papieren erreichte.[15]

Viele Männer, die sich gute Posten in der Kolonialverwaltung versprochen hatten, waren von einer Karriere in Indien ausgegangen, dann aber oft mehr oder weniger zufällig oder weil sie nur zweite Wahl gewesen waren, in Burma gelandet. Einer der wenigen, die sich Burma selbst ausgesucht hatten, war George Orwell. Im Jahr 1922 schrieb er sich für die Indian Imperial Police ein und setzte Burma ganz oben auf die Liste der Provinzen, die er für seinen Dienst präferierte – weil er, wie er erklärte, dort Verwandte hatte (seine Familie verband eine lange Geschichte mit Burma, eine Großmutter und Tante lebten zu dieser Zeit noch in Moulmein).[16] Im Allgemeinen stand Burma jedoch ziemlich weit unten in der Hackordnung, denn eine Karriere, die in Burma begonnen hatte, führte nie die Stufen zum Writers Building hinauf oder zu einem Sitz im Rat des Vizekönigs in Kalkutta. Man kann sich die jungen Männer vorstellen, die gerade frisch aus Cambridge oder Oxford kamen und sich für ein Leben in Indien entschieden hatten (oder sich erfolglos im Diplomatischen Dienst oder für den Staatsdienst für London beworben hatten), dann aber zu hören bekamen: Nein, das Indien ihrer Träume im nordwestlichen Grenzland oder in den Dörfern am Ganges könnten sie vergessen, denn sie kämen nach Burma, ein völlig anderes Land, über das man daheim so gut wie nichts wusste.[17]

Die großen Ausnahmen waren die Händler, und unter ihnen vor allem die Schotten, deren Familien Burma bereits seit Generationen zu einer Art Heimat geworden war. In den achtziger Jahren des 19. Jahrhunderts hatten sie es sich im Land einzurichten begonnen und schnell eine Reihe von sehr erfolgreichen Unternehmen aufgebaut. William Wallace aus Edinburgh gründete 1863 die Bombay Burmah Trading Corporation und besaß gegen Ende des 19. Jahrhunderts fast zweitausend Elefanten, die der Gesellschaft bei ihrem sehr profitablen Abholzungsgeschäft dienten. George James Swan aus Perthshire gründete die Irrawaddy Flotilla Company, die den burmesischen Binnentransport beherrschte; und William Strang Steel von den Glasgow's Steel Brothers machte ein Vermögen im Reishandel. Die ebenfalls in schottischer Hand befindliche Burmah Oil Company hatte ihr Hauptquartier in Glasgow und bis zur 20. Jahrhundertwende das Monopol über die rapide steigende Ölproduktion in Oberburma gehabt. Aus den Profiten, die sie in Burma erwirtschaftet hatte, baute sie später die Anglo-Persian Oil Company auf, besser bekannt unter ihrem heutigen Namen British Petroleum (BP).[18]

Dank dieser Mischung aus britischen Beamten und Geschäftsleuten und dank der wachsenden Flut an Fachkräften, Händlern und Arbeitern aus dem ganzen Britisch-Indischen Empire (inklusive Burma), war Rangoon bis Anfang des 20. Jahrhunderts zu einer ziemlich lebhaften und kosmopolitischen Stadt geworden, wenngleich eher mit dem Charakter einer Industriestadt und gewiss nicht mit dem geistigen und kulturellen Flair des damaligen Bombay oder Kalkutta. Aber es hatte sich doch zu einem Ort gemausert, der es mit den meisten Städten in Fernost aufnehmen konnte.[19] Es gab Hotels wie das Strand, das als eines der besten in ganz Asien galt, Banken wie Lloyds, Reiseagenturen wie Thomas Cook, Kaufhäuser wie Rowe & Co., wo man das Neueste direkt aus London erstehen konnte, und Nightclubs wie den Silver Grill, der vom armenischen Gastronomen Peter Aratoon betrieben wurde und in dem, wie es sich gehörte, befrackte Kellner bedienten und die typische Barmusik der vierziger Jahre gespielt wurde. In den Monaten vor dem Krieg sollte er zu einem Lieblingsaufenthalt der amerikanischen Piloten werden.

Rangoon war nun sogar aus der Luft zu erreichen. Im Jahr 1933 nahm die britische Imperial Airways mit neuen viermotorigen Langstreckenflugzeugen den Linienverkehr zwischen London und Rangoon via Akyab auf. Beides waren Zwischenstopps auf der wesentlich längeren Route von London nach Sydney. Die kleinen Propellermaschinen, »die schnellsten und luxuriösesten Flugzeuge, die jemals für die Tropen entwickelt und gebaut wurden, mit reichlich Platz, damit sich die Passagiere die Beine vertreten, unterhalten und Erfrischungen genießen können«, verringerten die Reisezeit aus dem Vereinigten Königreich nach Burma dramatisch, nämlich um mehr als zwei Wochen. Dennoch, auch mit dem Flugzeug dauerte es noch zehn Tage (!), denn es ging nicht ohne Zwischenaufenthalte (von London über Paris, Basel, Genua ... Bagdad, Basra ...). Aber wenigstens war Rangoon nun definitiv auf der Landkarte.

Die Rangooner Gesellschaft, das heißt die europäische Gesellschaft in Rangoon, bewegte sich wie im gesamten Empire um die diversen

Clubs herum. »Europäisch« war ein Begriff, der im kolonialen Umfeld ganz und gar rassistisch gemeint war und den absoluten Gegensatz zu »indisch« oder »burmesisch« darstellte. Es gab natürlich mehrere Clubs. Die drei exklusivsten waren der Pegu Club, der Rangoon Gymkhana und der Rangoon Boat Club, allesamt im Grünen angesiedelt und von manikürtem Rasen umgeben, und in allen eilten livrierte indische Bedienstete umher. Dem Pegu Club hatte die Welt der zwanziger und dreißiger Jahre sogar einen ihrer beliebtesten Cocktails zu verdanken: Gin, Cointreau, Lime Juice und Amara auf zerstoßenem Eis. Die Clubmitgliedschaft beschränkte sich fast ausschließlich auf hochrangige britische Beamte, Offiziere und führende Geschäftsleute. Zumindest der Pegu Club hat niemals auch nur einem einzigen Burmesen Zutritt gewährt.

Und dann die burmesischen Frauen. Im Jahr 1925 schrieb George Orwell:

> *When I was young and had no sense*
> *In far-off Mandalay*
> *I lost my heart to a Burmese girl*
> *As lovely as the day.*
> *Her skin was gold, her hair was jet,*
> *Her teeth were ivory;*
> *I said, »for twenty silver pieces,*
> *Maiden, sleep with me«.*
> *She looked at me, so pure, so sad,*
> *The loveliest thing alive,*
> *And in her lisping, virgin voice,*
> *Stood out for twenty-five.**

---

* Ich war noch jung und ohne Verstand/ Im weit entfernten Mandalay,/ Da gab ich mein Herz der burmes'schen Maid/ So lieblich wie der Mai./ Ihre Haut war Gold, pechschwarz das Haar,/ Die Zähne wie Elfenbein;/ Ich sagte: »Für zwanzig Silberlinge,/ Jungfer, sei du mein!«/ Sie blickte auf, so rein, so trist,/ Das lieblichste Ding der Begehr,/ Und lispelnd mit ihrer keuschen Stimme/ Gab sie sich mir für Fünfe mehr. (Übertragung von Yvonne Badal. Das nie ins Deutsche übersetzte Gedicht, Erstveröffentlichung 1925, wird mal unter dem Titel »Romance«, mal als »Ironic Poem about Prostitution« zitiert.)

Burma hatte den Ruf, sich vorzüglich für »rest and recreation« zu eignen. Die überwiegende Mehrheit der britischen Männer im Land hielt sich eine burmesische Geliebte. Im Jahr 1890 hatte es sogar einen halbherzigen Versuch gegeben, dieser Praxis ein Ende zu setzen: Hochkommissar Sir Charles Crosthwaite hatte ein vertrauliches Rundschreiben verschickt, in dem er darum bat, solche Verhältnisse zu beenden. Am selben Wochenende wurde im Rangoon Turf Club ein Pferd auf den Namen CCCC getauft (die Abkürzung stand für: »Chief Commissioner's Confidential Circular«: Vertrauliches Rundschreiben des Hochkommissars), ein anderes wurde »Physiological Necessity« [Dringendes Physiologisches Bedürfnis] genannt. Später gestand Sir Charles zu, dass etwas, »das in England nicht erreicht werden kann, in Burma wohl ebenso unmöglich ist«.[20]

Die Gewohnheit der Briten, sich eine Geliebte zuzulegen, wurde nicht nur zu einem wunden Punkt in den Beziehungen zwischen Briten und Burmesen, sie führte auch zu einem beträchtlichen Bevölkerungsanteil von Eurasiern. Einigen Berechnungen nach war die eurasische oder »anglo-burmesische« Bevölkerung in Britisch-Burma ebenso groß wie die gesamte »anglo-indische« in allen Provinzen Britisch-Indiens zusammen. Viele dieser Eurasier traten in den Kolonialdienst ein, insbesondere in den Dienst der Polizei. Es waren auch vorrangig Anglo-Burmesen, die die Eisenbahnen am Laufen hielten. Am Ende der britischen Herrschaft standen sie plötzlich mit nichts da und wanderten wie so viele andere Gemeinschaften zu Tausenden nach Australien oder in die anderen Länder des Commonwealth aus. Einige blieben jedoch, nahmen burmesische Namen an und passten sich mehr oder weniger der Mehrheitsgemeinschaft an.

Ein anderer wunder Punkt waren der schlichte Rassismus und die Überheblichkeit der Briten, denen die Burmesen (und alle anderen Nichteuropäer) tagtäglich ausgesetzt waren. In Burma war der britische Anteil an der Gesamtbevölkerung nie so hoch wie beispielsweise auf der Malaiischen Halbinsel gewesen. Vermutlich konnte es tatsächlich passieren, dass der Durchschnittsburmese sein Leben lang keinem einzigen europäischen Vertreter des Britischen Raj begegnete. Für einige Einheimische, die mit Briten zu tun hatten, war es durchaus eine angenehme Erfahrung, auch Freundschaften wurden über alle ethnischen Grenzen hinweg geknüpft, sogar Ehen geschlossen. Viel häufiger scheint es jedoch das Gefühl von ständigen Missachtungen und Erniedrigungen gegeben zu haben, nicht nur wegen der üblichen Realitäten des Lebens unter der Fremdherrschaft, sondern vor allem, weil Geringschätzung und Rohheiten unter den Briten an der Tagesordnung waren.

Das begann schon mit kleinen Dingen. Meinem Großvater U Thant zum Beispiel, der mit einer so tiefen Bewunderung für die englische Kultur aufgewachsen war, hatte sich besonders eine Begebenheit ins Gedächtnis eingebrannt. Er war gerade Anfang zwanzig gewesen und hatte auf einer Parkbank in Rangoon auf die Fähre nach Pantanaw gewartet. Er war ordentlich gekleidet und belästigte niemanden. Da fühlte er, wie ihm jemand mit dem Gehstock auf die Schulter klopfte. Als er sich umdrehte, sah er ein älteres englisches Paar. Der Mann sagte kein Wort, die Dame schien ein wenig geniert. Mein Großvater stand auf und ging. Auch er sagte kein einziges Wort, nicht damals und auch Jahrzehnte später nicht. Aber er konnte es nie vergessen. Für U Tin Tut, einen Cambridge-Absolventen, hochrangigen Beamten und Offizier im Ersten Weltkrieg, war es eine Episode gewesen, die sich 1924 im Gymkhana Club abspielte. Dem Club war es nicht gelungen, fünfzehn Männer für ein Rugby-Match aufzutreiben. Das Team wusste, dass Tin Tut ein guter Spieler war, außerdem wurde der Club gerade vom Gouverneur unter Druck gesetzt, seine Türen etwas weiter zu öffnen, also fragte man ihn, ob er mitspielen wollte. Er willigte gerne ein und spielte gut. Nach dem Spiel machte man ihm jedoch unmissverständlich klar, dass es ihm nicht gestattet sei, mit dem Team zu duschen.[21] Zwanzig Jahre später schlug sich Tin Tut begeistert auf die Seite der jungen Nationalisten, die entschlossen waren, der Kolonialherrschaft ein Ende zu bereiten.

Um ihre Profite eintreiben und ungestört ihre Karrieren als Auslandsbriten verfolgen zu können, bedurften die britischen Herren eines Mindestmaßes an Law and Order, und zu diesem Zweck bedienten sie sich mit eiserner Faust eines Netzwerks aus polizeilichen Kontrollen, Überwachungssystemen, Gerichtshöfen, Gefängnissen, Prügeln, Peitschen und, als Ultima Ratio, der britisch-indischen Armeen. Dessen ungeachtet konnte das Land jedoch nicht einmal in der Blütezeit des Britischen Raj während der beiden ersten Jahrzehnte im 20. Jahrhundert wirklich zur Ruhe gebracht werden. Es gab Banditen und bewaffnete Horden, die Dörfer unsicher machten und Reisende überfielen. Die ganze Provinz Burma war berüchtigt für ihre Gefahren und Gesetzlosigkeit. In den dreißiger Jahren lag allein die Diebstahlrate fast viermal höher als die Durchschnittsrate in Indien. Im Jahr 1940 gab es unter den rund zehn Millionen Einwohnern über siebenhundert verurteilte Mörder, was der Mordrate in einer amerikanischen Großstadt in den 1990er Jahren entsprach. Die Erklärungen dafür waren unterschiedlich. Manche Burmesen glaubten, dass es etwas mit dem Niedergang der klösterlichen Erziehung und dem damit verbundenen Zerfall des Moralempfindens zu tun gehabt habe; andere machten den plötzlichen Zusammenbruch der traditionellen gesellschaftlichen Strukturen, die fehlende Legitimation der Kolonialherrschaft oder die Auswirkungen der plötzlichen Einwanderung von hunderttausenden Fremden dafür verantwortlich, darunter auch von Menschen mit kriminellem Hintergrund. Für die meisten Briten bedeutete es hingegen, dass Burmesen unfähig seien, sich selbst zu regieren, jedenfalls noch nicht. Die britische Herrschaft mochte ihre Probleme haben, aber wie hieß es bei Monty Python noch mal? »Wer sonst sollte Ordnung schaffen an so einem Ort?«

Es wurde immer ein sehr deutlicher Unterschied zwischen Burmesen und den Völkern in den anderen Teilen des Britisch-Indischen Empires gemacht. Rudyard Kipling, der in Wirklichkeit nur einen halben Tag in Burma verbracht hatte und niemals auch nur in die Nähe von Mandalay gekommen war, war bei Weitem nicht der einzige, der die Burmesen als völlig andersartig darstellte. Der einstige britische Beamte H. Fielding Hall schrieb in einem aufschlussreich *A People at School* betitelten Essay:

In Indien drängt sich einem meiner Ansicht nach vor allem der Eindruck einer immensen Traurigkeit auf. Das Volk scheint immer gegen den Hungertod anzukämpfen, welcher kurz bevorsteht. Das dürre Rind, die ausgezehrten Hunde, das magere Geflügel, die ganze harte Szenerie ist von der immer gleichen Lebenstragödie durchtränkt ... Es herrscht eine Beklommenheit, eine Schwere, als wäre das Leben nur Überdruss und Ernüchterung und müsse auf entsetzliche Weise damit verbracht werden, Krankheit und Not und Tod auf Armes-

länge von sich zu halten... In Burma ist alles anders. Die Menschen wirken jung. Sie sind niemals alt. Das Leben erscheint ihnen immer als etwas Angenehmes. Es ist es wert, gelebt zu werden. Es soll mit Lachen und Scherzen ausgelebt, nicht allzu ernst genommen werden. Die Menschen wirken alle glücklich, so als wären sie alle wohlhabend und als ließen sich alle Bedürfnisse des Lebens mit Leichtigkeit erfüllen.[22]

Dieses Thema wurde auch von anderen Europäern aufgegriffen. Der Franzose Joseph Dautremer erklärte bei einem Besuch:

Der Burmese schmeichelt nicht und katzbuckelt nicht. Er ist für gewöhnlich sehr beschwingt und von geradezu überströmender Lebensfreude, immer zu Scherzen und Neckereien aufgelegt. Nie lässt er sich vom Pech verdrießen und nie sich von Reichtum in Hülle und Fülle beeindrucken; manchmal häuft er selbst ein Vermögen an, doch das ist nicht oft der Fall, denn er lebt in den Tag hinein und kümmert sich sehr wenig um die Zukunft. Er kennt weder Disziplin noch Ausdauer, sondern ist sehr launisch und sehr unabhängig. Sein Charakter macht ihn untauglich für regelmäßige und dauerhafte Arbeit. Er wird sogar den ihm geschuldeten Lohn hingeben, wenn er seiner Stelle überdrüssig ist und findet, es sei an der Zeit, etwas anderes zu tun.[23]

Im anbrechenden 20. Jahrhundert hatten die alten Vorurteile über Burma – eine korrupte, brutale und in zeitlosen Gebräuchen gefangene asiatische Tyrannei – dem weniger bedrückenden Bild von einem kindlich glücklichen Volk Platz gemacht, das nicht viel von harter Arbeit oder Disziplin halte, dafür aber viele angenehme Eigenschaften und einen begrüßenswerten Sinn für Individualität und Eigenständigkeit habe. Man glaubte nicht, dass es unter Burmesen echte Gegenstücke zu dem verhassten bengalischen Babu (Herrn) oder zu dem romantisierten virilen Kämpfer vom Khyber-Pass gab. Die Briten suchten gewissermaßen den Typ des Burmesen, den sie mochten, jemanden wie Maung Hlwa, Thibaws Gouverneur von Ava – »ein Beamter der guten alten oberburmesischen Art, nicht zu gebildet, ohne empfindliche Skrupel, von erwiesenem Mut, mit grenzenlosem persönlichem Einfluss« –, jemand also, mit dem sie zusammenarbeiten konnten und der kein großes Gewese machte. Aber Männer dieses Schlages gab es ihrer Meinung nach mittlerweile nur noch wenige.[24]

Diese Charakterisierungen waren von entscheidender Bedeutung, nicht nur weil sie sich als derart dauerhaft erwiesen, sondern auch, weil sie das burmesische Selbstbild so stark beeinflussten. Für die Briten ergab sich damit jedenfalls der Schluss, dass Burma kein besonders wichtiges Land sei und deshalb kaum vor irgendwelche ernsthaften politischen Entscheidungen stelle. Eine huldvolle Vernachlässigung sei, fanden sie, nicht das Schlechteste. Über ein halbes Jahrhundert nachdem diese Typisierungen getroffen worden waren, machten sie sich schließlich auch General Ne Win und sein Revolutionsrat zu eigen, um behaupten zu können, dass sich die Burmesen nicht für eine demokratische Regierungsform eigneten. Sie hätten zwar auch gute Eigenschaften, müssten aber endlich Disziplin und soziale Verantwortung lernen. Sie nähmen das Leben viel zu sehr auf die leichte Schulter, müssten härter arbeiten und lernen, für sich selbst geradezustehen. Man müsse sie zwar nicht erziehen, aber mehr Härte lehren. Mag sein, dass es auch hausgemachte Gründe für diese Denkweise gab, doch die offensichtlichste aller Ursachen dafür war der Kolonialeinfluss. Einige britische Beobachter nannten Burma die »Aschenputtelprovinz« – ein im Vergleich mit seinen Schwestern Madras, Bengalen und Bombay schönes und vernachlässigtes Aschenputtel, dem der Schuh jedoch nie passen werde.

Für die Briten galt es jedoch nicht nur das ethnisch burmesische Volk zu bedenken. Die Grenzen der Provinz waren ohne klare Kriterien gezogen worden und mehr oder weniger den Zufällen der anglo-burmesischen Geschichte und der drei Kriege im 19. Jahrhundert zu verdanken. Das alte Königreich war der neuen Provinz Britisch-Burma fast vollständig einverleibt worden. Doch zu Britisch-Burma gehörten auch Gebiete, die nie der königlich-burmesischen Verwaltung unterstanden hatten. Im Wesentlichen handelte es sich dabei um das Hochland, welches das Irrawaddy-Tal umgibt, eine der sprachlich vielfältigsten Regionen der Welt – die Heimstatt von hunderten Sprachen, wechselweise unverständlichen Mundarten und einer Ansammlung von oft sehr stolzen eigenständigen Kulturen, die sich allesamt ihre eigenen kleinen Nischen in den Bergen geschaffen haben. Da überrascht es nicht, dass die meisten bewaffneten Konflikte in den letzten vierzig Jahren in dieser Region entstanden.

Die verschiedenen Landesteile wurden von den Briten separat verwaltet, was sich jedoch weniger einer Politik nach dem Prinzip »teile und herrsche« als dem Motto »kurz und schmerzlos« verdankte. Nach Thibaws Sturz entdeckten die neuen Herren vor Ort, dass die Tiefebene (die burmesischen Gebiete) traditionell von Erbstammesfürsten regiert worden war. Aber die hatten in jüngster Zeit an Autorität verloren und leisteten den Briten ohnedies bereits in vielen Fällen aktiv Widerstand, das hieß, dass sie ihnen kaum von Nutzen waren. Also wurde ihr Einfluss weiter beschnitten und ihrer Stellung binnen einer Generation vollends der Garaus gemacht. Im Hochland, insbesondere in den Shan-Bergen im Osten, herrschten jedoch Stammesfürsten ganz anderer Couleur – jene Sawbwa, welche sich von jeher weit weniger dem Hof von Ava unterstellt hatten und auch nach wie vor sehr deutlich die Macht in ihren Herrschaftsgebieten hatten. Die »kurze und schmerzlose« Sache war in diesem Fall also, ihre Rollen per se nicht anzutasten, sie nur gut zu organisieren und dann ganz einfach weitermachen zu lassen wie zuvor, vorausgesetzt, sie erkannten die britische Oberhoheit an und widersetzten sich der gelegentlichen Einmischung des Inspektors für die Shan-Staaten nicht, der in einer nahe gelegenen Bergenklave residieren sollte.

Mit den verschiedenen Bergstämmen war es jedoch eine ganz andere Sache. Die Kachin zum Beispiel waren ein Völkergemisch, das hoch oben im Norden in den Ausläufern des Himalaya lebte. Sie waren noch nie Teil des burmesischen Regierungssystems gewesen und hatten im späten 19. Jahrhundert selbst begonnen, Ortschaften wie Bhamo an der chinesischen Grenze zu überfallen und zu plündern. Am Ende sollten sie die britische Oberherrschaft jedoch anerkennen und fast alle von amerikanischen Missionaren zur einen oder anderen Ausprägung des Christentums bekehrt werden.

Die wenigen britischen Armeeangehörigen, die überhaupt Zeit in den Bergen verbrachten, mochten die Menschen, denen sie dort begegneten, was aber letztlich nicht überrascht, da es sich bei diesen Briten meist um Männer handelte, die gerne draußen in der Natur und deshalb froh waren, sich einen Job ergattert zu haben, der sie nicht an einen Schreibtisch fesselte. Jedenfalls kamen sie allgemein zu dem

Die Landung der Streitkräfte der Britischen Ostindien-Kompanie unter General Sir Archibald Campbell in Rangoon (1824). [*The British Library*]

Ein burmesischer Staatsminister im Militärgewand mit seinen Dienern, Erster Englisch-Burmesischer Krieg (1824–1826). [*The British Library*]

Der Fürst von Magwe trifft zu Friedensgesprächen mit dem Marquess of Dalhousie in Kalkutta ein (1854). [© *CORBIS*]

Thibaw und Supayalat, der letzte König von Burma mit seiner Königin (Mandalay, Anfang der achtziger Jahre des 19. Jahrhunderts).

Der Fürst von Kyaukmyaung und eine Abordnung von Beamten bei einem Besuch des Vizekönigs Lord Ripon in Simla (1882). [*Picture Collection, The Branch Libraries, The New York Public Library, Astor, Lenox and Tilden Foundation*]

Britische Soldaten unter der Führung von Sir Harry Prendergast beim Weihnachtsgottesdienst vor König Thibaws Palast kurz nach der Einnahme von Mandalay (1885). [© *Hulton-Deutsch Collection/ CORBIS*]

Meine Urgroßeltern väterlicherseits, beide die Kinder von Hofbeamten, nach dem Sturz des Königreichs.

U Thant, mein Großvater mütterlicherseits, an der Universität von Rangoon (1927).

General Aung San zu Gesprächen mit der Regierung von Clement Attlee in London (1947).
[© *Hulton-Deutsch Collection/ CORBIS*]

U Nu, Burmas erster Ministerpräsident nach der Unabhängigkeit (1948).
[© *Hulton-Deutsch Collection/ CORBIS*]

Armeechef General Ne Win (links) und burmesische Diplomaten vor dem War Office in London (1948).
[© *Hulton-Deutsch Collection/ CORBIS*]

Aung San Suu Kyi (rechts) mit meiner Mutter Aye Aye Thant bei einer Party in unserem Haus in New York (1970).

Burmesische Soldaten defilieren an den Statuen lange verstorbener Könige vorbei (2006). [*AFP/Getty Images*]

Schluss, dass die Kachin und anderen Bergvölker »kriegerische Rassen« seien und ein gutes Soldatenmaterial abgäben, vergleichbar den Gurkha in Nepal oder den Paschtunen an der Nordwest-Grenze. So kam es dann, dass die Kachin und anderen Hochlandgruppen, die nur einen winzigen Teil der Bevölkerung ausmachten (vielleicht zwei Prozent), schließlich die Mehrheit in der Britischen Burma-Armee bildeten. Ethnische Burmesen, also das Volk, das sich einst das halbe südostasiatische Festland mit Feuer und Schwert untertan gemacht hatte, wurden als nicht martialisch genug betrachtet und deshalb links liegen gelassen. Und das war eine politische Entscheidung, die sich den Burmesen tief ins Gedächtnis graben sollte: Sie beleidigte ihren Stolz und machte die Idee von einer ethnisch »reinen« burmesischen Armee zu einem wesentlichen Element ihres nationalistischen Traumes.

Allerdings wollten die Briten durchaus gerne genauer herausfinden, woher diese Burmesen eigentlich überhaupt »stammten« oder wie sie mit anderen Völkern verwandt waren. Das späte 19. und frühe 20. Jahrhundert war die Blütezeit der Rassentheorien. Kaum hatte die Ethnologie als ein Kind des Kolonialismus das Licht der Welt erblickt, wurden hingebungsvolle Versuche unternommen, die Völker des Empires zu kategorisieren und herauszufinden, wie die Migrationsbewegungen in alter Zeit und die jüngere Geschichte zu deren gegenwärtigen Lebensumständen und Eigentümlichkeiten beigetragen hatten. Es gab natürlich auch echtes wissenschaftliches Interesse, doch ein Großteil dieses Unterfangens galt nichts anderem als dem Beweis der angelsächsischen Überlegenheit. Manche »Forschungsergebnisse« waren sogar völlig aus der Luft gegriffen. Für den Zensus im Jahr 1901 legte beispielsweise ein Dr. McNamara in einem Aufsatz, dem er den Titel »Ursprünge und Charaktereigenschaften des burmesischen Volkes« gegeben hatte, den Gedanken nahe, dass es einen gemeinsamen ethnischen Ursprung von Iren und Burmesen gebe, und zwar über die Bergleute aus den Zinnminen von Cornwall, die gen Osten gesegelt waren.[25]

Es gab aber auch Ideen, die sich länger hielten. Sie beruhten auf bereits existenten burmesischen Vorstellungen von Rasse und Kaste, denn die Gelehrten und Experten am Hof von Ava hatten im Laufe der Zeit unzählige Systeme zur Klassifizierung der Völker der Welt erfunden, wobei es fünf übergreifende Klassen mit jeweils eigenen Unterklassen gab: die Burmesen selbst, die Chinesen, die Mon, die Shan oder Thai und die *kala*. Mit »Kala« waren wie gesagt traditionell alle Völker westlich von Burma gemeint – Inder, Perser, Araber, Europäer usw. Die Briten griffen sich nun ein paar dieser Ideen heraus und verschmolzen sie mit den Ergebnissen der Forschungen, die sie auf dem neuen Gebiet der Vergleichenden Sprachwissenschaften betrieben.

Bis zur Wende zum 20. Jahrhundert hatte sich die Vorstellung von existierenden Sprachfamilien bereits allgemein durchgesetzt. Doch schon der im 18. Jahrhundert in Kalkutta tätige Richter und Universalgelehrte Sir William Jones, welcher dreizehn Sprachen fließend und siebenundzwanzig weitere »halbwegs« beherrschte, hatte die Existenz einer indoeuropäischen Sprachfamilie nahegelegt, die viele lebende indische und europäische Sprachen, darunter auch Englisch, mit dem Sanskrit, Lateinischen und Griechischen verbindet. Er hatte diese Sprachfamilie auf eine gemeinsame, mittlerweile tote Quellensprache zurückgeführt. Inzwischen wurden alle Sprachen der Welt zu Familien gruppiert, beruhend auf der Vorstellung, dass sich alle aus einer einzigen Protosprache herausgebildet hätten, welche sich im Zuge der frühen und neuzeitlichen Völkerwanderungen aufgesplittet und gestreut habe. Burmesisch und Arakanisch wurden der tibetisch-burmesischen Sprachfamilie zugeordnet, wohingegen das in Pegu gesprochene Mon als eine völlig andersartige, mit dem Kambodschanischen verwandte Sprache betrachtet wurde. Auch das Shan und seine engen Verwandten Thai und Lao wurden separat geordnet. Auf diese Weise begann sich schließlich die Vorstellung zu entwickeln, dass die verschiedenen Völker in Burma alle andere Ursprünge hätten und zu unterschiedlichen Zeiten ins Land gekommen seien. Erstmals wurden Sprache und Ethnie eng miteinander verknüpft.

Den Briten gefiel aber auch die Idee, dass Burma bereits vor Äonen im Zuge von chaotischen, wilden Migrationen nach Art der barbarischen Horden im frühen Mittelalter besiedelt worden sei. Sir James Scott schrieb in seiner viel gelesenen Studie *Burma: A Handbook of Practical Information*, dass »eine Horde indochinesischer Invasoren nach der anderen aus dem Nordwesten Chinas, aus Tibet, dem Pamir und aus der Mongolei eingefallen« sei, immer »dem Verlauf der großen Flüsse folgend ... Die erste einfallende Horde war die der Mon-Hkmer[sic]-Unterfamilie gewesen. Dieser folgte die tibetisch-burmesische, welche die Vorgänger vor sich hertrieb – viele in die Berge hinauf. ... Auf diese kriegerischen Banden stürzten sich schließlich die Völker der siamesisch-chinesischen Unterfamilie – die Karen und die Thai oder Shan –, welche sich ihren Platz freischlugen, drängten und keilten, wo immer es ging«. Auch unter britischer Herrschaft, so fährt das Handbuch fort, »entspringen den fruchtbaren Lenden des gefrorenen Nordens immer noch neue Horden«, welche nunmehr jedoch »wie die ordentliche Menschenschlange vor dem Einlass zu einer öffentlichen Veranstaltung« gelenkt würden.[26]

Solche Ideen haben sich inzwischen tief in den Vorstellungen der Menschen festgesetzt. Ich erinnere mich, dass mir 1989 bei einem Besuch in einem Rebellenlager der Mon-Nationalbefreiungsarmee erklärt wurde, dass die Mon ein »Mon-Khmer-Volk« seien und sich vollständig vom burmesischen Volk unterschieden. Bei den Burmesen hat sich hingegen das Gefühl verstärkt, anders zu sein als alle anderen Gruppen im Land, weshalb es vermutlich noch schwerer sein wird, eine einheitliche nationale Identität herzustellen.

Und was bedeutete das nun alles? Thibaws Hof war verschwunden und es gab kein Zurück in die alten Zeiten. Die alte Aristokratie hatte den Staatsdienst quittiert und gab sich vorerst damit zufrieden, ihre Ressentiments und Frustrationen im Stillen zu hegen und sich in den gewöhnlichen Alltag des Dorflebens einzupassen. In Orten wie Pantanaw profitierten viele vom Frieden und Wohlstand der frühen Kolonialzeit und machten sich höchstens Gedanken darüber, wie auch sie Zugang zu der neuen dynamischen Modernität finden konnten, die ihnen in Rangoon zur Schau gestellt wurde. Doch diese dynamische Modernität war völlig fremdartig, denn an der Spitze war sie kompromisslos britisch, während der ganze Rest von einem Konglomerat aus energiegeladenen und geschäftstüchtigen indischen Gemeinschaften geprägt war, die nun die neue urbane Schicht des Landes bildeten. Da dauerte es nicht lange, bis ein machtvoller ethnisch-burmesischer Nationalismus Fuß zu fassen begann, der ohne jeden Weitblick war, auf einer Ausschließlichkeitsidee beruhte, das buddhistische burmesischsprachige Volk erhöhte und keinen großen Bedarf sah, den Minoritäten Rechnung zu tragen. Und im Zentrum dieses Nationalismus stand die Sehnsucht nach der Erweckung eines neuen martialischen Geistes.

9
Studien im Zeitalter des Extremismus

*Über die moderne Politik,
den Nationalismus und eine Generation
von antikolonialistischen burmesischen Führern,
die sich von den militanten Ideologien
der 1930er Jahre verführen ließen*

☙

Kurz nachdem der Indische Aufstand im Jahr 1858 niedergeschlagen worden war, beschloss London, den indischen Kronbesitz von nun an selbst zu verwalten. Die Ostindien-Kompanie, die das ständig expandierende Britisch-Indische Empire seit den frühesten Anfängen in Surat und Madras vor nun schon über zweihundert Jahren beherrscht hatte und im Zuge dessen gewaltige Vermögen ansammelte und Kriege führte, wurde aufgelöst. Alle Gebiete, die der Kompanie unterstanden, von Rawalpindi bis Moulmein, sowie siebenhundert Fürstenstaaten von Kaschmir bis Cochin, wurden dem Souverän unterstellt: Königin Victoria, der neuen Kaiserin von Indien.

Doch im Laufe des nächsten Jahrzehnts betrat eine neue indische Führung die Bühne – bald verbunden mit solchen Namen wie Gandhi und Nehru –, die der Kolonialherrschaft schließlich den Kampf ansagte und Indien den Weg in die Unabhängigkeit wies. An einem kühlen Dezembertag des Jahres 1885, gerade als das burmesische Königreich Britisch-Indien einverleibt werden sollte, gründeten dreiundsiebzig Mitglieder des gebildeten indischen Mittelstands in Bombay den Indischen Nationalkongress. Sie gehörten allesamt einer aufstrebenden und wohlhabenden Schicht an und ersehnten sich eine bessere Zukunft in einem neuen, modernen Indien. Aber der Kongress vertrat weder eine besondere Ideologie, noch hatte er eine Basis im

Volk. In den ersten Jahren traf er sich schlicht und einfach, um seiner Unterstützung für den Britischen Raj Ausdruck zu verleihen und ziemlich harmlose Resolutionen zu so ungefährlichen Themen wie einer Reform des Staatsdienstes zu verabschieden.

Erst in den frühen Jahren des 20. Jahrhunderts begannen sich die Gemüter zu erhitzen. Im Jahr 1905 hatte Vizekönig Sir George Nathaniel Curzon aus Gründen der, wie er es nannte, administrativen Effizienz die Provinz Bengalen geteilt und sich damit den Zorn der bengalischen Meinungsmacher zugezogen, die zu den stimmgewaltigsten und politisch artikuliertesten Männern im gesamten Empire zählten und hinter diesem Schritt eindeutig die Taktik »teile und herrsche« sahen. Nach einer langen Phase der relativen Ruhe setzte ein Teufelskreis aus Unruhen und Repressionen ein. Die Politik der Inder begann in die Gewalt abzudriften, und die Rufer nach Selbstbestimmung verloren die Geduld.

Die Briten reagierten mit ein paar begrenzten Teilreformen, der Wiedervereinigung von Bengalen und der Einbeziehung von mehr moderaten Indern in den Betrieb der Kolonialverwaltung. Dann veranstalteten sie ein aus ihren Augen höchst angemessenes asiatisches Spektakel. Am Ende des Jahres 1911 reiste George V., König des Vereinigten Königreichs von England und Irland, zum großen Durbar nach Indien, um sich im alten Mogulpalast von Delhi zum Kaiser von Indien zu krönen. Er erschien vor einem perfekt choreographierten Publikum, einem Meer aus farbenprächtig gewandeten Fürsten, achtzigtausend an der Zahl, und buchstäblich jeder Person, die irgendeine Rolle im Britisch-Indischen Empire spielte. Ein jeder war gekommen, um seinem Souverän persönlich die Aufwartung zu machen. Zu einem von Sir Edward Elgar maßgeschneiderten Krönungsmarsch gewährte Victorias Enkel den versammelten Maharajas und Nawabs seine Gunst und verlieh neue Titel. Die Krone auf seinem Haupt war eigens für seine Rolle als Erbe des Hauses Babur entworfen worden.

Es war der angemessene Moment, um sich wenigstens ein gewisses Maß an Loyalität von den indischen Untertanen des Empires zu sichern, denn nur drei Jahre später sollten freiwillige Soldaten der Britischen Indien-Armee ausgeschickt werden, um auf jedem großen Schlachtfeld des Ersten Weltkriegs zu kämpfen und schließlich von Flandern bis zum Zweistromland über vierzigtausend Tote und sechzigtausend Verwundete beklagen zu müssen. Das war ein gewaltiges Opfer. Natürlich begannen die indischen Politiker daraufhin prompt, selbstbewusster die Autarkie zu fordern. Im Dezember 1916, gleich nachdem die Schlacht an der Somme eine Million Leben gekostet hatte, und nur wenige Monate vor Ausbruch der Russischen Revolution, trafen sich die Indische Kongresspartei und ihr späterer Feind, die Muslimliga, in Lakhnau, um ihre Forderungen nach einer Verfassungsänderung zu debattieren. Man einigte sich auf einen formellen Pakt. Die Briten fühlten sich zu reagieren genötigt. Im anschließenden Sommer verkündete die Regierung in London eine neue Politik mit dem Ziel der Autonomie Indiens innerhalb des British Commonwealth of Nations.

Im Jahr 1919 stellten Edwin Montagu, der britische Staatssekretär für Indien, und Vizekönig Viscount Chelmsford eine Gesetzgebung vor, die den zum Teil gewählten Provinzräten beträchtliche Handlungsvollmachten gewährte. Das System nannte sich Dyarchie oder Doppelherrschaft. Die Chefs einiger Ministerien, wie zum Beispiel dem für Landwirtschaft oder Bildung, hatten sich diesen neuen Räten gegenüber zu verantworten, andere, darunter die wirklich entscheidenden, wie das Finanzministerium und das Innenministerium (das die Polizei kontrollierte), wurden von Beamten geleitet, die der (für gewöhnlich englische) Gouverneur ernannte.

Das fand zwar so mancher Inder alles andere als zufriedenstellend, doch wenigstens war es zu ein paar Veränderungen und zu Diskussionen über weitere Reformen gekommen. Eine Provinz im Britisch-Indischen Empire, nämlich Burma, war allerdings ganz bewusst aus diesem Umstrukturierungsprozess herausgehalten worden. Aus britischer Sicht war Burma die »friedlichste Provinz in Indien«[1], deshalb erwartete auch niemand, dass dort eine politische Reform nötig wäre. Der gemeinsame Parlamentsausschuss, der sich in London mit der indischen Verfassungsreform befasste, kam zu dem Schluss: »Burma ist nicht Indien. Sein Volk gehört einer anderen Rasse an, welche sich in einem anderen Entwicklungsstadium befindet und deren Probleme ganz anderer Art sind... Ein Wunsch nach gewählten Institutionen hat sich in Burma nicht entwickelt... Fragen der politischen Entwicklung Burmas müssen einer separaten und künftigen Erwägung vorbehalten bleiben.«[2] Das war ein herber Schock.

CAMBRIDGE 1905

Bis zum Ersten Weltkrieg war eine neue Generation an englisch erzogenen Burmesen herangewachsen, die sich nicht nur ihres Platzes in der Welt unsicher, sondern auch politisch viel unerfahrener war als der gebildete Mittelstand in Bombay und Kalkutta. Andererseits war diese Generation zunehmend darauf bedacht, nicht einfach außen vor gelassen zu werden. Ihr gehörte auch ein junger Anwalt namens Ba U an. Er sollte nach der Unabhängigkeit Burmas Präsident werden.[3]

Im Jahr 1905 hatte sich Ba U mit zwei Cousins und einem Freund auf den Weg in ein neues Studentenleben in England gemacht. Sie bestiegen die SS *Herefordshire*, ein plüschig vornehmes Passagierschiff der Bibby Line, das sie aus Rangoon via Colombo, den Suezkanal und nach einem Stopp in Marseille bis Liverpool bringen sollte. Doch kaum hatte das Schiff den Hafen und hatten die jungen Männer zum ersten Mal Burma verlassen, waren sie schon unglücklich. Ständig fühlten sie sich diskriminiert. Als einzigen Passagieren hatte man ihnen Kabinen im Achterdeck des Dampfers zugewiesen, direkt neben der Ambulanz des Schiffsarztes und den Toiletten. Sie beschwerten sich beim Chefsteward, aber der lachte nur. Beim Dinner setzte man sie an einen kleinen Ecktisch, wo sie dann von einem Steward aus Goa bedient wurden, während sie beobachten konnten, dass weiße Passagiere grundsätzlich von weißen Stewards versorgt wurden. Sie hatten sich größte Mühe gegeben, den englischen Standards gerecht zu werden, und keine Mittel gescheut, um sich beim besten europäischen Schneider in Rangoon einkleiden zu lassen. Doch als der Schiffsarzt sie zum ersten Mal in ihren neuen Anzügen sah, begann er zu kichern. Die Jacketts waren zu kurz, die Hosen zu eng und die Kappen auf ihren Köpfen zu klein. »Wir sahen wie kostümierte Affen aus.« Der Schneider hatte gewusst, dass sie nur burmesische Studenten waren, und sich deshalb nicht die geringste Mühe gegeben, etwas Anständiges abzuliefern. Es war der Beginn von ein paar sehr schwierigen Jahren.

Der junge Ba U war sehr stolz auf seine familiäre Herkunft. Durch seinen Großvater, den Fürsten von Henzada, stammte er von einer Prinzessin des alten Königshauses ab, deren Sohn Mitte des 19. Jahrhunderts vor einer Palastintrige auf britisches Hoheitsgebiet geflohen war, um dann wie so viele Aristokraten in dieser Zeit den Wandel von einem Höfling von Ava zum Angehörigen einer kleinen, aber immer wohlhabenderen Mittelschicht zu durchleben. Ba Us Großvater trat in eine schottische Reishandelsfirma ein und heiratete die Tochter eines anderen vertriebenen Edelmanns. Sein Sohn, Ba Us Vater, wurde zum Stellvertreter des Hochkommissars ernannt und war somit einer von damals nur wenigen Burmesen, die es in die Ränge der britisch-indischen Beamtenelite schafften. Ein Onkel von Ba U wurde nach dem Ersten Weltkrieg sogar einer von nur vier Burmesen, die man zu Beauftragten des englischen Königs ernannte. Auch Ba Us mütterliche Familie hatte über Generationen hinweg eine bedeutende Rolle gespielt und Magistrate oder Gouverneure für die Städte im Irrawaddy-Delta gestellt. Er selbst war in Maubin nahe Pantanaw zur Schule gegangen und hatte anschließend so fleißig an der Universität von Rangoon studiert, dass er einen Studienplatz in Cambridge bekam. Das war nicht nur der Traum seiner Eltern gewesen, es war auch sein Traum. Wenn es denn eine anglisierte Gesellschaftsschicht gab, von der man Loyalität gegenüber dem Empire erwarten durfte, dann war es ganz eindeutig die Schicht, der Ba U angehörte.

Als Erstsemester von Trinity Hall fand er eine Unterkunft in der Portugal Place, einer kleinen Sackgasse mit weiß gekalkten Ziegelhäusern nahe der Stadtmitte. Die anderen Untermieter waren Engländer, Ba U war der einzige Asiate. Zuerst erklärte er sich die ihm entgegengebrachte Verachtung damit, dass sie »berühmten alten Familien Englands angehörten«. Doch allmählich begann es ihn zu zermürben, vor allem als man sich auch in Trinity Hall über ihn lustig machte. »Ein älterer Student namens Seymour kam auf mich zu, ein Monokel vors rechte Auge geklemmt, und starrte mich an, als wäre ich ein Wesen von einem anderen Stern. Die Studenten, die in der Nähe herumstanden, brachen in Gelächter aus. Ich fühlte mich derart beleidigt und erniedrigt, dass ich wünschte, die Erde hätte sich aufgetan und mich verschluckt.« Nach immer neuen Provokationen stellte er Seymour schließlich zur Rede, griff ihn sogar beim Revers und bedrohte ihn körperlich. Seymour, der offenbar nicht an einen aufmüpfigen Kolonialuntertanen gewöhnt war, machte schnell einen Rückzieher. Doch Ba U sollte noch ganz andere Probleme bekommen.

Er war zum Dinner bei einer englischen Familie eingeladen und brachte kleine Gastgeschenke von Zuhause mit. Zu seiner völligen »Entgeisterung«, wie er selbst schrieb, wurde er dann von der Tochter seines Gastgebers gefragt: »›Essen Sie alle Menschenfleisch?‹ Meine Kräfte verließen mich. Ich konnte nicht einmal sofort reagieren auf diese Frage. Ich starrte das Mädchen einfach nur an. Was mich traurig machte, war, dass man uns in dieselbe Kategorie einordnete wie die Afrikaner.« Die Mutter versuchte den Abend zu retten: »Nein. Sie sind ebenso zivilisiert wie wir, du denkst an die Afrikaner.« Erfreut über diese Klarstellung, ergriff Ba U die Initiative, erzählte von der Zeit, als Burma Siam erobert hatte, und klärte die Familie aus Cambridge auf, dass die Shwedagon-Pagode vor zweitausendvierhundert Jahren erbaut wurde, »als einige Europäer noch durch die Wälder streiften«.

Derart sensibilisiert für Diskriminierungen und derart abgelehnt von Cambridges Studentenphalanx, hoffte Ba U, dass das Burma seiner Vorstellung wenigstens besser sein würde als die Geschichten, die er über Afrika und das prähistorische Europa gehört hatte. Er begann immer politischer zu denken. In jenen Jahren gab es mehrere burmesische Studenten in Cambridge – tatsächlich mehr als zu jedem früheren oder späteren Zeitpunkt –, und die beschlossen nun, sich als Gruppe zum »Burma-Cambridge University Club« zu formieren, einem der allerersten modernen burmesischen Verbände.

Ba U und etwa zwei Dutzend andere Studenten trafen sich einmal wöchentlich in einem Raum des King's College, um über bestimmte Themen zu debattieren. Eines lautete zum Beispiel: »Die republikanische Regierungsform ist besser als die monarchische«, ein anderes: »Der Opiumhandel in Burma ist ebenso schädlich für die Moral wie für die Gesundheit des Volkes«. Sie sprachen Englisch untereinander. Einige Clubmitglieder begannen auch, mit einem wachsenden Studentenkreis aus anderen asiatischen Ländern zu debattieren, mit jungen Männern aus Indien, Ceylon, Siam oder Japan. Viele von ihnen waren unglücklich mit ihrem Leben und glaubten nicht, je Aussichten auf ein besseres zu haben. Zum Beispiel Chan Tha, ein junger Mann aus einer sehr bekannten und wohlhabenden Familie, der am Downing College Rechtswissenschaften studierte. Der Stress und die Spannungen des Lebens in England, die Verächtlichkeit und Diskriminierungen, denen er sich ständig ausgesetzt sah, zermürbten ihn. Er begann in den Korridoren auf und ab zu gehen und dabei ständig vor sich hinzumurmeln. Dann sagte er zu Ba U: »Ich hasse diese verdammten Weißen. Sie behandeln uns Farbige wie Dreck und Geschmeiß.« Ba U erklärte ihm, dass sie nach Burma zurückkehren und ihr Land in die Freiheit führen müssten, denn erst dann würde man Burmesen mit Respekt behandeln. Doch für den angehenden Anwalt aus dem Downing College war es schon zu spät. Eines schönen Sommertages fuhr Chan Tha ans Meer in die Nähe von New Forest, setzte sich an den Strand und jagte sich eine Kugel in den Kopf. Auf einer Notiz, die er hinterließ, stand: »Ich bin sehr unglücklich, weil ich in diesem Leben niemals den Woolsack* erreichen werde.« Sogar für Burmesen seiner Schicht, die über den gesellschaftlichen Status und das Geld verfügten, um ihren Söhnen ein Studium in England und damit die besten Aussichten auf ein gutes Leben unter der Kolonialsonne zu ermöglichen, schien alles nur in eine Sackgasse zu führen, da die besten Jobs immer in Sichtweite, für sie aber immer unerreichbar blieben. So mancher seiner Generation wusste jedoch anderes mit seinem Zorn anzufangen.

Am Ostermontag des Jahres 1916, um etwa elf Uhr vormittags und noch während der Kämpfe des Ersten Weltkriegs, setzten sich hunderte bewaffnete und wild entschlossene Männer und Frauen der Irish Volunteers und Irish Citizen Army in Bewegung, um strategisch wichtige Gebäude und Örtlichkeiten in der Dubliner Innenstadt zu besetzen: das Hauptpostamt, Boland's Bakery, das Justizgebäude Four Courts, Jacob's Bisquit Factory, das Gebäude der South Dublin Union, die Gegend um den Park St. Stephen's Green und das Royal College of Surgeons. Dieser erste Ansturm stieß auf so gut wie keinen Widerstand (der britische Geheimdienst hatte völlig versagt), aber dann waren ihrem Aufstand nur noch wenige Tage vergönnt. Während dieser Zeit hatten sie die Hauptpost zum Zentrum des Widerstands und zum Hauptquartier der irischen Interimsregierung erklärt.

Doch Dublin Castle sollte den Briten nie entgleiten. Im Laufe der nächsten Tage trafen nicht nur englische Truppenverstärkungen ein, sondern auch Informationen über die Stärke und die strategischen

---

* Der »Woolsack« ist ein mit Wolle ausgestopfter roter Sack, auf dem der Lord Speaker Platz nimmt, wenn er den Vorsitz über das Oberhaus führt.

Stellungen der Iren. Am 28. April sahen sich die Rebellen, deren Zahl nie größer als sechzehnhundert war, mit über zwanzigtausend Soldaten konfrontiert. Die Hauptpost wurde eingekreist und dann unter so schweren Artilleriebeschuss genommen, dass anschließend ein Großteil der Innenstadt in Trümmern lag. Der Aufstand brach zusammen. Zuerst hatte er keine große Unterstützung im Volk genossen, doch als die Repressalien der Briten einsetzten, insbesondere als Patrick Pearse und die anderen nationalistischen Führer hingerichtet wurden, wuchs die Sympathie für die militante Sache. Drei Jahre später rief die republikanische Partei Sinn Féin in Dublin den unabhängigen irischen Staat aus. Unter der kurzfristigen Führung des jugendlich enthusiastischen und charismatischen Michael Collins und mit der neuen Irisch-Republikanischen Armee im Rücken war Sinn Féin zu der Überzeugung gelangt, dass der Umbruch nur mit Gewalt erreicht werden konnte. Diesmal war es ein regelrechter Partisanenkampf und kein Aufstand wie 1916, denn dieses Mal gehörten auch gezielte Attentate auf Polizisten und Geheimdienstoffiziere dazu. Am Ende des Jahres 1920 war London schließlich zu einem Kompromiss bereit. Der südliche Landesteil wurde zum vollständig autarken Freistaat Irland mit demselben Dominion-Status wie Kanada oder Australien erklärt. Nur die sechs Counties im Norden blieben Bestandteil des Vereinigten Königreichs.

Die Burmesen waren fasziniert. Wie so viele andere glaubten auch sie, dass Sinn Féin vom ersten bis zum letzten Moment das Geschehen bestimmt habe, deshalb wurden und werden Sinn Féin und der Sache der irischen Republikaner bis heute ein hoher Platz im Pantheon der burmesischen Nationalisten eingeräumt, die damals gerade in allen Richtungen nach Anregungen und Anleitungen für künftige Aktionen suchten. Der kurzlebige Aufstand des Thronprätendenten Maung Thant im Jahr 1909 war die vorletzte Rebellion gegen die Briten gewesen, die ihre Vorbilder noch in der Vergangenheit suchte und noch eine Restauration der Monarchie zum Ziel hatte.

Um die gleiche Zeit, in der der Burma-Cambridge University Club gegründet wurde, riefen ähnlich denkende Männer mit einem ähnlichen Hintergrund auch in der Heimat politische Verbände ins Leben. Im Jahr 1906 wurde der Buddhistische Verein Junger Männer (YMBA) gegründet, geleitet vom Cambridge-Absolventen und einstigen Londoner Anwalt U May Oung, der sich dafür den Young Men's Christian Association (YMCA) zum Vorbild genommen hatte.[4] Doch im Allgemeinen fühlten sich die Burmesen von Interessenverbänden und höflichen Petitionen eher gelangweilt. Sie wollten Action, so wie es die IRA vorgemacht hatte. Die aufgestauten Gefühle brauchten nur noch ein Ventil.[5]

Wie die Spaltung Bengalens zu einer radikaleren Stimmung in Indien beigetragen hatte, so war der Katalysator in Burma der Ausschluss des Landes von den sogenannten Montagu-Chelmsford-Reformen gewesen, die zeitlich genau mit dem Aufstand in Irland, dem Ende des Ersten Weltkriegs und dem Beginn einer politischen Massenmobilisierung in Indien unter der Führung des aus Südafrika zurückgekehrten Anwalts Mohandas Karamchand Gandhi zusammentrafen. In einer Zeit, als viele Burmesen ihre Hoffnungen noch in die Trippelschrittchen zur Autarkie setzten, die der »Government of India Act« aus dem Jahr 1919 vorgesehen hatte, schien anderen das irische Beispiel bereits eine sehr viel schnellere Rückkehr zur Unabhängigkeit zu versprechen. Es war eine Zeit des revolutionären Wandels und der gespannten Erwartungen. In Russland hatten nach der Oktoberrevolution von 1917 die Räte (Sowjets) die Macht übernommen; überall in Europa begann die alte Ordnung zu bröckeln; am 18. Januar 1918 hatte der amerikanische Präsident Woodrow Wilson im Kongress sein 14-Punkte-Programm vorgestellt, in dem es um die Umstrukturierung von Europa, die Abschaffung jeder Art von Geheimdiplomatie, den Rüstungsabbau, die Autonomie der Völker und die Gründung einer »allgemeinen Gesellschaft der Nationen« ging. Zum ersten Mal seit 1885 begannen die Burmesen zu glauben, dass die Geschichte auf ihrer Seite war.

Buchstäblich über Nacht wurde aus einer friedfertigen eine leidenschaftlich fordernde Politik. Bald tauchten die ersten zu Politikern gewandelten Mönche auf der Bildfläche auf, Männer wie U Ottama, ein Arakaner, der nach Burma zurückgekehrt war, nachdem er ausgiebig durch Asien gereist war und sich mit den Arbeitsweisen von Gandhis Kongresspartei vertraut gemacht hatte. In Rangoon wurden Massenkundgebungen veranstaltet, mit feurigen Reden die Vergangenheit Burmas glorifiziert und die vollständige Unabhängigkeit gefordert. Und erstmals protestierten neben den Mönchen auch viele andere Burmesen gegen die Gleichgültigkeit, die die Briten an den Tag legten, wenn sie Pagoden mit Schuhen und Stiefeln betraten, was der burmesischen Tradition zutiefst widersprach. Zum ersten Mal gaben die Briten nach, allerdings nicht, indem sie die Stiefel auszogen, sondern indem sie einfach nicht mehr in Pagoden gingen und auch allen Besuchern aus der Heimat nahelegten, Pagoden tunlichst zu meiden.[6] Die meisten Europäer hielten sich an diese neue Regel. Eine namhafte Ausnahme war die Fliegerin Amelia Earhart, die im Jahr 1937 bei ihrem Versuch, den Äquator zu umrunden – es sollte ihr letzter Flug sein –, in Rangoon eintraf, dort bereitwillig der Kolonialkonvention spottete und ihre Schuhe auszog.[7]

Im April 1919 feuerten in Amritsar im Punjab fünfzig Soldaten unter General Reginald Dyers Kommando tausendsechshundertfünfzig Schuss Munition in eine hilflos in der Falle sitzende indische Menge und töteten Hunderte. Eine Protestwelle schwappte über das Land, die schließlich auch eine Kampagne gegen die Dyarchie-Verfassung nach sich zog. Zum ersten Mal bemühte sich die Kongresspartei, auch Burma in ihre Proteste einzubinden. Damit kam es zu ersten Kooperation von indischen und burmesischen Nationalisten. Im ganzen Land wurden Streiks organisiert. Im Dezember 1920 – ganz bewusst wenige Tage vor dem offiziellen Semesterbeginn an der Universität von Rangoon – kulminierten sie in einem Streik der Studenten und Professoren. Auch Lehrer und Schüler begannen zu streiken, bis schließlich hunderte junge Menschen vor der Shwedagon-Pagode kampierten, genau dort, wo ihre Enkel sieben Jahrzehnte später das Ende der Militärdiktatur fordern sollten.

Rangoon wurde auch zum Zufluchtsort für bengalische Radikale, die wegen der immer schärferen Überwachungsmaßnahmen und Repressalien im eigenen Land in die britisch-indische Provinz Burma geflohen waren. Viele hatten als Verwaltungsangestellte in Regierungsbüros gearbeitet und gründeten in Burma nun Ableger ihrer radikalpolitischen Parteien, die bereit waren, Unabhängigkeit mit dem Einsatz von Gewalt zu erreichen. Bis 1926 hatten über zwei Dutzend ranghohe Mitglieder dieser Gruppen terroristische Zellen in Rangoon, Mandalay und anderen Orten gegründet – weil sie oft aus respektierten Mittel- und Oberschichtsfamilien stammten, pflegten die Briten sie als »gentlemanly terrorists« zu bezeichnen. Den jungen Burmesen in ihrem Umkreis verhalfen sie jedenfalls zu ganz neuen Ideen für ihre eigene aufkeimende nationalistische Bewegung.[8]

Der Britische Raj vor Ort reagierte weder besonders mitfühlend noch sehr phantasievoll. Sir Harcourt Spencer Butler war bis 1917 Gouverneur gewesen und der prototypische Beamte des Britisch-Indien-Dienstes. Nach seiner Ausbildung in Harrow und am Balliol College in Oxford hatte er seine Laufbahn als Steuerbearbeiter und Amtsrichter mit Zuständigkeit für die Dörfer Nordindiens angetreten, doch sogar nach fünfundzwanzig Jahren Erfahrung in Indien wusste er praktisch nichts von Burma. Sein Nachfolger Sir Charles Craddock hatte ebenso wenig Ahnung von Burma, obwohl er Oberkommissar für die Zentralprovinzen gewesen war und viele, ihn nachhaltig prägende Jahre als Bezirksbeamter in diesem Teil des Empires verbracht hatte. Trotzdem empfahlen beide nur geringfügige konstitutionelle Änderungen in Burma. Die Massenveranstaltungen gingen weiter. Im Juli 1919 reiste eine Delegation burmesischer Politiker nach London, um sich mit Journalisten, Abgeordneten der Labour-Partei und Lord Montagu, dem damaligen Staatssekretär für Indien, zu treffen. Im anschließenden Jahr trat eine weitere Delegation mit großem Tamtam und einer Menge Aufmerksamkeit in den örtlichen Medien die Reise an. Übrigens war das auch die Geburtsstunde der burmesischen Filmindustrie: Als eine Schlüsselfigur aus dieser Abordnung kurz nach der Rückkehr aus London (an der Spanischen Grippe) starb, wurde seine Bestattung in den überfüllten Kinos jeder Groß- und Kleinstadt gezeigt.

Angesichts der Hunderttausenden von Toten, die der Krieg und die Grippeepidemie gefordert hatten, sowie der Arbeiterstreiks im eigenen Land war London jedoch gerade mit ganz anderen Dingen beschäftigt. Außerdem bereiteten den Engländern die von Gandhi geführten Massenproteste sehr viel mehr Kopfzerbrechen als all das, was die Burmesen auf die Beine stellen konnten. Am Ende gab London nach, aus Ermangelung einer Alternative oder aus mangelnder Energie für einen kreativeren Umgang mit dem Problem. Doch in Burma hatte sich die politische Stimmung inzwischen bereits mit erstaunlichem Tempo auf einen gewaltbereiten Massenaufstand zubewegt.

Was die Burmesen Anfang der zwanziger Jahre dann an politischen Reformen bekamen, war mehr, als sich ein paar Jahre zuvor irgendwer hätte vorstellen oder auch nur erträumen können. Doch die wachsenden nationalistischen Sehnsüchte konnten damit schon nicht mehr befriedigt werden. Es gab eine neue Dyarchie-Verfassung, sehr ähnlich den Regelungen, die man in den anderen britisch-indischen Provinzen getroffen hatte; es gab Vorkehrungen für allgemeine Wahlen (mit einem Stimmrecht auch für Frauen); und es gab einen neuen Legislativrat. Etwa die Hälfte der Sitze in diesem neuen Rat wurden in allgemeinen Wahlkreisen gewählt, alle anderen entweder direkt vom Gouverneur oder von diversen Kommunal- und Unternehmergruppen bestimmt. Viel Begeisterung dafür gab es nicht. Nur sieben Prozent der Wahlberechtigten hatten entschieden, sich an der Wahl für ein System zu beteiligen, das größtenteils schon diskreditiert gewesen war, bevor es überhaupt ins Leben gerufen wurde.

Ohnedies hatte sich dieser ganze Prozess nur auf die Irrawaddy-Ebene, Arakan und das Tenasserim beschränkt. In den Shan-Staaten und den Bergregionen der Kachin und Chin, die über vierzig Prozent der gesamten Landesfläche ausmachten und wo rund fünfzehn Prozent der Gesamtbevölkerung lebten, hatte nach wie vor der britische Gouverneur das Sagen. Dort gab es weder irgendwelche Reformen, noch wurden Vorbereitung für einen Übergang zur Autarkie getroffen. Offiziell wurden diese Regionen als »Excluded Areas« [Ausgeschlossene Gebiete] oder »Scheduled Areas« [Anhangsgebiete] bezeichnet, aber die meisten Briten nannten sie einfach »Primitive Areas«.

Im »echten« Burma schritt derweil die politische Mobilmachung voran. Neue Politiker betraten die Bühne, um den Massen ihre unklaren patriotischen Konzepte einzuhämmern, sie damit zu begeistern und eine immer größere Anhängerschaft um sich zu scharen. Wie Aung San Suu Kyi siebzig Jahre später tourten auch der höfliche U Chit Hlaing, der »ungekrönte König von Burma«, und eine Menge andere, längst in Vergessenheit geratene politische Helden durch das Land. Einige nahmen Sitze im Legislativrat ein, andere verweigerten sich jeder Kooperation mit den Kolonialbehörden, doch ihre Rhetorik war immer die gleiche: Unabhängigkeit; die Restauration der stolzen Vergangenheit; die Wiederherstellung der großen Armee, die diesmal zwar besiegt worden war, aber jederzeit wiedererstehen könne; und ein gebührender Platz für das einst so siegreiche Eroberervolk der Burmesen unter den Nationen des Ostens. Einige Politiker forderten die Kolonialbehörden auf, eine ethnisch burmesische Armee (geführt von britischen Offizieren) aufzustellen, andere verlangten, dass Burma zu einer »eigenen Einheit unter den anderen Rassen im großen Britischen Empire« werden sollte.[9]

Diese zweite Forderung wurde zu einem heiß umstrittenen Thema. Die Dyarchie in Indien hatten die Briten als ein zehnjähriges Experiment geplant und deshalb schon lange vorgehabt, eine Kommission ins Leben zu rufen, welche die nächsten Schritte ausarbeiten sollte. Im Jahr 1927, etwas früher als geplant, wurde diese Kommission schließlich unter der Leitung des liberalen Parlamentariers Sir John Simon gegründet und trat eine Reise nach Indien an. 1929 traf sie in Burma ein. Doch zu dieser Zeit begann sich bereits ein wesentlich größeres Drama auf der Bühne des indischen Subkontinents abzuspielen. Am Beginn der dreißiger Jahre läutete der Indische Nationalkongress unter der Führung von Mahatma Gandhi die nächste Runde seiner Kampagnen des zivilen Ungehorsams ein. Gandhi wurde verhaftet. Die britische Regierung sah sich unter Druck gesetzt, alle Parteien zu Gesprächen nach London zu laden. Im letzten Moment bezog sie auch Burma ein. U May Oung, der Londoner Anwalt, der den YMBA gegründet hatte, war inzwischen verstorben, hatte aber in seiner Tochter Daw Mya Sein eine fähige Nachfolgerin gefunden. Sie nahm als Hauptvertreterin der Provinz Burma teil, bereiste die Britischen Inseln und sollte mit ihren Reden viel dazu beitragen, ihr ziemlich unbekanntes Land aus einer exotischen Ecke des Empires ins Bewusstsein der Menschen zu rücken. Doch während zwischen der Kongresspartei von Gandhi und Nehru und der Muslimliga von Mohammed Ali Jinnah, dem späteren Gründervater von Pakistan, die Fronten abgesteckt wurden, blieb für die Burmesen die alles überschattende Frage bestehen, ob ihr Land nun ein Teil von Britisch-Indien bleiben würde oder nicht.

Nur sehr wenige Burmesen wollten etwas anderes als die Abspaltung und völlige Selbständigkeit ihres Landes. Aber war den Briten zu trauen? Indien steuerte volle Kraft voraus auf die Autonomie zu. Würde eine Abspaltung von Indien somit nicht bedeuten, dass Burma zu einer Kronkolonie würde, so wie Ceylon oder Hongkong, und sich dann kaum noch Hoffnung machen könnte, einmal ein freies Land zu sein? War es die Sache nicht wert, Trittbrettfahrer auf dem indischen Zug zu bleiben? Die burmesischen Politiker waren zutiefst gespalten bei dieser Frage. Und schon damals verzögerten oder verhinderten ihre Auseinandersetzungen über die richtige Taktik jahrelang jede Debatte über die wirklich substanziellen und drängenden Fragen der Neuordnung.

Im Jahr 1935 wurde vom britischen Parlament der sogenannte »Government of India and Burma Act« verabschiedet, welcher den britisch-indischen Provinzen beträchtliche Autonomie gewährte. Alle Untertanen wurden nun Ministern anvertraut, die sich ihrerseits individuell wie kollektiv den fast durchgängig gewählten Legislativen verantworten mussten, und jeder Provinz stand ein Ministerpräsident vor. Allerdings behielten sich die von den Briten ernannten Gouverneure »Notstandsrechte« vor. Im Zentrum Delhi blieb die britische Kontrolle am deutlichsten spürbar. Die Erbfürsten und ihre zum Teil sehr ausgedehnten Hoheitsgebiete waren nicht in dieses System einbezogen worden. Indien wurde zu einem Dominion innerhalb des British Commonwealth of Nations – wie Kanada, Australien, Südafrika, Neuseeland und Neufundland – und bekam sogar einen Sitz im Völkerbund, wohingegen Burma formal von Indien getrennt wurde (womit auch die jahrelangen Debatten beendet waren) und eine vergleichbare oder sogar etwas fortschrittlichere Verfassung bekam. Nicht jeder war darüber erfreut. Das war noch immer weit von einer Selbständigkeit entfernt, und die Ambitionen reichten längst wesentlich weiter als alles, was die Briten zu gewähren bereit waren.

DER WEG IN DIE ARMUT

Der Börsencrash an der Wall Street im Oktober 1929 brach wie eine Flutwelle über die Volkswirtschaften auf der ganzen Welt herein. Die internationalen Rohstoffpreise fielen rapide und brachten auch die burmesische Wirtschaft ins Trudeln. Seit Jahrzehnten war der Reisexport immer wieder sprunghaft angestiegen, nicht zuletzt dank der einfachen Kreditbeschaffungsmöglichkeiten. Er war das Fundament, auf dem die gesamte moderne Wirtschaft Burmas ruhte. Als die US-Importe dann jäh zurückgingen, wurde die amerikanische Wirtschaftskrise nach Übersee exportiert. Der Reispreis stürzte ab, während der Zusammenbruch der Banken in Amerika und Europa die Geldkosten drastisch erhöhte. Im Verlauf der nächsten drei Jahre fiel der burmesische Exportwert um über fünfzig Prozent. Schon seit Jahren hatten sich Beamte Sorgen um die zunehmende Verschuldung der Bauern gemacht, aber wenig getan, um das Problem anzusprechen. Jetzt war es zu spät. Wie in vielen Teilen der Welt traf die einsetzende Wirtschaftskrise auch in Burma am härtesten diejenigen, die ihr am wenigsten entgegenzusetzen hatten. Hunderttausende bäuerliche Familien im Irrawaddy-Tal, an der Tenasserimküste und in anderen Regionen verloren ihr Land.[10]

Am 5. Mai 1930 kurz nach acht Uhr morgens erschütterte ein gewaltiges Erdbeben das ganze Land. Sein Zentrum lag weit oben im Norden. Sechstausend Menschen kamen ums Leben, die einstige Hauptstadt Pegu wurde völlig zerstört. Die große Pagode, in der die Reliquien von Buddha gehütet worden waren, stürzte komplett ein. Ein paar Monate später bebte es erneut, diesmal gefolgt von einem Tsunami, der gewaltige Zerstörungen in den Küstenregionen anrichtete. Viele Burmesen betrachteten das als Omen für das nahende Ende der britischen Herrschaft. Aber niemand wusste, was danach kommen würde.

Am 22. Dezember desselben Jahres erklärte sich ein wandernder Bettelmönch namens Saya San in einem gerodeten Dschungelgebiet im Tharrawaddy-Distrikt unweit von Rangoon zum König von Burma. Den Beginn seines Aufstands hatte er auf den glückverheißenden Zeitpunkt elf Uhr dreiunddreißig gelegt. Er kürte sich zum Thupannaka Galon Raja und nahm unter einem großen weißen Schirm die Insignien der Königswürde bei einer Zeremonie entgegen, die den Krönungszeremonien des erloschenen Hofes von Ava angelehnt worden war. Am Tag zuvor hatte sich der amtierende Gouverneur mit dem kreativen Namen Sir Joseph Augustus Maung Gyi geweigert, eine Petition von verarmten Bauern zur Kenntnis zu nehmen, die um eine Minderung ihrer Jahressteuern gebeten hatten. Daraufhin begannen Rebellen, die zuerst nur ein paar hundert Mann mit vielleicht fünfunddreißig Feuerwaffen versammelt hatten, aber mittlerweile einen Trupp von über dreitausend Soldaten kommandierten, einen leidenschaftlichen, verzweifelten Kampf, der erst im Frühjahr 1932 niedergeschlagen werden konnte. In den Vereinigten Staaten strahlte das Radio gerade viermal wöchentlich landesweit die Serie *Buck Rogers in the 25th Century* aus, in Burma stachelten Magier die tätowierten Anhänger des neuen Thronprätendenten auf. Im Juni 1931 musste die Regierung über achttausend Soldaten gegen Saya San aufbieten. Noch im selben Sommer wurden der Britischen Burma-Armee sieben neue Bataillone angefügt, sechs indische und ein britisches. Am Ende sah sich Saya San gezwungen, in den Norden von Mandalay zu fliehen, wo er sich eine Zeit lang in einem Kloster versteckte, bevor er schließlich gefangen genommen wurde, gerade als er in die Shan-Berge zu entkommen versuchte. Er wurde des Hochverrats angeklagt, verurteilt und irgendwann nach der Regenzeit gehängt.

Doch diese Revolte nach alter Manier war nicht die einzige Folge dieser harten Zeiten gewesen. Etwas früher in diesem Jahr hatte die pluralistische burmesische Gesellschaft eine verstörende Kehrtwende gemacht und sich auf einen ethnischen Konflikt eingelassen, der von langer Dauer sein sollte. Ein Streit zwischen streikenden indischen Dockarbeitern und burmesischen Streikbrechern, der zu vielen höhnischen Bemerkungen über Rasse und Frauen führte, wuchs sich zu einem blutigen Kampf aus und eskalierte schließlich zu einem Generalangriff des burmesischen Mobs auf jeden Inder und alles Indische in den ärmeren Vierteln der Rangooner Innenstadt. Es war ein regelrechtes Massaker. Hunderte, wahrscheinlich aber noch viel mehr ethnisch indische Zivilisten wurden umgebracht. Es hätte noch wesentlich schlimmer kommen können, es hätte zu immer neuen Angriffen der Burmesen oder zu Vergeltungsaktionen der Inder kommen können, wären nicht die Cameron Highlanders aus der Garnison von Rangoon eingesetzt worden, um sich mit entsicherten Maschinengewehren in der Fraser und Dalhousie Street in Stellung zu bringen. Es waren die ersten, aber nicht die letzten burmesisch-indischen Krawalle. Im Jahr 1938 kam es zu weiteren Übergriffen, mit der Folge von hundert Toten und über tausend Verwundeten. Diesmal war der Auslöser das Buch eines muslimischen Autors gewesen, der sich angeblich feindselig über den Buddhismus geäußert hatte. Die einst angesehene, mittlerweile aber vom politischen Heißsporn U Saw übernommene Zeitung *The Sun* hatte die Öffentlichkeit noch zusätzlich aufgepeitscht. Zwei Wochen lang waren Recht und Ordnung in mehreren Hauptstadtbezirken völlig zusammengebrochen.

Das inderfeindliche Bild war dem Nationalismus der ethnischen Burmesen nun tief eingebrannt. In den kommenden Jahren sollte das katastrophale Folgen haben. Doch im Laufe dieser Jahre kam auch unter den ethnischen Rivalen der Burmesen, den Karen, eine neue Art von Lokalnationalismus auf.

Die Karen zählen zu den größten Minderheiten unter den Völkern Burmas. Bei einigen von ihnen hatten die Bemühungen der amerikanischen Baptistenmissionare im 19. Jahrhundert gefruchtet, denn viele hatten sich zum Christentum bekehren lassen. Der erste Missionar, Adoniram Judson aus Malden in Massachusetts, war 1812 mit dem Schiff aus New York eingetroffen. Er war ein zäher Typ und sollte fast vier Jahrzehnte in Burma verbringen, wo er zwei Ehefrauen (er heiratete noch ein drittes Mal), zwei Kinder und während des Ersten Englisch-Burmesischen Krieges auch eine achtzehn Monate währende brutale Haft im Kerker des burmesischen Königs überlebte. Ihm folgten bald andere Amerikaner, die es mindestens ebenso ernst meinten. Judson schrieb später das erste englisch-burmesische Wörterbuch (es wird noch heute verwendet). Der erste Konvertit unter ethnischen Burmesen wurde erst 1819 verzeichnet, ganze sechs Jahre nach Judsons Ankunft; seinen Versuchen, den Hof zu beeinflussen, war sogar noch weniger Erfolg beschieden. Bei seiner ersten Reise nach Amarapura hatte er eine wunderschön gebundene Bibel und eine Kurzdarstellung der Geschichte des Christentums in burmesischer Sprache im Gepäck. König Bagyidaw, der ein ziemlich doktrinärer Buddhist war, las die ersten paar Zeilen dieser Zusammenfassung und warf sie Judson vor die Füße.

Die Karen standen einer Konversion zum Christentum wesentlich offener gegenüber. Ihre Tradition kannte selbst Geschichten über eine große Flut und über eine Frau, die aus der Rippe eines Mannes erschaffen wurde. Außerdem war ihnen überliefert worden, dass eines Tages Boten übers Meer kommen und ihnen »das verlorene Buch« bringen würden, und das war wohl so ziemlich der beste Einstand, den sich christliche Missionare hätten wünschen können. Bis Ende der zwanziger Jahre im 19. Jahrhundert waren bereits eine Menge Karen in die baptistische Kirche eingetreten. Und ihre Zahl wuchs ständig, vor allem im Tenasserim und einigen Regionen des Irrawaddy-Deltas. Die Mehrheit der karensprachigen Bevölkerung trat allerdings nie zum Christentum über, sondern hing weiterhin dem Animismus an und blieb bei dessen alten Ritualen und Glaubensweisen, und viele aus dieser Volksgruppe, vor allem solche, die im Tiefland unter Burmesen lebten, wandten sich dem Buddhismus zu. Trotzdem sollten es die Christen unter ihnen sein, die zu den Führern ihrer Gemeinschaft wurden. So mancher von ihnen besuchte eine Universität in den USA. Heute sind ungefähr sechs Prozent der Bevölkerung Burmas Christen, darunter rund eine halbe Million Karen, die der baptistischen Kirche anhängen. Judsons Arbeit als erster Baptistenmissionar diente sogar seiner eigenen Glaubensgemeinschaft in Amerika, denn ihr war auch die Veranstaltung des ersten Allgemeinen Konvents der Baptistischen Glaubensgemeinschaften im Jahr 1814 zu verdanken.[11]

Im Laufe des anschließenden Jahrhunderts begannen viele Karen zu hoffen, dass ihnen die Kooperation mit den britischen Kolonialherren ein besseres Leben und eine bessere Zukunft bescheren würde. In den ersten Monaten nach Thibaws Sturz hatten die Briten ein Sonderkommando aus Karen-Soldaten aufgestellt und mit Streifendiensten in den frisch eroberten Territorien beauftragt; christliche Karen waren es auch, die zur Niederschlagung eines Aufstands in Unterburma beitrugen. Seither waren viele von ihnen für die Britische Burma-Armee und britische Militärpolizei rekrutiert worden, die unter anderem auch eine entscheidende Rolle bei der Jagd auf Saya San und seine Anhänger spielten.

Als die burmesischen Nationalisten mit immer mehr Nachdruck die Autonomie des Landes forderten, konterten die Karen (die insgesamt ungefähr sieben Prozent der Bevölkerung in der britisch-indischen Provinz Burma stellten) mit der Forderung nach eigenen Wahlkreisen und allein für sie reservierten Sitzen im neuen Legislativrat. Dr. San C. Po, ein Absolvent des Albany Medical College im Staat New York und in den zwanziger Jahren der Führer des Karen-Nationalbunds, war überzeugt, dass sein Volk unter einer burmesischen Herrschaft niemals gerecht behandelt würde. Noch bevor die Muslimliga in Indien ein eigenständiges Pakistan fordern sollte, appellierte er deshalb an London, den Karen das Tenasserim als eigenen Staat zu überlassen. Doch trotz der periodisch aufflammenden Konfrontationen war das Verhältnis zwischen Burmesen und Karen (wie das zwischen Burmesen und Indern) von vielen persönlichen Kontakten und Freundschaften geprägt gewesen. Wie eh und je hatte man tagtäglich miteinander zu tun, auch Mischehen waren (und sind) häufig. Erst als der militant ethnisch-burmesische Nationalismus in den Vordergrund trat, wurde der Samen für die kommenden Konflikte gelegt. Doch während fast das halbe Land von den aktuellen Verfassungsreformen ausgenommen blieb, die konkurrierenden Karen-Nationalisten nach einem eigenen Staat riefen und die Inder in Burma zunehmend darunter zu leiden hatten, dass sie als Ausländer behandelt wurden, waren die politischen Entscheidungsträger unter den Briten wie üblich gedanklich mit anderen Dingen beschäftigt.

»DIE IREN DES OSTENS«

Im Rückblick aus dem beginnenden 21. Jahrhundert scheint es doch bemerkenswert, dass die burmesische Politik das Reservat von nur einer Handvoll Männern war, die allesamt in den zwanziger Jahren erwachsen geworden waren. Gewissermaßen lässt sich die Geschichte Burmas im 20. Jahrhundert als die Geschichte einer Gruppe von Männern (und wenigen Frauen) erzählen, die in vielen Fällen miteinander befreundet waren oder zumindest zur selben Zeit in den dunklen Jahren vor dem Pazifikkrieg die Universität besucht hatten: mein Großvater U Thant; U Nu, der erste und langjährige Ministerpräsident Burmas nach der Unabhängigkeit; General Ne Win, der burmesische Armeechef und spätere Diktator; Aung San, der Märtyrerheld der Unabhängigkeitsbewegung; Than Tun, der Führer des kommunistischen Aufstands, und noch einige andere. Staatsminister wie Oppositionspolitiker, Offiziere wie ihre Gegenparts bei den Rebellen, fast alle von ihnen hatten zur selben Zeit die Universität von Rangoon besucht.

Natürlich waren sie nicht die Einzigen gewesen, die dort studierten. Außerdem waren sie nicht einmal die besten Studenten. Die besseren Studenten stammten aus den teuren Internatsschulen, zum Beispiel aus St. John's in Rangoon, und wurden nach ihren Abschlüssen Anwälte, Richter, Professoren und Beamte. Aber nicht sie, sondern die

Jungs aus den »englischsprachigen« und den nationalistisch geprägten Schulen fanden in die Geschichtsbücher Eingang, die Söhne kleinstädtischer Mittelschichtsfamilien, erfolgreicher Geschäftsleute oder Reismühlenbesitzer, die bereitwillig auf Karrieren von hohem Ansehen und mit guten Einkommen verzichteten, um den Weg der Politik einzuschlagen.

Man könnte aber auch sagen, dass diese Karrieren auf sie verzichtet haben, denn kaum einer dieser angehenden Politiker hatte die erforderlichen Bestnoten für einen prestigeträchtigen Job. In den dreißiger Jahren fielen sogar regelmäßig vierzig Prozent aller Studenten, die sich an der Universität von Rangoon für ein Bakkalaureus-Examen qualifiziert hatten, durch die Prüfungen. Und warum? Weil sie Schulen besucht hatten, die nicht nur wenig zur Entwicklung von Loyalität gegenüber dem Britischen Raj beitrugen, sondern sie auch ihrem traditionellen familiären Hintergrund entfremdeten. Als ihnen die Universität dann den Blick auf die größere Welt öffnete und genügend Zeit und Raum zum Lesen, Nachdenken und Debattieren ließ, wurden sie sich schließlich vollends bewusst, dass in diesem Britisch-Burma nur wenige Türen zum gewünschten Erfolg führten.

Viele ließen sich außerdem schnell von der Welt der Politik faszinieren. Sinn Féin war der beständigste Favorit, doch der irische Republikanismus war kaum dazu angetan, Antworten auf die kummervollen Probleme Burmas zu liefern. Die offensichtliche Richtung, in die man blicken musste, war Indien. Der Indische Nationalkongress sollte denn auch tatsächlich großen Einfluss ausüben. Doch seine pazifistischen Tendenzen und hinduistischen Anklänge boten den jungen burmesischen Studenten nicht dieselben Anreize wie einst Michael Collins und die Irisch-Republikanische Armee ihrer Vorgängergeneration. Ihre Begeisterung drängte sie in eine andere Richtung. In den dreißiger Jahren bewegte sich fast ganz Europa auf den autoritären Staat zu. In Italien waren die Faschisten schon seit einem Jahrzehnt an der Macht; in Deutschland leistete Adolf Hitler am 30. Januar 1933 seinen Amtseid als Reichskanzler; in Spanien wurden die Republikaner 1939 nach einem langen und harten Kampf gegen General Francisco Franco besiegt; und der von Josef Stalin personifizierte Kommunismus schien eine Blaupause des Kommenden und darüber hinaus auch etwas zu sein, das die nichtwestliche Welt übernehmen konnte.

Für die burmesischen Studenten war es schwer, in diesem Trend den Weg in eine parlamentarisch-demokratische Zukunft oder zu einer bedächtigen Verfassungsreform zu erkennen.

Wie so viele andere stammte auch Aung San, der Mann, der das Land eines Tages in die Unabhängigkeit führen sollte, aus dem kleinstädtischen Mittelschichtsmilieu.[12] Sein Großvater gehörte einer prominenten Familie des Landadels von Oberburma an, die oft in königlichen Diensten gestanden und unter König Mindon einen Minister gestellt hatte. Sein Vater war Anwalt. Aung San selbst war ein schmächtiger und unscheinbarer Mann, verfügte aber über ein schwer zu erklärendes Charisma, das ihm schon in den frühesten Tagen an der Universität zu einem loyalen Freundeskreis verhalf. Die Politik war seine alles verzehrende Leidenschaft. Bald wurde er in den Exekutivrat des Studentenverbands gewählt, der damals seinen Sitz in einem geräumigen, weiß getünchten Gebäude am Rande des Campus hatte. Zu seinen Helden hatte er Abraham Lincoln und Benito Juárez, den nationalmexikanischen Reformer aus dem 19. Jahrhundert, erklärt. Außerdem verbrachte er Stunden damit, die Parlamentsreden von Edmund Burke auswendig zu lernen. Schließlich wurde er Herausgeber der Studentenverbandszeitung. Im Februar 1936 geriet er zum ersten Mal direkt mit den britischen Behörden in Konflikt, weil er sich geweigert hatte, den Namen des Kommilitonen preiszugeben, der unter der Überschrift »Losgelassener Höllenhund« einen Brandartikel über den Universitätsrektor geschrieben hatte. Er wurde der Universität verwiesen, was jedoch zu einem Studentenstreik an sämtlichen Fachbereichen führte und die Behörden schließlich zwang, klein beizugeben.

Viele fanden Aung San einen komischen Vogel, wenngleich auf seltsame Weise irgendwie attraktiv. Er hatte erst als Achtjähriger zu sprechen begonnen und sich noch als Teenager stundenlang in sich selbst zurückgezogen, so in Gedanken versunken, dass er überhaupt nicht auf seine Umwelt reagierte. An seine äußere Erscheinung oder Kleidung schien er keinen Gedanken zu verschwenden, auch sein Zimmer in der Universität war immer ein einziger Verhau. Außerdem legte er für jemanden, der später als ein Mann der Tat gelten sollte, ungewöhnlich viel Wert auf Lektüre. Er war ein geradezu unersättlicher Leser.[13] Und eben durch seine Lektüre fühlte er sich immer mehr zur extremistischen Rhetorik seiner Zeit hingezogen. Eine seiner ersten verbalen Schlachten focht er auf der Meinungsseite von *The World of Books* mit dem gerade aufstrebenden politischen Kommentator U Thant über das Thema Schuluniformen aus. Der ältere U Thant, damals ganze sechsundzwanzig, vertrat den Standpunkt, dass man bei Kindern das Gefühl für Individualität fördern müsse, wohingegen Aung San schrieb, dass die »Standardisierung des menschlichen Lebens« sowohl »unvermeidlich als auch wünschenswert« sei, und stellte gleich auch noch Thants Patriotismus in Frage. Später sollte U Nu zwischen den beiden vermitteln, und sie wurden Freunde.[14] Doch damals setzten sich schnell Aung Sans Ansichten durch.

Die Do Bama-(»Wir Burmesen«-)Gesellschaft, eine Gruppe von hauptsächlich jungen Leuten und einigen Politikern, die sich abseits des Mainstream bewegten, wurde 1935 gegründet.[15] Ihre Mitglieder nannten sich in ironischer Manier *thakin*, was so viel wie »Herr« oder »Meister« bedeutet und die übliche Anrede für Europäer war, entsprechend dem »Sahib« in Hindi. Sie verachteten die Politiker und den Lebensstil der Mittelschicht, hatten sich das Motto »Lebe gefährlich« zum Prinzip erhoben und geschworen, keinerlei persönliche Vorteile aus ihrem Einsatz für die nationale Einheit zu ziehen. Viele lebten in regelrechter Armut. Auf die Massen übte vor allem ihr schwungvolles und ziemlich angriffslustiges Lied großen Reiz aus, das später zur Nationalhymne wurde. Viele lasen marxistische Literatur und verwandten ihre Energie darauf, Fabrikarbeiter und Angestellte der Ölgesellschaft zu organisieren, was ihnen allerdings nur zum Teil glückte, da nur sehr wenige Industriearbeiter Burmesen und die meisten Inder waren. Auch von Nietzsche holte man sich gerne Anregungen. Einige, vielleicht sogar die Klügsten von ihnen, wurden Kommunisten; in den letzten Jahren vor dem Krieg sollten Männer aus ihren Reihen sowohl die Kommunistische Partei Burmas als auch die Sozialistische Partei Burmas ins Leben rufen. Von den britischen Behörden, den etablierteren Politikern und der Öffentlichkeit als solcher wurden sie zwar wahrgenommen, aber kaum beachtet. Sie galten einfach als Jungs, die ein bisschen Politik spielten, hin und wieder die Straße auf und ab marschierten, sich verschwörerisch in verqualmten Teestuben zu einem leckeren indischen Snack trafen und bis spät in die Nacht in der schäbigen Stube irgendeines Studenten über John Stracheys *The-*

ory and Practice of Socialism diskutierten, alldieweil britische Beamte mit ihren Frauen einen Longdrink im Pegu Club genossen oder sich von der Veranda des Gymkhana aus ein Kricketspiel ansahen. Wer hätte im Jahr 1941 schon geglaubt, dass diese Thakin nur sieben Jahre später die erste unabhängige Regierung Burmas bilden würden?

Mit der Verfassung von 1935 bekam Burma eine Regierung, die dieses Begriffes wert gewesen zu sein schien. Sie verdankte sich dem Zusatzartikel zum India Act von 1935, der Burma von Indien separierte, damit jahrelange erbitterte Debatten beendete und dem Land dieselbe Art von Autonomie wie jeder anderen britisch-indischen Provinz gewährte. Es gab ein Abgeordnetenhaus mit hundertdreizehn Sitzen, darunter zwölf, die den Wahlkreisen der ethnischen Karen vorbehalten waren, sowie elf für Unternehmergruppen, insbesondere schottischer Couleur. Es gab einen Senat mit sechsunddreißig Sitzen, der als eine konservative Bremse gedacht war, da er (durch ein Auswahlkriterium, das ein hohes Einkommen voraussetzte) wohlhabenden Unternehmern, Akademikern, Grundbesitzern und hochrangigen Regierungsbeamten vorbehalten blieb. Das von einem Ministerpräsidenten geführte Kabinett musste sich diesem neuen Parlament gegenüber verantworten. Der britische Gouverneur behielt die Amtsgewalt über die Shan-Staaten und anderen Bergregionen sowie das Recht auf diverse Notstandsermächtigungen. Das bedeutete zwar, dass die Briten nach wie vor ziemlich deutlich das Sagen hatten, andererseits gab es durchaus Grund zu der Annahme, dass sich die alltäglichen Einflussnahmen und Entscheidungsfindungen endlich von einer rein britischen Bürokratie auf das gewählte burmesische Kabinett verlagern würden.

Ein neueres Gesicht dieser Politik war der aufstrebende Anwalt Dr. Ba Maw, der Sohn eines Höflings von Thibaw und angeblich halb armenischer Herkunft. Ba Maw war ein eitler Mann und ein Leben lang bestrebt, sein gutes Aussehen in den Vordergrund zu stellen. Seine Kleidung pflegte er nach dem Vorbild des formellen burmesischen Gewandes selbst zu entwerfen. Es war ein Kleidungsstil, der sich am ehesten als retrokonservativ mit ein paar besonderen Eigentümlichkeiten bezeichnen lässt – und genau dasselbe könnte man auch von Ba Maws Politik sagen. Er hatte sich einst im St. Catherine's College von

Cambridge in Rechtswissenschaften eingeschrieben, war dann aber kurzerhand rausgeschmissen worden, weil seine Tutoren entdeckt hatten, dass er sich insgeheim auch in London auf die juristische Zulassung vorbereitete. Diese Geschichte machte ihn zu einem vehementen Englandhasser. Nachdem er schließlich seinen Weg nach Frankreich gefunden hatte, promovierte er mit einigen Schwierigkeiten, da er sehr mit der Sprache zu kämpfen hatte, in Bordeaux in Literatur.

In Burma war er 1930 als Verteidiger von Saya San bekannt geworden, als diesem der Prozess wegen Volksverhetzung gemacht wurde. Das war ein guter Auftakt für einen ehrgeizigen nationalistischen Politiker. Unter der neuen Verfassung wurde Ba Maw nun zum ersten Ministerpräsidenten Burmas in einer Koalitionsregierung mit radikalem Einschlag. Seine eigene Partei Sinyetha, die »Partei des Armen Mannes«, hatte ihren Wahlkampf auf der populistischen Schiene gefahren: Dr. Ba Maw hatte sich die Rhetorik der Zeit zu eigen gemacht und einen Volkssozialismus mit burmesischem Antlitz gefordert, den Kapitalismus verteufelt und niedrigere Steuern versprochen. Weil seine Mehrheitsfähigkeit jedoch von der Unterstützung durch das Unternehmertum und andere konservative Gruppen in der neuen gesetzgebenden Versammlung abhing, sollte sich schließlich eine gewaltige Kluft zwischen Rhetorik und Realität auftun.[16]

Bei diesem ersten demokratischen Experiment in Burma kam eine chaotische und gewalttätige Politik heraus. Da die Macht letztendlich in den Händen des britischen Gouverneurs und der britischen Bürokratie geblieben war, wurden die politischen Parteien in eine eigenartige Rolle zwischen verantwortlicher Politik und reinem Theater gedrängt. Im Laufe von vier Jahren kam es zu drei verschiedenen Koalitionsregierungen. Ba Maws Regierung wurde 1940 gestürzt. Das Ganze war eine Art Mimikry der Politik, die es in einem unabhängigen Staat hätte geben können. Noch immer war Burma fest im Griff wachsender wirtschaftlicher und sozialer Probleme. Die Wirtschaft war nach wie vor in einem schlechten Zustand, und die kommunalen Spannungen machten sich mit gewalttätigen Krawallen Luft, darunter 1938 bei neuerlichen blutigen Zusammenstößen von Muslimen und Buddhisten. Die Verbrechensrate war hoch und die Führung des Landes unter den gegebenen Umständen damit beschäftigt, miteinander um die besten Ministerposten zu rangeln oder sich kurzsichtig auf den scheinba-

immer noch so fernen Traum einer echten Unabhängigkeit zu konzentrieren. Insofern überhaupt irgendwer ein Podium hatte, auf dem er darstellen konnte, was eine unabhängige burmesische Regierung eigentlich anders machen würde, dann waren das die Linken und vor allem die Kommunisten, die die meisten Antworten auf diese Frage lieferten. In diesen Jahren war erstmals auch der Aufstieg von privaten Milizen zu beobachten. Überraschenderweise wurden diese Westentaschenarmeen der politischen Entscheidungsträger (auch Ba Maw hielt sich seinen eigenen Trupp) von den britischen Behörden toleriert, obwohl sie so deutlich nach dem Vorbild der deutschen Braunhemden und von anderen faschistischen Schlägertrupps in Europa organisiert waren und in ihren Khakishorts Knüppel schwingend auf den Straßen von Rangoon zu paradieren pflegten, um Passanten einzuschüchtern. Aber da natürlich nach wie vor die Briten das Sagen hatten, waren sie auch dafür verantwortlich. Mit etwas mehr Aufmerksamkeit und Erfindungsreichtum hätten sie die Dinge vielleicht noch in bessere Bahnen lenken können. Doch angesichts der Ereignisse in Europa hatten sie gerade ganz andere Sorgen.

Im Jahr 1938 griff der Streik an der Universität auf die Schulen über. Parallel dazu kam es zu einer immer deutlicheren Gleichausrichtung der Thakin und des Burmesischen Studentenverbands. Am 20. Dezember forderten Studenten die Entlassung von inhaftierten Thakin-Aktivisten. Die Proteste wurden gewalttätig. Ein Polizist zerbrach seinen Schlagstock auf dem Schädel eines Demonstranten, der später an seinen Verletzungen starb. Die Studenten hatten ihren ersten Märtyrer. Dieses Ereignis zog weitere Unruhen nicht nur in Rangoon, sondern nun auch anderenorts nach sich. Im Februar 1939 eröffneten Soldaten in Mandalay das Feuer, um Tausende von Studenten, buddhistischen Mönchen und Arbeitern auf den Straßen auseinanderzutreiben. Vierzehn Demonstranten wurden getötet. Damit war der Rahmen für die Politik gesetzt, die Burma von nun an so viele Jahrzehnte lang beherrschen sollte.

Im Jahr 1939 kritisierte der inzwischen dreißigjährige U Thant in einer Rangooner Zeitung nicht nur die Richtung, die die Dinge nahmen, sondern auch die politische Unreife seines Landes. Er warf seinen Landsleuten Unfähigkeit zum kritischen Denken vor. »Die burmesische Politik ist eine reine Beschäftigungstherapie für burmesische

Zeitungen«, schrieb er, fügte aber hinzu: »Wir brauchen nicht zu verzweifeln. Wenn man die Ursachen einer Krankheit erkennt, ist das schon die halbe Heilung.«[17] Doch die Zeit für eine nuanciertere Debatte lief ab.

DER NAHENDE KRIEG

Am 1. September 1939 marschierten Generaloberst Fedor von Bock und Gerd von Rundstedt, Oberbefehlshaber der Heeresgruppe Süd, mit der Wehrmacht in Polen ein. England erklärte Deutschland den Krieg. Im Laufe der anschließenden elf Monate nahmen Hitlers Armeen einen Großteil von Westeuropa ein. Im Juni ergab sich Frankreich. England war nunmehr das einzige Land, das sich der damals stärksten Militärmacht der Welt in den Weg stellte. Beim täglichen Bombardement auf London wurden bis zu dreitausend Zivilisten pro Angriffswelle getötet.

Eine Weile lang blieb Burma angenehm weit abgelegen von diesem Geschehen. Viele Personen aufseiten der Thakin tendierten zur Linken und betrachteten den Faschismus als eine Bedrohung, andere hingegen sahen gerade mit ihm ihre Chance gekommen. Auch Dr. Ba Maw betrat nun wieder die Bühne, diesmal als der Vorsitzende des sogenannten Freiheitsblocks, welcher drei Forderungen vorbrachte: (1) Die britische Anerkennung von Burmas Recht auf Unabhängigkeit; (2) Vorbereitungen für eine verfassunggebende Versammlung; (3) die sofortige Unterstellung aller Sonderbehörden des Gouverneurs unter das Kabinett. Ba Maw wurde zum *anarshin* der neuen Gruppe ernannt (zum Diktator oder wörtlich »Herrn der Befehlsgewalt«), Aung San zum Generalsekretär bestellt. Ihr einziges Ziel lautete, diesen Krieg zu nutzen, um die Unabhängigkeit zu erlangen.

Allerdings gab es unterschiedliche Meinungen, wie man dieses Ziel am besten erreichen konnte. Die einen neigten wie Ba Maw zu einem geheimen Bündnis mit den Japanern, die anderen fanden die Idee von einer Partnerschaft mit den Chinesen attraktiv. Zu dieser Fraktion zählten auch moderate Politiker wie U Nu. Gegen Ende des Jahres 1939 wurde eine Abordnung über das Gebirge nach Nanking geschickt, um diese Möglichkeit zu sondieren.

Auch ein anderer Politiker betrat zu dieser Zeit die Szene: U Saw, der sich 1939 mit vielen Manövern einen Weg ins Amt des Ministerpräsidenten bahnte. Er war ein gerissener Opportunist, der mit wenig Schulbildung, dafür aber umso mehr Ehrgeiz ausgestattet war. Zuerst verbot er alle Milizen und nutzte den »Defence of Burma Act«, den London 1941 verabschiedet hatte, um der Presse strenge Auflagen zu machen. Dann übernahm er die einst geachtete Zeitung *The Sun*, verwandelte sie in sein Parteiorgan und nutzte dieses Forum, um die ethnischen Konflikte im Land noch weiter zu schüren. Die Kommunisten, die Thakin und alle anderen politischen Rivalen brachte er hinter Schloss und Riegel. Ba Maw, U Nu und Dutzende andere Politiker landeten im Gefängnis von Mandalay. Schließlich schraubte U Saw seine gewalttätige Rhetorik etwas herab, vor allem um die Briten nicht zu verprellen, forderte aber nach wie vor die völlige Autonomie. Im Jahr 1941 flog er nach England, um persönlich bei Winston Churchill für die Sache Burmas einzutreten, wurde aber höflich abgewiesen. Weil er jedoch entschlossen war, irgendwas von irgendwem zu kriegen, knüpfte er Kontakte zu japanischen Agenten in Lissabon. Der britische Geheimdienst fand es heraus, und U Saw wurde verhaftet. Doch er sollte zurückkehren, und diesmal dürstete es ihn nach Rache.

DER DONNERSCHLAG

Die Japaner hatten schon seit Jahren geheimdienstliche Informationen in Burma gesammelt und still und leise für japanfreundliche Artikel in *The Sun* und *New Burma* gezahlt. Allerdings war ihr Spionagenetzwerk in der Region ziemlich bescheiden und hatte sich hauptsächlich auf Auslandsjapaner – Fotografen, Zuhälter, Prostituierte, Barbiere und Drogisten – verlassen. Derweil war im eigenen Land mit den Vorbereitungen für einen Krieg begonnen worden, der, wie man hoffte, gegen die Amerikaner und Europäer in Südostasien geführt werden würde. In den Schulen wurde Burmesisch, Thai, Malaiisch und Indisch gelehrt, und junge Männer bereiteten sich mit täglichem Sumo- und Kampfsporttraining auf den bevorstehenden Kampf vor.[18] Die Scharmützel zwischen China und Japan hatten sich bereits in ausgewachsene Kämpfe verwandelt. Mittlerweile hatte Tokio schon die gesamte chinesische Küste fest im Griff. Doch diese ersten Siege übersetzten sich dann nicht in einen schnellen Sieg. Als sich die Chinesen nach Chungking weit oben am Jangtse ins Landesinnere zurückzogen, wurden die Briten und Amerikaner in den Konflikt involviert, weil sie die belagerte chinesische Nationalarmee von Tschiang Kai-schek mit Nachschub versorgten. Angesichts des Krieges in Europa schien ein Krieg im Pazifik immer unvermeidlicher. Und damit rückte für so manchen Japaner der Traum von einem japanischen Imperium, das ganz Südostasien umfasste, in greifbare Nähe.

Keiji Suzuki, der nominell die Nachschubabteilung im Hauptquartier des Generalstabs leitete, bekam den geheimen Sonderauftrag, eine Angriffsstrategie für den asiatischen Raum zu entwickeln und die Burma Road zu blockieren (die China via Burma mit dem Meer verband). Wie Lawrence von Arabien von den Engländern wurde auch er von seinen Vorgesetzten mit der Aufgabe betraut, Einheimischenkader zu organisieren, die den größeren Kriegszielen seines Landes dienen sollten. Suzuki hatte das renommierte Generalstabskolleg absolviert, sprach fließend Englisch und hatte von jeher eine Leidenschaft für die Entwicklung von grandiosen Strategien gehabt. Einige Zeit zuvor hatte er den Minami Kikan (den »Südlichen Dienst«) aufgebaut, der gemeinsam mit anderen kreativen Imperialisten aus der elitären Kaderschmiede für Spione, der Nakano-Schule in Tokio, verdeckte Operationen ausführte.[19]

Und wie Lawrence in Arabien begann sich auch Suzuki in Burma nun immer mehr mit der Sache der einheimischen Nationalisten zu identifizieren. Eine Fotografie, die nach der japanischen Eroberung Burmas aufgenommen wurde, zeigt ihn von Kopf bis Fuß im traditionellen burmesischen Gewand. Er selbst streute sogar das Gerücht, in Wirklichkeit der lange verlorene Sohn des Prinzen Myingun zu sein, des älteren Halbbruders von Thibaw, und somit Erbe des Mannes, der in den achtziger Jahren des 19. Jahrhunderts von vielen als der rechtmäßige Thronfolger betrachtet worden war.

Im Mai 1940 gelang es Suzuki und einem Kollegen, unbemerkt nach Rangoon zu kommen und in der Judah Ezekiel Street 40 ein geheimes Büro einzurichten, um das Netzwerk aufzubauen, das zur Operationsbasis von Minami Kikan wurde und schließlich dazu beitragen sollte, die Briten aus Burma zu vertreiben.[20] In der Hoffnung auf eine künftige Zusammenarbeit nahmen sie auch Kontakt zu den Thakin auf. Eines Tages erreichte Suzuki dann die Nachricht, dass zwei Thakin, einer davon der ehemalige Studentenführer Aung San, auf den Straßen der von Nippon besetzten chinesischen Stadt Amoy entdeckt worden seien. Das war genau, was er brauchte.

Die Dreißiger waren die Jahre, die die Politik in Burma prägten. Dass dieses Jahrzehnt von Extremisten und militanten Vorstellungen aus aller Welt beherrscht war, sollte einen nachhaltigen Eindruck auf das Land hinterlassen. Die Diskussionen, die der Studentenverband und die jungen burmesischen Politiker geführt hatten, fanden noch viele Jahre ihren Nachhall in den abstrakten und ideologischen Debatten, die die extreme Linke wie die extreme Rechte über Agitation und Subversion, Untergrundbewegungen und Massendemonstrationen führten. Es gab nie wirklich Raum für Pragmatismus oder Kompromisse. Die Weltwirtschaftskrise hatte die Ersparnisse von Millionen vernichtet, und viele aus der aufstrebenden Generation rüsteten sich nun zur Tat. Die Institutionen der Kolonialherren hatten sich als einzigartig unfähig erwiesen, der multiethnischen und multikulturellen Besonderheit von Britisch-Burma Rechnung zu tragen. Sie hatten die alten Hierarchien verdrängt, waren aber nicht in der Lage gewesen, im Gegenzug irgendetwas überzeugendes Neues anzubieten. Nun blieb nur noch eine Zutat zu diesem Gebräu übrig: Krieg.

10

Das Schlachtfeld wird abgesteckt

*Über den Zweiten Weltkrieg, der Burma verschlang und
die Bühne für den Bürgerkrieg bereitete, und
über die unglaubliche Geschichte des jungen Aung San,
der sich mit dem Britischen Empire anlegte*

෴

Sechsundfünfzig Jahre nachdem Harry Prendergast König Thibaw vom Thron gestürzt hatte, fiel die britische Kolonialherrschaft in Burma wie ein Kartenhaus in sich zusammen. Die britischen Soldaten und Beamten wurden mitsamt Hunderttausenden von panischen Flüchtlingen vom eleganten, schnurrbärtigen Generalleutnant Shojiro Iida und seiner Fünfzehnten Kaiserlichen Armee aus dem Land geworfen. Die Burmesen hatten nichts mit diesen Krieg zu tun, aber er zerstörte ihr Land.

Für die Japaner waren Modernisierung und Militarisierung schon seit Langem Hand in Hand gegangen. Im Jahr 1868 war das Tokugawa-Shogunat gestürzt worden. Die neuen, reformfreudigen und westlich orientierten Oligarchen waren von Anbeginn an entschlossen, Streitkräfte aufzubauen, die stark genug sein würden, um ihre Nachbarn das Fürchten zu lehren. Um die Wende zum 20. Jahrhundert hatte Japan im Krieg gegen China entscheidende Siege errungen und das junge Nippon-Reich nicht nur riesige Gebiete in der mandschurischen Ebene annektiert, sondern auch die Insel Taiwan eingenommen. Im Jahr 1905 gelang es den Japanern sogar, die europäische Großmacht Russland zu besiegen und damit nicht nur Schockwellen durch den Westen zu senden, sondern im selben Jahr auch noch zu einer Revolution gegen Zar Nikolaus beizutragen.

Seither hielt sich Japan für eine Weltmacht auf Augenhöhe mit den Briten und Franzosen. Als Tokio nach dem Ende des Ersten Weltkriegs dann aber nicht von Gleich zu Gleich behandelt wurde, begann ein tiefer Hass an den Japanern zu nagen und das Land einen noch expansionistischeren Kurs einzuschlagen. Im Jahr 1931 wurde auch die restliche Mandschurei geschluckt und der letzte Qing-Kaiser Aisin Guoro – »Henry« Pu Yi – als Marionettenregent eingesetzt. Im Jahr 1937 fiel Japan ins chinesische Kernland ein. Auch die Verurteilung durch den erlahmten Völkerbund konnte die anschließende blutige Aggression nicht verhindern. Mittlerweile war der Spanische Bürgerkrieg am anderen Ende der eurasischen Landmasse in vollem Gange, und General Francos faschistische Putschisten durften sich des hilfreichen Eingreifens der deutschen Luftwaffe und der Legion Condor erfreuen. Nach weniger als zwei Jahren befand sich ganz Europa im Krieg.

Ein Krieg in Europa war die große Chance für die Strategen in Tokio, die es zunehmend an die tropischen Küsten Südostasiens im Süden zog. Ein Anreiz dafür war natürlich die Aussicht auf die Kontrolle der Rohstoffe dieser Region – Kautschuk, Zinn und Öl, darunter die Ölfelder in Mittelburma. Doch eine Beherrschung Burmas bot ihnen auch etwas noch viel Wichtigeres, nämlich die Möglichkeit, China den Zugang zur Außenwelt auf dem Landweg über die berühmte Burma Road abzuschneiden. Diese Bergstraße mit ihren Tausenden von Haarnadelkurven war die einzige Verbindung zwischen den Gebieten im Landesinneren, die noch von der chinesischen Nationalarmee kontrolliert wurden, und den Häfen von Rangoon. Eine Sperre dieses Landwegs würde dem nationalistischen Generalissimo Tschiang Kai-schek den Todesstoß versetzen und den Japanern die Möglichkeit eröffnen, ihre Eroberung des Reichs der Mitte zu vollenden. Es gab sogar noch einen dritten Anreiz: Die Besetzung Burmas würde den Männern Nippons einen Platz direkt am Tor zu Indien sichern. Vielleicht, so hofften sie, würde ein Einmarsch nach Indien von hier aus schnell zu einem Aufstand in Bengalen und damit zum Ende des Britischen Empires in Asien führen.

Doch würden sie das wirklich alles durchziehen können? Nicht jeder war überzeugt, dass die kaiserliche Armee das Zeug dazu hatte, die Briten und ihre amerikanischen Freunde aus Asien zu vertreiben. Was sie deshalb brauchten, war ein einleitender Schachzug, der so dreist und unerwartet wäre, dass sie sich damit Zeit erkaufen könnten – Zeit, um ihr Projekt des »Gemeinsamen Großostasiatischen Wohlstandsgebiets« [»Greater East Asia Co-Prosperity Sphere«] in die Tat umsetzen zu können, bevor die Alliierten überhaupt reagieren konnten. Also sammelte sich Ende November 1941 in der Nähe der eisigen Kurilen ein geheimer Verband aus japanischen Kriegsschiffen und Flugzeugträgern und begann in Richtung hawaiianische Küste zu schleichen.

DER LETZTE SOMMER

Nur wenige Wochen zuvor, am Höhepunkt der Regenzeit, war Generaloberst Sir Robert Brook-Popham vom British Far Eastern Command aus Singapur in Burma eingetroffen, um sich dort umzusehen. Der Veteran des Burenkrieges und einstige Gouverneur von Kenia war ein selbstsicherer Mann mit kühlem Kopf. Die Japaner hatten sich zwar bereits in Französisch-Indochina verschanzt, doch da man allgemein der Meinung war, dass die amerikanischen und englischen Wirtschaftssanktionen große Wirkung zeigten, schien ein weiteres Vorrücken der japanischen Truppen höchst unwahrscheinlich. Brook-Popham und seine Offiziere waren der festen Überzeugung, dass jeder Angriff auf britisches Hoheitsgebiet, wenn überhaupt, nur aus dem Norden von Siam in die Shan-Staaten erfolgen würde. Deshalb ließ er nun den Großteil seiner einzigen Burma-Division in dieser entlegenen Ecke in Stellung gehen. Nur eine Brigade blieb, um die Strände im Süden zu bewachen, dort, wo das Land an die Malaiische Halbinsel grenzte. Seine Vorgesetzten in London informierte er, dass es keinen Bedarf an einer Truppenverstärkung gebe.[1]

Premierminister Sir Winston Churchill war sich da aber nicht so sicher und schickte lieber seinen Vertrauten Alfred Duff Cooper, damit er sich persönlich ein Bild machen konnte. Cooper, ein konservativer Politiker und zu dieser Zeit Churchills Propagandaminister, empfand das Verhalten der Briten in Rangoon zwar einfältig und überheblich, spürte aber ebenfalls nicht, dass schon hinter der nächsten Ecke eine japanische Invasion lauerte. Vermutlich hatte Cooper seinen Auftrag ohnedies nicht besonders ernst genommen, bedenkt man, dass er seine Frau Lady Diana mitsamt ihren über hundert Gepäckstücken auf die Reise mitgenommen hatte. Den britischen Offizieren, denen er begegnete, erklärte er, es sei höchst unwahrscheinlich, dass sie irgendwelche Kämpfe erleben würden.

Erst im Oktober begannen die Alarmglocken zu schrillen. Der britische Oberkommandierende in Indien war zu dieser Zeit der untersetzte General A. P. Wavell, der am höchsten dekorierte Offizier Großbritanniens, obwohl er vom deutschen Afrikakorps des Generalfeldmarschalls Erwin Rommel quer durch die nordafrikanische Wüste gejagt worden war. Man hatte ihm diesen Posten nicht zuletzt zugeschustert, damit er sich erholen und seine Gedanken von den jüngsten Kriegserlebnissen ablenken konnte. Niemand rechnete damit, dass er auf einem Posten in Indien viel zu tun haben würde. Aber dem alten Haudegen wurde bald bewusst, dass die Aussicht auf einen Krieg an diesem Schauplatz alles andere als nur eine entfernte Möglichkeit war und es sehr wohl der Fall sein könnte, dass Burma überrollt würde.[2] Also empfahl er, sofort Truppenverstärkungen zu schicken und eine Allwetterstraße von Assam nach Rangoon zu bauen. Dann wurden die Schlachtkreuzer *Prince of Wales* und *Repulse* nach Singapur geschickt. Aber da war es praktisch schon zu spät.

Als der japanische Angriff kam, war es, als hätte sich nach wochenlangem blauem Himmel niemand mehr schwere Regenfälle geschweige denn einen plötzlichen Taifun vorstellen können. Im Morgengrauen des 7. Dezember wurde die amerikanische Navy in Pearl Harbor zerstört. Dann fielen in schneller Reihenfolge – wie das Spiegelbild der deutschen Siege in Europa zwei Jahre zuvor – die Philippinen, Hongkong und die besetzte Malaiische Halbinsel. In Hongkong wurden am Weihnachtstag zwölftausend Soldaten des Britischen Empires gefangen genommen. Noch in derselben Woche fielen die Japaner in Siam ein.

Endlich begriffen die Briten in Rangoon, was die Stunde geschlagen hatte, und riefen drängend um Hilfe. Die nächstgelegene Quelle dafür war China. Tschiang Kai-schek erbot sich sofort, zwei seiner in Yunnan stationierten Armeen in das östliche Bergland Burmas hinabzuschicken. Auch London versprach Truppenverstärkungen, darunter die Siebzehnte Britisch-Indische Division aus dem Irak sowie zwei afrikanische Brigaden. Aber die Zeit lief davon.

Am Morgen des 23. Dezember, kurz bevor im New Excelsior Cinema von Rangoon die erste Vorstellung des Films *Der Weg nach Sansibar* mit Bob Hope und Bing Crosby beginnen sollte, fielen die ersten Bomben auf die Stadt. Sie verfügte über keine Flugabwehr, nur über Claire Lee Chennaults »Flying Tigers«, ein amerikanisches Freiwilligengeschwader, dem der Ruf vorauseilte, die besten Partys weit und breit zu schmeißen. Die Piloten kampierten am Mingaladon-Flughafen und bekamen einen hübschen Bonus von Tschiang Kaischek für jedes japanische Flugzeug, das sie abschossen. Sie jagten die Nippon-Flieger, konnten aber nicht verhindern, dass die Stadt angegriffen wurde. Die Straßen waren wie jeden Tag brechend voll. Als die ersten Bomben fielen, blieben die Menschen auf der Strand Road und im Viertel der Fraser und Merchant Streets zu Tausenden stehen und blickten in den Himmel, um sich den Luftkampf über ihren Köpfen anzusehen. Binnen Minuten war die Rangooner Innenstadt mit Körperteilen und schrecklich verstümmelten Leichen übersät. Fast dreitausend Menschen (von insgesamt vierhunderttausend Bewohnern) verloren an diesem Tag ihr Leben. Überall brachen unkontrollierbare Feuer aus. Die Stadt geriet in Panik, denn darauf hatte sie niemand vorbereitet. Die medizinischen und anderen Notdienste brachen völlig zusammen. Als am Weihnachtstag der zweite Angriff kam, war die Straße, die im Norden aus Rangoon herausführte, mit Flüchtlingsströmen überfüllt. Wer es schaffte, der drängelte sich auf jedes erreichbare Schiff mit Ziel Kalkutta oder Madras, darunter natürlich insbesondere die indische Bevölkerung.

Der Mann im Zentrum dieser Tragödie war Burmas Gouverneur Sir Reginald Dorman-Smith, ein ehemaliger Landwirtschaftsminister und wie so viele britische Beamte in Burma der Spross einer anglo-irischen Familie. Auf seine irische Herkunft war er besonders stolz. Einmal hatte er seine Kabinettskollegen in London bei einer Diskussion über die Möglichkeit, alle Iren zu internieren, fröhlich mit der Enthüllung verblüfft, dass auch er Bürger von Eire sei. Außerdem war er ein eiserner Verfechter von traditionellen Landwirtschaftsmethoden, verachtete die »wissenschaftliche Landwirtschaft« und führte eine Gruppe an, die sich vor allem wegen ihres leidenschaftlichen Widerstands gegen pasteurisierte Milch einen Namen machte. Und weil der in Harrow erzogene Mann mit dem pomadig nach hinten gekämmten Haar immer Verständnis für Antikolonialisten gezeigt hatte, fragte man ihn eben eines Tages, als er gerade im Schummerlicht der Kellerkantine des Kabinetts seinen Tee trank, ob er den Posten des Gouverneurs von Burma in Betracht ziehen würde. »Iren drücken sich nie vor Herausforderungen, selbst wenn es nur selten zu etwas führt«, dachte er und nahm an.[3]

Als die ersten japanischen Luftangriffe stattfanden, war Dorman-Smith erst ein knappes halbes Jahr Gouverneur gewesen. Weder er noch die Britische Burma-Armee verfügten über gute nachrichtendienstliche Informationen, keiner wusste wirklich, wo die Japaner waren und was als Nächstes geschehen könnte. Die versprochenen Truppenverstärkungen wurden statt nach Burma auf die besetzte Malaiische Halbinsel geschickt, weil dort eine japanische Streitmacht gelandet war, die sich nun schnell auf Singapur zu bewegte, und London Singapur bis zum bitteren Ende verteidigen zu müssen glaubte, weil jeder wusste, dass die japanische Kriegsmarine von Australien bis zum Roten Meer den ganzen Indischen Ozean beherrschen würde, wenn Singapur den Japanern in die Hände fiel. Da musste Burma ganz einfach akzeptieren, dass es von geringerer Bedeutung war. Mitte Januar gingen die Küstenstädte Mergui und Tavoy an japanische Truppen verloren, die über die Berge aus Siam angepresst waren. Der stellvertretende Kommissar von Mergui hatte entkommen können, dann aber zu Dorman-Smith gesagt: »Es wäre mir lieber gewesen, ich wäre geblieben und hätte mich gefangen nehmen lassen ... Wir werden nie wieder aufrechten Hauptes gehen können.« Auch Dorman-Smith wollte nun das Richtige tun. Er kabelte an das Burma Office in London: »Ich hasse die Vorstellung, die einheimische Bevölkerung im Stich lassen zu müssen. Ich wäre dankbar für Ihre Ansicht, denn meine eigene ist, dass wir alle bleiben sollten.« Binnen weniger Wochen war der gelassene Optimismus verschwunden und die Stimmung im Keller. London begann sich schlicht in die totale Niederlage zu fügen.

DER LÄNGSTE RÜCKZUG

Ungeachtet all der hektischen Vorbereitungen für eine Verteidigung Singapurs (zulasten von Burma) fiel das »unbezwingbare Bollwerk« am 15. Februar. Generalleutnant Arthur Percival stand, seine knorrigen Knie unter den Khakishorts hervorlugend, im Ford-Motorenwerk und ergab sich der wesentlich kleineren Streitmacht des stiernackigen Generals Tomoyuki Yamashita, genannt der »malaiische Tiger«. Nicht weniger als siebzigtausend Soldaten des Britischen Empires – Briten, Australier und Inder – waren von dreißigtausend Japanern bezwungen worden. Im Gegensatz zum späteren Mythos war das Problem allerdings nicht gewesen, dass sich die berühmten stationären Großkaliberkanonen von Singapur nicht aus Meeresrichtung in den Norden zu den Angreifern hatten drehen lassen, sondern vielmehr, dass diese Kanonen nur über Panzergranaten verfügten, die dazu gedacht waren, den Rumpf von Kriegsschiffen zu durchdringen, und deshalb wenig gegen Fußsoldaten ausrichten konnten, die auf Dschungelpfaden herabschlichen.

Am ersten Februartag eroberten die Dreiunddreißigste und die Fünfundfünfzigste Japanische Division Moulmein im Norden, die drittgrößte Stadt Burmas. Kurz darauf spähten sie bereits über den Salween hinweg in Richtung Rangoon und auf das jenseitige burmesische Kernland. Derweil taten die amerikanischen Piloten unter der Führung von John Van Kuren Newkirk, genannt »Scarsdale Jack« (der seine Hochzeitsreise abgebrochen hatte, um nach Burma zurückzukehren), ihr Bestes, um die Angriffwellen der japanischen Bomber abzuwehren. Obwohl sie zahlenmäßig stark unterlegen waren, gelang es ihnen mit Hilfe von britischen, kanadischen, australischen und indischen Piloten schließlich, hundertzweiundzwanzig feindliche Flugzeuge abzuschießen (allein fünfundzwanzig gingen aufs Konto von Scarsdale Jack) und ihre eigenen Verluste dabei auf nur fünf Tomahawks und Hurricanes zu beschränken.

Ende Februar wurde Rangoon auf die Evakuierung vorbereitet. Die Patienten und das Personal aus den Krankenhäusern wurden nach Mandalay verfrachtet, die Insassen der Irrenanstalt und gewöhnliche Kriminelle aus dem Insein-Gefängnis freigelassen. Nachdem auch die

Polizei abgezogen war, brach das vorhersehbare Chaos aus. Die vernachlässigten Armen legten Brände, plünderten Läden und brachen in die Lagerhäuser ein. Im Jahr 1824 hatten britische Soldaten gleich in der ersten Besatzungsnacht sämtliche Lagerräume von Rangoon geplündert, nun beendeten die Menschen ihre hundertzwanzigjährige Besetzung passenderweise, indem sie unter dem Vorwand, dem Feind nichts übrig lassen zu wollen, ihrerseits die britischen Lagerräume plünderten.

Um diese Zeit trafen die ersten Panzer ein, die man in Burma je gesehen hatte, im Schlepptau Soldaten der Seventh British Armored Brigade aus Ägypten. Aber das genügte nicht, um dem japanischen Moloch Einhalt zu gebieten. Am 22. Februar sprengten die Briten die Brücke über den Sittang in die Luft (knapp hundertfünfzig Kilometer östlich von Rangoon), nur um dann feststellen zu müssen, dass sie zwei Brigaden der Siebzehnten Britisch-Indischen Division auf der anderen Seite zurückgelassen hatten und diese nun festsaßen.

Die Lage wurde ganz offensichtlich immer verzweifelter. Churchill bat den australischen Premierminister John Curtin, die Sechste und die Siebte Australische Division umzuleiten, die sich gerade auf dem Heimweg aus Nahost befanden. Curtin lehnte ab. Oberbefehlshaber Churchill befahl den Konvois über Curtins Kopf hinweg, in Richtung Burma abzudrehen, sah sich angesichts von dessen Entrüstung dann aber zu einem Rückzieher gezwungen – der australische Premier war selbst von der Landung japanischer Truppen in seinem eigenen Hinterhof mehr als beunruhigt. Also fuhr die einzige Streitmacht, die Burma vielleicht noch hätte retten können, am Land vorbei.

Während die Japaner den Sittang überquerten und in Richtung Westen zur Pegu Road vorrückten (die in den Norden verlief und Rangoon mit Mandalay verband), bereitete sich Dorman-Smith auf seine letzte Nacht in der Hauptstadt vor. Das Kolonialregierungsgebäude, ein großer viktorianischer Bau unweit des Hügels, auf dem die Shwedagon-Pagode thront, war bereits wie ausgestorben. Der Gouverneur begab sich mit seinem Adjutanten und Schwiegersohn Eric Battersby, seinem militärischen Verbindungsoffizier Wally Richmond und zwei Kriegsberichterstattern aus London in den düsteren, teakgetäfelten Speisesaal und aß dort ein letztes Mal zu Abend. Von den hundertzehn Bediensteten waren nur noch der Oberbutler und der

Koch geblieben, der den Herren dann ein Hammelgericht auftischte. Dorman-Smith hatte sich dem Tier sehr verbunden gefühlt, nachdem er es mehrere Tage lang beim stillen Grasen vor seinem Fenster beobachtet hatte. Dazu tranken sie den gesamten verbliebenen Rotwein- und Portweinbestand. Dann begannen sie in feucht-fröhlichen Stimmung ihre Gläser an den großen Porträts all der steif herablassend blickenden Exgouverneure von Burma zu zerschmettern, die die Wände des Saals schmückten.[4]

Obwohl nur so wenige Bataillone und Divisionen als Truppenverstärkungen zu bekommen gewesen waren, wurden weitere Generäle geschickt, so wie Ärzte zu einem sterbenden Patienten. General Sir Harold Alexander, der künftige Feldmarschall und letzte Kommandeur vor Dünkirchen, wurde eingeflogen, um die alliierten Truppen im Land zu übernehmen. Auch General Stilwell, genannt »Vinegar Joe«, traf ein. Er war Präsident Roosevelts Wahl als Kommandeur der nationalchinesischen Truppenverbände in Burma, wie es bei einer Sondervereinbarung mit Tschiang Kai-schek verabredet worden war. Doch sie konnten wenig tun, um die Flut aufzuhalten, also organisierten sie den längsten Rückzug in der britischen Geschichte.

Viele Burmesen fürchteten sich vor der Zukunft, doch die größten Ängste vor dem, was ein nichtbritisches Burma für sie bereithalten könnte, hatten die indischen Landesbewohner. Über hunderttausend Inder hatten mittlerweile die Flucht in Richtung Arakan angetreten, ganze Familien waren zu Fuß oder mit Ochsenkarren unterwegs, auf denen sich ihr Hab und Gut stapelte. Zu Tausenden starben sie an Hunger, Seuchen und Erschöpfung. Weitere hunderttausend kampierten vor Mandalay und in der Nähe von Amarapura, denn die britischen Behörden gestatteten jeweils nur fünfhundert Personen pro Tag die Nutzung der Straße, damit die britische Armee auf ihrem Rückzug nicht behindert wurde. Niemand weiß, wie viele starben, aber die Zahl muss in die Zehntausende gegangen sein. Ungefähr zweihunderttausend schafften es schließlich über die Berge nach Indien.

Am mittleren Irrawaddy fiel zuerst die Stadt Prome, als Nächstes Toungoo. Sowohl die britischen als auch die nationalchinesischen Armeen hatten der überlegenen Zuversicht, Taktik und Kampffähigkeit der Japaner schlicht klein beigegeben. Dann regnete es Bomben auf

Mandalay. Am 3. März wurden der Bahnhof und gleich auch noch die Feuerwehrstation und das Krankenhaus in Schutt und Asche gelegt. Überall auf den Straßen lagen die sterblichen Überreste von Menschen und Pferden, Leichen schwammen zwischen den Seerosen im alten königlichen Festungsgraben. Dann wurden zwei Drittel der Stadt vom Feuer eingeschlossen. Mit einem glühenden Feuerball schossen gewaltige Flammen durch die Hauptstadt von Mindon und Thibaw. So gut wie kein Baum oder Haus blieb verschont. Über den Bombenkratern auf den Straßen lag ein Gewirr aus Telefonkabeln, und was von Mandalay übrig war, war in einen schrecklichen Gestank gehüllt.

Die Zerstörungen gingen weiter. Die Ölquellen, die den Unternehmern aus Glasgow und London so viele Jahre lang so fette Gewinne eingebracht hatten, wurden von den abziehenden Briten gesprengt. Riesige schwarze Rauchwolken hüllten die mittelalterlichen Ruinen von Pagan ein. Es war jetzt Anfang März. Dorman-Smith befand sich in Maymyo, dem Sommersitz der Briten auf einem Hochplateau im Osten. Die Japaner hatten bereits die gesamte Südhälfte des Landes eingenommen, und es gab nicht die geringsten Anzeichen, dass sie das Tempo drosseln würden. General Alexander plante gerade, seine Armee über den Irrawaddy gen Westen in Richtung Indien zu führen und die Chinesen sich selbst zu überlassen.

Bald darauf hielten die Japaner auch in Maymyo Einzug. Die Residenz des Gouverneurs war bereits vollständig von Plünderern ausgeräumt worden. Nirgendwo lagen noch Teppiche, es gab nicht einmal mehr Löffel oder Gabeln. Die Dokumente waren schon von Dorman-Smith und seinen Adjutanten verbrannt worden. Bei dieser Aktion hatten sie feststellen müssen, dass es nichts mehr zu essen gab. Als dann ein alter burmesischer Bote erschien und Sir Reginald ihn höflich um ein paar Lebensmittel bat, antwortete dieser, dass er nur sein eigenes Mittagessen bei sich habe, es aber sehr gerne teilen wolle. Also aß der Repräsentant des englischen Königs mit den Fingern Reis und Curry. Unweit dieses Geschehens marschierten gerade zornige und erniedrigte Chinesen nach Yunnan zurück, brannten alle Dörfer auf ihrem Weg nieder und schlachteten alle Zivilisten ab.

Von Maymyo aus machte sich Dorman-Smith auf den Weg in die Kachin-Berge im Norden. Als er am 28. April Myitkyina erreichte, erwarteten ihn dort schon viele aus seinem persönlichen Stab und der britischen Verwaltung, auch seine Ehefrau und ihr Schmuseäffchen Miss Gibbs waren bereits dort. Weil das Flugfeld das einzige in Burma war, das sich noch in britischer Hand befand, platzte dieser kleine Ort im Hochland aus allen Nähten. Zahllose Flüchtlinge, darunter viele eurasische (anglo-indische und anglo-burmesische) Regierungsangestellte und deren Familien – die loyalsten Untertanen des Britischen Raj – warteten verzweifelt darauf, ausgeflogen zu werden. Dorman-Smith war inzwischen an der Ruhr erkrankt, empfand es aber als Ehrensache, sich erst einmal im Dschungel zu verstecken und die Burmesen nicht gleich im Stich zu lassen. Zumindest hielt er es für geboten, mit ihnen auch die Härten eines Fußmarsches aus dem Land zu teilen. Selbst als Kalkutta ihm klarmachte, dass er augenblicklich ausfliegen müsse, zögerte er. Es bedurfte erst eines direkten Befehls von Churchill, damit er Lady Dorman-Smith und Miss Gibbs folgte, die bereits ausgeflogen worden waren, und sich von der Royal Air Force außer Landes bringen ließ.[5]

Für Sir Reginald, seine Frau und ihr Äffchen war das vorerst das Ende der Geschichte. Hunderttausenden anderen, hauptsächlich Indern, aber auch Burmesen und Europäern, stand hingegen noch ein Marsch über viele Kilometer gewundener und bergiger Trampelpfade zwischen den vorrückenden Japanern und der relativen Sicherheit in Indien bevor. Zuerst ging es in Richtung Nordwesten durch dichten Regenwald, dann über die kieferbewachsenen Berge. Mindestens zweitausend Personen, die sich diesem Treck angeschlossen hatten, waren bereits verwundet. Noch schlimmer wurde ihre Lage, als dann der stürmische Monsunregen einsetzte. Tosende Wasserfluten ergossen sich über die Männer, Frauen und Kinder, durchnässten sie bis auf die Knochen, zwangen sie, durch knietiefen Schlamm zu waten, ließen Wolken von Sandfliegen und Moskitos um sie herumschwirren und Blutegel von den Bäumen auf sie herabfallen. Viele Flüchtlinge litten bereits an Malaria und Ruhr, und Hunger litten alle, als sie auf den schmalen, glitschigen Trampelpfaden um Felsvorsprünge herumbalancieren mussten, während auf der anderen Seite hunderte Meter tiefe Abgründe lauerten. Inzwischen hatten sich die Flüchtlinge meist in kleine Gruppen aufgeteilt, die dann eine nach der anderen durch die Kachin-Dörfer in den Bergen zogen, wo sie aber kaum eine Menschenseele vorfanden, weil ihnen desertierte Soldaten marodierend zuvorgekommen waren. Überall auf dem Weg lagen Leichen. Erst als sie den zwölfhundert Meter hohen Pangsau-Pass überwunden und Assam erreicht hatten, konnten sie sich sicher fühlen. Viele wurden dort von den freiwilligen Helfern der Indian Tea Association in Empfang genommen.

Ein Mann nahm währenddessen einen wesentlich schwierigeren Weg nach Indien. Mit Todesverachtung zog er über den schnee- und eisbedeckten, rund viertausenddreihundert Meter hohen Diphu-Pass. Es war der weltberühmte Botaniker und Forscher Frank Kingdon Ward, der von Fort Hertz aus in den Norden marschiert war und sich dann zwei Monate lang die sechshundertfünfzig Kilometer am tibetischen Sumpfland vorbei bis nach Assam durchschlug. Doch wie sagte ein indischer Beamter? »Na und, so etwas hat er doch schon sein ganzes Leben lang gemacht.«[6]

DIE DREISSIG KAMERADEN

Knapp zwei Jahre zuvor, am 14. August 1940, gerade als die deutsche Luftwaffe ihre Bombenangriffe auf England begann, hatten sich zwei junge Burmesen an Bord eines norwegischen Frachters geschmuggelt, der die sandige Hafenstadt Amoy in China anlaufen sollte. Einer von ihnen war der einstige Studentenführer Aung San, der auf der Flucht vor der Kolonialpolizei war. Es war eine quälend langsame, unbequeme Fahrt und für beide Männer die erste längere Seereise überhaupt. Ihr folgte ein wochenlanges, zielloses Umherwandern in Amoy. Sie hatten kaum Geld und keinen genauen Plan. Offenbar hatten sie ursprünglich daran gedacht, Kontakt zu chinesischen Kommunisten aufzunehmen, sich dann aber eines anderen besonnen und dafür gesorgt, dass sie von den Japanern abgeholt und via Taiwan nach Tokio gebracht wurden. In der japanischen Hauptstadt trafen sie an dem Tag ein, als in Berlin der Dreimächtepakt der Achse Berlin-Rom-Tokio unterzeichnet wurde und die Straßen in Tokio voller fähnchenschwenkender Massen waren.[7] Aung San wurde sofort in den großen Plan eingebunden, den Tokio gerade entwarf, um den Engländern ihr Empire in Asien streitig zu machen.

Für Oberst Keiji Suzuki, besagten japanischen »Lawrence von Arabien«, war Aung Sans Eintreffen in Tokio genau das, worauf er gewartet hatte. Er wollte einen antibritischen Aufstand in Burma schüren, der einem japanischen Eroberungszug den Weg ebnen sollte. Und er hatte seine Hausaufgaben gemacht, war immer wieder für lange Aufenthalte (bei denen er sich als Journalist ausgab) nach Burma gereist und hatte dort alle nötigen Kontakte geknüpft. Und nun war der vielversprechendste junge Politiker Burmas in Tokio.

Aung San verbrachte das restliche Jahr 1940 in der japanischen Hauptstadt, lernte Japanisch und ließ sich offenbar von der faschistischen Euphorie mitreißen. »Was wir wollen, ist eine starke Staatsverwaltung, wie sie mustergültig von Deutschland und Japan exemplifiziert wird. Es soll eine Nation, einen Staat, eine Partei, einen Führer geben..., diesen unsinnigen Individualismus wird es nicht geben. Jeder muss sich dem Staat unterwerfen, welcher grundsätzlich über dem Individuum steht«, schrieb er in dieser berauschenden Zeit unter der aufgehenden Sonne.[8] Er unterhielt sich auf Japanisch, trug einen Kimono und nahm sogar einen japanischen Namen an. Dann schlüpfte er via Bassein heimlich wieder nach Burma zurück, tauschte den Kimono gegen einen Longyi und fuhr, ohne Aufmerksamkeit zu erregen, mit dem Zug nach Rangoon. Dort nahm er Kontakt zu seinen alten Kollegen auf. Nur wenige Wochen später fuhren Aung San und sein auserkorenes Team in kleinen Gruppen und mit Hilfe von Suzukis Rangooner Geheimagenten per Schiff auf die von Japan kontrollierte Insel Hainan im Südchinesischen Meer. Sie waren alles in allem dreißig – jene Dreißig Kameraden, welche schon bald Unsterblichkeit in der nationalistischen burmesischen Mythologie erlangen sollten.

Aung San war mit seinen fünfundzwanzig Jahren einer der drei ältesten. Sein Nom de guerre war Teza: »Feuer«, ein Zweiter nannte sich Setkya (»Zauberwaffe«) und ein Dritter Ne Win (»Strahlende Sonne«). Alle dreißig stellten ihren Namen den Titel »Bo« voran. Mit dieser traditionellen Bezeichnung für burmesische Offiziere hatte man während der Besatzung alle europäischen Militärs angesprochen, wie zum Beweis der Anerkennung ihres herrschaftlichen Standes. Nun sollten Burmesen zum ersten Mal seit 1885 wieder ihre eigenen »Bo« haben. Doch noch lagen sechs Monate harter militärischer Ausbildung durch die Japaner vor diesen Männern. Und sie war wirklich hart, ein Bo stand sogar schon kurz davor aufzugeben. Aung San, Setkya und Ne Win bekamen eine Sonderausbildung, weil sie für leitende Funktionen vorgesehen waren, aber alle mussten auf gleichermaßen aufreibende Weise lernen, ihre physischen Grenzen auszuloten, vor der japanischen Flagge zu salutieren und japanische Lieder zu singen. Sie hörten sich Geschichten über Kampf und Ehre an und lauschten Suzuki, wenn er von seinen Heldentaten in Sibirien prahlte und erzählte, wie er Frauen und Kinder getötet hatte.[9] Diese Erlebnisse schweißten die Männer eng zusammen und sollten noch jahrzehntelang die burmesische Politik prägen.

In den Monaten vor Pearl Harbor im Jahr 1941 verlegte man die Männer nach Bangkok, die Hauptstadt des Diktators und den Achsenmächten wohlgesonnenen Feldmarschalls Phibun Songkhram. Dort gründeten sie unter der begeisterten Anleitung von Oberst Suzuki die Burmesische Unabhängigkeitsarmee (BIA). Suzuki hatte inzwischen selbst einen burmesischen Nom de guerre angenommen: Bo Mogyo, »Donnerschlag« – eine clevere Wahl, da er damit auf die (angeblich) alte burmesische Prophezeiung anspielte, dass »der Schirm« (gemeint waren in diesem Fall »die Briten«) durch einen »Donnerschlag« hinweggefegt würde. Noch hatte Tokio seine Burma-Politik nicht festgelegt, da die kaiserliche Armee und Kriegsmarine noch immer um ihren jeweiligen Einfluss rangelten und darüber stritten, ob eine amphibische Landung oder eine Landoffensive mehr Sinn machte. Suzuki aber hatte mittlerweile sein Herz an Burma verloren und ermunterte die jungen Männer unter seinem Kommando deshalb, den Kampf um die Unabhängigkeit ihres Landes selbst in die Hand zu nehmen und nicht auf die kaiserlichen Truppen zu warten.

Eines Abends setzten sich die Dreißig Kameraden in einem Haus in der Innenstadt von Bangkok zusammen, nicht weit vom heutigen Mekka der Rucksacktouristen in der Khao San Road, schnitten sich in den Finger, vermengten ihr Blut und schworen sich den Treueeid, so wie es die untergegangene militärische Aristokratie Burmas einst zu tun pflegte. Dann begann Aung Sans kleiner Trupp den mühsamen Marsch Richtung Front. Schnell ließen sie die Linien der Infanterie und Gebirgsjäger der japanischen Fünfzehnten Armee hinter sich. Ne Win führte eine Sondereinheit, die bald Rangoon erreichte; die anderen schwärmten über das Delta aus und marschierten durch die Ortschaften am mittleren Irrawaddy, wo sie ein paar Scharmützel mit britischen Soldaten auf dem Rückzug zu bestehen hatten. Das wirkliche

Kampfgeschehen überließen sie jedoch den nachrückenden japanischen Truppen. Nach wenigen Monaten war die Zahl ihrer Kampfgefährten gewaltig gestiegen, denn immer mehr alte nationalistische Mitstreiter und enthusiastische junge Männer aus dem ganzen Land hatten sich ihnen angeschlossen. Am 1. Mai 1942 trafen sie in den verbrannten Ruinen von Mandalay ein. Und dort schwor man dann beim Geiste Thibaws, Rache zu nehmen. Der burmesische Bürgerkrieg hatte begonnen.

Das Blutvergießen setzte im westlichen Irrawaddy-Delta ein. Gerade waren Einheiten der Burmesischen Unabhängigkeitsarmee – die Reihen frisch aufgefüllt mit neuen Rekruten und voll des vaterländischen Stolzes – neben schwarz gestiefelten Japanern eingetroffen und hatten begonnen, Karen-Soldaten zu entwaffnen, die auf dem Rückweg in ihre Heimatregion waren. Die christlichen Karen-Soldaten aus dieser Gegend hatten der Britischen Burma-Armee angehört, aber entschieden, sich nicht dem Treck nach Indien anzuschließen und lieber nachhause zurückzukehren, um ihre Familien zu beschützen. Jeder ahnte die potenziellen Probleme, die ihn nun erwarteten. Denn zum einen war die BIA ethnisch stark burmesisch geprägt, zum anderen löste der Anblick der ersten bewaffneten Burmesen in Uniform nach weit mehr als einer Generation unter der Kolonialherrschaft auch unter den burmesischen Zivilisten leidenschaftliche nationalistische Gefühle aus. Die Karen befürchteten Schlimmes. Einer ihrer Stammesältesten, Sir San C. Po, tat zwar noch sein Bestes, um die Lage zu entspannen – nur seinem Einsatz war zu verdanken, dass Gewaltaktionen in der großen Hafenstadt Bassein abgewendet werden konnten –, und eine Weile lang sah es sogar so aus, als ob Racheakte generell vermieden werden könnten. Doch dann flog der Plan einer Karen-Gruppe auf: Sie wollte die Stadt Myaungmya angreifen, um die burmesischen Soldaten von dort zu vertreiben und ihre ethnischen Brüder unter den Bewohnern zu retten, die sie in tödlicher Gefahr glaubte. Prompt erschossen die Burmesen den örtlichen Karenführer Saw Pe Tha zusammen mit seiner schottischen Ehefrau und den gemeinsamen Kindern. Sir San C. Po konnte die Karen daraufhin überzeugen, ihren geplanten Angriff abzublasen, um eine noch größere Tragödie zu verhindern, aber der Geist war bereits aus der Flasche.

Die BIA sah mit diesem »Verrat« der Karen nun ihrerseits ihre schlimmsten Befürchtungen bestätigt. Im Laufe der nächsten Wochen exekutierten burmesische Soldaten Tag für Tag Karen, die sie der Illoyalität gegenüber der neuen Ordnung verdächtigten. Dutzende, wenn nicht Hunderte wurden ermordet, auch der Hauptsitz der katholischen Mission und ein Waisenhaus wurden dem Erdboden gleich gemacht. Dafür rächten sich die Karen in den umliegenden Dörfern mit willkürlichen Angriffen auf burmesische Dorfbewohner. Schnell breitete sich die Gewalt in allen Gemeinden des Deltas aus. Erst die Intervention der japanischen Armee setzte dem Morden Wochen später ein Ende. Doch was in jenen Tagen begann, sollte bald zu einem Krieg führen, der bis heute nicht beendet wurde.

DAS ENDE DES BRITISCHEN EMPIRES IN ASIEN?

Der Einmarsch der Japaner in Burma schockierte die Briten in Kalkutta und London gleichermaßen. Man schrieb mittlerweile das Frühjahr 1942. Mit einer Landung der Wehrmacht an den Küsten Englands war nicht mehr zu rechnen. Sowohl die Vereinigten Staaten als auch die Sowjetunion waren inzwischen in den Krieg eingetreten. Und da der Sieg in Stalingrad und die ersten Landungen in Nordafrika noch Monate entfernt waren, schien Indien mit seinen mehr als zweieinhalb Millionen Männern in Uniform den Briten entscheidend für ihren Erfolg. Der plötzliche Verlust von Hongkong, der besetzten Malaiischen Halbinsel und von Singapur hatte ihr Ansehen in Asien auf einen nie dagewesenen Tiefpunkt abrutschen lassen, und nun war sogar ihr indisches Imperium selbst bedroht.

Im März traf der nüchterne sozialistische Anwalt Sir Stafford Cripps mit einem Propellerflugzeug in Delhi ein, im Gepäck das Angebot der Churchill-Regierung für eine künftige Unabhängigkeit Indiens. Der Deklarationsentwurf in seiner Tasche beinhaltete, dass eine gesamtindische konstituierende Versammlung nach Kriegsende eine Verfassung für eine neue Indische Union entwerfen sollte. Jede indische Provinz und jeder Staat im Lande sollte die freie Wahl haben, sich dieser Union anzugliedern oder eigene Arrangements zu treffen. Das lehnten aber sowohl die Muslimliga als auch die Kongresspartei ab. Beide wiederholten die Forderung nach einer sofortigen Unabhängigkeit und nach der Möglichkeit, als gleichberechtigte Mitglieder der Vereinten Nationen* in diesem Krieg zu kämpfen. Mahatma Gandhi nannte das Angebot »einen nachdatierten Scheck auf eine bankrotte Bank«, die Kongresspartei forderte Großbritannien im Juli auf, »Indien aufzugeben«. Im August und September, als sich die japanischen Truppen gerade entlang der Grenzen von Manipur und Arakan verteilten, wurde der Britische Raj mit gewalttätigen Protesten, Aufständen und terroristischen Angriffen auf dem gesamten Subkontinent in seinen Grundfesten erschüttert.

VON DER WICHTIGKEIT, SICH WICHTIG ZU MACHEN

Im Sommer 1943 wurde Burma formell von Japan in die Unabhängigkeit entlassen. Es war in vieler Hinsicht eine Scheinunabhängigkeit, nicht unähnlich dem Regime von Vidkun Quisling in Norwegen oder der Marionettenregierung von Kaiser Henry Pu Yi in der Mandschurei. Doch weil sich das burmesische Volk immer von Ritualen und Zeremonien genährt hatte, in den vergangenen sechzig Jahren unter dem Britischen Raj aber seines Stolzes und all seiner Pracht und Herrlichkeit beraubt worden war, schien bereits alles einen Unterschied zu machen, was auch nur die geringste Ähnlichkeit mit einer der Form nach autarken Regierung hatte (bis zur Jahresmitte 1943 hatte jeder gewusst, dass es nur eine Pseudounabhängigkeit sein würde). Dass diese formale Eigenstaatlichkeit über alle nötigen Requisiten wie Uniformen und Flaggen und Paraden verfügte, ließ die Sehnsucht nach echter Freiheit nur noch wachsen.[10]

Die Unabhängigkeitsfeierlichkeiten fanden am 1. August 1943 statt. Der Vorkriegsministerpräsident Dr. Ba Maw wurde zu einem *adipati* nach Art des »Führers« ernannt. Zuerst hatten die Japaner diesen Topjob Aung San zugedacht, ihn dann aber sowohl von seiner Erscheinung als auch von seiner Art her für viel zu unbeeindruckend befunden und sich deshalb für den größeren und besser aussehenden

---

* Anm. d. Übers.: Womit die Vereinten Nationen gemeint waren, die sich in ihrer Deklaration auf die Atlantik-Charta beriefen. Die Charta der heutigen Vereinten Nationen wurde erst 1945 unterzeichnet.

Ba Maw als Marionette entschieden. Da sie ihren eigenen Kaiser derart vergötterten, hatten sie kurzfristig sogar an eine Restauration der Monarchie gedacht und überlegt, den mittlerweile siebzigjährigen Prinzen Pyinmana, einen von Thibaws Halbbrüdern, auf den Thron zu setzen. Doch obwohl sie damit eine Menge Unterstützung bei den Burmesen gefunden hätten, erging es ihnen letztlich wie den Briten 1886, das heißt, sie hatten einfach keine Lust auf all die lästigen Vorkehrungen, die dazu nötig gewesen wären, und ließen die Idee wieder fallen.

Aung San schaffte es jedoch zumindest zur Nummer zwei. So zierlich wie eh und je, inzwischen aber mit geschorenem Haupt, übernahm er als Kriegsminister die Führung über eine nunmehr verkleinerte, aber professionellere burmesische Armee. Tausende Männer, die die Reihen der BIA aufgebläht und so viele Probleme im Delta und anderenorts verursacht hatten, waren aus dem Militärdienst entlassen worden, während die verbliebenen Offiziere vor den Toren Rangoons von japanischen Ausbildern einem intensiven Drill unterzogen wurden. Und diese Offiziere sollten dann bis weit in die siebziger Jahre hinein die oberen Ränge der Streitmächte besetzen.

Es war eine Diktatur ganz im Sinne der herrschenden faschistischen Ideale. Ba Maw ließ nicht den geringsten Zweifel an der tiefen Verachtung, die er für demokratische Prinzipien und Regierungsweisen hegte; und die Losung der neuen Armee unter der Führung von Aung San lautete: »Ein Blut, eine Stimme, ein Befehl!« (*ta-pyi, ta-than, ta-meint*). De facto ist das bis heute das Motto des burmesischen Militärs. Ba Maw gefiel der Putz und Prunk, den eine Diktatur in den vierziger Jahren zur Schau stellte. Seine Unabhängigkeitsfeier war die reinste Ersatzkrönung. Er, der sich schon immer als Dressman für seine eigenen maßgeschneiderten Kreationen präsentiert hatte, hatte nun auch einen Heidenspaß damit, seine pseudoköniglichen Gewänder zu entwerfen. Zur musikalischen Untermalung seines Einzugs hatte er Thibaws Hofmusik gewählt, dann ließ sich der Mann, der vom St. Catherine's College gefeuert worden war, wie ein König von einem Zwerg ausrufen. Brahmanen wurden aus ihrer langen Zurückgezogenheit in Manipur nach Rangoon verfrachtet, um der Hochzeit seiner Tochter Tinsa mit einem aufstrebenden Offizier aus der Burmesischen Unabhängigkeitsarmee ihren Segen zu geben.

Doch viele wurden dieser Show bald müde, vor allem nachdem die Japaner mit ihren Verhörzentralen und standrechtlichen Erschießungen, mit ihrer neuen Sake-Brauerei in der Anglikanischen Kathedrale und ihrem Bordell im Pegu Club, mit ihren grauenerregenden Foltermethoden und ihren Sexsklaven immer deutlicher gemacht hatten, wer hier der Herr war. Ba Maw und Konsorten fuhren zwar nach Tokio zu Gipfeltreffen des »Gemeinsamen Großostasiatischen Wohlstandsgebiets«, wo sie sich dann um den Konferenztisch gruppiert mit anderen echten oder Pseudonationalisten fotografieren ließen, doch daheim hatte sich derweil sogar im inneren Kreis um den Adipati bereits das quälende Gefühl breitgemacht, dass die Geschichte gerade jemand anderen favorisierte.

KRIEGSZEITEN DAHEIM

U Thant hatte von jeher zu den Männern gehört, die einer von Nippon geführten Befreiungsaktion misstrauten. Im Oktober 1941 hatte er dem Herausgeber von *New Burma* einen Artikel mit der Überschrift »Vom Regen in die Traufe« geschickt, in dem er davor warnte, allzu großes Vertrauen in die Achsenmächte zu setzen. Bis dahin war jedes Wort, das er eingeschickt hatte, veröffentlicht worden, doch dieser Artikel wurde nie gedruckt. Eine Woche später erhielt er eine handschriftliche Notiz vom Herausgeber des Wochenblatts, Dr. Thein Maung, der sich überschwänglich dafür entschuldigte, dass der Artikel nicht veröffentlicht wurde, dann aber erklärte, dass Thants Darstellung dieser Thematik im völligen Kontrast zur vorherrschenden öffentlichen Meinung stehe. Thant schrieb nie wieder für dieses Blatt. Thein Maung wurde Ba Maws Botschafter in Japan.

Im März zogen die Japaner in Pantanaw ein. Thant geriet wegen seiner anglophilen und demokratischen Neigungen und seiner mangelnden Anpassungsbereitschaft zunehmend unter Verdacht. Trotzdem bot man ihm eine Mitwirkung in der neuen Administration an, was wohl im Wesentlichen der Tatsache zu verdanken war, dass er in Aung Sans Bibeln erwähnt wurde und sein engster Freund U Nu inzwischen »Minister für Auswärtige Angelegenheiten« geworden war. U Nu, der schon immer (bestenfalls) ambivalente Gefühle gegenüber den Japanern gehegt hatte, erinnerte sich später, dass dieser Posten nichts mit dem eines echten Außenministers zu tun gehabt habe. Die meiste Zeit habe sein frischgebackenes Auswärtiges Amt damit verbracht, anlässlich von Nationalfeiern Glückwunschtelegramme an die Achsenmächte zu senden. Thant wurde angeboten, Sekretär des burmesischen »Komitees für die Umorganisierung des Bildungswesens« zu werden, und weil er glaubte, unmöglich ablehnen zu können, nahm er an und übersiedelte für mehrere Monate in das nach den Bombenangriffen völlig verschreckte und halb verlassene Rangoon.

Wieder zurück in Pantanaw, entwickelte er eine freundschaftliche oder doch zumindest kollegiale Beziehung zu einem japanischen Offizier, der in der Stadt stationiert war, einem fließend Englisch sprechenden Oberleutnant namens Oyama. Von Zeit zu Zeit erhielt Thant Besuch von ihm. Er kam immer in voller Montur mit senffarbener Uniform und Spitzkappe. Manchmal borgte er sich sogar Bücher von ihm, beispielsweise einen von Po Hnits viktorianischen Romanen, oder einen Band aus Thants Sammlung der *Fabian Essays in Socialism*. Allerdings konnte diese Beziehung wenig dazu beitragen, die alltäglichen Grausamkeiten der japanischen Besatzer zu verhindern. Später entdeckte man in den benachbarten Orten Massengräber mit den Leichen von hunderten jungen Burmesen, die man verdächtigt hatte, gegen Japan zu agitieren.

Mein Großvater konnte sich nicht daran erinnern, dass in Pantanaw selbst jemals ein Mensch aus politischen Gründen hingerichtet wurde. Die politische Linie, die die Japaner gegenüber der lokalen Bevölkerung verfolgten, sei vielmehr »schonungslose Verachtung und Herablassung« gewesen. Er schrieb:

Beispielsweise pflegte jeder einfache japanische Soldat einen Burmesen zu schlagen, der ihm despektierlich erschien. Folglich waren Gefühle von höchster Angst und äußerster Hilflosigkeit typisch für die Stimmung, die in den vier Jahren unter dem japanischen Regime herrschten... Was mich überraschte, war die Tatsache, dass sich das japanische Volk, welches meiner Erfahrung nach zu den kultiviertesten, zivilisiertesten und höflichsten aller Völker zählt, in die hochmütigsten und brutalsten Herren verwandeln konnte.

Bei den meisten Burmesen verwandelte sich diese Überraschung über ihre selbsternannten Befreier schnell in ein Verlangen nach konkreter Aktion.

JAPAN ERWÄGT SEINEN NÄCHSTEN ZUG, UND DIE BRITEN PLANEN EINEN GEGENANGRIFF

Die Briten nutzten den Winter 1942/43, um herauszufinden, was falsch gelaufen war, und einen Plan für die Rückeroberung Burmas zu entwerfen. Eine Weile lang herrschte eine Pattsituation. Beide Seiten der Front versuchten die Stärken und Schwächen der anderen auszuloten. Um die Moral seiner Truppen zu heben, befahl General Wavell einen Vorstoß nach Arakan. Aber der Versuch schlug fehl. Und weil die Japaner wieder einmal so gut gekämpft und ihre Stellung gehalten hatten, sank die Moral noch tiefer.

Vor dieser trüben Kulisse betraten nun die Chindits die Bühne, die größte Spezialeinheit, die den Alliierten im Zweiten Weltkrieg zur Verfügung gestanden hatte. Ihren Namen hatte sie vom burmesischen *chinthé*, dem unbesiegbaren Löwen, abgeleitet. Sie unterstanden dem Oberbefehl des kleinwüchsigen, bärtigen Brigadegenerals Orde Wingate, den man als Vater des modernen Guerillakrieges bezeichnet – er bildete auch die ersten jüdischen Kommandos in Palästina aus. Aber einen besonderen Ruf hatte er sich auch wegen seiner vielen Spleens erworben. Beispielsweise pflegte er eine rohe Zwiebel an einer Schnur um den Hals zu tragen, um dann hie und da hineinzubeißen. Jedenfalls sprangen seine Chindits mit Fallschirmen tief hinter feindlichen Linien ab und kämpften dort vollständig abgeschnitten von allen Basen und nur durch gelegentliche Abwürfe aus der Luft versorgt. Es gab insgesamt zwei Expeditionen. Die zweite bestand aus nicht weniger als zwanzigtausend britischen und alliierten Soldaten und war der zweitgrößte Luftlandungsangriff im Zweiten Weltkrieg.

Auch die Kachin aus den Bergregionen im hohen Norden erwiesen sich als ausgezeichnete Kämpfer. Tausende schlossen sich dem Sonderkommando 101 des American Office of Strategic Services (OSS) an, des Vorgängers der Central Intelligence Agency (CIA). Die Einheiten dieses Kommandos hatten ihre Vorposten im Dschungel und griffen japanische Versorgungslinien an, sprengten Brücken und Eisenbahnschienen, unterbrachen die Kommunikationswege und beschafften nachrichtendienstliche Informationen. Im Laufe des dreijährigen Dschungelkrieges töteten sie über fünftausend Japaner und verwundeten vermutlich doppelt so viele. Diese zähen Kachin-Kämpfer lehrten die Japaner wahrlich das Fürchten. Die Angriffe, die sie in den Bergen aus dem Hinterhalt unternahmen, waren eine derartige Bedrohung für die Japaner, dass deren Selbstbewusstsein deutlich zu leiden begann. Auf jeden gefallenen Kachin kamen fünfundzwanzig gefallene Feinde. Da war es nur natürlich, dass diese erwiesenermaßen loyalen Soldaten im Gegenzug später auch Loyalität vom Britischen Raj erwarteten. Und das Misstrauen, dass sie nun gegenüber den Burmesen empfanden, weil sie in ihnen die Kollaborateure mit den Japanern sahen, sollte nach der Unabhängigkeit noch viel zur Instabilität des Völkergemischs in Burma beitragen.

DER WENDEPUNKT IN IMPHAL

Im September 1943 leitete der Kaiser höchstpersönlich eine Konferenz im Tokioter Hauptquartier. Im Laufe des vergangenen Jahres war eine Menge geschehen, und im Moment sahen die Dinge nicht allzu gut aus. Die Truppenansammlungen der Amerikaner überspannten mittlerweile einen langen pazifischen Bogen von den eisigen Gewässern vor Alaska bis zu den weißen Sandstränden von Papua-Neuguinea; und in Europa gelang es der Roten Armee gerade, den japanischen Bündnispartner Deutschland durch die Ukraine zurückzutreiben. Also kamen die versammelten japanischen Befehlshaber in ihren polierten Stiefeln und pseudopreußischen Uniformen überein, dass es das Beste wäre, wenn sie sowohl den Chinesen als auch den Briten in Indien sofort einen K.o.-Schlag versetzen würden. Denn dann könnten sie sich ganz auf die bevorstehende amerikanische Bedrohung konzentrieren, sich vom Schicksal Deutschlands unabhängig machen und in die bestmögliche Verhandlungsposition für einen Friedensvertrag manövrieren.[11] Im März 1944 leiteten sie von ihren zwischen Mandalay und Assam gelegenen nordwestlichen Stützpunkten in den Bergstädtchen Imphal und Kohima ihre letzte Großoffensive in Südostasien ein.

Die Kämpfe, die im Frühjahr 1944 in dem kleinen, tausend Meter hoch gelegenen Fürstentum von Manipur ausgetragen wurden, waren für die Japaner wie die Briten der Wendepunkt im Burmakrieg. Beide Seiten wussten das und gaben deshalb alles. Nach massiven Truppenverstärkungen war es den Briten gelungen, an dieser regendurchweichten Front im dichten Dschungel über eine halbe Million Soldaten zu versammeln, neben Zehntausenden von militärischen Hilfskräften, fünfzigtausend Fahrzeugen und jedem Elefanten, den sie in Indien erübrigen konnten. Die Japaner hatten gegen diese Militärmacht nur zweihunderttausend Mann aufgestellt, die dem Oberbefehl von General Renya Mutaguchi unterstanden. Nach dem Beginn der Kampfhandlungen hielten Generalleutnant Sir William Slim und seine Vierzehnte Armee in Imphal trotz der grimmigen Angriffe der Japaner drei Monate lang die Stellung, während Chindit-Truppen die japanischen Versorgungslinien zerstörten und die Amerikaner und anderen Alliierten Luftunterstützung gaben. Die Japaner wurden aufgehalten. Als die Angriffe eingestellt wurden, waren über achtzigtausend Japaner und siebzehntausend alliierte Soldaten in Imphal und Kohima gefallen. Die verbliebenen japanischen Truppen zogen sich an das Ufer des Chindwin hunderte Kilometer in den Osten zurück, Orde Wingates Chindits ständig an ihren Fersen.

Das Blatt hatte sich gewendet, und die Alliierten bereiteten sich unter dem Oberbefehl von Slim nun auf etwas vor, das man lange Zeit für unmöglich gehalten hatte, nämlich auf eine Rückeroberung Burmas über den Landweg. Die britische Vierzehnte Armee – eine multinationale Streitkraft, die vorrangig aus Einheiten der Britischen Indien-Armee und großen Truppenkontingenten aus Ost- und Westafrika bestand – überquerte im November 1944 als Erste den Chindwin und im Januar 1945 nach dem längsten Kampf um eine Flussüberquerung, den es je gegeben hatte, auch den Irrawaddy. Bei jeder Etappe ihres Marsches stießen sie auf heftige japanische Gegenwehr. Ihre Frontlinie in Burma war länger als jede Ost- oder Westfront in Europa. Im März nahm die Siebzehnte Indische Division nach fünf Tagen heftigster Kämpfe und Nahkämpfe im Glutofen der Frühjahrshitze Meiktila ein, das Herz der japanischen Operation. Nur eine einzige der riesigen löwenartigen Figuren, die die Tempeleingänge bewacht hatten, überlebte diesen Angriff, der Rest der Stadt wurde in Schutt und Asche gelegt. Knapp drei Wochen später eroberte die Neunzehnte Indische Division Mandalay, während sich das Vierte Bataillon der Gurkha Rifles gerade rechtzeitig seinen Weg auf die Nordseite des Mandalay-Hügels freikämpfte, um die Shan-Berge am Horizont in der aufgehenden Sonne erstrahlen zu sehen. Die Japaner kämpften noch ein verzweifeltes letztes Gefecht im Inneren der Mauern um die alte Königsstadt und zogen sich dann zurück. Der ganze Palast stand in Flammen, nichts außer dem Wall blieb von der alten Stadt übrig. Mittlerweile waren britische und indische Soldaten im Verbund mit zwei westafrikanischen Divisionen weit nach Arakan vorgedrungen. Im Dezember 1944 nahmen sie Akyab ein und eröffneten eine neue Front.

Es war eine seltsame Wendung des Schicksals – Burmesen würden es als Karma bezeichnen –, dass Captain Basil Hamilton-Temple Blackwood im März 1945 just vor den Mauern dieses alten Palastes von einer verirrten Kugel tödlich getroffen wurde. Die einst vom Palast dominierte Königsstadt Mandalay war zu Ehren seines Großvaters, des ersten Marquess of Dufferin and Ava, in Fort Dufferin umbenannt worden. Captain Basil war der vierte Marquess, ein Offizier der Royal Horse Guards und ein Mann, den Evelyn Waugh als den strahlendsten Geist seiner Generation bezeichnet hatte. Er wurde an fast genau derselben Stelle getötet, an der sein Großvater sechs Jahrzehnte zuvor König Thibaw ins Exil geschickt hatte. Und da ihn die Kugel traf, obwohl die Neunzehnte Indische Division Mandalay bereits sechs Tage zuvor erobert und gesichert hatte, schien es, als hätte Thibaws Geist beschlossen, eine alte Rechnung mit der Familie des einstigen Vizekönigs zu begleichen.

Bis zum Anbruch der Regenzeit blieben nur noch wenige Wochen. Die Briten marschierten im Eiltempo Richtung Rangoon.

Es sah nicht mehr gut aus für die Männer, die sich auf Gedeih und Verderb mit den Japanern verbündet hatten. Aber es gab auch burmesische Politiker, die sich nie freiwillig mit Tokio zusammengetan hätten, allen voran kommunistische Politiker wie Thakin Soe, der sich im Sumpfland im Süden versteckt hielt, um von dort aus seine Gruppe zu organisieren, oder wie Thakin Thein Pe Myint, der nach Indien geflohen war, um Kontakt zu den Briten zu knüpfen. Doch kaum schienen die Schlachten um Imphal und Kohima das Schicksal der Fünfzehnten

Kaiserlichen Armee Japans im Jahr 1944 besiegelt zu haben, begannen auch an den Mitgliedern des Marionettenregimes in Rangoon Zweifel zu nagen. Dr. Ba Maw blieb seinen Gönnern bis zum Ende treu, floh nach Japan und landete schließlich in einem amerikanischen Gefängnis. Aung Sun, Ne Win und all die anderen entschieden hingegen, dass sie letztlich einzig und allein dem Ziel der Unabhängigkeit Burmas Treue schuldeten, und verschworen sich gegen die Japaner. Der Faschismus hatte ihre Erwartungen nicht erfüllt, also besannen sich zumindest einige von ihnen, darunter auch Aung San, wieder auf ihre einstigen linken Vorstellungen. Es wurden Botschaften an die Alliierten geschickt und signalisiert, dass man bereit sei, die Seiten zu wechseln und das Seine zu tun, um die Japaner aus dem Land zu treiben. Im Untergrund wurde eine Widerstandsbewegung unter der Führung von Aung San gegründet, der man den Namen »Antifaschistische Volksfreiheitsliga« gab. Bloß, wann war der richtige Moment gekommen, um die Japaner öffentlich herauszufordern und einen bewaffneten Aufstand zu wagen? Jeder Tag, den man unter der japanischen Knute in Rangoon erlebte, war ein weiterer Tag, der mit Verhaftung, schrecklichen Foltern und dem Tod enden konnte. Die Antwort der Briten aus Indien lautete, dass man noch warten solle.

U Thant und seine alten Freunde in Pantanaw hielten sich derweil mit einem versteckten Kurzwellenempfänger auf dem Laufenden. Jeden Abend um neun Uhr gingen sie ins Haus eines Nachbarn, um sich im oberen Stockwerk die neuesten Meldungen anzuhören, während die Familie im Parterre lautstark Schallplatten abspielte. So erfuhren sie vom Sieg der Sowjets in Stalingrad und von der Landung der Alliierten zuerst in Nordafrika und dann in der Normandie. Deshalb erwarteten sie, dass die Tage der Besatzer nun gezählt waren. Sie erfuhren auch von der Gründung der Antifaschistischen Volksfreiheitsliga und bereiteten sich darauf vor, ihren Beitrag zu leisten, indem sie heimlich Reis für den kommenden Aufstand zu horten begannen. Für Thant war das eine riskante Sache, da er unter ständiger Beobachtung stand, seit er sich in seiner Zeit im Erziehungsministerium geweigert hatte, Japanischunterricht zum Pflichtfach in den Schulen zu machen. Eines Tages, Anfang 1945, stürmten japanische Soldaten in sein Haus, führten ihn ab und brachten ihn in ihren nahe gelegenen

Stützpunkt. Meine Großmutter und seine Freunde waren sich sicher, dass sie ihn nie wiedersehen würden. Aber zu seiner Überraschung wurde Thant dann bloß ins Büro von Oberleutnant Oyama geführt, der ihn um Hilfe bitten wollte. Der japanische Offizier lebte mit einer Burmesin zusammen, die ihm kurz zuvor einen Sohn geboren hatte, und bat Thant, die beiden nach besten Kräften zu beschützen. Thant versprach es.

Wie es schien, begannen die Japaner ernstlich mit ihrem Abzug. Und was dann? Eine neuerliche britische Besetzung? Das war kaum, was man sich erträumte. Aber eine eindeutige Alternative gab es auch nicht. Vielleicht würden die Vereinten Nationen in der kommenden neuen Welt für einen guten Übergang in die Selbstbestimmung sorgen? In den Marschen und Mangrovensümpfen um Pantanaw gab es allerdings bereits realistischere Anzeichen für das, was die Zukunft in petto hielt: Dort trieben sich Mitglieder von kommunistischen Untergrundzellen, einstige Karen-Soldaten und demobilisierte Rekruten der Burmesischen Unabhängigkeitsarmee herum, die allesamt bewaffnet, allesamt jung und im Moment allesamt noch bereit waren, stillzuhalten, aber nur darauf warteten, dass ihre Zeit kam.

LORD LOUIS MOUNTBATTEN UND DIE FRAGE DER BURMESISCHEN PARTISANEN

Im Oktober 1943 war Admiral Lord Louis »Dickie« Mountbatten, ein Cousin des Königs und der künftige letzte Vizekönig von Indien, zum alliierten Oberbefehlshaber auf dem südostasiatischen Kriegsschauplatz ernannt worden.* Damit war ihm auch das Oberkommando für die Rückeroberung Burmas zugefallen. Der vierundvierzigjährige Mountbatten, ein Karriere-Marineoffizier und Günstling von Churchill, hegte jedoch nicht nur das typische Missfallen der britischen Oberschicht an den Vorurteilen der kolonialbritischen Mittelschicht, sondern auch den Wunsch, auf der richtigen Seite der Geschichte zu stehen und von der Welt als ein Mann betrachtet zu werden, der das

---

* Der Begriff »Südostasien«, mit dem heute Burma, Thailand, Laos, Kambodscha, Malaysia, Singapur, Indonesien, Brunei und die Philippinen gemeint sind, rührt von der räumlichen Definition dieses Oberkommandos her.

Richtige tut. In den Augen vieler britischer Militärs war Aung San schlicht ein Verräter, ein Quisling, den man zur Rechenschaft ziehen musste. Doch Mountbatten entschied sich im Februar 1945 gegen seine eigenen Obersten und Generäle und setzte in London durch, dass man Aung Sans Liga mit Waffen versorgte. Denn Mountbatten glaubte nicht nur, dass burmesische Partisanen hinter den japanischen Linien einen entscheidenden Unterschied machen könnten, er sah auch den burmesischen Nationalismus in einem wesentlich freundlicheren Licht als so mancher seiner Offizierskameraden.

Für Aung San und seine Dreißig Kameraden muss es eine gewaltige Erleichterung gewesen sein, als sie erfuhren, dass sie alliierte Unterstützung bekommen würden. Die Zukunft stand noch in den Sternen, doch nun sahen sie wenigstens Licht am Ende des Tunnels, jedenfalls sofern es ihnen gelingen würde, sich zu »Antifaschisten« umzustylen und die britischen Rückeroberer weitgehend mit einem Fait accompli zu konfrontieren. Ihre Forderung war dieselbe wie eh und je – die vollständige und bedingungslose Unabhängigkeit –, nur mit dem Unterschied, dass sie nun keine Studenten mehr waren, die ein bisschen Politik spielten und große Reden im Studentenverband schwangen. Nun besaßen sie Waffen und wussten auch damit umzugehen.

Sie entschieden sich für ein ziemlich gewagtes Vabanquespiel: Zuerst hielten sie eine Parade nahe dem Kolonialregierungsgebäude in Rangoon vor Generalleutnant Hyotara Kimura, dem Befehlshaber der japanischen Armee für den Raum Burma, und weiteren hochrangigen japanischen Offizieren ab, die dem finsteren Trupp von ihrer Ehrentribüne salutierten. Dann, ein paar Tage später, am 27. März – das Datum wird bis heute alljährlich als Tag der Streitkräfte gefeiert –, fuhren die jungen Männer in ihren Khakiuniformen aus der staubigen Stadt heraus, um, wie sie erklärten, den britischen Feind zu bekämpfen. Stattdessen machten sie sich plötzlich kehrt und begannen aus allen Richtungen ihre einstigen Herren anzugreifen.

Aung San hatte sich gerade noch rechtzeitig zum Handeln entschlossen. Am 3. Mai, drei Tage nachdem sich Adolf Hitler im Führerbunker erschossen hatte, marschierte die Sechsundzwanzigste Britisch-Indische Division im strömenden Regen und ohne jede Gegenwehr in Rangoon ein. Aber nun konnte Aung San behaupten, dass sein Trupp den Briten bei ihrem Vormarsch durch das Sittang-Tal in die Hauptstadt geholfen hätte. Es fanden zwar noch Säuberungsaktionen statt, doch im großen Ganzen war der Krieg in Burma damit vorbei. Ab sofort konzentrierten sich die Briten auf einen neuen Brennpunkt: die geplante amphibische Landung an den malaiischen Küsten (»Operation Zipper«).

Am 16. Mai stattete Aung San dem höchsten britischen Militär im Land, General Slim, einen Besuch ab. Er trug noch immer die Uniform eines japanischen Generalmajors, komplett mit Schwert, was so manchen aus Slims Stab, der nicht vorgewarnt worden war, heftig aufscheuchte. Ohne Umschweife erklärte er Slim, dass er der Kriegsminister der Übergangsregierung von Burma sei, die von der Antifaschistischen Liga gebildet wurde. Die Liga wolle ein Bündnis mit den Briten eingehen, bis sämtliche japanischen Streitkräfte von burmesischem Boden vertrieben worden seien, danach werde Burma unabhängig. Das war keine Forderung, das war eine simple Absichtserklärung. Der ziemlich verdatterte Slim glaubte zuerst, dass Aung San bluffte, dann erklärte er ihm, dass er nicht der richtige Ansprechpartner für politische Fragen sei, Aung San seine Soldaten jedoch in die britisch geführten Truppen integrieren könne. Aung San erwiderte, dass er als Alliierter seine Männer gerne unter alliiertes Kommando stellen werde.

Slim war beeindruckt. Er bewunderte Aung Sans Dreistigkeit. Als Slim ihn gefragt hatte, »glauben Sie nicht, dass Sie ein beträchtliches Risiko eingehen, indem Sie hierherkommen und dann auch noch eine solche Haltung einnehmen?«, hatte Aung San schlicht geantwortet: »Nein.« »Und wieso nicht?«, fragte Slim zurück. »Weil Sie ein *britischer* Offizier sind.« Damit hatte Aung San, wie Slim später schrieb, mächtig gepunktet.[12]

DAS WEISSBUCH: GROSSBRITANNIENS POLITIK BIS ENDE 1946

Aung San mag zwar gepunktet haben, doch das änderte nichts an den Plänen, die die Mandarine im entfernten London für das Nachkriegsburma abgesegnet hatten. Fast den ganzen Krieg über hatte eine von Gouverneur Dorman-Smith geleitete Exilregierung mit einigen hochrangigen britischen und burmesischen Kolonialbeamten in Simla ausgeharrt, der Sommerresidenz des Britischen Raj im Himalaya. Dort hatten sie wegen ihres erniedrigenden Rückzugs vor sich hin gebrütet, sich Sorgen um Freunde und Familien gemacht und schließlich begonnen, sich alles und jedes auszumalen und aufzuschreiben, das getan werden könnte, um das Geschehene wiedergutzumachen, um die Dinge wieder ins Lot zu rücken und ein besseres und wohlhabenderes Land aufzubauen.[13] Natürlich würde man Burma in die Autonomie entlassen, aber erst, wenn die Zeit reif dafür wäre, also keineswegs sofort. Alles schön der Reihe nach. Zuerst käme der Wiederaufbau. Die Burmesen würden bei allem ein Mitspracherecht haben, in den nächsten paar Jahren allerdings nur durch einen Rat, der vom Gouverneur benannt werden sollte. Erst wenn die Wirtschaft in Gang gebracht worden war und Recht und Ordnung wiederhergestellt waren, könne es Neuwahlen für eine Regierung nach den Richtlinien der Verfassung von 1935 geben und das Land schließlich in die innere Autonomie im Rahmen des Britischen Commonwealth entlassen werden.

So lautete denn auch die Vision, die 1945 von London übernommen und in einem amtlichen Weißbuch niedergelegt wurde.[14] Auch die im Wesentlichen von schottischen Unternehmern besetzte burmesische Handelskammer hatte emsig lobbyiert und sich dafür stark gemacht, dass man sich zuerst auf einen wirtschaftlichen Wiederaufbau fokussierte, bei dem britische Firmen natürlich die entscheidende Rolle spielen sollten. Den geflohenen indischen Immigranten wollte man nach ihrer Rückkehr aus dem Exil unter die Arme greifen, den Chettiar-Geldverleihern sollten sogar ihre Ländereien zurückerstattet werden. Die Vereinigten Staaten hatten sich dafür eingesetzt, Burma zu einem Treuhandgebiet der Vereinten Nationen zu machen, doch dieser Vorschlag wurde höflich ignoriert.

Sir Reginald und die Männer in seinem Umfeld wollten gewiss sicherstellen, dass Burma eine strahlende Zukunft bevorstand, aber es ging ihnen auch darum, das Richtige für all diejenigen zu tun, die treu zu den Briten gestanden hatten. Aung San und seine Liga hatten sich hier bereits einen Platz gesichert, genauso wie die älteren Politiker, die sich von vornherein geweigert hatten, den Japanern zu Diensten zu sein, und sich deshalb ebenfalls nach Simla zurückgezogen hatten. Außerdem gab es noch die Karen und Kachin, die zu einem oft hohen Preis für die eigenen Gemeinschaften einen so hervorragenden Dienst hinter den feindlichen Linien geleistet hatten. Man würde ihnen doch gewiss nicht die gebührende Anerkennung und den gerechten Lohn versagen? Sir Reginald spürte zwar bereits, dass sich die Dinge in Burma verändert hatten, nicht aber auch in London. Bloß hatte er keine Ahnung, wie sehr das zutraf.

In Wirklichkeit verschwendeten nur sehr wenige Personen in London einen Gedanken an die Zukunft Burmas. Im Juli 1945 hatte ein erdrutschartiger Wahlsieg die Labour-Partei an die Macht zurückgebracht und Clement Attlee zum Premierminister einer neuen, sozialstaatlich orientierten Regierung gemacht. In den anschließenden Jahren konzentrierte sich das vom Krieg erschöpfte britische Volk auf die eigenen Probleme und den eigenen Wunsch nach einem modernen Sozialstaat. Die Verkehrsbetriebe und die Energieversorger wurden verstaatlicht, und ein staatlicher Gesundheitsdienst wurde eingerichtet. Seit 1939 waren geschätzte ein Viertel des Volksvermögens verloren gegangen, die Staatsverschuldung hatte sich verdreifacht, und sogar im Zentrum des Britischen Empires waren Lebensmittel und Kohle rationiert. Die Kraft reichte nicht aus, um auch noch über die beiden großen Kolonialfragen dieser Zeit zu debattieren – die Unabhängigkeit und Teilung Indiens und die Erschaffung eines jüdischen Staates in Palästina –, geschweige denn über einen solchen Nebenschauplatz wie Burma. So kam es, dass die politischen Richtlinien des Weißbuchs in Kraft blieben, bis London viel zu spät von den Entwicklungen vor Ort klargemacht wurde, dass es mit dem Feuer gespielt hatte.

Im Herbst 1945 hatte Burma wenig Ähnlichkeiten mit dem Britisch-Burma, das es noch vier Jahre zuvor gegeben hatte. Im Übergabebericht der Militärverwaltung hieß es: »Wir halten es nicht für eine Übertreibung, wenn wir sagen, dass kein britischer Besitz derart viel Schaden erlitten hat.«[15] Rangoon lag in Trümmern. Ganze Viertel waren in Grund und Boden gebombt worden. Es gab keinen Strom, es gab keine Hafenanlagen mehr. Über fünfhundert Zugmaschinen und Waggons hatten die Japaner bei ihrem Rückzug in die Luft gesprengt. Auch alles andere hatten sie zerstört, von der Irischen Mädchenschule an der Prome Road bis zum Yachtclub am Inya-See. Überall lag Unrat herum, in manchen Straßen musste man durch einen halben Meter Abwasserschlick waten. Beinahe alles, das von irgendeinem Wert gewesen war, hatte man geplündert. Bald füllte sich die Stadt mit Zehntausenden von Obdachlosen, die in armseligen zurechtgezimmerten Hütten hausten oder sich in verlassenen Wohnungen und Häusern zusammendrängten. Seuchen breiteten sich rapide aus, dank der gewaltigen Zunahme der Prostitution während des Krieges insbesondere Geschlechtskrankheiten.[16] Das Einzige, was die Moral des zurückkehrenden Britischen Raj im Februar 1946 etwas heben konnte, war eine Sondervorstellung von *Hamlet* in der Jubilee Hall, mitsamt der gehörigen elisabethanischen Ausstattung und John Gielgud in der Hauptrolle.[17]

Doch das Elend in Rangoon war nichts gegenüber der Situation, die einen in anderen Landesteilen erwartete. Mandalay war buchstäblich vom Erdboden verschwunden, nicht ein einziges Gebäude war stehen geblieben. In allen Straßen lagen verwesende Menschenkörper und Tierkadaver, sogar zwischen den Seerosen im Palastgraben schwammen Leichen. Über hundertfünfzigtausend Menschen hatten ihr Heim verloren. In vielen Städten und Dörfern herrschte das gleiche Bild. Shwebo, Meiktila, Prome und Bassein waren völlig ausgelöscht worden. Nichts war geblieben von den hübschen Kolonialhäusern, den gepflegten Gärten, den alten Teakhäusern und den grün gesäumten Boulevards. Mogaung weit oben im Norden, einst ein freundlicher Ort mit Alleen und alten hölzernen Klostergebäuden, war zu einer von Unkraut überwucherten Geisterstadt geworden, in der nur noch hungrige Hunde herumstreunten. Überall lagen Leichen, und überall wurden Massengräber entdeckt, in denen hunderttausende japanische, britische, amerikanische, indische, afrikanische, chinesische, australische und burmesische Männer und Frauen verscharrt worden waren.

Der Zweite Weltkrieg endete am 14. August nach dem Abwurf der Atombomben auf Hiroshima und Nagasaki und der bedingungslosen Kapitulation von Kaiser Hirohito. Nur Tage zuvor hatte die Achtundzwanzigste Kaiserliche Armee Japans verzweifelt versucht, sich durch die dicht bewaldete Bergkette um Pegu zu schlagen und über den vom Monsunregen angeschwollenen Salween zu fliehen. Mehr als siebentausend Mann starben bei diesem Unterfangen.

Am 12. September nahm Lord Mountbatten die formelle Kapitulation Japans im Rathaus von Singapur an. Kurz darauf bekam er das siebenhundert Jahre alte Samuraischwert seines Gegenspielers Feldmarschall Graf Hisaichi Terauchi überreicht. Was Burma betraf, so hatte Mountbatten als Oberbefehlshaber vor Ort bereits eine politische Zusammenarbeit mit der Liga etabliert, und London fühlte sich nicht wirklich berechtigt, Einspruch dagegen einzulegen. Gegen Monatsende lud er die jungen Offiziere der Liga, darunter auch Aung San, nach Kandy ein, das inmitten der Teefelder des ceylonesischen Hochlands liegt, um ein Abkommen über die neu zu gründende Burmesische Armee zu treffen. Man kam überein, dass sie sowohl Soldaten aus der Armee von Aung San aufnehmen sollte, die von den Japanern ausgebildet worden waren, als auch von den Engländern ausgebildete Soldaten aus der Britischen Burma-Armee, und zwar ungefähr im gleichen Anteil von jeweils etwa fünftausend Mann. Aber mit dem britischen Anteil wurde auch ein hoher Prozentsatz von ethnischen Minderheiten eingebracht, hauptsächlich Karen, Kachin und Chin*, die einst aus ihren Bergregionen zu den Briten gestoßen waren (unter den Offizieren, die von den Briten ausgebildet worden waren, gab es nur drei Burmesen). Und die fürchteten sich nun vor einer burmesischen Administration und begannen mit gutem Grund immer rosigere Erinnerungen an die Briten zu hegen.

Denn der burmesische Anteil brachte ganz andere Werte und Erfahrungen ein. Er bestand hauptsächlich aus einstigen Thakin-Studenten, die sich zutiefst dem Antikolonialismus mit all seinen Begleiterscheinungen verpflichtet fühlten und nach einem albtraumhaften Flirt mit dem Faschismus nun allesamt politisch links standen. Andererseits hatten sie das japanische System der harten Strafen und strikten Loyalität gegenüber Vorgesetzten verinnerlicht und gelernt, niemals eigenmächtig zu handeln, nie die Autorität in Frage und immer die Armee über alles zu stellen. Es war eine Generation der Tat, die ihr Land nach sechs Jahrzehnten Fremdherrschaft nun in die Unabhängigkeit führen wollte. Es waren selbstbewusste Männer, die kein anderes Leben als das des Politikers oder des Soldaten kannten.

---

* Die Chin sind ein Bergvolk, das an der burmesisch-indischen Grenze angesiedelt ist. Auf der indischen Seite, wo sie heute einen eigenen Staat haben, nennt man sie »Mizo«.

In gewisser Weise vertraten sie damit die allgemeine Stimmung im Land, zumindest die Stimmung, die unter den Burmesen herrschte: die Zukunft gehörte ihnen. Und eines war gewiss, nämlich dass es unter all den denkbaren Möglichkeiten eine niemals geben würde – einen Rückfall in die Zeit, in der ein Pegu Club für ausschließlich weiße, in Leinen gewandete Beamte und Geschäftsleute hinter verschlossenen Türen ihr Land regierte.

DORMAN-SMITH VERSUCHT, DAS WEISSBUCH UMZUSETZEN, UND DIE LIGA IST UNBEEINDRUCKT

Kurz nach Kriegsende kehrte Reginald Dorman-Smith mit dem nicht eben beneidenswerten Auftrag nach Burma zurück, das Weißbuch in die Tat umzusetzen. Er wusste, dass ihm die Liga misstraute. Er wusste auch, dass die alten konservativen Politiker – die er im großen Ganzen als Freunde betrachtete – müde waren und der Energie und Entschlossenheit der aufstrebenden Generation nichts entgegenzusetzen hatten. Bevor er das Kommando (von Mountbattens Militärverwaltung) übernahm, hatte er sich mit vielen von ihnen an Bord des Kriegsschiffes HMS *Cumberland* getroffen, das in Rangoon vor Anker lag. Die Herren in den Seidenjacken und Pasos hatten höflich seinen Versicherungen gelauscht und ihn sagen hören, dass die britische Herrschaft diesmal ganz anders aussehen würde. Aber während sie sich eine Kelle Eiscreme nach der anderen nahmen, hatten sie sich gefragt, ob die Briten wirklich den Nerv haben würden, das Ganze bis zum Ende durchzustehen.

Nachdem Dorman-Smith die Regie übernommen hatte, hielt er bei einem Empfang in den verschimmelten Räumen des Rathauses von Rangoon eine Rede: »Burma *wird* – nicht mehr *kann* – seinen Platz unter den vollständig selbstverwalteten Nationen einnehmen ... Burmas Kampf um die Freiheit ist vorüber.« Doch zuerst müsse es Wahlen geben. »Lassen Sie uns diesen Wahlauftrag schnellstmöglich erledigen.« Für die Zwischenzeit werde er ein Beratergremium ernennen, das die Verantwortung für die Ministerien übernehmen solle, einen Repräsentativrat, in dem das gesamte politische Spektrum aus der Zeit vor 1942 vertreten sein, der Liga als der offensichtlich wichtigsten Kraft im Land aber eine Sonderrolle eingeräumt werden sollte.

Aung San sah die Dinge anders. Seiner Meinung nach gab es nur ein Problem in Burma, nämlich die Anwesenheit der Briten. Würde sie wegfallen, würde sich alles andere schnell von alleine regeln. Den alten Politikern und den ethnischen Minderheiten würde man je nach Notwendigkeit Rechnung tragen, doch das seien erst einmal zweitrangige Fragen. Im Moment gehe es nur um die Einheit, die Disziplin unter einer einzigen Befehlsgewalt, der Liga, und darum, den Briten bewusst zu machen, dass der Preis für ihr Bleiben wesentlich höher sein würde als die Kosten für ihren Abzug.

Nachdem Aung San Dorman-Smiths Vorschlag für den neuen Rat und die Sonderrolle der Liga gelesen hatte, machte er ein Gegenangebot, von dem er wusste, dass der Gouverneur es nicht akzeptieren konnte: Die Liga sollte die Mehrheit der Ratssitze bekommen und selbst bestimmen, welchem Ligisten welches Ministerium unterstellt würde, darunter unbedingt das Innenministerium, das die Polizeikräfte kontrollierte. Mit diesem Vorschlag wollte er eindeutig klarstellen, dass sich die Liga selbst als Regierung der Provinz Burma betrachtete und kein anderes Arrangement akzeptieren würde. Es war ein Glücksspiel, aber Aung San war ja daran gewöhnt, mit größtmöglichem Selbstvertrauen problematischste Entscheidungen zu treffen.

Aus Whitehall bekam Dorman-Smith den Befehl, nicht nachzugeben. Der eingebildete Aung San müsse an seinen Platz verwiesen werden. Also wurde die Forderung des einstigen BIA-Führers abgelehnt. Prompt schmähte die Liga Dorman-Smith als Faschisten. Aung San begann auf einen bewaffneten Aufstand anzuspielen. Und da die britischen Truppen gerade in hohem Tempo aus Burma abgezogen wurden, wusste Dorman-Smith (wie vielleicht auch Aung San), dass es sehr wahrscheinlich nicht mehr genug Soldaten geben würde, um eine militärische Widerstandsaktion niederzuschlagen. Das britische Militär war von diesem Lauf der Dinge höchst beunruhigt und forderte die Politik auf, ihre Linie zu überdenken. Doch London beharrte auf der Umsetzung des Weißbuchs. Die Burmesen würden ganz einfach lernen müssen, das zu akzeptieren, was im Angebot war. Aber da stellten Aung Sans Männer bereits in jeder Stadt und jedem Dorf sicher, dass das nicht geschehen würde.

Die Monate zwischen dem Spätherbst 1945 und Sommer 1946 waren mehr oder weniger von den Versuchen der Briten und der Liga bestimmt, jeweils festzustellen, wie stark der Wille des anderen war. Aung San verstärkte die Basis seiner Anhängerschaft und den Druck auf die Briten, während Dorman-Smith vergeblich versuchte, das Weißbuch umzusetzen, ohne einen Aufstand zu provozieren.[18]

Wie mit Mountbatten in Kandy vereinbart, waren mittlerweile viele von Aung Sans Topmännern in die neue Burmesische Armee integriert worden. Aber Aung San brauchte noch etwas anderes: Er wollte seine Privatarmee. Also rief er die sogenannte Freiwillige Volksorganisation aus Zehntausenden von ehemaligen Soldaten ins Leben. Die meisten davon hatten einst in der Armee unter seinem Kommando mit dem Rückhalt der Japaner gedient, waren dann aber offiziell demobilisiert und nicht in die neuen Streitkräfte (unter britischem Kommando) übernommen worden. Doch auch neue Rekruten zog diese Privatarmee an. Denn die im Jahr 1946 noch jungen Männer hatten nichts anderes als Krieg kennengelernt und wollten nun, da der Krieg vorbei war, sichergehen, dass auch sie einen aktiven Part beim weiteren Geschehen spielen würden. Aung San, in seiner ewig zerknitterten Khakiuniform, rief alle mit klaren, einfachen Worten auf, sich geeint hinter die einzige Forderung von Bedeutung zu stellen: Unabhängigkeit. Dann begann er Massenprotestkundgebungen zu organisieren und Reden zu halten, bei denen er sich auch über die wirtschaftlichen Wiederbelebungsversuche der Briten ereiferte, weil sie nur der City of London zu Profiten verhelfen würden. Seine Protestaktionen waren zwar immer friedlich, doch die unterschwellige Androhung von Gewalt war unüberhörbar. Aung San wollte klarmachen, dass nur er die erhitzten Gemüter in Schach halten konnte und deshalb in Wirklichkeit er die Oberhand hatte. Die moderateren Politiker, die nicht der Liga angehörten, blieben still. Sie spürten, welches Gewicht die Stimmung und die wachsende Bewunderung für Aung San in der Öffentlichkeit hatten.

Kurz vor Weihnachten wurde das auch Dorman-Smith klar. Er schrieb: »Die ganze Kraft der Liga scheint von der Persönlichkeit Aung Sans abzuhängen.« Er empfahl London, Aung San zu einem Besuch einzuladen, aber London ignorierte diesen Vorschlag. Just in dieser Zeit hatte die Polizei bei einer nationalistischen Demonstration in der kleinen Stadt Tantabin im Delta das Feuer eröffnet und drei Menschen getötet. Die Liga beschloss sofort, eine öffentliche Begräbnisfeierlichkeit abzuhalten, bei der Aung San sprechen sollte. Zuvor traf er sich mit dem Gouverneur, der ihn fragte, ob er damit tatsächlich einen Aufstand provozieren wolle, und ihn dann beschwor, doch bitte zu verstehen, dass die Zusammenarbeit mit ihm sehr viel schneller zu Freiheit und Wohlstand in Burma führen werde. Aung San war anderer Meinung: Die Freiheit komme schneller, wenn er die Dinge in die Hand nehme. Doch dann versprach er, Maß zu halten bei seiner Rede, und garantierte ein friedliches Begräbnis. Er hatte nicht offen gedroht, aber London insgeheim gewarnt, dass die Briten bald keine Wahl mehr haben würden.

Die Briten hatten aber auch zu bedenken, was sie den Bergregionen schuldeten, jenen »Scheduled Areas«, die separat vom eigentlichen Burma verwaltet worden waren und deren Völker während des gesamten Krieges so heroisch für die alliierte Seite gekämpft hatten. Die offizielle politische Linie lautete, dass man sie nicht im Stich lassen und einer künftigen Verwaltung in Rangoon nur dann unterstellen würde, wenn sie das selbst wünschten. Also machte sich Dorman-Smith an einem strahlend schönen, kühlen Tag Anfang 1946 auf den Weg nach Myitkyina. Es war das erste Mal, dass er diesen Ort besuchte, seit er, seine Frau und ihr Schmuseäffchen vor beinahe vier Jahren von dort ausgeflogen worden waren. Er bemerkte, dass einer der Kachinführer das elegante Dinnerjackett von seinem Schneider in der Savile Row trug, das er damals zurückgelassen hatte, dann sah er, dass große Teile der Stadt ausradiert worden waren. Trotzdem schienen die Kachin in Hochstimmung zu sein. Sie glaubten fest daran, dass die Briten ihr Opfer nun anerkennen und das Versprechen einlösen würden, sie finanziell zu unterstützen, Schulen und Krankenhäuser zu bauen und dafür zu sorgen, dass ihre Kinder ein besseres Leben haben würden.[19]

In London war man etwas nervös geworden. Warum die Wahlen nicht vorziehen? Ein paar der alten burmesischen Politiker und Beamten hatten wieder etwas Selbstvertrauen gewonnen und behauptet, dass Aung San keine Mehrheit bekommen würde. Einige hatten sogar nahegelegt, dass es der Entwicklung sehr hilfreich wäre, wenn man ihn verhaften würde. Er wäre schnell vergessen in Burma, wenn er erst einmal in einem Gefängnis verschwunden sei. Andere, darunter auch britische Militäranalytiker, zeichneten jedoch ein ganz anderes Bild: Aung San verfüge nicht nur über seine Privatarmee, es sei ihm auch die Loyalität seiner einstigen Offiziere in der Burmesischen Armee sicher. Ganz unabhängig davon, wie viele Anhänger er wirklich habe, könne er jederzeit beträchtliche Probleme bereiten, wenn er das wolle. Zudem standen schlicht keine Truppen der Britischen Indien-Armee mehr zur Verfügung, um einen möglichen Aufstand in Burma niederzuschlagen. Es gab also zwei Optionen. Entweder man brachte Aung San irgendwie an Bord, was immer das kosten würde, oder man bediente sich der nichtindischen Truppen, die zur Verfügung standen – vier britischer Bataillone, vier Gurkha-Bataillone, elftausend westafrikanischer Soldaten und jedes Burmesen, der loyal geblieben war.[20] Allerdings würde man die Entscheidung für einen solchen Einsatz von militärischer Gewalt im Angesicht eines leeren Staatssäckels und sehr wahrscheinlich auch zum Missfallen der amerikanischen Vertretung bei den Vereinten Nationen treffen müssen. Es war zwar nicht unmöglich, Aung San mit Gewalt in Schach zu halten, doch bei den wachsenden Kopfschmerzen, die Palästina und Indien bereiteten, war das keine attraktive Aussicht. Deshalb schien es für den Moment das Beste, sich irgendwie durchzuwurschteln und alle schwierigen Entscheidungen auf später zu verschieben.

Aus Aung Sans Sicht ging eine ganz andere Rechnung auf. An seiner Zielstrebigkeit hatte sich nichts geändert. Für ihn stand einzig und allein die Unabhängigkeit im Vordergrund, komme, was wolle. Etwas anderes gab es nicht zu verhandeln. Tag für Tag gewann er mit seiner Beharrlichkeit und stahlharten Art neue Anhänger in allen Bevölkerungsschichten und Teilen der Gesellschaft. Inzwischen zog er bei seinen Auftritten gewaltige Massen an und war zu einem Volkshelden geworden. Doch er wusste, dass er einen Drahtseilakt vollführte. Er saß einer großen Koalition vor, die schwer in den Griff zu kriegen war – Kommunisten und Sozialisten, Milizionäre und zu Politikern gewandelte Studenten, alte und neue Kollegen, Armeeoffiziere und Unternehmer. Wie lange konnte das gut gehen? Er durfte nicht mehr lange warten, wenn er seine Karte gut ausspielen wollte.

Etwa um diese Zeit begann sich eine eigenartige Freundschaft zwischen Aung San und Dorman-Smith zu entwickeln. Aung San neigte zu Schwermut und wandte sich immer öfter an den irischen Biobauern, um über seine Einsamkeit zu reden. Er habe keine Freunde, sagte er, finde es aber auch schwierig, Freundschaften zu knüpfen. Dorman-Smith fragte, wie er denn auf so eine Idee komme, »wo Sie doch das Idol des Volkes sind?« »Ich habe mich nicht darum bemüht«, antwortete Aung San, »nur darum, mein Land zu befreien. Aber jetzt ist alles so einsam«, und als er das sagte, begann er zu weinen. Dorman-Smith tat sein Bestes, um ihn zu trösten. Es half nichts. »Wie lange haben Volkshelden Bestand? Nicht lange in diesem Land, sie haben zu viele Feinde ... Ich gebe mir höchstens noch achtzehn Monate zu leben.«[21]

LONDON VERLIERT DIE NERVEN

Dann kam die Prüfung. Als der Legislativrat zu seiner ersten Sitzung zusammentrat und die politischen Gegner der Liga das Wort ergriffen, erhob sich ein Ratsmitglied, ein einstiger Thakin und einer der Dreißig Kameraden, die mit Aung San auf der Insel Hainan ausgebildet worden waren, und beschuldigte seinen einstigen Kommandeur des Mordes: In den ersten Kriegsmonaten seien er und Aung San hinter einer vorrückenden japanischen Division ins Tenasserim marschiert. In einem Dorf nahe Moulmein hätten sie herausgefunden, dass der Dorfälteste, ein Inder, mit den Briten in Kontakt stand und den lokalen Widerstand organisierte. Aung San habe dafür gesorgt, dass der Mann standrechtlich zum Tode verurteilt wurde. Aber nicht nur das, er, der unerfahrene Soldat, habe das Urteil unbedingt persönlich vollstrecken wollen, den Mann dann aber nur schwer mit dem Schwert verletzt und nicht getötet, so dass er einem Soldaten befehlen musste, die Sache zu Ende zu bringen.

Die Geschichte war in allen Londoner und Rangooner Zeitungen zu lesen und zog automatisch polizeiliche Ermittlungen nach sich. Am 27. März holte sich Dorman-Smith bei einer Sitzung im Kolonialregierungsgebäude die Meinung seiner engsten Mitarbeiter ein. Sie war geteilt. Sir John Wise, der Chief Secretary of the Government, wie der zweithöchste britische Kolonialbeamte nach dem Gouverneur genannt wurde, erklärte, dass man rechtlich dazu verpflichtet sei, Aung

San zu verhaften, wenn formell Klage eingereicht werde. Der Generalinspekteur der Polizei wandte jedoch ein, dass man damit einen Aufstand heraufbeschwören werde und London ohnedies gerade einen Gnadenerlass für alle Straftaten im Krieg erwäge. Der Oberkommandierende des Burma Command, der höchste britische Militär im Land, warf ein, dass eine Verhaftung von Aung San nicht nur zum Aufstand, sondern auch zu einer Meuterei in der Burmesischen Armee führen werde, es dann aber keine indischen Truppen gebe, die sich um die Folgen kümmern könnten.

Aung San wurde das alles schnell zugetragen. Aber er war gar nicht unglücklich darüber, denn er glaubte, dass damit eine Entscheidung erzwungen werden könnte und sich ein für alle Mal klären würde, ob die Briten wirklich versuchten, im Land zu bleiben. Er sah ja, was in der Welt vor sich ging. Zwei Wochen zuvor war Ho Chi Minh, der Guerillaführer der Vietminh, zum Präsidenten von Nordvietnam gewählt worden; und in Belgrad stellte der Führer der kommunistischen Partisanen Jugoslawiens, Josip Broz Tito, gerade seine neue Regierung auf. Der UN-Sicherheitsrat hatte sich zu seiner ersten Sitzung zusammengefunden, und Clement Attlee hatte gerade Indien die Unabhängigkeit versprochen, sobald man sich auf eine neue Verfassung geeinigt habe. Die Geschichte war im Moment gewiss nicht bereit, Unentschlossenheit zu vergeben.

Am nächsten Morgen marschierte Aung San in Sir Reginalds Amtszimmer und erklärte ihm ebenso höflich wie direkt, dass die Geschichte von dem Mord stimme und er die volle Verantwortung dafür übernehme. Der Gouverneur warnte ihn, dass er ihn möglicherweise verhaften lassen müsse. Zwei Wochen später traf genau diese Order aus Whitehall ein. Die Polizei wurde instruiert, den Befehl auszuführen. In Niederländisch-Ostindien waren bereits Tausende bei den Kämpfen zwischen den indonesischen Nationalisten und dem zurückkehrenden niederländischen Regime getötet worden, und nun schien auch Burma am Vorabend eines solchen Krieges zu stehen, der am Ende vielleicht sogar die Chinesen und Amerikaner hineinziehen würde. Doch dann, gerade als sich die Polizisten auf den Weg gemacht hatten, um den Befehl auszuführen, traf eine neue Order aus London ein, die den ersten Befehl aufhob. Im Laufe von vierundzwanzig Stunden hatte London die Nerven verloren.

Dorman-Smith nutzte diesen Moment, um Druck in der Heimat zu machen. Er teilte seinen Vorgesetzten mit, dass zu diesem Zeitpunkt nur noch die Aufstellung einer Übergangsregierung unter Aung San die Lage entschärfen könne, und empfahl sofortige Wahlen zu einer verfassunggebenden Versammlung, die den Weg zur uneingeschränkten Unabhängigkeit ebnen könne. Die Welt hatte sich verändert, und Aung San war zur rechten Zeit am rechten Ort gewesen. Aber Dorman-Smith wurde nach London zurückbeordert und zum Südenbock gemacht für die Unachtsamkeit, die Clement Attlee und seine Regierung in diesem Jahr gegenüber Burma an den Tag gelegt hatten. Bald darauf wurde er als Gouverneur durch Sir Hubert Rance ersetzt. Die Briten bereiteten sich auf ihren Abzug aus Burma vor.

Die politische Instabilität, die Proteste und Streiks, ein Wiederaufbau, der von Anfang an zum Scheitern verurteilt war, und die Abwesenheit von Recht und Ordnung hatten das Land ins Chaos gestürzt. Banditen waren ein generelles Problem in einem Land, das vor Waffen strotzte, durchdrungen war von einem martialischen Geist und einen Lebensstandard aufwies, der weit unter dem der zwanziger Jahre lag. Reis war Mangelware, seit die britische Regierung Preisobergrenzen festgesetzt und dann immer einen Teil der Ernten ins hungernde Indien geschickt hatte. Die Irrawaddy Flotilla Company, die für viele Dörfer im Hinterland die wichtigste Verbindung zur Außenwelt war, musste ihre Dienste im Delta wegen Sicherheitsbedenken einstellen. In allen Zügen, Bussen und auf allen Booten fuhr bewaffnetes Sicherheitspersonal mit. Am 8. Juni berichtete die *New York Times* von einer bevorstehenden Revolution in Burma.

Vor diesem Hintergrund hielt das britische Unterhaus seine erste große Debatte über Burma ab. Die Burma-Politik der Regierung wurde von allen Seiten angegriffen. Der einstige Journalist und angebliche kommunistische Spion Tom Driberg sprach sich im Namen von vielen Abgeordneten der Labour-Partei für eine Zusammenarbeit mit Aung San und den Nationalisten aus. Die Schuld am Geschehen aber gab er nicht Dorman-Smith, sondern dem alten Burma-Establishment im Kolonialregierungsgebäude von Rangoon und im Pegu Club, welches, wie er sagte, dank seiner Herkunft und Ausbildung schlicht und einfach unfähig sei, die neuen Kräfte um sich herum zu verstehen, und das nichts anderes könne, als Burmesen mit gönnerhafter Herablassung zu begegnen. Auf der konservativen Seite meldete sich Captain Leonard Gammans zu Wort: Der eigentliche Fehler sei gewesen, dass man Aung San nicht schon wegen seiner Kollaboration mit den Japanern verhaftet habe; man brauche nur Recht und Ordnung wiederherzustellen, wenn nötig mit Gewalt, damit die Burmesen wieder Vertrauen in die britische Herrschaft gewännen. Es gebe gar keine andere Alternative, denn würden die Briten jetzt abziehen, würde bloß jemand anderes einmarschieren. Die Regierung folgte aber nicht Dribergs Einwänden, sondern erklärte, dass es nun das Beste sei, zum Wohle einer baldmöglichsten Unabhängigkeit mit Aung San zusammenzuarbeiten.

Am 2. September übernahm Pandit Nehrus Interimsregierung die Macht in Neu-Delhi. Als die Gespräche über eine mögliche Teilung der britischen Provinz Indien fortgesetzt wurden, machte er klar, dass die Indische Armee nicht für Aktionen gegen Aung San zur Verfügung stehen würde. In Burma war derweil Sir Hubert Rance eingetroffen, der letzte britische Gouverneur. Prompt sah er sich einer Streikwelle ausgesetzt, die sich rapide ausweitete. Sogar die Polizei streikte, dann folgten die Beamten, anschließend die Angestellten und Arbeiter von Eisenbahn und Ölindustrie. Bis Ende September war die gesamte Wirtschaft und Verwaltung zum Erliegen gekommen. In Rangoon demonstrierten die Massen gegen das Weißbuch, und Aung San wusste, dass er immer mehr an Boden gewann. Zur Verdeutlichung seiner Macht bereitete er einen Generalstreik vor.

Gouverneur Rance schritt schnell zur Tat, um den Burmesen zu beweisen, dass sich die Dinge geändert hatten. Am 21. September traf er sich mit der Liga, binnen zwei Wochen hatte er einen Deal ausgehandelt: Es sollte einen neuen Exekutivrat mit ihm als Vorsitzenden und Aung San als stellvertretendem Vorsitzenden geben, zudem sollte Aung San im Rat für die Verteidigung und die auswärtigen Angelegenheiten zuständig sein. Die Liga war gut in diesem Rat vertreten, aber auch andere politische Gruppierungen inklusive Vertreter der Minderheiten waren repräsentiert. Aung San war damit de facto zum Ministerpräsidenten einer neuen Landesregierung geworden.

Der Generalstreik war abgewendet worden, aber Aung San stellte sicher, dass von nun an er das Tempo bestimmte. Am 10. November veröffentlichte er einen vierteiligen Forderungskatalog, der unter anderem im April 1947 Wahlen vorsah und die Einbeziehung der Bergregionen in diesen Prozess; einen Vertrag, der Burma die Unabhängigkeit ab dem 31. Januar 1948 zusichern würde; und eine Neubewertung aller Fragen des wirtschaftlichen Wiederaufbaus und insbesondere der Rolle, die britische Gesellschaften dabei spielten. Doch an diesem Punkt angelangt, wusste Aung San auch, dass er die Briten brauchte, um das Ganze durchziehen und das Land zusammenhalten zu können. Ein bewaffneter Aufstand in diesem Moment würde nur bedeuten, dass jeder verloren hatte. Außerdem musste er den Minderheitenvölkern – allen voran den Karen – die Sicherheit geben, dass sie ihm vertrauen konnten und keine Diskriminierungen in einem unabhängigen Burma stattfinden würden. Jeder kannte die Lehren, die Indien hatte ziehen müssen: Die grimmigen Krawalle in Kalkutta waren bald schon von einer Spaltung des Landes, von einer Million Flüchtlingen und zehntausenden Toten in ganz Bengalen und im ganzen Punjab überschattet worden. Auch in Rangoon herrschte eine explosive Stimmung. Milizionäre, die Aung San die Treue geschworen hatten, drohten mit Gewalt und örtlichen Streiks, und es kam zu immer neuen Demonstrationen. Einmal gelang es den Massen fast, den Gouverneurssitz zu stürmen. Mit Aung Sans Zustimmung beorderten die Briten westafrikanische Soldaten nach Rangoon, um auf den Straßen zu patrouillieren. Das hatte zwar den gewünschten Effekt, aber die Lage war dennoch alles andere als ruhig.

U AUNG SAN REIST NACH LONDON

Inzwischen war Premierminister Attlee alles zu akzeptieren bereit, sogar die uneingeschränkte Unabhängigkeit Burmas ohne eine Anbindung an das Britische Commonwealth. In einer Parlamentsrede sagte er vor der Weihnachtspause: »Wir haben nicht den Wunsch, unwillige Völker im Commonwealth und Empire zu behalten. Es ist nun am Volk von Burma, seine eigene Zukunft zu entscheiden… Zum Wohle des burmesischen Volkes ist es von äußerster Wichtigkeit, dass dies ein geordneter – wenngleich schneller – Prozess sein wird.« Dann schlug er vor, Vertreter Burmas zu Gesprächen über die neue Politik nach London einzuladen. Churchill, mittlerweile Oppositionsführer, erwiderte eingedenk des Erbes seines Vaters, dass die Regierung dabei sei, etwas wegzuwerfen, »das von vielen Generationen in mühevoller Arbeit und unter großen Opfern erreicht wurde«. Die Entscheidung, »ein für alle Mal aus Burma abzuziehen« empfand er als »ungebührlich hastig«. Er hoffte, dass man es noch einmal überdenke und Großbritanniens Freunden in Burma die Chance gebe, wieder die Initiative zu erlangen. Daraufhin erwiderte Attlee, dass sowohl Indien als auch Irland als warnende Beispiele vor Augen stünden, was geschehe, wenn die Briten das Richtige zu spät täten.[22]

Aung San und die anderen Delegierten trafen an einem eiskalten Januartag mit dem Flugzeug in einem schlecht beheizten London ein. Für Männer wie Tin Tut, der in Dulwich und Cambridge studiert hatte, war London vertrautes Terrain, doch für Aung San, der in einem Wintermantel zum Schutz vor dem unvertrauten Klima eintraf, war es der allererste Besuch in einem westlichen Land. Tin Tut, der intelligenteste burmesische Beamte seiner Generation, fand sich in London schnell zu Aung Sans Stellvertreter erhoben. Angesichts ihrer rapiden Fortschritte waren beide in bester Stimmung. Am 27. Januar kam es zu einer Verständigung. Die Interimsregierung sollte als eine vollwertige Dominion-Regierung respektiert werden (wie die Regierungen von Kanada und Australien) und die volle Kontrolle über die Burmesische Armee übernehmen, sobald alle alliierten Streitkräfte abgezogen waren. Eine verfassunggebende Versammlung sollte baldmöglichst gewählt werden, das endgültige Verfassungsdokument dem britischen Parlament zur Bestätigung vorgelegt werden und ein Teil dieser Versammlung dann das burmesische Interimsparlament bilden und beschließen, ob das Land nach der Unabhängigkeit im Britischen Commonwealth bleiben wollte. Finanzielle Angelegenheiten und die Frage nach einem künftigen militärischen Bündnis sollten späteren Gesprächen überlassen bleiben. Großbritannien würde Burma zur Mitgliedschaft in den Vereinten Nationen nominieren.

Das große Problem für Aung San waren nun also nicht mehr die Briten, sondern seine Gegner im eigenen Land. Sein engster Mitstreiter Than Tun war aus der Liga ausgetreten und hatte als Führer der Kommunistischen Partei vor einer vorgetäuschten Unabhängigkeit gewarnt, die das Land auf Gedeih und Verderb den britischen Handelsinteressen und einer angloamerikanischen Militärdominanz ausliefern würde. Aus der rechten Ecke begann U Saw, der Ministerpräsident der Vorkriegszeit, ins gleiche Horn zu stoßen. Einige Monate zuvor hatte ein unerkannter Attentäter ihn zu töten versucht und ihm dabei ein Auge ausgeschossen. Und weil U Saw die Liga dafür verantwortlich machte, plante er gerade einen Rachefeldzug.

Am bitterkalten Abend des 29. Januar gab Aung San im Dorchester Hotel einen Empfang für das Diplomatische Korps und die Abgeordneten. Der Brunnen vor dem Hotel war gefroren, in dem großen Salon waren überall kleine elektrische Heizöfen aufgestellt worden, weil die Zentralheizung zusammengebrochen war. Es war der erste Empfang von burmesischen Diplomaten, seit der Kinwun 1874 am Beginn des nunmehr über sechzig Jahre währenden europäischen Imperialismus seine Gäste an Bord eines Schiffes auf der Themse begrüßt hatte. Aung San trug eine makellos gebügelte Generalmajorsuniform, und wer ihn kannte, der konnte ihn zum ersten Mal entspannt und glücklich sehen. Er begrüßte seine Gäste mit ausgesuchter Höflichkeit und einer Selbstsicherheit, die die anwesenden und ihn scharf beobachtenden Würdenträger daran denken ließ, dass dies der junge Asiate war, der das Britische Empire in die Knie gezwungen hatte. Jeder sprach den Einunddreißigjährigen mit »Eure Exzellenz« an.[23]

Die größte Herausforderung stellte sich Aung San nun mit der dringlichen Aufgabe, die Völker in den Bergregionen davon zu überzeugen, sich diesem »New Deal« anzuschließen, und es gleichzeitig zu schaffen, die Kommunisten und alle anderen rastlosen Elemente in Schach zu halten. In der kleinen Stadt Panglong in den Shan-Bergen kam er mit den Sawbwa der Shan überein, dass ihre Staaten zwar der neuen Republik angehören, aber eine gute Portion Autonomie wahren könnten. Außerdem sollten sie das Recht haben, sich nach zehn Jahren, also 1958, für oder gegen eine Abspaltung zu entscheiden. Tatsächlich sollte Burma selbst der einzige britische Kolonialstaat sein, der mit einer garantierten Option für einen künftigen Austritt aus dem Commonwealth in die Unabhängigkeit entlassen wurde. Die Karenführer hingegen stimmten gar nichts zu. Die Erinnerungen an ihren Blutzoll waren noch viel zu frisch und ihre Hoffnungen auf britische und amerikanische Hilfen viel zu groß. Sie bestanden auf einem separaten Karen-Staat innerhalb des Britischen Commonwealth – vielleicht mit Blick auf das Beispiel von Pakistan – und ließen sich auch nicht durch die Tatsache von dieser Idee abbringen, dass Burmas Karen-Minorität nicht anders als die Muslime in Indien fast im ganzen Land verstreut lebte.

Am 7. April wurden Wahlen abgehalten, doch das Ganze verlief alles andere als ideal. Die Karen boykottierten den Prozess, auch viele von Aung Sans Gegnern verweigerten sich. Aber natürlich gewann die Liga eine überwältigende Stimmenmehrheit und konnte ihre sämtlichen Kandidaten ins Parlament zurückbringen. Eine der ersten Entscheidungen, die das neue, von der Liga dominierte Parlament dann fällte, war der Austritt aus dem Britischen Commonwealth. Es war kein einfacher Entscheidungsprozess gewesen und für die Briten ein gewaltiger Schlag, doch der Entschluss war in einer Zeit gefallen, als das Verweilen im Commonwealth nur eines bedeuten konnte, nämlich dass das Land ein britisches Dominion unter einem britischen Monarchen als Staatsoberhaupt sein würde. Das indische Beispiel als eine Republik im Commonwealth war noch Zukunftsmusik gewesen. Und Aung San konnte es sich nicht leisten, den Kommunisten und U Saw noch mehr Munition für ihre Behauptung zu liefern, dass die von ihm ausgehandelte Unabhängigkeit nur eine »vorgetäuschte« sei.

Aung Sans Exekutivrat – die Interimsregierung – setzte sich aus vielen, wenn nicht sogar allen vielversprechenden neuen Führungstalenten des Landes zusammen. Nur Than Tun und die Kommunisten, unter denen sich viele kluge und fähige Köpfe befanden, gehörten ihm nicht an. Wie strahlend die Zukunft Burmas sein würde, hing nun von unterschiedlichsten Männern ab, nicht nur von ethnischen Burmesen wie Aung San und Tin Tut, sondern auch vom Karenführer Mahn Ba Khaing, den Aung San doch noch hatte überzeugen können, oder vom Shan-Stammesfürsten Sao Hsam Htun*, oder von Adul Razak, einem hoch angesehenen Muslimführer aus Mandalay. Üblicherweise trat der Rat unter dem Vorsitz von Sir Hubert im Gouverneurssitz zusammen, doch am Morgen des 19. Juli beschloss man, sich statt-

---

* »Sao« ist ein Shan-Ehrentitel, der für gewöhnlich Mitgliedern fürstlicher Familien vorbehalten bleibt.

dessen im Amtssitz des Ministerpräsidenten zu treffen, da die Tagesordnung an diesem schwülheißen, bedeckten Tag nichts enthielt, was einen verbliebenen Verantwortungsbereich des Gouverneurs betroffen hätte.

Heute ist der Amtssitz des Ministerpräsidenten nicht nur von einer hohen Mauer und Stacheldrahtrollen, sondern auch noch von einer kompletten weiteren Umfriedung umgeben. Im Jahr 1947 gab es jedoch keine einzige wirkliche Schutzbarriere. Jedenfalls raste kurz vor halb elf Uhr vormittags im leichten Nieselregen ein Wagen voller Männer in Tarnanzügen durch das Haupttor in der Dalhousie Street in den zentralen Innenhof. Die diensthabenden Wachen rührten sich nicht. Drei Männer eilten mit Sten-Gewehren im Anschlag die Treppen hoch, erschossen den einsamen Wachposten vor der Tür des Ratssaales und platzten mitten in die Sitzung, wo sie augenblicklich das Feuer eröffneten. Aung San war offenbar schon aufgestanden, als er vor der Tür die ersten Schüsse gehört hatte, denn er wurde als Erster mit einer Salve in die Brust niedergestreckt. Dann feuerte der Schütze auf die Männer rechts und links von Aung San, tötete vier weitere Ratsmitglieder auf der Stelle und verwundete zwei andere. Nur drei der im Saal anwesenden Männer überlebten. Aung San war tot.[24]

Sofort drohte die Gefahr eines kommunistischen Aufstands oder Umsturzes. Schnell verbreitete sich das Gerücht, dass die Briten hinter diesen Attentaten stünden. Das einzige Ratsmitglied, das nicht anwesend gewesen war, war U Nu. Deshalb waren die Attentäter auch noch zu seinem Haus gerast, wo er sich aber glücklicherweise nicht aufgehalten hatte. Gouverneur Rance bat U Nu sofort, die Regierung zu übernehmen und einen neuen Rat zu bilden, der bereits am nächsten Tag vereidigt wurde. Aber wer war nun für dieses Morden verantwortlich gewesen?

Wie sich bald herausstellte, war Aung Sans erbitterter Rivale U Saw, der bei einem Attentat ein Auge verloren hatte, im Zentrum eines Komplotts gestanden, an dem sich auch britische Offiziere beteiligt hatten. Bis zum heutigen Tage kursieren eine Menge Konspirationstheorien, die das Attentat mit der britischen Regierung in Verbindung bringen. Doch alles deutet darauf hin, dass diese britischen Offiziere auf eigene Faust gehandelt hatten. Denn in London hatte man Aung San zunehmend als ein entscheidendes Pfand gegen eine kommunistische Machtergreifung gesehen, außerdem kann man sich keinen Grund vorstellen, warum die Labour-Regierung ihn ausgerechnet zu diesem Zeitpunkt hätte tot sehen wollen. Eine von Rance durchgeführte Untersuchung bewies, dass im Juni und Juli Waffen und Ausrüstungsgegenstände aus dem (noch britisch kontrollierten) Armeedepot ihren Weg (mithilfe von gefälschten Dokumenten) in die Hände von U Saws Männer gefunden hatten und U Saw selbst zwei britische Armeeoffiziere dafür bezahlt hatte. Ein britischer Offizier hatte seinem Vorgesetzten bereits vor dem Attentat berichtet, dass U Saw zugegeben habe, die Waffen gestohlen zu haben, doch der hatte den Bericht dann einfach zu den Akten gelegt, anstatt die Polizei zu informieren. Später behauptete er, dass ihm das alles erst nach dem Attentat wieder eingefallen sei. U Nu wurde davon informiert, entschied jedoch, die burmesische Öffentlichkeit nicht von allen Fakten in Kenntnis zu setzen, weil sie sonst Vergeltung gefordert hätte. U Saw, der Mann, der das Attentat geplant und organisiert hatte, wurde vor ein burmesisches Gericht gestellt. Ein Revisionsverfahren vor dem House of Lords wurde ihm verweigert. Er wurde gehängt.

Dieses Drama auf dem Weg in die Unabhängigkeit spielte sich zu einer Zeit ab, in der in allen Teilen der erschöpften Nachkriegswelt große Veränderungen vor sich gingen. Kaum hatten die Vereinten Nationen ihre Charta verabschiedet und ihre Arbeit aufgenommen, begann der Kalte Krieg zwischen dem Westen und der Sowjetunion die internationale Szenerie zu bedrohen. Im Mai 1947 verkündete der amerikanische Präsident Harry S. Truman seine »Truman-Doktrin«, welche besagte, dass die Vereinigten Staaten jedem Volk zu Hilfe kommen würden, das von einem kommunistischen Aufstand bedroht werde. Den antikommunistischen Kräften in der Türkei und in Griechenland wurden Beihilfen zugesagt, dann begann jene Eindämmungspolitik, an welcher vierzig Jahre lang niemand rütteln sollte.

Aber die Aufmerksamkeit der Welt richtete sich gerade auf ganz andere Regionen. Im November 1947 hatte die Generalversammlung der Vereinten Nationen für eine Aufteilung Palästinas zwischen Juden und Arabern gestimmt. Noch in der Nacht seines Gründungstages im Mai 1948 wurde der neue Staat Israel von sechs arabischen Armeen überfallen. Derweil hatte in der Nachbarschaft von Burma eine andere Geschichte ihren Lauf genommen: Die Teilung Indiens in ein unabhängiges Indien und ein unabhängiges Pakistan hatte bis zu einer Million Menschen das Leben gekostet, zehn Millionen zu Flüchtlingen gemacht und bereits im Oktober 1947 den Ersten Indisch-Pakistanischen Krieg um das Schicksal von Kaschmir ausgelöst. Die Ermordung von Mahatma Gandhi am 30. Januar 1948 bezeugte schließlich das Ende einer Ära. Das Britische Empire befand sich auf ganzer Linie im Rückzug. Noch unheilverheißender war der 24. Juni 1948, an dem die Sowjetunion mit der Blockade von Berlin begann und der Kalte Krieg sich in eine atomare Konfrontation auszuweiten drohte.

Bald darauf betrat das unabhängige Burma die Weltbühne. Mehrere Schlüsselfiguren aus der Führung des Landes waren tot, darunter auch der Nationalheld. Die bedeutendste Minorität im Land forderte einen eigenen unabhängigen Staat. Und ein weiterer nationalistischer Führer machte sich bereit, den kommunistischen Aufstand anzuführen. Es war kein verheißungsvoller Neubeginn.

11

Alternative Utopien

*Über die Regierung nach Burmas Unabhängigkeit,
die ein fortschrittliches und verantwortliches Mitglied
der internationalen Gemeinschaft sein wollte,
während innere Unruhen und der Einmarsch einer feindlichen Macht zum Aufbau einer gewaltigen
Militärmaschinerie führten*

∽

Es gibt nur wenige Tage im Jahr, an denen ein Mann in Rangoon einen Anzug tragen kann, ohne sich dabei unbehaglich zu fühlen, und dies war einer davon. Die letzten Wolkenbrüche der Monsunzeit hatten vor über zwei Wochen aufgehört, nun folgten den strahlend sonnigen Tagen zuverlässig wolkenlos kühle Nächte. Und gerade war es stockfinstre Nacht. Sir Hubert Rance, der letzte britische Gouverneur von Burma, muss sich gefragt haben, wer bloß auf die Idee gekommen war, einen solchen Zeitpunkt zu wählen, um die Unabhängigkeit des neuen Staates einzuläuten. Er wusste nicht, dass die Burmesen, allesamt leidenschaftliche Anhänger der Astrologie (wenngleich so mancher auch nur im stillen Kämmerlein), auf Anraten der gelehrten *ponna* darum gebeten hatten, die formelle Machtübergabe am 4. Januar 1948 auf die höchst glückverheißende frühe Morgenstunde vier Uhr dreißig zu legen. Den Briten war nichts anderes übrig geblieben als zuzustimmen. So kam es, dass Sir Hubert, ein Mann mit der typisch leicht gebeugten Haltung des Hochgewachsenen und einem dicken, allmählich grau werdenden Schnauzbart, mitten in der Nacht aufstand, seinen Cut und die Nadelstreifenhose anzog, den Zylinder aufsetzte und sich dann durch die schummrig beleuchteten Straßen von Rangoon chauffieren ließ. Im Kegel der Scheinwerfer tauchten

Massen an fröhlichen Menschen auf. Sie hatten ihre besten Seidensarongs angelegt, aßen Snacks, ließen Feuerwerkskörper knallen und spielten laute Musik. Kaum jemand hatte geschlafen. Aber für viele Burmesen war es nicht nur ein Anlass zum Feiern, sondern auch ein Moment der Besinnung, insbesondere für die ältere Generation, die so viele Besatzungsjahre durchlebt hatte und nun endlich den Moment gekommen sah, von dem sich nur die Wenigsten hatten vorstellen können, dass er tatsächlich einmal eintreffen würde.

Nach der langsamen Fahrt durch die Außenbezirke der Stadt, vorbei am Scott-Markt, der Holy Trinity Cathedral und der alten Sule-Pagode, erreichte Sir Huberts Rolls-Royce (der heute einem Sammler in Baltimore, Maryland, gehört) schließlich den Fytche Square, wo sich vor dem pechschwarzen Himmel die Silhouetten der britischen und burmesischen Würdenträger abzeichneten, die sich bereits erwartungsvoll versammelt hatten. Es wurden Reden gehalten, der Union Jack wurde ein letztes Mal eingeholt, die neue Fahne der Union Burma wurde gehisst, und die Gesichter der jungen burmesischen Politiker strahlten vor Glück. Der Gouverneur schüttelte dem Präsidenten und dem Ministerpräsidenten der neuen Republik die Hand, einige anwesende Ehefrauen hoher britischer Beamten verdrückten ein paar Tränen.

Ein paar Stunden später, als die Morgensonne bereits die schmuddligen Docks am Fluss beschien, marschierte die letzte Leichte Infanteriekompanie der Briten im Land, die King's Own Yorkshire Light Infantry, auf den wartenden Kreuzer HMS *Birmingham*. Eine Band spielte die alte schottische Weise »Auld Lang Syne«, als Sir Hubert mit seiner Frau und seinen Adjutanten wie einst Thibaw zweiundsechzig Jahre zuvor über einen schmalen Steg das Schiff betrat und ablegen ließ, um niemals zurückzukehren. Burma war unabhängig. Und schon befand sich das Land im Bürgerkrieg.

Der burmesische Bürgerkrieg ist der längste bewaffnete Konflikt der Welt. Er dauert in der einen oder anderen Form seit dem Unabhängigkeitstag bis heute an.[1] Gewissermaßen könnte man sagen, dass der Zweite Weltkrieg in Burma nie wirklich geendet hat. Seit das Brummen der ersten japanischen Bomber zu hören gewesen war und sie ihre Fracht über der Innenstadt von Rangoon abgeworfen hatten, kennt das Land keinen Frieden. Nur während einer einzigen kurzen

Phase zwischen August 1946 und der Unabhängigkeit im Januar 1948 war es zu keinen offenen Kämpfen gekommen; auch gab es immer wieder einmal Zeiten wie heute, in denen das Kampfgeschehen auf sporadische Einzelaktionen in einigen begrenzten Gebieten beschränkt blieb. Doch ganz ohne Waffen kam die burmesische Politik nie aus. Und keine Regierung hat seit 1941 jemals das *gesamte* Land regiert. Es gab keine einzige landesweite Wahl und keine einzige Regierung, die in der Lage gewesen wäre, einen Zensus im ganzen Land durchzuführen. Noch heute gibt es kaum eine Grenzregion, die nicht von Rebellen kontrolliert wird. Aber dieser Konflikt ist keine Aneinanderreihung von Kriegen, sondern ein und derselbe Krieg, der mit derselben Rhetorik und nicht selten auch mit denselben, von Hand zu Hand gereichten Gewehren geführt wurde. Weder bei dem Stück, das auf dieser Bühne gespielt wird, noch bei dessen Besetzung gab es größere Veränderungen, höchstens ein paar neue Spezialeffekte. In einigen Fällen bekämpfen sich sogar noch dieselben Gruppen, die in den vierziger Jahren zu den Waffen gegriffen hatten, als Mahatma Gandhi in einem britischen Gefängnis darbte und Joe Louis Schwergewichtsweltmeister wurde. Der Stoff, aus dem die burmesische Geschichte seit der Unabhängigkeit von der Kolonialherrschaft im Land ist, ist der Stoff von vermutlich einer Million Toten, von Millionen Vertriebenen, von einer abgehalfterten Wirtschaft und von einer strammen Militärmaschinerie, die zu keinem anderen Zweck entwickelt wurde, als den Feind im Inneren zu bekämpfen.

Als U Nu die Amtsgeschäfte von Rance übernahm (der den bequemeren Job eines Gouverneurs von Trinidad bekam), wurde das Land bereits von zwei aktiven, wenngleich noch begrenzten Aufständen belastet. Die einen Rebellen waren die Kommunisten der »Roten Fahne«, kompromisslose Stalinisten, die dem einstigen Schulmeister, ihrem parteiführenden Heißsporn Thakin Soe, die Treue geschworen hatten. Die anderen waren islamistische Mudschahidin im Norden von Arakan. Doch ein weit größeres Problem als beide zusammen war die riesige Miliz der »Freiwilligen Volksorganisation«, die sich aus den demobilisierten Soldaten der einstigen Burmesischen Unabhängigkeitsarmee zusammensetzte, welche einmal Aung San und der Sache der Unabhängigkeit die Treue geschworen hatten und seit dessen

Tod führungslos und ohne klares Ziel dahintrieben. Politisch standen diese Männer, die allzeit bereit waren, sich in jeden Kampf zu stürzen, eher links. Das Land starrte vor Waffen. Und allerorten gab es junge Männer, die noch nie einer geregelten Arbeit nachgegangen waren und nun, da die Dinge gerade interessant wurden, keinen Anlass sahen, dem politischen Kampf den Rücken zu kehren. Eine ganze Generation hatte seit Kindesbeinen beobachtet, wie es die kaiserlichen japanischen Armeen, die Armeen des Britischen Empire, die Armeen Chinas und der Vereinigten Staaten in ihrem eigenen Hinterhof miteinander ausfochten. Und nun wurde diese Generation erwachsen und konnte sich nichts Aufregenderes als das Kriegshandwerk vorstellen.[2]

Den nächsten Aufstand fabrizierte die Kommunistische Partei Burmas unter ihrem Führer Thakin Than Tun. Sie war der furchterregendste Feind der Regierung, denn sie war populär, gut bewaffnet und immer ein aussichtsreicher Kandidat für Hilfen aus dem Ausland. Das Argument, das die Kommunisten sich selbst und jedem gegenüber vorbrachten, der ihnen zuhören wollte, lautete, dass aus der Antifaschistischen Volksfreiheitsliga nichts anderes geworden sei als das Werkzeug des britischen Imperialismus und es deshalb notwendig sei, sie zu stürzen und eine echte Volksregierung aufzustellen. So lautete die These, die von H. N. Goshal, dem obersten Dogmatiker der Partei, formuliert und einen Monat nach dem Abzug der Briten vom kommunistischen Zentralrat formal angenommen worden war. Es wurden Streiks organisiert und zur Gewalt aufgehetzt. Jeder Versuch, in letzter Minute Kompromisse einzugehen, führte ins Nichts. Die Beratungen der Regierung mit den Milizen und diversen kommunistischen Fraktionen brachten keine friedliche Lösung. Ministerpräsident U Nu bot seinen Rücktritt an.

Noch am selben Tag höhnte Than Tun vor einer riesigen Menschenmenge, die sich im Zentrum von Rangoon versammelt hatte, über die Schwäche der herrschenden Liga und rief zu einem Volksaufstand auf. Da er wusste, dass man ihn sofort verhaften würde, eilte er noch in der Nacht mit seinen engsten Mitstreitern in die Kommunistenhochburg Pyinmana (ungefähr auf halbem Weg zwischen Rangoon und Mandalay) und gab seinen ungefähr zwanzigtausend bewaffneten Männern den Befehl, den Kampf zu eröffnen. Binnen Wochen war eine Stadt nach der anderen im Irrawaddy-Tal an die Kommunisten gefallen. Im April eroberten kommunistische Einheiten Polizeistationen, besetzten Stadtverwaltungen, plünderten Reislager und kappten Telefon- und Telegrafenleitungen. Die Regierung schlug zurück. Nach ein paar Wochen sah es so aus, als wäre das Schlimmste überstanden. U Nu machte ein neues Versöhnungsangebot, indem er seinen Plan für eine »Vereinigte Linke« vorstellte, der die Verstaatlichung fast aller wirtschaftlichen und gesellschaftlichen Bereiche vorsah, und zu einer neu formierten Liga aufrief, die sich der marxistischen Lehre verschreiben und aus Kommunisten wie Sozialisten bestehen sollte. Britische und amerikanische Journalisten und Geheimdienstanalytiker schrieben, dass Burma kurz davor stünde, in Bausch und Bogen an Than Tun und seine Strippenzieher im Kreml zu fallen.

Als der Sommer nahte und die immer drückendere Hitze den ersten willkommenen Regenschauern wich, begannen sich erste Truppenteile der regulären Armee der Befehlsgewalt in Rangoon zu entziehen. Zu dieser Zeit verfügte die Burmesische Armee über rund fünfzehntausend auf zehn Frontbataillone aufgeteilte Soldaten, die zur Hälfte stark politisierte ethnische Burmesen mit oft radikalen Ansichten oder zumindest einer deutlichen Linkstendenz und einem verwegenen Kampfgeist waren. Das erste dieser Bataillone, das Sechste Burmesische Schützenbataillon, begann am 16. Juni in Pegu zu meutern. Viele seiner Offiziere und Soldaten schlossen sich dann sofort den Kommunisten an. Aber es sollte noch schlimmer kommen. Im Juli begann die gesamte Freiwillige Volksorganisation, die Dachorganisation aller Milizen, geschlossen zu revoltieren. Dann folgten zwei weitere Heeresbataillone: das Erste Schützenbataillon in Thayetmyo und das Dritte Schützenbataillon, das am Luftwaffenstützpunkt von Mingaladon nur ein paar Kilometer vor der Hauptstadt stationiert war. Beide wurden von einstigen Mitstreitern Aung Sans geführt, die ihre Truppen nun verbinden und gemeinsam auf Rangoon vorstoßen wollten. Ihre Konvois konnten gerade noch rechtzeitig am 10. August von der burmesischen Luftwaffe unter der Führung des Staffelkommandanten Tommy Clift – halb Engländer, halb Shan – gestoppt werden. Als Nächstes war die Unionsmilitärpolizei an der Reihe. Sie erklärte sich zwar keiner spezifischen Seite zugehörig, aber nichtsdestoweniger zum Gegner der Regierung, tat einen tiefen Griff in die Staatskasse und schnappte sich jede Menge Waffen und Munition. Inzwischen war die Hälfte des Landes in der Hand der einen oder anderen Rebellenfraktion. Züge und Dampfschiffe stellten den Betrieb ein, in einigen Orten wurde der Notstand ausgerufen. Gerüchte schwirrten umher. Einige behaupteten sogar, dass indische Truppen gelandet seien oder dass die Vierzehnte Britische Armee bald zurückkehren werde. Was dann tatsächlich geschah, war kein bisschen weniger absurd.[3]

Bis zu diesem Zeitpunkt war die Regierungsarmee stark von der Unterstützung der sechs Karen- und Kachin-Schützenbataillone abhängig gewesen, die sie von der Britischen Burma-Armee geerbt hatte. Im ersten Jahr, in dem die Regierung den bewaffneten Widerstand bekämpfte – was sich zu einer fünfzig Jahre währenden Operation ausweiten sollte –, hatten diese Truppen praktisch im Alleingang die strategisch gelegene Stadt Prome am mittleren Irrawaddy und dann Thayetmyo sowie die Pyinmana-Region für Rangoon von den Kommunisten zurückerobert. Der damalige Oberbefehlshaber der Burmesischen Streitkräfte, Generalleutnant Smith Dun, war ein ethnischer Karen (seine Eltern hatten ihn angeblich nach der Figur benannt, die James Stewart in *Mr. Smith geht nach Washington* spielte). Sein Stellvertreter war Armeechef Generalmajor Ne Win. Eine Weile lang schienen die Dinge gut für die Regierung zu laufen. Im Dezember wurden die Kommunisten mit wenigen gezielten Operationen in die Flucht geschlagen und aus ihrem Hauptquartier in Pyinmana vertrieben. Dreitausend weitere Kommunisten kapitulierten in Toungoo. Auch das war den loyalen Karen- und Kachin-Soldaten zu verdanken, darunter Einheiten einer Kachin-Armee unter dem Kommando des verwegenen Kriegshelden Hauptmann Naw Seng, der wegen seines mutigen Einsatzes gegen die Japaner hoch dekoriert worden war.

Aber natürlich fragten sich nun so manche Karen-Kämpfer, ob sie eigentlich das Richtige taten, wenn sie die Regierung unterstützten, ob sie nicht lieber ihren Vorteil aus der herrschenden Lage ziehen und die eigenen Ziele verfolgen sollten. Einige von ihnen machten sich bereits für einen unabhängigen Karen-Staat im Osten des Landes stark. Prompt kämpften verdrossene Karen-Soldaten der Militärpolizei Moulmein, die drittgrößte Stadt des Landes, ab. Dass der bewaffnete Widerstand der Karen nun ausufern würde, schien auf der Hand zu liegen. Doch dann gelang es einigen ihrer Führer, darunter San Po

Thin, der als Zirkusartist bei Ringling Bros. and Barnum & Bailey gearbeitet hatte, einen Deal mit Rangoon auszuhandeln: Die Karen gaben Moulmein an die Regierungstruppen zurück, und die Regierung rief eine Kommission ins Leben, die sich mit der Frage ihrer Autonomie befassen sollte. Es war eine gute und wirklich repräsentative Kommission, doch es gab auf beiden Seiten viel zu viele Männer, die zu absolut keinem Kompromiss bereit waren. Burmesen, jedenfalls viele, hassten die Karen, während diese nun überzeugt waren, dass ihre uneingeschränkte Unabhängigkeit endlich in Reichweite lag – »wie in Laos«, sagten sie. Britische Störenfriede schürten das Feuer noch zusätzlich: Zumindest zwei ehemalige Angehörige der Force 136 – britischer Special Forces aus der Kriegszeit – wurden erwischt, als sie Waffen ins Land schmuggeln wollten, und schleunigst ausgewiesen. Schließlich begann die Karen-Nationalunion einen eigenen militärischen Flügel aufzubauen, die sogenannte Karen-Nationalverteidigungsorganisation (KNDO). Rangoon reagierte mit der hastigen Rekrutierung von tausenden weiteren Milizionären zur Verteidigung der Hauptstadt. Die Kommunisten hatten getötet, um in den kleinen Pagodenstätten Mittelburmas ein Arbeiterparadies zu erschaffen. Nun warteten die ethnisch motivierten Nationalisten unter den Burmesen wie den Karen begierig auf den Startschuss für ihren eigenen Krieg.

Am Weihnachtsabend 1948 massakrierten burmesische Regierungstruppen mindestens acht Karen-Zivilisten in mehreren Kirchen der palmenbeschatteten Küstenstadt Mergui und Umgebung. Etwas später wurde auf Befehl eines führenden burmesischen Politikers ein Karen-Dorf nördlich von Rangoon von Polizeikräften angegriffen. Über hundertfünfzig Karen wurden ermordet, dreißig von ihnen kaltblütig erschossen. Daraufhin überfiel die KNDO das Waffenlager in Insein (in der Nachbarschaft von Rangoon), während das Vierte Burmesische Schützenbataillon die amerikanische Baptistenmission in Maubin abfackelte. Im Delta wandte sich plötzlich Nachbar gegen Nachbar, christliche Priester predigten ihren Karen-Gemeinden, ihr Volk aus der Hand der Heiden zu befreien. Die KNDO griff die Hafenstadt Bassein an, wurde aber nach zwei Tagen heftiger Kämpfe wieder vertrieben. Am 31. Januar brachen erste Kampfhandlungen in den Außenbezirken von Rangoon aus.

Am nächsten Tag wurde General Smith Dun, wie gesagt der loyale Oberbefehlshaber der burmesischen Streitkräfte und ein ethnischer Karen, durch den ethnischen Burmesen Generalmajor (nunmehr General) Ne Win ersetzt, der seinen Schliff bei den Japanern erhalten hatte. Von Karen bewohnte Viertel im Westen Rangoons wurden vom aufgebrachten Mob in Brand gesetzt. Wer aus den brennenden Häusern zu fliehen versuchte, wurde erschossen. Derweil nahm die KNDO den Vorort Insein im Norden der Stadt und auch noch ein beträchtliches Waffenlager in Mingaladon ein. Die Männer dieser drei Karen-Bataillone, ein Drittel der gesamten Armee und wohl das am besten ausgebildete, waren so wütend über das, was ihren Stammesbrüdern angetan wurde, dass sie den totalen Krieg beschlossen. Wenn sie schnell genug gehandelt und all ihre Kräfte vereint hätten, wäre es ein Leichtes für sie gewesen, die Hauptstadt einzunehmen. Die Regierung von U Nu wäre zusammengebrochen, und die ganze Nachkriegsgeschichte Burmas wäre anders verlaufen. Doch die Karen zögerten. Sie waren empört, aber sie hatten keinen Plan. Einige ihrer Einheiten drangen bis wenige Kilometer vor das Stadtzentrum vor, brachen dann jedoch nicht durch die entscheidenden Stellungen der Regierungstruppen. So kam es, dass am Ende General Ne Win zum Helden des Tages für die Gegenseite wurde, weil sein Viertes Burmesisches Schützenbataillon im Verbund mit der Militärpolizei und einigen schnell aufgestellten Gurkha- und anglo-burmesischen Milizen die Stellung gehalten hatte. Zwei Karen-Bataillone rückten noch auf den Hauptstraßen in Richtung Rangoon vor, wurden aber in der Nähe von Tharrawaddy gestoppt und dann von den blau-rot gestreiften Spitfires der Regierung ins Visier genommen. Das Ganze endete mit einer Art Front vor den Toren Rangoons, hinter der sich beide Seiten verschanzten.

Kurz darauf traten Beamte wegen der jüngst erfolgten Lohnkürzungen in einen Generalstreik. Mitte Februar waren alle Ämter geschlossen und die Zivilverwaltungen allerorten lahmgelegt. Auch in Rangoon selbst kam wegen der Massendemonstrationen alles zum Stillstand. Mehrere bewaffnete Gruppen paradierten auf den Straßen und forderten den Sturz von U Nu. Schließlich setzten die Studenten dem Ganzen mit einem eigenen Streik die Krone auf – verdächtigerweise just vor den Examen, die in diesem Monat abgehalten wurden. Das Parlament trat derweil unbeirrt weiter zusammen und verabschiedete sogar ein paar neue Gesetze. Und falls jemandem der Sinn nach etwas Abwechslung stand, blieben sogar die Kinos und die Rennbahn des Rangoon Turf Club geöffnet, wo man ungeachtet des Artilleriefeuers in der Nähe jedes Wochenende auch General Ne Win sehen konnte. Für ein paar Rupien konnte man sich eine Sonderbusfahrt an die Front kaufen, um ein paar Fotos von den Karen-Rebellen zu schießen, die in der Ferne auf der Lauer lagen.

Auch anderenorts im Land sah die Lage nicht gut aus. Der Kachin-Kommandant Naw Seng, der die Fahne seiner eigenen Revolte gehisst hatte, erklärte, dass sich sein Erstes Kachin-Schützenbataillon mit den Karen-Rebellen verbündet habe. In schneller Reihenfolge nahm das Bündnis mehrere Städte in der Bergregion zwischen Pyinmana und Maymyo ein. Am 13. März fiel auch Mandalay trotz heftiger Gegenwehr der lokalen Miliz an die Rebellen. In Pakkoku westlich des Irrawaddy kam der befehlshabende Offizier eines burmesischen Bataillons ethnischer Chin, der schon eine ganze Weile keinen Befehl mehr von der Regierung erhalten hatte, zu dem verständlichen Schluss, dass es keine Regierung mehr gebe, und marschierte mit seinen Männern schnurstracks nachhause in die Berge. Es herrschte ein unglaubliches Tohuwabohu. In einigen Orten teilten sich Kommunisten die Macht mit Milizionären, wohingegen Mandalay unter die gemeinsame Herrschaft von Karen und Kommunistischer Partei geriet. Anderenorts rissen gewaltbereite Männer unterschiedlicher Couleur und ohne konkrete politische Zugehörigkeiten mit eigenen bewaffneten Trupps die Verwaltungen an sich. Die wenigstens hatten ein klares Ziel, und wer eines hatte, der war zu keinerlei Kompromissen bereit. Offenbar hatte man aus dem Zweiten Weltkrieg und Aung Sans Feldzug gegen die Briten die Lehre gezogen, dass der beste Weg vorwärts immer sture Unnachgiebigkeit sei, gepaart mit größtmöglicher Gewalt. Und all diese jungen Männer klammerten sich nun an ihre jeweils eigene Vision von einem perfekten Burma und waren allzeit bereit, dafür zu kämpfen.

Aus genau diesen entwürdigenden Anfängen entstand fast aus dem Stand die heutige burmesische Militärmaschinerie. Die Kräfte, die sich im Kampf gegen die Regierung vereint hatten, wurden auf insgesamt dreißigtausend Soldaten geschätzt. Und es waren gute Soldaten, darunter ganze Bataillone, die von den Briten ausgebildet worden waren. Ihnen gegenüber stand auf der Regierungsseite General Ne Wins erbärmliches Häufchen von dreitausend regulären Soldaten, die sich aus einigen loyalen Kompanien rekrutierten, hauptsächlich aus Ne Wins eigenem Vierten Burmesischen Schützenbataillon, Männer, die im Krieg unter ihm und Aung San gedient hatten und in vielen Fällen von den Japanern ausgebildet worden waren. Bis dahin hatte Ne Win nur die Möglichkeit gehabt, aus dem Schrotthaufen, der von General Slims Vierzehnter Armee zurückgelassen worden war, zwei Panzer zusammenzimmern zu lassen, doch kaum drohte das Gespenst der Anarchie oder einer kommunistischen Machtübernahme, eilten die Briten mit wertvollen Waffenlieferungen, Munitionen und sechs DC-3 Dakotas zu Hilfe, die es der Regierungsseite dann ermöglichten, den Kontakt zu abgeschnittenen Landesteilen aufrechtzuerhalten und Truppen dorthin zu befördern, wo sie gebraucht wurden. Geflogen wurden sie von britischen Piloten mit Zivilverträgen. Auch von den gelieferten Catalina-Flugbooten profitierten Ne Wins Männer – leicht zu landende Seeaufklärer, die von amerikanischen Kriegsveteranen und burmesischen Piloten geflogen wurden und mit ihren Seiten-MGs verheerende Verwüstungen unter feindlichen Truppenkonzentrationen anrichten konnten. Sogar der Ministerpräsident ließ sich in einer (vom amerikanischen Captain Chet Brown gesteuerten) Catalina im Land herumfliegen, um das Volk hinter sich zu bringen. Außerdem hatten die Briten der angeschlagenen Regierung noch einen Sechs-Millionen-Pfund-Kredit gewährt und gemeinsam mit Australien, Indien, Ceylon und den Vereinigten Staaten eine Nothilfe in Höhe von acht Millionen Dollar bereitgestellt. Und da sich der britische und der indische Botschafter gerade mit mehreren Kollegen um Vermittlungen bemühten, ging sogar das Gerücht um, dass Burma rund ein Jahr nach seinem Austritt bald schon wieder in das Britische Commonwealth zurückkehren werde.[4]

Im April fuhr eine Kolonne von zweitausend Soldaten unter der Führung des abtrünnigen Kachin-Kommandanten Naw Seng in Willis-Jeeps und abgewrackten LKWs Richtung Süden, in der Hoffnung, bis zum 1. Mai Rangoon einnehmen zu können. Doch kaum hundertfünfzig Kilometer vor der Hauptstadt wurde ihnen Einhalt geboten. Es war der letzte groß angelegte Versuch dieser Art, denn nun sollte sich das Blatt ernsthaft wenden. Nach erbitterten Kämpfen eroberten die Regierungstruppen Mandalay zurück. Und nachdem der Streik in den Regierungsbüros zusammengebrochen war, huschten auch die Beamten in ihren Sarongs und kurzen Baumwolljacken schnell wieder an ihre Schreibtische zurück. Die Karen wurden nach mehreren Kämpfen vor Rangoon geschlagen und dann über den Fluss in Richtung der einstigen portugiesischen Siedlung Syriam zurückgetrieben. Ein paar Wochen später wurde ihre Hochburg Toungoo eingenommen und ihr Führer, der ehemalige Lehrer Saw Ba U Gyi, von burmesischen Soldaten aus dem Hinterhalt ermordet. Die Kommunisten blickten derweil erwartungsvoll auf Hilfe hoffend nach China und verlegten bei Beginn des Koreakrieges dann viele ihrer Truppen auf das Hochplateau von Katha (George Orwells einstiger Posten), wiederum hoffend, dass sie sich den chinesischen Truppen beim gemeinsamen Kampf in einem neuen Pazifikkrieg anschließen könnten. Währenddessen gelang es Ne Win, von einer Position der Stärke in die nächste zu wechseln. Nachdem die Burmesische Armee das kommunistische Hauptquartier (»Sonnenblumen-Camp«) mit einer beherzten Operation eingenommen hatte, splittete sich die kommunistische »Volksarmee« in kleinere, weniger bedrohliche Partisanengruppen auf. Nach dieser Glückssträhne der Regierungstruppen waren sich die Kommunisten und Karen völlig uneins, was sie als Nächstes tun sollten. Einige drängten sogar darauf, sich irgendwie mit der Regierung zu arrangieren. Es war zwar noch nicht ganz vorbei, doch langsam, aber sicher begann die Burmesische Armee, Stadt für Stadt und Dorf für Dorf unter ihre Kontrolle zu bringen.

Für die junge Republik war das ein katastrophaler Beginn. Nach all den Zerstörungen im Zweiten Weltkrieg hatten diese Kämpfe dem Land noch weitere materielle Schäden im Wert von schätzungsweise zweihundertfünfzig Millionen Pfund beschert [nach heutigem Wert rund sechs Milliarden Euro]. Doch zwei Männer hatten das Land vor dem Sturz von der Klippe bewahrt und eine kommunistische Machtübernahme oder eine völlige Auflösung verhindert: Ministerpräsident U Nu und der Oberkommandierende der Streitkräfte, General Ne Win. Und beide sollten, wenngleich auf ganz unterschiedliche Weisen, Burma für das nächste halbe Jahrhundert prägen.

DAS LEBEN UND DIE ZEIT VON U NU

Wenn man den Namen U Nu erwähnt, erhellt sich das Gesicht der meisten Burmesen, insbesondere der älteren. Jeder weiß etwas Gutes zu sagen. U Nu war ein attraktiver, charmanter Mann mit einem vielleicht etwas zu ausgeprägten Sinn für Albernheiten, der den Eindruck des ewigen Jungen erweckte, zwar ständig um Antworten auf die großen Fragen des Lebens bemüht, aber irgendwie nie bereit, endlich erwachsen zu werden. Ich begegnete ihm mehrmals in den achtziger Jahren, zum ersten Mal während seiner letzten Exiljahre im Haus einer burmesischen Familie in Nord-Virginia, später in seinem kleinen Bungalow in der Goodliffe Road von Rangoon. Es war leicht zu verstehen, warum er ein so effizienter Politiker war. Er wirkte immer aufmunternd, selbst wenn er über etwas Ernstes sprach, und dieser Eindruck wurde von seinem sanften, aber sogar im Alter spitzbübischen Wesen noch verstärkt. U Nu war die Art von Mensch, mit dem man eine abenteuerliche Reise machen würde, weil man von vornherein weiß, dass es ein Riesenspaß wird. Im Jahr 1986 hatte man ihn überzeugt, in die Rolle eines Gastwissenschaftlers an der Northern Illinois University zu schlüpfen, wo unglaublicherweise inmitten der amerikanischen Kornkammer ein Zentrum für Burma-Studien eingerichtet worden war. Er hatte sich einverstanden erklärt, Vorlesungen über den Buddhismus zu halten. Tag für Tag bot ihm ein Vertreter des Zentrums an, ihn von seinem Zimmer im Wohnheim zum Vorlesungssaal zu begleiten, Tag für Tag lehnte er ab, weil er seinen Weg lieber selbst finden wollte, und Tag für Tag ging er verloren. Dann marschierte der Mann von der Universität los und suchte den halben Campus ab, bis er ihn fand und wie nahezu immer eine halbe Stunde zu spät in seinem Seminar ablieferte.

U Nu wurde im Mai 1907 in Wakema geboren, einer ganzjährig stickig heißen Stadt im Delta, ungefähr hundert Kilometer von Rangoon entfernt. Noch zwanzig Jahre zuvor war diese Region im Wesentlichen ein von Elefanten und Tigern bewohnter Dschungel gewesen. Er war der älteste Sohn von wohlhabenden Unternehmern, burmesischen Buddhisten, die eine ziemliche Menge Land in diesem blühenden Reisanbaugebiet besaßen. Eine seiner Tanten war besonders wohlhabend: Sie hatte erst kürzlich eine gewaltige Summe in einer englischen Lotterie gewonnen.[5]

Der Mann, der Burma einmal durch die ersten Jahre der Unabhängigkeit führen sollte, war nach eigenen Worten in seiner Jugend ein »völlig unbekümmerter Teufelskerl« gewesen. Er hatte schon früh Gefallen an einem guten Drink gefunden und sich als Teenager deshalb ständig in die Bredouille gebracht. Abgesehen davon war er ein guter Boxer und spielte auch im Fußballteam der Schule, doch sein liebster Zeitvertreib waren Frauen und Politik. Schließlich aber begann er ein leidenschaftliches Interesse für den Buddhismus zu entwickeln und sollte sich bis an sein Lebensende sehr intensiv mit der Religion auseinandersetzen.

An der Universität von Rangoon hatte man ihm Ende der zwanziger Jahre zwei Spitznamen gegeben: Philosoph Nu und Don Quichotte. Der immer sehr seltsam gekleidete junge Mann zog die Menschen einfach an und gewann schnell viele Freunde. Obwohl sein Englisch nicht sehr gut war (er hatte Geschichte belegt), wollte er nichts lieber werden als ein großer englischsprachiger Schriftsteller. Das war seine wahre Leidenschaft. Er schrieb Theaterstücke und schickte sie zu Wettbewerben nach England. Einmal sandte er eines sogar an George Bernard Shaw, denn er liebäugelte mit der Vorstellung, der George Bernard Shaw von Burma zu werden. Während der Semesterferien baute er sich kleine Hütten außerhalb von Rangoon, damit er ganz für sich sein und den ganzen Tag ohne irgendwelche Störungen schreiben konnte.

Nicht selten wurde der schelmische Nu selbst das Opfer von freundschaftlichen Streichen. Einmal war er in die Jubilee Hall gegangen, um sich ein Theaterstück anzusehen, und fand sich neben einer eleganten und wunderschönen Parsin wieder. Neben ihr saßen ihre Schwester, »ebenfalls eine Schönheit«, und ein älteres Paar, offensichtlich die Eltern der beiden. Nu stellte schnell fest, dass sie »groß und schlank« war und »bezaubernde Augen« hatte. Sichtlich war sie eine Frau von »Finesse und ungeniertem, freundlichem Wesen«. Da er kein eigenes Programm hatte, gab sie ihm ihres und sagte, sie werde sich eines mit der Schwester teilen. Als sie ihn fragte, ob er die Geschichte von *The Admirable Crichton* kenne, und er gestehen musste, dass nicht, erzählte sie ihm eine Kurzversion. Er hatte sich verliebt und litt unter seinem inadäquaten Englisch, während »das des Parsenmädchens so perfekt« klang. Es blieb ihm nichts anderes übrig, als sie durch ständiges Nicken und Lächeln zum Weiterreden zu animieren, während er selbst keinen Ton mehr herausbrachte. Er hoffte, dass das Stück niemals enden würde. Dann sagte sie ihm mit den Worten »Wasn't Crichton perfectly admirable?« adieu.

Nu erinnerte sich, dass er, »noch immer ihr Parfüm auskostend«, ihrem Wagen nachblickte, bis er außer Sicht war. »Jede Faser bebte beim Gedanken an sie, an die Rundungen ihres Körpers, den Ausdruck in ihren Augen, die Melodie ihrer Stimme.« Er schrieb ihr ein Sonett. Doch wo sollte er es hinschicken? Er kannte nicht einmal ihren Namen. Ein paar Tage lang hielt er seine Gefühle unter Verschluss, dann vertraute er sich schließlich seinen Freunden an. Rangoon sei voll von Parsen, sagten sie. »Du bist ein Narr.« Er streifte durch die Stadt auf der Suche nach ihr, durch Kinos, Parks, um den Fytche Square. Als der Gymkhana Club eine Revue in der Jubilee Hall auf die Bühne brachte, ging er gleich an zwei Abenden hintereinander hin, weil er hoffte, sie dort wiederzusehen. Nach einem Monat brachte ihm ein Freund aus der Uni die Adresse einer »Miss Homasjee«. Er schickte das Sonett. Keine Antwort. Man riet ihm zur Geduld. Er schickte in angemessenen Abständen drei Briefe. Dann beschloss er, die Adresse persönlich aufzusuchen. »Zeigt mir den Weg«, bat er seine Freunde, aber die begannen herzhaft zu lachen und gestanden, dass sie einfach den erstbesten parsischen Namen aus dem Telefonbuch abgeschrieben hatten.[6]

Nach der Universität zog U Nu nach Pantanaw, einen Steinwurf von seiner Heimatstadt entfernt, wo er bald einen Job als Leiter der örtlichen Privatschule ergatterte. Er unterrichtete Englisch und Geschichte und hielt gerne Vorträge gegen den Kolonialismus. U Thant, sein guter Freund aus Universitätstagen, war bereits Rektor dieser Schule. Und hier, in Pantanaw, wurde dann nicht nur die Freundschaft der beiden Mittzwanziger immer enger, hier war es auch, wo U Nu sich erneut verliebte.

Daw Mya Yi*, eine stille, gläubige Buddhistin, war die Tochter eines

---

* »Daw« ist eine ehrende Anrede für Frauen, das Äquivalent der Anrede »U« für Männer.

Mühlenbesitzers, der dem Schulkomitee vorstand und fand, dass Nu nicht gut genug für seine Tochter war. Aber auch Mya Yi war verliebt und brannte schließlich mit Nu durch. Sie flohen mit einem Motorboot (das, wie einige alte Leute in Pantanaw behaupten, U Thant organisiert hatte) über kleine, dunkle Nebenflüsse durch den Dschungel und landeten schließlich in Rangoon, wo sie etwas unruhige Flitterwochen verbrachten.

Da Nu also nicht nach Pantanaw zurückkehren konnte, beschloss er nach einigem Zögern, seinen Magister in Rechtswissenschaften zu machen. Sofort geriet er in den Sog der nationalistischen Politik. Und da er eine politische Naturbegabung war, überzeugte man ihn, sich Aung San und all den anderen anzuschließen, die gerade die Kontrolle über diese Organisation übernahmen. 1936 wurde er zum Vorsitzenden des Studentenverbands gewählt, welcher seither nie wieder derselbe sein sollte, denn mit seiner Amtszeit verlagerte sich der Fokus von der Veranstaltung gesellschaftlicher Ereignisse oder von Sportwettkämpfen ganz klar auf die Politik.

Nu und Aung San waren ein Team. Der Studentenstreik von 1936 wurde nur ausgelöst, weil diese beiden jungen Troublemaker vom Campus der Universität verwiesen worden waren. Die britischen Behörden boten Nu ein Stipendium in England an, um ihn aus dem Land zu haben, doch er lehnte ab und tourte stattdessen durch Oberburma, um vor beifälligen Massen feurige Reden zu halten. Oft war er dabei selbst ganz überwältigt von seinen Gefühlen. Doch wie alle anderen Studenten und Thakin dieser Zeit war auch er sich nicht immer ganz sicher, wofür er sich eigentlich einsetzte. Bei einer Rede in Henzada zum Beispiel wetterte er gegen das Universitätsgesetz, doch als ihn dann jemand fragte, was denn eigentlich nicht stimme damit, konnte er keine Antwort geben: Er wisse es nicht, sagte er, werde aber gerne seinen Kollegen Raschid bitten, die Frage zu beantworten, denn Raschid »weiß alles«. Raschid fand diese Art von Offenheit unmöglich, aber Nu erklärte ihm: »Wir müssen immer ehrlich sein!«

U Nu begann sich auch für den Kommunismus zu interessieren. Einige seiner engsten Freunde betrachteten sich inzwischen als Kommunisten, zwei von ihnen (Than Tun und Soe) sollten später die Doppelführung des kommunistischen Aufstands übernehmen und zu seinen Kampfgegnern werden. Einmal sagte er zu Than Tun: »Du wirst der Lenin von Burma, und ich werde dein Maxim Gorki.« Aber wie so viele andere konnte letztlich auch Nu den Marxismus nicht mit seinem buddhistischen Glauben und seiner buddhistischen Erziehung in Einklang bringen und zog es vor, sich als Sozialist zu bezeichnen.

Sogar nachdem U Nu 1947 Ministerpräsident geworden war, führte er ein ungeheuer bescheidenes Leben. Sein Haus war äußerst einfach eingerichtet, an den Wänden hingen nur ein paar Bilder seiner Familie und das eine oder andere Foto, das ihn mit einem ausländischen Staatsmann zeigte. Die Nächte verbrachte er nicht im geräumigen Haupthaus, sondern in einer kleinen Hütte im Garten seiner offiziellen Residenz. Im Jahr 1948 schwor der nach wie vor glücklich verheiratete Vater von mehreren Kindern sexuelle Enthaltsamkeit. Als er Ende 1958 sein Amt verließ, verschenkte er mit Ausnahme weniger Kleidungsstücke sein gesamtes Hab und Gut.

Als Ministerpräsident verstand es U Nu allerdings, seine persönliche Hingabe zum Buddhismus mit einer etwas berechnenderen Politik zu kombinieren, um den Buddhismus im Land als Verteidigung gegen den Kommunismus zu stärken. Außerdem trug sein eigener Buddhismus einen ziemlich eklektischen Stempel, da er ihn gerne mit einer schillernden Prise burmesischer Nat-Verehrung und Astrologie würzte. Doch wie Mindons Religiosität hundert Jahre zuvor beinhaltete auch die seine große persönliche Toleranz für Andersgläubige. Viele burmesische Buddhisten waren überzeugt, dass U Nu bereits genügend Verdienste in diesem Leben und in vergangenen Inkarnationen für das Nirwana angesammelt hatte. Meine Großmutter, die Angst vorm Fliegen hatte, sagte einmal, dass sie sofort ein Flugzeug besteigen würde, wenn sie wüsste, dass auch U Nu an Bord sei – so absolut sicher war sie sich, dass sein gutes Karma für eine sichere Reise sorgen würde. In den Jahren 1954 bis 1956 organisierte U Nu eine große internationale buddhistische Synode mit Mönchen und Gelehrten aus ganz Asien. Tatsächlich war während seiner Amtszeit in den fünfziger Jahren eine bemerkenswerte Renaissance der buddhistischen Lehre und des buddhistischen Lebens zu beobachten. Es wurden neue Meditationsschulen gegründet, auch die wiedererstarkte *sangha* (Gemeinschaft) wurde mit großzügigen Mitteln gefördert.

Über all die Jahre hinweg blieb U Nu ein gleichbleibend verbindlicher Mensch, der einen regelrecht verzaubern konnte. »Was einen bei Nu sofort ungemein beeindruckt«, sagte Jawaharlal Nehru einmal, »ist seine strahlende Persönlichkeit – sie gewinnt ihm Freunde, wo immer er auch hingeht.«

BURMAS DEMOKRATISCHES EXPERIMENT

Unter den Autoren, die sich mit Burma befassen, hält sich hartnäckig der Mythos, dass es sich um ein »reiches Land« handle, das nur »auf den falschen Weg geraten« sei. Es sei in gutem Zustand, mit einer soliden Wirtschaft und allen erforderlichen Attributen für seinen künftigen Wohlstand aus der Kolonialzeit aufgetaucht. »Es war viel besser dran als Südkorea!«, schreibt einer. Diese Erklärung wird dann üblicherweise nicht nur zur Kritik an den heutigen Krankheiten des Landes herangezogen, sondern auch benutzt, um den tiefen Fall Burmas zu erklären und aufzuzeigen, wie viele Gelegenheiten wegen der Militärregime verpasst worden seien. Dass diese Regime wenig oder gar nichts für einen Wirtschaftsaufbau getan haben, lässt sich kaum bestreiten. Was man jedoch nicht sagen kann, ist, dass Burma in den Jahren nach der Unabhängigkeit ein vielversprechender junger Star in Asien gewesen sei. In Wirklichkeit lag Burma 1950, als der Bürgerkrieg abgeebbt war, in Trümmern. Der Krieg wurde in vielen Landesteilen durch Anarchie ersetzt. Fast überall waren die Kommunikationswege zerstört. Die wenigen Züge und Dampfer, die noch in Betrieb waren, konnten ihre Dienste nur mit Hilfe von schwer bewaffnetem Begleitpersonal leisten. Das Hinterland war fest im Griff eines Sammelsuriums aus Rebellen und Regierungstreuen, während die Regierung selbst immer nur Inseln in einem Meer an unsteten Befehlsgewalten kontrollierte. Innenminister Kyaw Nyein erklärte einmal dem *Time*-Magazin in einem Interview, dass sich jederzeit »dreihundert bewaffnete Männer jedes Ortes bemächtigen können, ausgenommen Rangoon selbst«.[7] Die Bergwerke, Sägemühlen und Ölquellen aus britischer Zeit waren mehrheitlich stillgelegt worden, und die Reisexporte, die sich einst auf drei Millionen Tonnen im Jahr beliefen hatten, waren auf weniger als eine Million Tonnen gesunken. Das Leben war im ganzen Land hart.

In Pantanaws Nachbarstadt Maubin beispielsweise war die Vorkriegspopulation von neuntausend Einwohnern mit dem Flüchtlingszustrom auf über zwanzigtausend angeschwollen. Die meisten lebten in miserablen Schilf- und Strohhütten am Flussufer. Die Felder lagen größtenteils brach, fast alle Menschen versuchten sich ihren Lebensunterhalt durch irgendwelche niedrigen Dienste zu verdienen, oder zu verkaufen, was immer sie verkaufen konnten. Vor dem Krieg hatte es im Bezirk von Maubin ungefähr ein Dutzend Zivilpolizisten gegeben, im Jahr 1949 musste sich ein ganzes Chin-Schützenbataillon in den Häusern des ehemaligen stellvertretenden Kommissars und Bezirksrichters einquartieren, damit zumindest oberflächlich für Ordnung gesorgt war. Vor den Toren der Stadt war Niemandsland, in dem sich Karen-Rebellen und unterschiedlichste Banden herumtrieben, allzeit bereit, einen Polizeiposten zu überfallen, ein Lagerhaus auszuräumen oder einen vorbeigleitenden Dampfer zu entführen. Exakt dieselbe Szenerie wiederholte sich hunderte Male im ganzen Land.

Um all das in den Griff zu kriegen, hatte Burma U Nu, der mit seinen vierundvierzig Jahren noch sehr jung wirkte, aber ein gutes Stück älter war als viele seiner Regierungskollegen. In seinem Kabinett saßen mehrere Männer aus dem alten Studentenverband neben Thakin-Nationalisten und Kollaborateuren mit den Japanern, die allmählich auf die Dreißig zugingen. Die wenigsten hatten wirklich Ahnung vom Regieren. In Indien war die Macht an Pandit Nehru und Kollegen übergeben worden, allesamt gebildete Männer, die seit Mitte der dreißiger Jahren in verantwortlichen Regierungsämtern gesessen hatten. In Burma waren die politischen Führer aus den dreißiger Jahren wie Dr. Ba Maw in Ungnade gefallen oder von einer wesentlich jüngeren Generation an den Rand gedrängt worden.

Die einzig wirklich erfahrene Kraft in der Regierung war U Tin Tut. Der verwegene Rugbyspieler und Absolvent von Dulwich und Cambridge hatte im Ersten Weltkrieg im Zweistromland gedient, seine juristische Zulassungsprüfung in England abgelegt, dann als erster Burmese die Examen für den gehobenen britisch-indischen Staatsdienst durchlaufen und mehrere Jahre lang im Zentralgouvernorat von Neu-Delhi gearbeitet, bis er nach der Unabhängigkeit schließlich zum ersten Außenminister Burmas ernannt wurde. Er wäre ein wirklich wichtiger Berater von U Nu geworden, vielleicht sogar der wichtigste, wäre nicht im September 1948, nur neun Monate nach der Unabhängigkeit, am hellichten Tag eine Granate in seinen Wagen geworfen worden. Seine Mörder wurden nie gefasst, niemand wurde je beschuldigt.

In dieser Zeit bat U Nu meinen Großvater, enger mit ihm zusammenzuarbeiten. U Thant hatte Pantanaw 1947 auf den starken Druck von Aung San und U Nu hin verlassen, um Chefpropagandist der Liga zu werden. Er sollte das wöchentliche Parteiblatt edieren und gegenüber der örtlichen Presse wie Besuchern aus dem Ausland als Regierungssprecher fungieren. Nebenher schrieb er unter einem Pseudonym Leitartikel für burmesische Zeitungen, über zweitausend an der Zahl im Laufe der nächsten Jahre, doch niemand außer den Herausgebern und U Nu wusste, dass sie aus seiner Feder stammten.

Nun aber wollte U Nu mehr von U Thant als nur seine Dienste als sein offizieller und inoffizieller Mann für Public Relations. Und weil er glaubte, dass Thant diplomatisches Talent besaß, bat er ihn in den dunkelsten Tagen des Jahres 1949, hinter die Frontlinien zu fahren und einen Waffenstillstand auszuhandeln. Meine Großmutter war natürlich besorgt, aber stoisch wie immer. Nicht so die Frau des Fahrers, die hysterisch wurde und mit Scheidung drohte. Es gelang den beiden Männern, die stark befestigten Barrikaden und KNDO-Kontrollposten zu passieren und den erschöpften Soldaten in Tarnanzügen und mit grünen Stumpen zwischen den Lippen ihre Mission so zu erklären, dass sie zum Karen-Hauptquartier durchgelassen wurden. Dort fand Thant zu seiner Freude Saw Hunter Tha Hmwe vor, seinen alten Freund aus Pantanaw, der mittlerweile der Karen-Führung angehörte, sowie Saw Ba U Gyi, der ebenfalls Schulrektor gewesen war, bevor er zum Karen-Führer wurde. Er wurde freundlich empfangen, alles lief wie geschmiert, aber am Ende gab es keinen Durchbruch. Thant hatte einen ersten Geschmack von echter Diplomatie bekommen.

Als Teenager hatte Thant davon geträumt, ein Mandarin im Dienste der Öffentlichkeit zu werden, aber dieser Traum war geplatzt, als seine Familie plötzlich verarmte und er sich um seine Mutter und jüngeren Brüder kümmern musste. Nun hatte eine seltsame Wendung des Schicksals dafür gesorgt, dass er in die obersten Ränge der Verwaltung und dann schnell immer weiter aufstieg. 1950 wurde er Sekretär für Information und Rundfunk. Ein Sekretär war der höchste Beamte in jedem Ministerium, nur eine Stufe unter dem gewählten Minister, er brauchte jedoch nicht wie dieser ein Parlamentarier zu sein. Alle anderen Sekretäre gehörten dem Verwaltungsdienst (erster Klasse) an, der einst das »himmlische« Vorrecht von Europäern im Kolonialdienst gewesen war und nun der winzigen umkämpften Elite von anglisierten Burmesen vorbehalten blieb. Es waren Männer, die in Oxford, Cambridge oder London studiert hatten, darunter so ungemein fähige Leute wie James Barrington, ein Anglo-Burmese, der sich auf Gedeih und Verderb mit der neuen Regierung verbündet hatte und zu einem Schlüsselarchitekten ihrer Außenpolitik werden sollte. Angesichts solcher Lebensläufe äußerten viele von ihnen Ressentiments, als Thant, der nur eine Zwischenprüfung von einer burmesischen Universität vorzuweisen hatte, über die Köpfe aller anderen hinweg in sein Amt berufen wurde.

Im April 1953 holte Nu seinen Freund Thant als Sekretär in das eigene Amt des Ministerpräsidenten. Neben dem Auswärtigen Amt war auch das Amt des Ministerpräsidenten in einer der Villen untergebracht, die in der von Flaschenbäumen gesäumten Prome Road standen, wo sich die Briten mit Vorliebe ihre Residenzen hatten errichten lassen. Es gab ein hübsch eingerichtetes Büro für den Ministerpräsidenten, das Nu aber nie benutzte, weil er es vorzog, zuhause zu arbeiten. Daneben lagen die Büros des Kabinettsekretärs, eines hoch angesehenen Mannes, und seiner Mitarbeiter. Und da für Thant kein Arbeitszimmer mehr übrig war, forderte Nu ihn auf, einfach in sein Büro einzuziehen.

Als Thant das dem Ministerpräsidenten vorbehaltene Amtszimmer dann bezog, begann es unter den hochrangigen Staatsdienern zu gären. Wie konnte es jemand wagen, der weder verbeamtet noch ein gewähltes Parlamentsmitglied war, einfach das Büro des Ministerpräsidenten in Beschlag zu nehmen? Thant erzählte Nu, dass sich eine ziemliche Ablehnung gegen ihn zusammenbraute. Nu wurde bleich vor Zorn und wollte sofort Namen wissen. Thant wechselte schnell das Thema.

Jeden Morgen begaben sich Nu und Thant auf einen langen Spaziergang um den Windermere Court, die offizielle Residenz des Ministerpräsidenten. Sie sprachen über die alte Zeit in Pantanaw, über Freunde und Familie. Durch ihre Ehen waren sie mittlerweile sogar entfernt miteinander verwandt. Sie hatten Kinder im gleichen Alter, und beider Familien waren wegen des Karen-Aufstands praktisch geschlossen nach Rangoon übersiedelt. Aber natürlich diskutierten sie auch über die Regierungspolitik, darüber, wie die Schäden, die der Krieg und die jüngsten Kämpfe angerichtet hatten, repariert werden konnten, oder über längerfristige Entwicklungsstrategien für das Land. Das Leben war um so vieles schwieriger geworden als zur Blütezeit des Britischen Raj. Jetzt, wo sie politisch frei waren, mussten sie beweisen, dass eine bessere Gesellschaft und Wirtschaft möglich waren. Wozu wäre die Unabhängigkeit sonst gut gewesen? Von diesen Spaziergängen gibt es noch ein paar Farbfotos: Zwei mit Longyis, langärmeligen Hemden und Wollwesten bekleidete Männer gehen ins Gespräch vertieft nebeneinander her. Die Spazierstöcke und ihr elegantes Äußeres verleihen ihnen die Aura einer gewissen Autorität. Man vergisst dabei leicht, dass beide gerade einmal Anfang vierzig waren.

U Nus Plan für die Zukunft lautete *Pyidawtha*, was sich in etwa als »Angenehmes Land« übersetzen lässt: *tha* heißt »angenehm«, aber in einem etwas untertriebenen Sinne, so wie man eine Aussicht als angenehm oder eine Wohnung als angenehm möbliert empfindet. Es war eine sozialdemokratische Zukunftsvision von einem Sozialstaat und von Entwicklungen im Rahmen einer parlamentarischen Demokratie, die von der Regierung administriert werden. Nu und Thant ergänzten einander. Nu war eher der Träumer, impulsiv und schwärmerisch; Thant war reserviert und pragmatisch. Beide waren engagierte Demokraten, und falls sie einmal andere Neigungen verspürt haben sollten, so waren ihnen diese unter der japanischen Besatzung jedenfalls schnell ausgetrieben worden. Beide waren offen für sozialistische Argumente, aber misstrauisch gegenüber der burmesischen Linken.

Bis 1950 hatte U Nu seine politischen Fähigkeiten sehr verfeinert und sich als ein würdiger Nachfolger von Aung San erwiesen. Seine Liga genoss eine stabile Mehrheit im Parlament. Er war in vieler Hinsicht genau das, was Burma brauchte: ein Populist, der Verständnis für die Sorgen der Minderheiten hatte und dessen Popularität es ihm ermöglichte, radikale und militante Ansichten in Schach zu halten. Seine Visionen von einem fortschrittlichen Burma hatten ihre Mängel, aber das waren Mängel, die viele der nun auftauchenden postkolonialen Eliten an den Tag legten, nicht nur in Burma, sondern in ganz Asien und Afrika. Die Betonung lag auf einem durchgreifenden

Wandel, schnellen Landreformen und einer Industrialisierung unter starker Beteiligung des Staates. Es gab Fünfjahrespläne, staatliche Planungskomitees und mehr als nur den Hauch eines sowjetischen Stils. Eine Weile lang schien das gar nicht so verkehrt zu sein. Der Koreakrieg hatte die Reispreise auf dem internationalen Markt hochgetrieben, und die Wirtschaft schien die richtige Richtung eingeschlagen zu haben. Doch U Nus »Angenehmes Land« sollte sich nie materialisieren. Dafür gab es im Wesentlichen zwei Gründe: Erstens stand ein neuer Krieg bevor, den nur wenige kommen gesehen hatten; zweitens gab es die Militärmaschinerie, die aufgebaut werden musste, um diesen Krieg kämpfen zu können.

CHINA ZUM ZWEITEN – DIE INVASION VON 1950

Am 1. Oktober 1949 stand Mao Tse-tung vor den Toren der Verbotenen Stadt in Peking und verkündete formell die Gründung der Volksrepublik China. Tausende Kilometer entfernt marschierte der geschlagene Rest von Tschiang Kai-scheks Nationalarmee im Südwesten des Landes über die kaum demarkierte Grenze durch die wolkenverhangenen Wa-Berge in den Fürstenstaat Kengtung im fernen Osten von Burma ein. Geführt vom General der Achten Chinesischen Armee, Li Mi, richteten sich die Soldaten dann einen neuen Stützpunkt in der kleinen Grenzstadt Tachilek an der Bergstraße nach Thailand ein. Zu diesem Zeitpunkt war die chinesische Nationalarmee noch eine reguläre Armee gewesen und hatte die lokale Bevölkerung in Ruhe gelassen. Ihre Truppenstärke belief sich auf zweitausendfünfhundert Mann.

Alarmiert von diesem Einmarsch, zog die Burmesische Armee im Juli 1950 Einheiten vom Kampf gegen die Rebellen in der Landesmitte ab, um sie gegen die Invasoren einzusetzen. Schnell eroberten sie Tachilek zurück. Doch die chinesischen Nationalisten sammelten sich in der Nähe von Mong Hsat wieder, und nun begannen sie auch, dort ansässige Shan-Männer und die Männer anderer Stämme zwangsweise für sich zu rekrutieren. Wie das Spiegelbild der Ming-Invasoren in den vierziger Jahren des 17. Jahrhunderts hatten auch sie nie vor, auf Dauer zu bleiben, und wollten Burma nur als Basis nutzen, um sich ihr Heimatland zurückzuerobern.

Doch im Moment waren sie da. Bis 1953 hatten sie über zwölftausend Männer zwangsrekrutiert, örtliche Steuern erhoben und in Mong Hsat einen Flugplatz gebaut, von dem aus ein regelmäßiger Flugbetrieb zu den Brüdern aus ihrer Kuomingtan (KMT) aufrechterhalten wurde, die in die entgegengesetzte Richtung nach Taiwan geflohen waren. Es wurden riesige Mengen an Waffen und Nachschub eingeflogen, insgeheim mitsamt amerikanischen Ausbildern und Regierungsvertretern. Bald übernahm die KMT die gesamte Region östlich des Salween, marschierte die Kachin-Berge hinauf und dann wieder in das von den Karen kontrollierte Hochland hinab, um mit diesen eine Art taktische Allianz einzugehen. Im März 1953 stand sie kurz davor, sämtliche Shan-Staaten einzunehmen, und war nur noch einen Tagesmarsch von der Regionalhauptstadt Taunggyi entfernt.

Vom burmesischen Standpunkt aus betrachtet war das nichts anderes als eine kombinierte nationalchinesisch-amerikanische Invasion. Und angesichts einer solch unerwarteten Bedrohung durfte nun an keinen Mitteln gespart werden. Drei kampfstarke Brigaden wurden dem anglo-burmesischen Brigadegeneral Douglas Blake unterstellt, dem es dann gelang, die KMT über den Salween weitestmöglich in den Osten zurückzudrängen, bis er schließlich vor Kengtung auf heftige Gegenwehr stieß. Auf ihrem Vorstoß entdeckten seine Soldaten die Leichen von drei Amerikanern. Sie trugen Briefe mit New Yorker und Washingtoner Absendern bei sich.[8]

Im April lobbyierten die Burmesen für eine Resolution der UN-Generalversammlung. Sie forderten Verhandlungen und den Rückzug der nationalchinesischen Truppen nach Taiwan. Nach mehreren Treffen in Bangkok willigten die Chinesen schließlich ein, zweitausend Soldaten abzuziehen, was sie denn auch taten (General Chennaults Air Transport Company flog die Maschinen), doch bei den meisten dieser Soldaten handelte es sich in Wirklichkeit um halbwüchsige Zwangsrekrutierte aus der Region, darunter viele Nichtkämpfer, und ein Großteil der abgegebenen Waffen war antiquierter Schrott. Die Burmesen waren sehr unzufrieden. Und nach all ihren hohen Erwartungen waren sie nun außerdem überzeugt, dass auf die UN kein Verlass sei. Sie würden lernen müssen, sich selbst besser zu verteidigen. Und deshalb brauchten sie eine größere und bessere Armee.

Im Laufe der fünfziger Jahre verwandelte sich die Burmesische Armee von einem kleinen, politisierten und fraktionierten Hybriden aus halb britisch und halb japanisch ausgebildeten Soldaten in eine professionellere und kohärentere Militärmaschinerie, die nur noch sich selbst gegenüber loyal war. Aber weil nach der chinesischen Invasion das Kriegsrecht in den Shan-Staaten ausgerufen worden war, war diese Armee nun gefährlich breit über mehrere Fronten aufgefächert, ohne über eine klare Kommando- oder angemessene Kontrollstruktur zu verfügen. Und das Kriegsministerium in Rangoon war angesichts der täglichen Ereignisse viel zu sehr mit Krisenbewältigung beschäftigt, um sich Gedanken über eine langfristige Strategie oder darüber zu machen, wie es seiner Armee die Oberhand verschaffen könnte. Nur General Ne Win war sich über diese Probleme deutlich im Klaren und wusste auch, wie dringend nötig Strategien und eine gute Koordination waren. Im Jahr 1951 rief er deshalb einen militärischen Planungsstab aus jungen Obristen ins Leben, denen er erklärte, dass sich das Land praktisch in einem ausgewachsenen Krieg befinde und es sich nicht länger leisten könne, auf die nötigen Reformen zu warten. Die jungen Strategen machten sich schleunigst ans Werk.[9]

Schließlich kamen sie zu dem Schluss, dass China die größte Bedrohung für Burma darstellte, und die Burmesische Armee deshalb in der Lage sein müsse, jede Art von Aggression seitens Peking für die Dauer von mindestens drei Monaten eindämmen zu können. Danach dürfe man mit etwas Glück auf eine Intervention der Amerikaner unter der UN-Flagge hoffen. Vor allem die KMT-Nationalisten sahen sie als ein Problem an, weil sie Peking leicht zu einer noch wesentlich größeren Invasion verleiten konnten. »U Nu meint, wir könnten mit jedem Freundschaft schließen ... aber wir brauchen einen großen Knüppel«, sagten die jungen Obristen – oder wenigstens einen Knüppel angemessener Größe. Bald zirkulierten in Militärkreisen Berichte über Streitkräfte in aller Welt – über die britischen, amerikanischen, indischen, sowjetischen und australischen –, aus denen sich Lehren ziehen und Ideen gewinnen ließen. Projektgruppen wurden ins Ausland geschickt, um aus erster Hand zu erfahren, was am besten funktioniert. Es wurden Shoppingtrips in die Staaten des Britischen Commonwealth, nach Israel, Jugoslawien und Westeuropa organisiert, um die neuesten militärischen Gerätschaften zu erwerben. Israel war vor allem eine Inspiration, was den Zivilschutz anbelangte, und die neue Militärakademie von Maymyo wurde nach dem kombinierten Vorbild des englischen Sandhurst, amerikanischen West Point, französischen Saint-Cyr und indischen Dehra Dun aufgebaut. Angesichts des Kalten Krieges waren alle Seiten nur allzu gerne bereit gewesen, den burmesischen Offizieren behilflich zu sein und miteinander um den größtmöglichen Einfluss auf ihr Land zu wetteifern. Auch ein Direktorat für Psychologische Kriegsführung wurde eingerichtet und das alte Kriegsministerium wesentlich effizienter nach Art eines Verteidigungsministeriums umstrukturiert, das jedoch nur nominell der demokratischen Kontrolle unterstand und in Wahrheit von einer hermetisch abgeschlossenen und sehr wachsamen autonomen Armee geführt wurde.

All diese Neuerungen zeigten große Wirkung. Im Jahr 1954 konnte die Armee bereits wesentlich komplexere und effektivere Operationen gegen Rebellen und Feinde aller Couleur führen. Zuerst wurden die Truppen der chinesischen Nationalarmee in der Nähe des Mekong aufgerieben, wo sie dann nur dank frischer Verstärkungen aus Taiwan überlebten. Der nächste Feldzug richtete sich gegen die Karen. Die Burmesische Armee drängte den Haupttruppenteil der KNDO in das dicht bewaldete Kalksteingebirge an die thailändische Grenze zurück und hielt zugleich mit kleineren Operationen die Kommunisten im Süden von Mandalay und die islamistischen Rebellen in Arakan in Schach. Im Laufe der nächsten Monate gaben sich fast fünfundzwanzigtausend Rebellen geschlagen. Im Oktober konnte U Nu mitteilen, dass der Bürgerkrieg, »von dem es einst wahrscheinlich schien, dass er Burma verschlingen würde, keine Gefahr für die Unversehrtheit des Staates mehr darstellt«.[10] Das war eine ziemliche Leistung.

Parallel dazu hatten personelle Veränderungen die Gewichte auch innerhalb der Armee verlagert. Die Gruppe um General Ne Win hatte inzwischen jeden entfernt, dessen Loyalität Zweifel aufkommen ließ. Wer noch unter den Briten in die Armee eingetreten war, war still und leise pensioniert worden; hohe Positionen wurden zunehmend mit Männern aus Ne Wins einstigem (von den Japanern ausgebildeten) Vierten Schützenbataillon besetzt. Aus dessen Reihen rekrutierte sich auch das Personal für das neue Dienstleistungsinstitut der Streitkräfte, eine Art Superkantine, die sich zuerst nur um die Bedürfnisse der Soldaten kümmerte, dann aber zunehmend eigene Profitgeschäfte machte. Bis Ende der fünfziger Jahre managte dieses Institut den Frachtdienst der Five-Star-Schifffahrtsgesellschaft, die Bank von Ava und so große Import-Export-Unternehmen wie das alte Kaufhaus Rowe and Co. Damit war das Kriegsministerium noch mächtiger geworden, sowohl gegenüber seinen eigenen Feldkommandeuren als auch gegenüber den Politikern und Beamten, die ansonsten die Säckel des Militärs kontrollierten. Die Armee begann sogar ihre eigene Zeitung zu finanzieren, den englischsprachigen *Guardian*, der von Sein Win, einem der angesehensten Journalisten des Landes, geleitet wurde.

Das alles geschah in einer Zeit, als auch in allen anderen asiatischen Staaten, die jüngst in die Unabhängigkeit entlassen worden waren, neue Armeen aufgebaut wurden: in Südkorea und Taiwan; in Südvietnam, wo die Armee mit amerikanischer Hilfe entstand; und in Indonesien, wo politisch rechts stehende Offiziere 1956 ihre *dwifungsi*-Doktrin* formulierten. In Burma besetzte die Armee mittlerweile das gesamte riesige institutionelle Vakuum, das durch den Zusammenbruch der alten königlichen Strukturen, durch den unvollständigen oder ineffektiven Aufbau des Kolonialstaates, durch Jahre des Krieges und dann des plötzlichen Rückzugs der Briten entstanden war. Und diese Militärmaschinerie geriet nun langsam, aber sicher unter die Kontrolle eines einzigen Mannes: General Ne Win.

DIE NEUTRALISTEN

Im April 1955 trafen sich Vertreter von neunundzwanzig asiatischen und afrikanischen Staaten in der westjavanischen Stadt Bandung auf einem angenehm kühlen indonesischen Hochplateau. Das Ziel war die Förderung von Kooperationen zwischen den jüngst unabhängig gewordenen Staaten dieser Welt zum Schutz vor Vereinnahmung durch die USA oder die Sowjetunion und deren jeweiligen weltpolitischen Vorstellungen. Alle großen Männer aus der nichtwestlichen

---

* Anm. d. Übers.: Diese Doktrin sprach den indonesischen Streitkräften das Recht auf die Doppelfunktion der Landesverteidigung sowie der Wahrung von innerer »nationaler Stabilität« zu.

Welt waren da: Nehru aus Indien, Sukarno aus Indonesien, Nkrumah aus Ghana, Nasser aus Ägypten, Tschu En-lai aus China und als Gleicher unter Gleichen auch U Nu aus Burma. Die Konferenz fand in einem von den Holländern errichteten Art-déco-Gebäude statt und sollte sieben Jahre später zur Gründung des sogenannten Non-Aligned Movement (NAM: Bewegung der Blockfreien Staaten) führen, zu dessen Gründungsmitgliedern auch Burma zählte. Der energische Sekretär dieser Bandung-Konferenz war U Thant.

Dass Burma in den fünfziger Jahren international ein hohes Ansehen genoss, kann man sich heute, da das Land aus der Sicht so vieler so tief gesunken ist, kaum noch vorstellen. Noch schwerer vorstellbar ist, dass Burma so aktiv auf der Weltbühne agierte und seine eigenen Sichtweisen förderte, sich durch die Vereinten Nationen in der internationalen Politik engagierte, der UNO Soldaten für Friedensmissionen zur Verfügung stellte und insgesamt die Rolle eines guten Weltbürgers zu spielen versuchte.[11]

Einen wesentlichen Anteil an dem Image und der Rolle Burmas auf dieser Weltbühne hatte U Nu. Gemeinsam mit U Thant bereiste er Mitte der fünfziger Jahre viele Länder und entwickelte dabei eine Außenpolitik, die ebenso sehr um Neutralität im Rahmen des Kalten Krieges wie um gute Beziehungen zu so vielen verschiedenen Staaten wie nur möglich bemüht war. Hundert Jahre nachdem König Mindon geplant hatte, Burma in ein diplomatisches Netzwerk einzubinden, das dem Land als Garant für die künftige Freiheit dienen sollte, tat U Nu genau das. Gemeinsam mit Thant besuchte er China, wo sie sich mit Mao Tse-tung und Tschu En-lai in der Verbotenen Stadt trafen, anschließend reisten sie nach Hanoi zu Gesprächen mit Ho Chi Minh. Der Unabhängigkeit Indonesiens von der niederländischen Herrschaft fühlten sich beide so verpflichtet, dass sie als Geste der Solidarität sogar den Innenminister mit einer ganzen Flugzeugladung Waffen nach Jakarta schickten (und das zu einer Zeit, als Rangoon selbst angegriffen wurde). Auf U Nus Vorschlag hin organisierte Thant im Jahr 1954 ein Treffen asiatischer Regierungschefs zum Zweck der Unterstützung der neuen indonesischen Regierung, an dem neben Burma und Indonesien auch Indien, Pakistan und Ceylon teilnahmen. Auch für den jungen Staat Israel hatte U Nu eine Schwäche, nicht nur des Holocaust wegen, auch weil er so viele Ähnlichkeiten zwischen seinen politischen Ansichten und denen der amtierenden Israelischen Arbeiterpartei sah. Burma war eines der ersten Länder der Welt, das Israel anerkannte. Es verdankte sich nur dem Widerstand der anderen beteiligten Staaten, dass Israel nicht in solche Foren wie die Bandung-Konferenz eingebunden wurde, mit deren Aufbau Thant so beschäftigt war.

Die beiden Männer reisten weiter durch die Welt, darunter nach Israel, Jugoslawien, Großbritannien und in die Vereinigten Staaten. In London sprachen sie mit dem inzwischen achtzigjährigen Winston Churchill: »Lassen Sie uns unsere alten Animositäten begraben«, sagte der Sohn von Thibaws Albtraum Lord Randolph Churchill, während er dem Abstinenzler U Nu einen Whiskey eingoss. Als Neutralisten ließen sie es sich auch nicht nehmen, Nikita Chrustschow in Moskau zu besuchen. Bei allen Gastgebern war es U Nus einnehmendes Wesen, das Burmas Beziehungen zu den Schlüsselstaaten zementierte. Nur manchmal musste Thant dafür sorgen, dass Nus ehrliche und offene Art nicht zu weit ging.

In Israel hatte U Nu vor der Weiterreise nach Moskau beispielsweise beschlossen, einen Brief seines Freundes Mosche Scharet, des damaligen israelischen Premierministers, an Nikolai Bulganin, den damaligen Vorsitzenden des Ministerrats der UdSSR mitzunehmen. U Nu war besorgt um die Zwangslage der Juden in der Sowjetunion und wild entschlossen, ihnen zu helfen. Dem heimischen Auswärtigen Amt hatte er kein Wort davon gesagt, weil er wusste, dass man ihm mit allen möglichen Gegenargumenten gekommen wäre. Kaum im Kreml eingetroffen und die formellen Höflichkeiten hinter sich, zog er den Brief des Israeli aus der Tasche und plapperte los, dass er von den Juden in der Sowjetunion wisse und erfahren habe, dass diese nach Israel auswandern wollten, und dass er doch hoffe, Bulganin werde seine Politik ändern und sie ziehen lassen. U Nus eigenen Worten zufolge waren »die Sowjets sprachlos vor Überraschung«. Man wies ihn höflich darauf hin, dass dies eine Angelegenheit für die israelische Botschaft in Moskau sei. Aber U Nu ließ nicht locker. Anschließend tadelte ihn der burmesische Botschafter in Moskau, dass er nicht hätte tun dürfen, was er gerade getan hatte. »Das weiß ich«, schnauzte U Nu ihn an, und fuhr am nächsten Tag fort, genau das auszusprechen, was er dachte. Bei einem Mittagessen mit dem Ersten Parteisekretär Chrust-

schow hielt U Nu eine Rede über die Geschichte des kommunistischen Aufstands in Burma und erklärte dann, dass »eine gewisse ausländische Macht« die Kommunisten zur Rebellion angestiftet und die Regierung damit fast an den Punkt des Zusammenbruchs gebracht habe. »Aber wir haben zurückgeschlagen ... und nun sind die Kommunisten auf der Flucht«, erzählte er den Mitgliedern des sowjetischen Politbüros fröhlich. Zurück im Gästehaus, fragte Thant säuerlich: »Hast du Chrustschows Gesicht während deiner Rede gesehen?«
»Warum fragst du? Natürlich. Ich hab ihn das ganze Mittagessen über nicht aus den Augen gelassen.«
»Dann musst du auch gesehen haben, wie sich sein Ausdruck veränderte!«
»Ich glaube nicht, dass das mir zu verdanken war. Er wirkte sehr still.«
Die anwesenden burmesischen Beamten klinkten sich in das Gespräch ein, um Thant zu unterstützen. U Nu erwiderte: »Ich kann's nicht ändern. Wegen dieser Russen wurde unser Land in Schutt und Asche gelegt ... Ich finde, diese Russen sollten mir dankbar sein, dass ich nicht mit der Tür ins Haus gefallen bin und gleich gesagt habe, dass sie es waren, die den kommunistischen Aufstand in Burma angezettelt haben.«
Am nächsten Tag folgte eine weitere Rede, diesmal bei einem Abendessen, das der Bürgermeister von Moskau gab. Wieder griff U Nu seinen antikommunistischen Faden auf. Am nächsten Morgen wurde Thant vom sowjetischen Botschafter in Burma kontaktiert, der sich gerade in Moskau aufhielt und ihm nun höflich mitteilte, dass weitere solche Reden den sowjetisch-burmesischen Beziehungen nicht sehr bekömmlich wären. Schließlich setzte sich Thant alleine mit seinem alten Freund aus Pantanaw zu einem Gespräch. Dann sagte er seine Teilnahme an den Terminen für diesen Tag ab und schrieb alle geplanten Reden seines alten Freundes um.[12]
Im anschließenden Sommer reisten U Nu und U Thant zu ihrem ersten Besuch nach Amerika. Es war das Jahr, in dem Disneyland in Anaheim seine Tore öffnete, Marlon Brando einen Oscar für *Die Faust im Nacken* erhielt und die amüsante fünfte Staffel der Fernsehserie *I love Lucy* ausgestrahlt wurde. Die USA waren praktisch auf jedem Gebiet führend in der Welt. Und der Kalte Krieg war auf dem Höhe-

punkt. Bei seinem Treffen mit Präsident Eisenhower überreichte Nu dem einstigen Alliierten Oberbefehlshaber in Europa einen Scheck über fünftausend Dollar für die Familien der amerikanischen Soldaten, die während des Zweiten Weltkriegs in Burma gefallen waren.[13] »Burma und Amerika sind im selben Boot – wir bekämpfen dieselben Übel«, sagte er geschickt und erzählte seinen Zuhörern in Washington dann, was er dem Vorsitzenden Mao in Peking gesagt hatte, nämlich dass die Amerikaner »ein tapferes und großzügiges« Volk seien. Im Nationalen Presseclub betonte er seine Vorstellung von freundschaftlicher Neutralität, indem er aus George Washingtons Abschiedsrede zitierte, wie notwendig es sei, verzwickte ausländische Allianzen zu meiden, um gleich anschließend auf die beiderseitige Verpflichtung Burmas und Amerikas zur Demokratie einzugehen.

Dann ging es weiter zur U.S. Naval Academy in Annapolis, zur Independence Hall in Philadelphia und schließlich an die Westküste. Im kalifornischen Pasadena wurde er zu einer Aufführung seines eigenen Stückes *The People Win Through* eingeladen. Beide, U Nu wie mein Großvater, waren schwer beeindruckt von ihren Erlebnissen bei der neuen Supermacht. In einer Ford-Fabrik sahen sie fasziniert zu, wie ein Auto vor ihren Augen in weniger als einer Minute zusammengesetzt wurde, und in Knoxville, Tennessee, lauschten sie ehrfürchtig einem Kellner in einem kleinen Hotel, der ihnen erzählte, dass er zwei Autos besitze, eines für sich und eines für seine Frau. Dann erfuhren sie auch noch, dass sein Einkommen höher war als das des burmesischen Ministerpräsidenten! Doch vielleicht am stärksten beeindruckt war U Nu von der Wohltätigkeitsbereitschaft der Amerikaner. Im Mark Hopkins Hotel von San Francisco erzählte ihm der Hotelbarbier, dass er für seine Kirche fünfundsechzigtausend Dollar Spendengelder gesammelt habe. U Nu war so bewegt, dass er ihm gleich hundert Dollar aus eigener Tasche für diese Kirche spendete.

Thant diente Nu viele Jahre lang als Berater und Referent, schrieb viele seiner Reden, übersetzte burmesischsprachige Reden ins Englische, traf sich mit ausländischen Würdenträgern, die in Burma zu Gast waren, und debattierte mit Auslandskorrespondenten. Schon kurz nach seinem Amtsantritt war er in den Norden Burmas gefahren und hatte erfolgreich zwischen den rivalisierenden politischen Fraktionen vermittelt. Und da er sich auch innerparteilich als ein sehr guter Diplomat erwiesen hatte, bat Nu ihn nun immer öfter um solche Dienste. Doch das hielt Thant für die Aufgabe eines Politikers und lehnte ab. Dafür stapelten sich andere Aufgaben. Immer häufiger reiste er nach Übersee, sowohl mit Nu als auch alleine. Eines Tages bat Nu ihn sogar, eine umfassende Geschichte über Burma in den ersten Jahren der Unabhängigkeit zu schreiben. Schließlich wuchs Thant die Arbeit über den Kopf. Trotz seiner täglichen Spaziergänge und Schwimmrunden begann seine Gesundheit zu leiden. Als er schließlich kaum noch schlafen konnte und ständig an Gewicht verlor, bat er Nu, sich zurückziehen zu dürfen. Aber davon wollte Nu nichts hören.

Dann, eines glutheißen Sonntagnachmittags im März 1957, fragte Nu, ob Thant in Betracht ziehen würde, als Ständiger Vertreter Burmas bei den Vereinten Nationen nach New York zu übersiedeln. Es war ein Schock. Thant war bereits 1952 als Mitglied einer burmesischen Delegation in New York gewesen und hatte von jeher ein scharfes Auge auf die Entwicklung der Weltorganisation gehabt – wenn schon ein diplomatischer Posten, dann waren New York und die Vereinten Nationen ganz sicher seine erste Wahl. Aber er zögerte.

Ein Grund dafür war sein Zweifel, ob meine Großmutter bereit wäre, ans andere Ende der Welt zu ziehen. Doch zu seinem großen Erstaunen war sie geradezu überglücklich bei der Vorstellung, in New York ein neues Leben beginnen zu können, denn auch sie war inzwischen betrübt, weil sich Thant von seinem Job so unter Druck gesetzt fühlte, vor allem aber missfiel ihr die Atmosphäre, die nach den jüngsten Spaltungen in der amtierenden Liga entstanden war. Bisher war es Thant gelungen, auf freundlichem Fuße mit beiden Fraktionen zu stehen, doch wie lange würde das noch möglich sein? »Warte nicht erst ein paar Tage ab, U Nu ist launisch«, sagte sie. »Nimm das Angebot an, solange es auf dem Tisch ist.« Am nächsten Morgen erklärte er Nu, dass er zu den Vereinten Nationen gehen würde. Drei Jahre später wurde er als Nachfolger von Dag Hammarskjöld zum dritten Generalsekretär der Organisation gewählt. Und das blieb er bis 1971.

DIE DEMOKRATIE HAUCHT IHR LEBEN AUS

Die fünfziger Jahre werden oft als das goldene Zeitalter der burmesischen Mittelschicht betrachtet. Für viele war es eine Zeit der Freiheit und des Fortschritts mit wenigstens einer Spur von Hoffnungen für die Zukunft. Inzwischen besetzte diese Schicht all die hohen Staatsämter, die einst allein Europäern vorbehalten gewesen waren, und bewohnten deren Pukka-Häuser im Golden Valley und Windermere Park von Rangoon. Andere hatten lukrative Unternehmen aufgebaut, nicht selten im Kielwasser ihrer indischen und chinesischen Landsleute. Es war die Zeit einer lebendigen und völlig unbehelligten Presse, Hunderter von Zeitungen und Magazinen, darunter die anregende Tageszeitung *Nation*, die von Edward Law-Yone gegründet worden war, dem bilderstürmerischen Enkel eines Engländers und eines Maultiertreibers aus Yunnan, der während des Krieges in den Diensten des Office of Strategic Services (des Vorgängers der CIA) gestanden hatte.

Auch auf dem Ausbildungssektor gab es Fortschritte. Wie König Mindon genau hundert Jahre zuvor sandte auch U Nus Regierung Hunderte junger Männer und Frauen auf Staatskosten an Universitäten im Ausland. Die meisten studierten im Vereinigten Königreich und den Commonwealth-Staaten, eine hohe Zahl aber auch in den USA. Auch mein Vater Tyn Myint-U (U Thants künftiger Schwiegersohn) zählte zu den jungen Studenten, die es nach Amerika zog. Kurz nachdem die Briten 1885 Mandalay eingenommen hatten, hatte sich sein Urgroßvater, der König Thibaws Oberkämmerer gewesen war, mitsamt der restlichen Familie nach Dabessway zurückgezogen, in das Dorf seiner Vorfahren nahe Ava, um erst Jahre später in die Königsstadt zurückzukehren. Wie für viele Angehörige des alten Hofes von Ava war auch für ihn die anschließende Zeit von Bitternis und Groll gegenüber dem Britischen Raj und von der Sehnsucht nach den alten Lebensweisen geprägt, die er vergeblich irgendwie aufrechtzuerhalten versuchte.

Ein paar wenige Erinnerungsstücke an den alten Hof – zum Beispiel den goldenen *salway*, der vom Adel getragen wurde, oder ein nachträglich koloriertes, verblassendes Foto meines Ur-Urgroßvaters im Hofgewand – wurden aufbewahrt. Doch sehr bald schon gab es kaum noch etwas, das die Familie meines Vaters von irgendeiner anderen Familie hätte unterscheiden können. Und es war eine große Familie. Sein Vater war das jüngste von elf Kindern gewesen, darunter neun Jungen. In den zwanziger Jahren gab einer seiner Großonkel, Mandalay Ba U, eine ebenso leidenschaftlich nationalistische wie monarchistische Zeitung namens *Bahosi* heraus, gründete dann eine ultrakonservative Partei, ergatterte sich schließlich einen Sitz im Parlament und wurde für kurze Zeit Minister in Dr. Ba Maws Regierung von 1937. Es war die Zeit, in der mein Vater aufwuchs. Er war schon alt genug gewesen, um sich später an die Zerstörung von Mandalay und die panikartige Flucht seiner Familie im Jahr 1942 erinnern zu können, als sie mit einem Ochsenkarren in ein kleines Dorf im Norden zog, um dort das Ende der japanischen Besatzung abzuwarten.

In der Zeit von U Nu gehörte mein Vater zu den vielen jungen Leuten seiner Generation, die nach ein paar Jahren an der Universität von Rangoon begierig darauf waren, in der großen weiten Welt neue Erfahrungen sammeln zu können, und sich deshalb um ein begehrtes Staatsstipendium bewarben. Mein Vater war zum Studium an der Queen's University von Belfast vorgesehen gewesen, doch die Aussicht, ständig Fish and Chips essen zu müssen, und die Hoffnung, irgendwohin gehen zu können, wo er Hollywood näher war, veranlassten ihn dazu, mit einem anderen erfolgreichen Kandidaten zu tauschen. Also landete er mit einem ingenieurwissenschaftlichen Studium an der University of Michigan im lärmenden Ann Arbour. Er war einer von vielen burmesischen Studenten in diesem Jahr (1953). Seine Gruppe trat die Reise nach Amerika mit dem Schiff an, das sie durch den Suezkanal brachte. Dann ging es von London mit dem Flugzeug (wo er sich sicher war, neben Elizabeth Taylor gesessen zu haben) weiter nach New York und von dort mit dem Zug über die Appalachen und durch das Ohio-Tal zu ihrem Zielort. Und der war wirklich weit weg von Mandalay. Die Stipendien, die in diesen Jahren vergeben wurden, trugen jedenfalls eine Menge zum Heranwachsen einer gebildeten jungen Schicht aus bodenständigen Akademikern und Staatsdienern bei. Doch wegen der nun bevorstehenden Veränderungen sollten dann leider nur wenige von ihnen jemals die Chance bekommen, etwas zur Entwicklung ihres Landes beizutragen.

Als mein Großvater Thant 1957 gemeinsam mit seiner Frau und zwei Kindern (meiner Mutter Aye Aye Thant und ihrem jüngeren Bruder, die damals beide Teenager waren) Burma verließ, war er voller gespannter Erwartungen auf seinen neuen Job und die Aussicht, Teil der noch jungen Vereinten Nationen zu werden. Aber er war (wie meine Großmutter) auch wirklich froh, die zunehmend hässlichere politische Atmosphäre in Rangoon hinter sich lassen zu können. Die Verwesung hatte am Kopf begonnen. Nach einem Jahrzehnt an der Macht hatte die Liga Mitte der fünfziger Jahre trotz ihres Wahlerfolges auseinanderzudriften begonnen. Sie war zwar von jeher ein Kuddelmuddel an rivalisierenden Interessen, Ambitionen und Loyalitäten gewesen und nur durch die Partnerschaften an der Spitze zwischen U Nu und seinen Mitstreitern zusammengehalten worden. Nun aber begannen diese Männer und insbesondere die Minister U Ba Swe und U Kyaw Nyein unruhig zu werden. Nicht dass es echte ideologische Spannungen oder unterschiedliche Meinungen über politische Fragen gegeben hätte, es war eher die Geschichte von Freunden und Kollegen, die seit zwanzig Jahren durch Krieg und Frieden in gedrängter Enge miteinander gelebt und gearbeitet hatten und nun einander müde geworden waren – und nicht nur sie, auch ihre Frauen waren einander überdrüssig geworden, vor allem die Partnerinnen von U Nu, Ba Swe und Kyaw Nyein, die kaum noch, wenn überhaupt ein Wort miteinander sprachen. Und wo die Frauen erst einmal zerstritten sind, da kann es nach Ansicht der Burmesen nur noch eine Frage der Zeit sein, bis alle im Streit miteinander liegen – in diesem Fall: die ganze Liga.[14]

Die Ironie dabei war nur, dass die Liga so erfolgreich an der Wahlurne gewesen war und nach wie vor eine bequeme Mehrheit im Parlament besaß. Die formelle Trennung kam im Juni 1958. Es war ein windiger, regnerischer Tag, und jeder Anwesende wusste, dass nun eine Ära zu Ende ging, die Mitte der dreißiger Jahre mit dem Studentenverband begonnen hatte. Die wichtigsten Mitglieder von U Nus Kabinett hatten selbst einen Misstrauensantrag gegen die Regierung gestellt. Es gab Gerüchte über Putschversuche und Gegenputsche, und auf der Straße patrouillierten Panzerwagen, als U Nu und seine Gegner mit ihren gelben oder rosaroten Kopfbedeckungen in der cremefarbenen Abgeordnetenkammer unter surrenden Ventilatoren direkt vor einem Porträt von Aung San ihre Debatte führten. U Nu überlebte das Votum, aber nur knapp. Von der Liga war nur noch die Hälfte ihres einstigen Selbst übrig. Die Regierung war nun von der Unterstützung der Hardcore-Linken abhängig, um an der Macht bleiben zu können. Das jagte dem Militär Angst ein.

Es begann chaotisch zu werden. U Nus Zweckehe mit den »oberirdischen« Kommunisten (im Gegensatz zu den kommunistischen Rebellen im Untergrund) verunsicherte die Armee, deren Offiziere ohnedies mit den Gegnern des Ministerpräsidenten sympathisierten. Schlimmer noch war, dass dem Bruch an der Spitze ein Bruch durch das ganze Land folgte. In jeder Stadt und jedem Dorf splitteten sich die Kommunalregierungen in rivalisierende Fraktionen auf. Zuerst beklagten sich die Feldkommandeure gegenüber der Armeeführung nur über eine drohende Instabilität und beschuldigten U Nus Parteigetreue ständiger Schikanen, doch unter der Führung des Nord-Kommandeurs Oberst Aung Shwe (der später zum Vorsitzenden von Aung San Suu Kyis Nationaler Liga für Demokratie werden sollte) begannen sie sich schließlich zu verschwören. Immer neue Gerüchte machten die Runde. Die einen sagten, dass Einheiten der Unionsmilitärpolizei, die noch treu zu U Nus Innenminister standen, bald schon Rangoon übernehmen würden; andere behaupteten, dass demnächst die Feldkommandeure mit ihren Truppen einmarschieren und die Hauptstadt einnehmen würden.

Am 22. September umstellten die Soldaten von Oberst Kyi Maung (ein weiterer künftiger Vorsitzender von Aung San Suu Kyis Partei) im Verbund mit Spezialeinheiten, die direkt dem Kriegsministerium unterstanden, alle entscheidenden Regierungsgebäude und das Windermere-Viertel, in dem die meisten Kabinettsminister und hohen Beamten wohnten. U Nu wurde mitgeteilt, dass die Feldkommandeure einen Putsch planten, das Kriegsministerium und die Männer um General Ne Win ihn aber schützen würden. Das hieß nichts anderes, als dass das Kriegsministerium nun einen »Präventivputsch« plante, um die Regierung vor den zornigen Feldkommandeuren zu schützen.

Vier Tage später erklärte U Nu über Radio Rangoon, dass er General Ne Win »wegen der vorherrschenden Sicherheitslage und um wieder Recht und Ordnung herzustellen« gebeten habe, bis zur Abhaltung von Neuwahlen »die Regierung in Form einer Interimsregierung zu übernehmen«. Die Armee hatte die Macht an sich gerissen.

Die nun antretende Interimsregierung war die effektivste und effizienteste Regierung der modernen burmesischen Geschichte. Außerdem war sie selbstherrlich und brutal. Korruption wurde bloßgestellt und ausgerottet, auch auf höchster Ebene. Sämtliche ministerielle Schlüsselpositionen wurden mit Technokraten besetzt, die Presse und die Gerichte wurden im Allgemeinen in Ruhe gelassen, und die Preise blieben stabil.

Rangoon bekam ein Facelifting. Häuser wurden auf Befehl hin frisch gestrichen, der Dreck in den Straßen wurde beseitigt, rund hundertfünfundsechzigtausend Menschen, hauptsächlich Flüchtlinge, die während des Bürgerkrieges vertrieben worden waren und seither in schäbigen Hütten oder verlassenen Wohnungen hausten, wurden in neue Trabantenstädte vor den Toren der Hauptstadt zwangsumgesiedelt. Vor 1958 war Rangoon eine schmuddelige Stadt voller armseliger Hüttenlager und ganzer Rudel von herrenlosen Hunden gewesen. Dann übernahm ein anpackender Oberst die Verwaltung der Hauptstadt und mobilisierte fünfundzwanzig Wochen lang Samstag für Samstag hunderttausend Leute, um sie zehntausend Tonnen Abfall sammeln zu lassen. Für die Mittelschicht war das eine gute Sache, ganz sicher jedoch nicht für die Armen, und auch nicht unbedingt für die Leute, die nun tagtäglich von ihren Trabantenstädten große Entfernungen zu ihren Arbeitsstätten zurücklegen mussten. Auf dem Land wurde derweil das Bezirkspersonal, das für Recht und Ordnung zu sorgen hatte, zu neuen »Sicherheitsräten« umstrukturiert, was einen dramatischen Rückgang von Gewaltverbrechen nach sich zog. Kriminelle, Schieber und Betrüger wurden hinter Schloss und Riegel gebracht.

Währenddessen verlor die Armee keine Zeit, um ihren Krieg zu führen. Eine Liste nach der anderen wurde mit den Namen von getöteten, verwundeten oder gefangen genommenen Rebellen veröffentlicht. Anfang der fünfziger Jahre war der kommunistischen Bewegung das Rückgrat gebrochen worden, nun wurden auch die letzten kommunistischen Hochburgen eingenommen. Und auch was den übrigen bewaffneten Widerstand betraf, konnte Rangoon ein ums andre Mal punkten. Zum ersten Mal sah es so aus, als stünde tatsächlich ein Ende des Bürgerkriegs bevor. Eine Hochglanzpublikation mit dem Titel »Ist Zuversicht gerechtfertigt?« stellte jedermann die Errungenschaften der Armee zur Schau.

Die Interimsregierung währte bis Dezember 1960, dem Monat, in dem sie die versprochenen Wahlen abhalten ließ. Trotz ihrer ganzen Effizienz hatte sie die Wähler nicht überzeugen können. Die Bürger stimmten nicht für die Fraktion, die sich gegen U Nu gestellt hatte und vom Militär gestützt wurde, sondern verhalf dem charismatischen, wenn auch weniger effizienten U Nu zu einem erdrutschartigen Sieg und damit ins Amt zurück. General Ne Win reagierte nonchalant und gab die Macht wie versprochen ab. Tatsächlich vermittelte er sogar den Eindruck, als hätte er sich mit dieser zusätzlichen Verantwortung nie wirklich wohl gefühlt und als würde er diese Macht nicht noch einmal übernehmen wollen, wenn es sich denn vermeiden ließ. Er klagte über Stirnhöhlenprobleme, wurde zum ständigen Gast in der Rangooner Partyszene und erzählte, wie grässlich es war, dass er als Ministerpräsident nicht einmal genug Zeit zum Golfspielen gehabt habe.[15] Die Öffentlichkeit scheute er. Einmal sagte er den versammelten Journalisten bei einer selbst einberufenen Pressekonferenz, dass sie schreiben könnten, was sie wollten, stand auf und ging. Aber das war ein sehr wohl überlegtes Desinteresse. Denn obwohl die Armee abgetreten war, beherrschte sie das Bild noch immer. Auf dem Land wurden Solidaritätsräte ins Leben gerufen, die sich nun unter dem Motto »Blitz vom Himmel« unter der Umgehung jeglicher Parteipolitik eine Machtbasis auf Dorfebene aufbauten. Derweil war auch ein rasantes Wachstum des militäreigenen Wirtschaftsimperiums zu verzeichnen. Überall hatte die Armee nun ihre Finger im Spiel, vom Buchladen über die Fischerei bis hin zu Softdrinks. Die Soldaten fanden, dass sie ihre Sache an der Regierung bewundernswert gut gemacht hätten und das Land wesentlich besser führen könnten als alle anderen. Sie wollten eine neue Chance, aber diesmal, ohne dass ihnen irgendeine Frist durch irgendwelche Wahlen gesetzt würde.

AUF DEM WEGE ZUM PUTSCH VON 1962

Kurz nach dem Einmarsch in Thibaws Königreich hatten sich Sir George Scott (der Mann, der den Fußball in Burma einführte) und andere Vertreter des Britischen Empires mit diversen Shan-Fürsten im östlichen Bergland auf einem wunderschönen Hochplateau zwischen sanft geschwungenen Hügeln und kleinen Seen getroffen. Auch das Wetter war herrlich. Dort war es den Briten dann gelungen, einen Stammesfürsten nach dem anderen zu überzeugen oder zu nötigen, eine ziemlich abgeschwächte kolonialherrschaftliche Variante zu akzeptieren: In dem Bergstädtchen Taunggyi sollte ein britischer Superintendent stationiert werden, Männer des britischen Frontier Service sollten die Stammesfürsten wann immer nötig beraten, ansonsten würden sie sich selbst überlassen bleiben, auch ihre Erbrechte wollte man nicht antasten. Im Jahr 1922 wurde ein Rat der Stammesfürsten ins Leben gerufen, dem ein britischer Beamter vorsaß. Andere Neuerungen wurden nicht eingeführt. Das Bergland blieb von der Politik und den Problemen im Tiefland selig unberührt. Nach dem Sturz des Hofes von Ava konnten die kleinen Shan-Höfe noch über eine Generation lang die alten Traditionen wahren und eine leise Ahnung von dem Bild vermitteln, das Oberburma hätte abgeben können, wenn die Briten statt der vollständigen Abschaffung der Monarchie ein Protektorat vorgezogen hätten.

In den fünfziger Jahren des 20. Jahrhunderts lebten nur noch Sawbwa, die bereits unter der britischen Herrschaft aufgewachsen waren. Fast alle von ihnen hatten in Taunggyi eine Schule besucht, die auf einem Hügel inmitten der schönen grünen Landschaft nach dem Prinzip englischer Internatsschulen geführt wurde, mit allem Drum und Dran, darunter auch einem aus England importierten Rektor und dem üblichen strengen sportlichen Wettkampfplan. Einige von ihnen hatten dann weiterführende Schulen und Universitäten in England und Amerika besucht. Sao Kya Hseng zum Beispiel, der Stammesfürst des uralten Städtchens Hsipaw, das in einem Bergtal an einer Flussschleife des Namtu lag, hatte seinen Abschluss in Ingenieurswissenschaften im amerikanischen Colorado gemacht. Bereits sein Vater Sao On Kya hatte in Rugby und am Brasenose College in Oxford studiert. Viele von ihnen wurden von den Briten als Gentlemen betrachtet, in denen sich das Beste aus dem Osten und dem Westen vereinte. Ein paar Jahrzehnte lang schienen die Shan-Staaten einen fast idyllischen Frieden und Wohlstand zu genießen.[16]

Ein anderer bedeutender Stammesfürst war der Sawbwa des teeproduzierenden Ministaates Mongmit, Sao Hkun Hkio. Seine Frau Mabel hatte er Anfang der fünfziger Jahre als Student in Cambridge kennengelernt, als beide mit ihren Hunden am Parker's Piece spazieren gingen. Ihre Eltern lebten bescheiden und hatten keine Einwände, als Sao Hkun Hkio um ihre Hand anhielt, auch wenn sie gewiss keine Vorstellung hatten, welches Leben ihre Tochter führen würde. Bald heiratete das Paar, doch als der junge Prinz endlich all seinen Mut zusammennahm und seinem Vater, dem herrschenden Sawbwa davon erzählte, wurde ihm befohlen, auf der Stelle nachhause zurückzukehren, wenn er nicht alles verlieren wolle. Mabel war schlicht nicht akzeptabel. Was konnte er tun? Er konnte nicht einfach heimkehren und seine junge Frau alleine zurücklassen. Andererseits hatte er kein Geld, um in England zu bleiben. Er überlegte kurz, sich einen Job in Cambridge oder London zu suchen, entschied aber schließlich, dem Vater gegenüberzutreten und auf das Beste zu hoffen.

Der Vater war nicht zu erweichen, nicht einmal als er erfuhr, dass Mabel gerade sein erstes Enkelkind geboren hatte, einen Sohn. Zum Glück für das junge Paar starb der alte Sawbwa bald darauf, und der Sohn bestieg den Thron, neben sich Mabel als *mahadevi* oder die »große Göttin« von Mongmit. Dort lebten sie viele Jahre lang friedlich mit ihren Kindern und Hunden – vier großen Dänischen Doggen und einem Bluthund – und regierten ein Dutzend wolkenverhangene Dörfer inmitten von Teeplantagen. Mongmit war selbst nur ein kleiner Ort, eher ein zersiedeltes Dorf, das sich hinter den Rubinminen von Mogok an den Hang eines Grenzberges zu China schmiegte. Als Burma unabhängig wurde, machte Sao Hkun Hkio eine ehrenvolle Karriere als Außenminister in U Nus Kabinett, dann als stellvertretender Ministerpräsident von Burma und Staatsoberhaupt der Shan-Staaten.

Nach dem Putsch der Armee im Jahr 1962 wurde Hkun Hkio wie alle anderen Shan-Fürsten inhaftiert (Sao Kya Hseng, der seinen Abschluss in Colorado gemacht hatte, wurde nie wieder gesehen). Als er nach einigen Jahren freikam, verließ er das Land, um niemals wieder zurückzukehren. Gemeinsam mit Mabel folgte er ihren alten Spuren ins ebenso wolkenverhangene Cambridge zurück, wo sie ein Haus unweit von Parker's Piece bezogen. Als ich nach Cambridge kam, um am Trinity College mit meiner Dissertation zu beginnen, war er gerade gestorben. Das war 1991. Im Gegensatz zur Jahrhundertwende, als Dutzende von burmesischen Studenten in Cambridge gewesen waren und sogar ein eigener burmesischer Studentenverband gegründet wurde, war ich (so viel ich weiß) der einzige Burmese dort, abgesehen von Pascal Khoo Thwe (der spätere Autor des Buches *From the Land of Green Ghosts: A Burmese Odyssey*[17]), der mich in die Familie des alten Sawbwa einführte. Ich besuchte Mabel, die noch immer in dem bescheidenen, halb freistehenden Haus lebte, das sie mit dem Fürsten bewohnt hatte. Am Eingang war ein kleines Schild angebracht, auf dem MONGMIT stand.

Doch damit haben wir weit vorgegriffen. In den fünfziger Jahren hatten die beiden Stammesfürsten von Mongmit und Hsipaw U Nu und dem neuen Establishment in Rangoon nahegestanden und die Politik der Shan-Staaten gelenkt. Das größte Problem für diese Staaten war die Invasion der chinesischen Nationalarmee und der daraufhin einsetzende Zustrom an oft ruppigen burmesischen Armeesoldaten, die vielerorts die ersten und einzigen ethnischen Burmesen gewesen waren, die die Menschen in diesem Teil des Landes je zu Gesicht bekommen hatten. Die Beschwerden häuften sich. Schließlich wurden ganze Gebiete der Shan-Staaten unter militärische Verwaltung gestellt. Mitte der fünfziger Jahre begannen sich die ersten Shan für eine Selbstverwaltung stark zu machen. U Nu redete auf sie ein, doch viele junge Shan orientierten sich lieber am Vorbild der Karen und dachten an einen bewaffneten Widerstand. 1958 wurde an der thailändischen Grenze die erste noch kleine Shan-Armee aufgestellt.

Für die chinesischen Nationalisten und ihre Helfershelfer war das eine gute Sache. Denn die KMT, die nach wie vor mit der Unterstützung der Thai und der Taiwanesen operierte, hoffte, dass ihnen durch eine Rebellion der Shan ein legitimerer Anstrich verliehen würde. Auch die Thai hatten ganz und gar nichts gegen einen Puffer zwischen ihrem Land und dem ihrer uralten burmesischen Feinde einzuwenden. Außerdem wollte jeder ein Stück vom Opiumkuchen abbekommen. Nachdem Iran und China, einst die beiden größten Opiumanbaugebiete der Welt, ihre Produktionen eingestellt hatten, war das sogenannte Goldene Dreieck – die Grenzregion Burma, Thailand, Laos – in die Bresche gesprungen und Bangkok zum Zentrum des weltweiten Drogenhandels geworden. Es stand daher nicht nur eine Menge Geld auf dem Spiel, es war auch eine große Zahl an Prominenz in diesen Handel verwickelt. Sarit Thanarat, der Armeechef und starke Mann von Thailand, hatte 1957 bei einem Putsch die Macht übernommen und Präsident Eisenhower versprochen, dass er sein Land »in das Bollwerk« verwandeln werde, »welches die USA benötigen, um den kommunistischen Vormarsch in Ostasien aufzuhalten«. Deshalb hatte nun alles, was Thailand zur Unterstützung der burmesischen Rebellen oder zur Vereinfachung des Drogenhandels unternehmen wollte, den Segen Washingtons.[18]

Auch die Kachin hoch oben im Norden wurden zunehmend nervöser angesichts ihres Schicksals in einem unabhängigen Burma. Nach einem Grenzvertrag mit China hatten sich drei Kachin-Dörfer plötzlich auf der chinesischen Seite wiedergefunden, und auch die jüngste Entscheidung von U Nu, den Buddhismus zur Staatsreligion zu erheben, hatte die in dieser Region mehrheitlich christlichen Kachin mächtig verärgert. Am 5. Februar 1961 wurde in den Bergen unweit von Hsenwi und Mongmit die Kachin-Unabhängigkeitsarmee gegründet, geführt von Zau Seng, einem Kriegshelden und Veteran des amerikanischen Kommandos 101. Und obwohl dieser junge Rebellentrupp noch ebenso klein war wie die Shan-Armee, gab es doch deutliche Anzeichen, dass die Dinge nun eine noch gewalttätigere Richtung einschlagen könnten.

Um die gleiche Zeit marschierten zwanzigtausend Soldaten der chinesischen Volksbefreiungsarmee über die Grenze in den Shan-Staat Kengtung nahe Thailand ein. Ihr Auftrag lautete, die Kuomintang zu zerschlagen. Prompt wurde die KMT in den Süden abgedrängt, wo sie dann von der Neunten Brigade der Burmesischen Armee angegriffen wurde. Mehrere ihrer Stützpunkte wurden eingenommen und große Mengen an Waffen und Munition made in USA beschlagnahmt.[19] Im Laufe der nächsten Monate flogen zwar viele der besiegten chinesischen Nationalisten nach Taiwan aus, aber viele blieben auch, einige auf der burmesischen Seite, einige im Norden Thailands und ein paar Hundert in Laos, wo sie dann in die königlich-laotische Armee eingezogen wurden, um gegen den Rebellentrupp des Pathet Lao zu kämpfen.

In Burma wurde man sich bewusst, dass das Land nun an einem Scheideweg angekommen war. Der Wirtschaft ging es zwar einigermaßen gut, doch nach nunmehr fast fünfzehnjähriger Unabhängigkeit gab es noch immer sehr viele Hoffnungen der burmesischen Entwicklungsplaner, die sich nicht erfüllt hatten. Selbst das benachbarte Thailand hatte ein höheres Bruttoinlandsprodukt vorzuweisen, ganz zu schweigen von den ebenfalls unabhängig gewordenen Staaten Malaya und Singapur weiter östlich, die ohnehin allen davonrannten. Doch die eigentlichen Probleme des Landes waren gar nicht wirtschaftlicher, sondern politischer Art. Erstens gab es einen ethnischen Konflikt, der sich mancherorts zu einem gewalttätigen bewaffneten Kampf ausgeweitet hatte und anderenorts ständig unter der Oberfläche gärte. Die Kolonialherrschaft hatte ein Erbe des Misstrauens hinterlassen und viele aus der burmesischen Elite blind gemacht gegenüber der Realität, dass Burma nicht nur die Heimat des stereotypen burmesischen Buddhisten ist, sondern das Heimatland von vielen verschiedenen Völkern und Kulturen. Bestenfalls war man bereit, sich der Idee zu beugen, dass auch Minderheiten und Ausländer einen Platz irgendwo im Land finden könnten. Doch wer möchte sich im Land der eigenen Geburt damit zufriedengeben, immer nur als der Angehörige einer Minderheit oder als Ausländer betrachtet zu werden?

Zweitens gab es die wiederholten Interventionen des Auslands – der Amerikaner, der Thai, der chinesischen Nationalisten, der Sowjets und der chinesischen Kommunisten. Sie alle gossen nur weiteres Öl ins Feuer und machten eine lokale Lösung des burmesischen Bürgerkrieges schlicht unmöglich. Drittens schließlich gab es die Burmesische Armee selbst, die es gekonnt und erfolgreich verstanden hatte, das Vakuum zu füllen, das durch den plötzlichen Abzug der Briten und durch den Beinahezusammenbruch der Regierung entstanden war. Und diese Armee hatte inzwischen einen Schattenstaat aufgebaut, der plötzlich alles zu sein schien, was man brauchte, um sich den bevorstehenden Herausforderungen stellen zu können.

In gewisser Weise hatte die burmesische Demokratie unter U Nu ihre Blütezeit erlebt. Es gab die wahrscheinlich freieste und lebendigste Presse in ganz Asien, auch die bürgerlichen Freiheiten wurden grundlegend respektiert. Doch der Putsch im Jahr 1958 hatte eine unauslöschliche Narbe hinterlassen, denn er war das erste Signal für die endgültige Machtübernahme der Armee gewesen. Im Laufe des Sommers 1961 trafen sich die Shan-Führer in Taunggyi, um über ein neues föderales Regierungssystem zu debattieren, weil das für sie die einzige

Lösung des ethnischen Dilemmas schien, in dem sich das Land befand, einmal ganz abgesehen davon, dass ihnen ohnedies das verfassungsmäßige Recht zugesichert worden war, sich unabhängig erklären zu können. Sie versprachen dann zwar, dieses Recht nicht anzuwenden, forderten dafür aber einen neuen Deal. U Nu stand ihrer Sache nicht ohne Sympathie gegenüber und versprach, mit ihnen und den anderen Minderheiten zusammenzuarbeiten. Anfang 1962 berief er ein Nationalitätenseminar in Rangoon ein, um diese Frage und alle mit ihr verbundenen Probleme zu diskutieren. Doch die Streitkräfte von General Ne Win schmiedeten bereits andere Pläne.

12

Der Schwanz des Tigers

Über die Soldaten, die die Macht an sich rissen,
weil allein sie wüssten, was gut sei:
alle Inder des Landes zu verweisen,
die Wirtschaft zu verstaatlichen
und den Rest der Welt auszuschließen

∽

In den lauen Morgenstunden des 2. März 1962 rollten Panzer und Panzergrenadiereinheiten der Burmesischen Armee in die Innenstadt von Rangoon und nahmen das Regierungsgebäude, den Amtssitz des Ministerpräsidenten, den Obersten Gerichtshof und andere wichtige Ämter ein. Armee-Einheiten fegten durch die parkartigen Wohnviertel nördlich der Königlichen Seen und verhafteten fast die gesamte politische Spitze. Ministerpräsident U Nu, fünf Minister und der Präsident des Obersten Gerichtshofes wurden in Gewahrsam genommen, ebenso dreißig Shan- und Karen-Fürsten. Der erste Unionspräsident und Erbfürst von Yawnghwe, Sao Shwe Thaik, starb noch im Jahr seiner Verhaftung im Gefängnis. Sein siebzehnjähriger Sohn wurde erschossen, als er versuchte, den Vater zu schützen. Er war das einzige Todesopfer an dem ansonsten völlig unblutigen Tag dieses Staatsstreichs nach dem Lehrbuch.

Am Abend zuvor hatte sich Armeechef General Ne Win die Aufführung eines chinesischen Ballettensembles angesehen, das gerade ein Gastspiel in Rangoon gab. Die Vorstellung hatte erst spät geendet, und man sah den General noch die Primaballerina beglückwünschen, bevor er sich still und leise zurückzog. Ob er in dieser Nacht überhaupt zum Schlafen kam, weiß niemand. Jedenfalls hielt er bereits um acht Uhr fünfzig am nächsten Morgen eine Radioansprache, in der er erklärte, dass die Streitkräfte wegen »der sich ungemein verschlechternden Lage der Union« die Macht übernommen hätten. Am nächsten Tag wurden das Parlament aufgelöst und die Verfassung außer Kraft gesetzt. Ein Revolutionsrat aus Ne Wins höchstrangigen Mitstreitern, wieder einmal hauptsächlich aus seinem Vierten Schützenbataillon, sollte von nun an ohne jede Kontrolle und Einschränkung das Land regieren. Ne Win selbst wurde Verteidigungsminister, Finanzminister, Steuerminister und Präsident der Republik in Personalunion. Von Armeeoffizieren geleitete lokale Revolutionsräte übernahmen die Kommunalregierungen, Militärtribunale ersetzten die Gerichte. Diesmal gab es kein Versprechen auf künftige Wahlen, diesmal wurde ein völlig neuer Kurs gefahren. Etwas später in dieser Woche erklärte der neue Diktator von Burma Reportern seinen Glauben an die Demokratie, den Sozialismus und eine »gesunde Politik«. Im folgenden Monat wurde ein burmesischer Presserat ins Leben gerufen, um den so ungemein lebendigen vielsprachigen Medien einen Maulkorb zu verpassen. Es sollte noch viel schlimmer kommen.

Die Ideologie des neuen Regimes wurde in zwei konfusen, geradezu Orwell'schen Dokumenten dargelegt. Der Titel des einen lautete: »Der burmesische Weg zum Sozialismus«, der andere Text unter der Überschrift »System der Korrelation zwischen Mensch und Umwelt« war noch nebulöser. Ein großzügiger Interpret würde vielleicht denken, es sei ein gutgläubiger Versuch gewesen, die diversen Strömungen des politischen Lebens in Burma zu bündeln und den Sozialismus mit dem Buddhismus unter einen Hut zu bringen. Sehr viel wahrscheinlicher ist jedoch, dass beide Dokumente den unausgegorenen Versuch von völlig unfähigen »Experten« darstellen, General Ne Wins wachsende Fremdenfeindlichkeit und Gier nach unumstrittener Macht schönzufärben.

Jeder, der die militärische Übergangsregierung in den Jahren 1958 bis 1960 erlebt hatte, war völlig überrascht von den nächsten Schritten. Die erste Militärregierung hatte sich Technokraten geholt – aus Beamten-, Akademiker- und anderen Kreisen –, die ihre Jobs effizient und effektiv erledigten. Die neue Militärregierung sollte das genaue Gegenteil tun. Sie erwies sich als über die Maßen misstrauisch gegenüber der gebildeten Expertenschicht und schasste in den anschließenden Monaten unzählige Fachleute und gut ausgebildete Bürokraten, darunter auch die gesamte Beamtenspitze, die noch im alten Kolonialdienst geschult worden war, in vielen Fällen Männer, die ein Gewinn für jede Bürokratie gewesen wären und deshalb später erfolgreiche Karrieren im Ausland machten. Mit ihrem plötzlichen Rauswurf versetzte sich das kleine Entwicklungsland einen einzigartig harten Schlag.

Ebenfalls gehen mussten sämtliche westlichen Hilfsorganisationen und Berater. Die Ford Foundation und die Asia Foundation wurden kurzerhand aus dem Land geschmissen, das Fulbright-Programm und alle anderen Stipendienprogramme, die dafür gesorgt hatten, dass Hunderte junger Burmesen eine Ausbildung in den USA und anderen Ländern erhielten, wurden eingestellt. Die Professoren der »School of Advanced International Studies« der Johns Hopkins University, die heute über Campus in Washington, Bologna und Nanking verfügt und damals auch in Rangoon vertreten war, wurden schlicht packen geschickt. Damit endeten alle Hoffnungen auf eine neue Generation burmesischer Diplomaten auf Weltniveau. Sogar die von Briten und Amerikanern betriebenen englischen Sprachschulen wurden geschlossen. Mindestens so schnell begann sich auch der Puritanismus des burmesischen Militarismus zu zeigen. Westliche Tänze, Pferderennen und Schönheitswettbewerbe wurden verboten, auch die wenigen Nightclubs in Rangoon mussten dicht machen. Die Botschaft lautete klar und deutlich, dass es mit dem Spaß nun vorbei war. Am Ende des Jahres 1963 wurden sogar die Pfadfinder und der burmesische Automobilverband verstaatlicht. Ausländer wurden praktisch keine mehr ins Land gelassen; Transitvisa für Passagiere, die auf Langstreckenflügen einen Zwischenstopp in Burma einlegen mussten, wurden auf vierundzwanzig Stunden begrenzt. Bis dahin war Rangoon eine Drehscheibe für die Luftfahrt gewesen. PanAm, BOAC, Northwest Airlines, Air France und KLM flogen regelmäßig betuchte Passagiere im Direktflug aus Europa und Nordamerika ein. Wer nach Thailand reisen wollte, der konnte das nur mit einer Zwischenlandung in Rangoon; sogar Singapur war nur via Rangoon zu erreichen. Nun gab es nur noch die muffigen Propellerflugzeuge der Union of Burma Airways, die das Land mit der Außenwelt verbanden.

Und während in dieser Außenwelt gerade ein unglaublich turbulentes und kreatives Jahrzehnt anbrach, hingen Ne Win und seine Generäle ein großes *Do not disturb*-Schild an die Landestür. Die Sechziger machten einen großen Bogen um Burma.

Natürlich hatte nicht nur die Burmesische Armee entschieden, dass ein Land nur durch seine Streitkräfte regiert werden könne. In Südkorea hatte gerade die Diktatur von General Park Chung Hee ihre sechsundzwanzig Jahre währende Macht angetreten (allerdings mit ganz anderen und wirtschaftlich sehr viel harmloseren Folgen). In Pakistan (das von Westpakistan abgetrennte Ostpakistan grenzte damals an Burma) setzte Feldmarschall Ayub Khan gerade Bildungs- und Landreformen durch und baute in der Nähe von Rawalpindi seine neue Hauptstadt. Und im benachbarten Thailand herrschte das Regime von Feldmarschall Sarit Thanarat. Tatsächlich war Demokratie in dieser Region die Ausnahme, und damals nicht einmal eine besonders beliebte Ausnahme.

Dissens wurde augenblicklich zum Schweigen gebracht. Die Armee bewies, dass sie es ernst meinte. Am 7. Juli stürmten Soldaten den Campus der Universität von Rangoon, wo sich gerade Hunderte von Studenten versammelt hatten, um die Rückkehr zum demokratischen Staat zu fordern. Dann brachen in einigen Stadtvierteln Tumulte aus, offenbar weil die neuen Herren angeordnet hatten, dass kein Student mehr nach acht Uhr abends sein Wohnheim verlassen durfte. Gebrodelt hatte es jedoch schon seit Wochen, seit der Revolutionsrat seine Absicht verkündet hatte, ein neues Einparteiensystem zu schaffen. Mindestens fünfzehn Studenten wurden getötet und viele weitere verwundet, als der Kampf ausbrach, der den Beginn eines Jahrzehnte währenden Ringens der gebildeten Jugend Burmas mit den Männern in Uniform einläutete. Gleich am nächsten Morgen marschierte ein Sprengkommando zum weißen Haus des Studentenverbands, das seit den zwanziger Jahren eine Ikone des Antikolonialismus gewesen war und in dem Aung San, U Nu und U Thant ihre Reden gehalten hatten, und jagte es in die Luft. Es sollte zwar noch viele weitere und wesentlich blutigere Zusammenstöße geben, doch die Wunden, die gerade diese Tat hinterließ, schlossen sich lange nicht. Noch bei seiner letzten öffentlichen Rede im Jahr 1988 fühlte sich Ne Win weitschweifig zu versichern genötigt, dass nicht er die Verantwortung für die Zerstörung des Gebäudes des Studentenverbands trage.

Noch schwerwiegender aber war, was nun mit der Wirtschaft geschah. Sie war ohnedies schon in schlechtem Zustand gewesen. Schwere Überschwemmungen hatten im Jahr zuvor eine Reisanbaufläche von über vierhunderttausend Hektar vernichtet, gerade als die Regierung von U Nu ein ambitioniertes Entwicklungsprogramm lancieren wollte. Da die erste Militärregierung jedoch so eng mit den führenden Unternehmern zusammengearbeitet hatte, hoffte man, dass die neue das nun auch tun würde. Doch wie in so vielen Fällen schlug der Revolutionsrat einen ganz anderen politischen Kurs ein. Ne Wins erster Stellvertreter, Brigadegeneral Aung Gyi, der als sehr unternehmerfreundlich galt, wurde geschasst. Das überraschte alle, denn Aung Gyi war von vielen als der Architekt des Putsches und designierte Thronfolger von Ne Win betrachtet worden. Später sollte Ne Win ihn für die Sprengung des Studentenverbandshauses verantwortlich machen. Aung Gyi ging ohne jeden Kommentar. Er zog sich eine Weile in ein abgelegenes buddhistisches Kloster zurück, betrieb anschließend eine erfolgreiche Konfiserie-Kette und tauchte erst Jahrzehnte später beim Aufstand von 1988 wieder in der politischen Öffentlichkeit auf, diesmal als Vorsitzender der neuen Nationalen Liga für Demokratie (deren Generalsekretärin Aung San Suu Kyi ist).

Eine Woche nach Aung Gyis Amtsenthebung verkündete die Regierung die Verstaatlichung aller großen Unternehmen und Industrien. Neue Privatbetriebe durften nicht gegründet werden. Eines Samstagnachmittags wurden auch sämtliche der vierundzwanzig ausländischen und inländischen Banken vom Staat übernommen. Die Niederlassung der Lloyds Bank wurde in Volksbank Nr. 19 umbenannt. Im ganzen Land wurden »Volksläden« eröffnet, gestrichen in den Armeefarben Grün und Weiß. Da nun aber nur noch Staatsbetriebe Zugang zu Rohstoffen hatten und Streikschutz genossen, reichten einige Privatgesellschaften sogar freiwillig ein Gesuch zur Verstaatlichung ein. Doch dann stellten sie schnell fest, dass die staatlichen Betriebsleiter, die ihnen vorgesetzt wurden, völlig unqualifiziert waren. Die Auswirkungen, die das alles auf die Wirtschaft und die Zuversicht der Anleger hatte, waren vernichtend. Bis August war die Industrieproduktion um vierzig Prozent gesunken, während die Arbeitslosigkeit in den Städten immer drastischer anstieg. Zwölf Monate später vernichtete eine Geldentwertung, mit der man offenbar den Schwarzmarktaktivitäten einen Riegel hatte vorschieben wollen, die persönlichen Ersparnisse von hunderttausenden einfachen Bürgern.

Seit die Rennbahn geschlossen, Schönheitswettbewerbe verboten, Jobs verloren gegangen, alle Möglichkeiten für Studienstipendien beschnitten worden waren und es nur noch Bier aus der Volksbrauerei und -brennerei zu trinken gab, war es, als hätte einfach jemand das Licht in einem chaotischen und oft korrupten Land mit einer ungemein lebendigen und konkurrenzfähigen Gesellschaft gelöscht. Nun ging es nur noch um Zucht und Ordnung und um einen geordneten Umgang mit allen Entwicklungsfragen. Das Ergebnis war eine Katastrophe für das Land, das erst seit vierzehn Jahren unabhängig und in den knapp zwei Jahrzehnten seit dem Ende des Zweiten Weltkriegs kaum dazu gekommen war, die verheerenden Verwüstungen zu bewältigen.[1]

Der Mann, der Burma nun auf den Pfad der Entbehrungen und in die Isolation führte, war General Ne Win, ein Playboy, Tyrann, Zahlenmystiker und einstiger Postbeamter, der die Psyche seiner Landsleute gut genug kannte, um sich fast drei Jahrzehnte praktisch als Alleinherrscher halten zu können. Geboren wurde er 1911, und wie so viele andere politische Figuren seiner Generation stammte auch er aus der neuen Kleinstadtmittelschicht. Sein Vater war ein kleiner Beamter in einem Ort namens Paungdale gewesen und hatte den Sohn auf die staatliche Sekundarschule in der Nähe von Prome geschickt. Prome liegt am Ende der Eisenbahnstrecke im Norden von Rangoon, dort, wo Menschen und Waren ein paar Stunden oder eine Nacht verbrachten, bevor sie mit dem Schiff den Irrawaddy stromaufwärts nach Mandalay fuhren. In den zwanziger Jahren war Prome ein freundlicher Ort mit einem hübschen, von teakholzgedeckten Steinhäusern beherrschten Straßenbild gewesen, in dem es relativ viele Europäer und eine quirlige Atmosphäre mit dem Versprechen auf gutes Geld gab.[2]

Ne Win war gut genug in der Schule gewesen, um an der Universität von Rangoon angenommen zu werden. Im Juni 1929 belegte er Naturwissenschaften. Am liebsten wollte er Arzt werden. In einer anderen Welt wäre ein Dr. Ne Win vermutlich nie auf die Idee gekommen eine Karriere als Politiker oder Soldat einzuschlagen, sondern hätte eine profitable Praxis in seiner grünen Heimatstadt eröffnet. Doch als er nach zweijährigem Studium durch das Zwischenexamen fiel, sah sich der zwanzigjährige Abbrecher gezwungen, nach einem Job Ausschau zu halten, gerade als die Weltwirtschaftskrise Burma mit voller Wucht erreichte und die ethnischen Spannungen und Arbeitskämpfe gewalttätig zu werden begannen. Zuerst dachte er an Kohle. Er wusste, dass Kohle wegen des nahen Abbaugebiets in Prome wesentlich billiger war als in Rangoon und der Kohlehandel ein profitables Geschäft sein würde. Also krempelte er die Ärmel hoch und gründete ein kleines Unternehmen, das jedoch augenblicklich von einer Konkurrenz erdrückt wurde, die fest in indischer Hand war. Bald wurde ihm klar, dass es ihm niemals gelingen würde, den kollektiven Griff der Einwanderer auf diesen Einzelhandelsmarkt zu lockern. Das war eine bittere Lehre. Man kann sich vorstellen, welche Gedanken dem Mann, der einmal wegen seines aufbrausendes Temperaments berühmt sein sollte, im Kopf herumspukten, als seine ersten Schritte als Geschäftsmann von den Tamilen- und Malwari-Händlern in der Mughal Street gestoppt wurden.

Er trieb sich eine Weile herum und bekam schließlich Arbeit im Postamt. Allmählich fand er Anschluss. Es war um die Zeit, als sich Aung San im Studentenverband engagierte. Ne Win teilte sich mit einigen aufstrebenden jungen Politikern eine Wohnung in der Innenstadt und verbrachte viele Abende im Haus eines meiner Großonkel, eines Schriftstellers und Organisators des Left Book Club. Viele seiner Freunde waren selbsterklärte Marxisten. Ne Win half ihnen – vermutlich an Tagen, an denen er keine Briefmarken verkaufte –, das *Kommunistische Manifest* zu übersetzen.

Wie so viele junge Männer in diesen Tagen fühlte sich auch Ne Win politisch ungebunden, aber mehr als bereit, etwas Aufregendes zu tun. Und genau da wies Aung San den Weg, als er Kontakt zu den Japanern aufnahm. Es dauerte nicht lange, da war Ne Win zu einem seiner Stellvertreter aufgestiegen, dann folgte die gemeinsame Ausbildung auf der Insel Hainan, bis Ne Win schließlich die Burmesische Unabhängigkeitsarmee über die Berge aus Siam führte. Er hatte seine Berufung gefunden. Die Schonungslosigkeit des Nippon-Militarismus war nach all den Jahren bei der Post und den endlosen studentischen Debatten das reinste Elixier für ihn. Und der Mann namens Shu Maung, der sich nun den Nom de guerre Ne Win (»Strahlende

Sonne«) zugelegt hatte, sollte sich tatsächlich als ein sehr fähiger Soldat erweisen – deshalb blieb er auch vom Beginn des Bürgerkrieges im Jahr 1948 bis zum Putsch 1962 der unangefochtene Armeechef. Die Militärmaschinerie, die zuerst nur aufgebaut worden war, um Rangoon zu verteidigen und die bewaffneten Widerstände niederzuschlagen, dann aber beibehalten wurde, um gegen die Chinesen in den abgelegenen Regionen am Salween zu kämpfen, war allein Ne Wins Apparat. Es gab viele andere talentierte und ambitionierte Offiziere, doch nur Ne Win war gerissen genug, um sich jeden Herausforderer vom Hals zu schaffen. Nach dem Putsch und dem Sturz der bürgerlichen Regierung war dann kein Konkurrent mehr übrig.

Seine politischen Ambitionen hatte man in all diesen Jahren jedoch kräftig unterschätzt. Während seine Obristen Ränke schmiedeten und auch allgemein als Ränkeschmiede betrachtet wurden, schien Ne Win immer abseits des Getümmels zu stehen und sich mehr für andere Dinge zu interessieren. Seit 1962 war er glücklich mit Kitty Ba Than verheiratet (der zweiten von mindestens vier Ehefrauen, niemand weiß genau, wie oft er geheiratet hat). Bis dahin hatte man ihn allenthalben als einen charismatischen Lebemann mit einer Vorliebe für aufwendige Partys und einem ausgeprägten Faible für das schöne Geschlecht gekannt. Doch mit einem Mal war es damit vorbei. Nicht nur dass er nun selbst auf seine Ausflüge ins Rangooner Nachtleben verzichtete, er ließ auch gleich alle Nightclubs schließen.

Und was sollte er sonst noch mit seiner Macht anfangen? Vielleicht war es der Soldat in ihm, der dafür sorgte, dass sein früher Flirt mit dem Kommunismus außer einem Hang zu leninistischen Organisationsstrukturen und seiner Sucht, den Staat zu kontrollieren, offenbar keine weiteren Spuren hinterließ. Am stärksten getrieben wurde er wohl von zwei Dingen: Erstens hatte er als einstiger (und vielleicht langjähriger) Anhänger des japanischen Militarismus das Chaotische der Parteipolitik zu hassen gelernt; zweitens verspürte der einst hoffnungsvolle junge Unternehmer, dessen Kohlehandel wegen der Konkurrenz baden gegangen war, den brennenden Wunsch, das Land von allen Bewohnern zu befreien, die er als Ausländer betrachtete, insbesondere von allen Einwanderern aus Indien.

Verglichen mit der indischen Präsenz am Beginn des 20. Jahrhunderts waren die indischen Gemeinschaften in Burma inzwischen bereits beträchtlich geschrumpft. Viele waren 1942 beim Marsch aus dem Land ums Leben gekommen, und viele, die damals oder mit Beginn der Unabhängigkeit ausgewandert waren, waren nie wieder zurückgekehrt. In den fünfziger Jahren wurde Rangoon, das einst zu zwei Dritteln indisch gewesen war, mehrheitlich von Burmesen bewohnt. Doch auf dem Land lebten nach wie vor viele Inder, der indische Anteil an der akademischen und kaufmännischen Mittelschicht war selbst in Rangoon noch beträchtlich – bis dann Anfang des Jahres 1964 auf Ne Wins Befehl hin hunderttausende Männer, Frauen und Kinder ausgewiesen und nach Indien oder Pakistan geschickt wurden. Die indische Regierung (es waren die letzten Jahre von Pandit Nehrus Führung) beugte sich Ne Wins Vertreibungslust nicht nur, sie charterte sogar eigens Schiffe und Flugzeuge, um diese Menschen »in die Heimat zurückzuholen«. Nur war es eben so, dass es für viele gar keine Rückkehr war und deshalb zum Beginn eines neuen Flüchtlingsdramas wurde. Ein Großteil der indischburmesischen Bevölkerung hatte niemals außerhalb von Burma gelebt, viele stammten aus Familien, die schon seit Generationen in Burma ansässig gewesen waren, einige sprachen überhaupt nur noch Burmesisch. Es waren Ärzte darunter, Anwälte, Journalisten, Unternehmer und Lehrer, aber auch kleine Ladenbesitzer und Arbeiter. Sie alle mussten das Land ohne einen Penny in der Tasche verlassen, mit nichts als den Kleidern, die sie am Leib trugen, ohne jede Kompensation für die Arbeit, die sie ein Leben lang (oder die ihre Familien generationenlang) geleistet hatten, ohne jede Entschädigung für ihre Häuser, Grundstücke, Unternehmen (darunter in vielen Fällen die größten des Landes) und nicht einmal für den persönlichen Besitz, den sie zurücklassen mussten.

Acht Jahre später vertrieb der Diktator Idi Amin sechzigtausend Ugander asiatischer Herkunft aus seinem Land, die dann in vielen Fällen im Vereinigten Königreich landeten. Die Vertreibungen aus Burma, von der vielleicht vierhunderttausend Menschen betroffen waren, waren kein bisschen weniger tragisch und fanden in einem viel größeren Umfang statt, wurden von der Welt aber weit weniger wahrgenommen.[3] Und wie in Uganda hatte die Ausweisung einer ganzen Volksgemeinschaft auch in Burma zur Folge, dass das Land kulturell verarmte und mit einer Wunde zurückblieb, die sich nie schließen wird. In Malaysia wurden die indischen und chinesischen Minderheiten zu einem dynamischen integralen Bestandteil der postkolonialen Gesellschaft und zu einem Schlüssel für deren Erfolg. In Burma gab es nie auch nur den Versuch, gemeinsam mit diesen Gruppen eine neue nationale Identität aufzubauen.

Als nächstes konzentrierte sich Ne Win auf den bewaffneten Widerstand. Es waren noch immer zwei Arten von kommunistischen Rebellen aktiv: die Mitglieder der eigentlichen Kommunistischen Partei Burmas und die radikaleren, von Thakin Soe geführten Kommunisten der Roten Fahne. Thakin Soe war der erste, der Ne Wins Gesprächsangebot annahm. Im Sommer 1963 verließ er sein sumpfiges Versteck, um mit einer Regierungsmaschine nach Rangoon zu fliegen. Er war ein notorischer Frauenheld und immer – im Stil von Muammar al-Gaddafi – von attraktiven jungen Frauen in Kakiuniformen flankiert. Zornig verurteilte er Chrustschows »revisionistische Linie«, forderte einen Waffenstillstand, den Rückzug der burmesischen Armeeverbände aus seinen Gebieten und ein Treffen mit allen politischen Gruppen, um eine neue Regierung zu bilden. Daraufhin beschuldigte Ne Win ihn der »Heuchelei«, gab ihm aber dennoch sieben Tage Zeit für eine sichere Rückkehr in sein Dschungelcamp.

Die anderen, die Mainstream-Kommunisten, waren mittlerweile sowohl aus dem Dschungel als auch aus dem chinesischen Exil aufgetaucht und zu Gesprächen angereist. Einer von ihnen, Bo Zeya, ein alter Kriegskamerad von Aung San und Ne Win, hatte seine Familie in Rangoon seit Beginn des Bürgerkriegs 1948 nicht mehr gesehen. Auch Vertreter der verschiedenen ethnischen Rebellengruppen waren anwesend. Die Shan und die Kachin forderten ihre Autonomie und ein föderales Regierungssystem. Eine Kommunistengruppe aus Arakan begehrte eine eigene arakanische Republik. Es gab weder gedankliche Annäherungen noch eine wirkliche Debatte. Niemand weiß, ob diese Gespräche letztlich nur Show waren, fest steht nur, dass Ne Win von nun an starr auf eine militärische Lösung aus war. Bald wurden über tausend angebliche Kommunisten und Sympathisanten verhaftet. Und nachdem es keine Zivilregierung gab, die das Militär wenigstens einigermaßen in Schach hätte halten können, nahm der Bürgerkrieg schnell gewalttätige Formen an.[4]

DIE WELT DES JIMMY YANG

Weit entfernt auf den eisigen Höhen der bewaldeten Berge von Kokang im rauen Grenzland von Yunnan bereitete sich die Kokang-Revolutionsarmee des Jimmy Yang auf eine Vereinigung mit anderen Shan-Rebellen vor, um das neue Regime gemeinsam zu bekämpfen. Die Region von Kokang war berühmt für ihren Tee und ihr Opium – das von Kennern als das beste in Südostasien bezeichnet wurde – und schon lange von Jimmy Yangs Dynastie beherrscht worden.

Die Familie Yang stammte ursprünglich aus Nanking in Zentralchina und war im späten 17. Jahrhundert mit anderen Ming-Getreuen in diese Region gekommen. Der Familiengründer hatte sich zuerst in Dali in Yunnan niedergelassen, war aber nach seiner Hochzeit mit der Tochter eines wohlhabenden örtlichen Teehändlers nach Kokang weitergezogen. Die Yangs waren ein Kriegerstamm. Der Familientradition zufolge hatte sich ihr chinesischer Clan einen Namen gemacht, indem er Dörfer vor terrorisierenden Banden und Freibeutern schützte, dann Stück für Stück seinen Kontrollbereich ausweitete und Zweckehen zu vermitteln oder Kleinkriege gegen Clanchefs in der Umgebung zu führen begann. Im späten 17. Jahrhundert nahmen die Yangs schließlich den Erbtitel *heng* an. Als Thibaw hundert Jahre später seinen Thron verlor und Briten wie Chinesen die Grenze demarkieren wollten, wurde Kokang zu einem Regionalstaat von Hsenwi und somit dem Gebiet von Britisch-Burma zugeschlagen. Damit waren die Heng von Kokang nun den Sawbwa von Hsenwi untergeordnet.[5]

Im Zweiten Weltkrieg bewies die Yang-Familie ihre Loyalität gegenüber den Alliierten. Zur Belohnung wurde Kokang am Vorabend der Unabhängigkeit Burmas zu einem eigenständigen Fürstentum erklärt. Der Herrscher von Kokang wurde zu einem Sawbwa und sein Fürstentum zu einem konstituierenden Bestandteil der Shan-Staaten und der Union Burma. Der erste Sawbwa hatte sechs Töchter und neun Söhne, von welchen einer, Sao Yang Kyein Tsai (auch unter dem Namen Edward Yang bekannt) den Vater im Jahr 1949 beerbte. In den Yangs verschmolzen mehrere Welten. Edwards Bruder Jimmy Yang hatte in der pseudoenglischen Shan-Fürstenschule von Taunggyi und dann an der Universität von Rangoon studiert, aber auch eine Ausbildung in China erhalten und während des Krieges eine Offiziersstelle in der chinesischen Nationalarmee innegehabt. In den Amtsjahren von U Nu wurde er zum Parlamentsabgeordneten von Kokang, schloss sich dann aber dem bewaffneten Widerstand an und wurde schließlich Manager des Rincome Hotel in Nordthailand. Als 1981 die Generalamnestie erlassen wurde, kehrte er aus zehn weiteren Jahren Exil in Frankreich nach Burma zurück und ließ sich in Rangoon nieder.

Seine Halbschwester war die bisexuelle Warlady Yang Lyin Hsui, auch unter dem Namen Olive Yang bekannt. Sie wurde 1927 geboren, ging im Guardian-Angel's-Konvent von Lashio in den Shan-Staaten im Norden zur Schule und hatte sich schon früh den Ruf erworben, sehr zäh zu sein und einen Hang zur Gewalt zu haben. Es heißt, sie habe sogar in der Konventschule immer einen Revolver bei sich getragen. Später wurde sie zu einer allbekannten Figur des burmesischen Bürgerkrieges. Als die chinesische Nationalarmee 1951 die Grenze nach Kokang überquerte, versicherte sie sich sofort ihrer Unterstützung. Und da es Olive Yang nach Action dürstete, stellte sie schnell eine eigene Miliz auf und begann in einer flotten grauen Uniform mit belgischen Armeepistolen im Hüftholster herumzulaufen.

Olive landete schließlich in einem burmesischen Gefängnis. Jimmy Yangs Miliz schloss sich Mitte der sechziger Jahre mit anderen neuen Rebellenarmeen in den Shan-Bergen zusammen, um Ne Win effektiver Widerstand leisten zu können. Die Militärs in Rangoon, das mit seinen fünfzigtausend Soldaten bereits aus allen Nähten platzte, reagierten darauf, indem sie rivalisierende Bergmilizen gegen sie aufhetzten und unterstützten, darunter auch die Miliz des Warlords Lo Hsing-Han, der sich vom Bediensteten der Yang-Familie zu deren Erzfeind gewandelt hatte. Als Regierungsverbündete konnten Lo und die anderen Milizionäre nun auch unbehelligt Opiumhandel treiben, was sie bald zu den gefürchtetsten und mächtigsten Männern im internationalen Drogenhandel machte.

Als die burmesischen Kommunisten Mitte der sechziger Jahre offene Unterstützung aus China bekamen und die kurz zuvor aufgestellte Kachin-Unabhängigkeitsarmee weiter oben im Norden schnell die Kontrolle über fast das gesamte nördliche Hochland gewann, verschärfte sich die Lage.

Auch die Regierung von Thailand betrat nun die Bühne. Die Thai-Armee führte ihren eigenen Krieg gegen Kommunisten und andere linksgerichtete Dissidenten, und das thailändische »Kommando für Operationen zur Unterdrückung der Kommunisten« war nur allzu gerne bereit, den Karen und allen anderen bewaffneten Widerständlern an der burmesischen Grenze zu helfen, solange sie nur Antikommunisten waren. Gemeinsam mit den thailändischen Grenzpatrouillen begann ein paramilitärischer Trupp unter der Führung von General Sudsai Hasdin, genannt »Red Bull«, den burmesischen Rebellen unter die Arme zu greifen, und diese Kooperation sollte dann jahrzehntelang von der thailändischen Politik gefördert werden. Den Familien der Rebellen wurde der sichere Aufenthalt in Thailand gestattet, und jede Rebellengruppe (mit Ausnahme der Kommunisten) konnte jederzeit Waffen, Munition und Ausrüstung bei den Thai erwerben. Dass selbst Burmesen, die dem Regime in Rangoon alles andere als wohlwollend gegenüberstanden, diese aktive Einmischung Thailands in den burmesischen Bürgerkrieg als Unrecht empfanden, sollte sich noch viele Jahre lang negativ auf das Bild auswirken, das man sich in Burma von Bangkok machte.

Er gab zu, dass er nichts über Wirtschaft wisse, sagte jedoch, dass ihm jeder Ökonom, mit dem er spreche, etwas anderes erzähle, und er nicht wisse, was er tun solle.
(Henry Byroade, ehemaliger amerikanischer Botschafter, über sein Gespräch mit General Ne Win)[6]

Um die Weihnachtszeit 1965 musste selbst General Ne Win zugeben, dass die Dinge nicht besonders gut liefen. Inzwischen hatte er seine Burmesisch-Sozialistische Programmpartei – letztendlich nur ein Zusammenschluss von aktiven wie einstigen Militärs und ein paar wenigen links orientierten Zivilisten, denen er die Kontrolle über seinen Burmesischen Weg zum Sozialismus anvertrauen zu können glaubte – zur einzigen legalen politischen Partei im Land erklärt. Ihnen gegenüber gab er auf dem Jahresparteitag auch unumwunden zu, dass die Wirtschaft ein einziger Schlamassel sei, obwohl alles in Sichtweite verstaatlicht worden war. »Wäre Burma kein Land mit Nahrung im Überfluss, würden wir alle verhungern«, sagte der selbsternannte Vorsitzende des Revolutionsrats.[7] Dass es überhaupt noch etwas zu essen gab, verdankte sich nur der Tatsache, dass die Landwirtschaft in Privathand geblieben war und die letzten Reisernten ertragreich gewesen waren. Alles andere, auch Grundnahrungsmittel wie Salz und Speiseöl, war inzwischen rationiert und nur noch über jene Volksläden zu beziehen, welche die Geschäfte im indischen Besitz ersetzt hatten. In Rangoon mussten sich die Menschen mit ihren fadenscheinigen Lebensmittel- und Zuteilungskarten noch vor Tagesanbruch in langen Schlangen anstellen, um ein bisschen Reis, Seife oder Stoff für einen Longyi ergattern zu können, obwohl die Rationierungen auch für einen boomenden Schwarzmarkt gesorgt hatten. Auf den Flüssen waren über ein Drittel aller Schiffe der Irrawaddy Flotilla Company wegen fehlender Aufträge oder Ersatzteile ausrangiert worden. Was tun? Das Naheliegendste für Ne Win wäre gewesen, zurückzutreten, die eigenen Fehler einzugestehen und einer neuen Zivilregierung Platz zu machen. Doch das war vermutlich das Letzte, wonach dem General der Sinn stand.

Er sah überall Feinde. Als Singapurs Ministerpräsident Lee Kuan Yew Burma um diese Zeit einen Besuch abstattete und freudig zustimmte, eine Runde Golf mit seinem südostasiatischen Kollegen zu spielen, stellte er fest, dass der General ständig von einem bewaffneten Sicherheitskordon umgeben war und sogar mitten auf dem Golfplatz einen Stahlhelm trug, den er nur absetzte, um seinen Schläger zu schwingen. »Gegen ein Attentat«, sagte der General. Ne Win war nervös, und wenn er nervös war, dann machte er noch mehr Druck.[8]

Journalisten gegenüber erklärte Ne Win einmal, dass seine Politik nicht funktioniert habe. Es sei so gewesen, »als hätte man den Schwanz eines Tigers zu greifen bekommen« und dann »nichts anderes tun können, als sich daran festzuklammern«. Aber er konnte keine Alternative sehen. Wenigstens, so mag er sich gedacht haben, gab es nun ein gewisses Maß an Recht und Ordnung. Die bewaffneten Widerstände, so mag er weiter gedacht haben, wären ohnehin immer gewalttätiger geworden. Und nun, da die Armee am Ruder war, bestünde zumindest nicht mehr die Gefahr, dass sich unsachkundige Zivilisten in militärische Angelegenheiten mischten und das Offizierskorps spalteten. Wichtiger noch: Jetzt, da die Inder aus dem Land geworfen worden waren und man die ausländischen Berater und Helfer packen geschickt hatte, würden die Burmesen endlich lernen müssen, die Dinge selbst in die Hand zu nehmen. Das mochte zwar länger dauern, tue den Burmesen aber gut, weil sie durch die britische Herrschaft schwach, faul und undiszipliniert geworden seien. Sie würden sich ändern müssen, wenn nötig eben auf die harte Tour. Außerdem hätte diese Innenwendung ja vielleicht noch ganz andere, noch entscheidendere Vorteile, bedächte man den immer unberechenbaren Nachbarn China und den Krieg in Vietnam, der Monat für Monat blutiger wurde. Bis 1968 sollten amerikanische Kampfeinheiten mit siebenhunderttausend Soldaten in Südostasien stationiert sein. Da war es nicht schwer zu erkennen, dass Burma den Weg seiner Nachbarn im Osten einschlagen würde.

Das *Do not disturb*-Schild sollte noch eine Weile hängen bleiben.

MR. NE WIN GEHT NACH WASHINGTON

Die ganze Zeit über hatte Ne Win die Amerikaner auf Armeslänge von sich ferngehalten. Während er sowjetische Hilfsprogramme weiterhin annahm, hatte er die amerikanischen mehr oder weniger alle im Jahr 1962 beendet. Stolz hatte er 1960 den chinesisch-burmesischen Grenzvertrag unterzeichnet. Gute Beziehungen zu China standen ziemlich weit oben auf seiner Prioritätenliste. Manche meinten, dass seine eigene halbchinesische Herkunft der Grund dafür gewesen sei. Sehr viel wahrscheinlicher aber ist, dass er glaubte, die Zukunft von Burma und China würde im postkolonialen Zeitalter wieder eng miteinander verknüpft sein. Doch was war mit den Amerikanern? Ne Win war besorgt, dass die Amerikaner seine Politik als einen Schritt nach zu weit links anstatt als seinen bewussten Versuch betrachten würden, die Kommunisten zu überlisten. Er fürchtete die Amerikaner. Im November 1963 war der südvietnamesische Präsident Ngo Ding Diem mit Hilfe der USA bei einem Putsch entmachtet und dann umgebracht worden. Im März 1970 stürzte in Kambodscha ein anderer von den Amerikanern unterstützter Coup Prinz Norodom Sihanouk und ersetzte ihn durch General Lon Nol. Und es war auch noch nicht so lange her, dass die CIA die chinesische Nationalarmee in den östlichen Shan-Staaten gefördert hatte. Ne Win hatte nicht ganz unrecht, einen Stahlhelm auf dem Golfplatz zu tragen. Doch wie es scheint, hatten die Amerikaner nicht die geringste Absicht zu intervenieren. Vielmehr überlegten sie, wie sie Ne Win für sich gewinnen könnten.

Der damalige amerikanische Botschafter in Burma war Henry Byroade, ein Karrierediplomat, der bereits während des Krieges in Burma stationiert war. Ne Win mochte ihn. Byroades Vorgänger hatten allesamt bestritten, dass die USA in den frühen fünfziger Jahren an der Bewaffnung der chinesischen Nationalisten beteiligt gewesen seien. Er war anders. Er stritt es nicht ab, und eben weil er Klartext sprach, gefiel er Ne Win, der sich gerne brüstete, selbst nie um den heißen Brei herumzureden. Allmählich begannen beide Seiten zu realisieren, dass gute Beziehungen nützlich sein könnten.

Im Jahr 1966 wurde der General zu einem Staatsbesuch nach Amerika eingeladen. An einem warmen Septembernachmittag schwebte er mit dem Hubschrauber auf dem Südrasen des Weißen Hauses ein, wo er von einer Ehrengarde Marines, einer Blaskapelle und einem lächelnden Präsidenten Lyndon Baines Johnson begrüßt wurde. Solche Gelegenheiten sind normalerweise zum Bersten mit Rhetorik und hochtrabenden Reden angefüllt. Nicht so, wenn es der starke Mann von Burma verhindern konnte: Ne Win erhob sein Glas und sprach den wahrscheinlich kürzesten Toast, den je ein Staatsgast beim Lunch in Weißen Haus sagte: »Ich hoffe, diese Kontakte werden zu einem besseren Verständnis verhelfen.«[9] Den Amerikanern machte das nichts aus. Sie wollten nur, dass sich Ne Win wohlfühlte und Johnson und er sich besser kennenlernten. Sie waren bereits zu dem Schluss gekommen, dass eine strikte Neutralität Burmas ganz den Interessen Washingtons entsprach, unabhängig davon, welche katastrophale Innenpolitik in Burma damit Hand in Hand ging.

Nach ein paar Tagen, diversen Gesprächen, darunter auch einem einstündigen Treffen unter vier Augen mit Johnson, verschwand Ne Win ohne Pressekonferenz und irgendwelches Tamtam aus Washington, um einen kurzen Zwischenstopp in New York einzulegen und U Thant in den Vereinten Nationen zu besuchen. Anschließend hatten die Amerikaner eine elftägige Tour durch die Vereinigten Staaten für ihn geplant. Es war zwar sein erster Staatsbesuch, doch in Amerika war Ne Win bereits fünfmal gewesen, wobei das letzte Mal nicht so gut gelaufen war. Die Amerikaner wussten, dass ihnen Ne Win die Behandlung bei einem offiziellen Besuch im Jahr 1960 noch immer übel nahm, und waren deshalb sehr darauf bedacht, nicht wieder dieselben Fehler zu machen. Damals war sein Gepäck vom amerikanischen Zoll durchsucht worden, dann hatte man den General vor einem Termin im Pentagon warten lassen, und schließlich hatte Madame Ne Win offensichtlich auch noch eine abfällige Bemerkung der damaligen First Lady Mamie Eisenhower über sie mitgekriegt. Diesmal würde Ne Win alles bekommen, was er wollte. Und als der Vorsitzende des burmesischen Revolutionsrates sagte, »schauen Sie, ich will mir nicht irgendwelche Fabriken ansehen oder so was, lassen Sie uns lieber nach Maui fliegen und Golf spielen«, da ging es eben für den Rest seines Staatsbesuchs ab auf das Grün im Aloha-Staat.[10]

Der Beginn dieser amerikanisch-burmesische Freundschaft kam gerade zur rechten Zeit, denn Ne Wins Hoffnung auf gute Beziehungen mit China sollte bald platzen.

DIE ROTEN GARDEN MARSCHIEREN IN BURMA EIN

Unvermeidlicherweise hatte das Auf und Ab der chinesischen Politik schon immer auch die Geschicke des kleineren Nachbarn im Südwesten Chinas beeinflusst. Nur weil die Mongolen die Sung hatten einkreisen wollen, war Kublai Khans türkisch geführte Reiterarmee im 13. Jahrhundert ins Irrawaddy-Tal eingefallen, und nur weil nach dem Sturz der Ming so viel Aufruhr geherrscht hatte, war vierhundert Jahre später das burmesische Hinterland verwüstet worden. Die Invasion der Qing im 18. Jahrhundert hätte leicht das Ende der neuen Konbaung-Dynastie bedeuten können, doch diesmal hatten die Burmesen Widerstand geleistet, und genau diesem Umstand sollte sich das Selbstvertrauen verdanken, das Burma dann zum Kollisionskurs mit den Briten verleitete. Sogar der Einmarsch der Japaner – der allerdings auch stattgefunden hatte, weil sie Burma als einen Brückenkopf nach Indien benutzen wollten – verdankte sich letztlich nur deren Wunsch, die chinesischen Nachschubwege nach Chungking abzuschneiden. Zuletzt war es dann die kommunistische Revolution in China gewesen, die den burmesischen Genossen so große Hoffnungen gemacht und sie so inspiriert hatte, dass sie bereit waren, einen Bürgerkrieg zu entfesseln. Und dessen radikale Wende sollte Burmas ohnedies schon beträchtliche Probleme noch wesentlich verschlimmern.

In den späten fünfziger Jahren hatte der Große Sprung nach Vorn in China – der aberwitzige Versuch, von jetzt auf gleich eine Industrialisierung durchzuziehen – das Land in eine Wirtschaftskatastrophe katapultiert. Zwanzig Millionen Menschen starben bei der nachfolgenden Hungersnot. Anfang der sechziger Jahre gewannen dann kurzfristig pragmatischere Führungsfiguren wie Liu Shaoqi und Deng Xiaoping an Einfluss, doch bis zum Sommer 1966 war mit der Großen Proletarischen Kulturrevolution bereits wieder ein neuer Teufelskreis aus Radikalität und Aufruhr in Gang gesetzt worden. Angetrieben von der sogenannten Viererbande und den hunderttausenden fanatischen Zivilisten der Roten Garden, folgten zehn Jahre des totalen Durcheinanders und einer chaotischen Gewalt. Millionen marschierten im Namen der Anarchie. Viele aus der kommunistischen Führungsriege fielen Säuberungsaktionen zum Opfer, Liu selbst verhungerte 1967 im Internierungslager. Schnell entstand ein Personenkult um den beleibten Vorsitzenden Mao, der bald wie ein Gott verehrt wurde. Aber es gab Zeiten, in denen sogar die Volksbefreiungsarmee nicht mehr in der Lage war, das Chaos einzudämmen, das sich über dieses riesige Land gesenkt hatte.

1968 war ein historisches Jahr der Unruhen in aller Welt. In Amerika fielen Martin Luther King Jr. und Robert F. Kennedy Attentaten zum Opfer und übernahmen demonstrierende Studenten den Campus von so gut wie jeder Universität; die Panzer des Warschauer Pakts rollten in die Tschechoslowakei ein; Studenten und Arbeiter erschütterten die Französische Republik; und Präsident Johnson entschied, angesichts der wachsenden Anti-Vietnam-Proteste nicht zur Wiederwahl anzutreten. Doch selbst an den Standards dieses bemerkenswerten Jahres gemessen war das Chaos in China von noch ganz anderer Machart. Und eine der Wellen, die von diesen gewaltigen Unruhen ausgelöst wurden, rollte direkt in den Süden nach Burma.

Von dem Ausweisungsbefehl, der einige Jahre zuvor so viele Inder aus dem Land vertrieben hatte, waren die beträchtlichen, wenngleich kleineren Gemeinschaften der ethnischen Chinesen nicht betroffen gewesen. Wie in so vielen anderen Einwanderungsländern stammten auch in Burma viele chinesische Immigranten aus ein und demselben Bezirk: Taishan, einer Ansammlung aus Städten und Dörfern, die sich an der Südostküste des Landes unweit von Hongkong erstrecken. Unglaublicherweise waren über die Hälfte aller Chinesen, die vor 1965 in die USA auswanderten, und ein etwa gleich hoher Anteil derjenigen, die die Groß- und Kleinstädte von Burma bevölkerten, aus diesem kleinen Landstrich gekommen. Die übrigen stammten fast alle aus der Provinz Fujian, die auf dem Festland unmittelbar gegenüber Taiwan liegt. Aber alle gehörten ein und derselben Diaspora an und pflegten Kontakte zu ganz Südostasien.

In Burma wurden sie bis 1962 sogar in eigenen Schulen unterrichtet, und obwohl diese dann verstaatlicht wurden, hatten chinesische Kinder in Rangoon und anderen Städten auch weiterhin ausschließlich bei chinesischen Lehrern Unterricht. Politisch war ihre Gemeinschaft gespalten, doch wahrscheinlich empfand die Mehrheit größere Sympathien für das kommunistische Regime in Peking als für die alten Nationalisten in Taiwan. Als die Kulturrevolution dann in ihrer alten Heimat einen Sturm der Begeisterung entfachte, wurden auch in Burma viele Chinesen davon erfasst, trugen Mao-Abzeichen, marschierten, stillschweigend von der chinesischen Botschaft ermuntert, die Straßen auf und ab und skandierten kulturrevolutionäre Parolen. Das Problem für diese fanatischen Möchtegern-Maoisten war nur, dass sie nicht im staubigen Xi'an oder eisigen Harbin waren, wo sie sich in der Gesellschaft von Millionen Fähnchen schwenkender Genossen befunden hätten, sondern mitten im burmesischen, buddhistischen und vom Militär beherrschten Rangoon. Und nachdem die Wirtschaft gerade einen Tiefstand erreicht hatte, nachdem es keine Arbeitsplätze mehr gab, zu denen man allmorgendlich hätte gehen können, und nachdem nur noch so wenige indische Läden übrig waren, an denen man seinen Zorn hätte auslassen können, boten sich diese ernsten jungen Chinesen nun als attraktive Zielscheiben an. Die Burmesen entschieden, dass sie genug von den Maoisten in ihrer Mitte hatten.

Am 26. Juni 1967 wurden zwei chinesische Schulen von Menschenmassen eingekreist, am nächsten Tag chinesische Geschäfte in ganz Rangoon geplündert und zertrümmert. Dutzende ethnischer Chinesen wurden im Rausch einer ziemlich einseitigen kommunalen Gewalt verprügelt und getötet. Die Polizei griff kaum ein. Nach tagelangen Gewaltausbrüchen nahm sich der Mob schließlich auch die chinesische Botschaft vor und fackelte das Gebäude des chinesischen Lehrerverbands ab.

Ein Grund für die Zurückhaltung der Polizei mag die Überlegung der Regierung gewesen sein, dass dieser Gewaltausbruch gerade äußerst günstig kam, weil er den Volkszorn von der degenerierenden Wirtschaft ablenkte. Doch auch die Regierung war über die Chinesen verärgert – nicht so sehr über die Chinesen in Rangoon, die unschuldigen Opfer dieser Gewalt, sondern über die Chinesen in China, die ihre Unterstützungsmaßnahmen für die Kommunistische Partei Burmas zu verstärken begonnen hatten. Seit seinen glorreichen Tagen am Ende der vierziger Jahre war die Fackel des kommunistischen Widerstands in Burma ziemlich abgebrannt. Viele seiner Führer hatten in China Zuflucht gesucht, andere sich in dem dicht bewaldeten Höhenzug verschanzt, der parallel zum Irrawaddy um Pegu verläuft. Und da die Burmesische Armee endlich die Oberhand zu haben glaubte, wollte sie nicht zusehen müssen, wie die Kommunisten erneut zu einer bedrohlichen Macht heranwuchsen. Doch genau das sollte geschehen.

Im Juli 1957, nur Tage nachdem China im Sumpfland des Tarim-Beckens seine erste Wasserstoffbombe gezündet hatte, begann Radio Peking zu einem »Volksaufstand« gegen das »faschistische Regime« von Ne Win aufzurufen und das burmesische Volk aufzupeitschen, den »Tschiang Kai-schek Burmas« bis auf den Tod zu bekämpfen. Neuerlich angestachelt von der Aussicht auf weitere Hilfen vom Vorsitzenden Mao, gingen die burmesischen Kommunisten (die zu dieser Zeit etwa fünftausend Mann unter Waffen hatten) in die Offensive und griffen eine Reihe von Ortschaften im Norden Rangoons an, die sie dann ein paar Tage lang halten konnten. Im Oktober sprengten sie einen Zug nach Mandalay in die Luft und töteten über dreißig Passagiere. Doch es gab Grenzen für den Erfolg, den eine neue kommunistische Offensive in den Pegu-Bergen haben konnte – sie lagen viel zu nahe bei Rangoon, und die Rebellen hatten dort weder direkten Kontakt zu China noch eine Möglichkeit, regelmäßig Waffen und Munition einzuschmuggeln.

Der Vordenker der Burma-Politik Chinas war der bebrillte Kang

Sheng, die sinistre Triebkraft der Pekinger Politik in jenen Tagen und später ein glühender Befürworter von Pol Pot und den Khmer Rouge. Angeblich war Kang auch der Liebhaber von Madame Mao gewesen. Wie dem auch sei, jedenfalls kam er zu dem Schluss, dass eine verstärkte Unterstützung der Kommunistischen Partei Burmas eine gute Sache für die Kulturrevolution wäre. Zuerst wollte er sich die Kontrolle über einen Teil des burmesischen Grenzlands vor China sichern, doch dafür brauchte er die Hilfe der Stammesvölker – Shan, Kachin usw. –, deren Gebiete daran angrenzten. Zu ihrem Glück hatten die Chinesen dafür ein Ass im Ärmel, nämlich einen Helden aus dem Zweiten Weltkrieg, den Kachin Naw Seng, der einst Befehlshaber des Kachin-Schützenbataillons in der Britischen Burma-Armee gewesen, 1949 zu den Rebellen übergelaufen und dann mit Hunderten seiner Männer nach China geflohen war, wo er dann zwanzig Jahre unerkannt lebte, bis er nun auf Kang Shengs Befehl hin wieder aktiviert wurde. Kang Sheng glaubte, bloß eine angemessene Armee aus Chinesen, Grenzlandminderheiten und burmesischen Kommunisten aufstellen zu müssen, um den ersten Schritt zur Gründung einer burmesischen Volksrepublik vollbracht zu haben.

Frühmorgens am 1. Januar 1968 wateten hunderte chinesische Soldaten und von China unterstützte burmesische Kommunisten durch den seichten Grenzfluss zwischen Burma und China und griffen die burmesische Garnison in dem diesigen Grenzdorf Mongko an. Alles war auf den Beinen, um das neue Jahr zu begrüßen*. Jeder aus dem bunten Völkergemisch in Mongko genoss in der kalten Bergluft Reiswein zu lauter Musik. Gegen die schwer bewaffneten Soldaten, die nun in diese Szenerie stürmten, konnten die paar Dutzend Geschütze der örtlichen Garnison nichts ausrichten.[11]

Binnen Tagen überquerten weitere kommunistische Truppen die Grenze nach Kokang, der Heimat der Yang-Familie und von Jimmy Yangs Miliz. Viele Eindringlinge waren Freiwillige der Roten Garden und Ausbilder der Volksbefreiungsarmee. Der lokale Widerstand war schnell gebrochen, sogar in den umliegenden zerklüfteten Bergen ge-

---

* In Burma beginnt das neue Jahr im April, doch wie überall auf der Welt wird auch dort die Nacht zum 1. Januar gerne zum Anlass genommen, zu feiern und sich zu betrinken.

wannen die Chinesen schnell die Oberhand. Die burmesischen Regierungstruppen waren zum Rückzug auf ganzer Linie gezwungen. Im Februar fiel eine dritte Kolonne in das Shweli-Tal ein, und die Kämpfe begannen sich auf die ganze Region auszuweiten. Als die Truppenverstärkung der Burmesischen Armee endlich eintraf, wurde sie mit Angriffen aus dem Hinterhalt empfangen. Die gut ausgerüsteten kommunistischen Einheiten fegten einfach über sie hinweg. Brücken wurden gesprengt und damit der Zugang vom Tiefland unterbunden, ganze Kompanien von Regierungssoldaten wurden eingekreist und aufgerieben. Bis zum Sommer kontrollierten die Kommunisten dreitausend Quadratkilometer. Das Albtraumszenario der Burmesischen Armee, ein bewaffneter Aufstand in der Grenzregion mit Rückendeckung der Chinesen, war Wirklichkeit geworden.

Ne Win und seine Obristen waren geschockt. Ihre größte Sorge war nun, dass die Invasionstruppen Verbindung zu den kommunistischen Stützpunkten in den Pegu-Bergen nördlich von Rangoon aufnehmen könnten. Bei einer Notstandssitzung der kommandierenden Offiziere in Rangoon rief Ne Win leidenschaftlich zur Gegenwehr auf. Dann verabschiedete er sich von seinem erklärten Anspruch auf strikte Neutralität und begann sich aktiv um Unterstützung zu bemühen, wo immer er sie bekommen konnte. Eine sowjetische Abordnung wurde willkommen geheißen, um mögliche Hilfsleistungen zu besprechen. Auch der japanische Ministerpräsident Eisaku Sato und der deutsche Bundeskanzler Kurt Georg Kiesinger kamen zu Besuch und wurden um Wirtschaftshilfen gebeten. Wichtiger aber war, dass das Rinnsal der amerikanischen Militärhilfe still und leise zu einem Strom an Waffenlieferungen und militärischer Ausrüstungen anschwoll, begleitet von amerikanischen Ausbildern für die sieche burmesische Luftwaffe.

Aus taktischen Gründen beschloss die Burmesische Armee, sich zuerst um die schwächeren Feinde in Mittelburma (in den Pegu-Bergen) zu kümmern und sich erst dann die neuen Truppen im Norden vorzuknöpfen. Ein paar Tage nach der Notstandssitzung der kommandierenden Offiziere gelang es einem verdeckt operierenden Geheimdienstoffizier, sich in das kommunistische Hauptquartier in den Pegu-Bergen einzuschleichen und den Parteivorsitzenden Thakin Than Tun zu ermorden, als der alte Mann und einstige Stellvertreter

Aung Sans gerade seine Hütte im Dschungel verlassen wollte. Kurz darauf wurde das Camp von der Schnellen Eingreiftruppe der Siebenundsiebzigsten Leichten Infanteriedivision eingenommen.

Doch oben in den Shan-Staaten waren solche Blitzkriegtaktiken nicht möglich, deshalb entschied Ne Win, auf Nummer sicher zu gehen und auf eine Verstärkung durch regierungsfreundliche Milizen zu setzen. Dazu reaktivierte er erst einmal seine Unterstützung für die Opium-Warlords Lo Hsing-Han und Khun Sa, da sie langjährige Kontakte zu den Überresten der chinesischen Nationalarmee und zur Kuomintang-Regierung in Taiwan hatten. Lange Maultierkarawanen, geführt von Panthai aus Panglong – den Nachfahren von Muslimen, die 1876 dem Massaker in Dali entkommen waren –, schleppten packenweise amerikanische M-16-Gewehre, M-60-Maschinengewehre sowie rückstoßfreie 57-mm- und 75-mm-Gewehre aus Thailand an.

Kurz darauf kam es in den abgelegenen Bergen im Nordosten Burmas sozusagen im Kleinformat zu Wiederauflagen der Bürgerkriegskämpfe zwischen den kommunistischen und den nationalistischen chinesischen Truppen: Rotgardisten und ihre burmesischen Kameraden kämpften gegen die nationalistischen Truppen des General Li Mi und deren Drogenhändler-Verbündete.

Lange Zeit waren es nun die Kommunisten, die alle entscheidenden Siege einfuhren. Bis 1971 hatten sie einen Großteil der Wa-Berge eingenommen, dann begannen sie in Richtung Süden und Westen auf die Hauptstädte der nördlichen Shan-Staaten vorzustoßen. Nur mit gewaltigen Anstrengungen konnten sie von Ne Win und seinen Soldaten daran gehindert werden, die alte Burma Road herunterzumarschieren und die einstige britische Sommerresidenz Maymyo mit Blick auf Mandalay einzunehmen. Weiter unten im Süden überrollte ein mehrere tausend Mann starker kommunistischer Verband unter dem Kommando des Warlords Mike Davies – halb Waliser, halb Shan – die strategisch wichtige Garnison von Mongyang und bedrohte die Großstadt Kengtung nahe der Grenzen zu Laos und Thailand. Die burmesischen Truppen in dieser Region unterstanden dem Kommando von Oberstleutnant Tun Yi, einem kleinen, glatzköpfigen Mann mit dem Spitznamen Napoleon. Es bedurfte zwanzig von Napoleons Bataillonen, um Kengtung zu verteidigen und die Invasoren aus Mongyang zurückzudrängen.[12] Doch aus den umliegenden Hochebenen über dem Mekong und anderen Gebieten ließen sich die Kommunisten nicht vertreiben. Tief verschanzt, behaupteten sie sich in einem Landstrich, der sich weit über die östlichen Shan-Staaten erstreckte, bis es zu den seltsamen Ereignissen des Jahres 1989 kam.

DER UNENDLICHE KRIEG

Als sei dieses kaum noch fassliche Sammelsurium aus Armeen und Milizen nicht schon kompliziert genug gewesen, tauchte plötzlich ein weiterer Trupp von bewaffneten Widerständlern auf, der von Thailand unterstützt und von keinem anderen als dem gestürzten Ministerpräsidenten U Nu geführt wurde.

U Nu war 1966 aus dem Gefängnis entlassen worden. Als Ne Win zwei Jahre später wegen der chinesischen Invasion nach Freunden Ausschau hielt, bat er auch U Nu und viele andere aus der alten Politikergarde um Rat. Wie sollte es weitergehen? Monatelang debattierten sie diverse Optionen, bis sich die Mehrheit schließlich für eine Wiederherstellung der parlamentarischen Demokratie aussprach. Nachdem Ne Win diesen Ratschlag eine Weile lang offenbar aufrichtig erwogen hatte, verwarf er ihn. Im April 1968 bat U Nu um die Erlaubnis, aus gesundheitlichen Gründen das Land verlassen zu dürfen. Ne Win willigte ein. Doch kaum aus dem Land, reiste Nu nach London und verkündete, dass er eine neue Bewegung gründen wolle, die das Regime des Revolutionsrats mit Gewalt stürzen würde. Sein Berater und Sprachrohr war Edward Law-Yone, der mächtige und wortgewaltige einstige Herausgeber von *The Nation*.

Die Idee dabei war, einen Stützpunkt in Thailand zu errichten und die Hilfe der Amerikaner oder anderer westlicher Staaten für einen bewaffneten Aufstand in Burma zu gewinnen. Da sich Ne Win inzwischen praktisch alle Männer aus der alten Unabhängigkeitselite zum Feind gemacht hatte, sollten viele von ihnen den Weg zu dem Haus finden, das Law-Yone in der Nähe des Lumpini Parks in Bangkok gemietet hatte. Die Gesellschaft, die sich dort einfand, war fast ein Who's Who aus den fünfziger Jahren, darunter vier Männer aus der Urgruppe der Dreißig Kameraden und einstige Armeegrößen wie Generalmajor Tommy Clift, jener Anglo-Shan, der bis 1963 Chef der

Luftwaffe gewesen war. Auch Jimmy Yang aus Kokang war gekommen, ebenso die Mahadevi von Yawnghwe, die Frau des einstigen Präsidenten der Shan-Staaten und nunmehrigen Führers der Shan-Rebellen.[13]

Der thailändische Geheimdienst bot seine Hilfe an und stellte den Kontakt zwischen den burmesischen Exilanten und den Führern der Karen- und der Mon-Rebellen her, die bereits thailändische Unterstützung genossen. Doch Hilfen der Amerikaner oder eines anderen westlichen Staates ließen auf sich warten. Eine kanadische Ölgesellschaft bot ein paar Millionen Dollar im Gegenzug für ein künftiges exklusives Bohrrecht, aber das war schon alles. Es wurde eine kleine Armee aufgestellt, die jedoch nie weiter als ein paar Kilometer tief ins Landesinnere vordrang. Dann wurden dreist ein paar Flugzeuge nach Rangoon geschickt, die Tausende von Flugblättern abwarfen, auf denen zum Aufstand aufgerufen wurde. Aber nichts geschah. Ne Wins Flirt mit Washington hatte tatsächlich etwas gebracht; und die wachsende kommunistische Bedrohung hatte die westlichen Militäranalytiker dann noch zusätzlich überzeugt, dass eine Unterstützung von U Nu nur zur Destabilisierung von Rangoon führen und Peking in die Hände spielen würde. Aber noch wesentlich entscheidender war, dass das verarmte und aller Möglichkeiten beraubte burmesische Volk kaum noch die Energie hatte, um sich auch noch über Politik Gedanken zu machen.

Also saß man weiter auf dem Burmesischen Weg zum Sozialismus fest. Ne Win hatte über Veränderungen nachgedacht, sich angesichts des neuerlichen Drucks dann aber wieder eines anderen besonnen. Die Invasion der Chinesen und die freundlichen Töne aus Washington halfen ihm vermutlich bei dieser Entscheidung. Im Jahr 1974 wurde der Revolutionsrat formell abgeschafft und eine neue Verfassung verabschiedet. Sie sah vor, die Burmesisch-Sozialistische Programmpartei nun auch verfassungsmäßig zur einzigen legalen Partei im Land zu machen und ein schwerfälliges System aus Volksräten und Komitees ins Leben zu rufen. Doch letztendlich war es allein General Ne Win, der bestimmte, wo es langging, inzwischen mehr denn je. Er war jetzt dreiundsechzig Jahre alt und hatte nicht vor, sich oder seinen Stil noch einmal zu ändern.

Den Völkern in den Shan-, Karen- und Kachinbergen brachte die

Fortführung des Krieges nur weiteres Elend und noch mehr Unmenschlichkeiten. Die Burmesische Armee hatte mittlerweile ihre Strategie der Vier Schnitte entwickelt – dem bewaffneten Widerstand sollte jeglicher Zugang zu Lebensmitteln, Geld, Informationen und Rekruten versperrt werden. Wie als fernes Echo der britischen Befriedungspolitik in den achtziger Jahren des 19. Jahrhunderts oder wie das nähere Echo der Strategie, die die Amerikaner in den Dörfern von Südvietnam verfolgten, zählte nun auch die burmesische Regierung bei ihrem Versuch, Rebellen zu entwurzeln und zu isolieren, auf Massenumsiedlungen und die Zerstörung ganzer Gemeinden. Und in genau dieser Zeit begann nun die Generation von Armeeoffizieren, die nach dem Aufstand von 1988 aus dem Schatten treten sollte, die Rangleitern hochzuklettern. Im Gegensatz zu den Erfahrungen der älteren Generation um Ne Win, die zu Zeiten der Unabhängigkeitsbewegung die Armee gegründet und anfänglich einer gewählten Regierung gedient hatte, war die prägende Erfahrung dieser jüngeren Männer nicht die Antikolonialpolitik, sondern der teuflische Dschungelkampf gegen bewaffnete Rebellen. Und im Dschungel lauerte der Feind überall. Die Armee, die sich stolz als Retter der Nation betrachtet hatte, wurde deutlich abgedrängt.

DER TOD VON U THANT

In dieser Zeit reiste ich das erste Mal nach Burma. Ich war acht und hatte bis dahin mit meinen Eltern, meiner Großmutter und meinem Großvater U Thant in New York gelebt. Nach zehn erschöpfenden Jahren als Generalsekretär der Vereinten Nationen und mittlerweile an Magengeschwüren und anderen stressbedingten Krankheiten leidend, hatte sich U Thant nach dem Ende seiner zweiten Amtsperiode 1971 von der Weltorganisation zurückgezogen. Seine erste Amtszeit hatte ihm viel Beifall eingebracht, vor allem für die Rolle, die er bei der Abwendung der Kubakrise und der Beendigung des Krieges im Kongo gespielt hatte, aber auch, weil er viele der heute allbekannten UN-Hilfsorganisationen ins Leben gerufen und obendrein mit der Entwicklungs- und Umweltarbeit der Weltorganisation begonnen hatte. Daneben hatten er und sein Team still und leise im Jemen, in

Bahrain und anderen Ländern Friedensverträge vermittelt. Seine Erfahrungen in und mit Burma hatten ihn nicht nur zu dem Menschen gemacht, der er war, sie hatten sich auch auf seine Jahre in New York ausgewirkt, denn er war und blieb ein leidenschaftlicher Antikolonialist, hatte viel Verständnis für die Herausforderungen, vor die sich die jungen Nationen in Asien und Afrika gestellt sahen, und er war ein unbeirrbarer und lautstarker Gegner der Apartheid. Abgesehen davon war der einstige Pressesprecher von U Nu immer stolz auf seine guten Beziehungen zu den Medien. Bis heute gab es keinen einzigen anderen Generalsekretär, der regelmäßig einmal die Woche eine Pressekonferenz abhielt. Doch es muss wohl auch Momente des Erstaunens gegeben haben – des Erstaunens darüber, dass ein Schulrektor aus Pantanaw, nur zwölf Jahre nachdem er mit einem Dampfschiff auf trüben Flussarmen die Fahrt nach Rangoon angetreten hatte, so weit gekommen war.

Seine zweite Amtsperiode war keine glückliche gewesen. Er hatte sich schon sehr früh gegen den Krieg der USA in Vietnam ausgesprochen, was ihn seinen einstigen Förderern in Washington sehr entfremdete. Und er wurde zum Sündenbock für den Ausbruch des Sechstagekrieges zwischen Israel, Ägypten, Jordanien und Syrien gemacht: Man warf ihm vor, dass er den Forderungen Ägyptens nachgegeben und die UN-Friedenstruppen aus dem Sinai abgezogen habe, *obwohl* zwei der Länder, die das größte UN-Truppenkontingent dort stellten, nämlich Indien und Jugoslawien, bereits eigenmächtig ihre Kontingente abgezogen hatten, *und* obwohl ägyptische Panzer und Truppentransporter bereits en masse an den kleinen und isolierten UN-Außenposten vorbeipreschten. Die Großmächte im Sicherheitsrat taten nichts. Nur U Thant traf die einsame Entscheidung, noch am Vorabend des Krieges zu Präsident Gamal Abdel Nasser zu fliegen. Diese Mission war ein völliger Fehlschlag, aber er war der Einzige gewesen, der überhaupt zu vermitteln versucht hatte. Trotzdem wurde ihm die Schuld an diesem Krieg gegeben. Das hatte ihn sehr angegriffen. Nur zwei Jahre nach seiner Verabschiedung wurde Krebs diagnostiziert – wegen all der burmesischen Zigarren, die er immer in seinem kleinen Humidor (einem Geschenk von Fidel Castro) in einer Ecke seines Büros aufbewahrte.

Ich weiß noch sehr gut, dass der Tag, an dem er starb, ein Donnerstag war, denn jeden Donnerstagnachmittag hatte ich Geigenunterricht in der Schule. Diesmal kam mittendrin eine Sekretärin aus dem Büro des Direktors herein und sagte, dass draußen ein Wagen warte, um mich früher als sonst nachhause zu bringen. Es war der Wagen meines Großvaters, ein schwarzer Cadillac. Am Steuer saß sein Fahrer William Eagan, auf dem Rücksitz mampfte meine kleine Schwester eine Banane. Zuhause herrschte ein aufgeregtes Kommen und Gehen. Nachdem meine Eltern mit mir gesprochen hatten, versuchte ich den vielen burmesischen Männern und Frauen im Parterre nicht im Weg zu stehen. Am nächsten Morgen lagen die Zeitungen, die mein Großvater immer zu lesen pflegte, ordentlich gestapelt neben seinem Schaukelstuhl, zuoberst eine *New York Times* mit der Schlagzeile »U Thant Dead of Cancer at 65«.

Ob noch an diesem oder am nächsten Tag, weiß ich nicht mehr, jedenfalls wurde entschieden, dass ich meine Eltern nach Burma zur Bestattung meines Großvaters begleiten sollte. Es war der Wunsch meiner Großmutter gewesen, denn sie selbst fühlte sich zu schwach für diese Reise. Ich glaube nicht, dass irgendwer eine Ahnung hatte, was auf uns zukam, oder dass hinter allem, was dann geschah, Ne Wins glühender Hass auf U Thant steckte.

Letztendlich ging diese Feindseligkeit in all ihrer Niedertracht erst auf das Jahr 1969 zurück. U Nu hatte gerade seinen Versuch vorbereitet, die Regierung von Ne Win zu stürzen, und deshalb in aller Welt für Unterstützung getrommelt. Dabei kam er auch nach New York. Mein Großvater war gerade auf einer Mission in Afrika und konnte ihn deshalb nicht selbst sehen, hatte aber dafür gesorgt, dass mein Vater an seiner statt zum Flughafen fuhr, um den alten Freund zu begrüßen. Doch niemand in der Familie hatte gewusst, dass U Nu bereits Arrangements mit dem UN-Pressekorps für eine Konferenz im Presseclub (innerhalb des UN-Gebäudes) getroffen hatte. Und dort ließ er dann giftige Tiraden über das Regime in Rangoon vom Stapel und rief zur Revolution in Burma auf. Noch niemals zuvor hatte jemand im Inneren des UN-Gebäudes zum Sturz eines Mitgliedsstaates der Vereinten Nationen aufgerufen. Später rief mein Großvater U Nu an und erklärte ihm, *wie* unangemessen sein Handeln war. U Nu entschuldigte sich für seine Unbesonnenheit.

General Ne Win aber tobte und war sich nunmehr absolut sicher, dass U Thant und U Nu sich gegen ihn verschworen hätten. Sofort befahl er jedem in seinem Umkreis, Thant als Staatsfeind zu behandeln. Als mein Großvater im anschließenden Jahr zu einem persönlichen Besuch nach Burma flog, weigerte Ne Win sich, ihn zu empfangen. Später hatte Thant sogar ernsthafte Schwierigkeiten, seinen Pass verlängern zu lassen. Doch sehr wahrscheinlich hatten die beiden Männer schon vor 1969 nicht viel füreinander übrig gehabt. Sie waren vom Wesen her viel zu unterschiedlich, außerdem war mein Großvater das einzige hochrangige Mitglied der Regierung von U Nu gewesen, das nach dem Putsch von 1962 nicht verhaftet werden konnte. Die Vorstellung, dass man dem toten U Thant nun irgendwelche Ehren erweisen könnte, war dem alten General höchstwahrscheinlich mehr als fremd.

Einen Tag lang stand der Sarg in der Eingangshalle des Gebäudes der UN-Generalversammlung vor dem wunderschönen Glasfenster von Marc Chagall, während die versammelten Diplomaten und der damalige Generalsekretär Kurt Waldheim vorbeidefilierten. Ich erinnere mich noch lebhaft an die UN-Sicherheitsleute in ihren hell- und dunkelblauen Uniformen, die den Sarg getragen hatten, und an die hochgewachsene, leicht vornübergebeugte Figur von Waldheim, der herüberkam und uns begrüßte.

Am 29. November 1974 bestiegen meine Eltern und ich in der Begleitung des UN-Protokollchefs am WorldPort-Terminal des John F. Kennedy-Flughafens eine Maschine der Pan American nach Bangkok. Es waren noch die Tage, als ein Flug von New York nach Bangkok (inzwischen ein neunzehnstündiger Nonstop-Marathonflug) fast ein halbes Dutzend Zwischenlandungen machen musste und die Erste Klasse noch eine Menge Platz bot, vor allem einem Achtjährigen. Von Bangkok aus flog uns – es waren nur wir vier und die Besatzung an Bord – ein eigens gechartertes Flugzeug nach Rangoon.

Mein erster Blick auf Burma fiel auf das Patchwork von grünen und braunen Reisfeldern, als die Maschine die Südküste überflog. Wir landeten am Mingaladon-Flughafen. Durch die Bullaugen des Propellerflugzeugs sah ich Soldaten an einer niedrigen Baumreihe vorbeimarschieren.

Am Ende des Rollfelds warteten viele Menschen, darunter Dutzende Verwandte, die ich fast alle zum ersten Mal sah. Jemand nahm meine Hand und führte mich fort. Regierungsvertreter waren keine da, nicht einmal ein offizielles Fahrzeug, um den glänzenden Eichensarg zu transportieren, nur ein ziemlich ramponierter VW-Bus vom Roten Kreuz. U Thants Sarg wurde zum Maidan gefahren, dem großen Parkgelände um die alte Rennbahn, damit auch die Öffentlichkeit die Möglichkeit hatte, sich von ihm zu verabschieden.

Jedem, der womöglich eine eigene Meinung zu diesem Thema vertrat, war Ne Wins Standpunkt glasklar gemacht worden. Trotzdem war der stellvertretende Erziehungsminister U Aung Tin, ein einstiger Schüler meines Großvaters, zum Zeichen seiner Loyalität persönlich zum Flughafen gekommen. Nachdem er bei einer Kabinettssitzung am Nachmittag jedoch auch noch vorgeschlagen hatte, den Tag von U Thants Begräbnis zum Feiertag zu erklären, wurde er augenblicklich gefeuert. Andere waren ängstlicher gewesen. Auf der Schleife eines Blumenkranzes, den jemand vor den Sarg in der Rennbahn gelegt hatte, standen schlicht die Worte: »Siebzehn zwangsläufig anonyme Beamte.«

Ich erinnere mich an die Menschenmassen, die am Sarg vorbeidefilierten. Er stand unter einem, wie mir schien, gewaltigen Zeltdach. Vor einem gerahmten Porträt meines Großvaters hatte sich ein kleiner Berg an Blumen und Kränzen angehäuft. Ich saß sehr lange auf einem Holzstuhl daneben. Allmählich ging die Sonne unter, Moskitos schwirrten umher, und unter dem Abendhimmel erstrahlte die Shwedagon-Pagode im Flutlicht.

Am nächsten Tag wurde Ne Win von seinem Zorn noch einen Schritt weiter getrieben. Die staatlichen Medien gaben bekannt, dass meine Familie das Gesetz gebrochen habe, weil sie U Thants Leichnam ohne Genehmigung ins Land gebracht hatte, und verkündete, dass dies rechtliche Konsequenzen haben werde. Während wir auf die offizielle Genehmigung für die Bestattung warteten (was in Burma von jedermann das Navigieren durch ein bürokratisches Labyrinth erfordert), blieb der Sarg meines Großvaters auf dem verwahrlosten Rasen des Maidan stehen. Tag für Tag wuchs die Masse der Menschen, die in ihren farbenprächtigen Longyis und Samtslippern herbeiströmten, um ihm die letzte Ehre zu erweisen. Endlich kam die Erlaubnis zur Bestattung, aber nur für einen bestimmten kleinen Privatfriedhof. Etwas enttäuscht willigte meine Familie ein.

Erste Anzeichen, dass Probleme in der Luft lagen, ließen meine Eltern entscheiden, mich nicht zu den Feierlichkeiten mitzunehmen und lieber in der Obhut meines Großonkels zu lassen, damit ich in dem großen Garten mit meinen Cousins spielen konnte. Die buddhistische Bestattungszeremonie selbst verlief wie geplant, doch dann, als sich die Wagenkolonne in Richtung Friedhof in Bewegung setzte, wurde der Leichenwagen von einer Studentenmenge angehalten. Sie waren den ganzen Tag über zu Tausenden eingetroffen und von tausenden Schaulustigen angefeuert worden. Jetzt erklärten sie über Lautsprecher, die sie auf Jeeps montiert hatten: »Wir werden unseren geliebten U Thant, den Architekten des Friedens, auf seiner letzten Reise begleiten und ihm die Ehre erweisen!« Ein jüngerer Bruder meines Großvaters flehte sie an, der Familie die Möglichkeit zu geben, ihn in aller Stille zu bestatten. Alles andere könne man später bereden. Doch es nutzte nichts. Der Sarg wurde auf einen Lastwagen gehievt, der mit ihm zur Universität von Rangoon abdüste. Ihre Absichten zeugten eindeutig von Sympathie für meinem Großvater, doch ihr Handeln ließ meine Familie erschüttert zurück.

In der Universität wurde der Sarg auf einer Empore mitten im baufälligen Audimax aufgestellt. Die Deckenventilatoren surrten gegen die erdrückende Hitze an, der Singsang der buddhistische Mönche erfüllte den Raum, Studenten hielten Tag und Nacht Totenwache. Bald war der Campus mit einer unüberschaubaren Menschenmenge angefüllt. Inzwischen hatte sich die Stimmung spürbar politisiert. Reden wurden gehalten, die Regierung wurde verurteilt, und man rief zum Sturz des Regimes auf. Am nächsten Tag sandten die Studenten einen Brief an die Behörden, forderten ein angemessenes Staatsbegräbnis und erklärten, dass sie, wenn die Regierung nicht zustimmen würde, selbst für eine Zeremonie sorgen würden, die einem burmesischen Helden würdig sei. Als Standort für ihr geplantes Mausoleum hatten sie die Stelle ausgewählt, an der einst das Haus des Studentenverbands gestanden hatte – wo U Nu sich in seinen ersten öffentlichen Reden versucht hatte, Aung San in den dreißiger Jahren als Präsident amtierte und das Ne Win 1962 hatte sprengen lassen. Weitere Reden folgten. Die Masse schwoll immer mehr an. Die Forderungen wurden immer schriller.

Am 7. Dezember bot die Regierung einen Kompromiss an. U Thant würde in einem Mausoleum beigesetzt werden, das am Fuße der Shwedagon-Pagode errichtet werden sollte, doch ein Staatsbegräbnis würde es nicht geben. Die Studenten wollten sofort ablehnen, aber mein Vater und meine Großonkel rieten ihnen, nichts aus dem Moment heraus zu entscheiden. Immerhin, sagten sie, sei ein öffentliches Begräbnis sehr viel angemessener als ein Staatsbegräbnis, das von einem Militärregime arrangiert wurde. Sie begannen sich aber auch Sorgen um das Schicksal der Studenten zu machen und fragten sich, ob ihnen wirklich eine Strafe für ihr Handeln erspart bliebe. Schließlich entschied sich die Mehrheit bei einem Treffen mit meiner Familie, den Studentenvertretern und buddhistischen Mönchen, das Angebot der Regierung anzunehmen.

Und so wurde am nächsten Tag der zweite Versuch unternommen, meinen Großvater zu bestatten. Zuerst wurde der Sarg zum Grundstück des alten Studentenverbands getragen, als Geste gegenüber den Studenten, deren Wunsch es gewesen war, ihn dort beizusetzen. Als meine Familie vor dem Sarg niederkniete, fielen auch die vielen jungen Männer und Frauen um sie herum auf die Knie. Es schien, als stünde ganz Rangoon Schlange, so unüberschaubar groß war die Menschenmenge auf den breiten Straßen zwischen dem Campus und der Shwedagon-Pagode in einigen Kilometern Entfernung. Aber es sollte auch diesmal nicht sein. Im letzten Moment bemächtigte sich eine radikalere Studentengruppe des Sarges, wild entschlossen, U Thant komme was wolle auf dem Gelände des Studentenverbands zu bestatten.

So ging es drei Tage lang. Niemand wusste, was als Nächstes geschehen würde. Noch immer kampierten die Studenten rund um die Universität, während der Leichnam meines Großvaters in dem provisorischen »Friedensmausoleum« ruhte, das die Demonstranten errichtet hatten. Dann, um zwei Uhr morgens am 11. Dezember, stürmten schätzungsweise fünfzehn Züge der Bereitschaftspolizei mit der Unterstützung von über tausend Soldaten das Universitätsgelände. Die Studenten und Mönche, die am Sarg Wache gehalten hatten, leisteten kurz Gegenwehr, flehten die Soldaten an, sich ihnen anzuschließen und sich Ne Win zu widersetzen. Doch binnen einer Stunde war die Armee Herr der Lage. Einigen Berichten zufolge wurden Dutzende Studenten getötet, darunter mehrere, die den Sarg bis zum letzten Atemzug verteidigt hatten. Niemand weiß, wie viele wirklich ihr Leben ließen. Hunderte wurden eingekreist und verhaftet, mehrere von ihnen sollten langjährige Haftstrafen verbüßen. Der Sarg des einstigen Lehrers und Generalsekretärs der Vereinten Nationen wurde eiligst zu seiner letzten Ruhestätte gefahren, auf allen Seiten flankiert von denselben Panzern und denselben Männern mit denselben automatischen Waffen, die noch Momente zuvor auf wehrlose Männer und Frauen geschossen hatten. In ganz Rangoon brachen Aufstände aus. Eine wütende Menge aus mehreren tausend Menschen zerstörte eine Polizeistation. Auch ein Ministerium und mehrere Kinos wurden demoliert. Die Soldaten eröffneten erneut das Feuer, noch mehr Menschen starben. Die Krankenhäuser sollen mit Verletzten überfüllt gewesen sein. Schließlich wurde das Kriegsrecht ausgerufen. Soldaten in voller Kampfausrüstung begannen die Hauptstraßen zu säumen.

Etwa um sechs Uhr an diesem Morgen wurden wir aus der Lobby unseres Hotels angerufen. Ein Mann, der sich als Regierungsvertreter auswies, sagte, dass U Thants Leichnam von der Universität abgeholt worden sei und sich nunmehr im Cantonment Garden in der Nähe der Shwedagon-Pagode befinde. Es sei keinerlei Gewalt angewandt worden, nur etwas Tränengas habe man eingesetzt. Meiner Familie wurde gestattet, sich ein letztes Mal von meinem Großvater zu verabschieden, dann wurden wir aufgefordert, das Land zu verlassen. Rund eine Woche später waren wir in New York zurück. Erst sehr viel später erfuhren wir vom ganzen Ausmaß der Tragödie, die sich an diesem Tag zugetragen hatte.

Als Achtjähriger begriff ich nur wenig. Ich erinnere mich, dass es mir etwas ausmachte, über drei Wochen Schule und auch noch Weihnachten versäumt zu haben. Von der Gewalt hatte ich nichts mitbekommen, aber die Gesichter der vielen jungen Menschen, die sich rund um das Universitätsgelände an unsere Autos drängten, und die oft ebenso jungen und dünnen Soldaten in ihren schlecht sitzenden Uniformen, den glänzenden Stiefeln und Seitengewehren hatte ich sehr wohl gesehen. Andererseits hatte ich auch meine Urgroßmutter, U Thants Mutter, kennengelernt, die damals Anfang neunzig war, hatte von meinen Cousins ein paar spaßige burmesische Kinderspiele gelernt und Farben, Geräusche und Gerüche wahrgenommen, die so ganz anderes waren als in einem Außenbezirk von New York. Ich erinnere mich auch an die Aufregung der anderen Kinder, als wir Vanilleeis und ziemlich fade Sandwiches in unserem Hotel sowjetischer Bauart aßen, dem einzigen Ort, an dem man westliches Essen bekam. Ich hatte Rangoon am Höhepunkt von Ne Wins Weg zum Sozialismus gesehen, als kaum ein Auto auf den Straßen war, die alten Kolonialhäuser still vor sich hin verfielen und es in den modrig riechenden Geschäften kaum etwas zu kaufen gab. Selbst ein Kind konnte begreifen, dass diese Stadt glücklichere Tage gesehen haben musste.

Einmal auf dieser Reise, ich weiß nicht mehr, wann, waren meine Eltern zum Lunch bei Freunden eingeladen, einem pensionierten Luftwaffenoffizier und seiner Frau. Ich war mit ihren Töchtern und der Nanny draußen im Garten. Es war eine piekfeine Wohngegend. Ein einsamer Militärpolizist in weißen Handschuhen machte sich auf der leeren Allee an seinem Motorrad zu schaffen. Plötzlich salutierte er, dann glitt hinter zwei Begleitfahrzeugen eine schwarze Limousine an uns vorbei. Vom Rücksitz winkte uns winkenden Kindern ein lächelnder General Ne Win zu.

Der damals herrschende Status quo sah sich Mitte der siebziger Jahre diversen Herausforderungen ausgesetzt, darunter dem fehlgeschlagenen Putsch einiger Offiziere mittlerer Dienstgrade, der zu deren Verhaftung und Hinrichtung sowie zur Inhaftierung des Generalstabschefs der Armee, General Tin Oo, führte. Tin Oo, der später zum engsten Mitarbeiter von Aung San Suu Kyi und zum Vorsitzenden ihrer Partei werden sollte, hatte sich während der Demonstrationen anlässlich von U Thants Beisetzung zwar als ein regimetreuer Stabschef erwiesen, war nun aber beschuldigt worden, von Attentatsplänen gegen Ne Win gewusst und nichts dagegen unternommen zu haben.

Ab den späten siebziger Jahren bis zum Aufstand von 1988 dümpelte das Land dann im ewig gleichen Fahrwasser dahin. Es gab kaum Unruhen; die Wirtschaft hatte nach ihren dunkelsten Stunden etwas an Fahrt aufgenommen; aus dem Westen und von den Vereinten Nationen trafen wieder Hilfslieferungen ein; und der Bürgerkrieg stolperte vor sich hin, blieb aber im großen Ganzen auf die Grenzregionen beschränkt. Ne Win kam allmählich in die Jahre, und jeder blickte hoffnungsvoll in die Zukunft.

Manchen Regimen gelingt es, wirtschaftliche Probleme mit Appellen an den Volkspatriotismus oder mit irgendeiner politischen Entscheidung zu übertünchen, für die sich die Massen begeistern können. Nicht so Ne Win. Er erschien nur selten in der Öffentlichkeit und war gewiss kein Mann, der etwas für große Reden oder protzige Paraden übrig hatte. In den sechziger Jahren war er regelmäßig nach Wien gereist, um den berühmten Psychiater Hans Hoff zu konsultieren, für gewöhnlich zwischen Shoppingtrips nach London und Genf. Die Geheimnisse, die der burmesische Diktator auf der Couch preisgab, blieben in einem österreichischen Ordinariat unter Verschluss, doch was immer es gewesen sein mag, das Ne Win Probleme bereitet hatte, so beendete er seine Therapie jedenfalls Mitte der siebziger Jahre. Um etwa die gleiche Zeit starb seine Frau, was ihn offensichtlich tief berührte. Bald darauf heiratete er Yadana Nat Mai alias June Rose Bellamy, die Tochter einer burmesischen Prinzessin und eines australischen Buchmachers, doch die Ehe endete in einem erbitterten Streit, und der General zog sich noch weiter in die Abgeschiedenheit zurück. Kaum einer, wenn überhaupt jemand außerhalb seines unmittelbaren familiären Umkreises wusste etwas über sein Privatleben. Allerdings machten immer mehr Gerüchte die Runde, die allesamt zwei Dinge in den Vordergrund stellten: seinen Jähzorn und seine wachsende Irrationalität.

Dass Ne Win ein launischer Mann war, hatte man von jeher gewusst. Vermutlich trug genau das zu seinem erfolgreichen Versuch bei, sich als der starke militärische Führer zu präsentieren. Im Jahr 1976 bekam auch die akkreditierte diplomatische Gemeinschaft einen Geschmack davon. Es war Silvester und der General offensichtlich verstimmt wegen der lauten Musik gewesen, die vom anderen Seeufer aus dem Inya Lake Hotel in seine Villa drang. Einer Version dieser Geschichte nach soll er dann höchstselbst über den See gerudert und mitten in die Party geplatzt sein, den Drums einen Fußtritt versetzt, den Drummer tätlich angegriffen und schließlich einen norwegischen Botschaftsangestellten verprügelt haben, der zufällig in der Nähe stand. Bei anderen Geschichten ging es eher um seine Leidenschaft für Zahlenmystik, die Zauberei im Allgemeinen und vor allem um seine fixen Ideen bezüglich der Zahl Neun. Niemand weiß, welchen Vorstellungen Ne Win wirklich anhing, Tatsache aber ist, dass er 1986 alle burmesischen Banknoten austauschen und durch solche ersetzen ließ, die durch neun teilbar waren. Es gab keine Zehn-, Fünfzig- und Hundert-Kyat-Scheine mehr, nur noch Neuner, Fünfundvierziger und Neunziger. Das Einkaufen bedurfte plötzlich sehr viel besserer Rechenkünste.

Es gab kein Brot, aber es gab auch kaum Spiele. Einen kurzen strahlenden Moment lang war Burma führend im asiatischen Fußball gewesen. Zwischen 1965 und 1973 hatte die burmesische Mannschaft bei den Südostasienspielen, die im zweijährigen Turnus stattfanden, beispiellose fünfmal und bei den Asienspielen 1966 und 1970 zweimal gewonnen. Dann begann der Abstieg. Am Ende der siebziger Jahre gab es praktisch keine Teams in irgendeiner Sportart mehr, die man hätte anfeuern können. Dafür brach nun eine gewaltige Veränderung über das Land herein: Fernsehen und Video.

Das Fernsehen wurde 1979 eingeführt. Die Bevölkerung hungerte nach Unterhaltung. Burmesen gingen schon immer gerne ins Kino, aber Filme aus dem Westen waren aus finanziellen und allen anderen Gründen nun schon seit Jahren kaum noch gezeigt worden, mit der Ausnahme von James Bond, der die Kinosäle ohne Unterbrechungen füllte und zumindest eine Generation von jungen Rangoonern im Einklang mit dem Rest der Welt den Übergang von Sean Connery zu Roger Moore erleben ließ. Nun gab es das Fernsehen, wenn auch nur einen Kanal, der eine Mixtur aus stark zensierten Nachrichten, seriöser burmesischer Musik und alten, im Land selbst gedrehten Filmen offerierte. Es sendete nur ein paar Stunden am Tag, aber das genügte, um still und leise die Erwartungen zu revolutionieren. Zuerst wurden am Vorabend Episoden aus irgendwelchen amerikanischen Serien gesendet. Eine Weile lang war es *Love Boat*, das die burmesischen Zuschauer mit einer seltsam verzerrten, aber doch nicht so ganz falschen Darstellung vom Leben der Schönen und Reichen im Westen fesselte.

Anfang der achtziger Jahre kamen dann Videogeräte mitsamt den Raubkopien, die über die Tenasserimberge aus Thailand eingeschmuggelt wurden. Ich sehe mich noch Mitte der achtziger Jahre (als ich meine Sommerferien oft in Rangoon verbrachte) in den Videoladen an der Ecke gehen, eine kleine Holzhütte mit einem üblicherweise sehr bescheidenen Angebot (vor allem für jemanden, dessen Geschmack zu B-Movies und blutigen Actionthrillers tendierte). Videos bekam man aber nicht nur in Rangoon, auch auf dem Land besaßen die relativ Wohlhabenden Fernseh- und Videogeräte, und sogar in den Dörfern Oberburmas waren die Menschen davon nicht ausgeschlossen, denn dort konnte man sich Videos in Teestuben ansehen. Jedenfalls sah nun ein beträchtlicher Teil der Bevölkerung zum ersten Mal mit eigenen Augen und in lebendigen Farben, was ihnen das heimatliche puritanische Regime versagte.

DIE KACHIN-BERGE

In der Regenzeit 1991/92 reiste ich durch das westliche Yunnan, zuerst von Dali aus nach Südosten bis nach Shweli, wo die alte Burma Road kreuzt, dann mit dem Lastwagen Richtung Norden das Salween-Tal entlang bis in die Kachin-Berge. Die Reise war illegal. Zu dieser Zeit war Ausländern der Aufenthalt in diesem Teil von Yunnan nicht gestattet. Ich hatte während der gesamten Tour Leute der KIO, des politischen Flügels der Kachin-Unabhängigkeitsarmee, an meiner Seite. Wir fuhren durch ein paar der spektakulärsten Szenerien dieser Welt, durch eine Landschaft von sanft geschwungenen Hügeln, die abgesehen von ein paar Weilern und Ponys auf satten Weiden wie ausgestorben wirkte, dann plötzlich wieder durch tiefe Schluchten zwischen gewaltigen schneebedeckten Bergen. Drei der längsten Flüsse der Welt – der Jangtse, der Mekong und der Brahmaputra – fließen hier nahezu parallel im Abstand von rund hundertfünfzig Kilometern, bevor sie sich Tausende Kilometer weit in verschiedene Richtungen schlängeln, um bei Shanghai, Saigon und Kalkutta ins Meer zu fließen. Im 9. Jahrhundert war diese Region das Kernland des Nanzhao-Reichs gewesen, hier entstand auch die burmesische Sprache. Inzwischen waren die Berge auf beiden Seiten der Grenze den Kachin zur Heimat geworden, einem Konglomerat aus verschiedenen Völkern mit jeweils eigenen Kulturen, deren Sprachen jedoch allesamt mit dem Burmesischen und Tibetischen verwandt sind.

Die Kachin hatten nun schon den längsten Teil eines Vierteljahrhunderts rebelliert und sollten noch bis 1994 weiterkämpfen, als sie schließlich einen Waffenstillstand mit Rangoon unterzeichneten. Ihr Hauptquartier befand sich in Pajau, einem lang hingestreckten Armeestützpunkt aus strohgedeckten Bambushütten, die sich an die mittlerweile fast vollständig abgeholzten Berghänge schmiegten. Es sah ein bisschen wie eine Kreuzung aus M*A*S*H und *Gilligans Insel* aus. Die Kachin hier führten keinen Guerillakrieg. Nachdem sie die Kontrolle über einen breiten Bogen des Hochlands gewonnen hatten, es ihnen aber nie gelungen war, die wichtigsten Städte im Tiefland einzunehmen und zu halten, hatten sie sich in eine reine Verteidigungsstellung zurückgezogen, verwalteten ihre Territorien und hielten Rangoons Truppen in Schach. Der Preis, den sie dafür zahlten, war horrend: Tausende wurden getötet, ganze Dörfer wurden dem Erdboden gleichgemacht, und zehn-, vielleicht sogar hunderttausende Kachin (deren Gesamtzahl weniger als eine Million betrug) wurden aus ihren Häusern vertrieben.

Fast jeder trug einen armeegrünen chinesischen Mantel. Auch ich hatte mir unterwegs den besten gekauft, den ich auf einem Markt im Südwesten von Yunnan auftreiben konnte. Tagsüber, wenn die Sonne von einem strahlend blauen Himmel schien, lagen die Temperaturen zwischen zehn und fünfzehn Grad, doch am Abend begann es beißend kalt zu werden und die Temperaturen ein gutes Stück unter den Gefrierpunkt zu sinken. Wie jedermann schlief auch ich in einer Hütte (man hatte mir die saubere und geräumige »Gästehütte« überlassen) und musste entscheiden, ob ich lieber ein kleines Feuer am Brennen halten und in einem verräucherten Raum schlafen oder bei klarer Luft in einem sehr eisigen Bett aufwachen wollte. Offizielle Vertreter der KIO hatten mir einzuschärfen versucht, dass sie entschlossen seien, den Opiumanbau in ihrer Region zu unterbinden und ihre Bauern stattdessen vom Kartoffelanbau zu überzeugen. Um dieser Aussage Nachdruck zu verleihen, tischten sie mir einen großen Teller Pommes frites auf. Und weil sie merkten, dass sie mir schmeckten, setzten sie mir von da an praktisch nur noch Pommes frites vor.

Ich hatte nicht wirklich das Gefühl, in einem Kriegsgebiet zu sein. Das Leben in Pajau schien zu diesem Zeitpunkt in ziemlich geregelten Bahnen abzulaufen, obwohl die Frontlinie nur rund dreißig Kilometer entfernt war. Es ging sehr geordnet zu. Da gab es eigene Hütten für die diversen KIO-Abteilungen und sogar eine, in der regelmäßig über Kurzwelle die Sendungen von BBC, Voice of America und Radio All-India gehört wurden. Überall liefen Kinder in grellbunten Stricksachen und wattierten Jacken herum, auch einen Kindergarten und eine Schule gab es. Das ganze Dorf war übersichtlich am Ausläufer eines hohen Berges angelegt worden, der zur einen Seite nach China abfiel. Irgendwo tief darunter war das Quellgebiet des Irrawaddy.

Ich sprach mit ein paar frischen Rekruten, jungen Männern, einige noch Teenager, andere Anfang zwanzig, die sich direkt nach der Schule in Myitkyina oder Bhamo – beide Städte wurden von der Regierung kontrolliert – freiwillig gemeldet hatten. Als ich sie fragte, warum sie sich dazu entschlossen hätten, erwartete ich irgendeinen nationalistischen Vortrag. Aber sie gaben gute Gründe an, sprachen von der untergeordneten Rolle, die ihnen in dieser Welt zugestanden würde, und erzählten, warum sie ihr Volk von seinem schweren Los befreien wollten. Sie kritisierten die Bedingungen, unter denen sie in ihren Heimatstädten aufgewachsen waren, beschwerten sich über das Bildungs- und Gesundheitssystem und sogar über die sanitären Einrichtungen und verglichen sie alle mit globalen Standards. Sie sagten, dass sie einfach nur um gleiche Rechte und ein besseres Leben für die Kachin kämpfen wollten.

Ich blieb über die Weihnachtszeit. Die Kachin hier waren Christen, eine Mischung aus Baptisten, Anglikanern und römischen Katholiken. Einer meiner Gastgeber bot mir eine ziemlich originelle Erklärung dafür: Anfang des Jahrhunderts hätten seine Vorfahren geglaubt, dass sie, um modern zu sein, ihren traditionellen Animismus gegen den christlichen oder den buddhistischen Glauben eintauschen müssten, sich als passionierte Jäger dann aber für das Christentum entschieden, weil es Christen »Spaß macht, Tiere zu töten«. Sie luden mich zu einem großen Weihnachtsfest mit Krippenspiel ein, das in Jingpaw gegeben wurde, der Sprache, die die meisten Kachin sprechen. Ein feister Offizier neben mir übersetzte mir ganz sachlich das Geschehen auf der Bühne, so als hätte ich noch nie von dieser Geschichte gehört (»die Frau wird ein Kind bekommen... jetzt sind sie in einer anderen Stadt und müssen in einem Stall schlafen...«). Es wurden auch eine Menge Weihnachtslieder gesungen. Der Dorfchor ging von Hütte zu Hütte und beendete jedes Lied mit einem energischen: »Fröhliche Weihnachten!«

Unter den Sängern befand sich auch eine kleine Gruppe von ethnisch burmesischen Studenten, fast alle aus Mandalay, die nach dem

Ende des Aufstands von 1988 nach Pajau geflohen waren. Manche von ihnen wollten liebend gerne nachhause zurück, andere waren entschlossen, sich zu Soldaten ausbilden zu lassen, um selbst gegen die Militärregierung zu kämpfen. Doch als sie hier fröhlich Weihnachtslieder schmetterten, wirkten sie so gar nicht wie die hartgesottenen Revolutionäre, die sie so gerne sein wollten. Die Nachricht, dass Aung San Suu Kyi den Nobelpreis verliehen bekommen hatte, riss sie zu Begeisterungsstürmen hin. Allerdings verbreiteten die einstigen Studenten dann die Geschichte, dass sie einen Oscar gewonnen habe. Denn den kennt man selbst am Rande der Kachin-Berge.

Bis 1988 waren dank der etwas besseren wirtschaftlichen Zustände, zunehmenden Auslandshilfen und einer generell etwas entspannteren Stimmung in der Regierung hoffnungsfrohe Erwartungen geschürt worden. Viele Exilanten, auch U Nu, waren zurückgekehrt, viele politische Gegner waren aus den Gefängnissen entlassen worden, und Ne Win wurde langsam alt. Da konnten sich die Dinge doch nur bald ändern? Der vordringlichste Wunsch in diesen Tagen galt einer Rückkehr zur Normalität und der Wiedereingliederung des Landes in die Weltgemeinschaft. Dann hielt Ne Win seine Rede, in der er zur Rückbesinnung auf die Demokratie aufrief. Tausende gingen auf die Straße, um ein Ende der Militärdiktatur zu fordern, während in den entfernten Bergen ein ebenso profunder Richtungswechsel der burmesischen Politik Gestalt anzunehmen begann.

13

Palimpsest

∽

Luther und Johnny Htoo waren verlauste zwölfjährige Zwillinge und Analphabeten, die sich als die Herren von »Gottes Armee« aufspielten, einem nominell christlichen Trupp aus vielleicht zweihundert Stammesangehörigen der Karen, die sich in die Berge an der burmesisch-thailändischen Grenze verkrochen hatten. Die Zwillinge teilten sich eine strohgedeckte Bambushütte im Dorf Kersay Doh (»Berg Gottes«) in den malariaverseuchten Regenwäldern des Dawna-Gebirges, ungefähr eine Tagesfahrt auf der Landstraße von Bangkok und eine ganze Welt von der Zivilisation des 21. Jahrhunderts entfernt. Es gab weder fließendes Wasser noch Strom am Berg Gottes, wo die Jungen, die noch nicht einmal Teenager waren, als Messiasse verehrt wurden. Eines Tages im Frühjahr 2000 verließen zehn ihrer Soldaten den Dschungel und nahmen über fünfhundert Ärzte, Krankenschwestern und Patienten aus dem Allgemeinen Provinzkrankenhaus von Ratchaburi in Thailand als Geiseln. Angeblich wollten sie mit dieser Aktion gegen den jüngsten Beschuss ihres Dorfes durch die Thai-Armee protestieren. Entschlossen, den starken Mann zu markieren, befahl die empörte thailändische Regierung ihren Kommandos die Stürmung der Klinik. Bald waren das medizinische Personal befreit und die zehn Soldaten der kleinen Messiasse niedergemäht oder hingerichtet.[1]

Als die Burmesische Armee drei Jahre zuvor Außenposten der Karen-Armee überrannt hatte, war es dieser kleinen Guerilla-Bande aus mehr oder weniger Halbwüchsigen gelungen, sich aus der burmesischen Umklammerung zu befreien. Schnell verbreitete sich daraufhin das Gerücht in der Gegend, dass den ständig Zigarren qualmenden Zwillingen eine ganze Armee von Geistern zu Hilfe geeilt sei, die auch deren eigene Ausdauer und ihren eigenen Kampfgeist beflügelt habe. Seither hatten Luther und Johnny so viele Anhänger um sich geschart, dass sie sich mit einem Trupp unter dem eigenen Oberbefehl von der Karen-Armee trennten und unabhängig zu agieren begannen. Manche hielten die Zwillinge sogar für unverwundbar und meinten, dass keine Kugel sie treffen könne und sie ohne Angst auf jede Landmine treten könnten. Jedenfalls waren sie nun das Gesetz in ihrem Dorf: kein Schweinefleisch, keine Eier, kein Alkohol. Andererseits waren sie noch immer Kinder, spielten mit Hunden und Katzen und kletterten auf Bäume. Zu ihrem Chefberater hatten sie einen geheimnisvollen Zwerg auserkoren, den man nur als Mr. David kannte und der beträchtlichen Einfluss hinter den Kulissen ausgeübt haben soll. Sie behaupteten, Baptisten zu sein. Die Gäste des Weihnachtsfestes, das im Jahr 1998 in Kersay Doh gefeiert wurde, bekamen eine Riesenechse, einen Affen, einen Hirschen und eine Auswahl an Wildgemüse vorgesetzt, dann wurde die ganze Nacht gesungen und getanzt.

Nach dem Überfall auf das Krankenhaus wurde der Druck auf die Armee Gottes jedoch so verstärkt, dass Johnny und Luther endlich beschlossen, die Waffen zu strecken und sich der Thai-Armee zu ergeben. In Thailand fanden sie dann ein neues Leben. Luther verliebte sich in eine ältere Frau (sie war neunzehn), heiratete sie und ist inzwischen Vater. Gemeinsam mit Johnny lernte er Gitarre zu spielen, was dann zur neuen Leidenschaft beider wurde. Sie sagen, dass sie sich noch immer für bessere Lebensbedingungen für das Karen-Volk einsetzen, doch am innigsten wünschen sie sich ein Musikstipendium.

Für die meisten Ausländer war und blieb der burmesische Bürgerkrieg, so sie denn überhaupt etwas davon gehört haben, eine hoffnungslos verwirrende und exotische Angelegenheit. Es kommen ihnen flüchtige Bilder von Opiumhändlern und Kindersoldaten in den Sinn, oder sie denken an einen Dschungelkrieg wie in Vietnam, der nie einen eindeutigen Beginn oder ein klares Ende hatte, so als wäre er etwas ganz Natürliches in dieser entfernten Ecke der Welt oder ein reiner Nebenkriegsschauplatz des verständlicheren Duells zwischen Aung San Suu Kyi und der Militärjunta. Die Geschichte von Johnny und Luther Htoo war buchstäblich die einzige Story über die Kämpfe in Burma, für die sich die internationale Presse in den vergangenen Jahren interessierte, was dann nur den Eindruck verstärkte, dass bewaffnete Konflikte in diesem Land von einer ganz anderen und vermutlich weniger ernst zu nehmenden Art seien als beispielsweise die Kriege in Afghanistan oder im Herzen von Afrika. Manch einer mag vielleicht von den Karen-Rebellen gehört haben, weil deren langjähriger Widerstand räumlich so nahe bei den klimatisierten Annehmlichkeiten von Bangkok und der dort sichtbaren kleinen Industrie an westlichen Hilfsorganisationen stattfindet, die seit so vielen Jahren den Karen-Flüchtlingen in der Grenzregion beistehen. Aber das heißt ja nicht, dass die anderen Bürgerkriegsparteien einfach verschwunden seien. Es ist nur so, dass durch eine seltsame Wendung des Schicksals, kaum beobachtet von Reportern und unbemerkt von irgendwelchen Kameras, fast alle Waffen zumindest temporär zum Schweigen gebracht wurden und der längste bewaffnete Konflikt auf der Welt seinem Ende verlockend nahe gekommen zu sein scheint.

Im März 1989 hatten hoch oben in den grünblauen Kokang-Bergen, wo die Morgen am Frühlingsbeginn noch kalt und die Böden noch vereist sind, ethnisch chinesische Soldaten unter ihrem Kommandanten Pheung Kya-shin offen die Führung der multiethnischen Kommunistischen Partei Burmas herausgefordert, welcher sie selbst angehörten und die von der Kokang seit den späten sechziger Jahren kontrolliert wurde. Das Timing von Pheungs aufmüpfigen Soldaten war perfekt gewesen – binnen Tagen weitete sich die Meuterei auf die anderen kommunistischen Stützpunkte in den dicht bewaldeten Bergen aus. Eine kommunistische Kampfeinheit nach der anderen fiel von der Partei ab, der zu dienen sie einst aufgestellt worden war. Am 16. April stürmten Meuterer aus der Zwölften Brigade das Parteihauptquartier in Pangsang, rissen die Porträts von Marx, Engels und Lenin von den Wänden und erbeuteten Waffen und Munition. Die alternden Parteikader, die ein Leben lang von einem tropischen Paradies der Proletarier geträumt hatten, flohen schleunigst nach Yunnan und verschwanden im Müll der Geschichte. Der bewaffnete Widerstand der burmesischen Kommunisten, der fast auf den Tag vierzig Jahre alt gewesen war, brach zusammen. Am Ende war er nicht vom Spezialarsenal der Amerikaner oder dank irgendeiner verwegenen Taktik der Burmesischen Armee besiegt worden, sondern durch den Überdruss der Leute, die so lange Jahre die Last des Kampfes der Linken hatten schultern müssen.[2]

Zehn Jahre lang hatte Deng Xiaoping der Außenwelt die Tore Chinas offen gehalten, seine Beziehungen zum Westen verbessert und einem nie dagewesenen Wirtschaftswachstum die Bühne bereitet. Bald darauf stellte China auch seine Unterstützung der Khmer Rouge ein. Ihre Beziehungen zu Ne Win hatten die Chinesen bereits zuvor verbessert. Doch die siebzigjährigen marxistischen Intellektuellen aus Rangoon hatten trotzdem keinerlei Anstalten gemacht, den Volkskrieg aufzugeben. Eifrig wie eh und je benutzten sie die Dorfbewohner der Region als Kanonenfutter für eine Revolution, die sich nie materialisierte. Nun waren die Menschen in den Dörfern zwar endlich von den Parteibonzen befreit, aber nach wie vor bis an die Zähne bewaffnet. Die Frage, die sich den Meuterern jetzt stellte, war also: Was tun?

Nur sehr wenige, wenn überhaupt irgendwelche dieser Menschen waren Burmesen in dem Sinne, dass sie der burmesischsprachigen buddhistischen Majorität im Land angehörten. Mehrere Offiziere waren ethnische Chinesen, die entweder aus der Gegend gleich jenseits der Grenze oder aus Kokang stammten, darunter nicht wenige, die in der Kulturrevolution den Roten Garden angehört hatten. Die große Mehrheit aber waren Wa, Angehörige eines kaum bekannten, zahlenmäßig jedoch großen Bergvolkes aus der Region. Die meisten, die bei den Angriffen ums Leben gekommen waren, welche die Kommunisten nach maoistischer Manier Welle auf Welle gegen die burmesischen Armeestellungen unternommen hatten, stammten aus ihren Reihen. Nun waren sie zwar immer noch bettelarm, aber jetzt konnten sie wenigstens die eigenen Interessen verteidigen. In den anschließenden Wochen brach der gesamte kommunistische Kampfverband schnell und relativ einvernehmlich entlang der bestehenden ethnischen Grenzen auseinander. Die neue Vereinigte Armee des Wa-Staates wurde zum eigentlichen Nachfolger der einst so gefürchteten kommunistischen Armee.

Das Kernland des Wa-Volkes liegt inmitten einer ehrfurchtgebietenden nord-südlich verlaufenden Bergkette, deren steilen Abhänge zwölf- bis fünfzehnhundert Meter in die Täler abfallen. Es leben rund siebenhunderttausend Wa in Burma, weitere dreihunderttausend in China. Viele von ihnen sind in der Bergregion angesiedelt, die sich rund hundertsechzig Kilometer am Lauf des wilden Salween entlangzieht und etwa achtzig Kilometer Richtung Mekong in den Osten erstreckt. Ihre kleinen Dörfer liegen oft an steile Felswände geduckt und galten lange als uneinnehmbar, da sie von Erdwällen umgeben und nur durch lange Tunnels zugängig waren. Bis vor hundert Jahren die ersten Baptistenmissionare aus Amerika bei ihnen eintrafen und einige zum Christentum bekehrten, waren fast alle Wa Animisten gewesen. Sie selbst halten sich für ein indigenes Volk, das seit Urzeiten in den Wa-Bergen ansässig gewesen sei und von Kaulquappen aus einem geheimnisvollen Bergsee abstamme.[3] Ihren eigentlichen Ruf aber hatten sie sich als Kopfjäger verdient.

Vor jedem Dorf findet sich ein Hain, der sich üblicherweise über den ganzen Kamm erstreckt. Er ist für gewöhnlich ziemlich breit, besteht aus gewaltigen Bäumen und dichtem Unterholz und war einst Teil der Wälder, welche vor langer Zeit das ganze Land bedeckten. Von ferne sieht man eine Art Allee, die manchmal kaum mehr als hundert Meter lang ist und sich manchmal über lange Distanzen von Dorf zu Dorf erstreckt. Es ist dies die Allee der Schädel...[4]

Die ersten Briten, die in dieses Gebiet geschickt wurden, berichteten von vielen Dörfern, in denen sie Dutzende Schädel in einer Reihe aufgepflockt gesehen hätten, in einigen Fällen sogar hunderte in verschiedensten Konservierungsstadien: Wächter gegen böse Geister. Die Wa glaubten, dass der Geist eines Toten ihr Gebiet beschützen würde, nicht jedoch weil er sich um die Dorfbewohner sorgte, sondern damit kein anderer, kein unsteter Geist in seinen eigenen Raum eindringen konnte. Die Burmesen und die Shan behaupteten, dass die Wa auch Kannibalen gewesen seien, was diese jedoch immer bestritten. Ihnen, hatten sie erklärt, reichten ein bis zwei gute Köpfe, damit ihnen der Mais, der Hund und der gute Saft (womit ein starker Reiswein gemeint war) gesichert waren; das sei alles, was sie bräuchten, um glücklich zu sein. Hundefleisch war ein Grundnahrungsmittel auf dem Tisch der Wa.

Ganz besonders gefielen ihnen ungewöhnlich geformte Köpfe oder die Köpfe von bedeutenden Persönlichkeiten. Obwohl sie eine »eklektische und dilettantische« Art von Kopfjagd betrieben, wie ein Beobachter aus der Kolonialzeit schrieb, gab es Regeln, die eingehalten werden mussten. Die offizielle Jagdsaison begann grundsätzlich im

März und endete mit der letzten Aprilwoche. Sogar in den dreißiger Jahren des 20. Jahrhunderts hielten sie noch an dieser Tradition fest (möglicherweise aber auch länger). In dieser Zeit hatte man einen reisenden Arzt unter schwer bewaffnetem Schutz aus der Region geleiten müssen, weil der Sikh mit seinem Bart und Turban eine so prächtige Trophäe war, dass er das Wasser im Mund zusammenlaufen ließ. Ihr Kleidungsstil trug auch nicht gerade zu einem besseren Ruf bei, denn sowohl bei Wa-Frauen als auch bei den Männern bestand er in der heißen Zeit aus gar nichts.[5]

Diese zähen und selbstbewussten Menschen erbten nun also 1989 das größte Stück der kommunistischen Militärmaschinerie, lugten bis an die Zähne bewaffnet hinter ziemlich modernen chinesischen Waffen aus ihren Hochburgen in den Bergen hervor und fragten sich, wer ihnen wohl Freund und wer Feind sein würde.

Die naheliegende Wahl für die Wa und alle anderen einstigen kommunistischen Kämpfer wäre natürlich gewesen, sich mit allen anderen ethnisch motivierten Rebellen zusammenzutun und Rangoon damit zum ersten Mal mit einer vereinigten Front zu konfrontieren. Der Aufstand der Kachin-Rebellen im Hochland gleich nördlich von Rangoon war noch immer in vollem Gange, genauso wie die Kämpfe der verschiedenen ethnischen Widerstandsgruppen im Süden. In den ersten Wochen nach der Meuterei unter den Kommunisten fanden tatsächlich ein paar Gespräche zwischen Vertretern der Karen-Nationalunion und anderen Gruppen aus der Grenzregion zu Thailand statt, doch die Burmesische Armee wusste den augenblicklichen Stillstand schnell zu nutzen. In Rangoon war man sich bewusst, was auf dem Spiel stand: Entweder man neutralisierte die langjährigen Bürgerkriegsfeinde ein für alle Mal, oder man würde zusehen müssen, wie sich die einstige kommunistische Armee zu einer noch ernsthafteren Bedrohung ausweitete, da sie sich nun mit allen anderen ethnisch motivierten Widerstandsgruppen verbündet hatte. Außerdem waren seit dem Aufstand von 1988 erst wenige Monate vergangen und die Gefahr (für das burmesische Militär) deshalb groß, dass sich all diese bewaffneten Gruppen mit der prodemokratischen Bewegung in den Städten verbünden könnten. Man musste also unbedingt irgendeinen Deal über die Bühne bringen.

Dass die Burmesische Armee unter diesen Bedingungen zu verhandeln bereit war, war vielleicht nicht überraschend, aber doch ohnegleichen, denn bisher hatte sie immer nur eine Politik der militärischen Lösungen verfolgt. Diesmal aber entschied sie sich angesichts der noch immer gärenden Demokratiebewegung in den Städten und einem ethnisch motivierten Widerstand, der nach wie vor ziemliche Schlagkraft besaß, für eine wichtige strategische Alternative: Wenn es ihr gelänge, eine Waffenruhe mit den einstigen kommunistischen Soldaten auszuhandeln, hätte sie genügend Handlungsspielraum, um ihre Aufmerksamkeit anderen Dingen zuzuwenden. Plötzlich war ein Ende des Bürgerkrieges in Sicht, der sich seit fast einem halben Jahrhundert hingezogen hatte.

So kam es, dass sich im Herbst des Jahres 1989 ein seltsames Trio auf den Weg nach Pangsang machte, um Freundschaft mit den Feinden zu schließen. Zuerst hatte man den alten Milizführer Lo Hsing-Han aus der Mottenkiste geholt, damit er Gespräche mit den Rebellen führte, dann folgten die inzwischen alt gewordene Warlady Olive Yang und der einstige Brigadegeneral Aung Gyi, einer der Führer des gerade niedergeschlagenen Aufstands von 1988 und Mitstreiter von Aung San Suu Kyi. Der Mann, der sich diesen Deal ausgedacht hatte und dann unter Dach und Fach brachte, war der Geheimdienstzar Khin Nyunt. Persönlich war er mit dem Hubschrauber zu dem abgelegenen Wa-Stützpunkt in den Bergen geflogen und hatte die Führer zu einem Gespräch mit den Spitzen des burmesischen Militärs eingeladen. Das Angebot wurde angenommen. Beim anschließenden Treffen in Rangoon wurde ein Entwicklungsprojekt ins Leben gerufen, das diesem ärmsten Teil eines sehr armen Landes Straßen, Brücken, Schulen sowie Lebensmittel- und andere Hilfslieferungen bescheren sollte. Noch wichtiger aber war, dass man den Wa gestatten wollte, ihre Waffen zu behalten und in dem von ihnen kontrollierten Gebiet de facto autonom zu agieren, sobald sie den abschließenden Friedensvertrag unterzeichnet hätten – und dass man sie sogar regelrecht ermunterte, weiterhin das zu tun, was sie und so viele andere Rebellen in dieser Region ohnedies seit Langem getan hatten, nämlich einen profitablen Opiumhandel zu betreiben. Nur eben mit dem Unterschied, dass sie nunmehr öffentliche Wege benutzen und ihre Gewinne in einer bald schon von allen Fesseln befreiten Wirtschaft anlegen könnten. In der staatlichen Presse wurden die Stammesführer der Wa und die anderen einstigen kommunistischen Kader als die großen Führer »der nationalen Rassen« gefeiert.

Zwischen März 1989 und Ende 1990 schloss General Khin Nyunt Waffenstillstandsvereinbarungen mit den Führern sämtlicher Nachfolgearmeen von den Truppen der Kommunistischen Partei ab. Die Kokang-Chinesen gründeten die Nationaldemokratische Myanmar-Bündnisarmee, mit der sie dann über ihr Bollwerk im Hochland herrschten, und entlang des reichen Opiumanbaugebiets am mittleren Mekong; dort, wo einst die kommunistische Kriegszone 815 gewesen war, wurde von einstigen Rotgardisten der Kulturrevolution die Nationaldemokratische Bündnisarmee aus der Taufe gehoben. Aber zur wichtigsten Streitmacht von allen wurde die ambitionierte und zwanzigtausend Mann starke Vereinigte Armee des Wa-Staates, die ihren Stützpunkt im einstigen kommunistischen Hauptquartier Pangsang aufschlug.

Diese neue Buchstabensuppe aus Milizen verlor wahrlich keine Zeit, um mit dem Hauptgeschäft in Ostburma, dem Drogenhandel, Geld zu scheffeln. Die Kommunisten hatten den Anbau und Handel mit Opium erlaubt, als Hilfsleistungen aus Peking auszubleiben begannen, und dank einer lokalen Opiumsteuer ihre Kassen dann halbwegs gefüllt halten können. Doch nun war die Zeit gekommen, um das große Geld zu machen. Die Wa und anderen Gruppen stiegen schnell in die nächste Produktionsstufe ein. Zwischen 1989 und 1991 bauten sie allein in der Kokang-Region dreiundzwanzig Heroin-Raffinerien auf. Auch der alte Yang-Clan stürzte sich auf dieses Spielfeld. Es war nur der persönlichen Intervention von Khin Nyunt zu verdanken, dass im Jahr 1992 ein Kleinkrieg zwischen den Yangs und ihren Opiumrivalen verhindert werden konnte.

Im Wa-Gebiet lag das Heroingeschäft hauptsächlich in den Händen von ethnischen Chinesen, von denen einige noch Verbindungen zu den Überresten der alten Chinesischen Nationalarmee in Thailand oder nahe Thailand hatten. Anfang der neunziger Jahre begannen auch die Wa eigene Raffinerien zu errichten. Als die Opiumproduktion etwas später beträchtlich zurückging, modifizierten sie ihre Produktion und überschwemmten den thailändischen Markt mit Millionen von Methamphetaminpillen. Die Thailänder nennen den Stoff *yaba*, die »verrückte Medizin«.

Doch Drogen waren nicht die einzige Möglichkeit, Geld zu machen. Als der Burmesische Weg zum Sozialismus über Bord geworfen wurde, war es rasch der neue Burmesische Weg zum Kapitalismus, welcher jedem, der über gute Beziehungen verfügte, schnelle Reichtümer versprach. Und die besten Beziehungen hatten die Wa. Die Devisenbestimmungen wurden gelockert, und den Banken wurde, was noch entscheidender war, gestattet, auch Einlagen »ungewisser« Herkunft entgegenzunehmen, solange der Staat Steuern dafür einstreichen konnte. Die Gelder strömten nur so herein. Bis 1994 waren die Immobilienpreise in Rangoon und Mandalay in die Höhe geschossen. Für ein Haus mit vier Schlafzimmern waren in einer guten Gegend rund eine Million US-Dollar in bar zu berappen. Um diese Zeit begannen die Wa erstmals auch in Rangoon Geschäfte zu machen und nicht nur in den Immobilienmarkt, sondern auch in den Bergbau, in Hotels, den Tourismus, die nahrungsmittelverarbeitende Industrie und in das Transportwesen zu investieren. Filialen in Thailand, Hongkong und Übersee wurden eröffnet. Sogar eine Bank wollten sie gründen, doch Heroin-Warlords mit einer eigenen Bank waren dann selbst den burmesischen Behörden zu viel: still und leise versagten sie ihnen die Genehmigung. Die einstigen Kopfjäger (oder zumindest deren chinesische Gefährten) waren zu den erfolgreichsten Unternehmern Burmas geworden. Auch die Kokang-Chinesen waren dick im Geschäft und hatten ihre Finger in allem, vom burmesischen Alleinverkaufsrecht für die Produkte von Mitsubishi Electric bis hin zum Vertrieb von Myanmar Rum und Myanmar Dry Gin. Andere Warlords wie Lo Hsing-Han (der heute sein eigenes *Asia World*-Imperium besitzt) oder Khun Sa (der einst mächtige Boss der Rebellenarmee Mong Tai) schlossen schnell zu den Rängen der zwielichtigen neuen Business-Elite auf.

All das geschah im Rahmen einer noch wesentlich umfassenderen Liberalisierung, die eine beinahe dreißig Jahre während selbstauferlegte Isolation und wirtschaftliche Stagnation beenden sollte.[6] Im Jahr 1988 hatte sich das Offizierskorps der Burmesischen Armee nicht weniger nach einer wirtschaftlichen Öffnung gesehnt als alle anderen.

Einige scheinen dabei ein marktwirtschaftlich orientiertes, autoritäres Militärregime nach dem Muster des benachbarten Thailand vor Augen gehabt zu haben, das es den Streitkräften erlaubte, große Stücke von einem immer größeren Kuchen für sich zu behalten. Ich erinnere mich an einen Armeehauptmann, mit dem ich ein Jahr vor dem Aufstand bei einer Tasse schwachen Kaffee im Hotel Strand in Rangoon gesessen hatte, wo damals noch der Putz von den Wänden bröckelte. Er sprach von der Notwendigkeit einer Wende und erklärte mir, dass niemand mit Ne Wins sogenanntem burmesischen Sozialismus glücklich sei. »Was wir wirklich wollen«, sagte er hoffnungsvoll, »ist der Wechsel von einer isolierten linksgerichteten Militärdiktatur zu einer proamerikanischen rechtsgerichteten Militärdiktatur.« Dann warf er einen Blick auf die fleckigen Teppiche und gebrechlichen Stühle und verdrehte die Augen. Jetzt war ihre Chance gekomken.

In den Wochen nach dem Aufstand, den letzten Monaten des Jahres 1988, sanken die Devisenreserven auf fast null. Allein um die Armee über Wasser halten zu können, brauchte die Regierung Bares, damit sie Benzin, Ersatzteile und Munition im Ausland kaufen konnte. Die Auslandsschulden in Höhe von sechs Milliarden Dollar verschlangen jedoch bereits über zweihundert Millionen Dollar an jährlichen Schuldendiensten. Vor der fast vollständigen Einstellung von Hilfsmaßnahmen waren jährliche Unterstützungen im Gegenwert von rund fünfhundert Millionen Dollar aus dem Westen eingetroffen. Allein die Bundesrepublik Deutschland, Japan und die Vereinigten Staaten hatten dem Land gemeinsam neunzig Prozent seines Deviseneinkommens verschafft.[7] Es sah also ganz so aus, als wäre die Regierung in die Knie gezwungen worden und als könnte sie angesichts dieser Finanzkrise zu einer kompromissbereiteren Haltung gezwungen werden.

Doch da sprang der thailändische Armeechef General Chaovalit Yongchaiyudh in die Bresche. Aufgeräumt bestieg der feiste Mann in seiner engen braunen Uniform im Dezember 1988 ein Flugzeug nach Rangoon, um dann mit einer hübschen Kollektion an Deals zurückzukehren, darunter mehreren lukrativen Abholzungskonzessionen. Die begünstigten thailändischen Firmen wurden reich, die Burmesische Armee erhielt gerade genug Geld, um überleben zu können, und riesige bewaldete Gebiete wurden in einem beispiellosen Tempo abgeholzt.[8] Ein Jahr später lagen hundert Millionen Dollar auf der Bank. Nach der Abholzung wandte sich das Regime dem Öl zu. Es unterzeichnete eine Reihe von Ölförderungsverträgen mit Gesellschaften, die eifrig darauf bedacht waren, einen Fuß in die Tür zum letzten noch nicht ausgebeuteten Ölvorkommen der Welt zu setzen. Am einfachsten gestaltete sich der Verkauf eines Anteils am Grundstück der burmesischen Botschaft in Tokio. Ende der achtziger Jahre hatten die Grundstückspreise in der japanischen Hauptstadt und der Wert des Yen astronomische Höhen erreicht. Allein für den veräußerten Teil des burmesischen Botschaftsgartens – ein Geschenk der japanischen Regierung zur Zeit von Ba Maw während des Zweiten Weltkriegs – strich das Regime zweihundert Millionen Dollar ein.[9]

Doch die neue burmesische Regierung war nicht nur an Geld interessiert, um sich über Wasser zu halten. Sie wollte sich wohl wirklich von der autokratischen Politik der Vergangenheit verabschieden. Die dafür zuständigen Militärs waren zwar gewiss keine Demokraten, aber in vielen Fällen doch auf wirtschaftliche Fortschritte und ein Ende der katastrophalen Isolation des vergangenen Vierteljahrhunderts bedacht. Nur, wie sollten sie es anstellen? Niemand in der Regierung hatte eine entsprechende Ausbildung oder auch nur Erfahrung gemacht, um eine solche Generalüberholung der Wirtschaft dirigieren zu können. Und wegen der Sanktionen des Westens waren nicht nur die ausländischen Berater und internationalen Banken, sondern auch all die Sonderhilfen und -kredite, die vielleicht hätten helfen können, Geschichte. Abgesehen davon fürchteten sich die herrschenden Generäle und Obristen. Nachdem sie gerade um Haaresbreite einen Volksaufstand überlebt hatten, der jedem von ihnen das Gefängnis oder Schlimmeres hätte einbringen können, wollten sie nun absolut sichergehen, dass jede Reform provisorisch bleiben würde und im Notfall jederzeit zurückgenommen werden konnte.

Im Laufe der frühen neunziger Jahre wurde das soziale und kulturelle Leben im großen Stil befreit. Zuvor hatte man sogar für eine Reise innerhalb des Landes eine Genehmigung gebraucht, nun wurden solche Härten abgeschafft. Auch der Erwerb eines Passes, um ins Ausland zu reisen, wurde unkomplizierter. Burmesische Exilanten kehrten zurück und wurden willkommen geheißen, der Tourismus wurde angekurbelt, und die Visabeschaffung für Ausländer war plötzlich ganz einfach. Bis dahin hatten sich ausländische Besucher mehr oder weniger auf Rangoon, Mandalay, Pagan und das Gebiet des Inle Lake beschränken müssen, nun durften sie zu Dutzenden in Städte und Dörfer vorstoßen, wo man seit über einer Generation kein westliches Gesicht gesehen hatte. Auch der Sport wurde wieder gefördert, und es dauerte nicht lange, bis es über sechshundert Fußballvereine mit fast zwanzigtausend aktiven Spielern gab. Die einstigen freizügigeren Zeiten in Rangoon wurden ebenfalls wiederbelebt: Nightclubs und Karaoke-Bars wurden eröffnet, die nicht selten mehr als nur Karaoke anboten. Es wurden Rockkonzerte mit Bands veranstaltet, die Namen wie »Empire« oder »Iron Cross« trugen und die Massen in Verzückung bringen durften.

Die Innenstadt von Rangoon veränderte sich völlig. Zum ersten Mal seit dreißig Jahren wurde zu geschäftlichen Privatinitiativen ermuntert und das Ausland rückhaltlos zu Investitionen aufgefordert. Dutzende von Vier- und Fünf-Sterne-Hotels mit Luxus-Spas und einladenden Swimmingpools schossen aus dem Boden. Das Hotel Strand wurde von einem internationalen Konsortium erworben und in eine Jetset-Oase verwandelt. Bröckelnde Herrenhäuser aus der Kolonialzeit wurden renoviert, um dann Boutiquen und trendige Restaurants zu beherbergen, die von der koreanischen bis zur italienischen Küche alles anboten. Verstaatlichte Firmen wurden verkauft, es war sogar von einem Aktienmarkt die Rede. Es gab neue Autos, neue Verkehrsstaus, neue Kinos und alle möglichen neuen Dinge zu kaufen. Die ersten Shopping Malls wurden zum Treffpunkt für burmesische Teenager, die Levi's 501 zu hundert Dollar das Stück trugen. Die Gesellschaftsspalten der *Myanmar Times*, die von einem ausländischen Management betrieben wurde, berichteten fröhlich über Cocktailpartys und Fashion Shows. Es gab Satellitenfernsehen mit MTV und CNN und die ersten Zugänge zum Internet. Für viele ging das Leben allerdings weiter wie zuvor. Für die urbanen Armen hatte es sich angesichts der steigenden Preise und all der Neuerungen, die sie aus der Innenstadt vertrieben, sogar noch verschlechtert. Doch Tausende von Menschen aus der Mittelschicht genossen mit einem bittersüßen Gefühl all das, was sie verpasst hatten, und begannen vorsichtig, auf neue Möglichkeiten zu hoffen.

Für die Regierung bedeutete Entwicklung hauptsächlich den Bau von Straßen, Brücken, Flughäfen, Dämmen. Dutzende Ausbesserungsarbeiten an der Infrastruktur wurden in Angriff genommen und mit einer Begeisterung vollendet, die wohl nur ein erfolgreich umgesetzter, wohlüberlegter Schlachtplan mit sich bringt. Gleich südlich von Ava wurde ein gewaltiger neuer Flughafen gebaut, der ganze Flotten von Jumbojets gleichzeitig bedienen kann. Und Tag für Tag erschienen in *The New Light of Myanmar* Fotos von Generälen und Obristen, die mit ernster Miene neue Bewässerungsanlagen inspizierten oder eine neue Hafenanlage begutachteten. Für die Generäle bedeutete das bessere Leben auch bessere Golfplätze. Golf war das Erbe des starken schottischen Einflusses aus der Zeit von Britisch-Burma. Jetzt wurde der Burma Golf Club frisch herausgeputzt, während um Rangoon und im ganzen Land immer neue, noch protzigere Golfplätze entstanden. Es wurde sogar täglich über Golf berichtet. Das ansonsten so nüchterne Regierungsblatt jubelte am 29. April 2005, dass »U Nyunt Aye bei einem Match mit seinen Partnern U Sein Than und U Thein Toe im City Golf Resort mit einem Hole-in-One einlochte. Er schlug den Ball mit einem Callaway-Dreier-Holz aus 167 Yards zum 16. Loch.«

Doch ein nachhaltiger wirtschaftlicher Fortschritt (ganz zu schweigen von einem gerechten) erwies sich als schwer realisierbar. Niemand schien bereit zu sein, harte Entscheidungen zu treffen. Die Korruption nahm überhand. Ausländer durften Geschäfte betreiben, brauchten in der Praxis aber einen lokalen Partner dafür, besser noch einen lokalen Partner mit guten Verbindungen zu den Machthabern. Außerdem behielt der Staat das Monopol auf Reis, Teakholz und die Mineralexporte. Die Landwirtschaftsproduktion, die fast die Hälfte der Wirtschaft umfasste, war kaum als frei zu bezeichnen. Und auch wenn der Devisenmarkt liberalisiert worden war, so hatte der Staat doch ein komplexes System von amtlichen Wechselkursen aufrechterhalten, die bei einem Bruchteil der Marktkurse standen. Auch dem Bildungs- und dem Gesundheitswesen wurden nach wie vor Gelder und Experten vorenthalten. Aber am stärksten wirkte sich aus, dass die Wirtschaft noch immer von Soldaten gelenkt wurde, die Technokraten gegenüber notorisch misstrauisch waren, und dass es nach wie vor kaum jemanden oder gar niemanden an der Spitze gab, der wenigstens über rudimentäre ökonomische Kenntnisse verfügte. Als in den späten neunziger Jahren dann neue amerikanische Sanktionen folgten, die Investitionen des Auslands weiter zurückgingen und keinerlei Hilfen mehr von den internationalen Finanzinstitutionen am Horizont zu sehen waren, verlangsamten sich die Räder der Entwicklung wieder.

Aber es *gab* einen Wandel, und zwar innerhalb der Streitkräfte. Denn deren Umfang und Stärke nahm im Laufe der neunziger Jahre massiv zu. Die Zahl des militärischen Personals, das fast ausschließlich dem Heer angehörte, war von etwa hundertachtzigtausend vor 1988 auf über vierhunderttausend im Jahr 1996 in die Höhe geschossen. Parallel dazu wurden hunderte Millionen Dollar für neue Flugzeuge, Schiffe, Panzer und Truppentransporter ausgegeben. Es wurden neue Fabriken gebaut, damit der Nachschub an Waffen und Munition garantiert war, und auch das Dienstleistungssystem für die Soldaten und ihre Familien wurde ausgebaut.[10]

Und mit dieser größeren und besser ausgestatteten Armee begann sich nun das empfindliche Gleichgewicht der Mächte im Land deutlich nach Rangoon zu verlagern. Nachdem die Waffenstillstandsverhandlungen mit den einstigen Kommunisten unter Dach und Fach gebracht worden waren, war es der Burmesischen Armee gelungen, auch fast alle Führer des ethnisch motivierten Widerstands zu überzeugen oder unter Druck zu setzen, entsprechende Vereinbarungen zu unterzeichnen. Alles in allem stimmten siebzehn Gruppen der Einstellung aller Kampfhandlungen zu, darunter auch die respekteinflößende Kachin-Unabhängigkeitsorganisation, die seit Anfang der sechziger Jahre rebelliert hatte. Sogar Gruppen, die – wie die Karen-Nationalunion an der Grenze zu Thailand – ihre Kampfhandlungen noch nicht eingestellt hatten und deshalb allmählich ihrer Basis verlustig gegangen waren, traten am Ende des Jahrzehnts schließlich in Verhandlungen ein. Bis Mitte der neunziger Jahre waren zumindest temporär alle Kampfhandlungen eingestellt worden. Millionen Menschen im Hochland erlebten zum ersten Mal so etwas wie einen friedlichen Alltag, selbst wenn die Sicherheit noch trügerisch war.

Gleichzeitig begannen die einstigen kommunistischen Kräfte, die Wa und all die anderen, immer zielsicherer einen rein geldorientierten Weg einzuschlagen. Burma und China hatten ihre Grenzen dem Handel geöffnet. Bis dahin hatten die verarmten kleinen Bergdörfer in den kommunistisch kontrollierten Regionen ein abgeriegeltes, von der Kulturrevolution zugrunde gerichtetes, maoistisches China im Rücken gehabt. In den neunziger Jahren wurden sie plötzlich Pforten zu den Machenschaften und Kungeleien der kommenden Supermacht. Und damit verwandelten sich die Bergdörfer praktisch über Nacht in pulsierende Städte mit internationalem Publikum. Hochrädrige Lastwagen rumpelten hindurch, um das Naturerbe Burmas in die eine und die Waren der chinesischen Industrierevolution in die andere Richtung zu karren. In Ruili, auf der anderen Seite von Kokang, haben Banken und Restaurants heute bis spät in die Nacht geöffnet und ziehen die Discos, von denen man vor Kurzem noch nicht einmal gewusst hatte, was das ist, noch nach Sonnenaufgang ihre Klientel an. In Mongla gibt es ein Transvestitenkabarett, das sogar aus dem tiefsten Inneren der Volksrepublik oder aus Südkorea ganze Busladungen gaffender Touristen anzieht. Aber die »Ladyboys« aus Mongla sind nur das harmloseste Beispiel einer ständig expandierenden Sex- und Unterhaltungsindustrie, die Handel mit Prostituierten aus so weit entfernten Ländern wie Russland und der Ukraine betreibt. Unvermeidlich war wohl auch, dass sich kriminelle Gangs etablierten – viele aus der Provinz Fujian am Festland gegenüber Taiwan – und den chinesischen Mafiosi eine neue Blütezeit beschertem, vielleicht sogar ihre beste Zeit seit den dreißiger Jahren, als der Pate Du Yuesheng und seine Grüne Bande den Bund von Shanghai regierten.[11]

Aus dem Ausland trafen keine Gratulationen für die abgeschlossenen Waffenstillstände ein. Niemand ermunterte zu weiteren. Es gab keinerlei Vermittlungsangebote, nicht einmal die Forderung, dass beide Seiten den Weg zum Frieden nun auch einzuhalten hätten. Offenbar interessierte sich niemand für die Beendigung des längsten Konflikts auf Erden, und niemand scheint sich Sorgen gemacht zu haben, dass sich das Ganze doch nur wieder als eine Luftblase entpuppen könnte. Niemand machte sich Gedanken, wie man diesen zaghaften Frieden und diese ersten Schritte hin zu einer Marktwirtschaft unumkehrbar machen könnte. Überall herrschte ohrenbetäubendes Schweigen. Es gab nur eine einzige Geschichte aus dem Burma der neunziger Jahre, die vom Ausland wahrgenommen wurde, und das war die Geschichte von Aung San Suu Kyi und ihrem Kampf gegen die herrschenden Generäle.

AUNG SANS TOCHTER

An einem drückend heißen Aprilmorgen im Jahr 1989 machte sich Aung San Suu Kyi mit einer Gruppe von Aktivisten ihrer Partei auf den Weg zum Irrawaddy-Delta, um für weitere Unterstützung zu werben und die Grenzen der Geduld auszutesten, die die Armee gegenüber ihrem gewaltfreien Widerstand in der Tradition Gandhis aufzubringen bereit war. Am zweiten Tag dieser Reise trafen sie mit dem Boot in Danubyu ein. Die Stadt war schon aus der burmesischen Geschichte berühmt, denn dort hatte Thado Maha Bandula nach seiner Vertreibung aus Rangoon den Geschossen und Dampfschiffen von General Archibald Campbell während des Ersten Englisch-Burmesischen Krieges ein letztes Mal Widerstand geleistet. Nun sollte Danubyu wegen eines ganz anderen Widerstands zu neuem Ruhm kommen. Als Aung San Suu Kyi und ihre jungen Anhänger zum lokalen Büro der Nationalen Liga für Demokratie liefen, wurde ihnen plötzlich von einer kleinen Kompanie Soldaten der Weg versperrt. Die Männer hatten sich hingekniet und ihre automatischen Waffen auf sie gerichtet. Aung San Suu Kyi sagte zu ihren Leuten, dass sie keinesfalls stehen bleiben sollten. Der befehlshabende Hauptmann drohte zu schießen. Sie sprach mit ruhiger Stimme auf ihn ein und bat ihn, passieren zu dürfen, während sie immer weiter auf ihn zulief. In genau diesem Moment eilte ein vorgesetzter Offizier herbei und befahl den Männern wegzutreten. Mut hatte über die Repression gesiegt. Es dauerte nicht lange, da war der Name Aung San Suu Kyi in aller Munde.

Vielleicht hatte sie gehofft, dass so etwas nun überall im Land geschehen würde und sich der »zweite Unabhängigkeitskampf«, wie sie es nannte, auf ähnliche Weise auch in anderen Orten abspielen würde: Wenn die Nationale Liga für Demokratie nicht von ihrer friedlichen, aber entschlossenen Haltung wich, dann würde schon irgendwie das Wunder geschehen und die Armee nachgeben. Traurigerweise hat sich nichts davon bewahrheitet. Stattdessen wurde die Zahl der NLD-Anhänger im Verlauf der siebzehn Jahre, die seither ins Land gingen, stetig dezimiert, während fast die gesamte Parteispitze im Gefängnis sitzt oder unter Hausarrest steht. Die Demokratie ist bis heute kein

Stück näher gerückt als an jenem heißen Frühlingstag in Danubyu. Was lief schief? Und was hätte anders gemacht werden können?

Aung San Suu Kyi wurde am 19. Juni 1945 als das dritte Kind von Aung San und seiner Frau Daw Khin Kyi geboren. Es waren die chaotischen Wochen, nachdem die britische Sechzehnte Armee Rangoon zurückerobert hatte und als Lord Mountbatten kurz vor dem Beginn seiner Gespräche mit der dreisten jungen Führungsspitze der selbsternannten Antifaschistischen Liga Burmas stand. Ihr ältester Bruder ertrank kurz darauf bei einem tragischen Unfall, ihr anderer Bruder ließ sich als Ingenieur im kalifornischen San Diego nieder. Sie selbst war erst zwei Jahre alt, als ihr Vater ermordet wurde.

Im Alter von vierzehn Jahren, als ihre Mutter, eine frühere Krankenschwester, von U Nu zur Botschafterin Burmas in Indien ernannt wurde, verließ Aung San Suu Kyi das Land, um fast dreißig Jahre lang nicht zurückzukehren. Nach ihrem Schulabschluss in Neu-Delhi trat sie ein Philosophie-, Politik- und Ökonomiestudium am St. Hugh's College in Oxford an. Bald darauf begegnete sie durch gemeinsame Freunde Michael Aris, ihrem künftigen Ehemann, der ein Experte für die tibetische Sprache und Literatur und ein liebenswürdiger, selbstloser Mensch war. Er verliebte sich schnell in die schöne exotische Studentin aus Burma.

Aber bevor sie sich als verheiratete Frau niederlassen wollte, ging sie erst einmal nach New York. Man schrieb das Jahr 1969, doch Aung San Suu Kyi scheint sich von dem bunten Treiben der Swinging Sixties nicht angezogen gefühlt zu haben. Kein Woodstock und keine Vietnam-Proteste, keine Experimente irgendwelcher Art. Stattdessen fand sie eine sehr geregelte Arbeit im UN-Beratungsausschuss für Administrations- und Haushaltsfragen (der im realen Leben kein bisschen weniger dröge ist, als er klingt) und entschied, da sie nicht allein leben wollte, sich ein Apartment mit Daw Than E zu teilen, einer wesentlich älteren Burmesin (später sollte sie sie als ihre »Notfalltante« bezeichnen), die in den dreißiger und vierziger Jahren eine berühmte Sängerin in Rangoon gewesen war. Sie ging weder auf Partys noch zu Konzerten, sie verbrachte ihre Abende und Wochenenden lieber als freiwillige Helferin in einem lokalen Krankenhaus oder mit einem gelegentlichen Besuch in unserem Haus in Riverdale.

Mit Michael Aris blieb sie die ganze Zeit über in regem Briefkontakt. Nachdem sie seinen Antrag schließlich angenommen hatte, übersiedelte das junge Paar gemeinsam in das Königreich Bhutan im Himalaya, wo er an seiner Dissertation arbeitete und der königlichen Familie als Lehrer diente, darunter auch dem künftigen König Jigme Wangchuk, während sie in dem kleinen Außenministerium arbeitete, das gerade aufgebaut wurde.

Sie hatte wohl von jeher das Gefühl gehabt, dass sie die Pflicht, die sie ihrem Land gegenüber empfand, eines Tages dazu zwingen würde, ihr Familienleben zu opfern. Schon in einem der fast zweihundert Briefe, die sie ihrem künftigen Ehemann aus New York geschrieben hatte, hatte sie ihm klipp und klar gemacht, dass sie möglicherweise eines Tages nach Burma zurückkehren müsse. »Sollte mein Volk mich brauchen, würdest Du mir helfen, wenn Du mich meine Pflicht ihm gegenüber erfüllen ließest.« Doch im Moment war das Paar mit seinen beiden Söhnen beschäftigt. Nach mehreren glücklichen Jahren in Asien kehrte die Familie nach Oxford zurück, wo Michael Aris seine wissenschaftliche Karriere fortsetzte und Aung San Suu Kyi mit Forschungen über ihren Vater und die burmesische Geschichte begann. Ich besuchte sie im Sommer 1984 in ihrem Stadthaus an der Banbury Road. Es war ein sonniger und warmer Tag und der Garten hinter der Ziegelmauer ein einziges Blumenmeer. Daw Than E (die Notfalltante) war auch da. Die Gespräche wanderten bald zu den Filmen über das Britische Empire, die in den Oxforder Kinos angelaufen waren: Merchant Ivorys *Hitze und Staub* und David Leans *Reise nach Indien*. Michael saß zufrieden dabei und zog still an seiner Pfeife, während die Kinder im Nebenraum spielten und ich von Aung San Suu Kyi in ihrer immer so höflichen und etwas schulmeisterlichen Art ermuntert wurde, nach England zu kommen, um meine Dissertation zu schreiben und mich ebenfalls mit burmesischer Geschichte zu befassen. Später hatte ich immer das Gefühl, erahnen zu können, welch glückliches Leben sie und Michael aufgegeben haben.

Es war reiner Zufall, dass Aung San Suu Kyi in Burma war, als die Proteste 1988 beinahe das Regime zu Fall brachten. Ihre Mutter lag nach einem schweren Schlaganfall in der Klinik, und sie war nach Rangoon geeilt, um sich dann in dem weitläufigen Haus, das ihre Familie am See besitzt, um sie zu kümmern. »Ich hatte eine Vorahnung«, schrieb Aris in der Einführung einer Essaysammlung über seine Frau, »dass sich unser Leben für immer verändern würde.«[12]

Während des Aufstands war sie von Studenten und anderen Leuten bestürmt worden, sich ihnen anzuschließen. Sie war tief bewegt, als sie sah, dass Tausende mit dem Porträt ihres Vaters in der Hand demonstrierten. Einige hielten es sogar noch fest, nachdem sie niedergeschossen worden waren. Nach einigen Wochen gab sie nach. Und bereits mit ihrer ersten Rede Ende August elektrisierte sie das Land. Sie hatte sich der Rhetorik ihres Vaters bedient und wiederholt zu »Einheit« und »Disziplin« aufgerufen.

In den Tagen nach der Niederschlagung des Aufstands ging sie ein Bündnis mit mehreren einstigen Armeeoffizieren ein, um die Nationale Liga für Demokratie zu gründen. Brigadegeneral Aung Gyi, der Mann, der 1962 mit Ne Win die Machtergreifung orchestriert hatte, wurde der erste Parteivorsitzende, sein Vize wurde General Tin Oo, der einstige Generalstabschef, den man wegen seiner angeblichen Rolle beim fehlgeschlagenen Putsch im Jahr 1975 inhaftiert hatte. Zur Gruppe gehörten auch Oberst Kyi Maung, der 1962 Mitglied in Ne Wins Revolutionsrat gewesen war, und Brigadegeneral Aung Shwe, der im Jahr 1958 beinahe selbst gegen U Nu geputscht hätte. Alle von ihnen hatten unter Aung San der Burmesischen Unabhängigkeitsarmee angehört und waren von den Japanern ausgebildet worden, und alle hatten sie dann in Ne Wins Viertem Schützenbataillon gedient und waren in den fünfziger Jahren in hohe Ämter aufgestiegen, bis sie sich schließlich mit dem Mann an der Spitze überwarfen. Und nun, eine wahre Ironie der jüngsten Geschichte Burmas, führten sie gemeinsam mit Aung Sans Tochter die Opposition.

Am 20. Juli 1989 wurde Aung San Suu Kyi unter Hausarrest gestellt, wohingegen viele andere Mitglieder ihrer Partei ins Gefängnis kamen. Die Armee hatte es zugelassen, dass sich die NLD formieren und organisieren konnte, aber schnell einen Gegenschlag beschlossen, nachdem Aung San Suu Kyis Popularität und Entschlossenheit nicht mehr zu übersehen waren. Sie hielt sich an einen strikt geregelten Tagesablauf, meditierte, hörte Nachrichten im Radio, machte körperliche Übungen und las. Von Zeit zu Zeit wurde ihrem Mann ein Besuch gestattet. Der Staatsrat zur Wiederherstellung von Gesetz und Ordnung

(SLORC) beschuldigte die NLD, sowohl mit der Kommunistischen Partei Burmas unter einer Decke zu stecken als auch mit »rechten« ausländischen Kräften zu konspirieren. Seine Argumente legte der Rat in einer Schrift mit dem wunderbaren Titel dar: *Die Konspiration hochverräterischer Speichellecker innerhalb der Myanmar naing-ngan* [Union] *und deren hochverräterische Kohorten im Ausland.*

Ungeachtet ihres scharfen Vorgehens und der Verhaftungswelle tat die Regierung dann jedoch etwas, das niemand erwartet hatte und bisher auch niemand wirklich zu erklären in der Lage war: Sie hielt im Mai 1990 einigermaßen freie und faire Wahlen zu einem Mehrparteiensystem ab. Natürlich hatte es Probleme gegeben. Schon die Möglichkeit des Wahlkampfs waren stark eingeschränkt worden, und in vielen Landesteilen, insbesondere im Hochland, hatte wegen der andauernden Aufstände überhaupt niemand eine Chance, daran teilzunehmen. Doch bei der Wahl selbst war soweit alles in Ordnung, jedenfalls hatte es weniger Irregularitäten gegeben als bei sämtlichen Wahlen in den vierziger und fünfziger Jahren. Das Ergebnis war ein Schock für die Männer in Uniform, denn es brachte den eindeutigen Wahlsieg der NLD. Nachdem rund zwei Drittel aller wahlberechtigten Bürger ihre Stimme abgegeben hatten, erhielt die NLD knapp unter sechzig Prozent. Damit hatte sie dreihundertzweiundneunzig der vierhundertzweiundneunzig Sitze in der neuen Versammlung gewonnen. Die Militärs waren durch die Nationale Einheitspartei vertreten gewesen – die umbenannte Burmesische Sozialistische Programmpartei des vorgeblich zurückgetretenen starken Mannes General Ne Win. Und diese Partei hinkte nun mit nur einundzwanzig Prozent Stimmen, die ihr bloß zehn Sitze eingebracht hatten, weit hinterher. Die übrigen Stimmen waren an ein Gemisch aus hauptsächlich ethnisch orientierten Parteien gegangen. Das Militär hatte die Stimmung im Volk völlig falsch eingeschätzt.

Was tun? Die Armee reagierte völlig schizophren. Einerseits scheint sie ihr glorreiches Jahr 1959/60 vor Augen gehabt zu haben, die Zeit also, in der sie ein kompetentes, wenn auch skrupelloses Regime geführt und dann, selbstzufrieden und von ihren Bewunderern daheim wie im Ausland beglückwünscht, die Macht an eine gewählte Regierung abgegeben hatte. Das heißt, sie orientierte sich am Beispiel des Jahres 1959 und hatte offenbar vor, diesmal genau das Gleiche zu tun, bis hin zur Räumung der Slums und den neu gepflasterten Straßen. Andererseits erinnerte sie sich ganz offensichtlich an die Probleme, die 1960 zu einem neuen Armeeputsch geführt hatten, und war deshalb entschlossen, es diesmal ganz anders zu machen. Diesmal wollte sie nicht einfach die Macht an gewählte Volksvertreter übergeben, sondern sicherstellen, dass ihr Erbe und ihre Befehlsgewalt irgendwie gewahrt blieben. Und in der Person von Aung San Suu Kyi, auch in der Leidenschaft und dem Zorn der rebellischen Kräfte hinter ihr, erkannte sie nun eine unvergleichlich größere Gefahr für ihre Institutionen und sich selbst als im Jahr 1960. Am 28. Juli konferierte die NLD in der Gandhi Hall von Rangoon und verabschiedete eine Resolution, mit der sie den SLORC zum Rücktritt aufforderte und von ihm verlangte, die Macht an die gewählten Volksvertreter abzugeben – mit einem Wort: an die NLD. Aber dann machte plötzlich das Gerücht über eine völkerrechtliche Anklage des alten Regimes wegen »Verbrechen gegen die Menschlichkeit« die Runde, und die ganze Welt forderte von den burmesischen Offizieren, endlich aufzugeben. Sie schwankten, dann ruderten sie zurück, vergaßen ihr Versprechen und legten sich die Dinge so zurecht, wie sie sie brauchten.

Aung San Suu Kyi wurde sechs Jahre später, im Juli 1995, freigelassen, durfte sich aber nur mit offizieller Genehmigung außerhalb von Rangoon bewegen. Jeden Samstagnachmittag um vier Uhr stellte sie sich hinter dem Gartentor ihres Anwesens auf einen kleinen Block und sprach zu Hunderten von Menschen, die gekommen waren, um ihr zuzuhören und Fragen zu stellen. Die Aussicht auf demokratische Reformen waren schlecht. Es gab zwar Gespräche mit dem Regime, aber die beiden Seiten waren so weit voneinander entfernt, dass es zu keiner Einigung kam. Aung San Suu Kyi berief sich weiterhin auf die Taktik der Gewaltfreiheit, versuchte aber wieder einmal mit provozierenden Reden und einer Umgehung der Beschränkungen, die ihrer Bewegungsfreiheit auferlegt worden waren, die Grenzen des Regimes auszutesten. Doch sie war nicht mit dem Britischen Raj der dreißiger Jahre konfrontiert oder mit der Johnson-Administration der sechziger Jahre. Sie hatte es mit harten Männern zu tun, die ein ganz anderes Spiel spielten. Im Jahr 2000 wurde Aung San Suu Kyi erneut unter Hausarrest gestellt. Diesmal sollte er etwas über zwei Jahre dauern.

Viele Militärs konnten diese Frau nicht ausstehen, was nicht zuletzt daran lag, dass sie sie als Ausländerin betrachteten. Doch ungeachtet all der Jahre, die sie in der Fremde verbracht hatte, war sie in allererster Linie die Tochter ihres Vaters Aung San. Und dem war ein politischer Kurs, der ohne Umschweife kühl und sachlich präsentiert wurde und mit Mut und eisernem Willen gepaart war, als eine unschlagbare Kombination erschienen. Genau solcher Mut und Wille trugen nun auch seiner Tochter die Bewunderung der Öffentlichkeit ein. Doch wer glaubt, dass sich Burmas Unabhängigkeit einst nur solcher zielstrebigen Beharrlichkeit verdankt habe, der interpretiert die Lehren aus der Geschichte der vierziger Jahre falsch: Der Rückzug des Britischen Empires aus Burma war untrennbar mit seinem Rückzug aus Indien verbunden gewesen; und bei diesem Rückzug war es um die konkrete Form und den Zeitpunkt einer Überleitung in die postkoloniale Welt gegangen. Im Gegensatz zu den Briten waren Burmas Generäle außerdem nie bereit, Burma aufzugeben, und es ging hier auch nie darum, das Tempo irgendwie zu forcieren. Die Militärs erwogen vielmehr, in eine völlig andere Richtung zu marschieren.

Ungeachtet aller Debatten über Demokratie und Diktatur begann sich die burmesische Gesellschaft in den späten neunziger Jahren rapide zu wandeln. Die Bevölkerungszahlen schnellten nach oben und hatten im Jahr 2006 ungefähr dreiundfünfzig Millionen erreicht. Und es war eine sehr junge Bevölkerung. Die Mehrheit war *nach* dem Aufstand von 1988 geboren. Alle Städte, größere wie kleinere, waren überlaufen. Es gab immer weniger qualifizierte Lehrer und Ärzte, auch die Infrastruktur (inklusive der Stromversorgung) genügte kaum noch den wachsenden Anforderungen. Auf dem Land, wo die meisten Menschen lebten, versuchten immer mehr bäuerliche Familien ihren gleichbleibend kleinen Ackerflächen ein Auskommen abzuringen. Viele zogen auf der Suche nach neuen Möglichkeiten oder um überhaupt überleben zu können, in den Norden zu den Jademinen oder in die geschäftigen Grenzstädte vor China. Andere wanderten über die Tenasserimberge nach Thailand aus, wo heute hunderttausende Burmesen in der Illegalität leben und sich für wenig Geld im Baugewerbe, als Knechte oder in der Sex-Industrie abschuften. Derweil verbreiteten sich in der burmesischen Gesellschaft, die zunehmend Drogen nahm und in Ne Wins Zeiten nie über Familienplanungsmöglichkeiten aufgeklärt wurde, rasant HIV und Aids. So mancher begann auch vor einer bevorstehenden (oder bereits existierenden) humanitären Krise zu warnen, da Millionen der Ärmsten im Land ihre sämtlichen Ersparnisse aufgebraucht hatten und nun nicht einmal mehr ihre elementarsten Bedürfnisse stillen konnten. Sie konnten weder sich noch ihre Kinder ausreichend ernähren und bekamen nicht einmal eine medizinische Grundversorgung.

Auch ein politischer Wandel fand statt. Das Militärregime berief einen Nationalkonvent ein, um eine neue Verfassung zu debattieren und zu entwerfen. (Einem seiner Komitees saß zeitweilig ein Mann mit dem irrwitzigen Namen U James Bond vor.) Dieser Konvent war die Antwort der Regierung auf die Wahlen von 1991 und ihre eigene Weigerung, die Macht an die Nationale Liga für Demokratie abzutreten. Zuerst hatte das Regime auch die NLD und all die anderen Parteien, die Parlamentssitze bei den Wahlen gewonnen hatten, in diese Debatten einbezogen, ebenso die Vertreter aller ethnisch motivierten Rebellenarmeen und eine Hundertschaft von handverlesenen anderen Personen. Aber es war von Anfang an klar gewesen, dass es hier nicht um eine freiheitliche Debatte über die Zukunft des Landes ging, sondern nur ein Ziel verfolgt wurde, nämlich irgendeine konstitutionelle Formel zu finden, die der Armee weiterhin eine tragende Rolle garantieren würde. Vielleicht hatten die Militärs dabei die jüngeren Verfassungen von Thailand oder Indonesien vor Augen, denn beide hatten für eine autonome Armee und einen Anteil an Parlamentssitzen gesorgt, der den Streitkräften vorbehalten blieb. Vielleicht blickten sie auch auf die Kolonialvergangenheit des eigenen Landes zurück (ohne das je zuzugeben) – auf die Verfassungen in den zwanziger und dreißiger Jahren, die es den britischen Mandarinen ermöglicht hatten, nur sehr allmählich Regierungsverantwortung an gewählte Politiker abzutreten und sich selbst Notstandsbefugnisse und eine ungeschmälerte Befehlsgewalt über das Hochland zu wahren, womit letztendlich unmissverständlich klargestellt worden war, wer der eigentliche Herr im Haus war.

Für die meisten Mitglieder der Nationalen Liga für Demokratie war das ein völlig inakzeptabler Prozess. Sie stellten einen Antrag zur Ergänzung der Verfahrensregeln des Konvents und forderten insbesondere, dass das Gesetz, welches jede Kritik am Militär zu einem Kapitalverbrechen erklärt, für dessen Dauer außer Kraft gesetzt würde. Der Antrag wurde abgelehnt. Zwei verregnete Tage lang boykottierten die sechsundachtzig Delegierten der NLD im November 1995 den Konvent. Am dritten Tag wurden sie formal ausgeschlossen. Kurz darauf vertagte sich der Konvent auf unbestimmte Zeit.

Eine Weile lang schleppten sich die Dinge einfach dahin. Doch dann, im Jahr 2000, kam wieder Schwung in die Sache. Der Nationalkonvent trat erneut zusammen, es wurden eine neue Verfassung verabschiedet und Neuwahlen für die Bildung einer Zivilregierung beschlossen. Das burmesische Militär und der bewaffnete Widerstand traten etwas überstürzt eine neue Verhandlungsrunde an, Landkarten wurden zu Rate gezogen und die Optionen für regionale Selbstverwaltungen abgewogen. Im Jahr 2003 wurde eine neue Regierung unter dem Geheimdienstchef General Khin Nyunt als Ministerpräsident gebildet. Dann wurde eine Road Map zur Demokratie in sieben Schritten bekannt gegeben. Es gab erste Anzeichen für eine neuerliche Öffnung des Landes. Dem Internationalen Komitee des Roten Kreuzes wurde zum ersten Mal gestattet, in regelmäßigen Abständen Gefängnisse zu inspizieren, und nach Jahren des Leugnens gab die Regierung auch endlich zu, dass das Land ein ernsthaftes Aids-Problem hat, und bat um internationale Unterstützung. Über hundert politische Gefangene wurden entlassen. Aung San Suu Kyi führte Gespräche mit Regierungsvertretern, zuerst im Geheimen, dann in aller Öffentlichkeit. Internationale Vermittler hasteten zwischen den beiden Seiten hin und her und hofften auf den lange erwarteten Durchbruch.

Gab es endlich einen Weg? Und was war eigentlich mit General Ne Win?

DER LANGE WEG VON HAINAN

Viele Jahre lang hatten die auf Reformen hoffenden Burmesen sehr geduldig auf den Moment gewartet, in dem General Ne Win von der Bühne abtreten würde. Er war 1911 geboren worden und schon beim Aufstand von 1988 ein alter Mann gewesen. Noch im selben Jahr hatte er sich offiziell zurückgezogen und war seither nur noch selten in der Öffentlichkeit erschienen. Aber nur wenige glaubten, dass er seine Machtansprüche wirklich aufgegeben hatte. Wie eh und je bewohnte er ein schwer bewachtes Anwesen in der Ady Road am Ufer des großen, trüben Inya Lake (am Rande von Rangoon) genau gegenüber dem Haus von Aung San Suu Kyi. Mit Sicherheit bestimmt er nach wie vor, wo es langgeht, dachten die Menschen, während sie zugleich an dem Optimismus festhielten, der sie über ein Vierteljahrhundert gerettet hatte, und hofften, dass sich die Dinge nach seinem Tod ändern würden.

Dann starb er im Dezember 2002 im Alter von einundneunzig Jahren still und friedlich in seinem Bett. Und nichts geschah. Allem Anschein nach hatte er sein politisches Leben tatsächlich schon vor einer ganzen Weile aufgegeben gehabt, zwar sicher nicht gleich nach dem Aufstand von 1988, aber doch wenige Jahre später. Eine Zeit lang hatte er sich noch hie und da eingemischt, um Streitigkeiten zwischen anderen hohen Tieren zu schlichten, sich dann aber schließlich völlig in seine private Welt zurückgezogen. Wenn Diktatoren sterben, noch während sie an der Macht sind, neigen Regime zum Zusammenbruch. Doch Ne Win war zurückgetreten, als er noch höchst lebendig gewesen war, und hatte es damit ermöglicht, dass sich die Probleme der Übergangsphase regeln ließen, solange er noch eingreifen konnte. Dann hatte er offensichtlich jedes Interesse verloren. Lee Kuan Yew, der frühere Ministerpräsident von Singapur, hatte ihn in den neunziger Jahren ein paarmal besucht. 1994 erzählte ihm ein hager und unwohl aussehender Ne Win, dass er sich nach der Niederschlagung des Aufstands schrecklich mit der Frage »gequält und geplagt« habe, was er tun solle, dann aber die Meditation entdeckt, und diese habe ihm sehr geholfen, sich zu beruhigen. Als Lee ihn im Jahr 1997 wiedersah, fand er den alten Soldaten in einem wesentlich besseren Zustand vor. Diesmal wollte Ne Win nur noch über Meditation reden. Er erteilte Lee Ratschläge und erzählte, dass er viele Stunden an jedem Morgen und jedem Nachmittag in stiller Konzentration verbringe. Sorgen machte er sich um gar nichts mehr, nicht um Freunde, nicht um die Familie und nicht um das Land. Wenn seine Generäle zu ihm kamen, um sich Rat zu holen, so erzählte er, schicke er sie einfach weg.[13]

Als der Mann starb, der sein Land in die Isolation und Armut gedrängt hatte, weinte ihm niemand eine Träne nach. Schon in den letzten Monaten seines Lebens hatten sich seine einstigen Schützlinge in der Armee gegen seine Familie gewandt, seinen Schwiegersohn und seine Enkel hinter Gitter gebracht und seine Tochter unter Hausarrest gestellt, allerdings wohl mehr, um ihren korrupten Geschäften einen Riegel vorzuschieben als aus irgendeinem anderen Grund. Die Ära von Ne Win war eindeutig vorbei. Inzwischen war eine völlig neue burmesische Armee ins Blickfeld gerückt.

Die Armee, die nun ins Rampenlicht trat, trennte eine ganze Generation oder noch längere Zeit von deren Gründervätern, jenen eifrigen jungen Nationalisten, welche in den regendurchweichten Camps auf Hainan von den Japanern ausgebildet worden waren und dort erstmals die Bedeutung von unhinterfragtem Gehorsam und unerschütterlicher Loyalität eingeimpft bekamen – von Loyalität nicht gegenüber irgendeiner höheren Autorität, sondern zur Armee als solcher. Seither hatte diese Armee viel durchlebt und sechs Jahrzehnte lang pausenlos gegen Dutzende Feinde gekämpft, ob in den Sümpfen an der Grenze zu Bengalen oder in den Ausläufern des Himalaya. Und auf diesem langen Weg hatte sie sich verändert. Aus ein paar leicht bewaffneten (und einst fast überwältigten) Infanteriebataillonen war eine der größten Streitmächte der Welt geworden, die sich in jeden Aspekt der Wirtschaft und Verwaltung des Landes einmischte. Die burmesische Militärdiktatur ist nicht nur die langlebigste auf der Welt, sondern auch die militärisch ausschließlichste. Im Burma der neunziger Jahre handelte es sich nicht um ein Militärregime an der Spitze eines ansonsten zivil verwalteten Staates, hier *war* das Militär der Staat. Alles und jedes oblag Offizieren, jede normale Regierungsstruktur war verschwunden.

Wenn die Männer in Uniform auf die Vergangenheit zurückblickten, dann sahen sie ein Land, das zu zerfallen neigte und von jeher nur mit Gewalt zusammengeschweißt werden konnte, während sie sich selbst als das letzte Glied in einer langen Kette von Schweißern betrachteten, die ihre Aufgabe nicht hatten vollenden können. Aber diesmal sah es anders aus: Die Kommunisten – die schon immer ihre größten Feinde gewesen waren – hatten sich bereits aufgelöst, und praktisch jeder andere Feind war bestenfalls noch ein Schatten seines einstigen Selbst. Zum ersten Mal hatten die Soldaten wirklich die Oberhand.

Deshalb sahen sie sich auch nur noch einer Herausforderung gegenüber: dem Nationenbau, der Erschaffung und Förderung einer neuen *Myanmar*-Identität, die ausschließlich auf dem Buddhismus und jener Kultur beruhen sollte, welche sie als die einzig wahre und traditionell burmesische betrachteten – unbefleckt von den erniedrigenden Zeiten der Kolonialherrschaft, klar, einfach und geradlinig wie die Armee selbst. Dies waren Männer, die in den meisten Fällen nie ein anderes Leben als das militärische kennengelernt hatten. Sie waren als Halbwüchsige in die Streitkräfte eingetreten und hatten diese nie wieder verlassen, hatten jahrelang in den Bergen und Wäldern gekämpft, getötet und mit angesehen, wie ihre Kameraden getötet wurden. Sie hatten immer ein Leben geführt, das sie vom Rest der burmesischen Gesellschaft absonderte, und sich dabei eine Art militärischer Phantasiewelt erschaffen, in der es nur noch darum ging, Feinde zu identifizieren und Krieg zu führen, und in der alles und jeder andere eine Nebenrolle spielte, wie einst die Zivilisten, die den mongolischen Horden hinterhergezogen waren. Es mag sein, dass mancher von ihnen »Demokratie« nicht für das Schlechteste und durchaus für ein Ziel hielt, um das es sich zu kämpfen lohnte. Doch die meisten konnten sich eine Demokratie wohl ebenso wenig vorstellen wie einen demokratischeren Ton in ihren Kasernen. Sie passte ganz einfach nicht in das Gesamtbild.

Es gab mit Sicherheit Männer im Regime, die sich weniger Isolation gewünscht hätten und glaubten, dass ein paar Kontakte und ein bisschen Informationsaustausch mit der größeren Welt besser wären, oder die fanden, dass Burma viel zu weit hinter seine alten Nachbarn – China, Indien und Thailand – zurückgefallen war und dringend aufholen müsse. Überall in der Region war das asiatische Wirtschaftswunder zu beobachten, wohingegen sich General Ne Wins burmesischer Sozialismus zu einer wirtschaftlichen Katastrophe ausgewachsen hatte. Deshalb war in diesen neuen Zeiten auch ein neuer ökonomischer Ansatz gefragt. Aber wie, und welcher? Niemand hatte eine Antwort. Ein paar Militärs hielten sogar irgendeine Art Übereinkunft mit Aung San Suu Kyi und den bewaffneten Widerstandsgruppen in den Bergen für möglich. Im Jahr 2000 hatten ernsthafte Reformversuche eingesetzt; 2003 waren Aung San Suu Kyi und ein Konvoi ihrer Anhänger mit Wissen der Regierung auf einer Schotterstraße von Schlägertrupps angegriffen worden, doch selbst danach wurden die Gespräche noch weitergeführt. Allenthalben herrschte das Gefühl, dass Eile geboten sei. Eine Einigung schien in greifbare Nähe gerückt. Doch dann verkehrten sich die Dinge wieder einmal in ihr Gegenteil. Die so lange erwartete Freilassung von Aung San Suu Kyi im Frühjahr 2004 fand nicht statt, und im Oktober des Jahres wurde Ministerpräsident General Khin Nyunt – der Mann, der diese Gespräche initiiert hatte – selbst geschasst und neben Dutzenden seiner Mitstreiter verhaftet.

Than Shwe, der General an der Spitze, und viele seiner kampferprobten Armeeführer hatten das Gefühl gehabt, dass ein Kompromiss viel zu viele Risiken berge. Die Erinnerung an das Jahr 1988, als das Land einer geglückten Revolution so gefährlich nahe gekommen war, und an ihre damalige Angst vor Racheaktionen, waren ihnen nur allzu frisch im Gedächtnis. Abgesehen davon hatten sie den Eindruck, dass das Ausland komme was wolle darauf aus sei, sie in die Finger zu kriegen. Denn nachdem Washington dem Land sogar in einem Moment neuerlich lähmende Sanktionen auferlegt hatte, als die Gespräche mit der NLD und den ethnischen Rebellen noch in vollem Gange gewesen waren, hatten viele das Gefühl bekommen, dass es sicherer sei, sich wieder nach innen abzuschotten. Es gibt gewiss auch verwerflichere Motive, doch der tiefere Grund für die heutige Rückschrittlichkeit des Landes ist die Zufriedenheit so vieler Militärs mit dem, was sie sehen. Sofern sie nicht ohnedies tiefste Bewunderung für den Militärstaat und eine Gesellschaft unter der Knute des Militärs hegen, sind sie zumindest nicht in der Lage, sich irgendetwas Besseres zu erträumen.

Aber genau das ist das Ergebnis der langen Isolation seit dem Jahr 1962. Wir haben es hier nicht mit einer Ideologie zu tun, sondern mit einer Mentalität, die sich allmählich entwickelte und schließlich prägend wurde. Denn diese Isolation benachteiligte jeden progressiveren Denker und begünstigte alle, die den heutigen Status quo etablieren wollten. Und deren typische Reaktion auf das Verhalten des Westens war, das Land von sich aus noch weiter zu isolieren.

Nach dem Aufstand von 1988 schnellte das Interesse der Welt an der Misere von Burma sprunghaft in die Höhe. Inzwischen kennen viele Ausländer den Namen Aung San Suu Kyi und sind sich auch vage der mangelnden Bereitschaft der herrschenden Generäle bewusst, ihre Macht abzugeben. Doch fast niemand weiß, dass es einen Bürgerkrieg gibt, oder interessiert sich für die Gründe, die die Militärmaschinerie in Burma und die Isolation des Landes überhaupt erst ermöglicht haben. Das Paradigma lautet Regimewechsel. Und dabei wird allenthalben von der Vorstellung ausgegangen, dass Sanktionen, Boykotte und eine noch weiter gehende Isolierung die Militärs an der Macht irgendwie unter Druck setzen könnten, sich eines Besseren zu besinnen. In Wahrheit ist das Gegenteil der Fall. Um ein Vielfaches mehr als irgendein anderer Teil der burmesischen Gesellschaft wird die Armee weitere vierzig Jahre der Isolation gut überstehen und ganz einfach aussitzen.

Dass Aung San Suu Kyi 1991 der Friedensnobelpreis zugesprochen wurde, verschaffte ihr eine Menge Popularität in der Welt und gab dem wachsenden Bündnis an Burma-Aktivisten in London, Washington und anderenorts neuen Auftrieb. Zu diesen Aktivisten zählten ein paar ältere burmesische Exilanten, die geflohen waren, als Ne Win mit eiserner Faust geherrscht hatte, darunter einige aus der Administration von U Nu und deren Kinder. Wesentlich mehr aber gehörten der jüngeren Generation an, die selbst am Aufstand von 1988 beteiligt war, die Studenten und anderen jungen Leute, die in jenem Sommer auf die Straße gegangen waren und dann entschieden, das Land auf illegalem Wege zu verlassen, um von Thailand oder Indien aus in Länder wie Australien oder die Vereinigten Staaten zu emigrieren.

Dort bildeten sich dann allmählich kleine Exilgemeinschaften heran. In Amerika findet man die größte Konzentration von burmesischen Auswanderern in New York, Washington und Südkalifornien. Aus dem harten aktivistischen Kern ließen sich die meisten in Fort Wayne, Indiana, nieder, weshalb sich ausgerechnet dort bis heute eine regelrechte Brutstätte für burmesische Oppositionsaktivisten erhalten hat. Fort Wayne im Mittleren Westen der USA mit seinen zweihunderttausend Einwohnern, die sich ihres Glenbrook Square (»das größte Shopping Center von Indiana«) und Jefferson Point rühmen (mit seinen »trendigen Restaurants und der mediterranen Atmosphäre«), wurde aber auch über dreitausend Nichtaktivisten zur Heimat – Burmesen, Mon und Karen. Inzwischen gibt es dort vier buddhistische Tempel, auch lutherische und baptistische Gottesdienste werden in burmesischer Sprache abgehalten. In Little Burma in der South Lafayette Street kann man reihenweise vertraute Lebensmittel erstehen, von eingelegten Teeblättern bis zum Klebreis.

Wie Aktivisten allerorten nutzen auch die Burma-Aktivisten seit Ende der neunziger Jahre aggressiv das Internet. Bald schossen hunderte politische Burma-Websites ins Kraut, neben Chatrooms, Nachrichtendiensten und Messageboards über Burma. Dazu kamen noch die vielen Homepages von nichtburmesischen Amerikanern, Australiern, Briten, Skandinaviern und anderen Nationalitäten, die sich oft selbstlos und mit viel Hingabe für Burma einsetzten. Allmählich nahm eine beeindruckende Burma-Lobby von Exilanten und Nichtburmesen Gestalt an. Wie in jeder Aktivistengruppe gibt es auch in dieser Meinungsverschiedenheiten über die richtigen Strategien und Taktiken, dennoch gelang es der Burma-Lobby, die sich auch einer wachsenden Zahl von prominenten und hochrangigen politischen Unterstützern erfreut, im großen Ganzen bei einer einheitlichen Botschaft zu bleiben: Das Militärregime ist schlecht, Aung San Suu Kyi ist gut, die internationale Gemeinschaft muss Druck auf Rangoon ausüben, und Druck bedeutet: keine Hilfslieferungen, dafür Handelssanktionen und noch mehr Isolation.

Nach 1988 wurden die meisten Hilfsleistungen eingestellt. Gegen Ende der neunziger Jahre begannen sich auch viele Privatunternehmen zurückzuziehen, die am Beginn dieses Jahrzehnts nach Burma geeilt waren. Auch das verdankte sich nicht zuletzt dem Druck der Aktivisten. Zu den amerikanischen Unternehmen, die ihre Tätigkeiten in Burma einstellten, gehören Wal-Mart, Kenneth Cole, Tommy Hilfiger, Jones New York, die Federated Department Stores (Eigner von Macy's und Bloomingdale's), Pepsi Cola, Amoco, Levi Strauss & Co, Liz Claiborne und Eddie Bauer. Im Jahr 1998 verbot die amerikanische Regierung amerikanische Neuinvestitionen in Burma. Auch die Kampagnen für einen Tourismusboykott wurden verschärft. Seither war den Versuchen der burmesischen Regierung, mehr Besucher ins Land zu locken, nur noch wenig Erfolg beschieden. Reisegesellschaften scheuten vor weiteren Geschäften mit dem Land zurück, und viele Hotels, Herbergen und kleine Gästehäuser, die am Beginn der neunziger Jahre erwartungsvoll gebaut worden waren, blieben mehr oder weniger leer. Kontakte anderer Art wurden praktisch unmöglich gemacht.

Die neuen Visabestimmungen ließen keine Reisen von burmesischen Regierungsvertretern in den Westen mehr zu, Stipendien für ausländische Universitäten gab es keine mehr, der akademische Austausch wurde völlig unterbunden. Für die ohnedies schon verarmte Wirtschaft noch weit schädlicher aber war, dass auch fast alle Hilfen der Weltbank oder von anderen internationalen Finanzinstitutionen und Hilfsorganisationen eingestellt wurden und sogar schon der Versuch, humanitäre Notfallhilfe zu leisten, zur Kritik der Aktivisten führte.

Im Jahr 2004 wurde von Washington ein neues Sanktionsgesetz in Kraft gesetzt, das burmesische Importe in die USA einschränkte und fast jede Art von Geldüberweisung nach Burma verbot. Die ohnedies schon notleidende burmesische Textilindustrie kam vollends zum Stillstand, womit das Argument aus Rangoon, dass die jüngsten Reformen zu einer Entspannung und keineswegs Verschärfung der Sanktionen führen würden, schnell an Boden verlor. Burma erhielt das Etikett eines »Außenpostens der Tyrannei« und wurde in einem Atemzug mit Nordkorea und dem Iran genannt.

Im Jahr 2005 zog sich sogar der »Global Fund zur Bekämpfung von Aids, Tuberkulose und Malaria« unter dem heftigen politischen Druck der prodemokratischen Aktivisten aus dem Land zurück.

Die Hardliner aus dem inneren Zirkel des burmesischen Kriegsministeriums sahen damit nur ihre Paranoia gerechtfertigt und eine gute neue Möglichkeit, ihre Unnachgiebigkeit zu verteidigen. Aber während die Amerikaner und die Europäische Union ihre Hilfen einstellten und neue Sanktionen auferlegten, begann das Regime von ganz neuen wirtschaftlichen Möglichkeiten zu profitieren. Eine Weile lang hatte es Investitionen aus der Region gegeben, die jedoch bald schon wieder austrockneten, teils wegen der finanziellen Krise, in die Asien Ende der neunziger Jahre geraten war, hauptsächlich aber wegen der für Unternehmer nach wie vor so schlechten wirtschaftlichen Rahmenbedingungen in Burma. Doch just zu dieser Zeit wurden vor der Küste gewaltige natürliche Gasfelder entdeckt, deren Wert auf mehrere zehnmilliarden Dollar geschätzt wurde. Und das bedeutete einen stetigen Devisenfluss, weit mehr als genug, um die Militärmaschinerie am Laufen zu halten. Die Stimmen, die nach freien marktwirtschaftlichen Reformen gerufen hatten, verhallten – und die Wirtschaft, die sich unter den Sanktionsbedingungen entwickelte, war das genaue Gegenteil des Wirtschaftssystems, das die Entwicklung einer starken Mittelschicht zugelassen und den Weg für eine progressive Wende geebnet hätte.

Die internationale Politik, die eines der isoliertesten Länder der Welt immer weiter in die Isolation treiben will, ist nicht nur kontraproduktiv, sondern auch in fast jeder Hinsicht gefährlich – vor allem angesichts eines Militärregimes, das sich über die längste Zeit von dreißig Jahren auch selbst isolierte und in dieser Isolation dann prächtig entwickelte.

Dass das Ziel für Burma eine demokratische Regierung sein muss, steht außer Frage. Insbesondere in einem Land, das so vielgestaltig ist wie dieses und in dem es so viele verschiedene Völker, Sprachen und Kulturen gibt, kann nur eine ebenso freie wie freiheitlich gesinnte Gesellschaft für dauerhafte Stabilität sorgen und wirklichen Wohlstand erwirtschaften. Die Fragen, die gestellt werden müssen, lauten daher: Welche Art von Übergang zur Demokratie ist überhaupt möglich? Welche Hürden stehen tatsächlich im Weg? Und welche internationale Politik würde am besten zum Erfolg beitragen?

Ein Übergang zu demokratischen Verhältnissen ist immer schwierig. In vielen Ländern der Welt hat der Versuch, Diktaturen in Demokratien zu verwandeln, zu einer Menge von neuen Problemen geführt, nicht zuletzt zu interethnischer Gewalt und Bürgerkrieg. Burmas Verwandlung wird besonders schwierig werden, denn in diesem Land *herrscht* bereits seit sechzig Jahren ein noch immer schwelender Bürgerkrieg; dort leben Hunderte von unterschiedlichen ethnischen Gruppen mit unterschiedlichen Sprachen, viele davon in entlegenen Bergregionen; dort grassiert die Armut und bahnt sich eine humanitäre Katastrophe an; dort wurden Hunderttausende durch Kämpfe vertrieben und weitere Zehntausende zu Flüchtlingen gemacht; dort treibt eine unverwüstliche Drogenindustrie ihr Unwesen und stehen einige der reichsten Unternehmer (die in einer Demokratie immer großen Einfluss ausüben) mit dem Drogenhandel in Verbindung. Abgesehen davon gibt es zwei weitere, besonders schwierige Faktoren, die zum Erbe der burmesischen Geschichte gehören.

Der erste Faktor ist die lange Reihe an misslungenen Versuchen der Staatenbildung. Im 19. Jahrhundert hatten die Könige Mindon und

Thibaw versucht, den traditionellen Institutionen einen neuen Stempel aufzudrücken und neue Institutionen zu schaffen, um mit dem schnellen Wandel der Welt Schritt zu halten. Doch wegen des stetigen Herannahens des britischen Imperialismus führten diese Initiativen am Ende ins Nichts. Die traditionelle Ordnung brach vollständig zusammen. Dann versuchte der Britische Raj wie in allen anderen Teilen seines indischen Imperiums, die ihm selbst vertrauten Institutionen nach Burma zu verpflanzen – einen öffentlichen Dienst, eine Justizgewalt, eine Berufspolizei, eine professionelle Armee und schließlich auch eine gewählte Legislative. Aber diese Institutionen wurden größtenteils als fremdländisch empfunden, ohne jeden Bezug zur heimischen Gesellschaft. Deshalb verwundert es auch nicht, dass sie das abrupte Ende der Kolonialherrschaft und den Abzug der Briten nicht lange überlebten. Und schließlich gab es die demokratischen Aufbaubemühungen der Regierung von U Nu, die von vornherein durch den Bürgerkrieg, den Einmarsch der Chinesen im Jahr 1950 und dem stetigen Anwachsen der Militärmaschinerie von General Ne Win behindert wurden. Heute ist diese Militärmaschinerie alles, was geblieben ist. Alle anderen Institutionen führen bestenfalls noch ein Schattendasein. In Burma geht es also nicht bloß darum, das Militär aus dem Regierungssystem zu entfernen, es müssen überhaupt erst einmal die staatlichen Institutionen geschaffen werden, die den existierenden Militärstaat ersetzen können.

Der zweite Faktor gehört mehr dem Reich der Ideen an. Die Umstände des Zusammenbruchs der königlichen Institutionen Burmas im Kielwasser von König Thibaws Sturz brachten es nach dem Beginn der Kolonialherrschaft mit sich, dass die vielen traditionellen Denkbilder der Monarchie ebenso schnell verschwanden wie die alten Beziehungsstrukturen zwischen Herrschaft und Gesellschaft. Die ganze subtile und komplexe Bildungstradition, die über Jahrhunderte hinweg von einem höfischen und klösterlichen Gelehrtentum bewahrt und weiterentwickelt wurde, endete praktisch über Nacht. An ihre Stelle traten ein militanter Nationalismus, der sich zu unterschiedlichen Zeiten mit unterschiedlichen Zukunftsvisionen paarte, und ein starker Utopismus, der auf den Studentenverband der dreißiger Jahre zurückreicht und einen Hang zu endlosen abstrakten Debatten über Kommunismus, Sozialismus, Demokratie, Verfassungsmodelle und langfristige politische Strategien nach sich zog, die nie das Licht der Welt erblickten. Was dieser Geschichte jedoch völlig abgeht, sind nicht nur pragmatische und gründliche Auseinandersetzungen mit Ökonomie, Finanzwirtschaft, dem Gesundheitssystem und einem Bildungswesen, sondern auch einfallsreiche und empathische Diskussionen über Minderheitenrechte und die gemeinsamen Identitäten einer modernen burmesischen Gesellschaft.

Natürlich könnten sich ein paar Dinge von heute auf morgen zum Besseren wenden. Politische Gefangene (von denen es derzeit schätzungsweise über tausend gibt) könnten freigelassen werden; die Auflagen, denen die Medien unterliegen, könnten gelockert werden; es könnte sogar Neuwahlen für eine neue Zivilregierung geben. Aber was dann? All das könnte – wie schon 1962 – mit einem neuen Putsch über Nacht wieder gekippt werden. Die Armee wäre immer noch da und läge allzeit bereit auf der Lauer. Der Westen neigt dazu, Burma als ein Land zu betrachten, in dem eine Revolution nach osteuropäischem Muster stattgefunden habe, die bisher nur fehlgeschlagen sei und für deren Erfolg die Massen lediglich auf die Straßen zurückkehren müssten. Wesentlich angebrachter wäre jedoch der Vergleich mit einer vom Krieg zerstörten Gesellschaft wie Kambodscha oder Afghanistan, die aus ihrer langen Leidensgeschichte nur befreit werden kann, wenn man ihr durch den Aufbau von facettenreichen neuen Institutionen zu einem gesellschaftlichen Wandel und wirtschaftlichen Fortschritt verhilft. Im Fall von Burma könnte jedoch selbst damit erst begonnen werden, wenn man die Isolation des Landes durchbrochen, seine Verbindungen zur Außenwelt wiederhergestellt, neue Ideen ins Land gebracht, das abgestandene politische Milieu mit Frischluft versorgt und im Zuge dieses Prozesses all die längst faulen Geisteshaltungen erneuert hätte.

Wäre Burma ein Land, dessen Machthaber den Kontakt zur größeren Welt suchten oder durch die Isolation viel zu verlieren hätten, dann wäre eine Sanktionspolitik sinnvoll. Wäre die Herrscherkaste von Burma tatsächlich der Überzeugung, dass mehr Handel und mehr Interaktionen mit dem Westen ein Gewinn wären, dann könnte man Sanktionen als eine Möglichkeit betrachten, angemessen Druck auszuüben. Aber beides ist nicht der Fall. Seit 1988 und seinen ersten Versuchen, die Wirtschaft zu liberalisieren und sich aus der Isolation zu befreien, hat sich das Offizierskorps bestenfalls halbherzig bereit gezeigt, das Land zu öffnen und Kontakte zur Welt aufzunehmen. Viele Militärs zögen es außerdem vor, sich den Westen vom Leib zu halten und nur mit China und vielleicht noch dem einen oder anderen Nachbarn Geschäfte zu machen. Denn sie ängstigen sich vor den Gefahren, die sich für den Status quo ergäben, wenn sie es westlichen Unternehmen und Touristen erlaubten, in großer Zahl über das Land herzufallen und neue Fakten vor Ort zu schaffen.

Der Blick von außen lässt manchmal nur schwer erkennen, *wie* zerstörerisch sich vierzig Jahre Isolation – insbesondere eine Isolation vom Westen und der internationalen Szene – auf die Menschen ausgewirkt haben, die im Land gefangen sind. Ein Handel mit China und einigen anderen (noch im Entwicklungsstadium befindlichen) Volkswirtschaften ist kein Ersatz für erneuerte Kontakte mit Menschen und Orten in aller Welt. Es ist diese Isolation, die Burma in der Armut gefangen hält; es ist diese Isolation, die einen derart negativen, fast schon xenophobischen Nationalismus nährt; es ist diese Isolation, die die Burmesische Armee dazu verleitet, fast alles als ein Nullsummenspiel und jede Veränderung als eine Gefahr zu betrachten. Es ist diese Isolation, die eine Beendigung des Bürgerkrieges so erschwert, weil sie die herrschenden Differenzen nur zementiert. Und es ist diese Isolation, die sämtliche Institutionen – alle Institutionen, von denen ein Übergang zur Demokratie abhängig wäre – bis zum Zusammenbruch geschwächt hat. Ohne diese Isolation würde der Status quo im Land unmöglich aufrechterhalten werden können. Das heißt nicht, dass dann plötzlich über Nacht alle Probleme verschwinden würden, aber es heißt, dass die Lösungen, die sich heute so entziehen, deutlicher sichtbar und leichter erreichbar würden.

In der Isolation wird die Armee schlicht und einfach voller Zuversicht ihre eigene Agenda weiterverfolgen. Es wird eine neue militärisch dominierte Verfassung verabschiedet und ein neues militärisch dominiertes Regime eingesetzt werden. Es werden mehr Statuen von lange toten Generälen aufgestellt, die Opposition entscheidend dezimiert und der bewaffnete Widerstand in den Bergen gezwungen werden, die Waffen niederzulegen und eine neue Ordnung zu akzeptieren. Und damit wäre es natürlich noch nicht getan. Der Groll würde immer nur knapp unter der Oberfläche gären, manch einer wird sich vielleicht terroristischen Taktiken zuwenden, und das wäre etwas, das auf der politischen Bühne bisher praktisch keine Rolle gespielt hat. Derweil wird den staatlichen Institutionen, die noch nicht vollständig militarisiert wurden, der Rest gegeben werden. Denn die letzte Generation, die noch im Ausland studiert hat, erreicht bereits das Rentenalter oder stirbt aus.

Als General Ne Win im Jahr 1962 an die Macht kam, gab es Militärregime in ganz Asien. Der Unterschied zwischen dem burmesischen Militärregime und seinen Gegenparts in Südkorea, Thailand und Indonesien war jedoch nicht, dass das burmesische Regime repressiver gewesen wäre, sondern dass die anderen dem Rat von Technokraten vertrauten, selbst über lange Perioden walteten, in der die Wirtschaft wachsen konnte, und schließlich die Entwicklung von Zivilgesellschaften zuließen. All das war nur möglich gewesen, weil diese Staaten nicht von der internationalen Gemeinschaft isoliert worden waren und weil Tourismus und Handel ausdrücklich all diejenigen Kräfte gestärkt und nicht geschwächt haben, die einen politischen Wandel forderten. Hätten Thailand und Indonesien in den vergangenen zwanzig Jahren unter amerikanischen und europäischen Sanktionen gelitten, wären sie heute keine Demokratien. Würde es China heute besser gehen, wenn man es nach den Massenprotesten von 1989 in die Armut und Isolation gezwungen hätte?

Damit will ich nicht sagen, dass jede Interaktion mit der Außenwelt gut ist oder dass Handel und Investition keinen ethischen Standards unterliegen sollten. Doch wer fordert, dass sich Unternehmen nicht die Finger bei Geschäften mit einem politisch repressiven Staat schmutzig machen dürften, der sagt etwas ganz anderes, als dass letztendlich nur Wirtschaftssanktionen einen Wandel herbeiführen könnten.

Was also wird die Zukunft bringen? Es gibt keine einfachen Optionen, keine Schnellreparaturen und keine grandiosen Strategien, die Burma im Laufe weniger Jahre, geschweige denn von einem Tag auf den anderen die Demokratie bringen könnten. Wenn Burma weniger isoliert wäre, wenn es mehr Handel und Kontakte – insbesondere touristischer Art – gäbe und wenn dies alles mit dem Wunsch der Regierung nach umfassenden Wirtschaftsreformen, dem Wiederaufbau der staatlichen Institutionen und der allmählichen Öffnung für eine

Zivilgesellschaft Hand in Hand ginge, dann würden sich vielleicht im Laufe der nächsten ein, zwei Jahrzehnte die Bedingungen für einen politischen Wandel ergeben. Das ist gewiss kein sehr aufmunterndes Szenario, aber es ist ein realistisches, so sehr ihm auch der Biss von revolutionäreren Ansätzen fehlt.

Aber es gibt auch ein anderes, sehr viel schlechteres Szenario, nämlich dass sich die internationale Isolierung Burmas immer weiter verstärken wird, und zwar durch eine unheilige Allianz zwischen den Ausländern, die sich für Sanktionen stark machen, und den Hardlinern im Inland, die einen völligen Rückzug von der Weltgemeinschaft befürworten. Diese Isolation würde die staatlichen Institutionen noch weiter unterminieren; es würde eine noch schlechter ausgebildete Generation heranwachsen, die in einem noch miserableren Gesundheitszustand wäre; und ungefähr ein Jahrzehnt später würde die Weltgemeinschaft auf einen weiteren misslungenen Staat starren, in dem es nicht die geringsten Aussichten auf einen demokratischen Wandel gäbe und in dem nicht einmal das Militär noch in der Lage wäre, das Land zusammenzuhalten. Es würde einen Rückfall in die Anarchie und die Zustände von 1948 geben, nur mit dem Unterschied, dass es diesmal wesentlich mehr Waffen und wesentlich mehr Menschen im Land gäbe und dass dessen mittlerweile starke, selbstsichere Nachbarn höchst unwahrscheinlich einfach untätig zusehen würden. Wenn das geschieht, dann reichten nicht einmal die restlichen Jahre unseres Jahrhunderts aus, damit Burma sich davon erholen könnte.

Epilog

Im September 2007 stand Burma zum ersten Mal ein paar Tage lang im internationalen Rampenlicht. Plötzlich betraten Menschen und Orte die Weltbühne, die bis dahin nur für eine kleine Geschichte am Rande gut gewesen waren. Auf den Fernsehschirmen in aller Welt waren Bilder von karmesinrot gekleideten Mönchen und zehntausenden Burmesen zu sehen, die trotzig in ihren Longyis durch die regenüberspülten Straßen liefen, nach Freiheit riefen und ein grundsätzlich besseres Leben forderten. Millionen Menschen in aller Welt sahen junge Soldaten in Stahlhelmen neben Bereitschaftspolizisten von Lastwagen springen und mit ihren automatischen Waffen herumfuchteln. Nachrichtenkommentatoren berichteten, dass sich das Militärregime in seinem abgelegenen Dschungelschlupfwinkel verschanzt habe, und fragten sich wie ihre Zuschauer, ob es nun vielleicht endlich zusammenbrechen würde. Und dann gab es noch dieses fast schon ephemere Bild von Aung San Suu Kyi, wie sie hinter dem Gartentor ihres Hauses in der University Avenue hervorblickte und einer Kolonne leise singender Mönche Respekt zollte. Ob man diese Bilder nun im Fernsehen oder Internet sah, man spürte die Anspannung, konnte sich des Gefühls nicht erwehren, dass es hier um Gut gegen Böse ging, und hoffte, dass Asien die nächste Revolution bevorstand.

Das Timing war geradezu perfekt gewesen. Der Aufstand von 1988 hatte just in der Zeit stattgefunden, in der alle Welt Ferien machte. Diesmal fielen der Höhepunkt der Proteste und der Beginn der Razzien genau auf den ersten Sitzungstag der UN-Vollversammlung in New York. Außerdem gab es gerade kaum andere Krisen, die Schlagzeilen machten. Präsident George Bush hielt eine Rede vor den Vereinten Nationen, die er zwar schon lange zuvor zugesagt hatte, nun aber zum Anlass nahm, um das Problem Burma anzusprechen: »Der

Wunsch des Volkes nach einem Wandel ist unmissverständlich.« Unter anderen Umständen wäre Burma bestenfalls das Randthema einiger weniger bilateraler Gespräche gewesen, nun aber kletterte es an die Spitze der internationalen Agenda. Staatschefs aus aller Welt beeilten sich, ihrer Sorge Ausdruck zu verleihen. Die Telefone der Diplomaten liefen heiß. Der amerikanische Schauspieler Jim Carrey appellierte sogar via YouTube an UN-Generalsekretär Ban Ki-Moon, endlich etwas zu unternehmen.

Allein schon die Bilder waren erschütternd. Für ausländische Beobachter war es vielleicht gar nicht wichtig zu erfahren, dass diese Proteste in einer Szenerie stattfanden, die von besonderer Bedeutung in der burmesischen Geschichte ist, denn viele dieser Bilder wurden vor oder nahe der Sule-Pagode im Herzen von Rangoon aufgenommen, wo vor fast zweihundert Jahren die Musketiere und Kriegselefanten von Thado Maha Bandula auf die Truppen der Britischen Ostindien-Kompanie von General Archibald Campbell gestoßen waren; genau in dieser Gegend hatten sich im späten 19. und frühen 20. Jahrhundert Hunderttausende von ethnischen Indern ein neues Leben aufgebaut, nur um sich später des Landes verwiesen zu sehen; in der Sule Pagoda Road hatte General Aung San nationalistische Demonstrationen angeführt und hatten in späteren Jahren große kommunistische Sternmärsche stattgefunden; und dorthin hatte Clement Attlees britische Labour-Regierung am Ende des Jahres 1946 auch ein westafrikanisches Schützenbataillon geschickt, um wieder Ruhe und Ordnung zu schaffen.

Diese Straße war bereits das Epizentrum der letzten großen Protestaktionen von 1988 gewesen. Wenn man einmal vom internationalen Kontext absieht, dann hatten die neuen Proteste im Herbst 2007 auffallende Ähnlichkeiten mit dem Geschehen neunzehn Jahre zuvor: die vom Regen überspülten Straßen, die verfallenen Gebäude drumherum, die entschlossenen jungen Demonstranten, das gespenstische Schweigen des Regimes und beim Betrachter das Gefühl, dass ein brutales Durchgreifen bevorstand. Es war wie ein Theaterstück, das noch einmal von vorne aufgeführt wurde, nur diesmal mit weniger, dafür interessanteren Schauspielern (diesmal hatten die buddhistischen Mönche die Hauptrollen übernommen) und einem aufmerksameren Publikum.

Ich konnte mir einfach nicht vorstellen, dass es dieses Mal irgendwie anders ausgehen würde. Als die Proteste im Jahr 1988 ausgebrochen waren, war ich gerade in einem wunderschönen Haus über dem Luganer See bei dem berühmten Gartenbaukünstler, einstigen Spion und Diplomaten Sir Peter Smithers zu Besuch gewesen, der mit Ian Fleming befreundet war und diesen zur Figur von James Bond inspiriert haben soll. Wir sahen uns die Nachrichten und Berichte der BBC an. Sir Peter konnte mich noch so sehr zur Vorsicht mahnen, ich erwartete eine Revolution, die nicht mehr zu stoppen sein würde und endlich Demokratie und Unabhängigkeit fürs Volk brächte. Ich bezweifelte, dass das Militärregime auch diese Proteste einfach wieder niederschlagen könne oder in der Lage wäre, die Image-Folgen eines brutalen Durchgreifens lange zu überleben. Ein paar Tage später war ich in Bangkok und sehr irritiert von dem Einwand eines ausländischen Journalisten, dass die Armee jederzeit ein Comeback inszenieren könne. Sogar als die Proteste bereits zerschlagen worden waren, reagierte ich verärgert, als mir ein koreanischer Diplomat erklärte, dass es noch »weitere zwanzig Jahre« bis zur Demokratie in Burma dauern werde. Sie steht doch schon vor der Tür, dachte ich.

Im Jahr 2007 glaubte ich das nicht mehr, diesmal hatte ich nur eine schreckliche Vorahnung von den vielen Leben, die wieder zerstört oder ausgelöscht werden würden. Diesesmal schienen mir die Proteste auch weniger der Katalysator für eine Wende als ein schreckliches Anzeichen dafür zu sein, wie tief das Land gesunken war. Begonnen hatten diese Demonstrationen aus Zorn vor dem plötzlichen Anstieg der Brennstoffpreise – das war der Punkt gewesen, der die Stimmung unter den vielen städtischen Arbeitern, die mit einem Tagesverdienst von einem Dollar kaum in der Lage waren, ihren Lebensunterhalt zu bestreiten, zum Kippen gebracht hatte. Dann schlossen sich buddhistische Mönche ihren Protesten an, erst nach den brutalen Angriffen der Regierungstruppen auf ihre Brüder in der Provinzstadt Pakkoku stieg ihre Zahl exponentiell an. Die Mönche forderten eine Entschuldigung, die anderen Menschen auf der Straße ein besseres Leben. Ich selbst hatte noch die ganze Zeit gehofft, dass ich mich irren würde, aber in Burma war diesmal bestimmt niemand mehr überrascht, als (wie schon im Jahr 1988) Truppenverstärkungen eintrafen, Schüsse peitschten, eine Ausgangssperre verhängt wurde und die Verhaftungswellen begannen.

Im Gegensatz zu 1988 folgte dieses Mal jedoch die schnelle Verurteilung der internationalen Gemeinschaft. Die Regierung von Singapur sprach im Namen der ASEAN-Mitglieder ihren »Abscheu« vor den jüngsten Gewaltaktionen aus; der französische Außenminister Bernard Kouchner begrüßte diese Verurteilung als angemessen »aufrührerisch«; Laura Bush, die First Lady der Vereinigten Staaten, schrieb einen Kommentar für das *Wall Street Journal*; die Website einer neuen Gruppe bei Facebook (»Support the Monks' Protest in Burma«) wurde von fast einer halben Million Usern aufgerufen. Dann trat der UN-Sicherheitsrat zusammen, um über diese Krise zu debattieren, kurz darauf wurde der einstige nigerianische Außenminister Professor Ibrahim Gambari als Sonderberater des Generalsekretärs entsandt.

Doch als der Oktober kam, hatte sich das Nachrichtenkarussell bereits weitergedreht. Burma war von den Titelblättern verschwunden. Über Rangoon hatte sich der Himmel wieder geklärt. Die Stadt war verdrossen zu ihrer trostlosen Realität zurückgekehrt.

Ich halte es nicht für unmöglich, dass solche Straßenproteste eines Tages zu einer erfolgreichen Revolution gegen Burmas Militärregime führen werden. Ich halte es nur für unwahrscheinlich. Die meisten Regimewechsel finden nach dem Putsch einer Armeefraktion gegen eine andere statt. Hier haben wir es jedoch mit einer Militärmacht zu tun, die ganz bewusst so strukturiert wurde, dass sie jede interne Herausforderung abfangen kann. Es gäbe natürlich auch noch ein anderes Szenario, nämlich dass sich im gesamten militärischen Establishment ein Sinneswandel vollzieht – dass das Regime angesichts der Möglichkeit eines weiteren Blutbads auf den Straßen Aung San Suu Kyi Platz machen und der Demokratie den Weg ebnen würde. Doch nichts in Burmas jüngster Geschichte lässt den Schluss zu, dass das jemals geschehen wird.

Und somit stehen wir noch immer vor derselben Frage: Was tun? In diesem Buch habe ich zu verdeutlichen versucht, dass eine Antwort darauf zuerst einmal eines anderen Blickwinkels bedarf. Je stärker wir uns auf das politische Zentrum in Burma fokussieren, desto schneller werden wir zu simplen Verurteilungen und wirtschaftlichen Sanktionsmaßnahmen greifen und desto eher werden wir uns mit der Hoffnung begnügen, dass sich die Dinge schon irgendwie irgendwann ändern werden. Wir müssen also unseren Blickwinkel erweitern.

Es war schon frappant zu beobachten, dass selbst in den Tagen, als die Medien pausenlos über Burma berichteten, so gut wie niemand den Bürgerkrieg erwähnte. Denn dieser sechzig Jahre währende Konflikt ist in vieler Hinsicht *die* Wasserscheide. Die Waffenstillstandsvereinbarungen zwischen der Armee und den vielen bewaffneten Widerstandsgruppen sind zwar noch in Kraft, doch seit das Regime auf eine neue Verfassung hinarbeitet, die den von ihr bekriegten Gruppen bestenfalls nur noch eine sehr begrenzte lokale Autonomie zugesteht und außerdem deren völlige Entwaffnung vorsieht, gibt es schon wieder neue Spannungen. Die Aussicht auf einen Frieden ist schlecht, die Möglichkeit, dass neue Gefechte aufflammen, vermutlich wesentlich größer. Doch was auch geschieht, die Art der Beziehungen zwischen der Armee und den unzähligen bewaffneten Gruppen im Land wird immer ebenso viel zur Gestaltung der Zukunft Burmas beitragen wie alles andere.

Dann die Wirtschaft. Es wird leicht übersehen, dass ihr Zustand der eigentliche Auslöser der jüngsten Unruhen gewesen war. Seit Jahren behauptet das Regime, dass ein beträchtliches Wirtschaftswachstum stattgefunden habe, nicht zuletzt dank der steigenden Erlöse aus dem Erdgasgeschäft. Niemand weiß genau, wie viel Erdgas vorhanden ist, hochgerechnet könnte Burma tatsächlich auf einem der größten Gasfelder der Erde im Wert von hunderten Milliarden Dollar sitzen. Die derzeitige Produktion wird hauptsächlich nach Thailand verkauft und sorgt dafür, dass Bangkok im künstlichen Licht erstrahlen und Burma über zwei Milliarden Dollar an Devisen pro Jahr einstreichen kann. Auch für die Zukunft gibt es bereits große Pläne: Um die potenziell gefährliche Straße von Malakka zu umgehen, will China eine Pipeline bauen, die einen Großteil seiner Öllieferungen aus dem Nahen Osten vom Indischen Ozean aus durch Burma nach Südwestchina transportieren soll. Mit dieser Pipeline kämen neue Straßen und Eisenbahnverbindungen, aber Burma würde immer tiefer in die gigantische Industrierevolution Chinas eingesogen werden.

Und davon würden wahrscheinlich nur wenige Burmesen profitieren. Der Bau einer neuen Hauptstadt – Naypyitaw (was schlicht »die Hauptstadt« heißt) – auf halber Höhe zwischen Rangoon und Mandalay war mit ziemlicher Sicherheit eine gewaltige Belastung für die Staatskasse. Derart verschwenderische Projekte, gepaart mit einer kontinuierlichen Misswirtschaft und den lähmenden Sanktionen des Westens, haben die Bühne für eine noch rückschrittlichere Volkswirtschaft bereitet. Wegen der heutigen Boykotte und Sanktionen kann sich Burma in Sektoren wie der Textilproduktion oder dem Tourismus nicht mit China, Vietnam und vielen anderen Nachbarn messen – könnte es selbst dann nicht, wenn das Regime unter diesen Bedingungen eine gute Wirtschaftspolitik verfolgen würde. Ergo wenden sich die Militärs der Rohstoffgewinnung und den Energieprodukten aus den eigenen Ressourcen zu, die regional stark nachgefragt sind und deren Erlöse praktisch direkt in den Staatssäckel fließen.

Derweil werden die Menschen immer ärmer. Ein hoher Anteil der Bevölkerung lebt mittlerweile unterhalb der Armutsgrenze. Das Gesundheits- und das Bildungssystem befinden sich in Auflösung. Eine Weile war es zu vermehrten internationalen Hilfen gekommen, sowohl durch UN-Organisationen als auch durch Nichtregierungsorganisationen. Doch in den vergangenen Jahren hat sich der Raum für Hilfsmaßnahmen stark verengt, da sich einige Organisationen schlicht weigern, in irgendeiner Form mit der Regierung (wie zum Beispiel dem Gesundheitsministerium) zusammenzuarbeiten, und da das Regime seinerseits Hilfsorganisationen immer misstrauischer als die Fünfte Kolonne einer breit angelegten Konspiration zum Zweck des Regimesturzes betrachtet.

Das Albtraumszenario für Burma sieht der Reihe nach folgendermaßen aus: Repression; Verurteilungen und weitere Sanktionen des Auslands; eine Volkswirtschaft, die nur noch einigen Wenigen von Nutzen ist; eine verfallende Gesundheitsversorgung und immer schlechtere Ausbildungsmöglichkeiten; eine verarmte Bevölkerung, für die »Demokratie« kaum mehr die einzige Antwort sein kann.

Aber man braucht nicht *nur* Untergangsszenarios zu malen. Zuletzt verbrachte ich ein paar Wochen im Winter 2006/07 in Burma. Als ich am Mingaladon-Flughafen von Rangoon auf mein Gepäck wartete, war ich von einer Hundertschaft junger Burmesen umgeben, muslimischer Männer und Frauen, die der »Shwebo Muslim Association« angehörten (so stand es auf ihren Koffern und Taschen). Sie waren gerade mit einem Charterflug von einer Pilgerreise aus Mekka zurückgekehrt und bester Stimmung. In meinem Hotel sah ich fast täglich Schlangen von adrett gekleideten jungen Leuten, die mit ihren Lebensläufen in der Hand auf ein Vorstellungsgespräch warteten, von dem sie sich einen Job in Doha oder Singapur erhofften. Ein junger Mann erzählte mir, dass er sich als Pizzakoch hat ausbilden lassen, und zwar schlicht und einfach weil er gerne Pizza aß. In der Woche meiner Abreise gab es in einem Versammlungscenter der Stadt ein großes Hip-Hop-Konzert, das größte, sagte man mir, das je veranstaltet wurde. Es traten Hip-Hop-Künstler aus dem ganzen Land auf. Wenn ich in ein Internetcafé ging, stellte ich fest, dass ich fast jede Seite im Web aufrufen konnte. Und wo immer ich hinkam, sah ich Leute vor dem Fernseher kleben und sich eine koreanische Soap Opera oder ein Fußballspiel der englischen Premier League ansehen. Im Zeitungskiosk fand ich neben den akribisch zensierten, staatlich genehmigten Zeitungen auch Klatschmagazine (in burmesischer Sprache), die über das neueste Adoptivkind von Brad Pitt und Angelina Jolie berichteten.

Ich erzähle das nicht, um die Bedeutung der großen Politik herunterzuspielen oder zu behaupten, dass dieses Burma und nicht das Burma der Proteste und der Unterdrückung das »reale« sei. Ich berichte von diesen kleinen Beobachtungen am Rande, weil ich die Aufmerksamkeit nicht nur auf die bewaffneten Konflikte und das sich entfaltende Wirtschaftsbild lenken will, sondern verdeutlichen möchte, dass Burma ein komplexes Land ist. Denn solange diese Komplexität nicht wahrgenommen wird, solange wird die internationale Politik weiterhin an den burmesischen Realitäten abprallen.

Das trifft auf die Strategie des sogenannten konstruktiven Engagements nicht weniger zu als auf die Strategie, die sich auf Sanktionen und Verurteilungen zum Zweck eines revolutionären Wandels verlässt. Beide Strategien sind mangelhaft, denn beide haben einen von Anfang bis Ende viel zu engen politischen Fokus und unterscheiden sich voneinander nur insofern, als die eine auf die Kraft der Überzeugung setzt und die andere auf den Erfolg von Druckmechanismen, um einen Regimewechsel herbeizuführen. Aber damit beweisen beide ein völlig falsches Verständnis von der Natur dieses Regimes. Die burmesische Militärmaschinerie zielt nur auf eines ab, nämlich darauf, ihre Feinde zu identifizieren und dann entweder zu vernichten oder zu manipulieren. Die Verantwortlichen sind Soldaten und Warlords, keine politischen Visionäre oder Ideologen und auch keine Unternehmer in Uniform, die nur auf das schnelle Geld aus sind.

Wenn sich etwas verändert, dann wird es nicht durch die Vordertür geschehen. Und es wird untrennbar mit einer sich wandelnden Wirtschaft und einer sich wandelnden Gesellschaft gekoppelt sein. Ein Generationenwechsel steht auch in Burma unvermeidlich bevor – sowohl bei den Streitkräften als auch generell. Wohin dieser Wechsel führen wird, hängt in nicht geringen Maßen von den internationalen Bedingungen ab. Werden die neuen burmesischen Generäle einen neuen Weg sehen, oder werden sie auf die alte und lang erprobte Isolierung zurückgreifen? Wird sich die westliche Diplomatie bei einer neuen Verhandlungsrunde daran erinnern, dass Verzweiflung wegen der wirtschaftlichen Verhältnisse der Funke gewesen war, der die Proteste im Jahr 2007 ausgelöst hatte? Wird man die Bemühungen um humanitäre Hilfen verdoppeln und Mittel und Wege finden, um die Armut zu lindern? Wird die internationale Gemeinschaft erkennen, welche Bedeutung der bewaffnete Konflikt für das Land hat? Und wird sie deshalb einen gerechten, auf Dauer tragfähigen Frieden zur Priorität machen? Werden die internationalen politischen Strategen weiterhin die Xenophobie des Regimes schüren, oder werden sie Möglichkeiten finden, um Burma wieder in die globale Gemeinschaft einzugliedern? Werden die Menschen im Westen begreifen, dass mehr Offenheit, mehr Verbundenheit und mehr Kontakte bei Weitem die mächtigsten Kräfte sind, um den Status quo aufzulösen?

Burma hatte eine lange Zeit eine Menge Pech, schon seit sich König Thibaws Regierung weigerte, die Bedingungen von Lord Randolph Churchills Ultimatum zu akzeptieren, und das Land damit in einen Teufelskreis aus bewaffneten Widerständen und kriegerischen Konflikten stürzte. An fast jeder bedeutenden Wegscheide hätten die Dinge seither einen anderen Verlauf nehmen und die Zustände im Land sich bessern können. Wird sich Burmas Schicksal bald wenden? Noch ist es nicht zu spät.

Thant Myint-U
15. Oktober 2007

Aktuelles Nachwort
zur deutschen Ausgabe:
Der Zyklon Nargis und seine Folgen

❦

Auf den Westindischen Inseln wurden Hurrikane schon seit Langem nach den christlichen Heiligen benannt, an deren Namenstagen sie eintrafen. Anderenorts hatten Stürme keine Namen, jedenfalls nicht bis zum späten 19. Jahrhundert, als der bahnbrechende australische Meteorologe Clement Lindley Wragge die Idee hatte, jedem Wetterphänomen einen Personennamen zu geben. Zuerst wählte er Namen aus der Antike, wie Xerxes oder Hannibal, doch dann begann Mr. Wragge, der Leiter einer lokalen Wetterbehörde, die Namen von australischen Politikern zu bevorzugen, die er nicht leiden konnte. Auf diese Weise konnte er sich mit solchen Ankündigungen vergnügen wie zum Beispiel, dass Herr X gerade »ziellos im Pazifik herumwandert« oder Herr Y demnächst »große Verheerungen in Queensland anrichtet«.

Erst in jüngerer Zeit wurde die Namensgebung systematisiert. Für den nordindisch-ozeanischen Raum sind die Männer und Frauen des Indischen Meteorologischen Dienstes in Neu-Delhi zuständig. Als am 28. April 2008 ein neues und potenziell gefährliches Sturmsystem über dem Golf von Bengalen auftauchte, entschieden sie sich für den Namen, den ihre pakistanischen Kollegen vorgeschlagen hatten: »Nargis«, das persische Wort für »Narzisse« und der Name eines berühmten Bollywood-Stars aus den dreißiger und vierziger Jahren.

Während der nächsten Tage verfolgten sie den aufkommenden Sturm ständig. Zuerst fürchteten sie, dass er an der indischen Koromandelküste auf Land treffen würde, dann beobachteten sie, wie er in nördliche Richtung zog und dabei immer mehr an Stärke zunahm. In

Bangladesch brach Panik aus. Am 31. April trat die Militärregierung von Bangladesch zu einer Notstandssitzung zusammen. Schulen wurden geschlossen und hunderttausende Menschen aus den Tiefebenen aufgefordert, Schutz zu suchen. Doch dann, am 2. Mai, machte Nargis, der inzwischen zu einem »schweren Zyklon« heraufgestuft worden war, eine plötzliche und sehr ungewöhnliche Wende um neunzig Grad, zog Richtung Osten und begann über der warmen Wasseroberfläche mächtig an Kraft zuzulegen. Ungefähr um sechs Uhr am nächsten Morgen krachte er mit bis zu dreihundertfünfzig Stundenkilometern auf Burmas Südwestküste, hinter sich eine gewaltige Sturmflut herziehend. Eine rund vier Meter hohe Wasserwand raste bis zu vierzig Kilometer tief ins Landesinnere. Am Abend traf der Zyklon in Rangoon ein, zwar schwächer geworden, aber noch immer in der Lage, die Stadt mit ihren fünf Millionen Einwohnern durchzupeitschen und mit sintflutartigem Regen zu überschütten. Dann verschwand Nargis hinter den Bergen im Osten.

Heute wissen wir, dass mindestens hundertachtunddreißigtausend Menschen im Laufe dieses Freitags und anschließenden Samstags ums Leben kamen, darunter viele Kinder. Einige starben durch die Wucht des Aufpralls dieses tosenden Sturms im Freien, andere unter einstürzenden Gebäuden und sehr viele in den hereinbrechenden Fluten. Im südlichen Irrawaddy-Delta und der Schneise, die der Sturm auf seinem Weg nach Rangoon schlug, wurden vierhundertfünfzigtausend Häuser dem Erdboden gleichgemacht und dreihundertfünfzigtausend zerstört. Sechshunderttausend Hektar Farmland wurden vom Meer überflutet. Sechzigtausend Wasserbüffel, ohne die in Burma kein Pflügen möglich ist, wurden einfach weggespült. Dreiviertel aller Krankenhäuser und Ambulanzen und über die Hälfte aller Schulen in der betroffenen Region lagen in Trümmern. Unzählige Dörfer wurden komplett von der Landkarte ausradiert, Küstenstädte wie Bogalay und Laputta völlig verwüstet. In Rangoon versanken die Straßen im Brackwasser, in dem unzählige Trümmer umhertrieben und aus dem die Überreste von tausenden umgestürzten Bäumen ragten, viele davon weit über hundert Jahre alt. Überall lag ein Gewirr aus Strom- und Telefonkabeln herum, Brücken waren eingestürzt und Straßen unpassierbar geworden. In vielen Gemeinden überstieg die Zahl der Toten die der Lebenden um ein Vielfaches.

Es war nicht nur die bei Weitem schrecklichste Naturkatastrophe in der burmesischen Geschichte, es war auch der tödlichste Sturm, der die Welt getroffen hat, seit im Jahr 1991 eine halbe Million Menschen während des Zyklons über Bangladesch ums Leben gekommen waren. In Burma war ein Gebiet von der Größe Belgiens mit über zehn Millionen Einwohnern betroffen. Jeder, der diesen Sturm beobachtete, hätte bis zum frühen Morgen des 2. Mai wissen können, dass etwas Schreckliches bevorstand. Denn im Irrawaddy-Delta, das ohnedies fast vollständig eben ist, wurden von verarmten Bauern und Fischern, die auf der Suche nach einem Flecken Land waren, in den vergangenen zehn Jahren auch noch fast alle uralten Mangrovenwälder abgeholzt. Es gab nichts mehr, das eine Sturmflut zurückhalten konnte. Doch niemand hätte sich das volle Ausmaß dieser Zerstörung vorstellen können. Zwei Jahre zuvor war der Zyklon Mala, ein ebenso heftiger, wenn nicht noch gewaltigerer Sturm, auf Burmas Südwestküste geprallt. Doch Mala hatte den üblicheren Weg genommen und die nördliche Richtung eingeschlagen, deshalb konnte das Arakangebirge einen Großteil seiner Kraft absorbieren. Damals hatten ein Dutzend Menschen ihr Leben verloren. Nargis aber tat etwas noch nie Dagewesenes – er drehte in den Osten ab, fiel über das flachste Tiefland Burmas her und zog eine gigantische Wasserwand mit sich, die ungebremst über Tausende von kleinen strohgedeckten Bambushütten hereinbrechen konnte.

Als sich am Samstagabend die Nachricht verbreitete, machte sich die Welt eilends bereit zu helfen. Doch dies war nicht einfach nur eine Naturkatastrophe, denn Nargis hatte kein Land getroffen, in dem es keine sonstigen Probleme gegeben hätte. Im Laufe der anschließenden drei Wochen führte diese Naturkatastrophe zu einer politischen Krise globalen Ausmaßes. Zum zweiten Mal in knapp einem Jahr beherrschte Burma die Fernsehbildschirme und zog Politiker und Diplomaten aus aller Welt in seinen Bann.

Achtzehn Jahre zuvor hatte der für Burma zuständige UNICEF-Programmleiter Rolf Carriere vor der »stummen Not« der Kinder Burmas gewarnt. Er war erst kurz zuvor eingetroffen, um seinen Posten in Rangoon anzutreten, und nicht nur vom Ausmaß des herrschenden Elends entsetzt gewesen, sondern auch wegen der kaum vorhandenen internationalen Hilfe. Aller Augen waren auf die Ergebnisse der jüngsten Wahlen gerichtet, auf Aung San Suu Kyi und den Druck, der sich gerade zugunsten einer demokratischen Wende aufbaute, und der Westen hatte fast alle Hilfsleistungen eingestellt, um diesen Druck auf das Militärregime zu verstärken. Rolf Carriere trat verzweifelt für eine andere Strategie ein: Ohne die dringend erforderliche Notfallhilfe sei das Leben der burmesischen Kinder in größter Gefahr, ein humanitärer Einsatz könne schlicht nicht auf die »richtige Regierung« warten. Doch seine Hilferufe stießen auf taube Ohren. In Wirklichkeit wurden seine Bemühungen von den Gruppen untergraben, die sich gegen jede Hilfe aussprachen, solange das Militär an der Macht ist.

Erst mit dem neuen Jahrtausend begannen sich die Dinge zu verändern. Allmählich begriffen die Vertreter der Vereinten Nationen und der internationalen Nichtregierungsorganisationen das Ausmaß der humanitären Katastrophe und verstärkten still und leise ihre Hilfsaktionen. Charles Petrie wurde zum ersten Koordinator für die Humanitäre Burma-Hilfe der Vereinten Nationen ernannt. Während seiner Amtszeit wurde erstmals eine grundlegende humanitäre Infrastruktur im Land aufgebaut. Schritt für Schritt wurden in Dutzenden von Städten und im Irrawaddy-Delta Hilfsprogramme eingerichtet, die den Ärmsten Burmas eine medizinische Grundversorgung und andere dringend nötige Hilfen boten. Doch die burmesischen Behörden, die selbst um humanitäre Unterstützung gebeten hatten, wurden immer misstrauischer, vor allem seit die im Westen angesiedelte Opposition die »humanitäre Krise« in Burma nutzte, um für eine internationale Intervention zu lobbyieren. Was das burmesische Regime wirklich wollte, nämlich die üblichen Entwicklungskooperationen und Wirtschaftsaufbaukredite von der Weltbank und dem Internationalen Währungsfonds, blieb wegen der von den USA und der EU verhängten Sanktionen unerreichbar. Charles Petrie und die anderen humanitären Helfer mussten unglaubliche Drahtseilakte vollführen, weil ihnen einerseits das burmesische Regime vorwarf, als Fünfte Kolonne des Westens einen Sturz der Regierung zu betreiben, während sie andererseits von den Oppositionsgruppen kritisiert wurden, auf unzulässige Weise mit den Machthabern zu kooperieren.

Als die Geberstaaten aus Europa und anderen Teilen der Welt dann endlich die Gelder für ihre Hilfsprogramme aufstockten, wurden die burmesischen Militärs noch misstrauischer, da sie ja wussten, dass dieselben Staaten prodemokratische Burma-Aktivisten förderten. Das Regime befürchtete, dass mit den ausländischen Entwicklungshelfern auch Spione eingeschleust werden könnten, die ihren Sturz vorbereiten sollten. Jede Bewegung der humanitären Helfer wurde mit Argusaugen überwacht, jeder Grund für eine Fahrt ins Hinterland genauestens unter die Lupe genommen. Noch waren Hilfsleistungen möglich, noch konnten die lebensrettenden Maßnahmen zehntausende Menschen erreichen, doch in den Monaten vor Nargis war die Regierung noch misstrauischer gegenüber den humanitären Helfern geworden. Im November 2007 wurde Charles Petrie von den Behörden mitgeteilt, dass er in Burma nicht mehr willkommen sei.

Anfang des Jahres 2008 konzentrierte sich die wenige internationale Aufmerksamkeit, die es noch gab, auf die vertrackte Sackgasse, in der die Junta und Aung San Suu Kyi festsaßen. Der UN-Sicherheitsrat forderte einen »einschließlicheren politischen Prozess«, und Ibrahim Gambari, der einstige nigerianische Außenminister und nunmehrige Sonderberater des UN-Generalsekretärs, widmete sich weiterhin seiner undankbaren und offensichtlich aussichtslosen Aufgabe, den Beginn neuer Gespräche zu vermitteln. Aber das Regime war nicht mehr an ernsthaften Verhandlungen mit Aung San Suu Kyi oder ihrer Nationalen Liga für Demokratie interessiert. Wenn es überhaupt noch an irgendwelchen Gesprächen Interesse hatte, dann an solchen mit seinen Gegnern aus dem bewaffneten Widerstand. Aus der Perspektive der Burmesischen Armee war die Entwaffnung und Demobilisierung der vielen ethnisch motivierten Rebellengruppen alles entscheidend für die künftige nationale Sicherheit. Und angesichts der langen Geschichte von ausländischen Einmischungen in die Bürgerkriege Burmas waren für solche Gespräche keine Vermittler von außen erwünscht. Abgesehen davon, glaubte die Armee ohnedies bereits kurz vor einem historischen Durchbruch zu stehen, der dann zwar vielleicht noch Jahre der Konsolidierung, aber gewiss keinerlei Hilfestellungen seitens der UNO oder sonst wem bedürfte.

Nach einer Verabschiedung des neuen Verfassungsentwurfs würde die Armee ein Viertel aller Parlamentssitze für sich beanspruchen können, was in etwa den Vorkehrungen entspräche, die in den einstigen Verfassungen von Thailand und Indonesien getroffen worden waren. Die verbliebenen drei Viertel würden zumindest theoretisch bei freien Wahlen vergeben werden. Ein starker, indirekt gewählter Präsident wäre zu durchgreifenden Notstandsermächtigungen befugt; die Autonomie der Armee wäre garantiert, und das Militär würde weiterhin das Sagen über die heiklen Grenzregionen haben. Zum ersten Mal gäbe es auch insgesamt vierzehn Provinzialregierungen mit eigenen Parlamenten und Ministerpräsidenten, allerdings wäre der Armee auch dort durch einen ihr vorbehaltenen Anteil an Parlamentssitzen und ein Vetorecht bei der Besetzung von führenden Regierungsämtern jeweils die Oberhand gesichert.

Die Oppositionsgruppen und Regierungen im Westen brandmarkten diesen Verfassungsentwurf schnell als ein Feigenblatt für die Aufrechterhaltung der militärischen Amtsgewalt und erklärten, dass er noch weit entfernt davon sei, ein wirklich demokratisches System ins Leben zu rufen.

Aus Sicht der militärischem Führung Burmas stellte das mit dieser Verfassung vorgesehene System hingegen eine eindeutige Wende dar, und zwar sogar eine für sie ziemlich riskante. Denn die neue Regierung wäre im Wesentlichen eine zivile unter einem zivilen Präsidenten und mit einem mehrheitlich zivilen Parlament. Ganz entscheidend war außerdem, dass das Amt des Präsidenten vom Amt des Oberkommandierenden der Streitkräfte separiert werden sollte (Generalstabschef Than Shwe hat noch beide inne). Und selbst wenn man die Wahlen scharf überwachen würde und viele Zivilisten im künftigen Parlament und der künftigen Regierung einstige Militärs wären, hätte die Armee dieses neue System noch immer sehr viel weniger im Griff als die gegenwärtige rein militärische Hierarchie. Ja, dieses System wäre eine Möglichkeit, neue Gruppen – am wichtigsten darunter die Führer des bewaffneten Widerstands – in das nationalpolitische Gebilde einzubinden. Doch auch das hatte für die Militärs seine Risiken. Denn zumindest würde es zu einer grundlegenden Umbildung der bestehenden Machtstrukturen und all der Netzwerke kommen müssen, die das Militär mit seinen Günstlingen aufgebaut hatte und durch die es sich die Loyalitäten sichern konnte. Mit einem Wort, der Status quo wäre so angreifbar wie nie zuvor.

Der Termin für ein Referendum über diese neue Verfassung war für

Anfang Mai anberaumt worden. Niemand bezweifelte, dass die Militärs alle Hebel in Bewegung setzen würden, um sich das für sie günstigste Ergebnis zu sichern. Prompt wurde jede öffentliche Diskussion über dieses Thema verboten. Dass die staatlichen Medien völlig einseitig berichteten, überraschte niemanden. Alle wichtigen Dissidenten blieben in Haft. Im März reiste Ibrahim Gambari an und wieder ab. Er hatte die Junta erneut gedrängt, mit Aung San Suu Kyi zu reden und den bevorstehenden Referendumsprozess abzuändern. Es hatte nichts gebracht. Die Verurteilungen aus dem Weißen Haus wurden schärfer. Burmesische Oppositionsaktivisten versuchten aus Thailand, eine neue Protestaktion zu organisieren und das anstehende Referendum auf jede nur erdenkliche Weise zu verhindern. Als der Mai näher rückte und das Regime mit Unruhen zu rechnen begann, wurden die Sicherheitsvorkehrungen in Rangoon verschärft. Die Regierungstruppen wappneten sich gegen die befürchteten Krawalle. Am Donnerstag, dem 1. Mai 2008, verkündete Präsident Bush weitere Sanktionen. Am nächsten Tag verabschiedete der UN-Sicherheitsrat ein von den USA und Großbritannien initiiertes Statement, welches das Regime aufrief, »jene Bedingungen herzustellen und jene Atmosphäre zu schaffen, welche zu einem einschließlichen und glaubwürdigen Prozess beitragen«. Das war wahrlich eine milde Formulierung – abgeschwächt, um die Zustimmung der Chinesen und Russen zu erreichen. Aber die burmesischen Generäle, die sich von jeher davor fürchteten, dass sich die Welt eines Tages gegen sie verschwören könnte, waren nichtsdestotrotz alarmiert. Inzwischen war es in Rangoon Freitagnacht. Nargis war gerade auf Land gestoßen.

Es ist nicht klar, was die burmesische Regierung über die bevorstehende Katastrophe wusste, oder ab wann sie es wusste. Mit Sicherheit wurde sie vom Indischen Meteorologischen Dienst vor dem Anzug des Zyklons gewarnt, doch bis zum Vortag, oder ungefähr bis zum Vortag, war man davon ausgegangen, dass Nargis Bangladesch, höchstens vielleicht die Grenzregion zwischen Bangladesch und Burma treffen würde, nicht aber das Delta. Vermutlich erwartete das Regime schlimmstenfalls eine Wiederholung des Zyklons Mala aus dem Jahr 2006. In den regierungstreuen Zeitungen erschienen am 1. Mai Berichte über die amerikanischen Vorwahlen (»Obamas Führung gegenüber Clinton schrumpft auf null«), über die englischen Royals (»Großbritanniens Prinz William zu einem dreistündigen geheimen Truppenbesuch in Afghanistan«), sogar Fotos von der »Fashion Week« in Australien wurden abgedruckt. Es gab eine Warnung vor einem heftigen Sturm, aber nur in der Wetterrubrik, und auch dort nur in Form einer Vorhersage von »verbreitet Regen oder Gewitterregen«. Am Morgen des 2. Mai wurden Linienflugzeuge mit Ziel Rangoon umgelenkt, doch ansonsten scheinen kaum irgendwelche Vorbereitungen getroffen worden zu sein. Als sich Mala zwei Jahre zuvor genähert hatte, waren Tausende aus den tiefliegenden Gebieten evakuiert worden. Diesmal wurde keine einzige Vorsichtsmaßnahme getroffen.

Am Samstagmorgen zeichnete sich allmählich das Ausmaß der Zerstörungen ab. Da es keine Kommunikationsverbindungen mehr gab, müssen die ersten Informationen noch ungenau gewesen und hauptsächlich aus Rangoon selbst eingetroffen sein. In allen betroffenen Provinzen und Bezirken, alles in allem sieben, wurde der Notstand ausgerufen. Soldaten wurden mit LKWs in den Süden von Rangoon und in Richtung Delta beordert. Ministerpräsident General Thein Sein, der die Gesamtverantwortung für alle Maßnahmen übernommen hatte, stellte noch am selben Tag ein Komitee aus Ministern und Beamten aller zuständigen Ämter zusammen. Der Gesundheitsminister richtete im Allgemeinen Krankenhaus von Rangoon ein Krisenzentrum ein und forderte von den Ärzten und Krankenschwestern in den betroffenen Gebieten umgehend Berichte an. Doch das Ausmaß der Katastrophe war so ungeheuerlich, dass die dürftige staatliche Infrastruktur kaum in Bewegung kam. Die Armee war die bei Weitem bestausgerüstete Institution des Landes, doch weil sie im Wesentlichen nur auf einen Kampf gegen bewaffnete Rebellen ausgerichtet war, hatte sie keine Erfahrung mit Katastrophenhilfe und war dafür auch nie ausgebildet worden.

Als die Soldaten mit dem Chaos konfrontiert wurden, reagierte die Militärführung instinktiv mit dem sofortigen Versuch, sich zuerst einmal die Kontrolle zu sichern. Doch diese Kontrollsucht kollidierte bald mit dem Ausmaß der anstehenden Aufgaben. Schnell stellte sich die Frage, ob die Armee überhaupt in der Lage war, den Anforderungen zu entsprechen, vor die jede Hilfsaktion stellt und deren Bewältigung von allen Helfern im 21. Jahrhundert erwartet wird. Plötzlich gerieten die Fremdenfeindlichkeit des Regimes und sein Fetisch »Eigenständigkeit« wie noch niemals zuvor unter Beschuss.

Im Laufe der nächsten vier Tage, zwischen dem 3. und 7. Mai, wurde aus der schlimmsten Naturkatastrophe in der burmesischen Geschichte eine politische Krise ersten Ranges. Die Vereinten Nationen, internationalen Nichtregierungsorganisationen, burmesischen Behörden und das Rote Kreuz versuchten eilends, den Schaden einzuschätzen und alle nur denkbaren Hebel in Bewegung zu setzen, um Nothilfsmaßnahmen einzuleiten. Rangoon war ein einziges Chaos, doch schon bald wurde mit Hochdruck gearbeitet, um die Trümmer zu beseitigen und die grundlegende Infrastruktur wieder in Gang zu setzen. Örtliche Wohlfahrtsorganisationen waren schnell am Werk, auch Bürger wurden zu Tausenden mobilisiert, um sich selbst zu helfen und anderen beizustehen. Es war eine heroische Anstrengung und ein Zeugnis der Belastbarkeit der burmesischen Zivilgesellschaft. Privatunternehmen, Berufsgruppen, informelle Nachbarschaftsverbände, Schulen, buddhistische Klöster, christliche Kirchen oder einfach Freundesgruppen begannen sich spontan zu organisieren, Geld zu sammeln und dann im Eiltempo Hilfsgüter auf jedem nur denkbaren Weg ins Delta zu bringen.

Bis Montag war das Ausmaß der Todesopfer an der Küste erschreckend deutlich geworden, obwohl die bekannt gegebenen offiziellen Zahlen noch immer relativ niedrig lagen. Satellitenaufnahmen der NASA bewiesen, dass tausende Quadratkilometer einstiger Anbaugebiete unter einer blassblauen Salzwasserdecke versunken waren. UN-Organisationen, die mit burmesischen Mitarbeitern besetzte Büros in den betroffenen Gebieten hatten, taten, was sie konnten, verstärkt durch Teams, die eilends aus Rangoon geschickt wurden. Dann aber hätte dringend eine groß angelegte internationale Hilfsoperation anlaufen müssen, vergleichbar mit den Hilfsaktionen, die sofort nach dem Tsunami im Jahr 2004 eingesetzt hatten. Doch es kamen gleich mehrere Faktoren zusammen, die das verhinderten, alle Hilfsmaßnahmen verzögerten und zu einer wochenlangen fieberhaften Diplomatie zwangen.

Der erste Faktor war das Tempo, in dem die burmesische Regierung reagierte, und die Wahrnehmung, die das Ausland von dieser Reaktion hatte. Niemand kann der Junta vorwerfen, dass sie nicht über die nötigen Ressourcen verfügte, um sich augenblicklich dieser Katastrophe stellen zu können – das hätte keine Regierung geschafft, nicht einmal die eines großen Industriestaates. Es war nur so, dass sich die Armee wegen der typischen Undurchsichtigkeit ihrer eigenen Entscheidungsprozesse und ihres Informationssystems ständig selbst im Wege stand. Von außen konnte niemand beurteilen, ob die Regierung überhaupt etwas unternahm, und weil Burma das letzte Mal in die Schlagzeilen der Weltpresse geraten war, als das Regime die Proteste 2007 gewaltsam niedergeschlagen hatte, war nun einfach niemand bereit, diese Frage zu seinen Gunsten zu beantworten. Die Regierung wurde praktisch augenblicklich als der Bösewicht hingestellt.

Die existierenden Regularien in Burma erfordern von jedem Ausländer, auch von ausländischen Helfern, ein Einreisevisum. Und wer von Rangoon aus ins Hinterland reisen möchte, der braucht auch dazu eine Genehmigung. Binnen vierundzwanzig Stunden standen Hunderte von Katastrophenexperten bereit, um zu Hilfe zu eilen. Vor den burmesischen Botschaften in aller Welt bildeten sich lange Schlangen. Achtundvierzig Stunden später mussten die potenziellen Helfer jedoch fassungslos und frustriert feststellen, dass man sie nicht ins Land lassen wollte. In Rangoon warteten die internationalen UN-Mitarbeiter derweil ungeduldig auf das Okay der Regierung, wenigstens in die Städte und Dörfer fahren zu dürfen, die am schlimmsten betroffen waren. Auch Journalisten versuchten an die Orte des Schreckens zu eilen. Dutzende Nachrichtencrews internationaler Networks waren in Bangkok eingetroffen, aber auch sie hatten kein Glück.

Die burmesische Regierung hatte um internationale Hilfe gebeten und dabei insbesondere auf UNICEF und Nichtregierungsorganisationen wie World Vision gesetzt, die schon seit Langem im Land tätig waren. Mit Lebensmitteln, Wasser und Notfallausrüstungen beladene Flugzeuge aus China, Indien, Thailand und anderen benachbarten Ländern landeten auf dem Flughafen von Rangoon. Ein paar westliche Hilfsorganisationen – beispielsweise CARE Australia – gaben bekannt, dass sie in diesem Notfall nichts gegen eine Kooperation mit der Militärregierung einzuwenden hätten. Doch angesichts der vielen UN-Helfer, Hilfsexperten westlicher Organisationen und Journalisten, die in New York, Genf, Bangkok und anderenorts Däumchen drehten, verbreitete sich schnell die Story, dass sich die burmesischen Behörden einer dringend erforderlichen weltweiten Hilfsaktion in den Weg stellten und wieder einmal kaltschnäuzig über die Not des Volkes hinweggingen.

Der zweite Faktor war die erste Reaktion der Vereinigten Staaten. Am Montag, dem 5. Mai, stellte sich First Lady Laura Bush vor die Fernsehkameras und ließ sich über die Reaktion des burmesischen Regimes auf Nargis aus. Es sei »nur das jüngste Beispiel des Versagens dieser Junta, den grundlegendsten Bedürfnissen des Volkes nachzukommen«. Dann prangerte Mrs. Bush, die sich bereits als eine leidenschaftliche Förderin der prodemokratischen Burma-Bewegung hervorgetan, Oppositionspolitiker im Exil empfangen und Druck für eine härtere Haltung gemacht hatte, vor laufenden Kameras den politischen Leumund des Regimes an und erklärte, dass Amerika nur dann Hilfe leisten werde, wenn Burma amerikanischen Katastrophenexperten gestatten würde, den Schaden zuerst einmal zu begutachten.

Am nächsten Tag – die offiziellen Zahlen waren inzwischen dramatisch gestiegen, nun war von zweiundzwanzigtausend Toten und einundvierzigtausend Vermissten die Rede – saß Präsident Bush einer Zeremonie im Weißen Haus vor, bei der Aung San Suu Kyi in Abwesenheit die Ehrenmedaille des Kongresses verliehen wurde, der höchste zivile Orden, den die USA zu vergeben haben. Das war zwar schon länger geplant gewesen, doch dieses kombinierte Auftreten des Präsidenten und der First Lady in der Öffentlichkeit hatte die burmesische Führung wieder einmal in ihrem Glauben bestärkt, dass die Annahme von Hilfe aus Amerika der Annahme einer Hilfe vom Feind gleichkäme. Die USA pflegen nach Naturkatastrophen immer zuerst Katastrophenspezialisten zu schicken, die den Schaden einschätzen sollen. Aber die Ankündigung, dass man vorher auch keine Notfallhilfe für Burma in Betracht ziehen werde, hatte erneut das Misstrauen des Regimes geweckt, dass es sich in Wahrheit um amerikanische Spione handeln würde, die sich mit Dissidenten im Untergrund zusammentun und die von Nargis verursachte Notlage nutzen wollten, um ihrem Ziel des Regimesturzes näher zu kommen.

Was die burmesische Regierung allerdings noch misstrauischer machte, war die Anwesenheit von amerikanischen Kriegsschiffen vor Burmas Küste. Just an dem Tag, an dem die Zeremonie für Aung San Suu Kyi im Weißen Haus stattfand, gab ein Sprecher des Pentagon bekannt, dass die Essex Strike Group mit vier Kriegsschiffen, geführt von dem Kampflandungsschiff USS *Essex*, und der 31. Marineexpeditionseinheit mit dreiundzwanzig Hubschraubern und tausendachthundert Marines an Bord »zur Hilfe bereit« stünden. Sie hatten gerade an dem jährlichen amerikanisch-thailändischen Manöver »Cobra Gold« teilgenommen. Der Pentagonsprecher teilte mit, dass sich auch das Flaggschiff der Siebten Flotte, die USS *Blue Ridge*, sowie die USS *Kitty Hawk* und der Flugzeugträger USS *Nimitz* »gerade in der Region« aufhielten, jeweils mit einer beeindruckenden Auswahl an dringend benötigten Hilfsgütern an Bord, die mit der üblichen Supermacht-Effizienz geliefert werden könnten. Es war ganz zweifellos eine Notfallhilfsmaßnahme in bester Absicht, doch für das burmesische Regime schien der schlimmste Albtraum wahr geworden zu sein. Gerade hatte Nargis die Basis der burmesischen Marine an der Küste vernichtet und nun lagen amerikanische Kriegsschiffe nur ein paar Meilen vor Rangoon.

Der dritte Faktor war die Entscheidung der Regierung, trotz alledem wie geplant am folgenden Samstag das Referendum über die neue Verfassung abzuhalten. Für die Regimegegner, und derer gab es viele, hätte es gar keinen besseren Nachweis für die Gleichgültigkeit der Militärs gegenüber den Nöten des Volkes geben können, oder einen besseren Beweis dafür, dass sie ihre kostbaren Ressourcen lieber zur Förderung ihrer politischen Ziele als zur Linderung der humanitären Not im Land einsetzten. Am Mittwoch, dem 7. Mai, verabschiedete der US-Kongress eine Resolution, die den burmesischen Verfassungsentwurf ebenso anprangerte wie den ganzen Prozess, mit dem das Regime dieses Referendum vorbereitet hatte. Fünf Tage nachdem der Zyklon zugeschlagen hatte, war eines glasklar: Diese Katastrophe würde zu keinem Tauwetter in den burmesisch-amerikanischen Beziehungen führen.

Derweil gingen die Bemühungen vor Ort weiter – Hilfsorganisationen, die bereits in Burma tätig waren, burmesische Gruppen und die örtlichen Behörden taten ihr Bestes. Aber natürlich reichte das bei Weitem nicht aus. In Rangoon war schon wieder ein gewisses Maß an

Normalität eingekehrt, doch im Delta sah die Lage ganz anders aus. Die Zahl der Toten stieg ebenso dramatisch an wie die Frustration angesichts der Unmöglichkeit, eine angemessene internationale Hilfsoperation auf die Beine zu stellen. Inzwischen war klar, dass über hunderttausend Menschen ums Leben gekommen waren oder vermisst wurden und über zwei Millionen dringender Hilfe bedurften. Das untere Delta war nach dem Rückzug des Hochwassers ein einziger riesiger Sumpf geworden, durch den weder Straßen noch Brücken führten und der von hunderten großen und kleinen Wasserstraßen durchzogen wurde, welche Dutzende von Mini-Inseln entstehen ließen, die von Land aus unerreichbar waren. Wieder verdunkelte sich der Himmel, und neue Stürme tosten über die Küstenregion. Die Regierung errichtete Straßenblockaden, damit niemand – womit vorrangig Ausländer gemeint waren – ohne Genehmigung aus Rangoon ins Delta fahren konnte. Niemand wusste also, welche Zustände unter den hunderttausenden Überlebenden herrschten. Eine Woche nach dem Sturm warnten Experten vor einer bevorstehenden Hungersnot und vor dem Ausbruch von Seuchen wegen des verunreinigten Wassers, die weiteren Hunderttausenden das Leben kosten konnten.

Da betrat Bernard Kouchner die Szene. Kouchner hatte einst die internationale Hilfsorganisation Médecins Sans Frontières (Ärzte ohne Grenzen) gegründet, die den Friedensnobelpreis erhielt für ihre Arbeit in Kriegs- und Krisengebieten und weil sie den Opfern eine Stimme verleiht. Inzwischen war er Außenminister der neuen französischen Mitte-Rechts-Regierung von Präsident Nicolas Sarkozy. Schon während der Proteste von 2007 hatte Kouchner gegen die Junta von General Than Shwe getobt, diesmal aber forderte er alle humanitären Organisationen auch noch expressis verbis auf, keine Hilfen über den Weg der Kooperation mit dem burmesischen Regime zu leisten, weil das politisch sehr unklug wäre. Mittlerweile hatten sich auch ein französisches und ein britisches Kriegsschiff zu der USS *Essex* und den anderen Schiffen gesellt, die in der Andamanensee auf die Genehmigung warteten, anlegen zu dürfen. Es dürfte das erste französische Kriegsschiff vor der burmesischen Küste seit dem Siebenjährigen Krieg gewesen sein. Am 7. Mai – aus der frustrierten Ungläubigkeit war inzwischen in aller Welt Wut geworden – forderte der manchmal ziemlich melodramatische französische Politiker Kouchner vom UN-Sicherheitsrat, notfalls den Einsatz von Gewalt zu sanktionieren. Zu Reportern sagte er: »Wir versuchen bei den Vereinten Nationen festzustellen, ob wir diese Schutzverantwortung nutzen können, um eine Resolution zu bekommen, die der Regierung von Myanmar den Durchlass [von Hilfsgütern] aufzwingt.« Das wollten auch andere. Nur vier Tage nach dem Zyklon fragten sich die Auguren und Meinungsmacher in aller Welt lautstark, ob man in Burma einmarschieren solle oder nicht.

Als Kouchner »diese Schutzverantwortung« beschwor, hatte er sich auf ein neues völkerrechtliches Konzept bezogen, das seit dem Genozid in Ruanda entwickelt worden war und die Zustimmung der UN-Vollversammlung gefunden hatte: »Jeder einzelne Staat hat die Verantwortung für den Schutz seiner Bevölkerung vor Völkermord, Kriegsverbrechen, ethnischer Säuberung und Verbrechen gegen die Menschlichkeit«, heißt es in der Abschlusserklärung des UN-Weltgipfels im Jahr 2005. Wenn ein Staat dieser Verantwortung nicht nachkommt, soll die internationale Gemeinschaft aktiv werden, sofern sie durch die Vereinten Nationen handelt. Die Betonung liegt dabei auf Prävention und Diplomatie. Das Konzept wurde als eine Möglichkeit verstanden, die Idee von der »humanitären Intervention« auf die Grundlage von universell akzeptierten Normen zu stellen, und war sowohl ein Versuch, zu verhindern, dass sich je wieder solche undenkbaren Gräuel wie in Ruanda wiederholen könnten, als auch der zum Ausdruck gebrachte Wille, strikte Kriterien und Verfahrensweisen für einen internationalen Einsatz von Gewalt festzulegen.

Doch war es angemessen, sich auf dieses völkerrechtliche Prinzip zu berufen, um den Opfern von Nargis zu helfen? Ganz eindeutig nicht, jedenfalls nicht nach dem Wortlaut der Kriterien, die von der Generalversammlung der Vereinten Nationen festgelegt und vom UN-Sicherheitsrat befürwortet wurden. Das burmesische Regime hatte nicht schnell genug auf eine Naturkatastrophe reagiert und angesichts seiner Paranoia zu der Vorsichtsmaßnahme gegriffen, den Hilfsleistungen aus dem Ausland Grenzen zu setzen. Allenfalls ließ sich also sagen, dass es mutwillig die Not der Opfer vernachlässigte und seine Entscheidung schwerpunktmäßig von einem anderen Thema abhängig machte. Das summierte sich aber noch nicht zu »Völkermord, Kriegsverbrechen, ethnischer Säuberung und Verbrechen gegen die Menschlichkeit«. War es überhaupt ein richtiger Gedanke, in den Krieg ziehen zu wollen, um die Lieferung von Hilfsgütern zu beschleunigen? Macht es im Hinblick auf die Effizienz von Hilfsmaßnahmen einen Unterschied, ob tausende oder hunderttausende Leben in Gefahr sind?

Das war ein ethisches Dilemma, aber am Ende auch eine ziemlich akademische Frage, denn Tatsache war, dass weder die Amerikaner noch die Franzosen oder die Engländer den Einsatz von Schusswaffen in Burma riskieren wollten. Jeder Versuch, Hilfsgüter ohne Genehmigung der burmesischen Behörden ins Land zu bringen, etwa durch Abwürfe über den isolierten Gebieten im Irrawaddy-Delta, hätte mit an Sicherheit grenzender Wahrscheinlichkeit eine hässliche Reaktion zur Folge gehabt. Außerdem wären damit auch die Hilfsoperationen in Gefahr geraten, die bereits im Gange waren, so unzureichend sie auch gewesen sein mögen. Der Einsatz von Gewalt gegen das burmesische Militär, beispielsweise um Teile des Deltas zu sichern, hätte schlicht Krieg bedeutet. Und angesichts seiner Einsätze im Irak und in Afghanistan dachte der Westen nicht ernsthaft daran, einen blutigen Krieg in Südostasien anzuzetteln. Die Vorstellung, Verantwortung für ein armes Land mit fünfzig Millionen Einwohnern, hunderten Ethnien, Dutzenden von bewaffneten Rebellengruppen und so gut wie keiner anderen staatlichen Infrastruktur als die der Armee selbst zu übernehmen, war noch nie auf dem Tapet gewesen. Hinzu kommt, dass sich China bei jeder Art von bewaffnetem Konflikt hätte genötigt sehen können, dem burmesischen Regime unter die Arme zu greifen. Auch wenn es hier um eine humanitäre Katastrophe ging – wäre es die Gefährdung der Beziehungen des Westens zu China wert gewesen?

Also wurde die Diplomatie angekurbelt. Und tatsächlich kam Bewegung in die Sache. Am 9. Mai vereinbarten Amerikaner und Burmesen ein amerikanisches Transportflugzeug mit Hilfsgütern, das nach Rangoon fliegen sollte. Die Voraussetzung eines amerikanisches Evaluierungsteams wurde stillschweigend fallen gelassen. Am 12. Mai landeten die Amerikaner nicht nur mit Hilfsgütern, sondern auch der höchstrangigen amerikanischen Delegation seit Jahrzehnten an Bord: Admiral Timothy Keating, der Oberkommandierende aller amerikanischer Truppen im Asien-Pazifik-Raum; der Leiter von USAID, der United States Agency for International Development; der höchstrangige für Südostasien zuständige Beamte des State Department sowie eine Reihe von Militärs und Diplomaten. Begrüßt wurden sie vom Marinekommandeur Admiral Soe Thein, einem Mitglied der herrschenden Junta. Dann wurden Nettigkeiten ausgetauscht, und die Amerikaner versuchten die Burmesen ihres guten Willens und ihres Wunsches zu versichern, einfach nur den Überlebenden von Nargis zu helfen.

Am selben Tag erschütterte sechzehnhundert Kilometer weiter nördlich ein gewaltiges Erdbeben die chinesische Provinz Sichuan. Es gab siebzigtausend Tote, hunderttausende Verletzte und Millionen Obdachlose. China stellte Hilfsmaßnahmen großen Stils auf die Beine, setzte über hunderttausend Soldaten ein, öffnete internationalen Hilfsteams die Tür und gestattete ausländischen Medien eine kaum eingeschränkte Berichterstattung. Und es hatte nur Stunden gedauert, bis der chinesische Ministerpräsident Wen Jiabao vor Ort war. Da lag ein Vergleich mit der Reaktion der burmesischen Regierung auf Nargis nahe. China wurde augenblicklich von der ganzen Welt gepriesen.

Im Laufe der nächsten Wochen versuchte sich eine ganze Reihe von hochrangigen Besuchern in burmesischer Diplomatie. Der damalige thailändische Ministerpräsident Samak Sundaravej, der EU-Kommissar für Entwicklung und Humanitäre Hilfe Louis Michel, der für Asien zuständige englische Minister Mark Malloch-Brown und der UN-Koordinator für Humanitäre Hilfe John Holmes gaben sich die Klinke in die Hand. Jeder von ihnen versuchte die Burmesen zu überzeugen, *wie* dringend eine angemessene internationale Hilfsaktion ins Land gelassen werden müsse und wie unbedingt nötig es sei, Katastrophenspezialisten einen direkten Zugang zum Delta zu ermöglichen. Es gab keinen Durchbruch, doch es baute sich immer mehr diplomatischer Druck auf. Noch standen die Folgen von Nargis ganz oben auf den Nachrichten aller Welt, und täglich warnten Experten vor einer bevorstehenden Folgekatastrophe.

Gleichzeitig taten bereits immer mehr Länder – auch die Vereinigten Staaten – genau das, was das burmesische Regime von jeher gewollt hatte, nämlich alle Hilfslieferungen direkt nach Rangoon zu fliegen. Das UN-Welternährungsprogramm rief eine Luftbrücke aus Bangkok ins Leben und bat um Erlaubnis, Lastenhubschrauber ins

Land bringen zu dürfen, um die Hilfsgüter in die wichtigsten Städte am Delta fliegen zu können. Am 18. Mai machte sich General Than Shwe zum ersten Mal selbst auf den Weg in die betroffenen Gebiete – zweifellos war er sich der Vergleiche mit China bewusst. Im staatlichen Fernsehen konnte man sehen, wie er mit Überlebenden sprach und Hilfsmaßnahmen inspizierte. Doch man vermutete, dass noch immer Hunderttausende von keinerlei Hilfe erreicht worden waren, und inzwischen waren zwei Wochen seit der Katastrophe vergangen. Niemand wusste, wie viele Menschen mittlerweile an den Folgen gestorben waren oder wo bereits Seuchen ausgebrochen waren. Noch immer dümpelte die Flotte der westlichen Kriegsschiffe allzeit bereit vor der Küste.

Dann, am 19. Mai, wurde mehrere Gänge höher geschaltet. Bei einem Außenminister-Treffen des Verbandes Südostasiatischer Nationen (ASEAN) in Singapur wurde Burma vor eine klare Wahl gestellt: Entweder du lässt von der UN geführte oder eine von ASEAN geführte und von der UN und anderen internationalen Hilfsorganisationen unterstützte Hilfsoperation zu, oder wir werden uns zurücklehnen und einfach abwarten, wohin der Druck der Westens führen wird. Die Burmesen entschieden sich für die von ASEAN geführte Option. Der dynamische und charismatische neue ASEAN-Generalsekretär, der Thailänder Surin Pitsuwan, wurde zum Leiter einer Task Force bestellt, die die Hilfsaktionen überwachen sollte, und jettete sofort nach Rangoon, um mit den burmesischen Ministern die nächsten Schritte zu besprechen.

Dann kam Ban Ki-Moon als erster UN-Generalsekretär seit dem letzten Besuch meines Großvaters im Jahr 1970 ins Land gereist. Erst wurde er mit seiner Entourage von Assistenten und New Yorker Journalisten im Hubschrauber über das Delta geflogen, dann führte man ihm ein peinlich sauberes, von der Regierung geführtes Flüchtlingslager vor. Anschließend traf er sich mit General Than Shwe in dessen Privatresidenz in Naypyitaw. Während all der Hektik der letzten Tage war Than Shwe immer ausgewichen, doch jeder wusste, dass ohne seine Einwilligung keiner einzigen Hilfsorganisation Zugang gewährt werden würde. Nach einem freundlichen einstündigen Gespräch, in dem jedoch Klartext geredet wurde, tauchte der oberste Diplomat der Welt wieder auf und sagte zur Presse: »Ich hatte ein sehr gutes Treffen mit dem Generalstabschef, insbesondere was diese Themen anbelangt. Er willigte ein, jedem humanitären Helfer ungeachtet seiner Nationalität Zugang zu gewähren.«

Zwei Tage später kehrte Ban nach einem Kurztrip ins Erdbebengebiet von Sichuan nach Rangoon zurück, um an einer internationalen Geberkonferenz teilzunehmen, die hastig von der burmesischen Regierung einberufen worden war. Es war ein Spektakel ohnegleichen. Ban saß mit dem burmesischen Ministerpräsidenten General Thein Sein, dem dynamischen und gerne unverblümt redenden Außenminister von Singapur, George Yeo, und hohen Repräsentanten von befreundeten asiatischen Staaten im Ballsaal des protzigen Hotels Sedona zusammen, in dem sich gleichzeitig diverse Entwicklungsminister und Vorsitzende von Hilfsorganisationen aus dem Westen versammelt hatten, darunter aus Großbritannien, Norwegen und Schweden, die zu den lautstärksten Kritikern des Regimes zählen. Diesmal aber wollten alle Gäste nur eines demonstrieren, nämlich dass die Politik einmal nicht im Vordergrund stand. Der fragile Durchbruch, der nach einer Woche Vermittlungen erreicht worden war, sollte nicht gefährdet werden. Es wurden Gelder versprochen und Hände geschüttelt. Für die VIP-Gäste wurden sogar Trips ins Delta organisiert. Die burmesischen Militärs schienen erfreut über all diese Aufmerksamkeit. Binnen Tagen wurden nahezu alle anstehenden Visa-Anträge der UN-Hilfsorganisationen genehmigt und auch anderen der Zugang zu den betroffenen Gebieten wesentlich erleichtert. Hubschrauber des Welternährungsprogramms durften nun direkt ins Delta fliegen, und zwischen UNO, ASEAN und der burmesischen Regierung wurde ein Mechanismus zur Zusammenarbeit eingerichtet. Schon bald schwärmten unzählige kombinierte Teams aus, um Daten zu sammeln und gemeinsam den Umfang der nötigen Hilfsmaßnahmen einzuschätzen.

Im Rückblick (ich schreibe dies drei Monate nach den Ereignissen) lässt sich die Paranoia, die angesichts der drohenden Präsenz amerikanischer Kriegsschiffe in Naypyitaw herrschte, sehr leicht unterschätzen. Nicht wenige westliche Beobachter nannten die Ängste des Regimes vor einer amerikanisch angeführten Invasion schlicht und einfach verrückt. Doch man überlege sich einmal, was diese Soldaten – die ja gelernt hatten, die nationale Sicherheit über alles zu stellen – hier wirklich vor Augen hatten: Ihre eigene Marine und die eigenen nachrichtendienstlichen Einrichtungen waren im Sturm beschädigt oder zerstört worden; die ganze Südwestküste des Landes versank im Chaos; Städte und Dörfer waren verwüstet und zehntausende Menschen ziellos auf der Flucht. Und just in dem Moment, in dem amerikanisch finanzierte Exil- und Dissidentengruppen tatsächlich aktiv an ihrem Sturz arbeiteten (wie die Militärs sehr wohl wussten), hatte Washington die US-Sanktionen verschärft und öffentlich einen Regimewechsel gefordert und hatten eine Menge westliche Regimegegner offen nach dem Einsatz von militärischer Gewalt gerufen. Selbst wenn die Generäle Burmas zu der Einschätzung gekommen wären, dass die Wahrscheinlichkeit einer Invasion, na ja, sagen wir mal: gering war, hätte das ausgereicht, um sie zu überzeugen, sich augenblicklich mit aller Energie auf eine Verhinderung dieser Möglichkeit zu stürzen – und zwar noch vor jedem Versuch, den Nargis-Überlebenden zu helfen, und auch während jeder Art von Hilfsaktion.

Es ist noch immer zu früh, um abschließend einschätzen zu können, was in diesen wenigen Wochen panischer Diplomatie tatsächlich erreicht wurde. Es gibt zwei mögliche Blickwinkel: Einerseits sieht es so aus, als hätte das Militärregime unter Druck nachgegeben oder sich zumindest zu Kompromissen bereit gezeigt. Zuerst hatte es sich einer internationalen Hilfsoperation versperrt und behauptet, dass es die Dinge selbst in den Griff bekomme, in der dritten Maiwoche hatte es dann eine politische Kehrtwende vollzogen und Hunderten von ausländischen Helfern die Einreise gestattet. Mit Sicherheit haben die Kriegsschiffe, die Drohungen und die stetigen Verurteilungen dabei eine entscheidende Rolle gespielt. Andererseits lässt sich diese Kehrtwende leicht überbewerten, denn aus dem anderen Blickwinkel betrachtet hatte sich die burmesische Regierung nie gegen internationale Hilfen gesperrt, sondern vielmehr sogar vom ersten Tag an darum gebeten. Sie wollte nur eines, nämlich sichergehen, dass sie nicht die Kontrolle über die Vorgänge im eigenen Land verlieren würde, und garantiert wissen, dass sich eine internationale Hilfsoperation nicht plötzlich als eine Bedrohung des Status quo entpuppen würde. So gesehen ist das, worauf man sich schließlich geeinigt hat, nicht weit weg gewesen von dem, was das Regime ohnedies jederzeit akzeptierhätte – wenn es nur richtig angestellt worden wäre, ohne diese ganzen haarsträubenden Aufregungen und dieses Säbelgerassel.

Vermutlich liegt die Wahrheit irgendwo in der Mitte.

Es ist auch noch zu früh, um einschätzen zu können, ob seither irgendein Fortschritt erzielt wurde. Allen Schilderungen nach haben die burmesische Regierung, die Vereinten Nationen, die internationalen Nichtregierungsorganisationen, ASEAN, die Weltbank und andere gemeinsam Gutes geleistet. Es wurden hunderte Millionen Dollar aufgebracht und zu Hilfszwecken ausgegeben. Bei vielen Menschen im Delta beginnt allmählich ein Genesungsprozess einzusetzen, der aber natürlich langwierig und schwer sein wird. Örtliche burmesische Wohltätigkeitsorganisationen waren unglaublich aktiv und erhielten beträchtlichen Bewegungsspielraum von dem Regime, das nicht dafür bekannt ist, unabhängige Organisationen auf irgendeine Weise zu fördern. Andererseits war das Ausmaß der Hilfen alles andere als angemessen. Hunderttausende Menschen auf dem Land haben nicht annähernd bekommen, was sie hätten bekommen müssen oder was sie benötigt hätten, um ihr Leben und ihre Existenz bei null wieder aufbauen zu können. Die Berichte in den internationalen Medien, die von Anbeginn an nur negativ gewesen waren, haben den Eindruck vermittelt, als wäre es völlig irrwitzig zu glauben, dass die westlichen Hilfslieferungen jemals wirklich die Opfer erreichen würden. Und dieser nie wirklich berichtigte Eindruck hat dann tatsächlich dafür gesorgt, dass die Mittel, die ansonsten zur Verfügung gestellt worden wären, ungemein verringert wurden. Das Irrawaddy-Delta wird am Ende nichts bekommen haben im Vergleich zu der Milliardenhilfe, die im Jahr 2004/05 nach Aceh und in die anderen vom Tsunami betroffenen Gebiete strömte.

Es gibt aber noch eine andere Geschichte über Nargis zu berichten, eine, die sich sozusagen auf mikroskopischer Ebene abspielte und ein glückliches Ende fand: Soweit wir wissen, waren nach den unmittelbaren Verwüstungen durch den Sturm keine hohen Opferzahlen mehr zu beklagen, ausgenommen wahrscheinlich in den allerersten Tagen, als es selbst für eine vorzüglich organisierte Hilfsaktion ungeheuer schwierig gewesen wäre, alle Opfer zu erreichen. Die Sorge, dass verseuchtes Wasser eine gewaltige zweite Todeswelle nach sich ziehen könnte und dass sich Cholera, Typhus und andere Seuchen ausbreiten würden, hat sich nicht bewahrheitet. Wären zehntausende oder hunderttausende Menschen in den letzten Maiwochen an Seuchen gestorben, dann hätte alle Welt Mitschuld getragen an der schlimmsten Katastrophe, die seit Jahrzehnten von Menschen verursacht worden wäre. Das burmesische Regime hätte das vermutlich nicht überlebt, aber der Ruf der internationalen Diplomatie wäre ruiniert gewesen, und alle, die sich für den Einsatz von Gewalt ausgesprochen hatten, hätten sich bestätigt gefühlt. Aber es geschah nicht. Vielleicht war ja doch noch früh genug ausreichend Hilfe eingetroffen, vielleicht hat es sich auch als hilfreich erwiesen, dass nur so wenige Flüchtlingslager eingerichtet wurden (die dann so überfüllt gewesen wären, dass Seuchen ein leichtes Spiel gehabt hätten), vielleicht lag es daran, dass die Armen in Burma so abgehärtet sind. Vielleicht war es aber auch nur eine große Portion Glück gewesen – etwas, das im modernen Burma ein ausgesprochen knappes Gut ist.

Thant Myint-U
28. August 2008

Dank

∽

Ich danke Jane Elias, Kevin Doughten, Cara Spitalewitz und Kollegen bei Farrar, Straus and Giroux für ihre erstklassige Arbeit und ihre Hilfestellungen während der Zeit, in der ich dieses Buch schrieb. Großen Dank schulde ich Walter Donohue von Faber & Faber für seine kenntnisreichen Vorschläge sowie Sally Riley und Tom Williams. Yvonne Badal danke ich sehr für ihre Übersetzung dieses Buches ins Deutsche. Sofia Busch verbrachte über viele Jahre hinweg endlose Stunden damit, geduldig meine Textentwürfe zu lesen und mich mit ihren wohl überlegten und präzisen Kommentaren zu versorgen.

Ich möchte auch meinen Eltern Dr. und Mrs. Tyn Myint-U sowie meinen Verwandten und Freunden in Burma danken, die mir ihre Geschichten und die Geschichte meiner Familie erzählten. Einige davon habe ich getreulich in diesem Buch wiedergegeben.

Mein besonderer Dank gilt meiner Agentin Clare Alexander, ohne die ich dieses Buch nie zu schreiben begonnen hätte und deren aufmunternden Worte und scharfsinnigen Ratschläge ich hoch schätzte. Ein extra Dankeschön geht an meinen Lektor Paul Elie, dessen Geduld, Sorgfalt und ebenso lenkende wie zuverlässige Hand dieses Buch zu einem besseren machten, als es mir ohne seine Unterstützung gelungen wäre.

Anmerkungen

1 Der Untergang des Königreichs

1 Henry Yule, *A Narrative of the Mission to the Court of Ava in 1855*, Kuala Lumpur, 1968, S. 139.
2 A. T. Q. Stewart, *The Pagoda War: Lord Dufferin and the Fall of the Kingdom of Ava, 1885–6*, London, 1972, S. 76–79.
3 H. Maxim, *My Life*, London, 1915.
4 Archibald Colquhoun, *English Policy in the Far East: Being The Times Special Correspondence*, London, 1885; und *Burma and the Burmans: Or, »The Best Unopened Market in the World«*, London, 1885. [Anm. d. Übers.: Im Deutschen erschien von Colquhoun *Quer durch Chryse. Forschungsreise durch die südchinesischen Grenzländer und Burma von Canton nach Mandalay*, 2 Bde., Leipzig, 1884.]
5 Zu Churchill und Burma siehe: Htin Aung, *Lord Randolph Churchill and the Dancing Peacock: British Conquest of Burma 1885*, Neu-Delhi, 1990.
6 Mike Davis, *Late Victorian Holocausts: El Niño Famines and the Making of the Third World*, New York, 2001.
7 Zum fiktionalen Teil dieser Geschichte, die teils aus Interviews rekonstruiert wurde, welche zu Beginn des 20. Jahrhunderts geführt worden waren, siehe: F. Tennyson Jesse, *The Lacquer Lady*, London, 1929. Siehe auch: Htin Aung, *Lord Randolph Churchill*, Kap. 12.
8 Htin Aung, *Lord Randolph Churchill*, S. 171–72.
9 Meine Darstellung des Krieges beruht wesentlich auf Stewart, *The Pagoda War*. Siehe auch: Tin, *The Royal Administration of Burma*, Bangkok, 2001, S. 276; sowie Tin, *Konbaungzet Maha Yazawindaw-gyi*, Neuaufl. Rangoon, 1968, S. 707–727; und meine eigene Abhandlung *The Making of Modern Burma*, Cambridge, 2001.
10 Maung Maung Tin, *Kinwun Mingyi Thamaing*, Rangoon: Burma Research Society Text Series No. 38, o. D. [um 1930?]), S. 123–139. Ich danke L. E. Bagshawe, der mich auf diesen Text aufmerksam machte und mir eine Kopie besorgte.
11 Stewart, *The Pagoda War*, S. 94–95.
12 ibd., S. 96.
13 ibd., S. 97.

14 »Secretary for Upper Burma to the Chief Commissioner to the Secretary to Government of India«, Home Department, 19. Oktober 1886, zitiert in: *History of the Third Burmese War (1885, 1886, 1887), Period One*, Kalkutta, 1887.
15 Stewart, *The Pagoda War*, S. 21–22.
16 Zitiert in: Ni Ni Myint, *Burma's Struggle Against British Imperialism, 1885–1895*, Rangoon, 1983, S. 42.
17 ibd., S. 33–68.
18 Stewart, *The Pagoda War*, S.132–139.
19 Charles Crosthwaite, *The Pacification of Burma*, London, 1912.
20 Zum Einfluss des Widerstands und zu den Auswirkungen, die die Befriedung auf die burmesische Gesellschaft hatten, siehe: Myint-U, *The Making of Modern Burma*, Kap. 8.

2   Debatten über Burma

1 Zum Aufstand siehe Bertil Lintner, *Outrage: Burma's Struggle for Democracy*, Hongkong, 1989; Maung Maung, *The 1988 Uprising in Burma*, New Haven, 1999.

3   Fundamente

1 Pe Maung Tin, *The Glass Palace Chronicle of the Burmese Kings*, Rangoon, 1960.
2 Aldous Huxley, *Jesting Pilate: The Diary of a Journey*, London, 1999, S. 118–120.
3 Bob Hudson, in: »A Pyu Homeland in the Samon Valley: A New Theory of the Origins of Myanmar's Early Urban System«, *Proceedings of the Myanmar Historical Commission Golden Jubilee International Conference*, Januar 2005; sowie Bob Hudson, »Thoughts on Some Chronological Markers of Myanmar Archaeology in the Pre-urban Period«, in: *Journal of the Yangon University Archaeology Department*, Rangoon. Zur Bronzezeit in Südostasien siehe Charles Higham, *The Bronze Age of Southeast Asia*, Cambridge, 1996.
4 Fan Chuo, *Manshu: Book of the Southern Barbarians*, Cornell Data Paper Number 44, Southeast Asia Program, Department of Far Eastern Studies, Cornell University, Ithaca, N.Y., 1961, S. 90 f.
5 Bo Wen et al., »Analyses of Genetic Structure of Tibeto-Burman Populations Reveals Sex-Biased Admixture in Southern Tibeto Burmans«, in: *American Journal of Human Genetics* 74, 2004, S. 856–865.
6 Jacques Gernet, *A History of Chinese Civilization*, Cambridge, 1999, S. 119f; sowie Nicola di Cosmo, *Ancient China and Its Enemies: The Rise of Nomadic Power in East Asian History*, Cambridge, 2004, S.197 f.
7 Bin Yang, »Horses, Silver, and Cowries: Yunnan in Global Perspective«, in: *Journal of World History* 15:3, September 2004.

8 G. H. Luce, »The Tan (A.D. 97–132) and the Ngai-lao«, in: *Journal of the Burma Research Society* 14:2, S. 100–103.
9 Romila Thapar, *Early India: From Origins to A.D. 1300*, Berkeley, 2004, S. 174–184.
10 Zur Geschichte des Buddhismus siehe insbesondere Richard H. Robinson und Willard L. Johnson, *The Buddhist Religion: A Historical Introduction*, Belmont, Ca., 1997.
11 Janice Stargardt, *The Ancient Pyu of Burma*, Bd. 1, *Early Pyu Cities in a Man-Made Landscape*, Cambridge und Singapur, 1990, Kap. 7. Siehe auch: Burton Stein, *A History of India*, Oxford, 1998, S. 100–104, 127 f.
12 Tansen Sen, *Buddhism, Diplomacy, and Trade*, Honolulu, 2003, S. 150f., 174.
13 Zur frühen Tang-Geschichte siehe die Zitate in G. H. Luce, »The Ancient Pyu«, *Journal of the Burma Research Society* 27:3, 1937.
14 G. H. Luce, *Phases of Pre-Pagan Burma: Languages and History*, 2 Bde., Oxford, 1985; sowie Stargardt, *The Ancient Pyu of Burma*, Bd. 1.
15 Zu Nanzhao siehe Charles Backus, *The Nan-chao Kingdom and T'ang China's Southwestern Frontier*, Cambridge, 1981; siehe auch: Christopher Beckwith, *The Tibetan Empire in Central Asia*, Princeton, 1987, insbesondere Kap. 6.
16 Fan Chuo, *Manshu*, S. 28.
17 Beckwith, *The Tibetan Empire*, S. 157.
18 Fan Chuo, *Manshu*, S. 91.
19 Michael Aung-Thwin, *Pagan: The Origins of Modern Burma*, Honolulu, 1985; sowie Htin Aung, *Burmese History Before 1287: A Defense of the Chronicles*, Oxford, 1970.
20 Bob Hudson, »The King of ›Free Rabbit‹ Island: A G.I.S.-Based Archeological Approach to Myanmar's Medieval Capital, Bagan«, in: *Proceedings of the Myanmar Two Millennia Conference, 15–17 December 1999*, Rangoon, 2000.
21 Zu Aniruddha siehe: G. E. Harvey, *History of Burma: from the Earliest Times to 10 March 1824 – The Beginning of the English Conquest*, 1925, Neuauflage New York, 1967, S. 18–36; sowie G. H. Luce, *Old Burma Early Pagan*, 3 Bde., Locust Valley, N.Y., 1969; und Tin, *The Glass Palace Chronicle*, S. 64–71. Zu Pagan im Allgemeinen siehe Michael Aung-Thwin, *Pagan: The Origins of Modern Burma;* sowie Victor Lieberman, *Strange Parallels: Southeast Asia in Global Context c. 800–1830*, Cambridge, 2003, S. 85–123.
22 Die Sung-Geschichte zitiert Luce, *Old Burma Early Pagan*, S. 58 f.
23 Harvey, *History of Burma*, S. 48.
24 Paul Bennett (Hg.), »The ›Fall of Pagan‹: Continuity and Change in 14th-Century Burma«, in: *Conference Under the Tamarind Tree: Three Essays in Burmese History*, New Haven, 1971.
25 Zu den Mongolenfeldzügen in Burma siehe Aung-Thwin, *Myth and History in the Historiography of Early Burma: Paradigms, Primary Sources, and Prejudices*, Singapur, 1998; sowie Harvey, *History of Burma*, S. 64–70; und Htin Aung, *History of Burma*, New York, 1967, S. 69–83.

4 Prinzen und Piraten im Golf von Bengalen

1. Caesar Frederick of Venice, *Account of Venice*, ins Engl. übers. v. Master Thomas Hickock, Reproduktion in: *SOAS Bulletin of Burma Research* 2:2, Herbst 2004.
2. Zu Bayinnaung siehe Sunait Chutinaranond, »King Bayinnaung as Historical Hero in Thai Perspective«, in: *Comparative Studies on Literature and History of Thailand and Myanmar*, Bangkok, 1997; sowie Kyaw Win, »King Bayinnaung as a Historical Hero in Myanmar Perspective«, in: ibd., S. 1–7.
3. Than Tun, »History of Burma, a.d. 1300–1400«, in: *Journal of the Burma Research Society* 42:2, 1959, S.135–191; Than Hla Thaw, »History of Burma, a.d. 1400–1500«, in: *Journal of the Burma Research Society* 42:2, 1959, S. 135–151.
4. Zum frühneuzeitlichen Handel im Golf von Bengalen siehe Om Prakash, »Coastal Burma and the Trading World of the Bay of Bengal, 1500–1680«, in: Jos Gommans und Jacques Leider (Hg.), *The Maritime Frontier of Burma: Exploring Political, Cultural, and Commercial Interaction in the Indian Ocean World, 1200–1800*, Leiden, 2002.
5. Jon Fernquist, »Min-gyi-nyo, the Shan Invasions of Ava (1524–27), and the Beginnings of Expansionary Warfare in Toungoo Burma: 1486–1539«, in: *SOAS Bulletin of Burma Research* 3, Herbst 2005.
6. John King Fairbank, *China: A New History*, Cambridge, MA., 1992, S. 128–140.
7. Louise Levathes, *When China Ruled the Seas: The Treasure Fleet of the Dragon Throne*, New York, 1994.
8. Zu Bayinnaungs Eroberungen siehe Htin Aung, *History of Burma*, S. 102–127; und Victor Lieberman, *Burmese Administrative Cycles: Anarchy and Conquest, c. 1580–1760*, Princeton, 1984. Siehe auch Harvey, *History of Burma*, S. 162–179; und Lieberman, *Strange Parallels*, S. 123–167.
9. Sanjay Subrahmanyam, *The Portuguese Empire in Asia: A Political and Economic History*, London, 1993, Kap. 4.
10. Harvey, *History of Burma*, S. 160ff.
11. Zur Geschichte von Arakan siehe Michael Charney, »Arakan, Min Yazagyi and the Portuguese: The Relationship Between the Growth of Arakanese Imperial Power and Portuguese Mercenaries on the Fringe of Southeast Asia«, in: *SOAS Bulletin of Burma Research* 3:2, 2005; sowie Richard Eaton, »Locating Arakan and Time, Space and Historical Scholarship«, in: Gommans und Leider, *The Maritime Frontier of Burma*; Harvey, *History of Burma*, S. 137–149; Pamela Gutman, *Burma's Lost Kingdoms: Splendours of Arakan*, Bangkok, 2001; Sanjay Subrahmanyam, »And a River Runs Through It: The Mrauk-U Kingdom and Its Bay of Bengal Context«, in: Gommans und Leider, *The Maritime Frontier of Burma*.
12. A. Farinha, »Journey of Father A. Farinha, S.J., from Diego to Arakan, 1639–40«, in: Sebastião Manrique, *Travels of Fray Sebastien Manrique, 1629–1643*, Oxford, 1927, S. 172–175.

13 G. E. Harvey, »Bayinnaung's Living Descendent: The Magh Bohmong«, in: *Journal of the Burma Research Society* 44:1, 1961, S. 35–42.
14 Duarte Barbosa, *A Description of the Coasts of East Africa and Malabar in the Beginning of the Sixteenth Century*, Übersetzung einer frühen spanischen Handschrift ins Englische von Henry E. J. Stanley (1866), Neuauflage Neu Delhi, 1995, S. 182ff.
15 François Bernier, *Travels in the Mogul Empire*, London, 1826, S. 175.
16 D. G. E. Hall, »Studies in Dutch Relations with Arakan«, in: *Journal of the Burma Research Society* 26, 1936, S. 1–31.
17 ARA, Schreiben des Generalgouverneurs Coen und des Rates von Batavia an Andries Soury und Abraham van Uffelen in Masulipatam, 8. Mai 1622, VOC 1076, S. 76ff, zitiert von Om Prakash, »Coastal Burma and the Trading World«, in: Gommans und Leider, *The Maritime Frontier of Burma*, S. 98.
18 Alexander Hamilton, *New Account of the East Indies*, Edinburgh,1727, zitiert von Henry Yule, *Narrative of the Mission to the Court of Ava in 1855*, Neuauflage London, 1968, S. 110.
19 Zum Werdegang de Britos siehe: Harvey, *History of Burma*, S. 185–189; Htin Aung, *A History of Burma*, S. 134–144.
20 Harvey, *History of Burma*, S. 187.
21 Htin Aung, *A History of Burma*, S. 137.
22 ibd., S. 140.
23 Paul Ambroise Bigandet, *An Outline of the History of the Catholic Burmese Mission from the Year 1720 to 1887*, Rangoon, 1887, S. 11.
24 G. E. Harvey, »The Fate of Shah Shuja 1661«, in: *Journal of the Burma Research Society* 12, 1922, S. 107–115.
25 Harvey, *History of Burma*, S. 146ff.
26 Jonathan D. Spence, *The Search for Modern China*, New York, 1990, S. 26–48.
27 ibd., S. 37.
28 Fernquist, »Min-gyi-nyo, the Shan Invasions of Ava«.
29 Harvey, *History of Burma*, S. 196–201, 352–353.
30 Eine umfassende Darstellung der burmesischen Staatsbildung bis zum Anfang des 19. Jahrhunderts findet sich bei Lieberman, *Strange Parallels*, Kap. 2.

5 Der Patriotismus und seine Folgen

1 *Burma Gazetteer–Shwebo District*, Bd. A, Rangoon, 1929, S. 1–10.
2 Zur frühen Konbaung-Dynastie siehe: Htin Aung, *History of Burma*, S. 157–193; William J. Koenig, *The Burmese Polity, 1752–1819: Politics, Administration, and Social Organization in the Early Konbaung Period*, Ann Arbor, 1990; sowie Harvey, *History of Burma*, S. 219–305.
3 Alexander Dalrymple, »Proceedings of an Embassy to the King of Ava, Pegu & C. in 1757«, in: *Oriental Repertory*, London, 1808, zitiert in: *SOAS Bulletin of Burma Research* 3:1, Frühjahr 2005.

4 Robert Lester, »Proceedings of an Embassy to the King of Ava, Pegu, & C. in 1757«, in: *SOAS Bulletin of Burma Research* 3:1, 2005.
5 Angeblich war dies jedoch kein Konflikt zwischen ethnischen Burmesen und ethnischen Mon; siehe Victor Lieberman, »Ethnic Politics in Eighteenth Century Burma«, *Modern Asian Studies* 12:3, 1978.
6 D. G. E. Hall, *Europe and Burma*, London, 1945, S. 66f.
7 Negrais wurde später überrannt, alle Engländer dort wurden massakriert, siehe: J. S. Furnivall, »The Tragedy of Negrais«, *Journal of the Burma Research Society* 21:3, 1931, S. 1–133.
8 Harvey, *History of Burma*, S. 229–231.
9 Sayadaw Athwa III, S. 148, zitiert in: Harvey, *History of Burma*, S. 235.
10 Tin, *Konbaungzet Maha Yazawindaw-gyi*, Bd. 1, S. 182.
11 Spence, *The Search for Modern China*, S. 90–116.
12 Meine Darstellung der Qing-Invasionen in den sechziger Jahren des 18. Jahrhunderts stützt sich auf Yingcong Dais wegweisende Studie »A Disguised Defeat: The Myanmar Campaign of the Qing Dynasty«, in: *Modern Asian Studies* 38:1, 2004, S. 145–189; siehe auch Harvey, *History of Burma*, S. 253–258, 355–356; sowie Htin Aung, *A History of Burma*, S. 175–183.
13 Zitiert in: Yingcong Dai, »A Disguised Defeat«, S. 157.
14 ibd., S. 166.
15 Zu Bodawpayas Herrschaft siehe: Myint-U, *The Making of Modern Burma*, S. 13–17.

6 Krieg

1 Myint-U, *The Making of Modern Burma*, S. 13ff.
2 Zu den Manipur- und Assam-Feldzügen siehe Gangmumei Kabui, *History of Manipur*, Bd. 1, *Precolonial Period*, Neu-Delhi, 1991, S. 194–291; sowie S. L. Baruah, *A Comprehensive History of Assam*, Neu-Delhi, 1985, S. 220–369.
3 Zitiert in: Dorothy Woodman, *The Making of Burma*, London, 1962, S. 64.
4 »Political and Secret Correspondence with India, Bengal: Secret and Political« (341), *India Office Records*, The British Library, 5. August 1826.
5 Zum Ersten Englisch-Burmesischen Krieg siehe insbesondere J. J. Snodgrass, *The Burmese War*, London, 1827; auch Anna Allott, *The End of the First Anglo-Burmese War: The Burmese Chronicle Account of How the 1826 Treaty of Yandabo Was Negotiated*, Bangkok, 1994; George Ludgate Bruce, *The Burma Wars 1824–1884*, London, 1973; W. S. Desai, »Events at the Court and Capital of Ava During the First Anglo-Burmese War«, in: *Journal of the Burma Research Society* 27:1, 1937, S. 1–14; C. M. Enriquez, »Bandula – A Burmese Soldier«, in: *Journal of the Burma Research Society* 11, 1921, S. 158–162.
6 Chris Bayly, *Empire and Information: Intelligence Gathering and Social Communication in India, 1780–1870*, Cambridge, 1997, Kap. 3.
7 Snodgrass, *The Burmese War*, S. 16.
8 ibd., S. 102f.

9 C. M. Enriquez, »Bandula – A Burmese Soldier«, S. 158–162.
10 *The Lonely Planet Guide to Myanmar (Burma)*, Victoria, Australien, 2002, S. 245.
11 Yule, *Narrative of the Mission to the Court of Ava*, S. 151. Er bezog sich hier zwar auf Amarapura in einer etwas späteren Zeit, doch da die gesamte Bevölkerung von Ava in die neue Königsstadt umgesiedelt wurde, muss die Zahl der muslimischen Bewohner, die er in Amarapura auf ungefähr neuntausend schätzte, im großen Ganzen die gleiche geblieben sein.
12 V. C. Scott O'Connor, *Mandalay and Other Cities of the Past in Burma*, London, 1907, S. 110.

7 Mandalay

1 Aung Myint, *Ancient Myanmar Cities in Aerial Photos*, Rangoon, 1999.
2 Thaung Blackmore, »The Founding of the City of Mandalay by King Mindon«, in: *Journal of Oriental Studies* 5, 1959–60, S. 82–97.
3 Oliver Pollak, »A Mid-Victorian Coverup: The Case of the ›Combustible Commodore‹ and the Second Anglo-Burmese War«, *Albion* X, 1978, S. 171–183.
4 Henry Burney, »On the Population of the Burmese Empire«, in: *Journal of the Burma Research Society* 31, 1941, S. 155.
5 ibd., S. 97–98.
6 Zu Mindon und seiner Regentschaft siehe William Barretto, *King Mindon*, Rangoon, 1935; Kyan, »King Mindon's Councillors«, in: *Journal of the Burma Research Society* 44, 1961, S. 43–60; Myo Myint, »The Politics of Survival in Burma: Diplomacy and Statecraft in the Reign of King Mindon 1853–1878«, unveröffentlichte Dissertation, Cornell University, 1987; Oliver B. Pollak, *Empires in Collision: Anglo-Burmese Relations in the Mid-Nineteenth Century*, Westport, Conn., 1979; Thaung, »Burmese Kingship in Theory and Practice Under the Reign of King Mindon«, in: *Journal of the Burma Research Society* 42, 1959, S. 171–184.
7 Zu Mindons Reformen siehe Myint-U, *The Making of Modern Burma*, Kap. 5 und 6.
8 Langham Carter, »The Burmese Army«, in: *Journal of the Burma Research Society* 27, 1937, S. 254–276.
9 Yule, *A Narrative of the Mission to the Court of Ava*, S. xxxvii.
10 ibd., S. 111.
11 ibd., S. 107.
12 James Lee, »Food Supply and Population Growth in Southwest China, 1250–1850«, in: *Journal of Asian Studies* 41:4, 1982, S. 729.
13 Meine Darstellung des Panthai-Aufstands beruht im Wesentlichen auf David Atwill, »Blinkered Visions: Islamic Identity, Hui Ethnicity, and the Panthay Rebellion in Southwest China, 1856–1873«, in: *Journal of Asian Studies* 62:4, 2003; siehe auch: C. Pat Giersch, »A Motley Throng, Social Change on

Southwest China's Early Modern Frontier, 1700–1880«, in: *Journal of Asian Studies* 60:1, 2001.
14 Spence, *The Search for Modern China*, Kap. 8.
15 Zu dieser Reise und den britisch-burmesischen Beziehungen in dieser Periode siehe Htin Aung, *The Stricken Peacock: Anglo-Burmese Relations, 1752–1948*, Den Haag, 1965; Htin Aung, »First Burmese Mission to the Court of St. James: Kinwun Mingyi's Diaries 1872–1874«, in: *Journal of the Burma Research Society*, Dezember 1974. Leider war es mir nicht möglich, die neueste Übersetzung von L. E. Bagshawe zu konsultieren: *Kinwun Mingyi's London Diary: The First Mission of a Burmese Minister in Britain, 1872*, Bangkok, 2006.
16 Htin Aung, »First Burmese Mission«, S. 4–13.
17 ibd., S. 76–77.
18 Tin, *The Royal Administration of Burma*, S. 251.
19 Paul Bennett, »The Conference Under the Tamarind Tree: Burmese Politics and the Ascension of King Thibaw, 1878–1882«, in: Bennett, *Conference Under the Tamarind Tree*.
20 John Ebenezer Marks, *Forty Years in Burma*, London, 1917, Kap. 15 und 18.
21 Zu Thibaws Regierung und Reformen siehe Myint-U, *The Making of Modern Burma*, Kap. 7.
22 Po Hlaing, the Lord of Yaw, »Rajadhammasangaha«, in: *SOAS Bulletin of Burma Research* 2:2, 2004.
23 Zu Yanaung siehe Tin, *The Royal Administration of Burma*, S. 250–276.
24 ibd., S. 271.
25 ibd.
26 Htin Aung, *Lord Randolph Churchill*, S. 65–73.

8 Übergänge

1 Paul Edmonds, *Peacocks and Pagodas*, London, 1924, S. 96–100.
2 Die Geschichte von U Thant beruht größtenteils auf der mündlichen Überlieferung meiner Familie und auf einem unveröffentlichten autobiografischen Text, den er kurz vor seinem Tod 1974 verfasste. Siehe auch: Thant, *View from the UN: The Memoirs of U Thant* (1978), Neuauflage, Englewood Cliffs, N.J., 2005; sowie June Bingham, *U Thant: The Search for Peace*, New York, 1966; Ramses Nassif, *U Thant in New York 1961–71: A Portrait of the Third UN Secretary-General*, New York, 1988; Kaba Sein Tin, *Nyeinchanyay Bithuka U Thant*, Rangoon, 1967; Brian Urquhart, *A Life in War and Peace*, New York, 1987, Kapitel 15 und 16.
3 *Imperial Gazetteer of India* 19, Oxford, 1908, S. 403.
4 Michael Adas, *The Burma Delta: Economic Development and Social Change on an Asian Rice Frontier, 1852–1941*, Madison, 1974.
5 Es gibt keine allgemein anerkannte Möglichkeit, aus heutiger Sicht einen früheren Geldwert zu bestimmen. Deshalb wird man mit unterschiedlichen Methoden immer zu unterschiedlichen Ergebnissen kommen. Das trifft auch

auf diese Berechnung zu, siehe Lawrence H. Officer, »What Is Its Relative Value in UK Pounds?«, *Economic History Services*, 30. Oktober 2004. Abrufbar unter: http://www.eh.net

6 *Rangoon Times*, 3. Januar 1928; Pantanaw U Thant, »We Burmese«, *New Burma*, 8. September 1939.

7 J. S. Furnivall, *Colonial Policy and Practice: A Comparative Study of Burma and Netherlands India*, Cambridge, 1948.

8 Harvey, *History of Burma*, S. 85 f.

9 Zu Thibaw im Exil siehe W. S. Desai, *Deposed King Thibaw of Burma in India, 1885–1916*, Bombay, 1967.

10 Norman Lewis, *Golden Earth: Travels in Burma*, London, 1952, S. 100.

11 Kaung, »A Survey of the History of Education in Burma Before the British Conquest and After«, in: *Journal of the Burma Research Society* 46:2, 1963, S. 1–124.

12 N. R. Chakravarti, *The Indian Minority in Burma*, London, 1971.

13 Sean Turnell, »The Chettiars in Burma«, in: *Macquarie Economics Research Papers*, Nr. 12, Juli 2005.

14 Rudyard Kipling, *From Sea to Sea and Other Sketches: Letters of Travel* (1889), Bd. 1, Nr. 2, New York, 1914.

15 John Cady, *A History of Modern Burma*, Ithaca, N.Y., 1958; F. S. V. Donnison, *Public Administration in Burma: A Study of Development During the British Connexion*, London, 1953; G. E. Harvey, *British Rule in Burma, 1824–1942*, London, 1946; A. Ireland, *The Province of Burma*, 2 Bde., Boston, 1907.

16 Bernard Crick, *George Orwell: A Life*, London (1925), Neuauflage 1980, Kap. 5. (In diesem Buch findet sich auch die Erstveröffentlichung des später in diesem Kapitel zitierten Orwell-Gedichts.)

17 Zum Alltag der britischen Kolonialbeamten in der späteren Kolonialzeit siehe insbesondere Maurice Collis, *Trials in Burma*, London, 1938; Leslie Glass, *The Changing of the Kings: Memories of Burma 1934–1949*, London, 1985.

18 Alister McCrae, *Scots in Burma: Golden Times in a Golden Land*, Edinburgh, 1990.

19 Zum Alltag der britischen Kolonialbeamten in Burma siehe B. R. Pearn, *A History of Rangoon*, Rangoon, 1939; James George Scott, *Burma: A Handbook of Practical Information*, London, 1906.

20 Noel F. Singer, *Old Rangoon: City of the Shwedagon*, Gartmore, Schottland, 1995, S. 109.

21 Maung Htin Aung, »George Orwell and Burma«, in: *The World of George Orwell*, hg. von Miriam Gross, London, 1971, S. 26 f.

22 H. Fielding Hall, *A People at School*, London, 1906, S. 22 f.

23 Joseph Dautremer, *Burma Under British Rule*, London, 1913, S. 78.

24 Herbert Thirkell White, *A Civil Servant in Burma*, London, 1913, S. 129.

25 H. H. Risely und E. A. Gait, *Census of India 1901*, Bd. 1, Teil 1 (General Report), Kalkutta, 1903.

26 Scott, *Burma: A Handbook of Practical Information*, S. 61 f.

9 Studien im Zeitalter des Extremismus

1 Harvey, *British Rule in Burma*, S. 28.
2 Joint Committee on Indian Constitutional Reform, 22. April 1918, zitiert in: Cady, *A History of Modern Burma*, S. 201.
3 Ba U, *My Burma: The Autobiography of a President*, New York, 1958.
4 U May Oung, »The Modern Burmese«, *Rangoon Gazette*, 10. August 1908.
5 Zur nationalistischen Bewegung zwischen dem Ersten Weltkrieg und der Unabhängigkeit siehe Maung Maung, *Burmese Nationalist Movements 1940-48*, Honolulu, 1989; sowie Maung Maung Pye, *Burma in the Crucible*, Rangoon, 1951; und Josef Silverstein, *Burmese Politics: The Dilemma of National Unity*, New Brunswick, N.J., 1980.
6 George Brown, *Burma as I Saw It, 1889-1917*, New York, 1925.
7 Donald M. Goldstein und Katherine V. Dillon, *Amelia: A Life of the Aviation Legend*, Dulles, Va., 1999, S. 210.
8 S. R. Chakravorty, »Bengal Revolutionaries in Burma«, in: *Quarterly Review of Historical Studies* 19:1-2, 1979-80, S. 42-49.
9 Zitiert in: Cady, *A History of Modern Burma*, S. 290.
10 Ian Brown, *A Colonial Economy in Crisis: Burma's Rice Cultivators and the World Depression of the 1930s*, London, 2005.
11 Bertie Reginald Pearn, *Judson of Burma*, London, 1962.
12 Zu Aung San siehe Aung San Suu Kyi, *Aung San*, St. Lucia, Queensland, 1984; sowie Maung Maung, *Aung San of Burma*, Den Haag, 1962.
13 Maung, *Aung San of Burma*.
14 Bingham, *U Thant: The Search for Peace*, S. 128 f.
15 Khin Yi, *The Dobama Movement in Burma (1930-1938)*, Ithaca, N.Y., 1988.
16 Zu Ba Maws eigener Schilderung dieser Zeit und des Krieges siehe Ba Maw, *Breakthrough in Burma: Memoirs of a Revolution 1939-46*, New Haven, 1967.
17 Pantanaw U Thant, »We Burmese.«
18 Chris Bayly und Tim Harper, *Forgotten Armies: The Fall of British Asia 1941-45*, Cambridge, Mass., 2005, S. 4.
19 Stephen Mercado, *Shadow Warriors of Nakano: A History of the Imperial Japanese Army's Elite Intelligence School*, Washington, D.C., 2003.
20 Die beste Darstellung über die Politik, die während des Krieges und in der unmittelbaren Nachkriegszeit in Burma betrieben wurde, findet sich bei Bayly und Harper, *Forgotten Armies*.

10 Das Schlachtfeld wird abgesteckt

1 Meine Darstellung der Geschichte dieses Krieges beruht im Wesentlichen auf Louis Allen, *Burma, the Longest War, 1941-45*, London, 1984; sowie auf Maurice Collis, *Last and First in Burma*, London, 1956; und Viscount William Slim, *Defeat into Victory*, London, 1956.
2 Collis, *Last and First in Burma*, S. 40 ff.

3 Bayly und Harper, *Forgotten Armies*, S. 86.
4 Collis, *Last and First in Burma*, S. 104 f.
5 ibd., S. 158–157.
6 ibd., S. 178.
7 Donald M. Seekins, »Burma's Japanese Interlude, 1941–45: Did Japan Liberate Burma?«, in: *Japan Policy Research Institute Working Paper*, Nr. 87, August 2002. Zu Aung Sans politischen Ansichten siehe auch: Clive Christie, *Ideology and Revolution in Southeast Asia, 1900–1975*, London, 2000, S. 102 f.
8 Zitiert in: Ba Maw, *Breakthrough in Burma*, S. 127.
9 Mercado, *Shadow Warriors of Nakano*, S. 238.
10 Zum Alltag unter Ba Maws Regierung siehe Thakin Nu, *Burma Under the Japanese*, London, 1954.
11 Bayly und Harper, *Forgotten Armies*, S. 360.
12 Slim, *Defeat into Victory*, S. 517ff.
13 Zu den Ansichten von konservativen burmesischen Beamten siehe Kyaw Min, *The Burma We Love*, Kalkutta, 1945.
14 Alle Schlüsseldokumente dieser Periode finden sich in: Hugh Tinker (Hg.), *Burma: The Struggle for Independence 1944–48*, 2 Bde., London, 1983.
15 Zitiert in: Collis, *Last and First in Burma*, S. 253B.
16 Bayly und Harper, *Forgotten Armies*, S. 438.
17 Phillip Plumb in: Derek Brooke-Wavell (Hg.), *Lines from a Shining Land*, London, 1998, S. 153 f.
18 Zu Dorman-Smith in diesem Zeitraum siehe insbesondere Collis, *Last and First in Burma*, S. 261–282; sowie Cady, *A History of Modern Burma*, S. 522–535; und Maung Maung Pye, *Burma in the Crucible*, S. 88–145.
19 Collis, *Last and First in Burma*, S. 270 f.
20 Zum militärischen Gleichgewicht siehe J. H. McEnery, *Epilogue in Burma, 1945–48: The Military Dimension of British Withdrawal*, Tunbridge Wells 1990.
21 Collis, *Last and First in Burma*, S. 270.
22 Cady, *A History of Modern Burma*, S. 539ff.
23 ibd., S. 287.
24 Kin Oung, *Who Killed Aung San?*, Bangkok, 1993; Maung Maung, *A Trial in Burma: The Assassination of Aung San*, Den Haag, 1962.

11 Alternative Utopien

1 Human Security Centre, *The Human Security Report 2005*, Vancouver, 2005.
2 J. S. Furnivall, »Independence and After«, in: *Pacific Affairs*, Juni 1949.
3 Zu den ersten Jahren des Bürgerkriegs siehe Hugh Tinker, *The Union of Burma: A Study of the First Years of Independence*, London, 1961; Frank Trager, *Burma from Kingdom to Republic: A Historical and Political Analysis*, London, 1966; Cady, *A History of Modern Burma*, S. 528–624.
4 Cady, *A History of Modern Burma*, S. 598 f.

5 Zu U Nu siehe Richard Butwell, *U Nu of Burma*, Stanford, 1963; sowie seine Autobiographie: Nu, *U Nu, Saturday's Son*, New Haven, 1975.
6 Nu, *U Nu, Saturday's Son*, S. 37 f.
7 »Burma's Mess and Ne Win's Plans for an Anti-Guerrilla Army«, *Time*, 7. November 1949.
8 Bertil Lintner, *Burma in Revolt: Opium and Insurgency Since 1948*, Boulder, Col., 1944, S. 113. Zur amerikanischen Unterstützung der KMT siehe Robert H. Taylor, *Foreign and Domestic Consequences of the KMT Intervention in Burma*, Ithaca, N.Y., 1973.
9 Für die Darstellung der Entwicklungsgeschichte der Burmesischen Armee in den ersten fünfzehn Jahren der Unabhängigkeit habe ich mich auf das bahnbrechende Werk von Mary Callahan gestützt: *Making Enemies: War and Statebuilding in Burma*, Ithaca, N.Y., 2003, Kapitel 6 und 7.
10 Callahan, *Making Enemies*, S. 162.
11 Zu Burmas Außenpolitik in den 1950er Jahren siehe William C. Johnstone, *Burma's Foreign Policy: A Study in Neutralism*, Cambridge, 1963.
12 Nu, *U Nu, Saturday's Son*, S. 276ff.
13 »U Nu Visits Eisenhower«, *Time*, 11. Juli 1955; »U Nu in America«, *Time*, 8. August 1955.
14 Zur burmesischen Politik in den 1950er Jahren siehe Cady, *A History of Modern Burma*, S. 625–642; Tinker, *The Union of Burma*, S. 34–128, 379–388; Trager, *Burma from Kingdom to Republic*, Teil 2.
15 »The Caretaker Government and the 1960 Elections«, *Time*, 15. Februar 1960.
16 Zum Alltag der Shan-Fürsten siehe Maurice Collis, *Lords of the Sunset*, London, 1938; C. Y. Lee, *The Sawbwa and His Secretary: My Burmese Reminiscences*, New York, 1958; sowie Inge Sargent, *Twilight over Burma: My Life as a Shan Princess*, Honolulu, 1994.
17 Pascal Khoo Thwe, *From the Land of Green Ghosts: A Burmese Odyssey*, New York, 2002.
18 Lintner, *Burma in Revolt*, S. 157.
19 Josef Silverstein, *Burma: Military Rule and the Politics of Stagnation*, Ithaca, N.Y., 1977, S. 175; Lintner, *Burma in Revolt*, S. 165.

12 Der Schwanz des Tigers

1 Zur sozialistischen Periode siehe David Steinberg, *Burma: A Socialist Nation of South-east Asia*, Boulder, Col., 1982; Robert H. Taylor, *The State in Burma*, London, 1987.
2 Zu Ne Win siehe Maung Maung, *Burma and General Ne Win*, London, 1969. Zur Zeit von Ne Win generell siehe Silverstein, *Burma: Military Rule and the Politics of Stagnation*; David Steinberg, *Burma's Road Toward Development: Growth and Ideology Under Military Rule*, Boulder, Col., 1981; Robert H. Taylor, *The State in Burma*, London, 1987.

3 Ein persönlicher Vertreibungsbericht findet sich in den Memoiren eines einstigen Kommissars von Pegu: Balwant Singh, *Burma's Democratic Decade 1952-62: Prelude to Dictatorship*, Tempe, Ariz., 2001. Siehe auch: Mira Kamdar, *Motiba's Tattoos*, New York, 2000.
4 Meine Darstellung des Bürgerkriegs zur Zeit von Ne Win beruht im Wesentlichen auf Bertil Lintner, *The Rise and Fall of the Communist Party of Burma (CPB)*, Ithaca, N.Y.,1990; sowie Lintner, *Burma in Revolt*; und Martin Smith, *Burma: Insurgency and the Politics of Ethnicity*, London, 1991.
5 Government of Burma, *Chiefs and Leading Families of the Shan States and Karenni*, 2. Aufl., Rangoon, 1919; Jackie Yang Li, *The House of Yang, Guardians of an Unknown Frontier*, Sydney, 1997.
6 Gespräch mit Henry Byroade, Potomac, Maryland, 19. und 21. September 1988, Befrager: M. Johnson, Truman Library.
7 »Grinding to a Halt«, *Time*, 24. Dezember 1965.
8 Lee Kuan Yew, *From Third World to First: The Singapore Story, 1965-2000*, New York, 2000, S. 321.
9 »The 200% Neutral«, *Time*, 16. September 1966.
10 Aus dem Gespräch mit Henry Byroade.
11 Lintner, *Burma in Revolt*, S. 201-209; Smith, *Burma: Insurgency and the Politics of Ethnicity*, S. 219-246.
12 Lintner, *Burma in Revolt*, S. 211-234.
13 ibd., S. 209 f.

13 Palimpsest

1 Terry McCarthy, »The Twin Terrors«, in: *Time Asia*, 7. Februar 2000.
2 Lintner, *The Rise and Fall of the Communist Party of Burma*, S. 39-46.
3 James George Scott, *Gazetteer of Upper Burma and the Shan States*, Bd. 1, Rangoon, 1900, Teil 1, S. 496.
4 ibd., S. 499 f.
5 ibd., S. 500.
6 Einen Überblick über Burma in den 1990er Jahren bietet David Steinberg, *The Future of Burma: Crisis and Choice in Myanmar*, New York, 1990.
7 *Financial Times*, 9. November 1989, S. 6; *Far Eastern Economic Review*, 21. Dezember 1989, S. 22.
8 *Financial Times*, 21. Juni 1990, S. 6.
9 *Far Eastern Economic Review*, 21. Dezember 1989, S. 22; *Financial Times*, 19. Mai 1990, Sekt. 2, 1, und 25. Mai 1990, S. 6.
10 Andrew Selth, *Burma's Order of Battle: An Interim Assessment*, Canberra, 2000.
11 Anthony Davis, »Law and Disorder: A Growing Torrent of Guns and Narcotics Overwhelms China«, in: *Asiaweek*, 25. August 1995.
12 Aung San Suu Kyi, *Freedom from Fear and Other Writings*, Hg. Michael Aris, New York, 1991.
13 Yew, *From Third World to First*, S. 323.

Personenregister

Abhiraja (legendärer Begründer Burmas) 67 ff., 71
Adul Razak 341
Aga Khan, Prinz Saddrudin 61
Aisin Guoro siehe Pu Yi
Ala'ad-din Ri'ayat Shah al-Kahar (Sultan von Aceh) 100
Alaol (Dichter) 107
Alaungpaya (Aung Zeyya; burm. König) 125 ff., 131 ff., 136 ff., 141, 152, 155, 222, 225
Alaungsithu (König von Pagan) 88
Albuquerque, Afonso de 99
Alexander der Große 73
Alexander VI. (Papst) 99
Alexander, Sir Harold 305 f.
Ameena (Prinzessin) 118
Amherst, Lord William 158
Amin Dada, Idi 396
An Lushan 81
Anaukpetlun (burm. König) 112 f.
Andreino, Giovanni 25
Aniruddha (König von Pagan) 86 ff., 92
Aratoon, Peter 257
Aris, Michael 444 ff.
Ashoka (ind. Kaiser) 74 f.
Attlee, Clement 326, 335 f., 338 f., 466
Aung Gyi 56 f., 392, 434, 446
Aung San 286, 288 ff., 296 ff., 308 ff., 313 ff., 321, 323 ff., 328, 330 ff., 334 ff., 338 ff., 342, 347, 349, 353, 359, 363, 365, 391, 394, 397, 410, 418, 427, 444, 446, 448, 454 f., 466
Aung San Suu Kyi 56 f., 63, 379, 392, 421, 429, 434, 442 ff., 446 ff., 451, 456 f., 465, 468, 476 ff., 483 f.
Aung Shwe 379, 446
Aung Zeyya siehe Alaungpaya
Aurangzeb (ind. Großmogul) 117 f.
Aye Aye Thant 378
Ayub Khan, Mohammed 391

Ba Maw 290 ff., 313 ff., 321, 362, 377, 438
Ba Swe U 378
Ba Than, Kitty 395
Ba U 271 ff.
Babur (ind. Großmogul) 96, 116, 250
Badon siehe Bodawpaya
Bagyidaw (burm. König) 157, 284
Bahadur Shah Zafar (ind. Mogul) 248 ff.
Baker, George 133 f.
Baksh, Rahim 249
Bala Mindin 142
Ballika (burm. Händler) 75
Ban Ki-Moon (UN-Generalsekretär) 489 f.
Bandula siehe Thado Maha Bandula
Bannya Dala (Mon-König) 126 ff., 130 f., 137

Barbosa, Duarte 108
Barrington, James 364
Battersby, Eric 304
Bayinnaung (burm. König) 93 ff., 98, 100 ff., 124 f., 137
Bellamy, June Rose 422
Bernard, Sir Charles 43
Bigandet (kath. Bischof) 115 f.
Bismarck, Otto von 23
Blair, Tony 63
Blake, Douglas 367
Bo Cho 49
Bo Zeya 397
Bodawpaya (burm. König) 147 ff., 153, 155
Bokay U 84
Bonvilain, Pierre 25
Brando, Marlon 373
Brito e Nicote, Filipe de 110 ff.
Brito e Nicote, Simon de 111
Brook-Popham, Sir Robert 299
Brown, Chet 354
Bruno (Sieur de; frz. Diplomat) 130 f., 133, 135 f.
Buddha (Siddhartha Gautama; Religionsstifter) 68, 74 ff.
Bulganin, Nikolai 372
Burke, Edmund 288
Burney, Henry 187
Bush, George W. 465, 479, 483
Bush, Laura 468, 483
Butler, Sir Harcourt Spencer 278
Buzurg Umid Khan (Mogul-Heerführer) 119
Byroade, Henry 400, 403

Calogreedy (Antram), Mattie 24 f.
Camotto (ital. Hauptmann) 31
Campbell, Sir Archibald 158, 160 ff., 165 ff., 170, 172 ff., 443, 466
Carriere, Rolf 475 f.

Castro, Fidel 414
Cavagnari, Sir Louis 217
Chan Tha 273 f.
Chandragupta (ind. König) 74
Chandrakanta Singh 155
Chelmsford, Frederick John Viscount of 270
Chennault, Claire Lee 301, 367
Chin Byan (Fürst) 154
Chit Hlaing U 279
Chrustschow, Nikita 372 f., 397
Chulalongkorn (siam. König) 215
Churchill, (Sir) Winston 294, 299, 304, 307, 322, 339, 372
Churchill, Lord Randolph 18, 20 ff., 26 f., 30, 39 f., 44, 65, 238, 243, 254, 372
Cleveland, Grover 18
Clift, Tommy 411 f.
Clive, Robert 137
Collins, Michael 275, 287
Colquhoun, Archibald 21
Cooper, Alfred Duff Viscount of 299 f.
Cooper, Lady Diana 300
Craddock, Sir Charles 278
Cripps, Sir Stafford 233 f., 312
Crosby, Bing 301
Crosthwaite, Sir Charles 47 ff.
Curtin, John 304
Curzon, Sir George Nathaniel 50, 269

Dalhousie, Lord James 184
Dara Shikoh (Prinz) 117
Darwin, Charles 183
Dasaraja (König von Arakan) 217
Dautremer, Joseph 262
Davies, Mike 410
Daw Khin Kyi 444
Daw Than E 444 f.

Deng Xiaoping 431
Disapramok (Minister) 91
Dorman-Smith, Sir Reginald 301 f., 304 ff., 324 ff., 329 ff., 333 ff.
Driberg, Tom 336
Du Wenxiu (Panthai-Führer) 198 ff., 250
Du Yuesheng 442
Duff (brit. Gouverneur) 17
Dufferin, Lady Harriot 46 f.
Dupleix, Joseph François 129 ff., 138
Dury (brit. Leutnant) 30
Dwarawaddy (burm. Prinz) 162
Dyer, Reginald 277

E'er-deng'e (Mandschu-General) 144
Eagan, William 415
Earhart, Amelia 277
Eisenhower, Dwight D. 374, 385
Eisenhower, Mamie 404
Elgar, Sir Edward 269
Emanuel I. (port. König) 99

Facieu, Joseph Henri de 27
Fan Chuo (chin. Schriftsteller) 81 f.
Farinha, Antonio 107
Federici, Cesare 93
»Feringhi« (port. Abenteurer) 98 ff.
Ferry, Jules 23, 25
Fitch, Ralph 150
Franco, Francisco 287, 298
Friedrich der Große (preuß. König) 132
Fuheng (chin. Feldherr) 145 f.
Furnivall, John Sydenham 232

Gabriel, Solomon 253
Gaddafi, Muammar al- 397
Gama, Dom Vasco da 78
Gambari, Ibrahim 468, 479
Gammans, Leonard 337

Gandhi, Mohandas Karamchand (Mahatma) 19, 268, 276, 278, 280, 313, 344, 347, 443
Genghis Khan 90, 96, 116
George II. (brit. König) 134, 152, 222
George V. (brit. König) 269
Gielgud, John 327
Gladstone, William 19 f., 221
Gonzáles de Lanciego, (Don; span. Kaufmann) 176
Gordon, Charles 19
Goshal, H. N. 348
Gui, Prinz von 120 ff.

Haas, Frédéric 34
Hall, H. Fielding 261 f.
Hamilton-Temple-Blackwood, Basil 320
Hamilton-Temple-Blackwood, Frederick Temple (Earl of Dufferin) 43 f., 46 f., 50, 238
Hammarskjöld, Dag 59, 375
Harun ar-Raschid (abbassid. Kalif) 82
Hasdin, Sudsai 400
Hirohito (japan. Kaiser) 327
Hitler, Adolf 235, 287, 323
Hkun Hkio, Sao 389 f.
Hla-U (burm. Gesetzloser) 45
Ho Chi Minh 335, 371
Hoff, Hans 422
Holmes, John 488
Hong Xiuquan (chin. Mystiker) 199
Hoover, Herbert 235
Hsam Htun 341
Hteiktin Taw Hpaya (burm. Prinz) 236 ff.
Htoo, Johnny 428 f.
Htoo, Luther 428 f.
Huxley, Aldous 69 f.
Hyder Ali (ind. Sultan) 164

Ibrahim., Hafiz Mohammed 249
Iida, Shojiro 297
Ivory, Merchant 445

James Bond U 450
Jinnah, Mohammed Ali 280
Johnson, Lyndon Baines 403
Jones, Edmund 202
Juárez, Benito 288
Judson, Adoniram 186, 284

Kanaung (burm. Prinz) 185, 188 f., 193 ff.. 201, 243
Kang Sheng 408
Karl der Große 94
Katha, Fürst von 45
Keating, Timothy 487
Khin Maung Gyi 241 f.
Khin Nyunt (burm. Offizier) 434 f., 451, 455
Khoo Thwe, Pascal 384
Khun Sa (Warlord) 410, 436
Kiesinger, Kurt Georg 409
Kimura, Hyotara 323
Kinwun Mingyi siehe Mingyi
Kipling, Rudyard 28, 30, 47, 243, 254, 261
Kodaw Hmaing, Thakin 44
Kolumbus, Christoph 97
Kouchner, Bernard 468, 485 f.
Kublai Khan 90 f., 404
Kya Hseng, Sao 382 f.
Kyatpyin, Fürst von 45
Kyaukmyaung, Fürst von 35, 221
Kyaw Nyein (burm. Minister) 361, 378
Kyaw Zan U 177, 179
Kyi Maung (burm. Offizier) 379, 446

La Bourdonnais, Bertrand Graf de 130
Lambert, George 184

Lawrence, T. E. (»Lawrence von Arabien«) 295
Law-Yone, Edward 376, 411
Lean, David 445
Lee Kuan Yew 401, 452
Leonowens, Anna 215
Lester, Robert 133
Lewis, Norman 244
Li Mi (chin. General) 366, 410
Limbin (burm. Prinz) 243
Lincoln, Abraham 288
Liu Zao (chin. Gouverneur) 142
Lo Hsing-Han (Warlord) 399, 410, 434, 436
Lon Nol 402
Lord Dufferin siehe Hamilton-Temple-Blackwood, Frederick Temple
Louis, Joe 347
Ludwig XV. (frz. König) 132

Ma Lat 243
Mabai, Fürst von 38
Maha Mindin Kyawthu 245 f.
Maha Mindin Minkyaw Raza 246
Maha Mindin Thinkaya siehe Mya Yit U
Maha Minhla Kyawhtin (burm. Minister) 201
Maha Minkaung Nawrata (burm. Oberst) 28
Maha Minkyaw Raza (burm. Aristokrat) 201
Maha Nawrata (burm. Feldherr) 138 f.
Maha Naymyo (burm. Truppenführer) 171 f.
Maha Sithu (burm. Feldherr) 144
Maha Tharaphu (Hindu-Lehrer) 125
Maha Thiha Thura (burm. Feldherr) 146

Maha Zeyya Thura (burm. Kavallerieoffizier) 162
Mahmud von Ghazni (islam. Herrscher) 88
Makertich, T. M. 192
Malloch-Brown, Mark 488
Mandez, Francisco 113
Manuha (König von Thaton) 92
Mao Tse-tung 366, 371, 374, 407
Mata Hari 243
Maung Ba Than 29
Maung Gyi, Sir Joseph Augustus 282
Maung Pein 29
Maung Thant 275
Maung Toke, Fürst von Yanaung 214 ff., 218 f.
Maxim, (Lord) Hiram 17 f.
May Oung U 276, 280
McCartney, Sir George 141
Me Nu (burm. Königin 157)
Megasthenes (Makedonier) 74
Mehmet Ali (osman. Sultan) 188
Mekkaya (burm. Prinz) 186, 194, 208 f., 211
Mekkaya, Fürst von 45, 177
Mi Hkin-gyi (burm. Prinzessin) 218 f.
Michel, Louis 488
Millard, (Chevalier) Pierre de 137, 146
Mindin Minkaung 165
Mindon (burm. König) 21, 32, 183, 185, 187 ff., 191 ff., 195 ff., 201, 208, 210 f., 245, 360, 371, 376
Mingrui (chin. Feldherr) 143 ff.
Mingyi (Kinwun; burm. Politiker) 31 ff., 36, 38, 43, 46, 50, 200 ff., 204 ff., 209, 215, 219, 340
Mingyi Maha Minhla Minkaung (burm. Brigadekommandeur) 162, 185 f.
Mingyi Maha Minhla Zeyyathu (burm. Offizier) 165

Minhla Mingaung Kyaw 134
Minkaung Mindin Raza (burm. Oberst) 28
Minkyaw Zeya Thura (burm. Truppenführer) 173
Mir Jumla (Heerführer) 117
Mirza Jamshed Bakht 249 f.
Mirza Jawan Bakht 249
Mirza Muhammad Bedar Bakht 250
Molinari (ital. Hauptmann) 31
Mongkut (siam. König) 189
Montagu, Lord Edwin 270, 278
Montcalm (de Saint-Véran), Louis Joseph Marquis de 137
Moore, Roger 423
Mountbatten, Lord Louis 231, 322 f., 328, 331
Muhammad Bakhtiyar (islam. Eroberer) 106
Mussolini, Benito 233
Mutaguchi, Renya 319
Mya Sein, (Daw) 280
Mya Yi, (Daw) 358 f.
Mya Yit U (Maha Mindin Thinkaya; Fürst von Dabessway) 179 f., 194
Myawaddy, Fürst von 186 f.
Myedu (burm. König) 140 ff.
Myingun (burm. Prinz) 29, 193 f., 295
Myinhkondaing (burm. Prinz) 193 f.
Myinzaing (burm. Prinz) 48
Myothit, Fürst von (burm. Garnisonskommandeur) 34 f.

Naga Sandi 153
Nagarjuna 77
Nan Thaung 228, 230
Napier (General Lord) 17
Naramithla (König von Arakan) 106 f.
Nasruddin 90 f.

Nasser, Gamal Abdel 371, 414
Natshinnaung (burm. Adliger) 112, 114
Naw Seng 350, 353 f., 408
Naymyo Mindin Thurayn 202
Naymyo Theiddi Kyawtin 25
Naymyo Thihapati (burm. Feldherr) 138 f.
Naymyo Thiri Kyawtin Nawrata 29
Ne Win 52 ff., 57, 62, 64, 263, 286, 309 f., 321, 350, 352 ff., 368 f., 379 f., 387 ff., 391 ff., 395 ff., 399 ff., 403 ff., 409 ff., 415, 417 ff., 422, 427, 431, 446, 451 ff., 460, 463
Nehru, Jawaharlal (Pandit) 19, 243, 268, 337, 361 f., 396
Newaz, Gharib 125
Ngo Ding Diem 402
Nikolaus II. (russ. Zar) 296
Nkrumah, Kwame 371
Nu, U 56 f., 232 f., 239, 286, 288, 315, 342 f., 347 ff., 352, 355 ff., 359 ff., 364 ff., 369, 371 ff., 376 ff., 381, 384 ff. 388 ff., 399, 411 f., 414, 418, 427, 444, 446, 460
Nurhaci (Mandschu-Führer) 120
Nyaunggyan (burm. Prinz) 29, 40 f., 196, 209, 216, 217
Nyunt Aye 440

Omar (Gemeindoberhaupt) 178 f.
On Kya, Sao 389
Orwell, George 255 f., 258, 355
Ottama U 276
Oyama (japan. Offizier) 316, 322

Padein (burm. Prinz) 195 f.
Park, Chung Hee 391
Parnell, Charles Stewart 20, 39

Paukmyaing, Fürst von 38
Pearse, Patrick 275
Percival, Arthur 303
Petrie, Charles 476 f.
Phayre, Sir Arthur 191 ff., 254
Pheung Kya-shin (chin. Offizier) 430
Phibun Songkhram 310
Pindalay (burm. König) 122 f.
Pindalay, Fürst von (burm. königl. Minister) 38
Pitsuwan, Surin 489
Plinius d. Ä., Gaius Secundus 78
Po Hnit U 224, 227 ff., 316
Pol Pot 408
Polo, Marco 90
Prendergast, Sir Harry 16 ff., 30, 33, 35 ff., 188, 246, 297
Prendergast, Thomas 16
Prithvi Bir Bikram Shah Devand (nepal. Kronprinz) 244
Prome (burm. König) 122 ff.
Ptolemäus, Claudius 78
Pu Yi, »Henry« 245, 298, 313
Pyinmana (burm. Prinz) 41, 50, 210, 244 f., 314
Pyusawthi (legend. Kriegerkönig) 85

Qianlong (Aishin Gioro; chin. Mandschu-Kaiser) 140 ff., 145
Quisling, Vidkun 313

Ranauq Zamani (ind. Begum; Prinzessin) 250
Rance, Sir Hubert 336 f., 341 ff., 345 ff.
Raza Datu Kalayani (burm. Adliger) 112
Ribeyro, Salvador 111
Rice, Condoleezza 63
Richmond Wally 304
Ripon (Marquess of; ind. Vizekönig) 221 f.

»Rodgers« (anonym. Hofbeamter) 186 f.
Rodriguez, Sebastian 113
Rommel, Erwin 300
Roosevelt, Franklin D. 235, 305

Salay, Fürst von (burm. Oberbefehlshaber) 28, 31
Saldanha, Aires de 111
Saldanha, Luisa de 111, 113
Salomon (bibl. König) 76
San C. Po, (Karen-Führer) 285, 311
San Po Thin 351
Sanda Thudamma (König von Arakan) 117 f.
Sao Yang Kyein Tsai siehe Yang, Edward
Sarkozy, Nicolas 485
Sato, Eisaku 409
Saw Ba U Gyi (Karen-Führer) 355, 363
Saw Hunter Tha Hmwe (Karen-Führer) 363
Saw Maung 57
Saw Pe Tha (Karen-Führer) 311
Saw Thida (Hofdame) 114
Saw, U (burm. Politiker) 294, 340, 342 f.
Saya San (Mönch) 282 f., 291
Schah Jehan (ind. Großmogul) 116 f.
Schah Shuja (Mogul-Vizekönig) 116 ff.
Scharet, Mosche 372
Scott, Sir George 381
Scott, Sir James 266
Sein Lwin 52, 55
Sein Than 440
Sein Win 370
Seixas, Paolo 98
Seleukos Nikator 74

Setkya 308
Shaw, George Bernard 357
Shayista Khan (Mogul-Vizekönig) 118 f.
Shu Maung siehe Ne Win
Shwe Khnin, U 224, 228 f.
Shwe Thaik, Sao (burm. Politiker)
Sihanouk, Norodom 402
Simon, Sir John 280
Singh, Jai 125
Singu (burm. Prinz bzw. König) 176 f.
Siraj-ud-Daula (Nawab von Bengalen) 137
Sladen, Sir Edward 36 ff., 195, 255
Slim, Sir William 319, 324, 354
Smim Htaw (König von Pegu) 101 f.
Smith Dun (burm. Offizier) 350, 352
Smithers, Sir Peter 467
Soarez de Mello, Diego 101
Soe Thakin (burm. Politiker) 56, 320, 347, 359, 397
Soe Thein (burm. Admiral) 488
Sophaer, David 253
Spears, Sir Thomas 192
Stalin, Josef 287
Steel, William Strang 256
Stewart, James 350
Stilwell, Joseph 305
Sukarno (indon. Politiker) 371
Suleiman I. (der Prächtige) 96
Sundaravej, Samak 488
Supayalat (burm. Königin) 33, 37, 39, 210, 215 ff., 236, 239 ff.
Suriyamarin (siam. König) 139
Suzuki, Keiji 295 f., 308, 310
Swan, George James 256

Tabinshweti (burm. König) 96, 98, 100 f., 137, 225
Taingdar, Fürst von (burm. Kriegsminister) 33, 38, 43, 214

Taj Mahal (ind. Begum) 249
Tamerlan (Timur; asiat. Eroberer) 96
Tapussa (burm. Händler) 75
Terauchi, Graf Hisaichi 328
Thado Maha Bandula (burm. General) 157 ff., 162 ff., 166 ff., 443, 466
Thado Mingyi Min Maha (burm. Flottenkommandeur) 162
Thado Minsaw (burm. Prinz) 153
Thado Thiro Maha Uzana, Fürst von Pakhan 157
Thalun (König von Arakan) 217
Than Shwe (burm. General und Politiker) 455, 478, 485, 489
Than Tun (Kommunistenführer) 286, 339, 341, 348, 359, 409 f.
Thanarat, Sarit (thai. Marschall und Politiker) 384 f.
Thant, U 59 f., 229, 231 ff., 260, 286, 288, 292 f., 315 f., 321 f., 351, 359, 363 ff., 371 ff., 391, 403, 413 ff., 417 ff.
Tharrawaddy (burm. Prinz bzw. König) 162
Thein Maung 315
Thein Pe Myint, Thakin 320
Thein Sein 480, 490
Thein Tin 235
Thein Toe 440
Theodor (abessin. Kaiser) 17
Thibaw (burm. Prinz; später König) 21 ff., 26, 29, 32 ff., 36 ff., 40 ff., 44 f., 65, 69, 92, 210 ff., 214 ff., 218 ff., 223, 236 f., 239 ff., 297, 372, 376, 398, 460, 472
Thihathu (burm. Feldherr) 146
Thiri Maha Zeyya Kyawdiun (burm. General) 28
Thonze (burm. Prinz) 209 f.
Tin Oo (burm. Offizier) 421, 446

Tin Tut, U 260, 339, 341, 362 f.
Tipu Sultan 152, 158, 162
Tito, Josip 335
Tojo, Hideki 255
Toyotomi Hideyoshi (jap. Feldherr und Staatsmann) 107
Truman, Harry S. 343
Tschiang Kai-schek 233, 298, 300 f., 305, 366, 407
Tschu En-lai 371
Tun Yi (burm. Offizier) 410
Tyn Myint-U 374 f.

Van Kuren Newkirk, John 303
Victoria (brit. Königin) 42, 46, 200 f., 204 f., 209, 268
Viktor Emanuel (ital. König) 202

Wallace, William 256
Ward, Frank Kingdon 308
Washington, George 127
Waugh, Evelyn 320
Wavell, A. P. 300, 317
Wellesley, Arthur (Duke of Wellington) 164
Wen Jiabao 488
Wetmasut, Fürst von 35, 38
White, George Stuart 17, 30
Wilhelm von Preußen (dt. Kronprinz) 243
William, Prince of Wales 480
Wilson, Woodrow 276
Wingate, Orde 317, 319
Wolfe, James 137
Wragge, Clement Lindley 473
Wu Sangui (chin. Feldherr) 123, 145
Wuntho, Fürst von 45

Yamashita, Tomoyuki 303
Yamethin, Fürst von (burm. Gardeoffizier) 45

Yan Nyun (burm. Gesetzloser) 45
Yanaung siehe Maung Toke
Yang Lyin Hsui siehe Yang, Olive
Yang Yingju (chin. Feldherr) 142 f.
Yang, Edward 398
Yang, Jimmy 398 f., 408, 412
Yang, Olive 399, 434
Yaw, Fürst von 213, 216
Yawnghwe, Mahadevi von 413
Yenangyaung (burm. General) 195, 210
Yeo, George 490

Yindaw, Fürst von (burm. Gouverneur) 33
Yongchaiyudh, Chaovalit (thai. Offizier) 437
Yule, Henry 15

Zau Seng (Kachin-Führer) 385
Zeenat Mahal (ind. Begum) 249
Zhang Qian 72 f.
Zheng He (chin. Admiral) 97
Zhu Yuanzhang (Taizu; chin. Dynastiebegründer) 96

Orts- und Sachregister

Ägypten 97, 188, 191, 202
Ahom (Herrscherdynastie, Assam) 155 f.
Akyab 104, 320
Alkoholismus 100 f.
Amarapura 149, 154, 182
American Office of Strategic Services (OSS) 317, 376
Amerikaner (siehe auch USA) 317 ff., 402 f., 487
Animismus siehe Religionen, burm.
Antialkoholismus 328
»Antifaschistische Volksfreiheitsliga« siehe Parteien und pol. Gruppierungen,
–, Spaltung der 378 f.
Arakan (siehe auch Fürstentümer/ Königreiche, burm.) 104 f., 111
Architektur, burm. 60, 182 f., 236
–, Pukka-Haus 60, 182, 236
Armee, burm. 104, 328, 331, 333, 349 f., 354 f., 366, 368 ff., 381, 388 ff., 407, 409 f., 413, 428, 436 f., 453, 480 f.
–, als Wirtschaftsfaktor 369 f., 381
–, Aufstockung der 368 f., 441
–, Finanzierung 437 f.
–, Kachin-Einheiten 350
–, Karen-Einheiten 350
–, Katastrophenhilfe 480 f.
–, Meuterei 349
–, Staatsstreich durch die siehe Militärputsch
–, Strategie der Vier Schnitte 413
ASEAN-(Staaten) 489 f., 492
Asienspiele 423
Assam 155
Attentate 342 f., 405, 409
Aufstände siehe Revolten und Aufstände
Ausländerfeindlichkeit/Xenophobie 65, 389, 395 f., 472
Ava (siehe auch Königreiche/ Fürstentümer, burm.) 34 f., 94, 111, 122, 129, 174 ff.
–, Bagaya-Kloster 175, 201, 211
–, Bevölkerung 175 f.
Ayutthaya 103, 138 ff.
–, Eroberung und Vernichtung von 138 ff.

Bandenunwesen 42 f.
Bandung-Konferenz blockfreier Staaten 370 f.
Baptisten siehe Religionen, burm., Christen(tum)
Batavia 109
Begräbnis U Thants 417 ff.
Bengalen 106, 109, 117
Berliner Kongress (1885) 19
Bevölkerung, Verarmung der 470
Beziehungen, diplom. 371 ff., 402

BIA 310 ff., 314, 394, 446
Bildungswesen, burm.
–, »National School« 234
–, Privatschulen 234
Börsencrash (New York) siehe Weltwirtschaftskrise
Briten (siehe auch Britische Ostindien-Kompanie) 21 ff., 29 ff., 33 ff., 39 ff., 44 ff., 69, 107, 130 f., 133 ff., 151 f., 155, 160, 162 ff., 166 ff., 170 ff., 176, 180, 182 ff., 191, 195, 197, 202 ff., 208, 212, 217, 221 f., 226 f., 236 ff., 248 ff., 254 ff., 259 ff., 264 ff., 270, 274 ff., 280, 285, 292, 294, 297–328, 331 ff., 336, 338 f., 342, 354, 382, 432, 449, 460
–, Kooperation mit 285
–, Widerstand gegen 45, 48 f., 292
Britisch-Burma 22, 62, 326
Britische Burma-Armee 265, 285, 302, 311, 328
–, Chin-Soldaten 328, 353, 362
–, Kachin-Soldaten 328
–, Karen-Soldaten 311, 328
Britische Indien-Armee 269, 333
Britische Ostindien-Kompanie (siehe auch Briten) 12, 124, 130 f., 150 ff., 155 f., 158 ff., 169, 184, 268
Britischer Raj 152 f., 184, 224, 259, 278, 287, 313, 327, 365, 376, 448, 460
»British Left Book Club« 234, 394
Buddhismus/Buddhisten (siehe auch Religionen, burm.) 74 ff., 78 f., 87 ff., 92, 95, 105, 291
–, Mahayana- 74, 77, 83, 87
–, Tantra- 83, 87
–, Theravada- 74, 77, 87, 89, 95, 105
Buddhistischer Verein Junger Männer (YMBA) 275 f.
Bürgerkrieg(e), burm. 12, 311 f.,

346 ff., 353 ff., 369, 400, 429 f., 434, 459 f., 469
–, Waffenstillstände 441 f.
»Burma Book Club« 232
Burma Expeditionary Force (brit.) 28
Burma *passim*
–, Entstehungsgeschichte 67 ff.
–, Geschichte 11
–, Handelsbeziehungen zu 206
– Road 295, 298, 410
–, Schreibweise 9 f.
Burma-Aktivisten 456 ff., 478
Burmesische Unabhängigkeitsarmee siehe BIA

Cambridge 271 ff., 383 f.
–, »Burma-Cambridge University Club« 273
– (Studium in) 271 ff.
Ceylon 95, 110
Changan 72, 80
Charakterisierungen (der Burmesen durch Ausländer) 261 ff.
Chiang Mai 102 f., 138 f.
China 12, 21, 71, 96 f., 120, 153, 366, 402, 404, 442, 463, 469
–, (Handels-)Beziehungen zu 73, 206, 402, 404, 442, 469
Chindits (Armee-Spezialeinheit) 317, 319
Chindwin 84, 319
Chinesen 122 ff., 196 ff., 293, 395, 405 f., 412, 430 f., 435 f., 460
–, Ausschreitungen gegen 406 f.
–, Han- 72 f.
–, Kokang- 435 f.
–, Ming- 96 ff., 121, 404
–, National- (siehe auch Kuomingtan [KMT]) 305, 366 ff., 385
–, Qing- siehe Qing (Mandschu-Dynastie und -Volk)

518

–, Sung- 87 f., 404
–, Tang- 80
Chittagong 108, 118
Christen(tum) siehe Religionen, burm.
CIA 402

Dabessway 177 ff., 376
–, Pagode 179
Dagon siehe Rangoon
Dali 80, 90
Dali-See 80
Danubyu 132, 443
»Defence of Burma Act« 294
Delegation, burm. (in England) 200 ff.
Demokratie(bestrebungen) 291 f., 361 ff., 365 f., 386, 460
Demokratiebewegung, burm. 53 ff.
–, Liga für Demokratie und Frieden 56
Deutschland 287, 293
Diana (Dampfkriegsschiff) 172 f.
Dian-See 71
Diskriminierung (von Burmesen) 271 ff.
Do Bama siehe Parteien und pol. Gruppierungen
»Dreißig Kameraden« 308 ff., 334, 411
Dublin 206, 274
Durbar (ind. Kaiserkrönung) 269
Dyarchie(-Verfassung) 270, 277, 289 f.

Einparteiensystem 400, 412
Einwanderer aus Indien siehe Migration, ind.
El Niño 22
Emigration 449
England siehe Großbritannien
Engländer siehe Briten

Entwicklung, demografische 449
Erdbeben siehe Naturkatastrophen
Erster Engl.-Burm. Krieg siehe Kriege und bewaffnete Konflikte
Erster Weltkrieg siehe Kriege und bewaffnete Konflikte
Eurasier 259
»Excluded Areas« 279
Exilierung 39, 42 f., 106, 239 ff., 248 f., 320, 456 ff.

Faschismus/Faschisten 287, 292 f., 321
Fernsehen/Video (Einführung) 423 f.
Forschungen, ethnologische 265 ff.
Fort St. George 17
Frankreich 23 ff., 293
Frankreich, Handelsbeziehungen zu 207
Franzosen 23, 26, 34, 129 ff., 133, 135 ff., 151, 298
Französisch-Indochina 23, 299
Freiheitsblock siehe Parteien und pol. Gruppierungen
»Freiwillige Volksorganisation« (Privatarmee) 331, 347
Friedensnobelpreis (für Aung San Suu Kyi) 63, 427, 456

Ganges 149
»Geheimvereinbarung« (frz.-burm.) 24 ff.
»Gemeinsames Großostasiatisches Wohlstandsgebiet« 299, 315
»Gentlemanly terrorists« 277 f.
Gewürzhandel 99, 109
Glaspalastchroniken (der Könige von Burma) 69, 180, 193
Goldenes Dreieck (siehe auch Opiumanbau/-handel) 384
»Gottes Armee« (Karen) 428 f.

»Government of India and Burma
  Act« 281, 290
Großbritannien 11, 19, 205 f., 293,
  382, 479
Großer Sprung nach Vorn (China) 405
Gurkhas 237, 265, 320, 333

Hainan 309, 334, 394
Heroin-/Rauschgift siehe
  Opiumanbau/-handel
Hilfsorganisationen, intern. 390
Himalaya 66, 80, 156, 308
  –, Pangsau-Pass 308
Hinduismus siehe Religionen, burm.
Hof von Ava (burm. Regierung; siehe
  auch Ava) 22, 26 f., 35, 122
Holländer (siehe auch Vereenigde
  Oostindische Compagnie) 109 f.

Imperialismus 19, 22 f.
Imphal 318 f.
Inder (siehe auch Migration, ind.)
  251 ff., 305, 307, 395 f., 405, 466
  –, Ausschreitungen gegen 283 f.
  –, Ausweisung der 396, 405, 466
Indien 12, 71
Indische Kongresspartei 276 f., 312 f.
Indische Union, Pläne für 312 f.
Indischer Aufstand (1857) 16 f., 183 f.,
  268
Indischer Nationalkongress 19, 268 f.,
  280, 287
Indochina siehe Französisch-
  Indochina
Indonesien, Unterstützung für 371
IRA 274 ff., 287
Irisch-Republikanische Armee siehe
  IRA
Irland 20, 206
Irrawaddy 17, 28, 31, 34, 49, 66, 68 f.,
  77 f., 84, 87, 89, 112, 122, 125, 145 f.,

160 f., 167, 172 f., 181, 219, 225 ff.,
305, 319, 393, 426, 474 f.
Isolation (Überwindung der) 459,
461 ff.
Israel 371 f.
Italien 202, 287

Japan 189
Japaner 242, 244 f., 255, 292, 294, 297–
  328, 354
  –, Flucht vor 307 f.
  –, Kapitulation der 327 f.
  –, Widerstand gegen 321 ff.
Juden 252 f.

Kachin 264 f., 317 f., 332, 385, 397,
  424 ff., 433
Kachin-Unabhängigkeitsarmee 385
Kaman siehe Volksgruppen, burm.
Kambodscha 110
Kannibalismus 432
Karen siehe Volksgruppen, burm.
Karen-Nationalverteidigungs-
  organisation (KNDO) 351, 363, 369
Katholizismus siehe Religionen,
  burm., Christen(tum)
Khartum 19
Khmer Rouge (Rote Khmer) 408, 431
KIO (Kachin-Organisation) 424 f.
Kleidung 107, 110
KNDO siehe Karen-National-
  verteidigungsorganisation
Kohima 318 f.
Kokang 398 f., 408, 430, 435
Kokang-Revolutionsarmee 398
Kolonialherrschaft, brit. 12, 255 ff.,
  259 ff., 268 ff.
Kolonialismus siehe
  Kolonialherrschaft, brit.
Kommunisten/Kommunismus 56,
  287, 289, 292, 294, 308, 320, 341,

347, 350 f., 353, 355, 359 f., 369, 379 f., 397, 399 f., 407 ff.,
Kommunistische Partei Burmas siehe Parteien und pol. Gruppierungen
Konbaung-Dynastie
– frühe 147
– späte 40, 147 f., 246
Konbaung-Thron 138, 185, 210, 217, 223, 236
Kongresspartei siehe Indische Kongresspartei
Königreiche/Fürstentümer, burm. 94 f.
–, Arakan (siehe auch Mrauk-U) 66, f., 105 ff., 117, 119 f., 171
–, Ava 12, 105, 126, 139, 143, 145, 148, 150, 152 ff.
–, Bassein 94, 327
–, Manipur 134, 155
–, Martaban 94, 98, 100, 108
–, Mogaung 102
–, Mongmit 94, 383
–, Pagan 85 ff., 104 f.
–, Pegu 94, 98, 101 f., 108, 130
–, Prome 94
–, Toungoo 94 ff., 355
Koromandelküste 76
Korruption 440, 453
Kosala (Königreich) 68
Kriege und bewaffnete Konflikte
– Burm.-Assam. Krieg 155 f.
– Burm.-Chin. Krieg 141 ff., 145 ff.
– Chin.-Japan. Krieg 294 f., 297
– Engl.-Burm. Krieg von 1885 30 ff.
– Erster Engl.-Burm. Krieg (1824–1826) 12. 22, 158 ff., 162 ff., 166 ff., 184
– Erster Weltkrieg 269 f., 274 ff.
– Ind.-Pakistan. Krieg 344
– Israel.-Arab. Krieg 343
– Mongolenkriege 90 f.
– Sechstagekrieg 414

– Siebenjähriger Krieg 132 f., 137
– Span. Bürgerkrieg 298
– Zweiter Engl.-Burm. Krieg 22, 184 f.
– Zweiter Weltkrieg 12, 242, 245, 292 ff., 300–328
– Bombenangriffe 301 f., 306, 326 f.
Kriegsreparationen 170 f., 173 f.
Kriminalität 261, 380, 442
–, Rückgang der 380
Kultivierung 70 f.
Kultureinflüsse, ind. 77 ff.
Kulturrevolution (China) 405 f., 408
Kuomingtan (KMT; siehe auch Chinesen, National-) 305, 367 f., 384 f.

Landesbeschaffenheit, geografische 66 f.
Laos 23
Lebensmittelrationierung 401
Liberalisierung 436 ff., 461
–, Fernsehen 439
–, Investitionen 439
–, Privatisierung 439
–, Sport 439
–, Tourismus 438 f.
–, Wahl Mehrparteiensystem 447
Liga siehe Parteien und pol. Gruppierungen, »Antifaschistische Volksfreiheitsliga«
London 203 ff., 338 ff.
–, Windsor Castle 204
Loxing Man (Stamm) 81 f.

Madagaskar 78
Mahdi-Aufstand siehe Revolten und Aufstände
Makedonier 73 f.
Mandalay 15 f., 35 ff., 41 f., 46, 50, 143, 174 f., 177, 180 ff., 306, 311, 320, 327

–, Kapitulation von 36 ff.
–, Königspalast 36 ff., 42
–, Umbenennung 50
Mandschuren 120 ff., 143
Manipur (siehe auch Königreiche/ Fürstentümer, burm.) 126, 134
Manshu: Buch der Südbarbaren 81, 83
Maubin 362
Maurya-Reich 74
Maxim-Gewehre siehe Waffen
Maymyo 33, 236 f., 410
–, Chummery 237
Meiktila 319, 327
Mekong 21, 23, 25, 153
Migration, ind. 251 ff.
Militärdiktaturen 391, 396, 463
Militärputsch (1962) 388 f., 395
Militärregime, burm. 10, 51 f., 62 f., 389, 392, 418 f., 450, 453 ff., 465, 468 f., 476 ff., 484, 489 ff.
–, Behandlung von Oppositionellen 446 ff.
–, bewaffneter Kampf gegen 411 ff., 425, 433 f.
–, Generalamnestie durch 399
–, Proteste/Widerstand gegen 51 ff., 62 f., 397, 401, 407, 415, 418 ff., 427, 430, 443, 446 ff., 465 ff.
–, intern. Reaktion 58, 456 ff., 468 f.
–, Restriktionen allgemein 389 f., 392 f., 467
–, Revolutionsrat 389, 392, 412
–, Rückkehr zur Demokratie 468
Milizen, private 292
Minami Kikan 295
Missionare/Missionierung 188, 226, 234, 284 f., 432
Mogaung (siehe auch Königreiche/ Fürstentümer, burm.) 102, 327
Moguln (Groß-) 116 ff.
Mogulreich, ind. 96

Moksobo 126, 128, 133
Mon siehe Volksgruppen, burm.
Monarchie, burm.
–, Ende der 36 ff., 245 ff.
–, Restauration 314
Mongko 408
Mongolen (siehe auch Kriege und bewaffnete Konflikte) 90 f., 94
Mono-/Polygamie 218 f.
Monsun 21, 52, 117, f., 299, 345
Morde, pol. siehe Attentate
Mrauk-U (siehe auch Arakan) 106 ff., 117, 120, 154
Mudschahidin 347
Muslime/Islam (siehe auch Religionen, burm.) 175 f., 178, 291, 470
Muslimliga 280, 285, 312
Mu-Tal 114, 127 ff.
Myingyan 31
Myitkyina 332

Nanzhao-Reich 80 ff., 424
»National School« siehe Bildungswesen, burm.
Nationalarmee, chin. 295, 366, 369, 384, 399, 402, 410, 435
Nationaldemokratische Myanmar-Bündnisarmee 435
Nationale Liga für Demokratie siehe Parteien und pol. Gruppierungen, NLD
Nationalismus/Nationalisten, burm. 65, 94, 176, 222, 232, 265, 267, 275 ff., 284 ff., 295, 311, 323, 335 f., 351, 359, 453, 460
Nationalkonvent 450 f.
Naturkatastrophen
–, Erdbeben 120, 282, 488
–, Tsunami 282
–, Überschwemmungen 392, 474

–, Zyklon Mala 475, 479 f.
–, Zyklon Nargis 473 ff., 479 ff., 484 ff.
  –, Auswirkungen 474 f., 480 ff., 484 ff.
  –, Hilfsmaßnahmen, internationale 481 f., 484 ff., 488 ff.
  –, Verhalten der USA 483 f.
  –, Verhalten des Militärregimes 484 ff.
  –, Vorbeugemaßnahmen 480
Naypyitaw (neue Hauptstadt) 469, 489 f.
Negrais 131, 135
Neutralität siehe Beziehungen, diplom.
Niederländische Ostindien-Kompanie siehe Vereenigde Oostindische Compagnie bzw. Holländer
Niederländisch-Ostindien 335
Non-Aligned Movement (NAM 371)
Nyaungshwebin 145

Oberburma 22 f., 26, 34, 40, 133
Ölproduktion 257, 438
Opiumanbau/-handel (siehe auch Goldenes Dreieck) 384 f., 398 f., 425, 434 f.
Ostindien-Kompanie siehe Britische Ostindien-Kompanie

Pagan (siehe auch Königreiche/ Fürstentümer, burm.) 31, 33, 84 ff., 89 f., 91, 104, 146, 166 f.
  –, Shwezigon-Pagode 146, 166 f.
Pajau 424 ff.
Palastrevolter siehe Revolten und Aufstände
Panchala (Königreich) 68

Pantanaw 101, 224, 226 ff., 233 ff., 315 f., 321, 358 f.
Panthai (Volksgruppe) 196 ff.
Paris 202
Parteien und pol. Gruppierungen
  –, »Antifaschistische Volksfreiheitsliga« (Liga; siehe auch Japaner, Widerstand gegen) 321, 323 ff., 328 ff., 332 f., 339 ff., 348 f., 363, 375, 378 f.
  –, Do Bama (Thakin) 289 f., 292 ff., 296,
  –, Freiheitsblock 293
  –, Kommunistische Partei Burmas (siehe auch Kommunismus/ Kommunisten) 289, 338, 348, 397, 407 f., 430, 435
  –, Nationale Einheitspartei (Ex-Sozialistische Programmpartei) 447
  –, NLD 379, 392, 443, 446 ff., 450 f., 455, 477
  –, Sozialistische Partei Burmas 289
  –, Sozialistische Programmpartei 52, 400, 412
Partisanen, burm. 322 f.
Paschtunen (Volk) 26
Pearl Harbor, japan. Überfall auf 300
Pegu (siehe auch Königreiche/ Fürstentümer, burm.) 94 f., 101 f., 126, 133 f. 137, 182, 282
Pegu Road 304
Politiker, burm., Herkunft/Werdegang 286 ff., 289 f., 356 ff., 363 f., 393 f., 444 f.
Pondicherry 130, 138
Portugiesen 99 ff., 109 ff., 115
Pressewesen, burm.
  –, *Bahosi* 377
  –, *Guardian* 370
  –, *Myanmar Times* 439

–, *Nation* 376
–, *New Burma* (Magazin) 234, 294, 315
–, *The New Light of Myanmar* 440
–, *The Sun* 228, 234, 284, 294
–, *The World of Books* (Magazin) 232, 234, 289
Privatschulen siehe Bildungswesen, burm.
Prome 69, 131, 305, 327
Pukka-Haus siehe Architektur, burm.
Pyidawtha (»Angenehmes Land«) 365

Qing (Mandschu-Dynastie und -Volk; siehe auch Chinesen) 120 ff., 140, 146, 153, 404

Ramree 119
Rangoon 53 ff., 75, 94, 132, 146, 159 ff.. 180, 249, 252 ff., 257, 277, 301, 303 f., 326 f., 345 f., 380, 388, 416 ff., 439, 466
–, Evakuierung von 303 f.
–, Maidan 417
–, Shwedagon-Pagode 75 f. 94, 113, 146, 160 f., 166 f., 273, 277
–, Singuttara-Hügel 161 f., 167
–, Sule Pagoda Road 466
Rassismus 253, 259 f.
Reformen, politische, und Modernisierungen (siehe auch Steuerreform) 13, 32, 188 ff., 212 f., 245 ff., 278 f., 454
Regenzeit siehe Monsun
Regierungstruppen siehe Armee, burm.
Reis(anbau) als Wirtschaftsfaktor 88, 225 ff., 281 f., 361, 392
Religionen, burm.
  –, Animismus 285, 426, 432

–, Buddhisten/Buddhismus 44, 76, 179, 187, 356, 360, 385 f., 426, 454
–, Christen(tum) 114 ff., 124, 226, 284 f., 426 f., 432
–, Hinduismus 87 f., 105, 125 f.
–, Islam/Muslime 114, 175 f., 178 f., 188, 196 ff., 250 f.
Revolten und Aufstände (siehe auch Bürgerkrieg, burm.) 347 ff.
–, Aufstand gegen die Briten (1886) 48 f.
–, Aufstand von 1930/31 282 f.
–, Aufstand von 1988 12, 465
–, Aufstand von Pegu (1740) 126
–, Freiwillige Volksorganisation 349
–, Ind. Aufstand (1857/58; siehe auch Indischer Aufstand) 16, 183, 248
–, Irland (1916) 274 f.
–, Kommunisten 348 ff., 359
–, Mahdi-Aufstand 19
–, Palastrevolten (1866) 193 ff.
–, Panthai-Aufstand 196 ff., 250
–, Taiping-Revolution 199
Rote Garden 404 ff., 408
Rückständigkeit, wirtschaftl. 454

Sagaing 122 f.
–, Tupayon-Pagode 123
Sakiyan (ind. Volk) 68 f., 85
Salween 79, 367
Sanktionen, internationale 63 f., 457 ff., 463 f., 470 f., 476, 479
»Scheduled Areas« 279, 332
Schiffbau, burm. 130 f.
Selbsttötung 142 ff., 199
Separatismus 341, 350 f., 397
Seuchen und Krankheiten 142 f., 163, 208, 307, 327, 492 f.
Shan siehe Volksgruppen, burm.

Shan-Berge 28, 33 f., 134, 340, 399
Shwebo 33, 185, 327
»Shwebo Muslim Association« siehe Religionen, burm.
Siam (siehe auch Thailand) 93, 138, 153, 189
»Sicherheitsräte« 380
Siebenjähriger Krieg siehe Kriege und bewaffnete Konflikte
Simla 325
Singapur 302 f., 328, 386
Sinn Féin (irisch.-republ. Partei) 275, 287
Sittang 95, 304
Sklavenhandel 108 ff., 113, 119
SLORC siehe »Staatsrat zur Wiederherstellung von Gesetz und Ordnung«
Sowjetunion 312
Sozialistische Partei Burmas siehe Parteien und pol. Gruppierungen
Sozialistische Programmpartei siehe Parteien und pol. Gruppierungen
Spanien 287
Spionage 152, 294
Sprache(n), burm. 87, 95, 105, 121, 126, 424
–, Mon 126
»Staatsrat zur Wiederherstellung von Gesetz und Ordnung« (SLORC) 57, 447 f.
Staatsstreiche 402
Stadtstaaten 71, 73, 77, 82 f.
Steuerreform (siehe auch Reformen und Modernisierungen) 190 f.
Streitkräfte siehe Armee, burm.
Sudan 19
Südostasienspiele 423
Syriam 111 ff., 133 ff.
–, »Goldene Kompanie von« 135 f.

Tada-U 122, 176
Tagaung 67, 91, 127
Taiping-Rebellen 19
Taunggyi 382, 386
Telegrafie, Einführung der 190
Tenasserim(gebirge) 66, 103, 138
Thailand (siehe auch Siam) 366, 386, 400, 411, 450, 463, 478
Thakin (Do Bama) siehe Parteien und pol. Gruppierungen, Do Bama
Thayetmyo 28 f.
Tibet 12, 71, 81
Tougoo 305 f.
»Truman-Doktrin« 343

Uganda 396
Unabhängigkeit, burm. 345 ff.
–, Kampf um 276 ff., 285, 333 f.
– (Pseudo-), burm. 313 f.
»Union Myanmar« 119
UNO siehe Vereinte Nationen (UN)
Unternehmen, ausländische
–, Bombay Burmah Trading Corporation 25 f.
–, Finlay Flemming 25
–, Irrawaddy Flotilla Company 18, 25, 336
USA (siehe auch Amerikaner) 18 f., 312, 343, 373 f., 376 ff., 382, 401 f., 456 f., 479, 483

Vereenigde Oostindische Compagnie (VOC; siehe auch Holländer) 109
Vereinigte Staaten siehe USA
Vereinte Nationen (UN) 59, 61, 313, 322, 339, 343, 367, 371, 375, 378, 413 ff., 465, 470, 475 f., 481, 486, 492
–, Friedenstruppen 414
–, Sicherheitsrat 414, 477 f.
Verfassung (von 1935) 290

Verfassung(sentwurf) 477 ff., 484
-, Referendum zu 478 f., 484
Verstaatlichung 392
Vierzehn-Punkte-Programm (W. Wilson) 276
Vietnam 23
Vietnamkrieg, Proteste gegen 405, 414
Volksbefreiungsarmee, chin. 385, 405, 408, 430
-, Meuterei in der 430
Volksgruppen, burm.
-, Kaman 119
-, Karen 226, 284 ff., 311 f., 340 f., 350 ff., 355, 363, 384, 412, 428 ff., 441
-, Mon 95, 104, 128 f., 137, 225 f., 267, 412
-, Shan 103 f., 290, 340, 367 f., 381 ff., 386 f., 397 f., 402, 410, 432
-, Wa 431 ff., 436

Wa siehe Volksgruppen, burm.
Wa-Berge 410
Waffen
-, M-16-Gewehre 410
-, M-60-Maschinengewehre 410
-, Martini-Gewehre 35
-, Maxim-Gewehre 17 f.
-, Raketen 164 f.
Wahlboykott 341
Wanghzu Man (Stamm) 82
Warladies/-lords 399, 410, 436
Weißbuch (zu Burma) 329 ff., 337
Weltwirtschaftskrise 235, 281 f., 394
Wuman (»schwarze Südbarbaren«) 81

Yang-Clan 398 f., 408, 435
Yunnan (China) 33, 80 f., 83, 141 f., 145, 196 f., 306, 424, 487

Zeitungen siehe Pressewesen, burm.
Zwangsarbeit/-rekrutierung 136, 154 ff., 366 f.
Zweiter Engl.-Burm. Krieg
siehe Kriege und bewaffnete Konflikte
Zweiter Weltkrieg siehe Kriege und bewaffnete Konflikte